税务稽查案件查办实务

案例与风险防范

编著◎安履承　方永武　姜珊

立信会计出版社
LIXIN ACCOUNTING PUBLISHING HOUSE

图书在版编目(CIP)数据

税务稽查案件查办实务案例与风险防范 / 安履承，方永武，姜珊编著. —上海：立信会计出版社，2023.3(2024.3 重印)

ISBN 978-7-5429-7327-6

Ⅰ.①税… Ⅱ.①安… ②方… ③姜… Ⅲ.①税务稽查—案例—中国 Ⅳ.①F812.423

中国国家版本馆 CIP 数据核字(2023)第 048690 号

责任编辑　毕芸芸

税务稽查案件查办实务案例与风险防范

SHUIWU JICHA ANJIAN CHABAN SHIWU ANLI YU FENGXIAN FANGFAN

出版发行	立信会计出版社		
地　　址	上海市中山西路 2230 号	邮政编码	200235
电　　话	(021)64411389	传　　真	(021)64411325
网　　址	www.lixinaph.com	电子邮箱	lixinaph2019@126.com
网上书店	http://lixin.jd.com		http://lxkjcbs.tmall.com
经　　销	各地新华书店		
印　　刷	固安华明印业有限公司		
开　　本	787 毫米×1092 毫米	1/16	
印　　张	28.25		
字　　数	536 千字		
版　　次	2023 年 3 月第 1 版		
印　　次	2024 年 3 月第 2 次		
书　　号	ISBN 978-7-5429-7327-6/F		
定　　价	98.00 元		

如有印订差错，请与本社联系调换

前　　言

税务稽查是税收执法工作的重要环节，担负着打击偷税、逃税、骗税、抗税和虚开发票等税收违法行为的法定职责。本书以税务稽查案件查办为主线，对现行税务稽查相关法律、行政法规、部门规章、规范性文件等进行了梳理、整合，参照部分涉税司法解释和有关规定，结合税务稽查工作实践，建立了税务稽查案件查办的基本框架，包括案件查办流程、案件查办工具与基本方法，以及偷（逃）税、骗税、虚开发票等重点案件查办实务。

为帮助读者在阅读学习过程中能够尽可能地还原税务稽查工作真实场景，本书精选77个真实案例，涉及税务稽查案件查办流程及方法、重点案件查办实务等各方面，既有工作思路、方法，也有对疑难问题争议和司法机关裁判的观点，希望对税务稽查人员防范税务稽查执法风险，提高执法能力和实际工作能力有所帮助。

本书有以下几个特点：

（1）本书在谋篇布局中采取了与以往税务稽查实务书籍不同的方式，以法治思维、规范流程、防范风险、注重方法、紧贴实务为原则，既体现系统完整，又注重实务操作；既有全面的知识要点介绍，又有详实的案例材料；既有工作思路方法，又有对疑难问题争议的处理观点。

（2）本书使用大量案例，分为“相关案例”和“实战案例”两类。“相关案例”紧密贴合相应的内容主题，主要呈现了相关规定、方法在具体工作场景中的应用和执法风险，帮助读者深入理解相应的理论知识。“实战案例”主要呈现重点案件查办过程，体现案件查办工作思路与方法。为避免使用过多案例对读者阅读造成信息碎片化，我们将案例按照内容主题编入全书知识体系中，与知识点一一对应，有助于读者系统阅读学习。

（3）本书在编写过程中，制作了一些图、表，尽可能以简洁、直观的方式呈现繁琐、复杂的要点，希望通过这种转化，减少读者的阅读时间，提高学习效率。

为了确保本书所依据的相关法律、行政法规、规章及相关规范性文件的时效性，与

2020 年版相比，本次修订主要体现在以下方面：

(1) 根据《税务稽查案件办理程序规定》(国家税务总局令第 52 号)，全面修改和更新了相关内容。

(2) 根据 2021 年修订后的《中华人民共和国行政处罚法》，全面修改和更新了相关内容。

(3) 根据 2021 年修正的《重大税务案件审理办法》修改和更新了相关内容。

(4) 根据 2022 年修订的《最高人民检察院 公安部关于公安机关管辖的刑事案件立案追诉标准的规定(二)》，修改和更新了相关涉税犯罪案件移送标准。

(5) 根据 2020 年以来新颁布或修订的其他相关法律、法规、规章以及规范性文件，修改和更新了相关内容。

(6) 对有关案例援引的已失效或废止的规定，通过脚注的方式注明在新法中对应的相关条款，以便于读者对照参考。

(7) 对原版中部分内容进行了修改和完善。

本书由安履承、方永武、姜珊合作编著。其中，安履承负责第一章，第二章第四节，第三章第一节、第二节，第四章第一节、第二节，第五章第一节、第二节，第六章等内容和相关案例的撰写；姜珊负责第二章第一节至第三节的内容、部分相关案例、实战案例的撰写；方永武负责第三章第三节、第四章第三节、第五章第三节以及第六章有关实战案例和附录一的撰写。全书由安履承负责统稿。

本书适合从事税务稽查、重大税收违法案件审理等岗位的工作人员学习、培训使用，同时对税务律师、会计师、税务师、企业财务人员、涉税案件侦办人员、审判人员等实务工作者具有一定的参考价值。本书作者均来自税务稽查工作一线，长期从事税务稽查业务培训工作，具有丰富的税务稽查实战和培训教学经验。但由于税务稽查案件查办涉及面广，实务操作中口径不尽统一，案例材料加工工作量大，加之作者水平有限，书中难免存在疏漏和不妥之处，敬请各位读者批评指正。

安履承

2023 年 3 月 11 日

目　　录

第一章　税务稽查案件查办流程

第一节　案 件 来 源

税务稽查案件来源，又称稽查案源，是指经过收集、分析、判断、处理等程序形成的涉嫌偷税（逃避缴纳税款）、逃避追缴欠税、骗税、抗税、虚开发票等税收违法行为的相关数据、信息和线索。

案源管理遵循依法依规、风险导向、统筹协调、分类分级、动态管理的原则，以风险管理为导向，以税收大数据为支撑，以风险推送、外部转办、稽查自选为重点，以打击偷税（逃避缴纳税款）、逃避追缴欠税、骗税、抗税、虚开发票等税收违法行为为目标。

案源管理的流程包括案源信息的收集、案源的分类处理、案源的立案分配和处理结果的使用等，如图 1-1 所示。

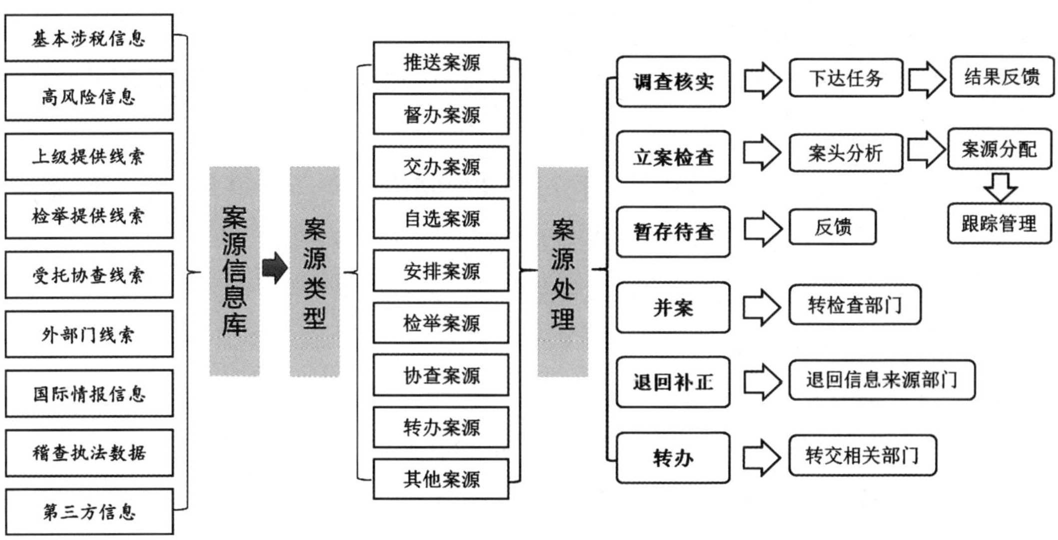

图 1-1　案源管理流程图

一、案源信息

案源信息是指税务局在税收管理中形成的，以及外部相关单位、部门或者个人提供的纳税人、扣缴义务人和其他涉税当事人的税收数据、信息和违法行为线索。

（一）案源信息的内容

（1）涉税数据和信息。它包括纳税人自行申报的税收数据和信息，以及税务局在税收管理过程中形成的税务登记、发票使用、税收优惠、资格认定、出口退税、企业财务报表等涉税数据和信息。

（2）高风险纳税人风险信息。它包括税务局风险管理等部门在风险分析和识别工作中发现并推送的高风险纳税人风险信息。

（3）督办、交办任务提供的违法线索。它包括上级党委、政府、纪检监察等单位和上级税务机关通过督办函、交办函等形式下发的督办、交办任务提供的税收违法线索。

（4）检举人提供的税收违法线索。

（5）受托协查事项形成的税收违法线索。

（6）外部单位以及税务局其他部门提供的税收违法线索。它是指公安、检察、审计、纪检监察、海关、人民银行等外部单位以及税务局督察内审、纪检监察等部门提供的税收违法线索。

（7）国际税收情报信息。它包括专项情报交换、自动情报交换和自发情报交换等过程中形成的国际税收情报信息。

（8）税务稽查数据。它包括稽查局执法过程中形成的案件线索、处理处罚等税务稽查数据。

（9）共享信息以及第三方信息。它包括政府部门和社会组织共享的涉税信息，以及税务局收集的社会公共信息等第三方信息。

（10）其他涉税数据、信息和税收违法线索。

（二）案源信息的管理

案源信息以纳税人识别号为标识，一户一档建立案源信息档案。案源信息档案包括基本信息、分类信息、异常信息、共享信息和必要的信息标识等。

稽查局对案源信息进行分类处理，建立案源信息库，同时按照随机抽查工作要求，在案源信息档案中分级标识重点稽查对象，作为建立税务稽查随机抽查对象名录库的重要信息来源。

二、案源类型

根据案源信息的来源不同，将案源分为九种类型，如表 1-1 所示。

表 1-1　案源类型

序号	类型	概　念
1	推送案源	根据风险管理等部门按照风险管理工作流程推送的高风险纳税人风险信息分析选取的案源
2	督办案源	根据上级机关以督办函等形式下达的，有明确工作和时限要求的特定纳税人税收违法线索或者工作任务确认的案源
3	交办案源	根据上级机关以交办函等形式交办的特定纳税人税收违法线索或者工作任务确认的案源。重要稽查案件是交办案源的特殊形式
4	自选案源	根据本级税务局制定的随机抽查和打击偷税（逃避缴纳税款）、逃避追缴欠税、骗税、抗税、虚开发票等稽查任务，对案源信息进行分析选取的案源
5	安排案源	根据上级税务局安排的随机抽查计划和打击偷税（逃避缴纳税款）、逃避追缴欠税、骗税、抗税、虚开发票等稽查任务，对案源信息进行分析选取的案源
6	检举案源	对检举线索进行识别判断确认的案源
7	协查案源	对协查线索进行识别判断确认的案源
8	转办案源	对公安、检察、审计、纪检监察等外部单位以及税务局督察内审、纪检监察等部门提供的税收违法线索进行识别判断确认的案源
9	其他案源	对税务稽查部门自行收集或者税务局内、外部相关单位和部门提供的其他税收违法线索进行识别判断确认的案源

三、案源处理

案源处理是指案源部门对收集的案源信息进行识别和判断，根据案源类型、纳税人状态、线索清晰程度、税收风险等级等因素，进行退回或者补正、移交税务局相关部门、暂存待查、调查核实（包括协查）、立案检查等分类处理的过程。

（一）退回或者补正

推送和转办的案源信息符合下列情形之一的，可退回信息来源部门或者要求信息来源部门补充资料：

（1）纳税人不属于管辖范围，纳税人状态为非正常或者注销的，可以作退回处理。

（2）案源信息数据有误、未提供必要数据资料或者其他导致无法进一步处理的情形，可以作退回处理或者要求补充资料。

（3）税收违法线索不清晰或者资料不完整，要求补充资料不能补充资料的，可以作退回处理。

（4）其他需要退回信息来源部门或者要求补充资料的情形。

（二）移交相关部门

符合下列情形之一的，移交税务局相关部门处理：

（1）检举、转办等案源信息涉及发票违法等事项，通过日常税务管理能够纠正的，经税务局负责人批准移交相关部门处理。

（2）协查事项需要提供纳税人查无此户、非正常、注销等状态证明或者提取征管资料、鉴定发票等事项，经稽查局负责人批准移交相关部门配合取证。

（3）案源信息涉及特别纳税调整事项的，经税务局负责人批准移交反避税部门处理。

（4）其他需要移交相关部门配合工作的事项。

（三）暂存待查

暂存待查的情况包括：

（1）纳税人状态为非正常或者注销的督办、交办案源信息，经督办、交办部门同意可以作暂存待查处理。

（2）纳税人状态为非正常、注销或者税收违法线索不清晰的检举案源信息可以作暂存待查处理。

（3）纳税人走逃而无法开展检查的可以作暂存待查处理。

（4）其他不宜开展检查又无法退回的情形，可以作暂存待查处理。

（四）调查核实

符合下列情形之一的特殊案源，经稽查局负责人批准后进行调查核实（包括协查）：

（1）督办、交办的工作任务只涉及协助取证等事项，通过调查核实（包括协查）可以完成，经督办、交办部门同意的。

（2）检举案源信息线索较明确但缺少必要证明资料，举报受理部门认为需要通过调查核实（包括协查）确认的。

（3）协查案源信息不符合《税收违法案件发票协查管理办法（试行）》规定的直接立案条件的，应当根据协查要求及时安排调查核实（包括协查）。

（4）其他特殊案源信息，存在一定疑点线索但缺少必要证明资料，需要通过进一步调查核实（包括协查）确认的。

特殊案源，是指督办案源、交办案源、转办案源、检举案源和协查案源。

(五)立案检查

符合以下条件之一的案源,应立案检查处理:

(1)督办、交办事项明确,要求立案检查的案源。

(2)案源部门接收并确认的高风险纳税人风险信息案源,以及按照稽查任务和计划要求安排和自选的案源。

(3)举报受理部门受理的检举内容详细、线索清楚的案源。

(4)协查部门接收的协查案源信息涉及的纳税人状态正常,且存在下列情形之一的案源:委托方已开具《已证实虚开通知单》并提供相关证据的;委托方提供的证据资料能够证明协查对象存在税收违法嫌疑的;协查证实协查对象存在税收违法行为的。

(5)转办案源涉及的纳税人状态正常,且税收违法线索清晰的案源。

(6)经过调查核实(包括协查)发现纳税人存在税收违法行为的案源。

(7)其他经过识别判断后应当立案的案源。

(8)上级稽查局要求立案检查的案源。

案源立案应当坚持督办案源优先于其他案源,重要或者紧急的案源优先于一般案源,实名检举案源优先于匿名检举案源的原则。

必要时,依照法律法规的规定,稽查局可以在立案前进行检查。立案前检查应当经过稽查局案源管理集体审议会议审议,并经稽查局局长批准。批准实施立案前检查的,将有关文书资料移交检查部门实施检查。立案前检查结束后,检查部门将有关资料移送案源部门处理。其中,对于不需要立案检查的,由案源部门提请案源撤销,需要立案查处的,进行税务稽查立案处理。

案源部门对立案的案源,应合理地分配到检查部门实施检查。本级稽查局查处确有困难的案源,可以报请上级稽查局督办。上级机关下发的督办案源未经批准,本级稽查局不得转给下级稽查局查处。案情复杂的案源可以采取“项目式管理、团队化作业”的形式组织检查。

案源信息涉及纳税人、扣缴义务人已被立案检查且案件未审结的,应并案处理。

第二节 案件检查

稽查局检查部门接到稽查任务后,要及时安排人员依照法定权限和程序实施税务检查，收集能够证明案件事实的证据材料，对相关涉税疑点以及检查中发现的其他涉税问题逐一进行查证后，制作相关文书，与案件相关证据材料一并移交审理。案件检查环节的流程如图 1-2 所示。

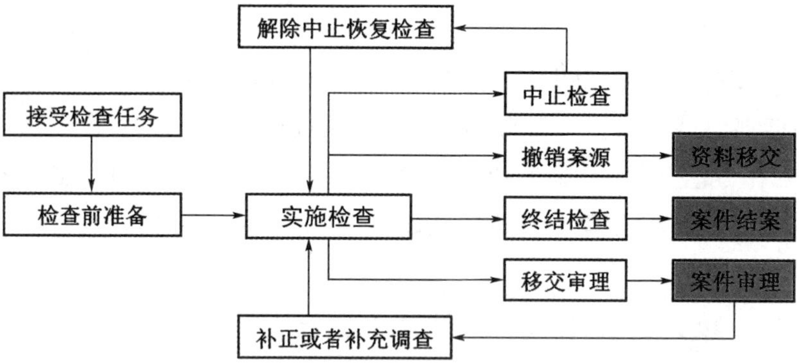

图 1-2　案件检查流程图

一、检查权限

（一）实地检查

检查人员有权依照法定权限和程序，到被查对象或者有关第三方的生产、经营或者办公场所实地实施检查。

1. 账簿凭证资料及商品货物检查

检查人员有权在纳税人生产、经营场所、货物存放地检查纳税人的账簿、记账凭证、报表和有关资料，检查应纳税的商品、货物或者其他财产。

2. 扣缴义务人有关账簿凭证资料及经营情况检查

检查人员有权到扣缴义务人的生产、经营场所或者办公场所检查扣缴义务人代扣代缴、代收代缴税款账簿、记账凭证和有关资料，检查与代扣代缴、代收代缴税款有关的经营情况。

3. 托运邮寄单证检查

检查人员有权到车站、码头、机场、邮政企业及其分支机构检查纳税人托运、邮寄应纳税商品、货物或者其他财产的有关单据、凭证和有关资料。

检查人员实地检查时，可以制作视听资料、《现场笔录》《勘验笔录》，对实地检查情况予以记录或者说明。检查人员不得超越法定权限在非生产、经营、办公场所实施检查。

（二）询问

检查人员依法进行税务检查时，有权向有关单位和个人询问被查对象和其他当事人与纳税或者代扣代缴、代收代缴税款有关问题和情况。询问应当由 2 名以上检查人员实施，出示税务检查证。

询问可以在被询问人办公场所、税务机关办公场所或者其他合适的场所进行。除在被查对象生产、经营或者办公场所询问外，应当向被询问人送达《询问通知书》。询问开始前应当取得被询问人身份证复印件等有效的身份证明资料，并由被询问人在身份证明资料上签名。

询问应当由两名以上检查人员实施，询问时应当告知被询问人有关权利义务。询问笔录应当交被询问人核对或者向其宣读；询问笔录有修改的，应当由被询问人在改动处捺指印；核对无误后，由被询问人在尾页结束处写明“以上笔录我看过（或者向我宣读过），与我说的相符”，并逐页签章、捺指印。被询问人拒绝在询问笔录上签章、捺指印的，检查人员应当在笔录上注明。

询问一般应当在工作时间内进行。若确实无法在工作时间内完成的，在征得被询问人同意后，可以继续进行，但应当在笔录中予以确认。

（三）调取账簿资料

检查人员实施检查时，有权依照法定权限和程序，将被查对象的账簿、记账凭证、报表和其他有关资料调回税务机关检查。

1. 账簿资料调取

调取被查对象以前会计年度的账簿、记账凭证、报表和其他有关资料时，须经县以上税务局（分局）局长审批；调取被查对象当年的账簿、记账凭证、报表和其他有关资料的，须报设区的市、自治州以上税务局局长审批。

调取账簿资料，可以通知被查对象将资料送到税务机关，也可以在送达《调取账簿资料通知书》后由检查人员带回税务机关。调取账簿资料时，须由 2 名以上检查人员实施，并填制《调取账簿资料清单》。

2. 账簿资料退还

调取以前会计年度账簿资料的，应当在 3 个月内完整退还；调取当年账簿资料的，应当在 30 日内完整退还。检查人员在规定的期限内退还账簿资料时，被查对象拒绝在调取账簿资料退还清单签章的，检查人员可以通过制作《现场笔录》或者视听资料对被查对象拒绝签章的行为进行记录。

（四）调验空白发票

根据案件需要，检查人员可将有关单位或者个人的空白发票调出查验。调验空白发票时，应出具调验空白发票收据。经查无问题的应及时退还，退还时出具调验空白发票退还清单。

已调取的空白发票，经鉴定或者查验确认为伪造、变造的发票后，应按程序调取证据原件，不予退还。

（五）调取发票原件

根据案件需要，检查人员可将有关单位或者个人已开具的纸质发票原件调回检查。调取已开具纸质发票原件时，应开具《发票换票证》。

经鉴定或者查验确认为伪造、变造、虚开的发票后，按程序提取证据原件，同时换回《发票换票证》。

（六）提取证据原件

案件检查过程中，需要以证据原件作为定案依据，如伪造、变造的发票，用来伪造、变造证件和发票的机器设备等，或者不提取原件可能导致灭失或者被转移、隐匿的其他证据材料，检查人员应当提取证据原件。

提取证据原件时应使用《提取证据专用收据》。现场难以判定是否为伪造、变造、虚开的发票的，可以先行按照调验空白发票、调取发票原件程序调取，经鉴定或者查验确认为伪造、变造、虚开的发票后，再按程序提取证据原件。现场难以判定是否为伪造、变造的账簿、凭证及有关资料的，可以先按规定使用《调取账簿资料通知书》并附《调取账簿资料清单》进行调取，经鉴定或者查验确认为伪造、变造的账簿、凭证及有关资料后，再按程序提取证据原件。

提取的证据原件经查无问题的，应当及时退还，并履行相关签收手续。

（七）检查电子系统

检查人员在检查过程中可以对被查对象电子信息系统进行直接检查，或者提取、复制电子数据进行检查。对采用电子信息系统进行管理和核算的被查对象，检查人员可以要求其打开该电子信息系统，或者提供与原始电子数据、电子信息系统技术资料一致的复制件。被查对象拒不打开或者拒不提供的，经稽查局局长批准，可以采用适当的技术手段对该电子信息系统进行直接检查，或者提取、复制电子数据进行检查，但所采用的技术手段不得破坏该电子信息系统原始电子数据，或者影响该电子信息系统正常运行。

（八）检查存款账户、储蓄存款

检查人员在调查取证过程中，有权对从事生产、经营的纳税人、扣缴义务人在银行或者其他金融机构的存款账户，以及案件涉嫌人员的储蓄存款进行查询。

查询从事生产、经营的纳税人、扣缴义务人在银行或者其他金融机构的存款账户，由稽查局局长审核后，报县以上税务局（分局）局长审批。这里的其他金融机构包括信托投资公司、信用合作社、邮政储蓄机构以及经中国人民银行、中国证券监督管理委员会等批准设立的其他金融机构。

查询案件涉嫌人员的储蓄存款，由稽查局局长审核后，报设区的市、自治州以上税务局（分局）局长审批。存款包括独资企业投资人、合伙企业合伙人、个体工商户的储蓄存款以及股东资金账户中的资金等。

检查存款账户、储蓄存款时应使用全国统一格式的《检查存款账户许可证明》。查询的内容包括存款账户余额和资金往来情况。

（九）向第三方调查取证

检查人员可以根据案件需要向有关第三方调查，以获取与被查对象履行纳税义务、扣缴义务及其他涉税义务情况相关的各种信息，或者向其他第三方获取相关涉税参照信息。检查人员在向有关单位和个人调查取证、协查案件时应当使用《税务协助检查通知书》。

二、检查流程

（一）查前准备

1. 查前分析

检查人员实施检查前，应当查阅被查对象纳税档案，了解被查对象的生产经营情况、所属行业特点、财务会计制度、财务会计处理办法和会计核算软件，熟悉相关税收政策，确定相应的检查方法。

2. 制定检查方案

查前准备时，应对被查对象的财务资料、申报信息、第三方获取信息等进行对比、分析，形成待核实疑点，并以此为重点制订具有针对性的检查方案。检查方案一般包括税务检查实施的目的、要求、范围、重点、所属期间、具体方法和步骤、分工、时间的安排，以及检查实施过程中预计出现的问题和应急措施等。

（二）检查告知

检查人员在实施检查前，应当告知被查对象检查时间、需要准备的资料等，但预先通知有碍检查的除外。检查人员进行检查时，应当向被查对象出示税务检查证、出示或送达《税务检查通知书》，并告知被查对象依法享有的权利和义务。

1. 依法享有的权利

(1) 稽查人员进行税务检查时，应当出示税务检查证和《税务检查通知书》；未出示税务检查证和《税务检查通知书》的，被检查人有权拒绝检查。

（2）有权向税务机关了解国家税收法律、行政法规的规定以及与纳税程序有关的情况。

（3）认为稽查人员与案件有利害关系的，有权向税务机关要求相关稽查人员回避。

（4）有权要求稽查人员为自己的商业秘密及个人隐私保密。

（5）依法享有陈述权、申辩权，申请听证、行政复议、提起行政诉讼、请求国家赔偿等权利。

（6）有权控告和检举税务机关、税务人员的违法违纪行为。

（7）国家法律、行政法规规定的其他权利。

2. 应当履行的义务

（1）接受税务机关依法进行的税务检查，如实反映情况，提供有关资料，不得拒绝、隐瞒。

（2）在税务机关调查税务违法案件时，不得拒绝或者阻止税务机关记录、录音、录像、照相和复制与案件有关的情况和资料。

（3）接受税务人员就与纳税或者代扣代缴、代收代缴税款有关的问题和情况依法进行的询问。

（4）在检查期间，不得转移、隐匿、销毁有关资料。

（5）履行税务机关依法作出的处理、处罚决定。

（6）国家法律、行政法规规定的其他义务。

3. 不必预先通知的情形

有下列情况之一，可能会妨碍检查的，可以不必预先通知：

（1）被查对象被检举涉嫌存在税收违法行为的。

（2）有根据认为被查对象有税收违法行为的。

（3）预先通知有碍于税务稽查实施工作开展的。

（三）调查核实

检查部门接到调查核实任务通知后，应当及时安排人员依法对需要调查核实的对象实施调查核实。调查核实过程中，如发现调查核实对象存在税收违法嫌疑的，检查部门应提出拟确认为案源的建议，并将相关材料移交给案源部门。

（四）通知有关税务事项

在案件检查过程中，检查人员通过《税务事项通知书》通知被查对象有关事项，具体情形如表 1-2 所示。

表 1-2 检查过程中通知有关税务事项的情形表

<table>
<tr><th>序号</th><th>事项</th><th>要求</th><th>使用文书</th></tr>
<tr><td>1</td><td>检查人员发生变更的</td><td>应当通知</td><td rowspan="5">《税务事项通知书》</td></tr>
<tr><td>2</td><td>稽查所属期间发生变更的</td><td>可以通知</td></tr>
<tr><td>3</td><td>要求限期提供有关文件、材料或者证明资料</td><td>可以通知</td></tr>
<tr><td>4</td><td>税务登记、基本信息等变化的，通知办理变更</td><td>可以通知</td></tr>
<tr><td>5</td><td>检查结束前告知发现的税收违法事实和依据并要求限期说明情况</td><td>可以通知</td></tr>
</table>

（五）责令限期改正

根据《中华人民共和国税收征收管理法》（以下简称《税收征收管理法》）及其实施细则、《中华人民共和国发票管理办法》（以下简称《发票管理办法》）及其实施细则等有关规定，在检查过程中，被查对象存在违法行为应依法责令改正的，使用《责令限期改正通知书》，依法责令被查对象限期改正违法行为。应责令限期改正的违法行为，如表 1-3 所示。

表 1-3 税收违法行为责令限改情形表

<table>
<tr><th rowspan="2">序号</th><th rowspan="2">责令限期改正的情形</th><th colspan="2">法律依据</th></tr>
<tr><th>法律法规</th><th>条款</th></tr>
<tr><td>1</td><td>未按照规定办理登记变更、设置保管账簿、报送会计制度软件</td><td rowspan="6">《税收征收管理法》</td><td>第六十条</td></tr>
<tr><td>2</td><td>扣缴义务人未按照规定设置、保管代扣代缴、代收代缴税款账簿、记账凭证</td><td>第六十一条</td></tr>
<tr><td>3</td><td>未按照规定的期限办理纳税申报和报送纳税资料</td><td>第六十二条</td></tr>
<tr><td>4</td><td>编造虚假计税依据</td><td>第六十四条</td></tr>
<tr><td>5</td><td>在规定期限内不缴或者少缴应纳或者应解缴的税款</td><td>第六十八条</td></tr>
<tr><td>6</td><td>逃避、拒绝或者以其他方式阻挠税务机关检查</td><td>第七十条</td></tr>
<tr><td>7</td><td>非法印制、转借、倒卖、变造或者伪造完税凭证</td><td rowspan="2">《税收征收管理法实施细则》</td><td>第九十一条</td></tr>
<tr><td>8</td><td>银行和其他金融机构未依照规定在从事生产、经营的纳税人的账户中登录</td><td>第九十五条</td></tr>
<tr><td>9</td><td>违规开具、使用、缴销、存放、保管发票的九种情形</td><td rowspan="2">《发票管理办法》</td><td>第三十五条</td></tr>
<tr><td>10</td><td>跨规定的使用区域携带、邮寄、运输空白发票，以及携带、邮寄或者运输空白发票出入境</td><td>第三十六条</td></tr>
</table>

《责令限期改正通知书》中应当说明被查对象违法行为的具体事实，并明确告知

改正方式。检查人员应当根据具体违法行为的性质和实际情况，确定合理的改正期限。

（六）案件办理期限

税务稽查案件办理期限一般为90日，即稽查局应当自立案之日起90日内作出行政处理、处罚决定或者无税收违法行为结论。如果案情复杂需要延期的，经税务局局长批准，可以延长不超过90日。案件查办过程中遇到特殊情况或者发生不可抗力需要继续延期的，应当经上一级税务局分管副局长批准，并确定合理的延长期限。

计算税务稽查案件办理期限时，下列时间不计算在内：

（1）中止检查的时间。

（2）请示上级机关或者征求有权机关意见的时间。

（3）提请重大税务案件审理的时间。

（4）因其他方式无法送达，公告送达文书的时间。

（5）组织听证的时间。

（6）纳税人、扣缴义务人超期提供资料的时间。

（7）移送司法机关后，税务机关需根据司法文书决定是否处罚的案件，从司法机关接受移送到司法文书生效的时间。

（七）大要案查办

1. 报请督（查）办

在稽查案件查办过程中，如果有涉税金额达到一定标准，或者涉税金额未达标准但情节严重、有较大社会影响的案件，或者违法行为涉及多个其他地区等需要报请督（查）办，本级稽查局查处确有困难的，按照《重大税收违法案件督办管理暂行办法》报请上级督办或者组织查办。

2. 重大税收违法督办案件办理

（1）制订查处方案。作为承办机关的稽查局检查部门在接到案源部门重大税收违法案件督办的稽查任务后，应当制订查处方案，并组织实施检查。

（2）报告具体查处方案。督办机关要求承办机关在实施检查前报告具体查处方案的，承办机关应当按照要求报告，经督办机关同意后实施检查。督办机关督办前，承办机关的稽查局已经立案的，不停止案件办理，但应当将具体查处方案及相关情况报告督办机关。督办机关要求调整具体查处方案的，承办机关应当调整。

（3）报告案件查处进展情况。承办机关应当按照《重大税收违法案件督办函》要求填写《重大税收违法案件情况报告表》并附具体情况报告，每30日向督办机关报告一次案件查处进展情况；《重大税收违法案件督办函》有确定报告时限的，按照确定时限报告；案件查处有重大进展或者遇到紧急情形的，应当及时报告；案件查处没有进展或者进展缓慢的，应当说明原因，并明确提出下一步查处工作安排。

(4) 申请延期查处。督办机关确定查处期限的，承办机关应当严格按照确定的期限查处。案情复杂确实无法按时查处的，承办机关应当在查处期限届满前10日内制作《重大税收违法案件延期查处申请》向督办机关申请延期查处，提出申请延长查处的期限和理由，经督办机关批准后延期查处。

(5) 报请组织协查。承办机关可以就督办案件向相关地区同级税务机关发出《税收违法案件协查函》，提出具体协查要求和回复时限。案情重大复杂的，承办机关可以报请督办机关组织协查。

3. 大案要案报告

对辖区内所发生的案件，初步查证案件达到大案要案报告标准的案件，应当在初步查证案件情况后3日内以书面形式逐级上报上级税务机关。

对紧急或者特别重大的案件，应当及时电文(包括电报、电传、传真、电子数据交换和电子邮件)报告。大案要案涉案当事人申请行政复议或者提起行政诉讼的，应当在复议决定、诉讼裁决后10日内报告有关情况。移送司法机关处理的大案要案，应当随时了解处理情况并及时报告。

(八) 案件协查

在案件查办过程中，需要异地调查取证的，当地税务机关应当予以协助。发函委托相关稽查局调查取证的，必要时可以派人参与受托地稽查局的调查取证，受托地稽查局应当根据协查请求，依照法定权限和程序调查。需要取得境外资料的，稽查局可以提请国际税收管理部门依照有关规定程序获取。

1. 委托协查

委托协查分为调查取证和确定虚开两类。调查取证类是指委托方立案检查的税收违法案件已取得涉嫌违法的部分证据，需要受托方对涉案发票协助调查取证的。确定虚开类是指委托方立案检查的税收违法案件经过审理程序认定虚开后，需要通知受托方作出相应处理的。

委托协查的形式有发函委托和派人协查两种。

发函委托包括通过协查信息管理系统发出协查函和寄送纸质协查函。国家税务总局未纳入协查信息管理系统的发票和涉税事项的协查，通过邮寄方式传递协查信息和资料。

派人协查是指在查办重大案件或者有特殊要求的案件时，委托方可派人参与受托方的调查取证，向受托方通报情况、沟通案情、提出取证要求。派出人员需携带加盖本单位公章的介绍信、协查函以及税务检查证等，参与受托方的调查取证。

2. 受托协查

受托地稽查局接到委托方协查函后，应当根据协查请求，依照法定权限和程序调查，同时根据委托地稽查局协查函委托的事项，将取得的相关证据材料及文书复制，注明“与原件核对无误”，注明原件存放处，并加盖本单位印章后一并移交委托地稽查局。

检查人员在规定时间内完成调查取证后，应当根据调查取证所掌握及所获取的证据材料，做出协查结论。

三、检查结果

（一）提请撤销案源

检查人员在检查过程中发现符合撤销案源情形时，经稽查局负责人批准或者案源管理集体审议会议决定，可以提请撤销案源。

提请撤销案源的情形包括：

（1）案源登记有误或者案源重复的。

（2）多个部门同时入户，经稽查局所属税务局局长或者其授权的税务局领导决定稽查局停止实施检查的。

（3）不符合上级政策规定或者上级机关要求撤销案源的。

（二）中止检查

检查过程中出现致使税务检查暂时无法进行的情况时，经过规定的程序和权限审批，可中止税务检查。实施检查过程中，被查对象有下列情形之一，致使检查暂时无法进行的，经稽查局局长批准后，可中止检查：

（1）当事人被有关机关依法限制人身自由的。

（2）账簿、记账凭证及有关资料被其他国家机关依法调取且尚未归还的。

（3）与税收违法行为直接相关的事实需要人民法院或者其他国家机关确认的。

（4）法律、行政法规或者国家税务总局规定的其他可以中止检查的。

在重大税收违法督办案件检查过程中，出现符合中止检查情形，致使检查暂时无法进行的，报请督办机关审批。在接到督办机关批复同意中止检查后中止检查；不同意中止检查的，应当继续检查。

已中止检查的稽查案件，在中止检查的情形消除后，应及时恢复税务检查。

（三）终结检查

检查过程中出现致使检查确实无法进行的情形时，经过规定的程序和权限审批后，可终结案件检查。检查案件有下列情形之一，致使检查确实无法进行的，报经稽查局局长批准后，终结检查：

（1）被查对象死亡或者被依法宣告死亡或者依法注销，且有证据表明无财产可抵缴税款或者无法定税收义务承担主体的。

（2）被查对象税收违法行为均已超过法定追究期限的。

（3）法律、行政法规或者国家税务总局规定的其他可以终结检查的。

重大税收违法督办案件存在终结检查情形的，致使检查确实无法进行的，报请督办机关审批。在接到督办机关批复同意终结检查后终结检查；不同意终结检查的，应当继续检查。

稽查案件经审批同意终结检查后，检查人员应及时整理案件资料，将案件资料移交案卷管理岗归档。

（四）移交审理

案件检查完毕后，检查人员应及时将检查环节的证据资料分类整理，制作《证据目录》。将《税务稽查报告》《税务稽查工作底稿》及相关文件材料移交审理部门审理。

（五）补正或补充调查

已移交审理的案件，审理部门下达《补正或者补充调查通知书》的，检查人员应按照有关要求，在规定的期限内，对退回案件进行补正或者补充调查取证，重新制作《税务稽查报告》及相关附表并补充相关资料，再次将案件移交审理部门审理。

重大税务案件补正或者补充调查时间不超过 30 日，有特殊情况的，经稽查局局长批准可以适当延长，但延长期限最多不超过 30 日。

第三节 案 件 审 理

稽查局审理部门接到检查部门移交案件后，应当依据法律、行政法规、规章及其他规范性文件，通过对检查部门移交的《税务稽查报告》及其他相关资料进行审查，核实案件事实、审查鉴别证据、依法认定税收违法行为性质，按照分级审理的要求，区别案件的情形和性质，采取相应的审理程序，形成审理意见并制作相关结论性文书移送执行。案件审理的流程与知识框架，如图 1-3 所示。

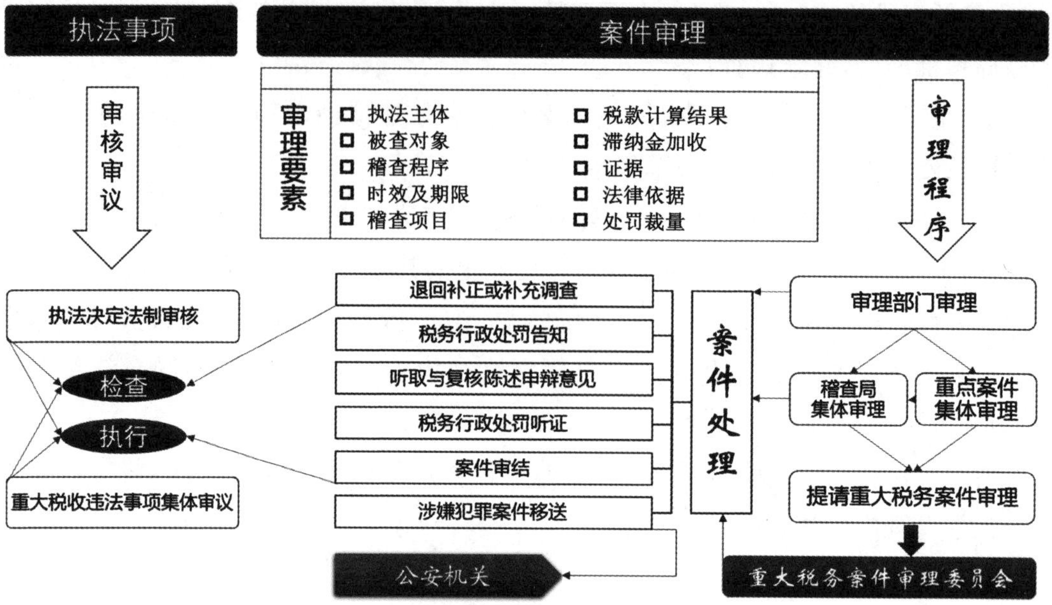

图 1-3　案件审理流程图

一、审理要素

（一）执法主体审查

1. 审查执法主体的职责范围

根据《税务稽查案件办理程序规定》规定，稽查局主要职责是依法对纳税人、扣缴义务人和其他涉税当事人履行纳税义务、扣缴义务情况及涉税事项进行检查处理，以及围绕检查处理开展的其他相关工作。审理人员应当审查相关行政行为是否属于案件办理稽查局的职责范围。

2. 审查执法主体的管辖范围

稽查局应当在税务局向社会公告的范围内实施税务稽查。上级税务机关可以根据案件办理的需要指定管辖。审理人员应当审查被查对象是否属于案件办理税务局稽查局管辖。对税务稽查管辖有争议的，审查是否经争议各方逐级协商解决，不能协商一致的，是否报请共同的上级税务机关协调或者决定。审理人员应当审查被查对象是否属于案件办理税务局稽查局管辖。对税务稽查管辖有争议的，审查是否经争议各方逐级协商解决，不能协商一致的，是否报请共同的上级税务机关协调或者决定。

（二）被查对象审查

核实税务检查通知书、调取账簿资料通知书、税务稽查报告等所有文书上填写的被查对象名称与法人、其他组织的营业执照或者统一代码登记证(照)、自然人的身份证明材料上的名称是否完全一致。通过信息系统核实审理时被查对象名称是否与实施检查时名称一致,是否存在名称变更情况。审查被查对象是否是实施违法行为的主体。

(三) 稽查程序审查

主要审查案件检查环节的调查取证程序是否合法,主要包括但不限于以下内容:

(1) 审查是否由 2 名以上检查人员共同实施检查,并向被查对象出示税务检查证和税务检查通知书,审查检查人员是否存在应当回避的情形。

(2) 审查案卷中执法文书送达方式、程序是否合法。

(3) 审查调查取证程序是否合法。

(4) 审查调取企业账簿凭证及其他会计资料程序是否合法。

(5) 审查查询银行账户及相关涉案人员储蓄账户程序是否合法。

(6) 审查检查环节采取的税收保全措施程序是否合法。

(7) 审查纳税担保程序和方式是否合法。

(8) 审查其他检查程序是否合法。

有下列情形之一的,且对被查对象及其他当事人依法享有的听证、陈述、申辩等重要程序性权利不产生实质损害的,属于程序轻微违法:

(1) 处理期限轻微违法。

(2) 通知、送达等程序轻微违法。

(3) 其他程序轻微违法的情形。

属于程序轻微违法的,经退回检查部门,确实无法补正的,不影响有关案件事实的认定与处理。

相关案例 1.1 未告知申请回避权 程序瑕疵法庭相见①

【案件查办过程】

N 市 Y 园林绿化工程有限公司(以下简称 Y 公司)成立于 1998 年 3 月,法定代表人为张某福。经营范围包括园林绿化工程、园林仿古建筑设计与施工;市政工程

① 本案例改编自《南京雨花园林绿化工程有限公司与南京市人民政府、江苏省南京地方税务局稽查局、江苏省南京地方税务局税务行政管理(税务)行政处理及行政复议二审行政裁定书》江苏省南京市中级人民法院(2017)苏 01 行终 1120 号,见中国裁判文书网,http://wenshu.court.gov.cn/website/wenshu/181107ANFZ0BXSK4/index.html? docId=af65023b5eed4b419b26a90b00993c5f。

设施、环境卫生养护管理;土石方工程、给排水工程施工;苗木、花卉培育销售、租赁等。

2014年7月21日,N市地方税务局稽查局(以下简称稽查局)决定对Y公司2011年1月1日至2013年12月31日涉税情况进行立案检查。

检查期间,Y公司向稽查局提交了2011—2013年税款缴纳情况表、2011—2013年养护经费收款情况、记账凭证及承包合同、2013年预收账明细说明及记账凭证、情况说明等材料。其中:2011—2013年养护经费收款情况表明Y公司2011年养护经费收款合计9 606 200元、2012年养护经费收款合计11 410 000元、2013年养护经费收款合计6 730 000元;2013年预收账明细说明及记账凭证表明Y公司2010年、2011年、2012年、2013年预收账款未缴税部分分别为100 000元、190 000元、505 290.57元、775 180.3元;情况说明及记账凭证表明Y公司2012年、2013年用于购买礼品的金额分别为30 000元、100 000元,均未按规定代扣代缴个人所得税,目前已无法对应到个人。经核查,2014年10月17日稽查局作出《税务稽查工作底稿(二)》,并向Y公司讲评税务稽查情况,Y公司提交《关于养护经费计入专项应付款未计税的陈述理由》,认为养护经费系财政拨款,请求减免此项税赋。

2014年11月28日,稽查局对该案进行集体审理,并决定将其作为重大税务案件报送N市地税局审理。2015年8月12日,N市地税局予以受理。9月25日,N市地税局重大税务案件审理委员会对该案进行了审理。之后,在行政处罚听证程序中,Y公司提出陈述申辩意见,并提交了相应的证据。听证后,稽查局根据Y公司在听证中提出的异议,对N市雨花台区建设局、N市××装饰工程有限公司、××新城开发有限公司、××市政园林公司、××国际商贸集团(中国)有限公司、××超市有限公司等进行调查取证,对Y公司的法定代表人张某福进行调查询问。重新核查后,稽查局对Y公司提出的2011年预收账款190 000元已缴税的意见予以采纳,对于2013年预收账款中向××新城开发有限公司供应苗木部分予以扣除,重新确定2012年预收账款未缴税部分为500 000元。2016年4月18日,稽查局经集体审理后,根据重新调查后的情况将该案再次向N市地税局报送。4月25日,N市地税局重大税务案件审理委员会对该案进行了审理,并作出审理意见书。6月20日,稽查局作出《税务处理决定书》,认定:

(1) Y公司2010年、2012年、2013年提供建筑业劳务取得预收款未缴税部分分别为100 000元、505 290.57元、500 000元,均未按规定缴纳营业税及其附加。

(2) 2011年、2012年、2013年计入专项应付款的养护经费9 606 200元、11 410 000元、6 730 000元,均未按规定缴纳营业税及其附加、未计入收入总额计算缴纳企业所得税。

(3) 2012 年计入生产成本的 30 000 元、2013 年计入管理费的 100 000 元为购买礼品送给外单位个人，未按规定代扣代缴“其他所得”个人所得税，目前均已无法对应到个人追缴。

根据《中华人民共和国税收征收管理法》(以下简称《税收征收管理法》)第六十三条、第六十四条等规定(见稽查局提供的法律依据)，决定对 Y 公司补征营业税、城市维护建设税、教育费附加、地方教育附加、企业所得税分别为 1 420 468.72 元、99 432.81 元、42 614.06 元、28 409.37 元、554 924 元，加收滞纳金 551 784.71 元，并于 2016 年 7 月 1 日向 Y 公司送达。

Y 公司对《税务处理决定书》不服，向市政府申请行政复议，请求撤销《税务处理决定书》。市政府于 2016 年 8 月 29 日收到申请，于 9 月 1 日受理，期间延期 30 日，于 11 月 22 日作出《行政复议决定书》，维持《税务处理决定书》。

Y 公司不服稽查局作出的《税务处理决定书》及市政府的《行政复议决定书》，遂向法院提起诉讼。

【税企争议焦点】

稽查局未告知被查对象申请回避权是否构成程序违法；稽查局在检查过程中复制 Y 公司的电子账册数据程序是否合法；本案中稽查局是否存在超过税款追征期追征税款的问题；稽查局认定 Y 公司违法行为事实是否清楚，适用法律是否正确。

【法院裁判观点】

▶ 一审法院认为：

《中华人民共和国行政诉讼法》(以下简称《行政诉讼法》)第五条规定，人民法院审理行政案件，对具体行政行为是否合法进行审查。该案审查的对象是稽查局于 2016 年 6 月 20 日作出的税务处理决定是否合法。该行政行为是否合法，应从以下几个方面进行分析。

一、稽查局是否具有法定职权

《税收征收管理法》第五条规定：“各地国家税务局和地方税务局应当按照国务院规定的税收征收管理范围分别进行征收管理。”《税收征收管理法》第十四条规定：“本法所称税务机关是指各级税务局、税务分局、税务所和按照国务院规定设立的并向社会公告的税务机构。”《中华人民共和国税收征收管理法实施细则》(以下简称《税收征收管理法实施细则》)第九条规定：“税收征管法第十四条所称按照国务院规定设立的并向社会公告的税务机构，是指省以下税务局的稽查局。稽查局专司偷税、逃避追缴欠税、骗税、抗税案件的查处。”国家税务总局《税务稽查工作规程》第二条第二款规定:“税务稽查由税务稽查局依法实施。”根据上述规定,稽查局有权对本行政区域范围内的纳税人、扣缴义务人和其他涉税当事人履行纳税义务、扣缴义务情况及涉税事项进行检查处理。

二、被诉行政行为程序是否合法

《税务稽查工作规程》规定了税务机构在稽查时应该履行的相关程序,《重大税务案件审理办法》规定了重大税务案件应当履行的相关程序。本案中,稽查局依法进行了立案检查、调查取证、举行听证、报送审理、作出处理决定并送达给Y公司,履行了《税务稽查工作规程》《重大税务案件审理办法》规定的相关程序,程序合法。关于Y公司提出的稽查局在检查时未穿着正式的工作服,未出示检查证属程序违法的意见,原审法院认为,稽查局提交的《税务检查证出示证明》上有Y公司的盖章和工作人员的签名,可以证明稽查局在检查时由两名检查人员进行,并向Y公司出示检查证,符合《税务稽查工作规程》的相关规定。Y公司该意见,无事实和法律依据,不予采纳。

关于Y公司提出的稽查局私自拷贝企业的电子账册且超期未归还属程序违法的意见,法院认为,《税收征收管理法实施细则》第八十六条及《税务稽查工作规程》第二十五条对调取企业账簿、记账凭证、报表和其他材料应履行的法定程序及返还期限作出了规定,此处规定的“企业账簿、记账凭证、报表和其他材料”指的应是书面纸质材料且为原件,但电子账册系电子数据,并不属于以上规定中的“企业账簿、记账凭证、报表和其他材料”,不适用以上规定中调取账簿的程序要求。稽查局在检查过程中复制Y公司的电子账簿数据符合《税收征收管理法》第五十八条、《国家税务总局关于贯彻〈中华人民共和国税收征收管理法〉及其实施细则若干具体问题的通知》(国税发〔2003〕47号)第十六条、《税务稽查工作规程》第二十三条规定的要求,并无不当。对于Y公司该意见,不予采纳。

三、税务处理决定中认定违法事实是否清楚、适用法律是否正确

稽查局提交的证据可以证明Y公司2011年、2012年、2013年获取的养护经费分别为9 606 200元、11 410 000元、6 730 000元,均未按规定缴纳营业税及附加和企业所得税;2010年、2012年、2013年提供建筑业劳务预收款未缴纳营业税及附加部分分别为100 000元、505 290.57元、500 000元;2012年、2013年购买礼品送给外单位个人的分别为30 000元、100 000元,未按规定代扣代缴“其他所得”缴纳个人所得税的事实,其行为违反了《中华人民共和国营业税暂行条例》(以下简称《营业税暂行条例》)第一条,《中华人民共和国营业税暂行条例实施细则》(以下简称《营业税暂行条例实施细则》)第二条、第三条、第九条,《中华人民共和国企业所得税法》(以下

简称《企业所得税法》)第一条、第六条,《税收征收管理法》第六十三条第一款、第六十四条第二款等规定,稽查局认定Y公司提供建筑业劳务预收款部分未缴纳营业税及附加构成偷税行为,养护经费未缴纳营业税及附加和企业所得税构成不进行纳税申报行为,依据《营业税暂行条例》第十二条,××省地方税务局《关于营业税征收有关问题的公告》第二条,《营业税暂行条例实施细则》第二十五条第二款,《企业所得税法》第四条、第二十二条,《城市维护建设税暂行条例》第二条、第三条、第四条,《征收教育费附加的暂行规定》第二条、第三条,××省人民政府办公厅《关于转发省财政厅等部门〈××省教育费附加地方教育附加和地方教育基金征收使用管理办法〉的通知》第四条,《税收征收管理法》第三十二条、第六十三条、六十四条等规定,作出补征营业税及滞纳金、企业所得税及滞纳金、城市维护建设税、教育附加费、地方教育附加费的处理决定,认定事实清楚,适用法律正确。

关于Y公司主张的养护经费系财政拨款不应征税的意见,原审法院认为,养护经费系Y公司履行《承包合同》提供城市绿化设施养护管理劳务所得,应当按照《营业税暂行条例》的相关规定缴纳营业税。《企业所得税法》第七条、《财政部 国家税务总局关于专项用途财政性资金企业所得税处理问题的通知》(财税〔2011〕70号)第一条对可以作为不征税收入的财政拨款的条件进行了规定,Y公司并无证据证明其2011—2013年的养护经费符合上述条件,对于Y公司该主张,不予采纳。

关于Y公司提出的追征期限和检查范围的问题,根据《税收征收管理法》第五十二条、《税收征收管理法实施细则》第八十二条、《国家税务总局关于未申报税款追缴期限问题的批复》(国税函〔2009〕326号)的规定,对于认定为偷税的少缴税款的行为,不受期限限制,对于认定为未申报税款少缴的行为,特殊情况下追征期可以延长至5年。本案中,稽查局要求Y公司补征的税款,自检查之日起均未超过法定期限。稽查局于2014年7月28日出具的《税务检查通知书》中已告知Y公司,如检查发现2011年1月1日至2013年12月31日以外明显的税收违法嫌疑或线索不受此期限的限制,故对Y公司主张的稽查局超范围检查、超追征期限征税系违法的意见,不予采纳。

根据《中华人民共和国行政复议法实施条例》第十三条的规定,下级行政机关依照法律、法规、规章规定,经上级行政机关批准作出具体行政行为的,批准机关为被申请人。《税务行政复议规则》(国家税务总局令第21号)第二十九条规定,申请人对经重大税务案件审理程序作出的决定不服的,审理委员会所在税务机关为被申请人。《税务行政复议规则》第十七条规定:“对各级地方税务局的具体行政行为不服的,可以选择向其上一级地方税局或者该税务局的本级人民政府申请行政复议。”本案中,N市地税局作为行政复议的被申请人并无不当,市政府作为市地税局的本级人民政府，具有对案涉行政行为作出行政复议处理决定的法定职权。Y公司不服税务处理决定，向市政府申请行政复议。市政府于2016年9月1日依法受理复议申请，书面审查了N市地税局的答复意见及证据材料，因案情复杂，履行了延长审理期限的手续，于同年11月22日作出行政复议决定，维持《税务处理决定书》。该复议未超过《中华人民共和国行政复议法》(以下简称《行政复议法》)规定的法定期限，复议程序合法，适用法律、法规正确，实体处理亦无不当。

综上，稽查局作出《税务处理决定书》及市政府作出《行政复议决定书》的行政行为，认定事实清楚，证据充分，适用法律、法规正确，程序合法。Y公司要求撤销上述行政行为的诉讼请求，不予支持。依照《行政诉讼法》第六条、第六十九条、第七十九条之规定，判决驳回Y公司的诉讼请求。

Y公司不服一审判决，提起上诉称：(1) 稽查局处罚事实不清，证据不足，滥用职权。(2) 稽查局未告知其有申请回避的权利，违反回避的规定，程序违法。(3) 稽查局的听证程序违法，稽查局于2015年10月21日向上诉人送达《税务行政处罚听证通知书》，决定在2015年10月30日进行听证。但直至2015年10月26日才通知上诉人更换听证主持人，此时离听证日期已不足7天，未给上诉人预留准备材料和提出申请回避的时间，听证程序违反了《税务行政处罚听证程序实施办法(试行)》第五条的规定。(4) 稽查局任意扩大处理的范围，定性偷税违法。

▶ 二审法院认为：

一、关于被上诉人稽查局作出被诉税务处理决定认定事实是否清楚，适用法律、法规、规范性文件规定是否正确的问题

稽查局《税务处理决定书》认定，Y公司2010年、2012年、2013年提供建筑业劳务取得预收款100 000元、505 290.57元、500 000元，未缴纳营业税及附加；2011年、2012年、2013年计入专项应付款的养护经费分别为9 606 200元、11 410 000元、6 730 000元，均未按规定缴纳营业税及附加且未计入收入总额计算缴纳企业所得税；2012年计入生产成本的30 000元、2013年记入管理费用的100 000元为购买礼品送给外单位个人，未按规定代扣代缴“其他所得”个人所得税。以上事实有稽查局提交的预收账款明细、预收账款明细说明、银行进账单、收据、记账凭证、现金支票、施工协议书、承包合同、纳税申报表、资产负债表、利润表、询问(调查)笔录、会计师事务所出具的财务报表、上诉人及相关单位出具的情况说明等证据予以证实。稽查局根据《营业税暂行条例》第一条、第二条，《营业税暂行条例实施细则》第二条、第三条、第四条、第九条，《企业所得税法》第一条、第六条，《税收征收管理法》第六十三条第一款、第六十四条第二款，《企业所得税核定征收办法(试

行)》第十三条、第十四条等规定,认定Y公司提供建筑业劳务取得预收款部分未缴纳营业税构成偷税行为,记入专项应付款的养护经费未缴纳营业税及附加且未计入收入总额计算缴纳企业所得税构成不进行纳税申报行为,依据《营业税暂行条例》第四条、第十二条,××省地方税务局《关于营业税征收有关问题的公告》第二条,《营业税暂行条例实施细则》第二十四条、第二十五条,《企业所得税法》第四条、第六条、第二十二条,《企业所得税核定征收办法(试行)》第六条、第八条,《城市维护建设税暂行条例》第二条、第三条、第四条,《征收教育费附加的暂行规定》第二条、第三条,××省人民政府《关于调整地方教育附加等政府性基金有关政策的通知》第一条,《税收征收管理法》第三十二条、第六十三条第一款、六十四条第二款等规定,作出补征2010年、2012年、2013年"建筑业"应缴纳的营业税3 000元、15 158.72元、15 000元;补征2011年、2012年、2013年养护经费应缴纳的"服务业——其他服务业"营业税480 310元、570 500元、336 500元;补征2010年、2011年、2012年、2013年城市维护建设税210元、33 621.7元、40 996.11元、24 605元;补征2010年、2011年、2012年、2013年教育费附加90元、14 409.3元、17 569.76元、10 545元;补征2010年、2011年、2012年、2013年地方教育附加60元、9 606.2元、11 713.17元、7 030元;补征2011年、2012年、2013年企业所得税192 124元、228 200元、134 600元;对上述少缴的"建筑业"营业税从滞纳之日起加收滞纳金计10 526.78元;对上述少缴的"服务业"营业税从滞纳之日起加收滞纳金计413 115.91元;对上述少缴的企业所得税从滞纳之日起加收滞纳金计128 142.02元的处理决定,认定事实清楚,适用法律正确。

关于上诉人提出被上诉人将Y公司2010年、2012年、2013年提供建筑业劳务预收款未缴纳营业税定性为偷税错误的问题。本院认为,根据《税收征收管理法》第六十三条第一款规定,纳税人伪造、变造、隐匿、擅自销毁账簿、记账凭证,或者在账簿上多列支出或者不列、少列收入,或者经税务机关通知申报而拒不申报或者进行虚假的纳税申报,不缴或者少缴应纳税款的,是偷税。对纳税人偷税的,由税务机关追缴其不缴或者少缴的税款、滞纳金,并处不缴或者少缴的税款50%以上、5倍以下的罚款;构成犯罪的,依法追究刑事责任。本案中,根据稽查局提交的证据,可以认定Y公司2010年2月预收N市××区绿委城组工程款100 000元、2012年10月预收××区财政局绿化恢复工程款505 290.57元、2013年1月预收××新城开发公司工程款400 000元、2013年预收××市政园林公司工程款100 000元未申报纳税的事实。因Y公司在企业经营活动中提供建筑业劳务预收款大部分已申报纳税,可以认定其对上述四笔预收款应作纳税申报的情况是明知的,其未将上述四笔预收款进行纳税申报，目的在于不缴或者少缴应纳税款，其行为特征符合上述规定中虚假纳税申报的情形，稽查局认定Y公司提供建筑业劳务预收款部分未缴纳营业税已构成偷税，定性准确。上诉人关于其行为不构成偷税的理由不能成立，本院不予支持。

关于上诉人提出稽查局对2011年、2012年、2013年记入专项应付款的养护经费补征"服务业——其他服务业"营业税错误的问题。本院认为，《营业税暂行条例》第一条规定，在中华人民共和国境内提供本条例规定的劳务、转让无形资产或者销售不动产的单位和个人，为营业税的纳税人，应当依照本条例缴纳营业税。该条例第二条第一款规定，营业税的税目、税率，依照本条例所附的《营业税税目税率表》执行。《营业税暂行条例实施细则》第二条第一款规定，《营业税暂行条例》第一条所称劳务是指属于交通运输业、建筑业、金融保险业、邮电通信业、文化体育业、娱乐业、服务业税目征收范围的劳务。《营业税税目注释》第七项规定的服务业，是指利用设备、工具、场所、信息或技能为社会提供服务的业务。其中，其他服务业是指代理业、旅店业、饮食业、旅游业、仓储业、租赁业、广告业以外的服务业务，如沐浴、理发、洗染、照相、美术、裱画、誊写、打字、镌刻、计算、测试、试验、化验、录音、录像、复印、晒图、设计、制图、测绘、勘探、打包、咨询等。《××省地方税务局关于营业税征收有关问题的公告》明确：纳税人从事清洁、养护、修复业务，除国家另有规定外，暂按"服务业——其他服务业"税目缴纳营业税。根据《营业税暂行条例》《营业税暂行条例实施细则》的上述规定和《营业税税目注释》关于服务业的定义，上诉人从事的养护劳务属于营业税的征收范围。因《营业税税目注释》中对"其他服务业"项目未作穷尽式列举，而是采用"等外等"的方式作出了规定，××省地方税务局在国家法律、法规明确规定养护劳务属于征税范围的前提之下，对外发布公告，将养护业务按"服务业——其他服务业"税目征缴营业税，其内容不违反《营业税暂行条例》《营业税暂行条例实施细则》的规定。稽查局据此按"服务业——其他服务业"税目补征上诉人2011年、2012年、2013年养护经费营业税并无不当。上诉人提出的上述营业税征收错误的主张，本院不予支持。

关于上诉人提出其养护经费大部分为植物病虫害的防治和保护费用，应免征营业税的问题。本院认为，《营业税暂行条例》第八条第一款第（五）项规定，农业机耕、排灌、病虫害防治、植物保护、农牧保险以及相关技术培训业务，家禽、牲畜、水生动物的配种和疾病防治项目免征营业税。《营业税暂行条例实施细则》第二十二条第一款第（五）项规定，《营业税暂行条例》第八条第一款第（五）项所称病虫害防治，是指从事农业、林业、牧业、渔业的病虫害测报和防治的业务。根据国家统计局《国民经济行业分类》（GB/T4754—2011）关于农业、林业、牧业、渔业分类规定和说明，对照上诉人Y公司经营范围，可以认定Y公司不属于农、林、牧、渔行业企业，其从事的养护劳务业务不在上述条例规定的免征营业税范围内。因上诉人养护经费不符合法定的免税条件，本院对其该项主张不予支持。

关于上诉人提出稽查局未按追征期、超过追征期征收税款违法的问题。上诉人主张，应以作出《税务处理决定书》时间即2016年6月20日作为追征期的终期，而被上诉人则认为，应以送达《税务检查通知书》时间即2014年的7月29日作为追征期的终期。本院认为，税款追征期，是指税法规定的税务机关对纳税人、扣缴义务人未缴或者少缴税款进行追缴的有效期限。在有效期内，税务机关有权对纳税人、扣缴义务人未缴或者少缴的税款进行追缴。本案中，被上诉人自2014年的7月向Y公司送达《税务检查通知书》，对上诉人纳税行为进行税务检查，至2016年6月作出《税务处理决定书》，历时近两年，其依法启动的调查程序期间应当予以扣除。稽查局以送达《税务检查通知书》时间作为追征期终期，与税务机关的通行做法相符，且不违反相关法律规定。《税收征收管理法》第五十二条规定，因税务机关的责任，致使纳税人、扣缴义务人未缴或者少缴税款的，税务机关在3年内可以要求纳税人、扣缴义务人补缴税款，但是不得加收滞纳金。因纳税人、扣缴义务人计算错误等失误，未缴或者少缴税款的，税务机关在3年内可以追征税款、滞纳金；有特殊情况的，追征期可以延长到5年。对偷税、抗税、骗税的，税务机关追征其未缴或者少缴的税款、滞纳金或者所骗取的税款，不受上述规定期限的限制。《税收征收管理法实施细则》第八十二条规定，《税收征收管理法》第五十二条所称特殊情况，是指纳税人或者扣缴义务人因计算错误等失误，未缴或者少缴、未扣或者少扣、未收或者少收税款，累计数额在10万元以上的。根据上述规定，上诉人提供建筑业劳务收取预收款未纳税的行为，属于偷税行为，税款的追征期限没有限制，稽查局对上诉人补征上述应税款不违反《税收征收管理法》关于偷税无限期追征的法律规定。上诉人记入专项应付款的养护经费未被认定为偷税，但未缴税款累计数额在10万元以上，追征期为五年，稽查局对上诉人2011—2013年记入专项应付款的养护经费作出的补征相应税款的处理，未超过《税收征收管理法》规定的5年追征期。对上诉人关于《税务处理决定书》补征2011年6月20日前的税款超出追征期的主张，本院不予支持。

二、关于被上诉人稽查局作出被诉税务处理决定的程序是否合法的问题

《税务稽查工作规程》规定了税务机构在实施税务检查时依照法定权限和程序应当履行的程序。《重大税务案件审理办法》规定了稽查局将重大税务案件提请重大税务案件审理委员会审理以及重大税务案件审理委员会受理、审理重大税务案件的程序。本案中，稽查局在案涉税收检查处理工作中，履行了立案审批、调查取证、

检查情况讲评等程序；并将案件提请重大税务案件审理委员会审理，根据重大税务案件审理委员会审理意见作出《税务处理决定书》；制作了《税务检查通知书》《税务处理决定书》等相关文书并向Y公司送达。税收检查处理程序符合《税务稽查工作规程》和《重大税务案件审理办法》的相关规定。一审法院认定稽查局行政程序合法，具有事实和法律依据。

关于上诉人提出稽查局先处理后补证的行为违法的问题。经查，案涉《税务处理决定书》作出时间为2016年6月20日，稽查局认定Y公司税收违法事实所依据的相关账册凭证、合同等证据材料均是在其作出《税务处理决定书》之前调查收集，上诉人该项上诉理由，与在案证据及事实不符，本院不予支持。

关于上诉人提出原审法院查明事实中认定2014年7月29日检查人员杨某强、朱某丽在税务检查时出示了税务检查证件一节与事实不符的问题。经查，在案证据《税务检查证出示证明》载明："在对Y公司实施税务检查时，已向当事人出示了执法证件。"该《税务检查证出示证明》列明了税务检查人员姓名和税务检查证号，并经Y公司盖章确认。Y公司对原审法院关于该节事实认定提出的异议，因无事实依据，本院不予采纳。

关于上诉人提出《税务检查通知书(二)》送达回证只有一名检查人员签字，违反程序规定的问题。经查，该税务文书送达回证加盖有受送达人公司印章，并注有"检查人员谈某华、朱某丽出示检查证"字样，能够证明稽查局税务对相关单位实施税务检查及相关文书送达程序符合《税务稽查工作规程》第二十二条第二款关于检查应当由两名以上检查人员共同实施，并向被查对象出示《税务检查证》和《税务检查通知书》的规定。

关于上诉人提出稽查局调取上诉人电子账册程序违法的问题。本院认为，《税收征收管理法实施细则》第二十六条规定："纳税人、扣缴义务人会计制度健全，能够通过计算机正确、完整计算其收入和所得或者代扣代缴、代收代缴税款情况的，其计算机输出的完整的书面会计记录，可视同会计账簿。"本案中，稽查局复制的电子数据并非书面会计记录，不应视为会计账簿，故不适用《税务稽查工作规程》第二十五条关于调取账簿、记账凭证、报表和其他材料时应履行的法定程序及返还期限的规定。且稽查局未将上述电子数据内容作为认定违法事实的证据，对上诉人的上述主张，本院不予支持。

关于上诉人提出稽查局未告知其申请回避权的问题。本院认为，《税收征收管理法》第十二条规定："税务人员征收税款和查处税收违法案件，与纳税人、扣缴义务人或者税收违法案件有利害关系的，应当回避。"《税收征收管理法实施细则》第八条规定，税务人员在核定应纳税额、调整税收定额、进行税务检查、实施税务行政处罚、办理税务行政复议时，与纳税人、扣缴义务人或者其法定代表人、直接责任人有夫妻关系、直系血亲关系、三代以内旁系血亲关系、近姻亲关系、可能影响公正执法的其他利害关系的，应当回避。《税务稽查工作规程》第七条规定："税务稽查人员有《税收征收管理法细则》规定回避情形的，应当回避。被查对象要求税务稽查人员回避的，或者税务稽查人员自己提出回避的，由稽查局局长依法决定是否回避。稽查局局长发现税务稽查人员有规定回避情形的，应当要求其回避。稽查局局长的回避，由所属税务局领导依法审查决定。"上述法律、法规、规范性文件是关于税务稽查人员应当主动申请回避的范围及被查对象要求回避时应当履行程序的规定，并未要求税务人员在查处税收违法案件中必须履行回避告知义务。且上诉人直至本案诉讼时亦未指出本案税务稽查人员存在法定回避情形，因此，即使稽查局未告知申请回避权构成程序瑕疵，亦不足以导致《税务处理决定书》应被撤销的法律后果。

关于上诉人提出的稽查局作出两份《税务处罚告知书》、税务机关陈述申辩笔录作假、行政处罚听证程序违法等问题。经审查，上诉人因不服稽查局《税务行政处罚决定书》已向一审法院另行提起行政诉讼，本案审查对象为稽查局于 2016 年 6 月 20 日作出的税务处理决定而非税务行政处罚，上诉人提出的上述行政处罚程序问题，因不属本案审查范围，本院依法不予理涉。

关于上诉人要求对《国家税务总局关于贯彻〈中华人民共和国税收征收管理法〉及其实施细则若干具体问题的通知》(国税发〔2003〕47 号)《税务稽查工作规程》《税收征收管理法》三者是否冲突进行审查的问题，本院认为，上诉人的该项请求实质是要求人民法院对规范性文件的合法性进行审查。(根据《最高人民法院关于适用〈中华人民共和国行政诉讼法〉的解释》第一百四十六条关于公民、法人或者其他组织请求人民法院一并审查行政诉讼法第五十三条规定的规范性文件，应当在第一审开庭审理前提出；有正当理由的，也可以在法庭调查中提出的规定。)本案中，上诉人 Y 公司在二审期间提出对规范性文件进行审查的请求已超出了法定期限，对其该项诉讼主张本院不予支持。

三、关于被上诉人市政府作出的《行政复议决定书》是否合法的问题

《税务行政复议规则》第十七条第一款规定："对各级地方税务局的具体行政行为不服的，可以选择向其上一级地方税务局或者该税务局的本级人民政府申请行政复议。"《税务行政复议规则》第二十九条第二款规定："申请人对经重大税务案件审理程序作出的决定不服的，审理委员会所在税务机关为被申请人。"本案中，Y 公司案涉税务案件经过××地税局重大税务案件审理委员会审理，Y 公司不服稽查局作出的《税务处理决定书》，以××地税局为复议被申请人，向市政府申请行政复议，市政府作为××地税局的本级人民政府，具有依法履行行政复议的法定职责。

《行政复议法》第三十一条规定，行政复议机关应当自受理申请之日起60日内作出行政复议决定；但是法律规定的行政复议期限少于60日的除外。情况复杂，不能在规定期限内作出行政复议决定的，经行政复议机关的负责人批准，可以适当延长，并告知申请人和被申请人；但是延长期限最多不超过30日。行政复议机关作出行政复议决定，应当制作行政复议决定书，并加盖印章。本案中，Y公司不服稽查局于2016年6月20日作出的《税务处理决定书》，于2016年8月29日向市政府提出行政复议申请。市政府于2016年9月1日予以受理，履行了受理、通知答复、延长审理期限等程序，经过对案件事实和证据的审查，于2016年11月22日作出《行政复议决定书》且送达Y公司，符合行政复议法的上述规定，行政复议程序合法。

综上，稽查局作出的《税务处理决定书》及市政府作出的《行政复议决定书》认定事实清楚，适用法律、法规正确，程序无明显不当。Y公司请求撤销案涉《税务处理决定书》及《行政复议决定书》的诉讼请求缺乏事实和法律依据，本院不予支持。一审判决认定事实清楚，适用法律正确，审判程序合法，应予维持。依照《行政诉讼法》第八十九条第一款第（一）项的规定，判决驳回上诉，维持原判。

（四）时效及期限审查

1. 审查调取的账簿资料退还期限

调取纳税人、扣缴义务人以前会计年度的账簿资料，审查是否在3个月内完整退还；调取纳税人、扣缴义务人当年账簿资料，审查是否在30日内完整退还。

2. 审查税款追征期限是否合法

（1）补缴和追征税款、滞纳金的期限，自纳税人、扣缴义务人应缴未缴或者少缴税款之日起计算。

（2）因税务机关的责任，致使纳税人、扣缴义务人未缴或者少缴税款的，税务机关在3年内可以要求纳税人、扣缴义务人补缴税款，但是不得加收滞纳金。

（3）因纳税人、扣缴义务人计算错误等失误，未缴或者少缴税款的，税务机关在3年内可以追征税款、滞纳金；有特殊情况的，追征期可以延长到5年。

（4）纳税人不进行纳税申报造成不缴或者少缴应纳税款的，其追征期一般为3年，特殊情况可以延长至5年①。

① 现行《税收征收管理法》及其实施细则并未对不进行纳税申报造成不缴或少缴税款情形下的税款追征期作出规定，但《国家税务总局关于未申报税款追缴期限问题的批复》（国税函〔2009〕326号）中明确："税收征管法第六十四条第二款规定的纳税人不进行纳税申报造成不缴或少缴应纳税款的情形不属于偷税、抗税、骗税，其追征期按照税收征管法第五十二条规定的精神，一般为三年，特殊情况可以延长至五年。"

特殊情况，是指纳税人或者扣缴义务人因计算错误等失误，未缴或者少缴、未扣或者少扣、未收或者少收税款，累计数额在 10 万元以上的。只要纳税人、扣缴义务人在 5 年之内未缴、少缴税款的数额合计达到 10 万元，税务机关就可以追征，而不是特指某一笔税款要达到 10 万元以上。

（5）对偷税、抗税、骗税的，税务机关追征其未缴或者少缴的税款、滞纳金或者所骗取的税款，不受追征期限的限制。

3. 审查税收违法行为是否超过追究时效期限

违反税收法律、行政法规应当给予行政处罚的行为，在 5 年内未被发现的，不再给予行政处罚。追究时效的期限从违法行为发生之日起计算，违法行为有连续或者继续状态的，自行为终了之日起计算。

相关案例 1.2 税务违法处罚以 5 年为限 行为连续继续从终了计算[①]

【案件查办过程】

2013 年 7 月 1 日，HJ 公司（供方）与案外人 JC 公司（需方）签订三份《工矿产品购销合同》，合同总价款 22 562 500 元。3 份合同均约定结算方式及期限为：需方预付合同款的 40%作为定金，合同生效，提货前付合同款的 55%，供方开具发票。如果分批交货，提货款额度按照分批交货节奏确认，合同额的 5%作为质保金。

合同签订后，HJ 公司 2013 年 7 月 23 日收取合同款 300 万元，2013 年 9 月12 日收取合同款 500 万元，2013 年 9 月 23 日收取合同款 500 万元，2013 年 12 月 9 日收取合同款 400 万元，2014 年 9 月 29 日收取合同款 200 万元，共收取合同款 1 900 万元，其中原告仅将收到的第一笔合同款 300 万元记入预收账款科目，其余 1 600 万元收到后未按规定入账。

HJ 公司 2013 年 9 月 16 日至 12 月 23 日多次向 JC 公司发货共计 11 512 900 元（含税），2014 年 3 月向 JC 公司发货 8 165 100 元（含税），合计发货 19 678 000 元（含税）。HJ 公司发出上述货物在 2014 年 4 月之前账目上未进行记载，也未计提销项税。

市税务局接到群众举报后，于 2015 年 8 月 26 日起对 HJ 公司 2013 年 1 月 1 日至 2015 年 8 月 26 日开具发票及涉税情况进行了检查。

2015 年 8 月 31 日，HJ 公司将 2013 年至 2014 年收取的 1 600 万元进行“借记银

---

① 本案例改编自《青岛汇吉机械有限公司、青岛市国家税务局稽查局税务行政管理（税务）二审行政判决书》山东省青岛市中级人民法院（2018）鲁 02 行终 67 号，见中国裁判文书网，http://wenshu.court.gov.cn/website/wenshu/181107ANFZ0BXSK4/index.html? docId=59d995117ae544229d01a90d017d41d7。

行存款,贷记预收账款”账务补记处理,但未确认收入和计提增值税销项税。

经过调查询问,2015 年 9 月 22 日,市税务局因涉嫌偷税将该案移送稽查局立案查处。

稽查局于 2015 年 10 月 26 日下达《税务检查通知书》对 HJ 公司进行检查。

2015 年 11 月至 2017 年 1 月,HJ 公司分期补缴了税款 1 292 087.73 元。

2016 年 9 月 8 日,稽查局向 HJ 公司送达《税务行政处罚事项告知书》,告知原告拟作出的处罚决定及事实、法律依据,告知原告陈述、申辩的权利以及申请听证的权利。HJ 公司提出行政处罚听证申请后,又于 2016 年 9 月 13 日撤回。

该案经市税务局重大税务案件审理委员会审理后,稽查局于 2017 年 1 月 4 日作出《税务行政处罚决定书》于 2017 年 1 月 6 日送达 HJ 公司。送达后稽查局发现该处罚决定中复议机关告知错误,遂重新制作涉案《税务行政处罚决定书》予以替换。

HJ 公司不服,以稽查局为被申请人向国家税务总局申请行政复议。经复议机关告知后,HJ 公司变更市税务局为被申请人。国家税务总局于 2017 年 3 月 15 日受理 HJ 公司的行政复议申请,2017 年 5 月 5 日,作出《行政复议决定书》。HJ 公司不服,遂向法院提起行政诉讼。一审法院审理后,判决驳回 HJ 公司的诉讼请求。

HJ 公司不服一审判决,提起上诉称:《税务行政处罚决定书》载明是对 2013 年 1 月1 日至 2014 年 12 月 31 日“进行稽查”,税务稽查是税务行政处罚的前提和事实根据,依据《行政处罚法》第二十九条规定,稽查局 2017 年 1 月 4 日作出的《税务行政处罚决定书》只能对 2015 年 1 月 4 日以后的所谓违法行为进行处罚,不得再对 2013 年 9 月的交易行为涉及的申报纳税情况和税务处理进行税务行政处罚。

【税企争议焦点】

稽查局税务行政处罚是否已过追诉时效。

【法院裁判观点】

▶ 二审法院认为:

HJ 公司主张涉案税务行政处罚决定已过追诉时效问题。本院认为,《中华人民共和国行政处罚法》第二十九条规定:“违法行为在二年内未被发现的,不再给予行政处罚,法律另有规定的除外。前款规定的期限,从违法行为发生之日起计算;违法行为有连续或者继续状态的,从行为终了之日起计算。”《税收征收管理法》第八十六条规定:“违反税收法律、行政法规应当给予行政处罚的行为,在五年内未被发现的,不再给予行政处罚。”本案为税务行政处罚案件,根据“特别法优于普通法”原则,应适用《税收征收管理法》相关规定,该税务行政处罚决定并未超过 5 年的追诉时效。且本案中,上诉人自 2013 年 7 月 23 日收取第一笔款 300 万元后,违法行为一直呈连续状态，即便根据《行政处罚法》中两年追诉时效的规定，涉案行政处罚亦未过追诉时效。

（五）稽查项目审查

项目审查，主要审查检查部门对税务稽查项目的检查及反馈意见，是否存在遗漏，是否对选案分析疑点的检查排除等情况进行说明。对检举案件进行审理时，应当审查检查人员对检举材料反映的违法线索检查情况，是否遗漏，是否对全部检举线索的检查情况进行说明等。对督办、交办、安排、转办、协查、推送等其他案件进行审理时，审查检查项目是否遗漏，是否按相关要求开展检查，是否对全部稽查项目的检查情况进行说明等。

（六）税款计算结果审查

将认定的违法事实与证据材料中的数据核对，审查认定违法事实的数据计算是否正确，审查认定违法事实的计税依据是否准确，审查适用税率是否正确，审查核定的税款计算是否准确，审查罚款计算是否准确，审查无税款加收滞纳金起止时点是否准确，审查主动补缴税款以及加收滞纳金起止时点是否准确，审查是否有未弥补完的亏损，是否有待抵扣的进项税额，是否已做纳税调整，是否享受各种税收优惠等。

（七）加收滞纳金审查

《税收征收管理法》第三十二条规定，纳税人未按照规定期限缴纳税款的，扣缴义务人未按照规定期限解缴税款的，税务机关除责令限期缴纳外，从滞纳税款之日起，按日加收滞纳税款万分之五的滞纳金。但符合以下条件的，不予加收滞纳金：

(1) 因税务机关的责任，致使纳税人、扣缴义务人未缴或者少缴税款的。

(2) 纳税人善意取得虚开的增值税专用发票被依法追缴已抵扣税款的。

(3) 纳税人根据《税收征收管理法》第二十七条的规定，经税务机关核准延期申报并按规定预缴税款的，在核准的延期内办理税款结算的。

(4) 税务机关依照《企业所得税法》第六章规定作出纳税调整，需要补征税款，并按照国务院规定加收利息的。

(5) 主管税务机关开具的缴税凭证上的应纳税额和滞纳金为1元以下的。

(6) 纳税人按规定预缴土地增值税后，清算补缴的土地增值税在主管税务机关规定的期限内补缴的。

(7) 定期定额户在定额执行期届满分月汇总申报时，月申报额高于定额又低于省税务机关规定申报幅度的应纳税款，在规定的期限内申报纳税的；对实行简并征期的定期定额户，其按照定额所应缴纳的税款在规定的期限内申报纳税的。

（8）扣缴义务人应扣未扣、应收而未收税款的，由税务机关向纳税人追缴税款，对扣缴义务人和纳税人不予加收滞纳金。

（9）其他不予加收滞纳金的情形。

审核被查对象是否符合不予加收滞纳金的条件。

相关案例1.3　不加收滞纳金审理反复　纳税人不服向法院起诉[①]

【案件查办过程】

Y公司成立于1995年11月9日，系有限责任公司（自然人投资或控股）。2007年8月，Y公司购买YA药业股份有限公司5 009 744股。2010年3月5日，YA药业股份有限公司首次公开募股，证券名称：YA药业。2011年5月3日，YA药业每10股转赠10股，Y公司持有股份变为10 019 400股。2014年12月26日，Y公司通过大宗交易减持YA药业300万股，交易价格12.21元，交易金额36 630 000.00元，支付手续费14 652.00元、印花税36 630.00元后，取得银行存款36 578 718.00元，扣除股票成本3 300 000.00元，净收入33 278 718.00元。

Y公司向税务机关申报2014年度企业所得税，在填报《中华人民共和国企业所得税年度纳税申报表》（A类）时，将前述净收入33 278 718.00元作为2014年度投资收益填报，同时又将该投资收益作为纳税调整项目全额调减2014年度应税所得，最终申报2014年度纳税调整后所得－1 711 734.75元，应纳税0元。

2017年5月2日至2017年6月8日，稽查局对Y公司2014年1月1日至2014年12月31日期间股权交易地方税费的申报纳税情况进行专项检查。Y公司提交了××证券柜台委托申请表、××证券股份有限公司股票明细对账单、Y公司记账凭证、2014年度缴纳税款情况表、企业所得税年度纳税申报表（A类）及附表（税款所属期间为2014年1月1日至2014年12月31日）等，稽查局于同年6月6日作出《Y公司2014年企业所得税纳税调整》，Y公司签字盖章予以确认。

2017年5月11日，Y公司就2014年股票减持收益的情况向稽查局提交了书面情况说明及相关诉求，认为系自己涉税知识匮乏解读偏差、税务机关疏忽监督所致，Y公司没有主观故意，请求税务机关宽大处理，将2014年投资收益33 278 718元在

---

① 本案例改编自《黄冈永安药业有限公司、国家税务总局黄冈市税务局稽查局税务行政管理（税务）二审行政判决书》湖北省武汉市中级人民法院（2019）鄂01行终1029号，见中国裁判文书网，http://wenshu.court.gov.cn/website/wenshu/181107ANFZ0BXSK4/index.html? docId=b58bdd69440e4ec1a028ab2800a186b2。

2016年所得税汇算中确认为应税收入，并准允分期缴纳。

2017年6月22日，Y公司申报缴纳企业所得税4 000 000.00元并取得了税收缴款书，缴款书载明税款所属时期为2017年6月1日至2017年6月30日。2017年9月11日，Y公司申报缴纳企业所得税2 820 270.51元并取得税收缴款书，缴款书载明税款所属时期为2017年9月1日至2017年9月30日。

2017年9月4日，市税务局重大税务案件审理委员会作出《重大税务案件审理委员会审理意见书》，同意市稽查局集体初审意见，即：责令Y公司自收到税务处理决定之日起15日内补缴企业所得税6 820 270.51元，不予加收滞纳金，并对Y公司的行为不定性为偷税。

2017年11月8日，市税务局重大税务案件审理委员会作出《关于修改Y公司税案、市国有资产经营公司税案部分审理意见的决定》，主要内容为"决定对Y公司股权交易查补税款按规定加收滞纳金。"

2017年11月24日，根据市税务局重大税务案件审理委员会的审理意见，稽查局作出税务处理决定。

2018年3月26日，稽查局向Y公司下达通知书，责令其在收到该通知后3日内缴清税务处理决定确定的应补缴企业所得税6 820 270.51元及滞纳金2 678 642.67元，该通知书于次日向Y公司送达。

2018年5月8日，稽查局作出《税收强制执行决定书》，决定扣缴滞纳金2 678 642.67元，并从Y公司银行账户扣缴滞纳金1 081 512.97元。

2018年8月2日，Y公司向税务机关缴纳滞纳金1 597 129.70元。

Y公司认为税务处理决定对其加收滞纳金不服，向法院提起诉讼。

【税企争议焦点】

稽查局对Y公司加收滞纳金是否符合法律规定。

【法院裁判观点】

▶ **一审法院认为：**

关于税务处理决定加收滞纳金是否符合法律规定的问题。《企业所得税法》第五十四条第三款规定："企业应当自年度终了之日起五个月内，向税务机关报送年度企业所得税纳税申报表，并汇算清缴，结清应缴应退税款。"《税收征收管理法》第三十一条规定："纳税人、扣缴义务人按照法律、行政法规规定或者税务机关依照法律、行政法规的规定确定的期限，缴纳或者解缴税款。纳税人因有特殊困难，不能按期缴纳税款的，经省、自治区、直辖市国家税务局、地方税务局批准，可以延期缴纳税款，但是最长不得超过三个月。"《税收征收管理法》第三十二条规定："纳税人未按照规定期限缴纳税款的，扣缴义务人未按照规定期限解缴税款的，税务机关除责令限期缴纳外，从滞纳税款之日起，按日加收滞纳税款万分之五的滞纳金。”根据上述规定，企业如无特殊困难，应当自年度终了之日起5个月内结清该年度企业所得税税款，否则除责令限期缴纳外还应加收滞纳金。因此，判断是否加收滞纳金应基于纳税人是否在法律、法规规定的期限内结清税款。

本案中，Y公司涉案的股权交易企业所得税税款所属期间为2014年度，根据上述规定，本案中Y公司无因特殊困难申请延期申报缴纳的情形，故其应在2015年5月31日前申报并结清相应企业所得税税款6 820 270.51元，而Y公司在该期限截止前并未缴纳相应税款。Y公司述称其属于《税收征收管理法》第五十二条第一款：“因税务机关的责任，致使纳税人、扣缴义务人未缴或者少缴税款的，税务机关在三年内可以要求纳税人、扣缴义务人补缴税款，但是不得加收滞纳金。”规定的不得加收滞纳金的情形。一审法院认为，如实、正确填写企业所得税纳税申报表及其附表，完整报送相关资料是Y公司作为纳税人的义务，由Y公司对纳税申报的真实性、准确性和完整性承担法律责任。《税收征收管理法实施细则》第八十条规定：“税收征收管理法第五十二条所称税务机关的责任，是指税务机关适用税收法律、行政法规不当或者执法行为违法。”本案中，导致Y公司未在法律、法规规定的期限内结清企业所得税税款的原因是其未如实申报2014年度企业所得税，在申报时将相关股权的“处置收益”申报为“持有收益”。纳税申报是Y公司单方行为，不存在税务机关适用法律、法规的行为，更不存在适用不当的问题。Y公司认为“导致Y公司少缴税款的责任者是税务机关。在长达二年的时间里，税务机关无论是没有发现还是发现了故意不通知Y公司补缴企业所得税，都说明税务机关没有履职尽责”的理由没有事实和法律依据。故本案不存在《税收征收管理法》第五十二条第一款不得加收滞纳金的情形。因此，税务处理决定加收滞纳金符合法律规定。

Y公司不服一审判决，提起上诉。

▶ 二审法院认为：

本案中，Y公司于2014年12月26日通过大宗交易减持YA药业股份有限公司股份300万股，获得投资收益33 278 718.00元，依法应当将该笔投资收益计入其2014年度企业所得税应纳税所得并计算应纳税所得额，但是Y公司在进行2014年度企业所得税年度申报时将投资收益33 278 718.00元作为纳税调整项目进行了全额调减。税务处理决定认定Y公司存在应申报缴纳而未申报缴纳2014年度企业所得税6 820 270.51元的违法事实清楚，证据确凿。Y公司分别在2017年6月22日、2017年9月11日自行缴纳了所属期为2017年6月、2017年9月的企业所得税，并非税务处理决定中要求补缴的年度，故税务处理决定对Y公司在2014年应申报缴纳而未申报缴纳企业所得税的违法行为加收滞纳金认定事实清楚，符合《税收征收管理法》第三十二条及《税收征收管理法实施细则》第七十五条的规定。

《税收征收管理法》第五十二条规定："因税务机关的责任，致使纳税人、扣缴义务人未缴或者少缴税款的，税务机关在三年内可以要求纳税人、扣缴义务人补缴税款，但是不得加收滞纳金。因纳税人、扣缴义务人计算错误等失误，未缴或者少缴税款的，税务机关在三年内可以追征税款、滞纳金；有特殊情况的，追征期可以延长到五年。对偷税、抗税、骗税的，税务机关追征其未缴或者少缴的税款、滞纳金或者所骗取的税款，不受前款规定期限的限制。"《税收征收管理法实施细则》第八十条规定："税收征管法第五十二条所称税务机关的责任，是指税务机关适用税收法律、行政法规不当或者执法行为违法。"本案中，Y公司提起本诉的主要原因系对加收滞纳金的部分不服，认为其在2014年的税务申报表上已经将涉案款项有所载明，作为专业的税务机关应当及时发现并要求补缴，涉案情形符合《税收征收管理法》第五十二条第一款的规定，属于税务机关的责任所致，不应加收滞纳金。然纳税是企业的基本义务，纳税人必须依照法律、行政法规规定如实办理纳税申报。尽管上诉人在2014年度税务申报中，的确将涉案款项载明，但是却并未列入"应纳税所得额"(2014年度为0)当中，而是列在了"纳税调整减少额"中，故上诉人少缴税款原因不属于税务机关适用税收法律、行政法规不当或者执法行为违法所致，其认为不应加收滞纳金的上诉理由本院不予支持。

(八) 证据审查

对检查过程中取得的证据进行合法性、真实性、关联性审查，从而判断案件检查中所收集的证据能否用作认定案件事实的根据并认定其证明效力。

1. 证据合法性审查

税务稽查证据合法性审查，重点审查以下方面：

(1) 提取证据的主体是否符合法定要求。

(2) 提取证据的人员权限是否符合法定要求。

(3) 证据形式是否符合法定要求。

(4) 取证程序是否符合法定要求。

(5) 取证手段是否符合法定要求。

(6) 取证期限是否符合法定要求。

2. 证据真实性审查

税务稽查证据真实性审查，重点审查以下方面：

（1）证据形成的原因。

（2）发现证据时的客观环境。

（3）证据是否为原件、原物，复制件、复制品与原件、原物是否相符。

（4）提供证据的人或者证人与当事人是否具有亲属关系、利害关系或者其他密切关系。

（5）影响证据真实性的其他因素。

3. 证据关联性审查

税务稽查证据关联性审查，主要考虑以下要素：

（1）证据与案件事实之间有无客观联系。

（2）证据与案件事实之间联系的形式和性质。

（3）证据与案件事实之间联系的确定性程度。

（九）法律依据审查

审查案件拟认定的事实及拟作出的处理、处罚决定所依据的法律、行政法规、规章等是否正确，是否存在适用法律错误、违背法律适用规则的情形。

相关案例 1.4　纳税人扣缴义务人要分清　处理决定适用法律不能混[①]

【案件查办过程】

L 省彩票发行中心（以下简称彩票中心）系依法成立的非财政补助事业单位，主要业务范围包括开展彩票管理服务，促进福利事业发展；负责全省彩票的保管、发行及销售；负责全省福利基金的储存及运营，保证其增值；创办实体开展经营活动，补充福利基金活动经费等。

2005 年 11 月 18 日，L 省地方税务局稽查局（以下简称稽查局）依据《税收征收管理法》及有关税收法律法规的规定，对彩票中心作出《税务处理决定书》，主要内容有：

一、追缴税款

（一）个人所得税

责令彩票中心缴纳 2000 年至 2001 年 4 月 30 日应扣未扣个人所得税1 689 110.56 元；

① 本案例改编自《辽宁省地方税务局稽查局再审行政判决书》辽宁省沈阳市中级人民法院（2014）沈中审行终再字第 13 号，见中国裁判文书网，http://wenshu.court.gov.cn/website/wenshu/181107ANFZ0BXSK4/index.html?docId=f24b4fc7801b4e09967470e97380d36d。

责成彩票中心扣缴2001年5月1日至2002年6月30日个人所得税5 987 499.00元。两项合计7 676 609.56元。

（二）城镇土地使用税

责令彩票中心补缴2000年至2004年城镇土地使用税7 737.60元。

二、加收滞纳金

决定对彩票中心2001年4月30日之前应扣未扣个人所得税加收滞纳金1 519 841.52元；城镇土地使用税加收滞纳金4 659.39元。

彩票中心不服稽查局作出的《税务处理决定书》，向人民法院起诉称：税务处理决定认定事实的证据不足，没有确定具体的纳税人，更没有确定单个纳税人的纳税数额；认定发行费用等同于代销手续费是错误的；对纳税人核定纳税数额的证据不足；税务决定确定的代扣代缴税额错误。税务处理决定适用法律错误，核定税额适用对象、前提、事实错误，参照对象错误；税务机关存在不作为违法行为，在此前提下追究原告责任，适用法律错误，本案税款流失的责任在于税务机关的不作为行为；本案已经超过法定补缴税款时效，不应追缴税款；适用个人所得税法错误，因其适用对象是纳税人，而彩票中心不是纳税人；确定彩票中心有代扣代缴义务错误。税务处理决定违反法定程序，剥夺了实际纳税人的举证、申辩、救济权利，剥夺了彩票中心向纳税人追偿的权利。综上，请求法院撤销税务处理决定中关于个人所得税部分的全部内容，要求稽查局返还彩票中心代缴的个人收入所得税税款、滞纳金合计9 196 451.08元。

诉讼期间，应彩票中心申请，稽查局返还彩票中心应由纳税人缴纳的税款部分共计5 987 499.00元。彩票中心变更其赔偿请求为要求稽查局返还彩票中心代缴的个人收入所得税税款、滞纳金合计3 208 952.08元。

【税企争议焦点】

对扣缴义务人能否适用《税收征收管理法》第三十五条或第三十七条核定个人所得税应纳税额。稽查局对彩票中心作出的税务处理决定是否正确。

【法院裁判观点】

▶ **一审法院认为：**

本案稽查局作出的税务处理决定中涉及个人所得税部分为：责令彩票中心缴纳2000年至2001年4月30日应扣未扣个人所得税1 689 110.56元；责成彩票中心扣缴2001年5月1日至2002年6月30日个人所得税5 987 499元。个人所得税合计7 676 609.56元。上述数据按时间段划分具体计算方法为：2000年度彩票中心支付发行费9 644 076.76元，2000年6～12月，L省体育彩票发行中心个人所得税占当期实付佣金的比率为 0.0472 即 4.72%，计算出 2000 年度各投注站应纳个人所得税 9 644 076.76×4.72%＝455 200.42(元)；2001 年 1～4 月彩票中心支付发行费 16 926 064.96元，同期 L 省体育彩票发行中心个人所得税占当期实付佣金的比率为 0.072 9 即 7.29%，计算出 2001 年1～4 月各投注站应纳个人所得税16 926 064.96×7.29%＝1 233 910.14(元)，上两项合计为彩票中心 2000 年至2001 年4 月 30 日应扣未扣个人所得税 1 689 110.56 元。2001 年 5 月 1 日新的《税收征收管理法》施行，彩票中心 2001 年 5～12 月支付发行费24 290 371.16 元，同期 L 省体育彩票发行中心个人所得税占当期实付佣金的比率为 0.101 9 即 10.19%，计算出 2001 年 5～12 月各投注站应纳个人所得税 24 290 371.16×10.19%＝2 475 188.82(元)；2002 年 1～6 月 L 省彩票发行中心支付发行费 25 693 563.84 元，同期 L 省体育彩票发行中心个人所得税占当期实付佣金的比率为 0.136 7 即 13.67%，计算出2002 年1～6 月各投注站应纳个人所得税 25 693 563.84×13.67%＝3 512 310.18(元)；上两项合计 2001 年 5 月 1 日至 2002 年 6 月 30 日各投注站应纳个人所得税5 987 499 元。

由此看出，稽查局是参照 L 省体育彩票发行中心的税款负担率，计算彩票中心应代扣代缴各投注站的个人所得税，具体方法是用彩票中心账面实付发行经费数乘以 L 省体育彩票发行中心的税款负担率，确定当期投注站应纳个人所得税额。L 省体育彩票发行中心个人所得税占当期实付佣金的比率(稽查局所称税款负担率)没有直接证据支持，导致稽查局据此计算的省彩票发行中心应代扣代缴各投注站的个人所得税数额不清，证据不足。

稽查局确定此计算方法的依据是《税收征收管理法》第三十五条第一款(四)项及《税收征收管理法实施细则》第四十七条第一款(一)项，据此规定，纳税人有虽设置账簿，但账目混乱或者成本资料、收入凭证、费用凭证残缺不全，难以查账的情形时，税务机关有权核定纳税人应纳税额，税务机关亦有权参照当地同类行业或者类似行业中经营规模和收入水平相近的纳税人的税负水平核定纳税人应纳税额。上述规定均以纳税人为适用对象。因此，稽查局依据上述规定确定彩票中心应代扣代缴各投注站的个人所得税的计算公式时，应当满足两个条件：一是彩票中心须是纳税人且账目混乱难以查账；二是 L 省体育彩票发行中心须是纳税人且与彩票中心属于同类行业或者经营规模、收入水平相近的类似行业。而彩票中心及 L 省体育彩票发行中心均不属于纳税人，而是属于扣缴义务人，经营投注站的个人才属于纳税人。故稽查局依据《税收征收管理法》第三十五条第一款(四)项及《税收征收管理法实施细则》第四十七条第一款(一)项的规定来确定作为扣缴义务人的彩票中心应代扣代缴各投注站的个人所得税额，适用法律错误。

综上，稽查局作出的税务处理决定事实不清，证据不足，适用法律错误，应予撤销。判决撤销稽查局于2005年11月18日对彩票中心作出的税务处理决定第一项追缴税款中的个人所得税部分以及第二项加收滞纳金部分。

稽查局不服一审判决提起上诉。

▶ 二审法院认为：

《个人所得税法》第八条规定："个人所得税，以所得人为纳税义务人，以支付所得的单位或者个人为扣缴义务人。"省地方税务局〔2000〕340号文件《关于明确个人所得税若干税收政策的通知》规定："彩票发行机构支付给代办人员的手续费属于个人劳务性质的收入，应按照'劳务报酬所得'项目征收个人所得税，并由彩票发行单位负责代扣代缴。"依据该规定，彩票中心应承担对彩票代办人员个人所得税的代扣代缴义务。

稽查局所提交的《L省体育彩票发行中心个人所得税占当期实付佣金的比率》缺少相关证据证明，稽查局参照该比率作为税款负担率，属认定事实不清，证据不足。并且稽查局在被诉税务处理决定中适用了《税收征收管理法实施细则》第四十七条第一款第一项，该条款规定："纳税人有税收征管法第三十五条或者第三十七条所列情形之一的，税务机关有权采用下列任何一种方法核定其应纳税额：(一)参照当地同类行业或者类似行业中经营规模和收入水平相近的纳税人的税负水平核定。"由于该条款应适用于纳税人，本案彩票中心属扣缴义务人，该法律规定不应适用于彩票中心，故稽查局依据该条款对彩票中心作出税务处理决定属适用法律错误。

被诉税务处理决定责令彩票中心缴纳和扣缴个人所得税认定事实不清，证据不足，适用法律错误，其加收个人所得税滞纳金已缺少事实基础，故一审法院判决撤销该税务处理决定第一项追缴税款中的个人所得税部分以及第二项加收个人所得税滞纳金部分并无不当。二审判决驳回上诉，维持原判。

稽查局不服二审判决申请再审。

▶ 再审法院认为：

本案中，稽查局是参照L省体育彩票发行中心的税款负担率，计算彩票中心应代扣代缴各投注站的个人所得税，具体方法是用彩票中心账面实付发行经费数乘以L省体育彩票发行中心的税款负担率，确定当期投注站应纳个人所得税额。稽查局的此行为依据是《税收征收管理法》第四十七条第一款第一项"参照当地同类行业或者类似行业中经营规模和收入水平相近的纳税人的税负水平核定"，但上述法律明确规定当纳税人具有《税收征收管理法》第三十五条或第三十七条的情形时,稽查局可以参照当地同类行业或者类似行业中经营规模和收入水平相近的纳税人的税负水平核定税额,而《个人所得税法》、《国家税务总局关于个人所得税若干政策问题的批复》等相关法律、规章,均规定各彩票投注站为纳税人,彩票中心为扣缴义务人,故稽查局以扣缴义务人具有《税收征收管理法》第三十五条或第三十七条的情形,并按照与扣缴义务人的当地同类行业或者类似行业中经营规模和收入水平相近的体育彩票中心作为计算税额的参考标准,不符合相关法律规定。遂判决维持了二审判决。

(十)处罚裁量审查

依据《中华人民共和国行政处罚法》(以下简称《行政处罚法》)和《税务行政处罚裁量权行使规则》的规定,结合案件事实与证据材料,审查当事人是否存在不予处罚、减轻或从轻处罚的法定情形,稽查报告中提出的拟建议处罚意见是否违反一事不二罚原则等。

1. 不予处罚的情形

当事人有下列情形之一的,不予行政处罚:

(1)违反税收法律、行政法规应当给予行政处罚的行为,在5年内未被发现的,不再给予行政处罚。

(2)违法行为轻微并及时纠正,没有造成危害后果的。

(3)不满14周岁的人有违法行为的。

(4)精神病人在不能辨认或者不能控制自己行为时有违法行为的。

(5)其他法律规定不予行政处罚的。

2. 从轻或者减轻处罚的情形

有下列情形之一的,从轻或者减轻处罚:

(1)主动消除或者减轻违法行为危害后果的。

(2)受他人胁迫有违法行为的。

(3)配合行政机关查处违法行为有立功表现的。

(4)其他依法从轻或者减轻行政处罚的。

3. 一事不二罚

对当事人的同一个违法行为,不得给予2次以上罚款的行政处罚。当事人同一个税收违法行为违反不同行政处罚规定且均应处以罚款的,应当选择适用处罚较重的条款。

相关案例 1.5 虚开偷税不牵连 择一重罚有风险①

【案件查办过程】

M保险代理有限公司，成立于2009年7月，注册资本5 000万元，主要经营保险代理业务(具体经营项目以保险监督管理委员会核发的《经营保险代理业务许可证》为准)。2012年3月1日，M公司作为甲方，与乙方L公司签订了《劳务派遣协议》，约定协议期限为2012年3月1日至2015年1月31日，并约定如双方合同期限结束，无其他争议下，该合同期限自动延期1年。双方约定建立劳务人员派遣的合作关系，由乙方向甲方派遣合格具有保险代理资格证的职业保险销售人员。合同费用分为乙方劳务派遣人员代理手续费、奖金，乙方劳务派遣人员涉及的营业税及附加和个人所得税缴纳三个部分。甲方每月以预付形式将相关代理手续费付进乙方账户，相关任务完结后，由甲方进行相关代理手续费核算对账并发至乙方，乙方核对后转账支付到劳务派遣人员账户。劳务派遣人员代理手续费由乙方根据保单信息统一发放，并由乙方履行劳务派遣人员代扣代缴营业税、个人所得税义务……

2014年9月16日，G市地方税务局第五稽查局(以下简称稽查局)向M公司送达《税务检查通知书》，对其2013年1月1日至2014年8月31日有关税务资料及纳税情况进行检查。2016年6月24日，稽查局向M公司送达《税务事项通知书》，要求其在收到该通知书三日内提交陈述、申辩意见。2016年12月27日，稽查局作出《税务行政处罚事项告知书》并于当天直接送达给M公司。

2017年1月11日，稽查局应M公司申请，就行政处罚事项举行了听证。

2017年1月23日，稽查局作出《税务行政处罚决定书》认定：M公司于2013年12月至2014年7月收取L公司开具的代理手续费发票291份、金额共14 380 124.11元(含劳务派遣服务费130 812.42元)，收取的L公司开具的291份发票是虚开发票，M公司用上述发票抵扣保险代理业计税营业额并虚列成本，少缴应纳税款；M公司2013年1月至2014年8月向L公司等公司支付劳务费(劳务人员工资)共350人次、16 912 048.31元，未按《个人所得税法》第一条、第二条、第三条、第六条、第八条，《个人所得税法实施条例》第二条、第四条、第十一条，《国家税务总局关于个人所得税偷税案件查处中有关问题的补充通知》(国税函〔1996〕602号)及《国家税务总局关于贯彻〈中华人民共和国税收征收管理法〉及其实施细则若干具体

① 本案例改编自《美臣保险代理有限公司、国家税务总局广州市税务局第三稽查局税务行政管理(税务)二审行政判决书》广州铁路运输中级法院(2018)粤71行终1077号，见中国裁判文书网，http://wenshu.court.gov.cn/website/wenshu/181107ANFZ0BXSK4/index.html? docId=d25a01c41dbb44e39827aa3f00a0ab46。

问题的通知》(国税发〔2003〕47 号)第二条第三款等规定代扣代缴个人所得税。根据税法规定,M 公司应补扣缴个人所得税 2 194 807.24 元。

根据《税收征收管理法》第六十三条第一款规定,M 公司用 L 公司虚开的发票抵扣保险代理业计税营业额并虚列成本,少缴应纳税款的行为是偷税。根据《发票管理办法》第二十二条第二款第(二)项的规定,M 公司让 L 公司为自己开具与实际经营情况不符的发票,是虚开发票的行为。处罚决定如下:

(1) 根据《中华人民共和国发票管理办法》第三十七条第一款规定,对上诉人虚开发票的行为处以罚款 500 000 元。

(2) 根据《税收征收管理法》第六十九条的规定,对上诉人应扣未扣个人所得税的行为处应扣未扣税款 50%的罚款 1 097 403.62 元。

该《税务行政处罚决定书》于 2017 年 1 月 25 日送达给 M 公司。M 公司不服,于 2017 年 3 月 22 日向市税务局申请行政复议。市税务局于 2017 年 5 月 15 日作出《行政复议决定书》,维持了《税务行政处罚决定书》。

M 公司不服税务行政处罚决定以及市税务局作出的行政复议决定,遂向法院提起诉讼。

【税企争议焦点】

M 公司是否存在虚开发票行为,稽查局认定偷税与虚开属于牵连行为并择一重罚是否正确。

【法院裁判观点】

▶ 一审法院认为:

一、关于原告与 L 公司是否存在虚开发票的行为的问题

首先,M 公司与开票单位 L 公司之间不存在真实的劳务派遣关系。公安机关的询问笔录、法人代表询问笔录等显示,M 公司取得发票的开票单位 L 公司只有四个员工,其亦未与涉案保险销售人员签订劳动合同,显然 L 公司不具备按照双方《劳务派遣协议》约定内容履行合同的能力,M 公司所称“派遣关系”显然有违《劳动合同法》第五十八条“劳务派遣单位应当与被派遣劳动者订立二年以上的固定期限劳动合同”之规定。且 T 区人民法院已生效的刑事判决认定,开票单位 L 公司通过使用伪造合同、虚构交易的手法,在没有真实劳务派遣业务发生的情况下,对外大量虚开发票。因此,M 公司与 L 公司之间所签订的劳务派遣协议是不真实的,原告利用虚假的合同形式,让 L 公司为其开具与实际经营业务不符的发票。

其次,M 公司以支付一定比例手续费的形式要求 L 公司开具发票,符合发票“虚开”的典型特征。本案中,L 公司与原告之间的《劳务派遣协议》及其资金流向表明,

由原告确定开票金额并提供给 L 公司，由 L 公司开具相应金额的发票，原告在收取发票后，按照开票金额将资金支付至 L 公司账户，L 公司收到款项后扣除事先约定好的开票手续费，将剩余资金转账至原告指定的人员账户。

因此，M 公司与开票单位不存在真实劳务派遣业务的情形下，以支付一定比例金额手续费的形式让其为自己开具发票，此行为属于“让他人为自己虚开”情形。该情形符合《发票管理办法》第二十二条第二款第(二)项“让他人为自己开具与实际经营业务情况不符的发票”的特征，是虚开发票行为。而《发票管理办法》第三十七条第一款规定“违反本办法第二十条第二款的规定虚开发票的，由税务机关没收违法所得，虚开金额在 1 万元以下的，可以并处 5 万元以下的罚款；虚开金额超过 1 万元的，并处 5 万元以上 50 万元以下的罚款；构成犯罪的，依法追究刑事责任”，稽查局据此规定对 M 公司虚开发票的行为处以罚款500 000元，依据充分，过罚相当，并无不妥。M 公司相关诉称及理由缺乏事实和法律依据，一审法院不予采信。

二、关于涉案的保险人员佣金之个人所得税款扣缴义务人的问题

本案中，M 公司和 L 公司双方并未依《劳务派遣协议》开展劳务派遣活动，涉案保险销售人员既非 L 公司员工，亦未与其签订劳动合同，L 公司不应因《劳务派遣协议》而成为保险人员佣金之个人所得税款扣缴义务人。而 M 公司提供的佣金支付流程说明，原告在实际支付保险销售人员佣金时，是由原告事先确定各保险销售人员的佣金金额并制作详细的结算清单，然后其再将相关佣金划转给 L 公司并由 L 公司按照上述清单明细支付给保险销售人员。结合上述业务流程，M 公司对于保险佣金的具体支付对象与数额显然具有实际的决定权。《国家税务总局关于个人所得税偷税案件查处中有关问题的补充通知》第三条规定“扣缴义务的认定，按照《个人所得税法》的规定，向个人支付所得的单位和个人为扣缴义务人。由于支付所得的单位和个人与取得所得的人之间有多重支付的现象，有时难以确定扣缴义务人。为保证全国执行的统一，现将认定标准定为：凡税务机关认定对所得的支付对象和支付数额有决定权的单位和个人，即为扣缴义务人”，稽查局据此认定原告为其名下保险销售人员佣金所得个人所得税的扣缴义务人合法有据。

此外，根据《税收征收管理法实施细则》第三条第二款的相关规定，即便 L 公司与 M 公司之间存在委托代扣税款的书面约定，该协议约定也不能排除与规避 M 公司作为扣缴义务人的法定义务。针对 M 公司提出销售人员还要进行团队内部所得分配的主张，稽查局在税务检查过程中曾要求 M 公司提交证明销售人员已经将其取得的所得支付给直接代理人的相关证据材料，但 M 公司至今未能提供，因此其无法证明销售人员存在将其取得的佣金报酬再行分配的事实，稽查局已经尽到了法定

的复核义务，M公司就此应当承担相应的法律后果；M公司在本案中针对稽查局个人所得税税额计算的异议亦没有法律依据。因《税收征收管理法实施细则》第一百条的相关规定，M公司针对被告据以计税的“350”人次的个人所得税计税依据亦属于纳税争议的范畴，在M公司尚未进行补扣或补缴个人所得税税款的情况下，本案中对此争议不应进行审查处理。

稽查局在作出行政处罚决定之前，依法告知了M公司作出行政处罚决定的事实、理由及依据，在检查过程中也听取M公司的陈述申辩意见，并告知其依法享有的权利。在M公司提出听证申请后，被告按期举行了听证。在整个执法过程中，稽查局保障了M公司的各项法律权利。综上所述，稽查局对M公司所作出的行政处罚认定事实清楚、依据充分、程序合法，一审法院予以支持。

市税务局通过全面审查稽查局作出的具体行政行为，根据《行政复议法》第二十八条第一款第(一)项的规定作出维持稽查局作出的《税务行政处罚决定书》的复议决定，事实清楚，适用法律正确，程序合法。

综上所述，稽查局于2017年1月23日作出的《税务行政处罚决定书》和市税务局于2017年5月15日作出的《行政复议决定书》，事实清楚，程序合法，适用法律正确。M公司要求撤销上述《税务行政处罚决定书》和《行政复议决定书》理由不成立，一审法院不予支持。依照《行政诉讼法》第六十九条、第七十九条的规定，判决驳回M公司的诉讼请求。

M公司不服一审判决，提起上诉。

▶ 二审法院认为：

一、关于M公司的行为是否构成虚开发票

稽查局认定M公司虚开发票虚列成本抵扣营业额及少缴应纳税款，构成偷税行为；让L公司为自己开具与实际经营情况不符的发票，构成虚开发票，并对M公司以虚开发票行为处以罚款500 000元。结合该局向本院提交的《情况说明》看，稽查局认定M公司具有“虚开发票虚列成本抵扣营业额”和“营业税偷税”两个牵连违法行为，其中虚开发票是手段行为、偷税是目的行为，对M公司按“孰重”原则以“虚开发票”处罚。对此，首先需要考察M公司取得案涉发票的行为是否可以虚列成本抵扣营业额进而实现少缴营业税的目的。根据《营业税暂行条例》的规定，M公司从事保险代理业务，属于对外提供劳务的单位，应当缴纳营业税；作为计税依据的营业额为纳税人提供应税劳务的全部价款和价外费用。《国家税务总局关于代理业营业税计税依据确定问题的批复》(国税函〔2007〕908号)规定，纳税人从事代理业务，应以其向委托人收取的全部价款和价外费用减除现行税收政策规定的可扣除部分后的余额为计税营业额。鉴于双方当事人并未提交证据和规范依据证实M公司应税劳务缴纳营业税具有差额征收事项，根据《营业税暂行条例》的规定，M公司应以其获取的应税劳务全部价款为营业税计税依据，无论M公司是否具有虚开发票的情形，该发票金额均不能抵扣营业额以计算应税营业额。也就是说，M公司收取发票和营业税的核定并不具有"手段—目的"关系，不属于"牵连行为"范畴。此外，稽查局亦未提供充分依据论证营业税偷税与虚开发票行为孰重。因此，稽查局以"牵连行为"定性并按"孰重"原则以"虚开发票"作出处罚的理由不能成立。

其次，稽查局认定M公司单独构成虚开发票行为的证据不足。如前所述，M公司虽有向L公司收取案涉发票的行为，但这种劳务报酬发票入账，客观上不足以导致企业虚列成本；在未依据《国家税务总局关于代理业营业税计税依据确定问题的批复》(国税函〔2007〕908号)制定税收政策规定可扣除的情况下，也不能产生抵扣营业额、少计应缴营业税的后果。从发票和资金的实际流向看，M公司代理销售人员从事了真实的保险销售代理活动，L公司实际收取了M公司的款项，M公司取得发票具有资金实际支付的基础，各方当事人并未对案涉代理销售人员已经实际取得的劳务报酬提出异议，不存在"资金回流"到M公司的情形。××区人民法院生效刑事判决虽然认定L公司虚构劳务派遣、向他人虚开发票，但并未认定M公司具有让他人虚开发票的违法事实。L公司与M公司的保险代理人员不存在真实的劳动合同关系，涉及两公司是否具有违反劳动法的行为，但不能因此否定上述资金往来的事实。

因此，根据本案证据材料，M公司收取发票系在其保险代理人员发生真实保险销售业务的基础上，为支付其保险代理人员的佣金(劳务费)，且已经实际向L公司支付该费用之后，L公司亦将该费用支付给M公司的保险代理人员。各方当事人亦对上述事实没有异议。稽查局认定M公司的行为属于《发票管理办法》第二十二条第二款第(二)项规定的"让他人为自己开具与实际情况经营情况不符的发票"、认定M公司构成虚开发票的事实不清、证据不足。被诉处罚决定第(一)项应予以撤销。被诉行政复议决定对此予以维持不当，应一并撤销。

二、关于对M公司应扣未扣个人所得税的行为予以处罚的合法性

本案中，M公司对其保险代理人员保险佣金的具体支付对象与数额具有实际的决定权。稽查局根据《国家税务总局关于个人所得税偷税案件查处中有关问题的补充通知》第三条关于扣缴义务人的规定，认定M公司为其名下保险销售人员佣金所得个人所得税的扣缴义务人，合法有据。M公司作为扣缴义务人，依法负有为名下保险代理销售人员代扣代缴个人所得税的义务，这种法定义务系税法的强制性规

定，不因民事协议而转移，M公司应就其未代扣代缴个人所得税承担相应的行政法律责任。M公司因L公司未按照协议扣缴税款导致自身财产损害，应另行向其主张民事权利，但不能阻却税务机关依法作出案涉处罚决定的第(二)项。M公司提出代扣代缴税款数额认定证据不足的问题，M公司在本案税务行政处理阶段主动提交了相关账簿、支付明细等证据，已足以认定M公司于2013年1月至2014年8月支付350人次佣金16 912 048.31元，应补扣代扣代缴个人所得税2 194 807.24元，稽查局据此对上诉人处应扣未扣税款50%的罚款1 097 403.62元的事实清楚。M公司提出销售人员还要进行团队内部所得分配、稽查局未履行复核义务的问题，对此，稽查局在检查过程中曾要求M公司提交证明销售人员已经将其取得的所得支付给直接代理人的相关证据材料，但M公司一直未能提供，应承担举证不能的法律后果。

综上，稽查局作出被诉处罚决定第(二)项，对M公司应扣未扣个人所得税的行为处应扣未扣税款50%的罚款1 097 403.62元，该项处罚具有事实和法律依据，且在法定处罚幅度范围内选择最低的处罚倍数量罚已充分体现从轻处罚，对此应予支持。

关于M公司提出的有关违反“一事不再罚”及未行使陈述、申辩权等主张。稽查局虽然在《税务行政处理决定书》中表述了对上诉人未应扣未扣税款进行处罚的内容，但在该决定书的主文部分并未载明，不具有执行内容，故不能认定被诉行政处罚决定系对同一违法行为的“两次处罚”。

综上，二审法院依照《行政诉讼法》第八十九条第一款第(二)项、第三款、第七十九条、第六十九条的规定，判决撤销一审法院判决，撤销稽查局作出的《税务行政处罚决定书》第(一)项，撤销市税务局作出的《行政复议决定书》，驳回美臣保险代理有限公司的其他诉讼请求。

二、审理程序

税务稽查案件审理应当按照分级审理的要求，达到重大税务案件标准的案件，应当按照规定程序提请所属税务局重大税务案件审理委员会审理；未达到重大税务案件标准的，重大、复杂、疑难的案件由稽查局集体审理；跨区域稽查局查办的重点案件，应当提请税务局稽查局进行重点案件集体审理；其他案件由稽查局审理部门审理。对稽查局作出与案件相关的执法决定和重大税收执法事项，应当分别进行执法决定法制审核或重大税收违法事项集体审议。

（一）执法决定法制审核

除税务稽查案件审理、重大税务案件审理之外，稽查局作出与案件相关的税收保全、强制执行、阻止出境、暂缓或者分期缴纳罚款等执法决定前，审理部门应对决定的合法性进行审核。未经法制审核或者法制审核未通过的，不得作出决定。

稽查局执法决定法制审核的范围一般包括：税收保全、强制执行、阻止出境、暂缓或者分期缴纳罚款等，以及法律、法规、规章等规定应当进行法制审核的执法决定。

法制审核以书面审核为主，必要时可以向经办部门了解相关情况，可以征求相关部门意见。对于情况复杂的执法决定，可以召集公职律师、法律顾问共同研究讨论。同时属于重大税收执法事项集体审议范围的执法决定，在法制审核同意后，由审理部门提请集体审议。

（二）重大税收违法事项集体审议

稽查局对拟采取对被查对象影响重大的税收执法事项，可以由重大税收执法事项集体审议委员会进行集体审议及决策，以推进科学、民主决策，提高税收执法质量，防范税收执法风险。对于稽查局在案件办理过程中拟建议主管税务机关采取收缴、停供发票、暂停出口退税、阻止出境等重大、复杂、疑难的税收执法事项的，一般应当经过重大税收执法事项集体审议。

（三）审理部门案件审理

审理部门接收案件后，应当依据法律、行政法规、规章及其他规范性文件，就检查部门提交的有关文书和证据资料，对案件要素逐一进行审查。审理部门审理完毕后，应当制作《税务稽查审理报告》。对需要稽查局集体审理，或者跨区域稽查局查办的重点案件需要提交税务局稽查局进行重点案件集体审理的，应当依照规定程序提请税务局稽查局集体审理。

（四）稽查局集体审理

对查处的重大、复杂、疑难案件，案件审理部门应当依照规定程序提请稽查局集体审理并作出集体审理意见。稽查局成立稽查局集体审理委员会，负责重大、复杂、疑难案件的集体审理。

集体审理结束应当依法作出处理或者处罚等决定的，审理部门按照集体审理意见，依法制作相应的处理或者处罚等决定性文书。其中，涉及拟处罚事项的，审理部门应当依法履行行政处罚告知程序。

集体审理后符合重大税务案件审理委员会审理条件的，稽查局依法提请重大税务案件审理委员会审理；其中，涉及拟处罚事项的，稽查局在提请重大税务案件审理委员会审理前，应当由审理部门依法履行行政处罚告知程序。

集体审理认为事实不清、证据不足或者程序违法的，退回检查部门补正或者补充调查。

（五）重大税务案件审理

稽查局对属于所属税务局重大税务案件审理范围的税收违法案件，应当在规定期限内提请所属税务局重大税务案件审理委员会进行审理，并按照重大税务案件审理委员会做出的审理意见书进行相应案件处理。

1. 重大税务案件审理范围

重大税务案件包括：

（1）重大税务行政处罚案件，具体标准由各省、自治区、直辖市和计划单列市税务局根据本地情况自行制定，报国家税务总局备案。

（2）根据《重大税收违法案件督办管理暂行办法》督办的案件。

（3）应监察、司法机关要求出具认定意见的案件。

（4）拟移送公安机关处理的案件。

（5）重大税务案件审理委员会成员单位认为案情重大、复杂，需要审理的案件。

（6）其他需要重大税务案件审理委员会审理的案件。

属于上述情形，但公安机关已就税收违法行为立案的，或公安机关尚未立案，但被查对象为走逃（失联）企业，并且涉嫌犯罪的案件，不属于重大税务案件审理范围。

2. 重大税务案件审理的程序

稽查局应当在内部审理程序终结后5个工作日内，将重大税务案件提请重大税务案件审理委员会审理。稽查局内部审理程序终结分别是指：集体审理意见不涉及拟处罚事项的，稽查局集体审理结束为内部审理程序终结；集体审理意见涉及拟处罚事项的，应当依法履行行政处罚告知程序，当事人陈述申辩或者申请听证的，以履行完陈述申辩意见复核程序或者听证程序为内部审理程序终结。

稽查局提请重大税务案件审理委员会审理案件，应当提交的案件材料主要包括：《重大税务案件审理案卷交接单》《重大税务案件审理提请书》《税务稽查报告》《税务稽查审理报告》《税收违法案件集体审理纪要》或者《税收违法案件集体审理意见书》及相关证据材料。案件涉及拟处罚事项的，应当同时提交《税务行政处罚事项告知书》及听取被查对象陈述申辩意见的有关文书及材料。案件经过听证的，应当同时提交听证材料。

3. 重大税务案件审理意见执行

重大税务案件审理委员会审理完毕后，稽查局应当按照重大税务案件审理意见书，制作税务处理处罚决定等相关文书，加盖稽查局印章后送达执行。

稽查局提请重大税务案件审理前未提出拟处罚意见，但《重大税务案件审理意见书》认为需要作出税务行政处罚的或者《重大税务案件审理意见书》改变了稽查局原拟处罚意见且涉及新的违法事实或者依据的，由稽查局依法履行税务行政处罚事项告知、陈述申辩意见听取及复核、组织听证等程序。如果发现适用依据不当，或者纳税人提出新的事实、证据等可能影响处罚意见的，附《陈述申辩意见复核报告》《听证报告》等相关材料后再次提请重大税务案件审理委员会审理。

经重大税务案件审理退回稽查局补充调查的，稽查局应当按照重大税务案件审理委员会的补充调查意见继续补充调查，在补充调查终结后，召开会议对案件进行集体审理。并区分不同情形分别作出进一步处理，具体情形如表 1-4 所示。

表 1-4　重大税务案件终止审理的后续处理表

是否取得新的证据材料	是否改变案件事实认定	是否达到重案标准	处理方式
是	是	是	重新提请重案审理
是	是	否	集体审理后作出决定性意见
否	否	—	集体审理后作出决定性意见
否	是	是	重新提请重案审理

三、案件处理

（一）退回补正或补充调查

审理部门或者集体审理委员会在审理案件过程中，发现案件需要补正或者补充调查，应将案件退回到检查部门进行补正或者补充调查。重大税务案件审理委员会认为案件事实不清、证据不足需要补充调查的，应将案件材料退回稽查局补充调查。

案件退回补正或补充调查的情形包括：案件被查对象认定错误、违法事实不清、证据不足、不符合法定程序、税务文书不规范或者不完整，检查部门未全部检查《税务稽查项目书》上所载涉税疑点且没有合理解释的，以及其他需要退回补正或补充调查的情况。

需要补正或补充调查的，应当有明确的要求并且一次性全部告知，补正或者补充调查次数一般不超过两次。稽查局检查部门实施补正或者补充调查后，应重新制作《税务稽查报告》，再次移交审理。

（二）税务行政处罚告知

稽查局拟对被查对象或者其他涉税当事人作出税务行政处罚的，由审理部门制作并送达《税务行政处罚事项告知书》，告知被查对象或者其他涉税当事人拟作出税务行政处罚的事实、理由、依据及其依法享有的陈述、申辩、申请听证的权利。

案件属于稽查局集体审理范围的，经集体审理后，制作并送达《税务行政处罚事项告知书》。其中属于跨区域稽查局重点案件的，由跨区域稽查局审理部门制作并送达《税务行政处罚事项告知书》；属于重大税务案件审理范围的，稽查局应当在提请重大税务案件审理委员会审理前进行税务行政处罚事项告知。

相关案例 1.6　听证通知不足 7 日　处罚决定程序违法①

【案件查办过程】

2009 年 11 月 29 日，马某将位于 H 县城关镇环城东路东侧的门面楼租给袁某经营，并约定因租赁房屋涉及的一切费用（包括房产税、所得税、营业税等）均由袁某承担。

2013 年 6 月 21 日，接群众举报，H 县地方税务局稽查局（以下简称稽查局）对马某自 2009 年 12 月 29 日至 2012 年 12 月 29 日履行纳税义务情况进行检查，发现此期间马某取得房屋出租总收入 120 万元，未申报纳税。

2013 年 8 月 2 日，稽查局作出税务处理决定，责令马某自收到决定书之日起 15 日内补缴营业税 60 000 元，城市维护建设税 3 000 元，教育费附加 1 800 元，地方教育附加 800 元，印花税 1230 元，房产税 144 000 元，个人所得税 158 267.2 元，合计 369 097.2 元。并于同日作出《税务行政处罚事项告知书》，于当日邮寄送达。

马某委托代理人提出听证申请，稽查局于 2013 年 8 月 13 日作出《税务行政处罚听证通知书》，于 2013 年 8 月 14 日送达给马某的代理人，告知马某于 2013 年 8 月 19 日 15 时在该局三楼会议室举行听证。

稽查局在限定缴期届满后，于 2013 年 8 月 21 日将案件移送公安机关，公安机关受理后，于 2013 年 8 月 26 日做出审查意见，要求稽查局补充调查，在此期间马某于 2013 年 9 月 5 日缴清税费 369 097.2 元及滞纳金 166 892.7 元。公安机关审查认为，马某已交清税款，犯罪事实显著轻微，于 2013 年 9 月 26 日做出不予立案决定。

2013 年 10 月 15 日，稽查局对马某以不进行纳税申报，依据《税收征收管理法》第六十四条第二款的规定，处不缴或少缴税款 366 497.2 元的 3.1 倍罚款，计 1 136 141.32 元，并于当日邮寄送达。

---

① 本案例改编自《上诉人潢川县地方税务局稽查局因马启业诉潢川县地方税务局稽查局税收行政处罚一案二审行政判决书》河南省信阳市中级人民法院（2014）信中法行终字第 38 号，见中国裁判文书网，http://wenshu.court.gov.cn/website/wenshu/181107ANFZ0BXSK4/index.html? docId=4968f540e65445d082bb46529f96c560。

马某提出复议，该处罚决定被复议机关维持。马某不服，向法院起诉。

【税企争议焦点】

本案中，稽查局组织听证的程序是否违法。

【法院裁判观点】

▶ 一审法院认为：

《中华人民共和国房产税暂行条例》第二条规定，房产税的纳税义务人是房屋的产权所有人。产权属于国家所有的，由经营管理的单位缴纳；产权属于集体和个人所有的，由集体单位和个人缴纳；产权出典的，由承典人缴纳；产权所有人、承典人不在房产所在地的，或者产权未确定及租典纠纷未解决的，由房产代管人或者使用人缴纳。本案中马某户籍所在地在H县，马某提供暂住证等证件不能充分地证明其不在房产所在地，其具备纳税义务人的主体资格。根据税收法定原则，原告与承租人签订的租赁合同可以约定税款的缴纳方式，但是不得改变税务机关对纳税主体的确认，因此对合同双方以外的税务机关不产生法律效力，马某认为其不是纳税义务人的主张，本院不予支持。

《税收征收管理法》第六十四条第二款规定："纳税人不进行纳税申报，不缴或者少缴应纳税款的，由税务机关追缴其不缴或者少缴的税款、滞纳金，并处不缴或者少缴的税款百分之五十以上五倍以下的罚款。"本案中，马某是经人举报未纳税，属于不进行纳税申报情形，稽查局适用该条款处罚，适用法律无误。

稽查局2013年8月14日告知马某代理人于2013年8月19日15时在该局三楼会议室举行听证，根据《行政处罚法》第四十二条第一款第（二）项的规定："行政机关应当在听证的七日前，通知当事人举行听证的时间、地点。"因此稽查局告知举行听证时间少于7日，违反了法定程序。

综上，稽查局告对马某作出的税务行政处罚决定违反法定程序，马某要求撤销该处罚决定的主张，本院予以支持。根据《行政诉讼法》第五十四条第（二）项第三目的规定，判决撤销稽查局对原告马某作出的税务行政处罚决定。

稽查局不服一审判决，提起上诉。

▶ 二审法院认为：

根据《行政处罚法》第四十二条第（二）项的规定，行政机关应当在听证的七日前，通知当事人举行听证的时间、地点。上诉人稽查局违反了行政处罚法的规定，属违反法律程序，故上诉理由不能成立，原审认定事实清楚，适用法律法规正确。依照《行政诉讼法》第六十一条第（一）项之规定，判决驳回上诉，维持原判。

（三）听取和复核陈述申辩意见

稽查局在作出税务处理、处罚决定前，应当听取被查对象或者其他涉税当事人的陈述、申辩意见，稽查局不得因申辩而加重处罚。

被查对象或者其他涉税当事人口头提出陈述、申辩意见的，稽查人员应制作《陈述申辩笔录》，如实记录被查对象或者其他涉税当事人的陈述、申辩意见，并由其审核无误后签章确认。被查对象或者其他涉税当事人提交书面陈述、申辩意见的，稽查人员应当接收。

稽查局审理部门应当对被查对象或者其他涉税当事人提出的陈述申辩意见以及案卷材料进行复核，复核时向检查人员了解与陈述申辩意见相关情况，必要时也可以要求检查人员进行实地复核。

若被查对象或者其他涉税当事人提出的陈述、申辩意见所依据的事实、理由或者证据成立的，应当予以采纳。案件原经过稽查局集体审理的，重新提请集体审理。调整后拟作出处罚决定的，如涉及新的违法事实或者依据，应当重新制作并送达《税务行政处罚事项告知书》。

若被查对象或者其他涉税当事人提出的陈述、申辩意见所依据的事实、理由不成立，则不予采纳。稽查局应当将当事人的陈述、申辩材料及复核报告等有关材料一并提请重大税务案件审理委员会审理。

相关案例 1.7　陈述申辩要审核　程序正当须重视[①]

【案件查办过程】

J能源科技有限公司（以下简称J公司）成立于2011年5月23日，注册资本1 000万元，法定代表人为王某。经营范围包括市政工程、压力管道工程、建筑防水工程、装饰装修工程、防腐保温工程、机电设备安装工程的施工、太阳能发电新技术开发等。

2014年4月，市地方税务局稽查局（以下简称稽查局）收到检举反映称："J公司自2011年起，假借其他公司资质承接大量市政热力工程，隐匿收入、在账簿上不列收入、进行虚假的纳税申报。"对此，稽查局随即对J公司进行了调查，在调查中发现，J公司在2011年度共取得采暖工程收入24 011 600元，其中收取H公司

① 本案例改编自《济南市地方税务局稽查局与山东基能能源科技有限公司行政处罚二审行政判决书》山东省济南市中级人民法院(2015)济行终字第217号，见中国裁判文书网，http://wenshu.court.gov.cn/website/wenshu/181107ANFZ0BXSK4/index.html? docId=51805fdff6bf44f39ff05dd77bd1a7cf。

15 500 000元，收取××社区居民委员会8 511 600元。该收入除有2 511 600元挂“预收账款——××社区居委会”科目外，其余均未入账，以上收入均未申报缴纳营业税、城市维护建设税、教育费附加，该年度取得的采暖工程收入24 011 600元未计入营业收入，未申报缴纳企业所得税。2012年度，J公司共取得采暖工程收入20 033 037.14元，其中收取H公司12 500 000元、收取××社区居民委员会7 533 037.14元，以上收入中有14 733 037.14元未入账，未申报缴纳营业税、城市维护建设税、教育费附加，未申报缴纳企业所得税。

在稽查局对J公司的行政处罚处理期间，J公司向稽查局陈述，其与L财务管理咨询有限公司曾签订《代理记账协议书》，双方存在其他纠纷导致该公司故意未按约定进行纳税申报等事务。J公司向稽查人员出示其公司于2011年6月17日与L财务管理咨询有限公司签订的《代理记账协议书》，该协议显示双方曾约定L财务管理咨询有限公司有关的代理记账、税务申报的合同义务。J公司同时出示其与L财务管理咨询有限公司发生纠纷、终止上述协议、进行相关诉讼的证据。

J公司在稽查局调查处理期间，于2014年6月3日自行申报缴纳营业税等各项税款共计1 254 251.33元。

稽查局依据《税收征收管理法》第六十三条第一款的规定，对J公司未申报缴纳2011年至2012年营业税1 162 339.11元、城市维护建设税81 363.74元的行为，处以未缴税款1倍的罚款，罚款金额为1 243 702.85元。

J公司对稽查局的税务处罚决定不服，向法院提起诉讼。

【税企争议焦点】

对J公司的申辩意见，即委托第三人代为办理税务事宜，稽查局是否进行了复核，未进行复核是否可能影响税务行政处罚决定的正确性。

【法院裁判观点】

▶ **一审法院认为：**

《税收征收管理法》第八十九条规定：“纳税人、扣缴义务人可以委托税务代理人代为办理税务事宜。”《税收征收管理法实施细则》第九十八条规定：“税务代理人违反税收法律、行政法规，造成纳税人未缴或者少缴税款的，除由纳税人缴纳或者补缴应纳税款、滞纳金外，对税务代理人处纳税人未缴或者少缴税款50%以上3倍以下的罚款”。在稽查局对J公司的行政处罚处理期间，J公司向被告稽查局陈述其与L财务管理咨询有限公司曾签订《代理记账协议书》，双方存在其他纠纷导致该公司故意未按约定进行纳税申报等事务。J公司向稽查局工作人员出示其公司于2011年6月17日与L财务管理咨询有限公司签订《代理记账协议书》，该协议显示双方曾约定L财务管理咨询有限公司有关的代理记账、税务申报的合同义务。J公司同时出示其与L财务管理咨询有限公司发生纠纷、终止上述协议、进行相关诉讼的证据。根据《税收征收管理法》《税收征收管理法实施细则》的规定，结合J公司在稽查局行政处罚程序中的陈述意见，稽查局应当根据J公司提供的证据、线索进行调查、核实，对纳税人未缴、少缴税款的原因进行甄别、确认。J公司向稽查局提供的证据及向法院提供的证据，需要稽查局在行政程序中根据J公司的主张及被告的职责权限调查并予以核实，本案中对其证据证明的内容和证明力，法院不予评价。

综上，本案被告稽查局的处罚需要确认纳税人未缴、少缴税款的原因和责任主体，现无证据证明被告对此进行了调查，尤其原告J公司提供的证据及线索直接指向上述问题的确认，且考虑到涉案处罚案件的来源，被告稽查局当庭陈述对原告J公司证据进行了书面审查，但其未尽到审慎的职责。稽查局仅凭现有证据，不足以对原告进行处罚，属于行政行为认定事实缺乏证据。依照《行政诉讼法》第五十四条第(二)项第1目的规定，判决撤销稽查局2014年11月21日作出的《税务行政处罚决定书》。

上诉人稽查局不服一审判决，提起上诉。

▶ 二审法院认为：

首先，行政处罚程序中，对当事人提出的事实、理由和证据进行复核，是行政机关的法定义务。《行政处罚法》第三十一条规定："行政机关在作出行政处罚决定之前，应当告知当事人作出行政处罚决定的事实、理由及依据，并告知当事人依法享有的权利。"《行政处罚法》第三十二条规定："当事人有权进行陈述和申辩。行政机关必须充分听取当事人的意见，对当事人提出的事实、理由和证据，应当进行复核；当事人提出的事实、理由或者证据成立的，行政机关应当采纳。行政机关不得因当事人申辩而加重处罚。"本案中，被上诉人J公司在行政程序中主张L财务管理咨询有限公司在2011年至2012年代其管理财务账目、办理税务事宜，并提供了被上诉人J公司与L财务管理咨询有限公司签订的《代理记账协议》等证据。J公司提出第三人代为办理税务事宜的事实、理由和证据后，上诉人稽查局具有进行复核的法定义务。

其次，复核程序，是正当程序的基本要求。任何人在受到公权力不利行为的影响时，有获得告知、说明理由和提出申辩的权利。复核程序是对当事人提出申辩事项的调查处理，当事人提出的事实、理由或者证据成立的，行政机关应当采纳。行政机关的相关复核证据应当存入卷宗。本案中，上诉人稽查局虽主张其对J公司的主张及其提供的证据进行了复核，但没有提供证明其进行复核的证据。稽查局关于因为被上诉人J公司撤销听证申请，影响其将复核情况告知的主张。本院认为，稽查局在收到被上诉人J公司撤销听证的申请，对听证会予以撤销后，依然应当充分听取被上诉人的陈述、申辩意见，对被上诉人提出的事实、理由和证据进行复核，并将复核情况告知J公司且说明理由，同时，将复核情况形成证据存入卷宗。J公司撤回听证申请，不能免除稽查局的复核义务。稽查局未提供证据证明其履行了复核程序，其行政处罚程序违法。

再次，复核程序是确保结果公正的重要保障。通过复核程序，行政机关对当事人的陈述、申辩理由充分加以考虑，确保行政处罚结果正确；从完善执法程序、自我监督的角度分析，复核程序对上诉人同样具有重要意义，因通过复核程序，行政机关可以掌握调查过程中尚未掌握的事实、证据，有助于更全面考虑案情，防止错误行政处罚的作出。本案中，从可能影响行政处罚结果的角度考量，复核程序对被上诉人更有意义。《税收征收管理法》第八十九条规定："纳税人、扣缴义务人可以委托税务代理人代为办理税务事宜"。《税收征收管理法实施细则》第九十八条规定："税务代理人违反税收法律、行政法规，造成纳税人未缴或者少缴税款的，除由纳税人缴纳或者补缴应纳税款、滞纳金外，对税务代理人处纳税人未缴或者少缴税款50%以上3倍以下的罚款。"上述法律明确规定了税务代理人违反税收法律、法规规定的法律责任。在行政处罚处理期间，J公司主张其并无故意偷税，并陈述、申辩称，其与L财务管理咨询有限公司曾签订《代理记账协议书》，双方存在其他纠纷导致该公司故意未按约定进行纳税申报等事务，并提供了有关证据。在此情况下，稽查局应结合被上诉人在行政处罚程序中的陈述、申辩意见及提供的证据在职责范围内依法进行调查、复核，以确定被上诉人申辩理由是否与事实相符，同时，须对J公司未缴、少缴税款的原因作出认定，以确定承担法律责任的主体。

稽查局关于其已查清J公司未申报缴纳税款的事实，法院再审查其复核程序是否是过度审查的问题。本院认为，对于J公司未申报缴纳税款的事实，稽查局提供的证据充分，J公司无异议，并补缴了税款及滞纳金。在履行行政处罚职权时，稽查局仍有查清事实，确认法律责任承担主体的法定义务。对复核程序的审查，是审查行政处罚行为合法性的必要内容。稽查局未提供证据证明其尽到了复核义务，从而可能影响被诉行政处罚决定的结果正确。

综上，上诉人稽查局未对被上诉人J公司申辩的委托税务事宜进行复核，行政处罚程序违法，且可能影响到处罚结果的正确。一审法院认定上诉人行政处罚程序合法，本院予以纠正。但一审法院认为上诉人未尽到审慎的职责，并判决撤销上述税务处罚决定，应予维持。稽查局的上诉理由不能成立，其上诉请求本院不予支持。依照《行政诉讼法》第八十九条第一款第（二）项之规定，判决驳回上诉，维持原判。

(四) 税务行政处罚听证

稽查局拟对公民处以2 000元以上、对法人或者其他组织处以10 000元以上的罚款:"没收违法所得、没收非法财物",或者拟对被查对象作出停止出口退税权的行政处罚,向公民、法人或者其他组织送达了《税务行政处罚事项告知书》后,符合听证条件的当事人于收到《税务行政处罚事项告知书》之日起5日内书面提出听证申请的,稽查局应当自接到听证申请之日起15日内组织听证。

听证的全部活动,应当制作《听证笔录》,并交当事人或其代理人、本案调查人员、证人及其他有关人员阅读或者向他们宣读……他们认为有遗漏或者有差错的,可以请求补充或者改正。他们在承认没有错误后,应当签字或者盖章,拒绝签名或者盖章的,记明情况附卷。听证现场情况可以进行音像记录。

听证会结束后,听证主持人应当结合听证情况,提出处理意见,必要时,可以要求检查人员进行实地复核。听证主持人应当将听证情况和处理意见形成听证报告,针对当事人的意见主张提出采纳或者不予采纳的处理意见,连同《听证笔录》等资料向稽查局局长报告。

相关案例1.8 重审听证有先后 莫让听证走流程[①]

【案件查办过程】

AK光电有限公司(以下简称AK公司)成立于1995年7月27日,注册资本7 000万元,法定代表人为吴某。经营范围包括电子元器件及电子引线框架、接插件的生产、制造;灯具的批发;自营和代理各类商品和技术的进出口业务等。

2017年9月15日,N市国家税务局稽查局(以下简称稽查局)作出税务行政处罚决定,认定2015年9月至11月,AK公司向MG公司购买"冲床、模具及配件",却取得由ST公司虚开的货物名称为"铜带"的增值税专用发票26份,价税合计2 500 000元,增值税进项税额363 247.89元已于同期向税务机关申报抵扣,已造成偷税363 247.89元的事实。

2016年1月至2月,AK公司在没有与MG公司进行"铜带"交易的情况下,向其开具增值税专用发票10份,货物名称为"铜带",价税合计2 500 000元,属于虚开发票行为。为此,稽查局根据《税收征收管理法》第六十三条第一款、《发票管理办

---

① 本案例改编自《宁波埃斯科光电有限公司、宁波市国家税务局稽查局其他二审行政判决书》浙江省宁波市中级人民法院(2018)浙02行终180号,原文见中国裁判文书网,http://wenshu.court.gov.cn/website/wenshu/181107ANFZ0BXSK4/index.html? docId=4602f757179a42a4a527a99300ad52ad。

法》第二十二条第二款第(二)项、《关于纳税人取得虚开的增值税专用发票处理问题的通知》(国税发〔1997〕124号)、《关于〈国家税务总局关于纳税人取得虚开的增值税专用发票处理问题的通知〉的补充通知》(国税发〔2000〕182号),决定对AK公司上述偷税行为处以所偷税款0.8倍的罚款,计290 598.31元。根据《发票管理办法》第二十二条第二款第(一)项、第三十七条之规定,决定对AK公司虚开发票的违法行为处以50 000元的罚款。

2015年8月28日,AK公司与MG公司签订了买卖合同,由AK公司向MG公司购买"冲床、模具及配件",合同总金额为250万元(含17%增值税)。合同签订后,AK公司向MG公司付清了款项,MG公司亦将该批货物送达给AK公司。因销售方MG公司无法开具冲床的增值税专用发票,只开具了110万元冲床的增值税普通发票,无法用于进项税额抵扣,AK公司遂要求MG公司提供增值税专用发票。后MG公司联系与其有铜带业务往来的ST公司,由ST公司向AK公司开具货物名称为"铜带"的增值税专用发票26份,价税合计250万元,其中增值税进项税额363 247.89元AK公司已于同期向税务机关申报抵扣。

2016年1月至2月,AK公司进行财务审计,会计师事务所发现AK公司上述250万元发票存在实物与账面库存不符的情况,要求AK公司按照相关规定进行纠错。后AK公司在没有与MG公司进行"铜带"交易的情况下,向MG公司开具了货物名称为"铜带"的增值税专用发票10份,价税合计250万元。

针对AK公司的上述行为,稽查局于2016年6月28日予以立案查处。2016年8月29日,稽查局作出《税务检查通知书》,并于同年8月30日向AK公司送达。

2017年8月14日,N市国家税务局重大税务案件审理委员会作出《审理意见书》,同意稽查局提出的追缴增值税、加收滞纳金、处以罚款以及移送公安的意见,并要求稽查局制作相应的法律文书并送达执行。

2017年8月21日,稽查局作出《税务行政处罚事项告知书》,告知AK公司拟作出的处罚及其享有陈述、申辩和听证的权利,并于次日向AK公司送达。

2017年8月22日,AK公司向稽查局申请听证。2017年9月5日,稽查局召开了听证会。2017年9月15日,稽查局作出《税务行政处罚决定书》,并于同年9月19日向AK公司送达了该处罚决定书。

AK公司不服稽查局作出的税务行政处罚决定,向法院提起行政诉讼。

【税企争议焦点】

税务机关重案审理在先,组织听证在后,是否属于程序违法。

【法院裁判观点】

一审法院认为：

案件争议焦点为稽查局作出的《税务行政处罚决定书》认定事实是否清楚，程序是否合法。

一、关于偷税的事实方面

AK公司提出其确向MG公司购买了250万元的设备，根据双方合同约定，其理应取得17%的进项税额，因此其主观上不具有《税收征收管理办法》第六十三条规定要求的“不缴或少缴应纳税款”的目的，亦未造成“不缴或少缴应纳税款”的结果，且该行为系因财务工作人员业务不专、疏忽大意造成的，而非企业法人、企业主追求或者放任的行为。根据《国家税务总局关于一般纳税人销售自己使用过的固定资产增值税有关问题的公告》（国家税务总局公告2012年第1号）的规定，纳税人购进或者自制固定资产时为小规模纳税人，认定为一般纳税人后销售该固定资产，按简易办法依4%①征收率减半征收增值税，同时不得开具增值税专用发票。MG公司在购进冲床时是小规模纳税人，虽然其在向原告AK公司销售冲床时已转为一般纳税人，但此时MG公司是无法就冲床开具增值税专用发票的，因此其在原告AK公司要求其开具增值税专用发票时向原告提供了第三方ST公司开具的增值税专用发票，而原告AK公司在收到上述发票后，明知其与ST公司无“铜带”的业务往来，仍将其取得的不应抵扣的ST公司虚开的货物名称为“铜带”的增值税专用发票进行进项抵扣，已经表明了原告AK公司“不缴或者少缴应纳税款”的主观目的，且AK公司已将上述由ST公司虚开的增值税专用发票抵扣了税款，造成了国家税收的损失。

其次，《国家税务总局关于纳税人取得虚开的增值税专用发票处理问题的通知》（国税发〔1997〕134号，以下简称134号文件）第二条规定，在货物交易中，购货方从销售方取得第三方开具的专用发票，或者从销货地以外的地区取得专用发票，向税务机关申报抵扣税款或者申请出口退税的，应当按偷税、骗取出口退税处理，依照《税收征收管理法》及有关规定追缴税款，处以偷税、骗取数额5倍以下的罚款。《国家税务总局〈关于纳税人取得虚开的增值税专用发票处理问题的通知〉的补充通知》（国税发〔2000〕182号）第一条规定，购货方取得的增值税专用发票所注明的销售方名称、印章与其进行实际交易的销售方不符的，即国税发〔1997〕134号文件第二条

---

① 根据《国家税务总局关于简并增值税有关问题的公告》（国家税务总局公告2014年第56号）的规定，将《国家税务总局关于一般纳税人销售自己使用过的固定资产增值税有关问题的公告》《国家税务总局公告（2012年第1号）中可按简易办法依4%征收率减半征收增值税》修改为“可按简易办法依3%征收率减按2%征收增值税。”

规定的“购货方从销售方取得第三方开具的专用发票”的情况。根据上述规定，原告AK公司从销售方MG公司处取得第三方ST公司开具的增值税专用发票申报抵扣税款的行为，应按偷税处理。同时，根据原告财务人员李某盛的证言，可以证实其知晓AK公司将ST公司虚开的货物名称为“铜带”的增值税专用发票进行进项抵扣的行为违反了相关税务规定，而非原告所说的财务工作人员业务不专、疏忽大意。故对AK公司的上述观点不予支持。

二、关于虚开发票的事实方面

AK公司提出“虚开发票”系公司财务人员对“偷税”这一行为进行主动纠错时，因业务不专而导致的错开行为。会计师事务所在进行审计时已发现实物与账面库存对不上，不符合增值税专用发票开具的相关规定，告知AK公司按照规定申请开具增值税红字专用发票，AK公司财务人员对该规定也是知晓的。但AK公司并未按照相关规定对发票进行“冲红”处理，反而在没有与MG公司进行“铜带”交易的情况下，向其开具增值税专用发票，已经构成了虚开发票的行为，故对AK公司的诉讼主张亦不予支持。

三、关于程序方面

根据《税务稽查工作规程》第二十二条第四款的规定[①]，检查应当自实施检查之日起60日内完成；确需延长检查时间的，应当经稽查局局长批准。稽查局于2016年8月29日作出《税务检查通知书》，但直至2017年9月15日才作出《税务行政处罚决定书》，且稽查局未提交证据证明本案曾延长过检查时间，因此已超过了《税务稽查工作规程》规定的检查时间，但对AK公司依法享有的听证、陈述、申辩等重要程序性权利不产生实质损害，属于程序轻微违法。

此外，稽查局在处罚决定书上告知原告“如对本决定不服，可以自收到本决定书之日起六十日内依法向N市国家税务局申请行政复议……”，但N市国家税务局却在AK公司申请行政复议时告知AK公司应当向国家税务总局申请行政复议，故稽查局对AK公司的救济权利的告知存在错误。鉴于N市国家税务局已书面告知原告正确的救济方式，未对原告救济权的行使造成影响，对此予以指正。

综上所述，稽查局作出的税务行政处罚决定，认定事实清楚，程序轻微违法，依照《中华人民共和国行政诉讼法》第七十四条第一款第（二）项之规定，判决确认原国

① 自2021年8月11日起，《税务稽查工作规程》废止，《税务稽查案件办理程序规定》中不再延用检查期限及其延长的有关制度，取而代之的是《税务稽查案件办理程序规定》第四十七条：“稽查局应当自立案之日起90日内作出行政处理、处罚决定或者无税收违法行为结论。案情复杂需要延期的，经税务局局长批准，可以延长不超过90日；特殊情况或者发生不可抗力需要继续延期的，应当经上一级税务局分管副局长批准，并确定合理的延长期限。”

税稽查局作出的税务行政处罚决定违法。

AK公司不服一审判决，提出上诉，请求二审法院撤销一审判决，撤销被诉处罚决定。

二审法院认为：

根据《行政处罚法》第四十三条规定[①]，听证结束后，行政机关依照本法第三十八条的规定，作出决定。《行政处罚法》第三十八条第二款规定[②]，对情节复杂或者重大违法行为给予较重的行政处罚，行政机关的负责人应当集体讨论决定。参照《重大税务案件审理办法》第十五条第一款规定提请重大税务案件审理委员会审理需提交的材料中包含有听证材料。本案中，稽查局举行听证的时间是2017年9月5日，而N市国税局重大税务案件审理委员会于2017年8月14日就已作出《重大税务案件审理委员会审理意见书》，故存在先集体讨论后进行听证，此举势必使听证流于形式，应认定为重大程序违法。

根据行政诉讼法的相关规定，具体行政行为合法需要满足行政主体具有行政职权、行政行为作出程序合法、认定事实清楚、适用法律正确等四项条件。经审查，具体行政行为不能满足前一顺序条件的，即可予以撤销。被诉行政处罚决定由于欠缺作出程序合法条件，依法应予撤销，其认定事实是否清楚、所适用的法律是否正确与本案裁判结果已无关联，本案不作评判。

综上，一审判决认定事实不清，应予纠正。依照《中华人民共和国行政诉讼法》第八十九条第一款第（三）项的规定，判决撤销一审判决，撤销税务行政处罚决定。

（五）案件审结

案件审理完毕后，稽查局应当分不同情形制作决定性文书并移交执行。

（1）发现被查对象有税收违法行为，应当进行税务处理的，制作《税务处理决定书》。

（2）被查对象有税收违法行为，在听取陈述、申辩意见或者依法举行听证后，应当进行税务行政处罚的，制作《税务行政处罚决定书》。依法应当对违法行为责令限期改正并处罚款的，应当在《税务行政处罚决定书》中责令被查对象限期改正违法行为。

（3）依据相关法律规定不予处罚的，制作《不予税务行政处罚决定书》。

（4）对未发现被查对象税收违法行为的，制作《税务稽查结论》。

---

① 2021年修订的《行政处罚法》为第六十五条规定，听证结束后，行政机关应当根据听证笔录，依照本法第五十七条的规定，作出决定。

② 2021年修订的《行政处罚法》为第五十七条第二款与修订前规定一致。

其中，作出行政处罚决定的，稽查局应当按照规定在保密审查后通过互联网公示行政处罚决定信息。已公开的行政处罚决定被依法撤销、确认违法、要求重新作出或者信息公示期限届满，要及时撤下原行政处罚决定信息。

（六）涉嫌犯罪案件移送

稽查局在依法查处税收违法行为过程中，发现违法事实涉及的金额、违法事实的情节、违法事实造成的后果等，根据刑法规定和最高人民法院、最高人民检察院有关司法解释以及最高人民检察院、公安部关于涉税犯罪案件的追诉标准等规定，涉嫌构成犯罪，依法需要追究刑事责任的，必须依照有关规定向公安机关移送。

1. 提请审理

对拟移送司法机关的案件，应当先按规定的程序提请税务局稽查局集体审理。经稽查局集体审理决定移送的，按规定程序提请所属税务局重大税务案件审理委员会审理。

2. 报批移送

经所属税务局重大税务案件审理决定移送的案件，应当在行政执法机关正职负责人或者主持工作的负责人作出批准决定的 24 小时内向同级公安机关移送；决定不批准的，应当将不予批准的理由记录在案。

3. 提请备案

涉嫌犯罪的案件移送后，应当及时提请人民检察院备案。

4. 后续处理

稽查局在移送涉嫌犯罪案件时已经作出行政处理、处罚决定的，应当认真对照司法机关处理结果，审视已作的决定。在移送案件时已经作出行政处罚决定的，应当将《行政处罚决定书》一并抄送公安机关、人民检察院；未作出行政处罚决定的，原则上应当在公安机关决定不予立案或者撤销案件、人民检察院作出不起诉决定、人民法院作出无罪判决或者免予刑事处罚后，再决定是否给予行政处罚，但司法程序不影响税务处理决定的作出。

相关案例 1.9　涉税案件已移送　再行处罚须谨慎[①]

【案件查办过程】

C 药业有限公司（以下简称 C 公司）成立于 2012 年 4 月 28 日，注册资本 400 万

① 本案例改编自《甘肃省定西市国家税务局稽查局与陇西县辰宏药业有限公司税务行政处罚二审行政判决书》甘肃省高级人民法院（2018）甘行终 305 号，原文见中国裁判文书网，http://wenshu.court.gov.cn/website/wenshu/181107ANFZ0BXSK4/index.html? docId=50b18eb39b7d42e8ace1a909007c2d8a。

元，法定代表人王某。注册地位于D市L县××中药材交易城6号楼516号，主要经营地产中药材购销业务。

2015年12月24日，D市国家税务局稽查局、D市公安局于就C公司涉嫌虚开增值税专用发票一案，分别立案检查、侦查。

稽查局对该案调查后，认为该案涉嫌犯罪，于2016年4月25日将案件材料向D市公安局进行了移送。

2016年5月10日，该案尚在刑事侦查阶段，稽查局对C公司作出税务行政处罚决定，根据《发票管理办法》第三十七条的规定，对C公司虚开发票的行为，处以50万元的罚款。

C公司不服稽查局作出的税务行政处罚决定，于2016年6月20日向法院提起行政诉讼。

【税企争议焦点】

稽查局在公安机关立案后对纳税人作出行政处罚是否程序违法。

【法院裁判观点】

▶ 一审法院认为：

本案中，D市公安局对C公司涉嫌虚开增值税专用发票一案，于2015年11月24日立案侦查，并于当日书面向稽查局进行了告知。《行政执法机关移送涉嫌犯罪案件的规定》（国务院令第310号，以下简称《规定》）第三条规定："行政机关在依法查处违法行为过程中，发现违法事实涉及的金额、违法事实情节、违法事实造成的后果等，根据刑法关于破坏社会主义市场经济秩序罪、妨害社会管理秩序罪等罪规定和最高人民法院、最高人民检察院关于破坏社会主义市场经济罪、妨害社会管理秩序罪等罪的司法解释以及最高人民检察院、公安部关于经济犯罪案件的追诉标准等规定，涉嫌构成犯罪，依法需要追究刑事责任的，必须依照本规定向公安机关移送。"《规定》第八条规定："公安机关应当自接受行政执法机关移送的涉嫌犯罪案件之日起3日内，依照刑法、刑事诉讼法以及最高人民法院、最高人民检察院关于立案标准和公安部关于公安机关办理刑事案件程序的规定，对所移送的案件进行审查。认为有犯罪事实，需要追究刑事责任，依法决定立案的，应当书面通知移送案件的行政执法机关；认为没有犯罪事实，或者犯罪事实显著轻微，不需要追究刑事责任，依法不予立案的，应当说明理由，并书面通知移送案件的行政机关，相应退回案卷材料。"《规定》第十条规定："行政执法机关对公安机关决定不予立案的案件，应当依法作出处理；其中，依照有关法律、法规或者规章的规定应当给予行政处罚的，应当依法实施行政处罚。"《规定》第十一条第三款规定："依照行政处罚法的规定，行政执法机关向公安机关移送涉嫌犯罪案件前，已经依法给予当事人罚款的，人民法院判处罚金时，依法折抵相应罚金。”《规定》第十三条规定：“公安机关对发现的违法行为，经审查，没有犯罪事实，或者立案侦查后认为犯罪事实显著轻微，不需要追究刑事责任，但依法应当追究行政责任的，应当及时将案件移送同级行政执法机关，有关行政执法机关应当依法作出处理。”《行政处罚法》第七条第二款规定：“违法行为构成犯罪的，应当依法追究刑事责任，不得以行政处罚代替刑事处罚。”《行政处罚法》第二十八条第二款规定：“违法行为构成犯罪，人民法院判处罚金时，行政机关已经给予当事人罚款的，应当折抵相应罚金。”根据以上规定，对涉嫌犯罪的行为，公安机关立案后，依法应由司法机关作出处理；如果公安机关认为犯罪事实显著轻微，不需要追究刑事责任不予立案的，或行政执法机关先予立案调查后在向公安机关移送案件之前，行政执法机关可依法对违法行为作出行政处罚。

本案中，稽查局在已知公安机关对C公司涉嫌虚开增值税专用发票一案进行了立案侦查的情况下，应依法定程序应等待司法机关对本案的处理结果，再决定是否对该公司作出行政处罚。而稽查局却在司法机关对该涉嫌犯罪行为未作出最后处理之前，就对C公司作出税务行政处罚决定，违反了以上法律、法规规定，其处罚程序违法，依法应予以撤销。据此，依照《行政诉讼法》第七十条第（三）项，第一百零二条之规定，判决撤销市稽查局对C公司作出的税务行政处罚决定。

稽查局不服一审判决，提起上诉。

▶ 二审法院认为：

《行政处罚法》第二十八条规定：“违法行为构成犯罪，人民法院判处拘役或者有期徒刑时，行政机关已经给予当事人行政拘留的，应当依法折抵相应刑期。违法行为构成犯罪，人民法院判处罚金时，行政机关已经给予当事人罚款的，应当折抵相应罚金。”根据上述规定，对同一违法犯罪行为，原则上只能给予一次人身罚或者财产罚，不能重复适用。根据规定第三条、第五条、第八条、第十一条的规定，如果违法行为已构成犯罪，行政机关不得以行政处罚代替刑事处罚。对当事人的违法行为如何处理，首先应确定其行为的法律性质。如其行为构成犯罪，应由司法机关追究其刑事责任，税务机关作为行政机关对该案不具有管辖权；如其行为系一般行政违法，则应由税务机关依法处理，追究其行政违法责任，予以行政处罚。

因此，上诉人在市公安局立案后，应等待司法机关作出处理，如司法机关认定被上诉人的行为构成犯罪并对其处以刑罚，上诉人就不应再作行政处罚。税务行政处罚措施被刑罚规定的刑罚措施所吸收，行政处罚与刑罚不应并列适用。如C公司的行为不构成犯罪，依照规定，则公安机关应将案件移交税务机关，税务机关才可追究被上诉人的行政责任，给予行政处罚。本案中稽查局在公安机关立案后尚未作出最后处理的情况下对被上诉人作出行政处罚，违反上述规定。一审判决以其程序违法为由予以撤销，并无不当。稽查局的上诉理由不能成立。依照《中华人民共和国行政诉讼法》第八十九条第一款第（一）项之规定，判决驳回上诉，维持原判。

第四节　案件执行

稽查局执行部门接到审理部门移交的结论性文书及相关资料后，应依法及时将税务文书送达当事人，督促当事人按照《税务处理决定书》《税务行政处罚决定书》等文书确定的期限缴纳或者解缴税收款项。对不主动履行纳税义务、缴纳滞纳金或接受行政处罚的当事人，执行部门应依法采取税收保全措施、税收强制执行等相关措施。案件执行流程及知识框架，如图 1-4 所示。

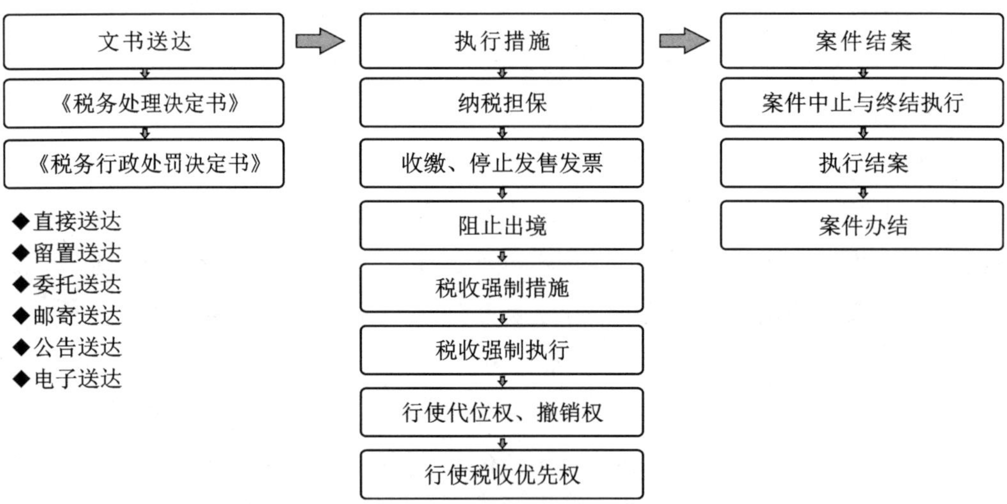

图 1-4　案件执行流程图

一、文书送达

《税收征收管理法实施细则》第八章第一百零一条至一百零六条规定了税务文书的送达方式。税务文书送达方式包括直接送达、留置送达、委托送达、邮寄送达、公告送达和电子送达。

（一）直接送达

1. 适用情形

税收文书可以直接送达的，应当采取直接送达的方式。

2. 签收人

受送达人是个人的，应当由本人直接签收；本人不在的，交其同住成年家属签收，并应当注明与受送达人的关系。受送达人是法人或者其他组织的，应当由法人的法定代表人、其他组织的主要负责人或者该法人、组织的财务负责人、负责收件的人签收；受送达人有代理人的，可以送交其代理人签收。

直接送达税务文书的，以签收人在《税务文书送达回证》上记明的收到日期为送达日期。

（二）留置送达

1. 适用情形

受送达人或者其同住成年家属、代收人、代理人拒绝签收，无法直接送达税务文书的，可以采取留置送达的方式送达税务文书。

2. 留置过程

留置送达可以邀请有关基层组织人员或者其他第三方见证人到场，在送达回证上记明拒收事由和日期，由被邀请到场的见证人填写见证内容："税务机关直接送达税务文书，受送达人拒绝签收，无法直接送达。"字样，由送达人、见证人签名或者盖章，将税务文书留在受送达人处，即视为送达。

3. 证据留存

留置送达时，原则上应当制作《现场笔录》或者音像记录设备记录留置送达过程。

（三）委托送达

1. 适用情形

直接送达税务文书有困难的，包括受送达人不在本税务机关辖区内经营或者居住而难以直接送达的，可以委托其他有关机关或者其他单位代为送达。

2. 委托程序

采取委托送达的，应当向被委托方出具委托书，并将税务文书及送达回证交被委托方。委托送达以受送达人在税务文书送达回证上签收的日期为送达日期。

（四）邮寄送达

1. 适用情形

直接送达税务文书有困难或者受送达人提出邮寄送达要求的，可以保留相关证据，采取邮寄送达方式送达税务文书。

2. 邮寄方式

邮寄送达应当交由邮政企业采用挂号函件等可以证明收件的邮寄方式，并在邮寄单据或者回执上注明税务文书名称、文书号、份数，以及是否为原件。邮寄送达以挂号函件回执上注明的收件日期为送达日期，并视为已送达。

相关案例 1.10 因邮寄送达不规范 致税务机关败诉案[①]

【案件查办过程】

Q船舶修造工程有限公司（以下简称Q公司），成立于2005年7月7日，注册资本500万元，法定代表人颜建某，注册地址位于G市H区金洲北路一街101号。经营范围包括制造、销售、维修船舶及零配件（制造限船长70米以下、维修限船长60米以下钢质船舶）；室内装饰；维修金属构件；疏浚工程等。

2013年8月21日，G市东区稽查局（以下简称稽查局）作出《税务处理决定书》，责令Q公司补缴2008年1月至2008年4月少缴的增值税45 623.93元，补缴2008年度少缴的企业所得税639 857.40元，合计应补缴税额685 481.33元，并缴纳从滞纳之日起至2012年7月3日止的滞纳金394 400.67元，限Q公司应在收到上述决定书之日起15日内到税务局处缴纳上述税款及滞纳金。

2013年8月26日，稽查局前往Q公司住所地直接送达涉案《税务处理决定书》，发现Q公司住所地已无人员办公，无法送达。

稽查局于2013年8月26日向Q公司采用了邮寄送达方式，取得邮政特快专递邮件详情单，该详情单记载收件人为“G市Q公司颜通某”，收件地址为“G市H区金洲北路一街101号”，邮件内容未填写，后该邮件因收件人手机关机无法送达被退回。

2013年9月9日，稽查局通过在该局网站发布公告以及在Q公司主管税务机关H区税务局的办税服务厅公告栏张贴公告的方式向Q公司公告送达涉案《税务处理决定书》，公告期为30日，至2013年10月8日期满。2013年10月9日，H区税务局工作人员在稽查局出具的《税务文书送达回证》见证人栏签名，并加盖H区税务局的公章予以确认。

因Q公司在公告期满后仍未缴纳欠税，H区税务局于2013年12月17日根据稽查局作出的涉案税务处理决定书，向Q公司发出《税务事项通知书》，限Q公司在

---

① 本案例改编自《广州市桥澳船舶修造工程有限公司与广州市黄埔区国家税务局认为违法要求履行纳税义务二审行政判决书》广州市中级人民法院（2014）穗中法行终字第1444号，原文见中国裁判文书网，http://wenshu.court.gov.cn/website/wenshu/181107ANFZ0BXSK4/index.html? docId=ca47f48199b8441eb73ee94f959e41c7。

2013年12月22日前缴纳2008年1月1日至2008年12月31日应缴税额639 857.40元，同时按规定缴纳自滞纳之日起至缴款之日止的滞纳金。

Q公司不服H区税务局作出的上述《税务事项通知书》，于2014年2月13日向G市税务局申请行政复议，该局于2014年4月3日作出《行政复议决定书》，维持H区税务局作出的上述《税务事项通知书》。Q公司不服，向法院提起行政诉讼。

【税企争议焦点】

稽查局所采取的邮寄送达方式是否合法：H区税务局向Q公司发出被诉《税务事项通知书》的依据是稽查局的《税务处理决定书》，该《税务处理决定书》是否已有效送达并发生法律效力。

【法院裁判观点】

根据《税收征收管理法实施细则》第八章关于"文书送达"的规定，税务文书的送达可以采取直接送达、留置送达、委托送达、邮寄送达等方式，在上述送达方式无法送达的情况下可以采取公告送达。本案中，稽查局作出《税务处理决定书》后，虽然采取过直接送达的方式，但尚未穷尽其他合理送达方式的情况下，于2013年9月9日通过在该局网站发布公告以及在被上诉人的办税服务厅公告栏张贴公告的方式向上诉人公告送达该《税务处理决定书》，不符合上述送达程序规定。虽然H区税务局提交了邮政特快专递详情单以证实稽查局在公告送达之前已向Q公司邮寄送达《税务处理决定书》，但该邮政特快专递详情单的收件人为"颜通某"，与Q公司法定代表人的姓名"颜建某"不符，且邮件内容也未填写，不能证实稽查局已向Q公司邮寄送达《税务处理决定书》。

因此，稽查局作出的《税务处理决定书》不能视为已有效送达。H区税务局在《税务处理决定书》尚未有效送达，并未发生法律效力的情况下，据此作出《税务事项通知书》，既缺乏事实根据，亦违反法定程序，依法应予撤销。

（五）公告送达

1. 适用情形

同一送达事项的受送达人众多，或者采用上述其他送达方式无法送达税务文书的，可以公告送达税务文书。

2. 证据留存

采用其他送达方式无法送达税务文书而采取公告送达的，应当留存已经采用其他送达方式的证据。

3. 公告方式

公告送达可以在受送达人主管税务机关的公告栏和受送达人住所地、生产经营地张贴公告，也可以在报纸、信息网络等媒体上刊登公告，发出公告日期以最后张贴或者刊登的日期为准。在受送达人住所地、生产经营地张贴公告的，应当采取拍照、录像等方式记录张贴过程。

4. 公告期限

除法律、法规另有规定外，税务文书公告期限为30日。发出公告日期以最后张贴或者刊登的日期为准。公告期限自公告次日起算，期限届满即视为送达。期限届满的最后一日是节假日的，以节假日后的第一日为期限届满的日期。

相关案例1.11 公告送达须谨慎 条件满足方可行①

【案件查办过程】

M服饰有限公司（以下简称M公司）成立于2010年6月8日，注册资本100万元，法定代表人为鲁某。经营范围包括成衣的生产与销售和国内贸易等。

2017年6月15日，S市稽查局对M公司的涉案违法行为予以立案。稽查人员在送达《税务检查通知书》的过程中，在《税务文书送达回证》的“送达人签名或盖章”一栏记录：企业失联，公告送达，并由S市稽查局两名工作人员签名。

同日，稽查人员以企业不在注册地址经营且相关人员均无法联系、文书无法送达为由，根据《税收征收管理法实施细则》第一百零六条的规定，在S市税务局网站发布《税务检查通知书》送达公告，对包括M公司在内的18户企业公告送达，要求M公司等收到通知之日起7日内到S市稽查局处接受调查。

经调查取证后，S市稽查局于2017年12月10日作出《税务行政处罚事项告知书》，于2017年12月11日以企业不在注册地址经营、文书无法直接送达为由在S市税务局网站发布《税务行政处罚事项告知书》公告，向M公司进行公告送达。

2018年4月13日，S市稽查局作出《税务处理决定书》，认定M公司为他人虚开增值税发票429份，金额30 875 891.71元，税额5 248 901.49元，价税合计36 124 793.20元。依据《发票管理办法》第二十二条第二款的规定，定性原告开具429份增值税专用发票为虚开增值税专用发票。

同日，作出《税务行政处罚决定书》，决定对M公司虚开发票的行为处以50万元

① 本案例改编自《深圳市美力冠服饰有限公司与国家税务总局深圳市税务局稽查局税务行政管理（税务）一审行政判决书》广东省深圳市盐田区人民法院（2018）粤0308行初1657号，原文见中国裁判文书网，http://wenshu.court.gov.cn/website/wenshu/181107ANFZ0BXSK4/index.html? docId=95e132852c3b488593b2aa1400d3b626。

的罚款。

2018年4月18日,S市稽查局在其所属税务局网站发布公告,以企业不在注册地址经营且相关人员均无法联系、文书无法送达为由,向M公司公告送达上述《税务处理决定书》及《税务行政处罚决定书》。

M公司不服稽查局作出的行政处罚决定,于2018年7月25日向法院提起行政诉讼。诉讼中,原告M公司主张,被告S稽查局直接采用公告方式向原告送达《税务行政处罚事项告知书》,未能保障原告陈述、申辩及申请听证的权利,程序不合法。

【税企争议焦点】

稽查局采用公告送达是否程序违法。

【法院裁判观点】

《税收征收管理法实施细则》第一百零一条规定,税务机关送达税务文书,应当直接送交受送达人。受送达人是公民的,应当由本人直接签收;本人不在的,交其同住成年家属签收。受送达人是法人或者其他组织的,应当由法人的法定代表人、其他组织的主要负责人或者该法人、组织的财务负责人、负责收件的人签收。受送达人有代理人的,可以送交其代理人签收。《税收征收管理法实施细则》第一百零六条规定,有下列情形之一的,税务机关可以公告送达税务文书,自公告之日起满30日,即视为送达:同一送达事项的受送达人众多;采用本章规定的其他送达方式无法送达。《税收征收管理法实施细则》第一百零七条规定,税务文书的格式由国家税务总局制定。本细则所称税务文书,包括:税务事项通知书;责令限期改正通知书;税收保全措施决定书;税收强制执行决定书;税务检查通知书;税务处理决定书;税务行政处罚决定书;行政复议决定书;其他税务文书。依据上述规定,稽查局应首先采用直接送达的方式将涉案税务检查通知书、税务行政处罚事项告知书、涉案行政处罚决定等相关文书送达原告。

本案中,原告M公司法定代表人鲁某未被限制人身自由,且S市公安局经济犯罪侦察局移交给被告S市稽查局的《询问笔录》上记载有鲁某的住址及联系电话。被告S市稽查局以企业不在注册地址经营且相关人员均无法联系、文书无法送达为由直接采用公告送达的方式,未尝试公告以外的任何其他送达方式,未能充分保障原告的陈述、申辩权利,属于程序违法。

S市稽查局主张本案涉及某骗取出口退税系列案,涉及多家公司,属于《税收征收管理法实施细则》第一百零六条第一项规定的同一送达事项的受送达人众多的情形。对此,法院认为,《税收征收管理法实施细则》第一百零六条第一项规定的同一送达事项的受送达人众多,应指同一案件中同一送达事项的受送达人众多,被告S

市稽查局的辩解不能成立。

法院遂判决撤销S市稽查局于2018年4月13日作出的《行政处罚决定书》，责令S市稽查局对M公司虚开增值税专用发票的违法行为依法重新作出处理。

（六）电子送达

1. 适用情形

从2020年4月1日起，税务机关可以采取电子送达税务文书。电子送达，是指税务机关通过电子税务局等特定系统向纳税人、扣缴义务人送达电子版式税务文书。经受送达人同意，税务机关可以采用电子送达方式送达税务文书。电子送达与其他送达方式具有同等法律效力。受送达人可以据此办理涉税事宜，行使权利、履行义务。

2. 送达的条件

受送达人同意采用电子送达的，签订《税务文书电子送达确认书》。《税务文书电子送达确认书》包括电子送达的文书范围、效力、渠道和其他需要明确的事项。受送达人可以登录特定系统直接签订电子版《税务文书电子送达确认书》，也可以到税务机关办税服务厅签订纸质版《税务文书电子送达确认书》，由税务机关及时录入相关系统。

3. 送达途径

税务机关采用电子送达方式送达税务文书的，以电子版式税务文书到达特定系统受送达人端的日期为送达日期，特定系统自动记录送达情况。税务机关向受送达人送达电子版式税务文书后，通过电话、短信等方式发送提醒信息。提醒服务不影响电子文书送达的效力。

4. 不适用电子送达的文书

《国家税务总局关于发布〈税务文书电子送达规定（试行）〉的公告》（国家税务总局公告2019年第39号）规定，税务处理决定书、税务行政处罚决定书（不含简易程序处罚）、税收保全措施决定书、税收强制执行决定书、阻止出境决定书以及税务稽查、税务行政复议过程中使用的税务文书等暂不适用电子送达。

二、执行措施

《税务处理决定书》《税务行政处罚决定书》等决定性文书送达后，被执行人逾期不履行的，稽查局执行部门应当依法采取措施，促使被执行人履行义务。包括责成提供纳税担保、收缴停供发票、阻止欠税人出境、采取税收保全、进行税收强制执行、申请人民法院强制执行、行使代位权、撤销权、行使税收优先权等。

(一) 纳税担保

纳税担保是指经稽查局同意或者确认，纳税人或者其他自然人、法人、经济组织以保证、抵押、质押的方式，为纳税人应当缴纳的税款及滞纳金提供担保的行为。纳税担保包括纳税保证、纳税抵押和纳税质押。

纳税人、扣缴义务人有下列情形之一的，适用纳税担保：

(1) 稽查局有根据认为从事生产、经营的纳税人有逃避纳税义务行为，在规定的纳税期之前责令其限期缴纳应纳税款，在限期内发现纳税人有明显的转移、隐匿其应纳税的商品、货物以及其他财产或者应纳税收入的迹象，责成纳税人提供纳税担保的。

(2) 欠缴税款、滞纳金的纳税人或者其法定代表人需要出境的。

(3) 纳税人、扣缴义务人、纳税担保人同稽查局在纳税上发生争议而未缴清税款及滞纳金，需要申请行政复议的。

(4) 税收法律、行政法规规定可以提供纳税担保的其他情形。

纳税担保的范围包括税款、滞纳金和实现税款、滞纳金的费用。费用包括抵押、质押登记费用，质押保管费用，以及保管、拍卖、变卖担保财产等相关费用支出。用于纳税担保的财产、权利的价值不得低于应当缴纳的税款、滞纳金，并应当考虑相关的费用。纳税担保的财产价值不足以抵缴税款、滞纳金的，稽查局应当向提供担保的纳税人或者纳税担保人继续追缴。

纳税人或纳税担保人在规定的期限内缴清税款及滞纳金的，稽查局应当自纳税人缴清税款及滞纳金之日起 3 个工作日内解除保证、抵押、质押关系，开具《解除纳税担保通知书》，返还质物，并制作《返还商品、货物或者其他财产清单》。

相关案例 1.12　应收账款条件不符　纳税担保不予确认[①]

【案件查办过程】

K 控股集团有限公司(以下简称 K 公司)成立于 2001 年 7 月 25 日，法定代表人为张某。经营范围包括房地产开发、销售、租赁(凭有效资质证书经营)；对健康产业的投资；医疗机构运营及管理等。

2018 年 9 月 29 日，X 市税务局稽查局(以下简称稽查局)作出《税务处理决定

① 本案例改编自《襄阳市开放控股集团有限公司、国家税务总局襄阳市税务局稽查局税务行政管理(税务)二审行政判决书》湖北省襄阳市中级人民法院(2019)鄂 06 行终 182 号，见中国裁判文书网，http://wenshu.court.gov.cn/website/wenshu/181107ANFZ0BXSK4/index.html? docId=58fec32ffe784368ae11ab9700a5dc0b。

书》,要求K公司自收到决定书之日起15日内补缴税款95 185 415.24元及相应的滞纳金。

2018年10月16日,K公司在对《税务处理决定书》持有异议且无法缴纳税款及滞纳金的情况下,向稽查局提出纳税担保申请,以其全资子公司HL公司在H银行购有的1亿元理财产品及K公司应收债权3.08亿元作为纳税担保。

稽查局调查发现,2014年11月13日,省高级人民法院作出调解书,确认XJ公司3年内偿还张某1.35亿元,如3年后未能足额偿还,则用YK公司面积79 174平方米的房产抵偿,如不能用房产抵偿,则XJ公司以未付款项为基数,按日1%向张某支付违约金。2016年4月6日,省高级人民法院作出执行裁定书,查封YK公司所有的新天地项目中的房产31 571.56平方米,期限为3年。K公司据以申请纳税担保的应收债权3.08亿元即上述1.35亿元债权,并计算违约金1.552 5亿元、迟延履行金1.676万元,共计3.08亿元。另查明,K公司据以申请纳税担保的其全资子公司HL公司的1亿元理财产品账户已于2018年9月6日被市公安局冻结。

稽查局审查后,于2018年11月27日向K公司作出《税务事项通知书》,认为K公司用于纳税担保的财产不具备质押资格,不予受理K公司的纳税担保申请。

K公司不服稽查局作出的《税务事项通知书》,向市税务局申请复议。市税务局于2019年2月15日作出行政复议决定书,维持稽查局作出的《税务事项通知书》。

【税企争议焦点】

稽查局不予确认纳税担保申请是否合法。

【法院裁判观点】

▶ 一审法院认为:

《税收征收管理法》第八十八条规定,纳税人同税务机关在纳税上发生争议时,必须先依照税务机关的纳税决定缴纳或者解缴税款及滞纳金或者提供相应的担保,然后可以依法申请行政复议。《纳税担保试行办法》第二条规定,纳税担保是指经税务机关同意或确认,纳税人以保证、抵押、质押的方式,为纳税人应当缴纳的税款及滞纳金提供担保的行为。本案中,K公司对稽查局作出的税务处理决定书持有异议,且无法缴纳税款及滞纳金,向稽查局提出纳税担保申请,符合法律规定,稽查局具有受理申请、审查并确认是否同意纳税担保的法定职责。

稽查局于2018年10月16日受理申请后,经过审查并召开专题会议讨论,确认K公司用于纳税担保的财产不具备质押资格,并于同年11月27日作出税务事项通知书,不予受理K公司的纳税担保申请。稽查局依法履行了法定职责,其不同意K公司纳税担保申请符合法律规定,并无不妥。因法律法规并没有对纳税担保申请的审查期限作出规定，稽查局的审查程序并未违法。K公司申请复议后，市税务局受理申请，作出维持税务事项通知书的决定，符合法律规定。

关于1亿元理财产品和应收3.08亿元债权能否作为纳税质押担保的问题。纳税担保不同于民事担保权利，其设立目的是规范纳税行为、保障国家税收收入，是税务行政管理国家公权力的体现，调整的对象是行政机关和行政相对人双方，涉及公共利益和社会管理秩序的稳定性。《纳税担保试行办法》第二十五条规定，纳税质押是指经税务机关同意，纳税人或纳税担保人将其动产或权利凭证移交税务机关占有，将该动产或权利凭证作为税款及滞纳金的担保。纳税人逾期未缴清税款及滞纳金的，税务机关有权依法处置该动产或权利凭证以抵缴税款及滞纳金。纳税质押分为动产质押和权利质押。动产质押包括现金以及其他除不动产以外的财产提供的质押。汇票、支票、本票、债券、存款单等权利凭证可以质押。由此可见，动产或权利作为纳税质押，必须同时具备以下条件：税务机关同意、交付税务机关占有、税务机关有权处置。本案中，现有证据证实，1亿元理财产品已于2018年9月6日被市公安局冻结，依法被查封、冻结的财产不得作为担保财产。故该理财产品不符合纳税质押的条件，不能作为纳税质押担保财产。

K公司依据《担保法》第七十五条及《物权法》第二百二十三条之规定，认为“应收账款3.08亿元”可以作为纳税质押担保财产。法院认为本案所涉该项债权，是由法院生效法律文书所确定的且未执行到位的债权，其构成为本金1.35亿元加上违约金、延迟履行金，计算出3.08亿元，债权人为张某，但不符合纳税质押的条件，不能作为纳税质押担保财产。理由如下：其一，债权人是张某，而非K公司。若以此债权来提供纳税担保，则应由张某办理相关担保手续。K公司在没有张某签字认可、张某（涉嫌刑事犯罪被司法机关立案侦查）不具备纳税保证人的资格的情形下，以张某的应收债权作为纳税担保，不符合法律规定。其二，依据调解书的内容，确认XJ公司若3年内无法偿还欠款1.35亿元，则用YK公司的房产抵偿。现XJ公司未偿还欠款1.35亿元，人民法院已裁定执行YK公司的房产，金钱债权变成以物（房屋）抵钱，不符合“应收账款”仅限于“金钱债权”的规定，且该应收账款也不能由税务机关占有，亦不符合纳税质押的条件，不能作为纳税质押担保财产。

综上，K公司认为《税务事项通知书》不能成立及要求撤销《税务事项通知书》《行政复议决定书》的主张，缺乏事实和法律依据，法院不予支持。稽查局提出的1亿元理财产品和3.08亿元应收债权，不属于《纳税担保试行办法》规定的可以作为纳税担保的财产的理由成立，法院予以支持。市税务局行政复议决定认定事实清楚、适用法律正确、程序合法，应予维持。依照《行政诉讼法》第六十九条的规定，判决驳回K公司的诉讼请求。

K公司不服一审判决，提起上诉。

▶ **二审法院认为：**

上诉人K公司以其3.08亿元应收债权及HL公司在H银行的1亿元理财产品申请作为纳税担保。稽查局经审查后，向其作出税务事项通知，认为其用于纳税担保的财产不具备质押资格，不予受理其纳税担保申请。即K公司提供的应收债权及理财产品是否具备纳税担保质押条件，决定本案诉争税务事项通知的合法性。《纳税担保试行办法》第二条第一款规定，纳税担保是指经税务机关同意或确认，纳税人或者其他自然人、法人、经济组织以保证、抵押、质押的方式，为纳税人应当缴纳的税款及滞纳金提供担保的行为。《纳税担保试行办法》第二十五条规定，纳税质押是指经税务机关同意，纳税人或纳税担保人将其动产或权利凭证移交税务机关占有，将该动产或权利凭证作为税款及滞纳金的担保。纳税人逾期未缴清税款及滞纳金的，税务机关有权依法处置该动产或权利凭证以抵缴税款及滞纳金。纳税质押分为动产质押和权利质押。动产质押包括现金以及其他除不动产以外的财产提供的质押。汇票、支票、本票、债券、存款单等权利凭证可以质押。对于实际价值波动很大的动产或者权利凭证，经设区的市、自治州以上税务机关确认，税务机关可以不接受其作为纳税质押。根据上述规定，纳税担保、纳税质押得以实现的首要条件是需经税务机关同意，其次是动产或权利凭证需移交税务机关占有，在纳税人逾期未缴清税款及滞纳金的情况下，以便税务机关依法处置该动产或权利凭证以抵缴税款及滞纳金。就本案而言，上诉人K公司提供的应收债权，不是现金以外的汇票、支票、本票、债券、存款单等权利凭证，该债权的实现存在不确定性，亦无法直接移交税务机关占有并在条件成熟时以此抵缴税款及滞纳金。且该应收债权的债权人系张某，而非K公司，K公司在没有张某签字认可，以及张某是否具备纳税保证人资格无法确定的情况下，以张某的应收债权作为纳税担保，不符合法律规定。

至于K公司提供的HL公司在H银行的理财产品，因该理财产品在K公司提出纳税担保申请前，已被市公安机关冻结，无法直接移交税务机关占有，不能以此抵缴税款及滞纳金。即该理财产品亦不能作为纳税质押，以此提供纳税担保。

综上，被上诉人稽查局经审查后，向其作出税务事项通知，认为其用于纳税担保的财产不具备质押资格并无不当。上诉人K公司不服税务事项通知向被上诉人市税务局申请行政复议。市税务局2019年1月8日收到K公司的行政复议申请后，向其作出了受理复议通知书，在法定期限内(2019年2月15日)作出了《行政复议决定书》，并于2019年2月18日向其送达。该复议决定程序合法，维持被上诉人稽查局作出的《税务事项通知书》并无不当。故上诉人K公司请求撤销上述《税务事项通知书》、《复议决定书》，以及责令稽查局重新作出受理其纳税担保申请的主张，缺乏事实根据和法律依据，本院不予支持。综上，判决驳回上诉，维持原判。

（二）收缴、停止发售发票

从事生产、经营的纳税人、扣缴义务人不按税务处理、处罚决定书所规定的期限缴清应补缴的税款、滞纳金及罚款时，稽查局可以通知其所属主管税务机关采取收缴其发票或者停止向其发售发票的措施。

（三）阻止出境

欠缴税款的被执行人或者其法定代表人需要出境的，应当在出境前结清应纳税款、滞纳金或者提供担保。未结清税款、滞纳金，又不提供担保的，经批准，由省、自治区、直辖市、计划单列市税务局通知本省（直辖市、自治区）指定出入境边防检查机关阻止其出境行为。

（四）税收强制措施

税收强制措施是指稽查局依法对从事生产、经营的纳税人采取的行政强制措施。税收强制措施包括冻结存款、汇款和查封、扣押商品、货物或者其他财产。

稽查局有根据认为从事生产、经营的纳税人有逃避纳税义务行为的，可以在规定的纳税期之前，责令限期缴纳应纳税款；在限期内发现纳税人有明显的转移、隐匿其应纳税的商品、货物以及其他财产或者应纳税的收入的迹象的，稽查局可以责成纳税人提供纳税担保。如果纳税人不能提供纳税担保，经县以上税务局（分局）局长批准，稽查局可以采取税收强制措施。

稽查局对从事生产、经营的纳税人以前纳税期的纳税情况依法进行税务检查时，发现纳税人有逃避纳税义务行为，并有明显的转移、隐匿其应纳税的商品、货物以及其他财产者应纳税的收入的迹象的，经县以上税务局（分局）局长批准，可以采取税收强制措施。

相关案例 1.13　法无授权不可为　保全期限须谨记[①]

【案件查办过程】

KX大药房零售连锁有限公司（以下简称KX公司）系2003年4月登记注册的

① 本案例改编自《湖南省康一馨大药房零售连锁有限公司与娄底市娄星区国家税务局稽查局一审行政判决书》湖南省娄底市娄星区人民法院（2017）湘1302行初12号，中国裁判文书网，http://wenshu.court.gov.cn/website/wenshu/181107ANFZ0BXSK4/index.html? docId=f9b85d9be103444e87b4a829016f5128。

有限责任公司，注册资本3 000万元。2015年6月，LX连锁股份有限公司（收购方，以下简称LX公司）与KX公司（出让方）达成资产收购协议，并予以实施。

2016年3月，区国税局向KX公司下达《税务事项通知书》，责令该公司在7日内提供相关资料并办理当期企业所得税汇算清缴及清算相关涉税事宜。2016年6月15日，区国税局稽查局（以下简称稽查局）经稽查局长批准，以KX公司涉嫌税收违法，决定对该公司予以税务稽查立案。同日，向KX公司下发《税务检查通知书》，自2016年6月15日起对该单位2015年1月1日至2015年12月31日涉税情况及发票使用情况进行检查。

2016年6月15日，稽查局向KX公司下发《税务事项通知书》，通知KX公司于2016年6月24日前对2015年1月至2015年12月纳税情况进行自查。对如实自查报告税收违法行为，主动配合税务稽查部门检查，主动补缴税款和缴纳滞纳金的，依法从轻、减轻或不予行政处罚。

2016年6月19日，稽查局对LX公司发出《协助执行通知书》，要求该公司暂停支付收购尾款600万元，该通知书于次日送达给LX公司，但未送达给KX公司。LX公司收到此通知后，停止支付了收购款600万元。

2016年6月28日和2016年12月7日，稽查局依职权分别查询了KX公司股东姜某在工商银行及中国银行所开账户的银行流水，发现LX公司曾将收购款6 935万元支付到姜某在银行的个人账户中。

2016年7月7日，稽查局向KX公司下达《税务事项通知书》，责成其提供账簿凭证资料和有关证明材料，KX公司未按要求提供。

2017年1月13日，稽查局发出《责令提供纳税担保通知书》，责令KX公司在1月18日前向该局提供21 384 196.03元的纳税担保，逾期将依法采取税收保全措施。

2017年1月25日，LX公司将收购尾款600万元支付给原告KX公司。

2017年1月25日，稽查局作出《税收保全措施决定书》，决定自2017年1月25日起冻结KX公司在中国银行L支行的存款600万元。并于同日向中国银行送达《冻结存款通知书》，银行签收后予以冻结。

2017年1月26日，稽查局负责人电话通知KX公司负责人钟某，告知保全情况并通知其领取文书，钟某于2017年2月10日领取了文书。

2017年7月25日，稽查局作出《解除税收保全措施决定书》，决定解除2017年1月25日对KX公司存款600万元的冻结，稽查局工作人员同日电话通知了钟某，钟某于2017年7月31日领取了该文书。

2017年7月25日，稽查局作出《解除冻结存款通知书》，并于次日送达给中国银行L支行，通知该行从2017年7月26日起解除对2017年1月25日对KX公司存款600万元的冻结。稽查局对KX公司600万元的实际冻结期为6个月零1天。

KX公司不服税务机关税务保全行政行为，于2017年2月27日向法院提起行政诉讼称，其将资产出卖给LX公司系正常的市场交易行为，稽查局不依照法律规定的程序和条件，以想当然的方式违法采取税收保全措施。其中，第一次止付收购款行政行为中，未制作《税收保全措施决定书》，《税收保全措施决定书》和《协助执行通知书》均未送达KX公司。第二次冻结银行存款，决定书未载明冻结存款的期限，且至起诉时1个多月未作处理，两次冻结持续至八个多月，严重违反了《税收征收管理法》和《行政强制法》的规定。并且，稽查局对KX公司连续采取的税收保全措施，也不符合《税收征收管理法》和《税收征收管理法实施细则》的实质要件。稽查局的行为系明显违法滥用职权的行政行为。同时，明显违背了《中共中央 国务院关于完善产权保护制度依法保护产权的意见》的政策精神。因此，请求人民法院判令：一、确认稽查局于2016年6月19日以“协助通知书”的形式要求LX公司暂停支付收购KX公司资产尾款600万元的行政行为违法；二、撤销稽查局于2017年1月25日作出的《税收保全措施决定书》。

【税企争议焦点】

稽查局向LX公司作出暂停支付KX公司尾款600万元的《协助执行通知书》是否违法；稽查局在检查过程中作出的《税收保全措施决定书》是否违法。

【法院裁判观点】

根据《税收征收管理法》第三十八条第一款之规定，税收保全措施为以下两种措施：书面通知纳税人开户银行或其他金融机构冻结纳税人的全部相当于应纳税款的存款；扣押、查封纳税人的价值相当于应纳税款的商品、货物或其他财产。被告稽查局在税务检查过程中，发现原告作为纳税人对LX公司有到期债权，即对到期债权的债务方发出《协助执行通知书》，该通知书未引用法律条文、未载明停止支付期限，同时，未制作协助通知书所依据的基础性法律文书即《税收保全决定书》，没有送达给行政相对人，也没有交待行政复议或行政诉讼等救济途径。根据《税收征收管理法》第三十八条规定，该行为系法无授权行为，违背了行政权力“法无授权不可为”的法理原则。

稽查局辩称该《协助执行通知书》只是要求案外人协助税务工作的通知，并未损害原告的利益。经查，该《协助执行通知书》与诉讼保全过程中要求金融机构协助冻结银行存款的通知书内容相似，与KX公司利益有直接利害关系，因此，该《协助通知书》具有公法上行政公文的效力，具有可诉的行政行为的特征。

稽查局辩称该行为已过6个月诉讼时效，经查，该行为系2016年6月19日作出，但因稽查局未将相关文书送达给原告KX公司，现被告稽查局无法举证证明原告KX公司何时知道或应当知道该行政行为的存在，KX公司在庭审中陈述直至2016年12月才知道。LX公司依约应于2016年7月支付收购尾款600万元给原告KX公司，当LX公司未依约支付时，根据常理判断，KX公司在逾期时即2016年7月即应当知道债权被冻结的事实。因此，稽查局辩称该行为已过6个月的诉讼时效表述不准确，应为已过6个月的起诉期限，稽查局的该项辩解予以采纳。

被告稽查局在税务检查中，于2017年1月25日作出《税收保全措施决定书》，经审查，该税收保全符合《税收征收管理法》第五十五条、第三十八条第一款的条件，但是，该保全决定书和送达银行的协助冻结存款通知书均未载明冻结存款的期限，被告稽查局在诉讼过程中于2017年8月26日将该600万元存款解除冻结，实际冻结存款期限为6个月零1天。根据《中华人民共和国行政强制法》(以下简称《行政强制法》)第三十二条第一款："自冻结存款、汇款之日起三十日内，行政机关应当作出处理决定或者作出解除冻结决定；情况复杂的，经行政机关负责人批准，可以延长，但是延长期限不得超过三十日。法律另有规定的除外。"那么，稽查局实际冻结存款的日期超过了法律规定的期限。同时，该税收保全决定书交代的行政相对人提起行政诉讼的期限错误，将6个月的期限书写为3个月。原告KX公司诉请人民法院撤销该税收保全决定，但在诉讼过程中，稽查局已解除保全措施，已不具有可撤销性，因此，应确认该税收保全行政行为违法。据此，依照《行政强制法》第三十一条、第三十二条，《税收征收管理法》第三十八条、第五十五条，《行政诉讼法》第七十四条第二款之规定，判决被告稽查局于2017年1月25日作出的《税收保全措施决定书》的行政行为违法，同时驳回原告要求确认被告稽查局于2016年6月19日以《协助执行通知书》的形式要求LX公司暂停支付收购KX公司资产尾款600万元的行政行为违法的诉讼请求。

（五）税收强制执行

1. 税务机关强制执行

税务机关强制执行，是指稽查局依法对被执行人实施的行政强制执行。税收强制执行包括划拨存款、依法拍卖或者变卖抵税财物。被执行人有以下情形之一的，稽查局可按照规定程序采取强制执行：

(1) 采取税收强制措施后，从事生产、经营的纳税人限期期满仍未缴纳税款的。

(2) 设置纳税担保后，纳税担保人限期期满仍未缴纳所担保的税款、滞纳金的。

(3) 从事生产、经营的纳税人、扣缴义务人限期期满后仍未缴纳税款、滞纳金的。

(4) 当事人对稽查局的处罚决定逾期不申请行政复议也不向人民法院起诉，又不履行的。

(5) 在催告期间，对有证据证明有转移或者隐匿财物迹象的，稽查局可以立即决定强制执行。

对于行政复议决定，申请人、第三人逾期不起诉又不履行的，或者不履行最终裁决的行政复议决定的，如果行政复议决定维持具体行政行为，由作出具体行政行为的稽查局依法强制执行，或者申请人民法院强制执行；如果行政复议决定变更具体行政行为，由行政复议机关依法强制执行，或者申请人民法院强制执行。

相关案例 1.14 强制执行要规范 文书制作莫偷懒①

【案件查办过程】

K控股集团有限公司（以下简称K公司）成立于2010年5月，法定代表人为朱某。经营范围包括房地产开发、经营，物业管理，房产租赁，绿化管理服务，家庭装饰装潢服务；木材、金属材料、建筑材料、卫生洁具、家用电器设备、五金、日用百货销售；住宿、餐饮服务，休闲健身、室内娱乐服务，烟酒零售；投资及资产管理；企业管理咨询；商业规划设计，商业及商业地产营销策划，商业经营管理；停车服务，会务、展览及相关服务；软件开发与信息技术咨询服务；电子器件、电子元件以及其他电子设备的制造；节能技术、新材料技术推广服务；普通货运、仓储服务；进出口业务等。

2010年8月16日，C市招商局（甲方）与K公司（乙方）签订一份投资协议书，乙方决定在C市进行投资。协议约定了投资的数额、项目、占地面积、优惠政策、双方义务、违约责任等。协议签订后，K公司通过“招拍挂”取得了上述建设用地，并陆续投入资金进行开发建设。

2017年5月8日，C市税务局稽查局作出《税务处理决定书》，载明：我局于2016年12月12日至2017年1月13日对你单位2011年1月1日至2015年12月31日地方税收及基金、附加申报缴纳情况进行了检查，载明了违法事实……处理决定如下：对K公司2011—2013年度少申报缴纳的企业所得税29 113 818.10元，依法予以追缴，并

① 本案例改编自《国家税务总局滁州市税务局稽查局、凯迪控股集团有限公司税务行政管理（税务）二审行政判决书》安徽省滁州市中级人民法院（2019）皖11行终55号，见中国裁判文书网，http://wenshu.court.gov.cn/website/wenshu/181107ANFZ0BXSK4/index.html? docId=ba7aa38d3a8e457ca116aa7f009ab981。

从滞纳税款之日起，按日加收滞纳税款0.5‰的滞纳金。限你单位自收到本决定书15日内到税务机关办税服务分局，将上述应补缴的企业所得税29 113 818.1元，以及应按规定加收的滞纳金缴纳入库，并进行相关账务调整。逾期未缴，按规定强制执行。

2017年5月9日，C市税务局稽查局向K公司送达了该《税务处理决定书》。

2017年8月15日，C市税务局稽查局作出并向K公司送达《催告书》，载明：我局于2017年5月9日向你单位送达《税务处理决定书》，但你单位在法定期限内仍未缴清税款29 113 818.10元，现向你单位催告，请你单位自收到本催告书之日起10日内到税务局办税服务分局缴纳税款及滞纳金。逾期未履行义务，我局将依法强制执行。"

2017年8月25日至2018年4月26日，K公司多次共缴纳税款29 113 818.1元、共缴纳滞纳金4 819 138.04元。

2018年8月29日，C市税务局稽查局再次向K公司作出并送达《催告书》，载明：本机关于2017年5月9日向你送达《税务处理决定书》，你单位在法定期限未履行或未完全履行本机关作出的行政决定。根据《行政强制法》第三十四条、第三十五条、第四十五条的规定，现依法向你单位催告，请你单位自收到本催告书之日起两日内履行下列义务：缴纳自税款滞纳之日起，依法加收0.5‰的滞纳金21 764 504.84元。逾期未履行义务的，本机关将依法强制执行。

2018年9月13日，C市税务局稽查局作出并向K公司送达《税收强制执行决定书》，决定从K公司交通银行、徽商银行的银行账户扣缴滞纳金21 764 504.84元。后作出并向交通银行、徽商银行送达《扣缴税收款项通知书》，共从K公司账户中扣缴21 764 504.84元。

K公司认为C市税务局稽查局作出《税收强制执行决定书》违反法律规定，侵犯了K公司的合法权益，遂向法院提起诉讼。

【税企争议焦点】

本案中稽查局作出的《税收强制执行决定书》适用法律是否正确，是否合法有效。

【法院裁判观点】

▶ 一审法院认为：

《行政强制法》第三十七条规定，经催告，当事人仍不履行行政决定，且无正当理由的，行政机关可以作出强制执行决定。强制执行决定应当以书面形式作出，并载明下列事项：……（二）强制执行的理由和依据。市税务局稽查局作出《税收强制执行决定书》未载明强制执行的理由，不具备法定形式。《税收强制执行决定书》中载明:根据《中华人民共和国税收征收管理法》规定,未写明强制执行的具体法律依据,属适用法律错误。据此,判决撤销被告市税务局稽查局作出的《税收强制执行决定书》,并责令被告市税务局稽查局于判决生效后30日内返还原告K公司人民币21 764 504.84元。

C市税务局稽查局不服一审判决,提起上诉称:一审法院认为《行政强制执行决定书》因未载明强制执行的理由和依据,未写明强制执行的具体法律依据,故认定该文书"不具备法定形式、适用法律错误",该认定属于认定事实不清,适用法律错误。《行政强制执行决定书》未载明强制执行的理由,应属于瑕疵行为。行政强制执行文书载明理由的立法目的在于保障行政相对人的知情权,本案中其在做出该强制执行决定书前,曾送达《税务处理决定书》和《催告书》两份税务文书,在该两份文书中详细阐述了K公司的违法事实、补缴金额和如未按期补缴,需按日加收滞纳金等影响K公司程序、实体权利的内容,上述内容的告知已经充分保障了K公司的知情权。即便在《行政强制执行决定书》中未有再次告知强制执行的理由,但因K公司已经明知强制执行的理由,故该瑕疵对K公司的权利不产生任何影响,不能得出其行政强制行为不具备法定形式的结论。其已经按照《行政强制法》第三十七条的规定告知K公司行政强制的依据是《税收征收管理法》。《行政强制法》第三十七条仅规定作出强制执行决定载明强制执行的依据,但并未规定必须注明具体条款,《行政诉讼法》及《行政诉讼法解释》更没有规定如果行政法律文书未注明适用具体条款,就属于适用法律错误。请求撤销一审判决,改判驳回K公司的诉讼请求。

▶ 二审法院认为:

行政强制执行是指行政机关或者行政机关申请人民法院对不履行行政决定的公民、法人或其他组织,依法强制履行义务的行为。《行政强制法》第三十四条规定,行政机关依法作出行政决定后,当事人在行政机关决定的期限内不履行义务的,具有行政强制执行权的行政机关依照本章规定强制执行。《行政强制法》第三十七条第二款规定"强制执行决定应当以书面形式作出,并载明下列事项:(一)当事人的姓名或者名称、地址;(二)强制执行的理由和依据;(三)强制执行的方式和时间;(四)申请行政复议或者提起行政诉讼的途径和期限;(五)行政机关的名称、印章和日期。"虽然根据《税收征收管理法》第四十条的规定,从事生产、经营的纳税人、扣缴义务人未按照规定的期限缴纳或者解缴税款,由税务机关责令限期缴纳,逾期仍未缴纳的,经县以上税务局(分局)局长批准,税务机关可以采取相应的强制执行措施,但税务机关采取强制执行措施时,仍应依照《行政强制法》的相关规定执行。本案中,市税务局稽查局以其在作出该《税收强制执行决定书》前,曾向K公司送达的《税务处理决定书》和《催告书》两份税务文书中详细阐述了K公司的违法事实、补缴金额和如未按期补缴，需按日加收滞纳金等影响K公司程序、实体权利的内容，认为其作出的强制决定未损害当事人合法权益。《行政强制法》三十七条规定的“强制执行的理由和依据”主要包括的是据以执行的行政决定和本条第一、三款规定的强制执行要件。而市税务局稽查局作出的《行政强制执行决定书》未依法载明本案强制执行的行政决定，明显违反法律规定。综上，市税务局稽查局的上诉理由均不能成立，本院不予支持。一审判决认定事实清楚，适用法律正确，审判程序合法，判决撤销并无不当。据此，判决驳回上诉，维持原判。

2. 申请人民法院强制执行

非从事生产、经营的纳税人、扣缴义务人对税务机关的处理决定逾期不申请行政复议也不向人民法院起诉，又不履行的，作出处理决定的稽查局可以自期限届满之日起3个月内，就其未缴的税款、滞纳金申请人民法院强制执行。

当事人对税务机关的处罚决定逾期不申请行政复议也不向人民法院起诉，又不履行的，作出处罚决定的稽查局可以对未缴的罚款实施强制执行，或者自期限届满之日起3个月内申请人民法院强制执行。

相关案例1.15 申请法院执行要及时　超过法定期限不受理①

【案件查办过程】

BC房地产开发有限公司成立于2010年7月，注册地位于G省L市雅儒路75号，法定代表人为陈某，主要从事房地产开发经营业务。

2018年11月14日，G省税务局第二稽查局（以下简称第二稽查局）向法院提交执行申请书，该执行申请书载明：申请执行人第二稽查局对被申请执行人BC房地产开发有限公司2016年8月2日至2016年9月23日进行税收专项检查时发现，被申请执行人少缴税费3 972 185.56元（其中2014年企业所得税3 908 766.33元、2015年营业税55 630.90元、2015年城市维护建设税3 894.16元、2015年教育费附加1 668.93元、地方教育附加1 112.62元、地方水利建设基金1 112.62元）及滞纳金，并存在“知道或者应当知道是私自印制、伪造、变造、非法取得或者废止的发票而

① 本案例改编自《国家税务总局广西壮族自治区税务局第二稽查局、柳州市本昌房地产开发有限公司行政非诉执行审查行政裁定书》广西壮族自治区柳州市城中区人民法院（2018）桂0202行审724号，原文见中国裁判文书网，http://wenshu.court.gov.cn/website/wenshu/181107ANFZ0BXSK4/index.html? docId = 2e9a2825851e479d89a7a9bb01455a86。

受让、开具、存放、携带、邮寄、运输的”行为，被申请执行人在申请执行人下达《税务处理决定书》及《税务行政处罚决定书》决定前，于 2017 年 11 月 10 日缴纳了企业所得税 240 000.00 元、营业税 55 630.90 元、城市维护建设税 3 894.16 元、教育费附加 1 668.93 元、地方教育附加 1 112.62 元；在收到《税务处理决定书》及《税务行政处罚决定书》后，于 2017 年 12 月 28 日缴纳了罚款 30 000.00 元。处罚决定生效后，被申请执行人对其尚欠的企业所得税 3 668 766.33 元、地方水利建设基金 1 112.62 元及滞纳金一直未缴纳。被申请执行人未按处理决定书和处罚决定书要求履行义务，严重损害国家利益，为维护税法威严，特向人民法院申请强制执行。

【税企争议焦点】

第二稽查局向人民法院申请强制执行是否已超过法律规定的期限。

【法院裁判观点】

经审查，本院认为：《税收征收管理法》第四十条规定：“从事生产、经营的纳税人、扣缴义务人未按照规定的期限缴纳或者解缴税款，由税务机关责令限期缴纳，逾期仍未缴纳的，经县以上税务(分局)局长批准，税务机关可以采取下列强制执行措施：(一)书面通知其开户银行或者其他金融机构从其存款中扣缴税款；(二)……”依照该条的规定，申请执行人可以向银行和其他金融机构查询被执行人的存款账户，并进行扣划。《行政强制法》第五十三条规定：“当事人在法定期限内不申请行政复议或者提起行政诉讼，又不履行行政决定的，没有行政强制执行权的行政机关可以自期限届满之日起三个月内，依照本章规定申请人民法院强制执行。”

申请执行人第二稽查局对被申请执行人 BC 房地产公司作出行政处罚决定书的时间为 2017 年 12 月 14 日，而申请人向法院申请执行的时间为 2018 年 11 月 14 日，已经超过法律规定的申请执行的期限。依照《税收征收管理法》第四十条，《行政强制法》第五十三条、第五十六条第二款，《最高人民法院关于适用〈中华人民共和国行政诉讼法〉的解释》第一百零一条之规定，裁定对申请执行人第二稽查局的执行申请，本院不予受理。

(六) 行使代位权、撤销权

欠缴税款的被执行人因怠于行使到期债权，或者放弃到期债权，或者无偿转让财产，或者以明显不合理的低价转让财产而受让人知道该情形，对国家税收造成损害的，稽查局可以依照《民法典》第五百三十五条至第五百四十二条的规定，通过向人民法院提起诉讼行使代位权、撤销权。

稽查局行使代位权、撤销权的，以被执行人欠缴的税款金额以及被执行人对其债务人所享有的债权数额为限，同时不免除欠缴税款的被执行人尚未履行的纳税义务和应当承担的法律责任。

相关案例 1.16 追缴欠税应穷尽手段 代位权诉讼效果显现①

【案件查办过程】

2014 年 3 月 11 日，市税务局稽查局按照上级交办，按照法定程序依法对纳税人 S公司 2011 年 1 月 1 日至 2013 年 12 月 31 日的涉税情况进行了检查。

经查明：S公司已于 2011 年至 2013 年将上述取得的增值税专用发票9 062 636.18 元做进项税抵扣。依据相关规定，针对 S公司应追缴税款合计 9 142 888.99 元，截至 2016 年 7 月 14 日暂加征滞纳金 138 132.28 元，对 S公司处以罚款 218 553.49 元。由于检查期间该企业法定代表人及相关负责人下落不明无法联系，相关文书均已公告送达 S公司，且 S公司在行政复议期限与行政起诉期限未申请行政复议，也未提起行政诉讼。其法定代表人及其他主要负责人至今下落不明，该纳税人无可供强制执行的财产。

经调查发现，S公司对 H公司的应收账款明细余额为 4 310 078.90 元。S公司与 H公司存在煤炭买卖法律关系，S公司已将煤炭交付 H公司，且对 H公司的债权已到期，金额为 4 310 078.90 元，但 S公司并未通过诉讼或仲裁的方式主张其到期债权，怠于行使其已到期债权，对国家税收造成损害。

市税务局依据《税收征收管理法》《合同法》《最高人民法院关于适用〈中华人民共和国合同法〉若干问题的解释(一)》的规定②，以 H公司为被告向人民法院提起诉讼，请求依法行使代位权，请求人民法院依法判决原告稽查局享有代位权，代位行使 S公司对被告 H公司已到期债权，由被告 H公司向原告偿还人民币 4 194 311.58 元；本案诉讼费用从实现的债权中优先支付。

【税企争议焦点】

稽查局以自身名义作为诉讼主体代 S公司向被告 H公司主张行使代位权是否成立。

---

① 本案例改编自《天津市河东区国家税务局与天津渤化物产股份有限公司债权人代位权纠纷一审民事判决书》天津市和平区人民法院(2016)津 0101 民初 4394 号，见中国裁判文书网，http://wenshu.court.gov.cn/website/wenshu/181107ANFZ0BXSK4/index.html? docId=e3462c6bc7774df4ae5ba7a50090ae0d。

② 《民法典》自 2021 年 1 月 1 日起施行后，《合同法》同时废止。关于代位权的规定在《民法典》第五百三十五条至五百三十七条。

【法院裁判观点】

法院审理认为:因案外人S公司接受虚开的增值税专用发票,并存在回流货款的情形,税务机关已经依法作出了向S公司追缴增值税、补缴企业所得税的处理决定,该决定已经生效,对此S公司没有向原告依法履行补缴税款的义务。由于S公司作为欠缴税款的依法纳税人,对被告享有到期债权,而其怠于行使主张该到期权利,原告依据《税收征收管理法》的规定,并依照《合同法》的规定,以其自身名义作为诉讼主体代S公司向被告主张行使代位权,有事实、证据和法律依据,其主体适格,主张合法,本院予以支持。

关于原告将本案诉讼费加在其诉请的到期债权内,并要求在债权中优先受偿,本院亦予准许。但根据案件的特性,对给付的金额予以分项判定。至于被告抗辩主张其与S公司是以银行承兑汇票方式支付的货款,如对原告承担责任亦应以承兑方式完成,该约定只在被告与S公司之间产生约束力,不应适用于本案,故被告的该项意见本院不予采纳和支持。

综上所述,依照《民法通则》第八十四条、《税收征收管理法》第五十条第一款、《合同法》第七十三条规定,判决自本判决生效之日起10日内,被告H公司给付原告市税务局4 153 957.58元。

如果未按本判决指定的期间履行给付金钱义务,应当依照《中华人民共和国民事诉讼法》第二百五十三条之规定,加倍支付迟延履行期间的债务利息。

(七)行使税收优先权

稽查局征收税款时,除法律另有规定外,税收优先于无担保债权。被执行人欠缴的税款发生在纳税人以其财产设定抵押、质押或者被执行人的财产被留置之前的,税收应当先于抵押权、质权、留置权执行。

被执行人欠缴税款,同时又被行政机关决定处以罚款、没收违法所得的,税收优先于罚款、没收违法所得。

三、案件结案

(一)案件中止与终结执行

1. 中止执行

案件执行过程中发现有下列情形之一的,中止执行:

(1)被执行人死亡或者被依法宣告死亡,尚未确定可执行财产的。

(2) 被执行人进入破产清算程序尚未终结的。

(3) 可执行财产被司法机关或者其他国家机关依法查封、扣押、冻结,致使执行暂时无法进行的。

(4) 可供执行的标的物需要人民法院或者仲裁机构确定权属的。

(5) 法律、行政法规和国家税务总局规定其他可以中止执行的。

中止执行情形消失后,经稽查局局长批准后,案件解除中止执行。中止执行满3年后,符合案件办结条件的,可以作案件办结处理。

2. 终结执行

被执行人有下列情形之一的,稽查局可以按照规定的权限和程序,报稽查局所属税务局局长批准后,终结执行:

(1) 被执行人确实没有财产可供抵缴税款、滞纳金、罚款的。

(2) 依照破产清算程序确实无法清缴税款。

(3) 作为被执行人的个人死亡,无遗产可供执行,又无义务承受人的。

(4) 作为被执行人的个人因生活困难无力履行,无收入来源,又丧失劳动能力的。

(5) 作为被执行人的企业法人或者其他组织被撤销、注销、终止后既无财产可供执行,又无义务承受人的。

(6) 有其他法定终结执行情形的。

(二) 执行结案

案件结案方式包括执行完毕、终结检查、终结执行和其他方式。有下列情形之一的,以“执行完毕”方式结案:

(1)《税务稽查结论》送达生效的。

(2) 仅作出《不予税务行政处罚决定书》且送达生效的。

(3)《税务处理决定书》《税务行政处罚决定书》涉及的执行内容,经被执行人主动履行、延期(分期)履行、税务机关或者人民法院强制执行,已全部执行完毕,或者税务机关与被执行人依照《行政强制法》的规定达成执行协议,且执行协议履行完毕的。

(4) 被执行人对税务机关处理、处罚决定或者强制执行、强制措施,申请行政复议或者提起行政诉讼,行政复议决定或者人民法院判决、裁定生效并执行完毕的。

(5) 其他执行完毕情形。

符合终结检查情形的,以“终结检查”方式结案。符合案件终结执行情形的,以“终结执行”方式结案;符合法律、行政法规或者国家税务总局规定的其他情形的,依照规定权限和程序批准后结案。

（三）案件办结

案件有下列情形之一的，可认定为办结：

（1）经过重大税务案件审理决定移送公安机关的。

（2）依照法定职权确实无法查证全部或者部分税收违法行为，但有根据认为稽查对象涉嫌犯罪，按照规定提请公安机关提前介入，公安机关依法接受的。

（3）人民法院已受理强制执行申请的。

（4）人民法院已受理代位权、撤销权诉讼的。

（5）以债权人身份向人民法院申请对被执行人进行破产清算，且人民法院受理的；或者被执行人进入破产程序，税务机关已申报税收债权的。

（6）采取《税收征收管理法实施细则》规定的其他送达方式无法送达，以公告形式送达《税务处理决定书》《税务行政处罚决定书》，生效后满 6 个月经查找仍无法找到被执行人的。

（7）符合中止检查的情形，中止检查满 3 年，未解除中止的。

（8）符合案件中止执行的情形，中止执行满 3 年，未解除中止的。

（9）经查证未发现被执行人有财产抵缴税收款项的，或者虽有财产但无法拍卖变卖抵缴税收款项的。

第二章　税务稽查案件查办工具与基本方法

第一节　查前准备、案头分析与方案制定

查前准备与案头分析是正式进入检查工作的前置环节，是对被查对象的财务资料、申报信息、第三方获取信息等进行对比、分析，形成待核实疑点，并以此为重点制订检查方案的过程。

一、查前准备

“凡事预则立，不预则废”，高质量的查前准备工作可以有效提升后续稽查实际检查环节精准程度，进而提升稽查工作质效，真正实现“事半功倍”的效果。

（一）软件硬件准备

入户检查前通过查询和分析，对是否需要调取电子账册、相关电子资料以及其他需要现场取证的方向，应提前做出预判。准备好软硬件，放入办案工具包中。

（1）软件准备。提前了解企业在用的财务、管理系统类型，准备数据采集软件。

（2）硬件准备。提前了解企业经营情况，分析可能存在的取证需要，准备笔记本电脑、U盘、硬盘、封存电子资料的信封、高拍仪、录音笔等常规取证工具，同时还要对可能遭遇的检查妨碍、阻挠有所准备，准备好执法记录仪、UPS移动电源等应急硬件装备。

相关案例2.1　软件硬件有备而来　账外有账终显端倪

市稽查局在对某汽车制造企业检查过程时，通过查前分析判断企业存在“两套账”记账并核算的可能性较高，检查人员在对财务部门实地检查时，发现企业负责人和相关财务人员比较淡定从容，初步判定第二套账服务器应该不在财务部门放置，且被查企业对检查人员的到来显然有所准备，电脑终端上的痕迹应该也进行了提前

处理。为了对该企业第二套账服务器进行准确定位，检查组利用取证工具包中的电磁辐射检测仪，在废弃仓库附近发现了电磁辐射数值不断攀升，最终准确定位储存第二套账的服务器。

（二）资料数据准备

检查人员实施检查前，应当重点围绕以下四个方面进行资料收集，做好检查前准备。

1. 被查对象基本信息

结合案源部门提供的《税务稽查项目书》及相关资料，可以参考以下方面了解被查对象的基本情况：被查对象状态、成立时间、经营范围、注册资本，被查对象申报纳税信息、发票领用信息、税收优惠及特定事项办理信息、以前年度税收违法违章信息，以及财务核算方法、会计核算软件等。

2. 被查对象所属行业特点

可以参考以下方面：上下游业务链条，业务流转环节，收入实现形式，主要成本费用项目，一定时期本地区该行业毛利率水平和利润水平等，并了解可能获取相关涉税信息的第三方信息来源。

3. 被查对象生产经营情况

可以参考以下方面：被查对象生产经营规模，收入的主要形式、来源，销售（服务）对象，主要进货渠道，各类资产情况等。

4. 相关财务及税收政策

针对被查对象所属行业，有目的地学习、熟悉有关财务制度及税收政策等。对被查企业所在行业常见的涉税问题也要有所掌握。

此外，对于情况特殊案件的办理，还要针对性地做一些准备。若被查对象处于非正常户状态的，应当取得主管税务机关核实确认并出具的企业未按规定按期办理各类纳税申报及地址变更等涉税事项的证明；若案件属于上级督办的重大税收违法案件，在接到督办机关《重大税收违法案件督办函》后，应当在10个工作日内制订《重大税收违法案件查处方案》，并做好检查前准备。

相关案例2.2　分工协作准备充分　形成预案有的放矢

按照2019年重点税源企业检查任务要求，检查组负责检查辖区内某水泥制造有限公司，正式入户检查前，检查组分工收集了有关资料，并以小组讨论的形式交换意见建议，最终形成了查前预案。讨论情况记录如下：

主查人员张某：负责收集整理企业在“金三”系统中的资料情况。被查对象状态正常，成立于2009年10月，经营范围是水泥及相关制品的制造销售，注册资本5 000万元；被查企业2016年度曾被辖区稽查局进行过常规检查，查明的问题主要是购进商品用于职工福利未进行增值税进项税额转出的问题；企业财务核算方法为电子记账，会计核算软件为SAP。结合《稽查项目书》及案源分析报告中列明的问题，个人认为被查企业多年长亏不倒，往来账项发生金额较大且频繁，存在较大的少计收入疑点。

辅查人员蔡某：负责通过第三方渠道了解被查企业所处的水泥行业经营特点。2016—2017年，该行业受排污治理要求、房地产建筑行业经营情况不佳等多方面影响，主营业务收入及利润明显受到冲击，2018年以后在工程基建业务强化的背景下行业经营状况不断缓解，虽然行业背景如此，但被查企业在检查年度内毛利率水平和税负率明显低于我市同行业平均水平，且在2018年行业经营状况得到缓解的背景下亏损状况仍在加剧，实属不正常。

辅查人员王某：负责收集被查对象生产经营情况。被查对象主营业务流程为对水泥原料进行搅拌、灌装、销售。水泥制造企业具有区域性特征，下游客户相对稳定，销售范围相对固定，运输费用的进项税额占进项税额总额应相对稳定。一条水泥生产线的生产能力相对固定。若经济形势相对稳定，水泥制造企业生产设备的投入产出率应基本保持一致。该企业运费比重及投入产出比存在较大波动性，怀疑存在少计收入、多计成本的疑点。

辅查人员孙某：水泥企业享受的增值税优惠政策主要是资源综合利用产品增值税优惠，需要关注的内容包括产品是否属于可以享受优惠的情形；享受税收优惠的水泥产品与普通水泥的生产、销售是否进行独立核算；水泥制造企业近几年是否受到环保部门的处罚。水泥企业享受的所得税优惠政策主要有购置用于环境保护专用设备抵免所得税、研发费用加计扣除所得税优惠等，应对照优惠文件核实企业是否符合政策条件，重点关注材料、设备、费用的会计处理。

（三）程序要素准备

检查人员入户检查前，可提前通知被查企业准备所需备查资料，但事先告知有碍检查的，可以不提前通知，也可采取突击检查的方式。熟悉检查各项程序要求，按照“行政执法三项制度（行政执法公示制度、执法全过程记录制度、重大执法决定法制审核制度)”的要求，准备好检查时需要陈述的注意事项和需要留存影像资料的程序要求，提前打印检查文书，所有本案检查人员均须持有税务检查证入户检查。如果事先分析企业采集电子账套存在难度的，应做好科目余额表还原电子账套或远程控制采集账套的准备。对于查前分析中可能存在疑点较大的取证要点，应做到心中有数，有针对性地开展检查，同时保持职业敏感度，不放过可能存在涉税问题的任何一个线索。

二、案头分析

收集到的涉税资料和证据再多，如果脱离了有效分析，将毫无意义。然而，目前税务稽查案头分析环节缺失现象依旧存在，在稽查实务中，检查环节的案头分析普遍开展不足，多依靠检查人员经验临场判断，没有统一标准和专用模板，更没有及时总结经验并归纳为行业或税种分析模板。稽查部门由于信息查询权限手段、技术和方法等多重因素制约，稽查案头分析在各环节之间缺乏有效衔接，分析流程不够规范、标准不统一、分析精准度不高。加之案源数量压力、查补入库压力、绩效考核时间指标压力以及当前涉税违法犯罪态势等多重因素的作用，稽查人员仿佛变身“救火队员”，哪里起火就扑哪里，根本无暇开展系统、有效的案头分析。

做好案头分析首先要从思想上提升重视程度，让案件分析成为整个稽查案件的突破指南，让案件的数据信息成为案件定性的重要抓手。有效的案头分析不但不会耽误检查人员的办案时间，更可成为增强案件查办质效的利器。我们可以从以下三个方面做好案头分析。

（一）数据系统分析

对于稽查部门而言，要了解被查企业的经营成果，最直接的方式是通过申报数据。首先，通过查账软件的疑点分析、流向分析等模块进行快速的数据智能化分析，以快速扫描锁定浅层次的涉税问题。其次，国家税务总局云数据分析平台为检查人员提供了用户画像分析、全国纳税人分析等职能分析模块，可结合企业实际情况找到更深层次的涉税问题。

相关案例 2.3　案头分析锁定疑点　税警协作快速侦破

N市稽查局在查前分析的过程中，发现某金属制造有限公司的相关税收及财务指标明显异常，初步推断该公司有虚开增值税专用发票的嫌疑。稽查人员经过缜密分析、周密部署，与公安部门协同作战，最终确认了该公司虚开增值税专用发票的违法事实。在案头分析环节，检查人员针对企业申报数据进行研判，迅速锁定被查企业疑点：

第一，该企业税负指标存在异常。由于N市金属制品业行业税负较低，且与去年同期相比有一定幅度下降，而全省该行业第一季度税负与去年持平，因此稽查局首先将该行业列入重点关注的行业。在分析中发现，某金属制造有限公司第一季度实现销售收入4 637万元，缴纳增值税税款33.3万元，增值税税负0.72%，比行业预警下限1.13%还低0.41个百分点。由于该公司销售额较大，税负偏低，被初步确定为疑点企业。该公司销售收入增长较快，但税负始终处于较低水平。稽查人员首先查询分析了该公司纳税申报等情况。该公司在被认定为增值税一般纳税人后，当年的8～12月实现销售收入1 318万元，缴纳增值税14万元，税负为1.04%.而今年仅前4个月就实现销售额4 637万元，是去年实现销售额的3.5倍，而税负却下降为0.72%，与同期全市、全省税负水平相比有较大差距。金属销售行业购进环节经常会涉及废旧金属，这类企业在发票开具等方面通常存在一定的税收管理漏洞。

第二，该公司增值税专用发票取得、开具情况存在疑点。稽查人员进一步查询了该公司的增值税专用发票抵扣联信息，发现该公司购进货物多来自省内的商业企业，并且从其中5家企业进货较为频繁、进货金额较大。同时，已抵扣的进项税发票中没有电力公司开具的专用发票。查看各月申报表附报资料，确认该公司未发生运输发票抵扣项目，这与该公司从事冶炼行业的性质有一定的不符之处。稽查人员又查看了该公司增值税专用发票存根联信息，发现该公司销售对象较为单一，发生业务频繁、金额较大的只有5家。给这些企业开具的专用发票基本上都是连号顶限额开具，与常理不符。

第三，该公司相关财务指标数据比对存在异常。稽查人员又查看了该公司系统中报送的资产负债表等报表，发现该公司"货币资金"期初无余额，期末余额11.78万元；"固定资产"期初也无余额，期末余额为34.22万元；"存货"期初无余额，期末余额为4 000元；"应付职工薪酬"期初、期末均无余额。同时，"应收账款""应付账款""短期借款"等资金往来等科目基本上也无发生额，货币资金少、资金往来少、又未发生借款支出，这么大的销售额如何实现？同时，该公司基本上没有存货，这也不符合一般工业企业的经营常规。通过以上分析，稽查人员初步判断该公司有虚开增值税专用发票的嫌疑。

专案组在后续的检查过程中调取了该公司的涉税资料并实地察看了经营场所。经核查，该公司租赁某县边远乡村的一处院子进行经营，场地内只有平房5间，无生产设备、生产工人、仓库、原材料和产成品，也没有进行过生产过程的迹象。实地查看，验证了稽查人员的初步判断，该公司根本没有生产能力，不存在实际的生产经营业务。通过对该公司账簿资料的查证和分析，专案组发现账面显示该公司购进的是成品螺纹钢、盘条等，销售的是生铁、碳化硅，用高附加值的产成品再熔化生产生铁、碳化硅等低附加值的产品，明显不符合经营常规。随即，专案组制订了速战速决的方案，决定根据已掌握的资料，对经营负责人进行询问。对于专案组的逐项询问，该负责人不能自圆其说，最终承认该公司自成立以来，一直没有进行过生产。但他辩称，该公司成立至今所有的购销业务实际上是另一家企业发生的，综合上述询问、实地核查及账面审核等情况，该公司在无设备、无生产人员、无生产能力、无真实购销业务的情况下，涉嫌为他人虚开增值税专用发票的行为得到了初步证实。专案组根据犯罪嫌疑人的供述和专用发票开具情况，对相关企业和人员进行了查证，掌握了该公司大肆虚开增值税专用发票的证据，对相关犯罪嫌疑人实施了抓捕。

（二）资料辅助分析

稽查部门能够获取的辅助资料主要是指来自征纳双方之外的单位和个人与涉税信息有关的数据和资料，包括来自行政、事业、行业、企业、个体户及自然人的信息。涉及的第三方信息来源渠道主要包括：工商、公安、建设、交通、水利、消防、公共资源交易、住建、土地、民政、教育、电力、道路运输管理、乡镇、街道、社区等的管户信息，海关以及金融机构、行业协会的经济数据信息，以及本地区的主要经济指标、产业和行业的相关指标数据。

在经济运行中，出现了经营多元化、分配多样化、核算复杂化的情况，涉税违法手段也出现隐蔽化、智能化的新特点。因此，实现第三方信息资源共享与应用，可以最大限度地掌握纳税人生产经营情况，减少信息不对称性。常用的第三方信息税务稽查应用，如表 2-1 所示。

表 2-1 常用的第三方信息税务稽查应用举例表

信息提供方	税务稽查应用举例
市场监管部门	提供设立、变更、注销登记等，用以获取股权转让等案件线索
统计部门	定期公布行业经济数据，用以分析行业经营状态及原材料等价格走势
住建部门	可查询商品房销售许可证信息、房产转让信息、建筑工程备案情况，查询工程成本及进度等
海关	管理进料加工核销手册、报关单等，判断出口退税情况
科技局	可查询专利技术转让信息、高新技术企业审批信息，判断优惠适用条件
供电公司	查询电力提供信息，判断实体经营状态

（三）稽查经验分析

在税收实践各岗位中，稽查岗位对实务处理经验的要求较高。稽查人员可以根据自己从事稽查工作多年来的办案经验进行梳理总结，实现查一个企业，弄懂一个行业的自身成长目标。并学习本单位以往检查的稽查报告、了解各种渠道登载的稽查案例以及养成定期浏览裁判文书网上的研判案例的习惯等，这些直接或间接的方式都可以丰富稽查经验。在办案中，将积累到的理论经验融入实践判断，这些经验就可以内化为能力，帮助提高案件查办水平。

相关案例 2.4　经验判断顺藤摸瓜　综合分析寻求突破

A公司系生产药品的高新技术企业，技术力量雄厚，拥有众多高端技术人才和专门的新产品研发机构，近两年又开发出具有自主知识产权的三种创新药品。市稽查局根据风险部门推送的高风险信息，决定对A公司立案检查。

稽查人员在查前案头分析中发现，尽管创新药品给A公司带来了较好的效益，但由于研究开发费的加计扣除，使得A公司企业所得税的实际税负很低。按照常规疑点分析，应将企业新产品研究开发创新的奖励作为检查重点之一，结合企业研发费用加计扣除审计报告和加计扣除条件进行综合判断。

由于研究开发费的额度较大，在大体审阅了研发支出账户的内容后，检查人员认为该账户是个“大杂烩”，从仪器、设备的折旧费到领用的原材料，再到人员的工资、奖金、津贴及各种用于中间试验和产品试制的模具、工艺装备和试验费等，五花八门。为了弄清楚这些成本、费用究竟是否应该作为新产品的研发支出，检查人员将上述内容与相关税法规定逐一进行了核对，并未发现异常，但是，经过仔细研判，职业敏感提示检查人员，试验高新技术的药品为何总是大量耗用甲、乙两个品种的原料药？为何每月领用的数量都差不多？从现象上看这更像是正常的生产领用。检查人员分别先后询问了公司的一位研发人员和一生产车间的车间主任，请他们分别解释甲、乙两个品种的原料药分别用于何种药品的生产？该药品还需要配以何种原料？结果两位的答复完全一致，均称甲、乙两个品种的原料药是用于A公司上一年度已申请专利的X新品药的生产，其他药品根本不使用这两种原料药，而且除甲、乙两种原料外，X新品药还需配其他四种原料才能生产，研发人员同时肯定，目前研究的新药中不需要领用甲、乙两种原料药。X新品药涉及专利保密，无法查看X新品药的相关技术资料。目前了解到的情况，已经基本能够说明目前新品研发支出中有明显不属于研发支出的内容。原来，A公司为了降低新品药高利润带来的高税负，采取了一系列的措施。由于在前两年正常申报研发费的加计扣除时，研发使用的甲、乙两种原料药的占比较大，而且税务部门也从来不核实申报扣除的具体药品是否真正属于研发耗用，A公司看到了其中的漏洞，便决定从被检查年度起，将一部分已正常生产领用的甲、乙两种原料药继续在研发支出中列支，以达到多加计扣除的目的。

除了加计扣除的问题，A公司的盈利水平也远低于一般的制药企业，根本体现不出创新药物带来的效益。参考以往同类企业稽查经验，针对制药企业普遍存在的回扣、折扣等问题，检查组认为A公司的盈利水平远低于一般制药企业的问题很可能出现在这里，遂将A公司可能发生的折扣和回扣作为检查要点。

从申报的报表情况看，A公司主要是在被检查年度上半年的销售费用中发生了一些回扣和折扣，但发生额的合计数不大，即使对这部分内容进行纳税调整，仍然不能达到药品生产企业正常的计税利润率的水平。下半年账面回扣和折扣的发生又突然大幅减少。假设A公司对折扣折让的政策在一年中没有波动性变化，回扣和折扣仍然会发生，一定存在其他渠道列支了折扣折让，所以，突然减少折扣很可能意味着A公司改变了长期以来在账面上直接列支回扣和折扣的方法。

但A公司从什么渠道列支了折扣折让呢？认真分析了A公司账面各项成本和费用的结构组成，检查组发现A公司由上半年的销售费用偏高转为下半年的管理费用偏高。很明显，回扣和折扣很可能转移到管理费用中。再仔细检查管理费用，发现其中的会务费、招待费、差旅费及研究开发费四项费用明显增加，于是检查组决定深入检查会务费、招待费及差旅费。不出所料，A公司改变了以往的营销策略，将回扣及折扣全部包干给各地的销售分公司，而作为总公司的A公司仅是对各分公司按照实际回笼的货款支付相应比例的提成，即按照售价的高低分档次确定稍有差别的提成比例，而各分公司发生的除人员工资、差旅费及广告费以外的其他费用，如招待费、会务费、回扣、折扣和销售奖等，都在销售提成中包干。但是，A公司要求各分公司必须以合法的报销凭据领取提成，于是分公司便各显神通，每月均用各种招待、会务、广告及差旅费等发票来领取提成后用于折扣和回扣。这掩盖了实际上一直长期存在的回扣和折扣问题。

最终，A公司因用虚假发票报销领取销售提成用于折扣和回扣，以及虚列研究开发费偷逃企业所得税等问题受到了严厉的处理和处罚。随着企业财务处理能力的不断增强，许多涉税问题并不会简单反映在申报数据上，需要稽查人员凭借职业敏感度和经验抽丝剥茧，透过现象识别本质。因此，检查人员需对检查过程中接触到的相关情况进行调查、了解和分析。检查人员了解和掌握的情况越多，就越是能够发现其与账面所反映和记载情况之间存在的异常，或发现不符合实际情况及逻辑关系的各种疑点，从而有利于对问题进行突破和查证。

三、方案制定

检查方案是指税务稽查实施前，依据被查对象的案源管理信息，确定重点稽查项目、检查内容、关键环节及对稽查中可能遇到的问题提出解决预案，指导检查人员进行有针对性检查的工作方案。

作为税务稽查案前实施的一个前置程序，制定好和运用好稽查预案，对于发挥稽查快速反应能力、加强案件检查效果、提高案件稽查质量具有一定的指导意义。稽查预案制作的实质是对涉税信息的整合及筛选、分析和预判。它的作用体现稽查工作的科学性、周密性和主动性，使整个工作过程严谨、有序。其重要意义表现在：

（1）科学地制定税务稽查预案可以增强案件实施的整体性和计划性。

（2）有针对性地制定稽查预案可以最大限度地解决盲目稽查问题。

（3）正确地运用稽查预案可以有效提升稽查质量和效率。

（4）制定科学的稽查预案对类似行业（企业）开展稽查具有较强的指导作用。

（一）检查方案的主要内容

有效稽查的过程就是尽可能完整具体还原被查对象真实经营情况的过程。想要完全准确加工有效信息，对于每个具体的被查对象而言，需要尽可能地收集到可信程度较高的信息，检查方案的主要内容一般包括以下几个方面：

（1）税务检查实施的目的和要求。

（2）税务检查实施的范围和重点。

（3）税务检查的所属期间。

（4）税务检查实施的具体方法和步骤。

（5）检查人员的分工。

（6）检查实施时间的安排。

（7）检查实施过程中预计出现的问题和应急措施。

（二）检查方案制定注意事项

1. 结合被查对象的特点和案源类型进行案源信息的初步分析

确定检查的目的和要求，并就此确定检查的范围及重点，包括重点关注的业务、重点检查的税种以及重点取证的方向和部门等。首先应对《稽查项目书》当中分析的疑点问题进行逐项确认和回复。

(1)“双打”案件及其他专项检查案件。充分做好前期案情分析,系统梳理作案手段和涉案人员范围、资金流向脉络,与公安机关做好配合取证,对相关协查工作进行安排和部署。

(2)大型集团公司等重点税源检查案件。对大型企业的检查,有相关的税收政策的,应结合政策要求,确定检查重点。稽查步骤应包括:了解集团经营特点,分清产权关系,把握关联交易事项、企业改制等相关涉税环节,收集下属以及相关联的公司的经营情况和财务数据,防止出现疏漏。

(3)行业税收专项检查。根据税收专项检查工作的部署,确定检查重点。再结合具体情况,作出安排。稽查步骤应包括:了解行业特点、工艺流程、行业管理规定,收集行业财务数据和信息,通过横向的分析比较,锁定疑点方位。

(4)对检举等其他案件。重点围绕检举资料反映的内容,确定检查重点和方法,制定周密的检查计划,做好前期“侦查”,适当采取突击检查方法,对特殊类型案件的尤其注意保密要求。

2. 充分利用已有信息做好精准分析

包括收集到的检举案件的受理资料,“金三”系统中被查对象的申报资料,转办、督办等案源相关资料(如人民银行反洗钱中心提供的资金异常线索等);增值税专用发票异常信息,出口退税部门提供的与退税相关的信息等,从不同角度、运用不同方法开展分析判断。

3. 制定应急预案确保制作税务稽查预案的周密性

由于部分案件的特殊性,查前踩点有利于提前排除问题和明确取证要点,对制定更具可行性和针对性的检查实施方案有很好的帮助作用。对特殊案件进行突击检查时,制作稽查预案时必须充分考虑到对突发事件的应急措施。例如,必须在被查单位的重点部门的周围布置应急机动人员,防止被查对象隐匿转移财务数据和资料。同时还应注意事先与公安等部门做好沟通工作,请求他们给予必要的支持和配合,以便及时应对突发事件。

相关案例 2.5　应急预案预料之中　断电风险应对从容

断电属于企业在日常经营中有时会遇到的特殊状况,但即便是这样的非常规情形,很多稽查人员在检查过程中却时有遇到。某市稽查局检查人员在对某涂料制造企业进行实地检查时发现,该企业记账凭证除了附有出库单,还有一张电脑打印的“客户销售单”,此项单据上有系统生成有一定逻辑编辑序列的计算机编码。检查人员判断该企业生产销售的真实数据可能与此类虚列代码有一定关联。

稽查人员通过内网关系树，初步排查出可能存在疑点的联机电脑IP地址并要求查看时，被查企业突然停电。在取证进入关键一步的特殊节点发生停电，检查组主查通过经验判断，被查企业在停电时对经营数据做出修改、删除的风险较大。因此检查人员已经在入户检查前按照方案中的应急预案部分做好了应对措施。于是检查组主查随即决定将已定位的储存电子账的电脑主机进行封存，确保了电子数据证据的完整性。

相关案例2.6 集思广益研讨案情 明确分工各司其职

A企业成立于1999年，注册资本1 400万元，采用电子记账方式。法定代表人为当地人大代表。经营范围：金属木门、木质门窗、防火门窗加工、制造、安装、销售；经营本企业自产产品的出口业务和本企业所需的机械设备、零配件、原辅材料的进口业务。其中，房地产建筑项目工程用门的销售由企业销售部门直接负责，零售部门的销售则采用加盟店销售方式。2014—2017年的营业收入、营业成本及利润总额列支情况如表2-2所示。

表2-2 2014—2017年经营情况表

单位：元

年度	营业收入	营业成本	利润总额	企业所得税
2014年	187 263 217.3	191 776 932.02	−4 513 714.72	75 179.51(汇缴缴纳)
2015年	295 583 583.69	302 864 348.48	−7 280 764.79	0
2016年	293 388 881.46	294 543 522.37	−1 154 640.91	0
2017年	146 820 938.63	147 372 346.48	−551 407.85	0
合计	323 056 621.08	336 557 149.35	−13 500 528.27	75 179.51

市稽查局通过选案分析确定对A企业立案检查。在制定检查方案时，检查组内部围绕三个主要问题进行了讨论：

问题一：根据已有数据资料，检查组应确定的检查方向是什么？

被查企业检查年度为2014年至2017年，在此期间被查企业持续亏损，但企业经营年限已达20年，属于长亏不倒，重点关注企业是否存在“两套账”的情况，对企业所得税、增值税、个人所得税等税种进行重点检查。

问题二：检查应如何组织、如何分组，目标是什么？

企业销售部门将全国零售订单按照区域分6名专人负责联络客户并整理台账。

企业库管部门负责管理的原材料有木材、门锁、漆类。企业生产木料账面库存余额逐年递增,数额达几千万元。企业采用ERP管理系统进行核算。销售门类开具的增值税发票显示的开票单位是平方米而非门应用的单位“扇”。企业新取得工业用地一处,正在施工建设新的厂房。企业无贷款记录,往来款项中老板妻子的额度最高。

根据上述分析情况,检查组经过讨论确定了如下分组实施方案:

采取突击检查的方式,并进行如下分组:

一组负责调取销售部门销售台账,销售部门台账应该较为真实。

二组负责调取库管部门出入库记录,按照一趟门配一套锁的原则,库管部门锁具的出入库数量应该和门的生产销售数量正向关联,而且目前账载库存材料余额过大,存在少计收入的嫌疑,因成本不能够完全配比结转而形成账面挤压存货,可结合库管组取证情况综合判断挂账情况的真实性。

三组留守财务部门调取电子账及其他核算资料。销售开票显示平方米的疑点应为掩盖其少计收入的事实。

四组为信息技术组,对被查企业ERP数据库进行备份拷取,用ERP管理系统核算的后台数据库数据应该较为真实。

五组为机动组,视现场取证情况随时增援。企业连续多年亏损,仍能购地扩大经营,存在较大的偷税嫌疑。

问题三:初步判定被查企业最有可能的涉税问题是什么?可能存在的阻碍与应急措施有哪些?

通过提前踩点检查人员汇总如下信息:

地点:企业大门。附近每日进出提货车辆80余辆大型卡车,每辆提货车出门前会向门卫上交单据,经核实后放行,且企业财务部门、生产部门、门卫的送货单据版式不一致。企业法定代表人拥有多辆豪车,每辆售价均在300万元之上。

地点:加盟店。购买木门通过POS机进行收款,零售店长说每个木门在出厂时都会贴唯一电子标签记录生产情况,相当于门的身份证。

结合上述所有线索进行分析,检查组初步对被查企业最有可能的涉税问题进行了预判,并对可能存在的阻碍与应急措施进行了讨论:

排查收入真实性的问题,可集合企业真实提货单、出入库单、ERP数据记载进行判断,企业往来账项与老板娘发生的额度高,老板拥有多辆豪车且经营全部使用自有资金,若存在少计收入问题应重点排查老板和老板娘个人储蓄账户流水情况。零售采取加盟形式,且存在富余票情况,若存在账外收支情况应重点排查加盟零售店的资金往来与合同内容。

被查企业存在重大偷税嫌疑的情况，加之个人账户往来频繁，且企业法定代表人为当地人大代表，检查工作受到社会关系和人为因素干扰的可能性较大。因此，取证应一步到位、速战速决，对可能出现的调取资料过程中的人为干扰做好充分准备，一方面增加检查人员，检查人员中应选派信息技术专家，带好UPS移动电源等应急处理装置，开始行动前明确各组分工和联络机制；另一方面，按照“行政执法三项制度”要求，严格执行取证程序，各组确保全程使用执法记录仪同步录音录像，且必要时在稽查局开启指挥监控平台，至少一名分管局领导要挂帅指挥，对取证过程进行全程指导。

第二节　信息化软件与工具应用

一、财务软件

（一）财务信息系统

1. 单机版财务系统

财务软件是单机使用的，一般同一时间只能一个人使用，其安装的计算机本身就是软件的服务器所在。单机版的程序可以安装在多台电脑上，财务数据不能实时同步汇总。一般中小型企业或者小型微型企业多用单机版的财务软件，企业的规模不是很大，企业的员工也不是很多，尤其是财务部的员工大概只有1～2名。比较常见的单机版财务软件有金蝶Access(单机版)，用友单机版等。

2. 网络版财务系统

网络版财务系统具体分为局域网和互联网两种类型。

(1) 局域网形式的网络版财务系统，是在一个局域网内(比如一个办公室，一栋楼，一个公司等)。局域网一般是由同一区域的多台电脑组合而成的。局域网网络版财务软件可以实现的功能是局域网多用户同时操作。打个比方，会计在做凭证，出纳在做日记账，仓库在做出入库，这三台电脑可以同时进行软件的操作，并且数据可以实时同步、实时汇总。

(2) 互联网形式的网络版财务软件。一般连锁店、集团公司会采用这种架构的软件。比如,A公司总部在武汉,但它还有几个分公司分布在河南、四川等,而总部的财务想实时了解各个分公司的财务情况,互联网可以实现将不同地域的财务数据进行实时同步并汇总在同一个服务器上,而承担数据存储处理核心功能的服务器一般放置在总部所在地(不绝对,也有出于某种考虑单独放置在总部以外的地区进行管理的)。

按照数据库使用类型的不同,网络版财务软件又可划分为两种:一般情况下,网络版财务软件(SQL Server数据库)会在中小型、中型企业用得比较多,这些公司有一定的规模,多数年产值在10亿以下;Oracle数据库的网络版财务软件一般是在中大型、大型、集团企业使用比较多,该类型的企业一般有专门的系统管理员或者设置信息中心这样的部门,对服务器、数据库安排专门的人员负责管理。

(二) 综合管理信息系统

从小企业向中大型企业发展过渡的过程中,企业的人力增长速度明显加快,从传统小企业的几人、几十人发展为大中型企业的上千人,甚至上万人的规模。因此,企业的快速发展必然带来管理上的困难,企业迫切需要进行使用现代化科学的管理方式来提高管理效率和提高企业价值。

在此动因下,综合管理信息系统应运而生。此类系统大大简化了企业日常业务管理实务,一定程度上提高了企业内部业务管理效率。对于企业来说,系统在流程上有着明确的分工和权限。综合管理系统主要融合几个模块:流程管理模块、市场经营管理模块、人力资源管理模块、决策系统支持管理模块、财务核算模块、生产销售处理模块、OA系统管理模块等。在稽查实务中常见的综合管理系统类型主要是ERP,下面我们重点了解该系统的常规功能。

1. ERP管理系统常规功能

ERP系统是企业资源计划(enterprise resource planning)的简称,是指建立在信息技术基础上,集信息技术与先进管理理念于一身,以系统化的管理理念,为企业员工及决策层提供决策手段的管理平台。它是从MRP(物料需求计划)发展而来的新一代集成化管理信息系统,它扩展了MRP的功能,其核心思想是供应链管理。它跳出了传统企业边界,从供应链范围去优化企业的资源,优化了现代企业的运行模式,反映了市场对企业合理调配资源的要求。它对于改善企业业务流程、提高企业核心竞争力具有显著作用。其重要模块设置有:

(1) 会计核算。主要是实现收银软件记录、核算、反映和分析资产管理等功能。ERP开发会计审核模块由总账模块、应收账模块、应付账模块、现金管理模块、固定资产核算模块、多币制模块、工资核算模块、成本模块等构成。

(2) 财务管理。主要是实现会计核算功能,以实现对财务数据的分析、预测、管理和控制。ERP 选型基于对财务管理需求,侧重于财务计划中对进销存的控制、分析和预测。ERP 开发的财务管理模块包含财务计划、财务分析、财务决策等。

(3) 生产控制管理。生产控制管理模块是 ERP 系统的核心所在,它将企业的整个生产过程有机地结合,使企业有效地降低库存,提高效率。企业针对自身发展需要,完成 ERP 选型,连接进销存全过程,使得生产流程连贯。企业在 ERP 选型时,应注意到 ERP 系统生产控制管理模块包含主生产计划、物料需求计划、能力需求计划、车间控制、制造标准等。

(4) 物流管理。主要对物流成本把握,它利用物流要素之间的效益关系,科学、合理组织物流活动,通过有效的 ERP 选型,可控制物流活动费用支出,降低物流总成本,提高企业和社会经济效益。ERP 系统物流管理模块包含物流构成、物流活动的具体过程等。

(5) 采购管理。可确定定货量、甄别供应商和产品的安全。可随时提供定购、验收信息,跟踪、催促外购或委外加工物料,保证货物及时到达。ERP 系统可建立供应商档案,可通过最新成本信息调整库存管理成本。ERP 系统采购管理模块具体有供应商信息查询、催货、采购与委外加工管理统计、价格分析等功能。

(6) 分销管理。主要对产品、地区、客户等信息管理、统计,并分析销售数量、金额、利润、绩效、客户服务等方面。分销管理模块包含管理客户信息、销售订单、分析销售结果等。

(7) 库存控制。库存控制模块是用来控制管理存储物资的,动态、真实的库存控制系统。库存控制模块能结合部门需求、随时调整库存,并精确地反映库存现状。库存控制模块包含为所有的物料建立库存,管理检验入库、收发料等日常业务等。

(8) 人力资源管理。以往的 ERP 系统基本是以生产制造及销售过程为中心。随着企业人力资源的发展,人力资源管理成为独立的模块,被加入 ERP 系统中,和财务、生产系统组成了高效、高度集成的企业资源系统。ERP 系统人力资源管理模块包含人力资源规划的辅助决策体系、招聘管理、工资核算、工时管理、差旅核算等。

2. SAP 系统

SAP(system application and products)系统,又称企业管理解决方案,是实务中常见的 ERP 系统。其功能为借助软件程序为企业定制并创建管理系统,对企业的人力资源、物流运输、销售服务、交易支付、产品规格及质量、生产活动、原材料采购、货物仓储及库存管理等全部经营活动与环节，实施监督、分析及管理，形成数据化的资源管理系统，为企业生产、决策、组织运营提供指导及依据，有利于企业财务管理质量的提升，有利于企业资金的合理分配。其包含的主要模块如表 2-3 所示。

表 2-3　SAP 系统主要模块及功能介绍表

序号	模块名称	功能简介
1	FI 财务会计	集中公司有关会计的所有资料，提供完整的文献和全面的资讯，同时作为企业实行控制和规划的最新基础
2	TR 财务管理	一个高效率财务管理完整解决方案，确保公司在世界范围的周转，对财务资产结构实行盈利化组合，并限制风险
3	CO 管理会计	公司管理系统中规划与控制工具的完整体系，具有统一的报表系统，协调公司内部处理业务的内容和过程
4	EC 企业控制	根据特制的管理资讯，连续监控公司的成功因素和业绩指标
5	IM 投资管理	提供投资手段和专案，从规划到结算的综合性管理和处理，包括投资前分析和折旧模拟
6	PP 生产计划	提供各种制造类型的全面处理：从重复性生产、订制生产、订装生产，加工制造、批量及订存生产直至过程生产，具有扩展 MPRⅡ的功能。另外还可以选择连接 PDC、制程控制系统，CAD 和 PDM
7	MM 物料管理	以工作流程为导向的处理功能对所有采购处理最佳化，可自动评估供应商，透过精确的库存和仓储管理降低采购和仓储成本，并与发票核查相整合
8	PM 工厂维护	提供对定期维护、检查、耗损维护与服务管理的规划、控制和处理，以确保各操作性系统的可用性
9	QM 品质管理	监控、输入和管理整个供应链与品质保证相关的各类处理、协调检查处理、启动校正措施，以及与实验室资讯系统整合
10	PS 专案管理	协调和控制专案的各个阶段，直接与采购及控制合作，从报价、设计到批准以及资源管理与结算
11	SD 销售与分销	积极支援销售和分销活动，具有出色的定价、订单快速处理、按时交货、交互式多层次可变配置功能，并直接与盈利分析和生产计划模组连接
12	HR 人力资源管理	采用涵盖所有人员管理任务和帮助简化与加速处理的整合式应用程式，为公司提供人力资源规划和管理解决方案
13	开放式资讯仓储	包括智能资讯系统，该系统把来自 R/3 应用程式和外部来源的数据归纳成为主管人员资讯，不仅支援使用者部门决策和控制，同时也支援对成功具有关键作用的高阶控制和监控

二、查账软件

（一）数据采集

1. 单机版财务系统

单机版财务软件都是在对应的数据库管理程序之上运行的，其财务数据也是保存在对应的数据库文件中。采集难度较小，一般可以运用数据采集软件智能采集。但如果由于企业恶意篡改或是其他缘故造成财务软件中账套信息不完整、财务软件升级、检查人员将数据文件与财务软件环境分离拷贝等等情况，造成采集软件无法自动采集时，稽查人员可以使用手工采集功能或直接定位数据存储位置来进行备份。数据库文件通常有两种存在方式，一种是存放于独立的文件中；另外一种是以某种特殊方式“挂”在数据库管理程序中，不能单独存在。其文件也有着不同的命名方式。找到文件或者文件夹存放位置，在搜索账套文件的时候可以观察企业的电脑中或者财务软件指向位置的盘符，一般可以定位数据存储位置。

2. 网络版财务系统

大型集团、上市公司的服务器都有专门人负责管理，服务器一般情况下都在集团总部存放，如果是对分公司检查的话，服务器有可能在异地，如果在没有专门的网络连接的情况下，对异地数据库的采集最好的办法是进行充分沟通后，把采集软件发给服务器所在地的信息中心配合采集。作为采集备用方案，稽查人员可以通过科目余额表还原账套和远程操作方式完成采集。采集时特别注意严格按照电子数据采集程序规范，避免对被查对象信息系统造成影响。

3. 综合管理信息系统

首先了解信息系统的数据库类型和存储位置，财务核算信息采集方式同网络版财务系统。若稽查人员想对企业与税收相关的其他模块数据情况进行一并了解的话，建议直接使用数据库备份方式，但此操作必须在服务器上完成，同时建议由信息化稽查专业人员实施。

（二）数据加工

数据处理软件是电子查账软件系统的主体，它主要用于将数据采集软件获得的企业电子数据导入到软件中，然后对导入的数据进行检查分析，辅助税务稽查人员快速查阅企业的电子数据，发现和记录涉税的疑点问题。数据处理软件对导入电子数据进行分析检查得出涉税疑点，是其主要功能模块从各个层面各个角度对数据进行检测加工，其效果很大程度上取决于该软件各功能模块所具备的检查分析功能。

值得注意的是，通过数据处理软件发现和记录的涉税疑点，还需要稽查人员进一步查证核实。

（三）数据分析

利用查账软件中的多种数据分析功能可以帮助稽查人员快速查找定位被查企业账务处理中涉税疑点。

1. 关联分析

关联分析是依据会计学原理，是对多科目之间的钩稽进行检查分析的过程。检查人员可以使用该工具对企业的产购销比例、收入与费用的配比、生产成本的结转与入库、生产成本组成等进行分析检查，进而找到检查的方向。如图 2-1 所示。

财务总账

刷新　图表　关闭

关联分析

期间	501[商品销售收入]借方发生	135[库存商品]期初余额	135[库存商品]期末余额	计算项
2004年01期	213,132.97	26,990.61	210,140.88	0.90
2004年02期	190,621.37	210,140.88	3,185,828.43	0.06
2004年03期	675,607.03	3,185,828.43	5,198,145.74	0.08
2004年04期	1,035,353.09	5,198,145.74	4,494,980.02	0.11
2004年05期	2,819,885.99	4,494,980.02	3,217,873.69	0.37
2004年06期	1,183,515.41	3,217,873.69	2,059,928.53	0.22
2004年07期	1,599,441.35	2,059,928.53	400,018.51	0.65
2004年08期	1,665,087.15	400,018.51	-286,463.31	14.66
2004年09期	580,035.23	-286,463.31	233,686.17	-10.99
2004年10期	371,577.78	233,686.17	1,383,579.89	0.23
2004年11期	2,487,627.65	1,383,579.89	1,515,098.64	0.86
2004年12期	2,551,075.52	1,515,098.64	80,856.07	1.60
合计	15,372,960.54	26,990.61	80,856.07	142.54

图 2-1　查账软件关联分析功能应用截图

2. 账户流向分析

可以通过账户流向分析查看科目的借贷流向情况，如现金贷方流向有哪些科目，软件就会自动进行统计汇总。

3. 红字分析

红字分析主要用于分析显示当前选中账户科目的所有的红字业务。

4. 综合分析

对选中科目进行具体分析，一般适用于存在多项下级科目的一级科目。我们可以通过使用“综合分析”来了解此一级科目由哪些下级科目组成，这些下级科目的金额分别占总额的百分比。同时，当我们导入多个年度的账套信息时，还可以进行多年度的同期对比。

三、辅助工具

（一）爬虫软件

爬虫软件，又称为网络爬虫、网页蜘蛛，网络机器人等，是一种按照一定的规则，自动地抓取万维网信息的程序或者脚本。税务稽查人员可利用的主要功能有：

（1）拓展信息渠道，将网络“爬虫”技术引入涉税信息的采集，对外部网站披露的与企业资本运作活动有关的信息适时捕捉，丰富案源线索。

（2）精准工作定位，爬虫软件将风险方向定位在股权投资和土地、房屋等大额资产的处置上，分析方法和指标设计针对性强。

（3）融合多方信息，爬虫软件引入了税务登记、申报、鉴证报告、财务报表、印花税等多方信息作为信息分析的主要着力点。

（4）强化信息的挖掘应用，软件着重建立了各类信息源之间的对应关系和勾稽关系，用以支持风险的推定和排查。

（5）风险信息重构，对多个投资方信息进行整理归纳，形成控制关系网络架构图，将复杂的资本运作行为重构还原为清晰的交易轨迹，以准确定位和发现这些交易中的税收风险。

在2010年前后，各地税务机关已经开始尝试使用爬虫技术进行第三方数据的采集和分析，并取得了一定成效。例如，原青岛市国家税务局利用爬虫软件，爬取了某境外上市公司的减持信息，进而查处了某境外非居民企业股权转让案件，查补税款接近2亿元。又如，2016年，原福州市国家税务局爬取了某企业十大股东变化信息，继而对涉及企业开展评估，查补税款6 399.8万元，调减以前年度亏损71.91万元。

相关案例2.7　网络爬虫高效精准　巨额漏税无所遁形

2016年上半年，某省税务局开展了对上市公司股东股票减持涉税情况的专项税务检查，委托LC公司对全省上市公司股票减持信息进行数据爬取，利用LC信息

“网络爬虫”软件在互联网捕捉税务机关感兴趣的涉税敏感信息，取得了意想不到的效果。例如，发现某生物公司外方股东在二级市场减持了全部股份并注销了内地机构及银行开户，在税务机关的多方努力下追缴了200万美元的税款；发现某大型金矿探矿权转让信息，经主管税务机关辗转多地调查取证，最终追缴税款5.15亿元，滞纳金1 900万元。

在这次专项检查中，“网络爬虫”软件共获取7 549条股权变动信息，其中减持信息有798条。税务机关通过对这些数据进行比对分析，发现78家企业存在重大涉税风险，并积极组织税收风险检查工作，一共核查确认税款15.68亿元。

(二) 商业信息查询软件

商业信息查询类软件的核心原理是通过爬虫技术从国家企业信用信息公示系统网站等政府机构官方网站，以及互联网公开数据中爬取企业信息，进而形成商业信息报告，提供给B端企业和C端用户使用。例如，天眼查、企查查和启信宝等。

与税务稽查工作实务相关的信息模块有：利用工商变更信息获取企业注册、变更情况，以及企业是否因某种原因被列入失信行列；股权机构穿透图可以清晰明了理清集团企业的股权机构和历史股东变更；利用企业对外公开信息的收集可以了解企业近期经营重点(如检查房地产企业可获取企业最近的摘地情况和均价走势等)；利用对外抵押模块可以在案件执行中了解企业的资产抵押状况等。

(三) 资金分析软件

近几年，增值税发票虚开案件、出口骗税案件层出不穷，特别是全面营业税改征增值税(以下简称营改增)后，发票相关违法案件愈演愈烈，虽然各地税务稽查机关已集中查办了一批虚开和骗税案件，但在资金流这样的关键环节，检查上依旧存在检查效率不高、排查过于依赖第三方的问题。

在查办虚开、骗税案件时，资金流向的检查是重点。现阶段银行账单数据的应用场景越来越多，但系统所需数据多为系统导出的Excel表格，不同银行数据格式种类繁多，数据格式不统一，且后续各个系统对银行账单的数据分析处理较多，对银行数据的采集存在大量的重复工作，给系统对数据的应用和转换带来了不方便。

税务资金分析系统目前共分为案件管理、发票分析、回流分析、底稿管理、系统管理五大模块。该软件的设计出发点在于对打虚打骗案件的发票数据与资金数据的匹配，以单个案件为单位，结合发票数据、个人及企业账户数据，筛选出下一步追查的企业及个人，利用资金回流分析中的组合匹配原理，以系统自动匹配与人工干预相结合，以图形化直观的方式来展现，最终通过资金回流图来确定案件的资金走向，并自动生成工作底稿，可提高打虚打骗办案人员的工作效率。

第三节　稽查基本方法

一、账务检查方法

（一）凭证检查

1. 原始凭证检查

检查原始凭证的主要目的是在账务检查中用一手资料还原企业的真实经营过程，对于原始凭证的查找方法，对记账规模较小的被查对象可使用顺查法（原始凭证到记账凭证），对账务核算量较大的被查对象则使用逆查法（记账凭证到原始凭证）。检查人员也可根据检查工作的需要使用抽查的方法发现、验证涉税疑点。原始凭证类型如表 2-4 所示。

表 2-4　原始凭证类型表

<table>
<tr><td>内部凭证</td><td colspan="5">企业自制用于成本、费用、损失和其他支出核算的会计原始凭证</td></tr>
<tr><td>外部凭证
（包括但不限于）</td><td>发票</td><td>财政票据</td><td>完税凭证</td><td>收款凭证</td><td>分割单</td></tr>
</table>

（1）检查原始凭证反映的要素情况。首先是做外观检查，审查涉及的单位名称、签章及业务实质。检查原始凭证的数量、单价等要素是否正常合理，是否有人为利用原始凭证进行舞弊的行为，出入库单、仓储保管单据或其他凭证是否准确，版式是否异常，自制原始单据编号是否正常等。

相关案例 2.8　凭证抽查发现疑点　穷追不舍终揭迷案

2019 年 8 月，某市稽查局在接到税务总局下达的第三批重点税源案源检查任务后，按流程将 A 公司列为检查对象。由于 A 公司属于当地上市集团公司，高新技术企业，子公司数量很多，账务量庞大，一个月的凭证量达上百本，检查组决定采取逆查法辅以抽查法的方式审核 A 公司凭证资料。

作为集团母公司，A 公司与众多子公司业务频繁属正常现象，检查组由往来账项筛选出数量、发生频率比较高的几个子公司。对相关记账凭证及原始凭证进行抽查时，检查人员发现A公司与M子公司的3笔服务费合同疑点较大：合同落款没有双方盖章，合同内容与记账凭证记载的服务费完全不同。合同中主要约定M子公司为被查A公司定期提供技术培训，按道理这样的内容应记载为培训费且开具培训费发票，但A公司收到的是M子公司开具的技术服务增值税专用发票，并在“管理费用——研发支出”中列支。即便是服务支出，合同全文对服务内容、频次、金额、费用支付方式等均无任何表述，仅以一页纸简陋而粗略地说明。

原始凭证显示重大疑点，结合该笔业务对应的记账科目与高新技术企业认定标准直接相关，检查组穷追不舍，最终发现了企业利用与子公司之间编造虚假的往来业务，虚开发票并取得高新技术企业认定资格骗取国家税收优惠政策的问题。

(2) 审核原始凭证对应的经济业务关联度、真实度。关注原始凭证所附的经济合同或协议签订及履行情况，结合资金流、发票流、运输流等进行综合分析。

相关案例2.9　扫描发票企图蒙混过关　审核凭证终被发现疑点

2018年上半年，某市稽查局在对刚刚完成“上河雅苑”项目土地增值税清算的甲房地产企业进行检查时，发现原始凭证中有一笔金额为23 834 256.3元的工程款发票为扫描件(并非电子发票)，已计入开发成本中并在土地增值税清算时进行了扣除。

经检查人员仔细审核，这笔工程款并未附银行付款底联等资金流支付凭证。经询问相关经办人员，并向提供该项建筑工程施工任务的乙公司进行核查后，检查人员明确了该笔业务的经济实质。原来因工程质量问题，甲房地产企业与乙公司发生纠纷，金额为23 834 256.3元的工程尾款甲房地产企业并未向乙公司支付，而乙公司已将发票开出，甲房地产企业因项目由税务机关通知进行土地增值税清算而托人弄到了这张发票的影印版附在账中进行处理。

依据相关政策规定，因该企业此项工程款并非实际发生，不得计入成本中扣除，对涉及的企业所得税及土地增值税进行补征，如后续能够取得合法有效发票，可再按规定进行调整。

(3) 重点审核扣除类原始凭证的合规性。根据《企业所得税税前扣除凭证管理办法》(国家税务总局公告2018年第28号)的规定，检查扣除凭证是否符合真实性、合法性、关联性原则。如果企业在检查年度汇算清缴前未取得发票，或者取得的发票、外部凭证不合规的，稽查局应首先履行告知义务，告知企业哪些支付未取得发票、外部凭证，或者取得发票、外部凭证不合规，并要求企业60天内去补开、换开符合规定的发票、其他外部凭证。无法取得的视情况确定处理意见。

凭证的形式、来源应符合国家法律、法规等相关规定，不合规的发票、不合规的外部凭证不能作为税前扣除凭证。以发票为例，常见的不合规情形有：发票压线、错格，付款单位名称不全、错误，发票未加盖发票专用章或者加盖作废的发票专用章、购货单位的信息不全（纳税人识别号、银行账号等）、发票的项目填写不齐全（未填写规格型号、单位、数量、单价）；汇总开具发票未附防伪税控清单；大类货物普通发票未附销售清单；发票备注栏应填写的未填写（运输发票备注栏未填写起运地、到达地、车种车号以及运输货物信息等内容；建筑服务发票备注栏未填写工程名称、工程地点；不动产租赁备注栏未填写不动产信息等）；税率开具错误；货物、应税服务一级大类开具错误等。

2. 记账凭证检查

检查记账凭证的基本要素是否完整，检查会计科目的运用是否符合经济业务的性质和内容，重点审核发现是否存在与正常企业会计业务发生规律相违背的借贷记载。

（二）账簿检查

通过各种账簿的记录和有关的记账凭证和原始凭证进行核对，查看被查对象是否做到账证相符。如果企业使用电子记账，且稽查部门一并调取了电子账套，则最好将记账凭证的检查与电子凭证的流向分析、红字分析等结合运用。管理费用明细账的流向分析示例，如图2-2所示。

如图2-2所示，在检查某企业账务过程中，检查人员对发生金额较大的管理费用进行了流向分析。在此基础上检查人员能够清晰地分辨出与管理费用相关的各方科目发生金额及占比情况，除常见的一些分录处理外，检查人员认为流向科目为“其他应收款”的账务处理疑点较大，一方面发生金额较大，占比达到10.48%，另一方面如此记账有企业向外借钱并冲抵费用的嫌疑，应就此项疑点进行进一步取证。

（三）报表检查

1. 资产负债表分析在税务稽查中的运用

通过分析资产负债表，税务稽查人员可以用最短的时间全面了解企业在一段时间内的经营状况，同时资产负债表也是企业规避税务风险和发现财务工作问题的重要手段。稽查人员可以将一些依据报表计算出的常见比率以月、年为周期进行汇总比对，也可与同行业同规模其他企业相关比率进行横向对比，从而发现疑点。

(1) 应收账款周转率。其主要指企业在开展经营活动的过程中，应收账款的额

年度：2015　科目：6602[管理费用]　分析：借方流向　方式：全部

账户流向分析

借方流向分析：6602[管理费用]
分析区间：2015年01期 - 2015年12期 借方累计发生：11,798,902.99

对方科目代码	对方科目名称	对方贷方发生汇总	比例
+ 1001	库存现金	857,306.23	6.65%
+ 1002	银行存款	1,244,217.11	9.65%
+ 1221	其他应收款	1,350,413.45	10.48%
1403	原材料	524,858.60	4.07%
1404	代销商品	349.66	0
1405	库存商品	262,131.03	2.03%
+ 1701	无形资产	166,147.14	1.29%
+ 1801	待摊费用	301,438.63	2.34%
+ 1802	长期待摊费用	157,224.36	1.22%
+ 2202	应付账款	117.25	0
+ 2211	应付职工薪酬	5,985,193.17	46.43%
+ 2221	应交税费	1,128,027.11	8.75%
+ 2241	其他应付款	483,669.59	3.75%
+ 2242	预提费用	368,507.00	2.86%
+ 5101	制造费用	86.15	0
+ 5301	研发支出	6,310.50	0.05%
+ 6602	管理费用	22.45	0
+ 6603	财务费用	54,096.80	0.42%
合计		12,890,116.23	

图 2-2　管理费用明细账的流向分析示例图

度需要控制在合理的范围内。税务稽查人员在实际分析的过程中，可以通过对比行业应收账款的平均水平，分析企业与行业之间的差距。如果超过合理范围，则该企业在经营的过程中可能存在逃避税收、隐瞒收入的情况，需要重点关注。在对企业的应收账款周转率进行分析的过程中，对比企业以往的应收账款周转率，在企业日常经营活动不存在异常的前提下，若企业的应收账款周转率在短时间内出现大幅度增加或减少的情况，就需要考虑企业可能存在隐瞒收入的情况，相关部门就要对企业账目的真实性进行有效核查，避免出现个别企业管理者虚报账目，逃避税收的情况。

(2) 资产周转率。企业在经营过程中，用于周转的资产大致包括固定资产、流动资产、总资产三类，企业资产流动的速度越快，说明企业的资金使用效率越高。在这种情况下，企业无论是盈利水平还是生产水平，都应该相应提升。如果企业的资产负债表显示企业的盈利额度低于行业平均盈利额度，则要重点关注，企业财务人员可能存在违规调节利润的行为。

(3) 存货周转率。如果企业的存货周转率高于行业平均水平，说明企业的货物流动速度较快，企业仓库中存货数量低于行业平均水平。在这样的情况下，如果企业的缴税额度相比于以往有所下降，企业财务管理人员在制定资产负债表的过程中，有可能存在虚报成本的违规行为。但这并不是绝对的，需要充分考虑企业的实际经营情况。在市场经济大背景下，外部市场环境也时刻发生变化，企业在实际开展经营活动的过程中也非常容易出现货物滞销的问题。以资产负债表为基础的常见财务比率应用，如图 2-3 所示。

期间	501[商品销售收入]借方发生	135[库存商品]期初余额	135[库存商品]期末余额	计算项
2004年01期	213,132.97	26,990.61	210,140.88	0.90
2004年02期	190,621.37	210,140.88	3,185,828.43	0.06
2004年03期	675,607.03	3,185,828.43	5,198,145.74	0.08
2004年04期	1,035,353.09	5,198,145.74	4,494,980.02	0.11
2004年05期	2,819,885.99	4,494,980.02	3,217,873.69	0.37
2004年06期	1,183,515.41	3,217,873.69	2,059,928.53	0.22
2004年07期	1,599,441.35	2,059,928.53	400,018.51	0.65
2004年08期	1,665,087.15	400,018.51	-286,463.31	14.66
2004年09期	580,035.23	-286,463.31	233,686.17	-10.99
2004年10期	371,577.78	233,686.17	1,383,579.89	0.23
2004年11期	2,487,627.65	1,383,579.89	1,515,098.64	0.86
2004年12期	2,551,075.52	1,515,098.64	80,856.07	1.60
合计	15,372,960.54	26,990.61	80,856.07	142.54

图 2-3　以资产负债表为基础的常见财务比率应用(以存货周转率为例)图

如图 2-3 所示，在检查某企业账务过程中，检查人员检查年度 12 个月的月度存货周转率进行计算对比，发现 8 月、9 月两个月份出现比率明显畸高畸低的情形，对应月份的收款情况没有同比例增减，检查人员应就此项疑点继续检查核实。

2. 利润表分析在税务稽查中的运用

利润表也被称为损益表，其主要作用是反映一段时间内企业的经营效益。

从企业主营业务收入的角度来讲，以利润表为基础，主要反映毛利变动率、利润变动率、成本变动率这几项指标。如果企业外部市场基本未发生较大变化，那么企业利润表中以上三项数据也应该基本保持一致。一旦其中的某一项数据发生异常波动则说明企业在税务核算的过程中可能存在税务风险。

从企业其他业务收入变动的角度来讲，很多企业在实际经营的过程中为了增加企业收入，会在主营业务之外采取某些销售手段销售残次品和附加产品。

3. 现金流量表分析在税务稽查中的运用

现金流量表是企业财务报表的重要组成部分，主要体现企业在一段时间内现金的流动和储备情况。

对现金流量表的主表进行分析，需要重点观察企业经营活动产生的现金流入与支出（支付的各项税费和员工费用）之间的关系是否存在不合理的因素。如果二者存在较大的偏差，说明企业在实际经营过程中可能存在销售产品未入账的情况。

对现金流量表的辅助资料进行分析，需要综合考虑企业缴纳所得税的额度，以此为基础分析企业的缴税情况。在实际分析的过程中，常用的方法是将企业的管理支出与企业的固定资产折旧费用进行对比，将企业的非营业费用支出与企业无形资产的损益进行对比。

4. 表表间分析在税务稽查中的运用

三大财务报表的项目之间及同一财务报表内部各项目之间存在一定的勾稽关系，有的是精确的勾稽关系，有的则是模糊的勾稽关系。通过分析这些模糊勾稽关系可以识别财务报表是否存在“猫腻”。

精确的勾稽关系可以表达为平衡等式。比如：资产负债表左方的资产总计项目等于资产负债表右方的负债和所有者权益总计项目。这样的会计报表编制原理限制下的精确勾稽关系，是报表成立的基础，这部分平衡关系并不是我们关注的重点。

模糊的勾稽关系，则是一种内在相对平衡。如现金流量表中的“取得投资收益收到的现金”项目和利润表中的“投资收益”项目与资产负债表中的一些投资性资产项目之间存在一定的勾稽关系，将三大报表中关于投资活动的业务串联起来。如果出现破坏平衡的因素，则需考虑是否出现了会计舞弊，而稽查人员同时应关注到与涉税问题相关的会计舞弊。又如，购买商品、接受劳务支付的现金与营业成本和购买商品的过程中会有一部分因未付现而形成的应付账款，也属于一组模糊勾稽关系，关注应付款项的反向变动是否存在以非现金资产抵债、以应收抵应付等情况，是否按照视同销售进行相关涉税处理。

二、综合分析方法

（一）数据分析方法

1. 比较分析法

将纳税人当期的申报资料，包括增值税申报、所得税申报及各类财务报表，与纳税人在不同时期及同行业其他纳税人的纳税申报数据进行比较。其中，绝对数比较是直接对数值进行比较，一般是对纳税人在特定时期的总体纳税情况进行考量；相对数比较则是在绝对值比较的基础上，确定相关财务指标的变动比例，以此来分析指标的变动幅度及发展趋势，如税负率等指标。

在税务稽查中，有时运用相关比率比较分析法比绝对数比较分析法更容易发现问题。例如，稽查人员在运用绝对数比较分析法对被查项目进行分析后，为了确保分析判断的客观和正确，可以运用相关比率分析法予以验证。

2. 控制计算法

控制计算法，又称数学计算法或平衡分析法，是指运用可靠的或科学测定的数据，利用数学等式原理来推测、证实账面资料是否正确，以发现问题的一种检查方法。常用的方法有以产控耗、以耗控产、以产控销、以支控销等。

3. 因素分析法

因素分析法，是指将影响某一事项的各个因素分离出来，在此基础上分析各个因素变动对该事项的影响及影响程度，以便进一步查明原因的一种分析方法。包括连环替代法、差额分析法、指标分解法、定基替代法等。常用的方法主要有连环替代法和差额分析法。

(1) 连环替代法。连环替代法是将分析指标分解为各个可以计量的因素，并根据各个因素之间的依存关系，顺次用各因素的比较值(通常为实际值)替代基准值(通常为标准值或计划值)，据以测定各因素对分析指标的影响。

(2) 差额分析法。差额分析法是连环替代法的一种简化形式，是利用各个因素的比较值与基准值之间的差额，来计算各因素对分析指标的影响。

4. 相关分析法

相关分析法是指将存在关联关系的被查项目进行对比，揭示其中的差异，判明经济业务可能存在问题的一种分析方法。对于稽查对象而言，一项经济业务的发生，必然会引起一连串相关活动的变动，这既是由经济活动的相关性所决定的，也是由经济活动的规律所决定的。

(二) 数理统计方法

数理统计方法是指通过建立模型或利用信息技术对大样本数据进行清洗和整理，研究数据间存在的关联关系和一般规律，从而挖掘出样本中的特异性数据的一种方法。

1. 模型分析法

稽查实务中，选案环节使用模型分析的频次最高，建立稽查案件查办模型可以帮助稽查人员快速筛选出疑点较大的被查对象和社会行为，检查环节根据行业、业务的不同也可以针对性地运用模型进行分析，下面以偷税行为的选案筛选和检查为例，梳理建立稽查模型的思路。

1）明确模型分析指向

比如，要建立偷税行为的分析模型，首先要明确的是偷税行为有哪些典型手段和特征。《最高人民法院关于办理偷税、抗税刑事案件具体应用法律的若干问题的解释》（法释〔2002〕33 号）中明确的偷税手段有伪造、涂改、隐匿、销毁账册、票据、凭证；转移资金、财产、账户；不报或者谎报应税项目、数量、所得额、收入额；虚增成本、多报费用、减少利润；虚构事实骗取减税、免税等。为实现偷税目的常采取的手段有在财务报表中舞弊隐匿企业收入；在成本上作假，通过增加人员工资列支等形式虚增成本费用；分解收入成本费用，依靠账外收支现金或使用不规范金融账户辅助服务分解入账金额等；依靠关联关系和交易转移利润；恶意隐匿、恶意损坏账证，如设置两套账等。

2）模型指向的指标化

将某种涉税行为指标化，分为定量指标和定性指标。定量指标即财务指标，是能够直接反映企业经营状况的一类数据和信息。比如税收指标、企业盈利能力指标、企业资产状况指标等，这些指标可以根据一定的比率和计算方法进行数值化。定性指标指能够以直接或间接的关系影响到企业经营效益，但不能直接计算产生，比如纳税人的纳税行为、第三方获取的相关信息等。

3）形成指标体系

在众多定量和定性指标中，要提取出与目标分析指向关联度较高的几组，不可面面俱到。按照一定的统计方法进行赋值和设置阈值。选用适当的统计分析方法进行嵌入模型化，常用的如 Logistic 回归方法，变量较少的也可选用一元回归分析，必要时借助统计软件 SAS 进行设置验算。例如，在偷税模型建立时可选择税收负担状况的指标（如增值税税负率、增值税进销项比等），企业盈利能力指标（如主营业务费用率、主营业务毛利率等），企业营运能力指标（如应收账款周转率、存货周转率等），企业偿债能力指标（如流动比率、资产负债率等）。一些特定的定性指标因为不好数值化可以以发生频次为关注点来设置指标。

如果企业税负率在一定范围内低于行业平均水平或应纳增值税进项税额与销项税额的比率大于等于 1，那么企业采取少记收入、虚抵进项的方法进行偷税的概率就相对高一些，其他方面的比率原理也是如此。

4）校验模型效果

这一步容易被忽略，但非常重要。模型建立后，要带入以往经查实已存在偷税行为案件的被查企业相关指标进行验证，关注模型已选取各项指标的敏感程度，及时进行调整修正。

相关案例 2.10 分析工具事半功倍 助力发现大额税费

利用计量经济模型作为分析工具，是因为其数据分析方式与以往传统检查方式不同，它可以凭借常规行业特点构建行业模型，并以此为标准衡量某个企业的数据信息是否符合一般经济规律。

某省稽查局在对一保险集团公司进行检查时，首先运用一元线性回归模型，进行了简单筛选。对于一个会计核算规范、账套信息健全的企业，其利润的变化基本可以用三个变量来解释，但在企业的一些操作过程中，利润的计算或多或少都会受一些有意或无意的其他因素干扰。把这样的思路用模型表述为：

$$\text{利润} = \beta_1 - \beta_2 - \beta_3 + \delta$$

式中 β_1——收入；

β_2——成本；

β_3——费用；

δ——不同往来账项的影响程度。

当把与被查企业发生往来账项关系的几百户往来数据归入模型作为新变量后，A企业对利润的解释程度迅速提升到了77%，高于平均值47%，引起检查人员关注。

检查人员通过数据库备份方法备份了企业ORCLE数据库管理数据，在对该集团往来款项分析中发现往来做账混乱，相同性质的款项在不同年度会出现不同的挂账科目。导入回归分析模型中系统字段名为Current Investment，对比企业的财务报表和电子账套里均没有投资收益的显示。经查，该项收益实际上是利用集团的资金由代持股人在账外购买的股票收益所得，未缴纳相关税费1 800万元。

2. 大数据分析法

(1) 大数据数据收集。随着现代经济信息化进程加快，纳税人很多业务会以电子商务的形式完成，线上签约，线下交易，网络支付，电子记账。面对这样的经济形势，稽查部门应当通过建立完善大信息平台，与网络运营商、认证中心、工商、财政、公安、海关、金融机构、外汇管理、国土规划和物流中心等有关部门实现信息互通、数据互联、资源共享，不断充实、持续扩展、实时更新纳税人信息库，便于稽查比对发现疑点。

(2) 大数据分析研判。随着稽查信息化操作系统的上线完善，今后的重大案件查办将更多体现集体的能力和智慧。对于以不同渠道收集的海量信息库要多维度开发利用,疑难杂症要利用专业的分析团队进行研判。使用建模、开发应用程序等方式对不同数据建立关联。

(三)逻辑推定方法

1. 常设逻辑分析法

根据在现实中掌握的各类信息按照逻辑思维的规则做出结论判断的方法。例如,增值税申报表中的增值税累计销售收入与所得税年度申报中的主营业务收入是否基本保持一致;纳税人长期亏损或长期零申报的,需要关注纳税人的生产经营是否正常、销售收入是否下降、成本是否增加;生产消耗与销售收入之间的逻辑关系。根据投入产出的关系,从企业实际投入的原材料、辅助材料及包装物的数量着手,依据相对稳定的投入产出比例,结合企业的产品库存量等数据,推算出纳税人真实的销售收入;根据纳税人的水费、电费、汽油费等能源的耗用情况,按照生产耗用比测算出纳税人实际的生产量,结合纳税人库存变动情况,推算出纳税人的实际销售额,经与纳税人申报纳税的情况对比,判断是否存在少记收入的疑点。

相关案例 2.11 以电定产发现偷税案 熟悉生产流程是关键

稽查局在检查某水泥制造企业时首先了解其生产流程,即购进水泥熟料后按比例对矿粉、矿渣和石膏等进行调配,将其用水泥磨再次粉碎后进入旋窑高温烧制,最终通过水泥罐制作散装水泥。水泥企业生产线的定额生产量恒定,上述生产流程中最关键的是水泥磨粉碎这一环,生产一吨水泥的定额耗电量保持在 35 度到 45 度之间。生产流程及电耗定额如图 2-4 所示。

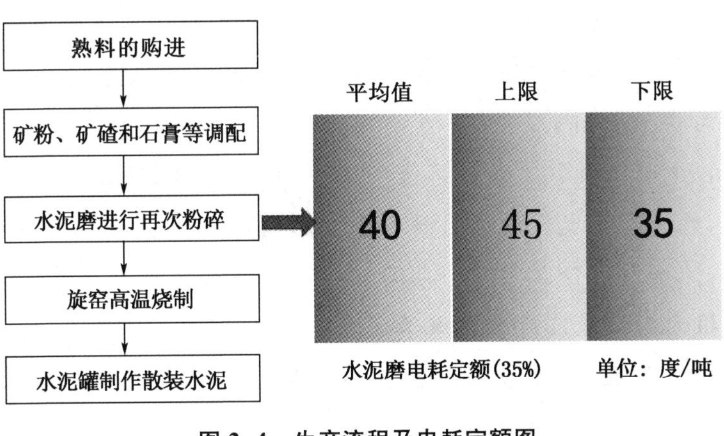

图 2-4 生产流程及电耗定额图

检查人员调取了企业耗电情况，按照水泥磨工作时间和耗电比例对企业生产量进行了反推算，最终发现被查企业少记收入偷税的事实。

2. 经验判定法

稽查实践表明检查人员工作经验是否丰富对稽查工作质效有较大的影响。一方面是由于风险指标体系还不够完善，缺少针对部分涉税风险的评价指标；另一方面是由于企业会计处理过于隐蔽，指标未见异常，涉税风险未能通过相关指标反映出来。因此，经验判定法是前述各类稽查方法的重要补充。

三、调查核实方法

（一）实地核查法

1. 现场观察

在虚开发票、骗税案件查办实务中，检查人员利用现场观察进行“生产能力测算”，根据结果帮助定性案件已应用得非常成熟。为核实收入及成本费用的真实性，必要时，检查人员必须要深入被查企业各个环节，通过观察询问，了解一手真实情况，帮助做好判断。如检查房地产企业时，既要通过销售部门获取销售一手台账、票据，也要深入建筑工地了解工程进展及投入情况。

相关案例 2.12　书面审请一筹莫展　现场观察获得突破

根据双随机选案结果，某市税务局稽查局决定对当地某房地产企业进行立案检查。在查前分析中，检查人员发现该公司近几年先后共开发了“景园”项目的一期和二期，其中一期已经进行了清算。针对上述情况，检查人员初步制定了以“审核开发项目流转税缴纳情况、土地增值税预缴和清算情况及项目成本结转是否真实准确”为重点检查方向的检查预案。

检查人员首先依法调取了该公司检查年度的账簿、凭证、报表及其他有关资料。经过初步审核，检查人员发现该公司财务管理比较规范，凭证所附单据完整，费用列支均附有发票，似乎没有什么问题。期间该公司财务人员也多次非常自信地强调其公司在纳税申报方面均能及时申报缴纳税款。

凭借多年的稽查经验，检查人员认为不能完全相信这看上去很似乎规范的一切。就在检查人员一筹莫展之时，一份土地增值税清算鉴证报告的某页内容引起了检查人员的注意。某税务师事务所出具的这份报告反映，该公司为开发“景园”项目，共支付土地价款 98 144 522.38 元，在该项目一期清算时，该部分支付的土地价款已全额作为一期“为取得土地使用权所支付的价款”进行了清算。对此，检查人员认为，正常情况下，土地总价款应在项目一期和二期之间进行合理分摊，但这又是怎么一回事呢？

在询问企业财务人员未获得有效信息之后，检查组决定到项目现场了解情况。在项目现场，检查人员发现该项目一期和二期从外观来看有明显的不同，一期已大部分交付使用，人员车辆来往频繁。二期则只有很少的人员进出，且看上去并不像有已入住的业主。据此，检查组断定该项目的确是分期建设，必须再查看建设行政主管部门的各类批文、许可证。经查阅发现，该项目的开发用途为商业住宅，初始开发时间为 2×14 年 7 月，一期完工时间为 2×17 年 1 月 29 日。项目所占用的土地通过出让方式取得，土地面积 195 557 平方米，该公司共计支付价款 98 144 522.38 元，其中，一期占地 143 007 平方米，二期占地 52 550 平方米。税务师事务所出具的土地增值税清算鉴证报告上显示，对景园项目一期的土地增值税清算基准日为2×17 年 11 月30 日。

通过现场的实地核查，结合资料审阅，检查人员得出了结论：“景园”项目一期已确定清算完毕，该公司“取得土地使用权支付的价款”在土地增值税清算鉴证报告中未在项目一期与二期之间进行合理分摊，全部作为了项目一期的扣除项目金额进行了土地增值税清算，造成清算过程中扣除项目金额虚增，直接影响了项目一期的土地增值税清算税款。经检查人员重新计算，该公司“景园”项目一期少缴纳土地增值税 5 753 775.62 元。

在对该公司的成本项目检查过程中，检查人员发现，该公司“景园”项目二期已经开始结转收入和成本，但账面预计成本结转较大。2×18 年度税前列支了“景园”项目二期预计成本共计52 525 406.35元。经核实建安合同发现“景园”项目二期建安成本合同金额85 855 956.30元，截至 2×18 年底已开具发票 85 127 272 元，未取得发票 728 684.30 元。根据《国家税务总局关于印发〈房地产开发经营业务企业所得税处理办法〉的通知》(国税发〔2009〕31 号)规定，出包工程未最终办理结算而未取得全额发票的，在证明资料充分的前提下，其发票不足金额可以预提，但最高不得超过合同总金额的 10%，即858 559.56 元。该公司存在多列预计成本 51 976 722.05 元，少申报缴纳企业所得税的违法事实。经计算，本次检查该公司共计应补缴 2×18 年度企业所得税 11 811 772.55 元。

2. 实地盘存

实地盘存法对核实中小企业实际经营情况非常有效。存货情况一方面反映企业经营业务、资金情况，另一方面反映企业收入和经营成果。对存货进行检查时，一是要注意全面，不仅与账载对照还要与保管单、日记账等内部记载进行比对；二是注意留痕，对盘点过程要按照一定顺序做好记录和汇总；三是要亲自查验，尽量不采用委托盘点的方法；四是要选好盘点时间，必要时可选择突击盘点的方式，同时避开不合理的盘点时间。

3. 穿行测试

按照企业正常生产流程对某一项业务从单据、资金、合同、内部流转、经办人员等多个角度按顺序查验一遍，从中发现异常记录、特殊单据等。例如，稽查人员在检查某酒类制造有限公司生产部门单据时，发现存在“售酒单据”和“赠酒单据”两种凭证。

(二) 面谈函询法

1. 询问法

税务稽查的询问是指在日常稽查工作中，为进一步获取证据，固定证据，而向当事人、见证人或其他有关知情人问话了解落实案情的过程。《税收征收管理法》第五十四条规定，税务机关在实施税务稽查时，有权“询问纳税人、扣缴义务人与纳税或者代扣代缴、代收代缴税款有关的问题和情况”。询问是税务稽查实施过程中的重要活动，是法律赋予税务稽查人员的一种检查手段。通过询问稽查案件有关人员，税务稽查人员一方面可以发现调查取证的线索，另一方面可以审查核实印证其他证据，使稽查案件证据链条更加完整。在税务稽查询问过程中形成的询问笔录与其他取证资料都是作为依法定案的法定证据使用。询问前首先拟定好询问提纲，做到有的放矢，使询问的针对性更强。对于可能存在串供的被询问对象，可以抓住时机在生产经营场所及时询问，对同笔业务的不同环节经手人开展对比式询问，以在多名经手人出具假证、伪证时形成环环相扣、互为反证的证据链。其次询问的内容应是被询问人所了解的案件情况，要客观公正，条理清晰，重点突出。

对于具有一定税收遵从度，只是一念之差违反税收法律法规规定而事后对自己的行为后悔的被询问人，可直接向其讲明法律法规规定。注意询问言语不要刺激对方，语气要平缓诚恳，让被询问人产生敬畏、信赖心理，积极配合，如实陈述。针对被询问人比较狡猾，已经有了应付询问的准备，并在询问时有意编造一些虚假的事实，企图蒙混过关的情况。询问时如明知被询问人说谎，要先不动声色，让其多说谎、多暴露，适时抓住要害，针对其所述经不起逻辑推理明显与事实不符的情况提出质问，使其不能自圆其说，在事实面前无可辩解。

2. 函告法

需要纳税人提供资料，应尽量避免仅口头表达。检查过程中，检查人员可以制作《税务事项通知书》，要求被查对象在规定期限内提供有关的文件、材料或者证明资料，《税务事项通知书》应当写明要求提供资料的具体名称和所属期以及提交资料期限。

（三）调取查验法

1. 协查取证

企业之间的合并、分立、控制和被控制，促使大型关联企业大量存在，相互之间的经营业务日趋复杂，加之部分纳税人税法观念不强、依法纳税意识淡薄，导致偷、逃、抗税现象层出不穷，连环案、案中案甚至跨地区大案时有发生。在这种局面下，信息面临高度不对称性，必须由各地税务稽查机关联合作战，即由单兵作战向兵团作战转变，才能对辖区内的大要案进行有效管理。税务协查工作有利于规范经济秩序，维护税法尊严，提升发票控税能力，促进税收征管水平的提高；通过利用协查第二方信息，补充大数据库，促进信息管税水平提高。当前实务中运用最多的是发票协查。为做好协查工作，需要加强对协查系统的应用，受托协查地要按照委托协查需求在规定的时间内迅速准确收集所需证据资料。就受托方而言，每一封协查函都有可能牵扯到本辖区企业的一些涉税违法问题，受托方税务机关收到协查函后，除了要做到根据协查函中的每项协查要求组织调查取证，还要积极深挖线索，扩大战果。

2. 外部调查

外调的方法是指对有疑点的凭证、账载记录和业务，通过派出检查人员到与待查事项有联系的单位（或个人）处进行调查取证，以取得证据的一种检查方法。稽查人员应根据检查的需要和外调的目的，确定外调的重点和内容，适当调配人员，保证工作的有效性。对外调中获取的信息和材料，要进行适当的分类和分析，确定是否作为证据使用。

第四节　税务稽查案件证据收集

税务稽查案件查办时，应当依照法定权限和程序，收集能够证明案件事实的证据材料。收集的证据材料应当真实，并与所证明的事项相关联。调查取证时，不得违反法定程序收集证据材料；不得以违反法律强制性规定的手段获取侵害他人合法权益的证据材料；不得以利诱、欺诈、胁迫、暴力等不正当手段获取证据材料。

一、税务稽查证据收集原则

（一）依法收集证据原则

合法性是税务稽查执法的基本原则，也是证据证明效力的重要方面。依法收集证据原则要求，税务稽查人员在调查取证过程中，必须依照法定职权，法定方式、条件、步骤等进行，不得超越职权收集证据，或者采用非法手段收集证据。

（二）全面、客观、公正收集证据原则

根据《行政处罚法》第五十四条的规定，行政机关发现公民、法人或者其他组织有依法应当给予行政处罚的行为的，必须全面、客观、公正地调查，收集有关证据；必要时，依照法律、法规的规定，可以进行检查。

税务稽查案件查办中，因个案的特殊性，所收集证据的范围有所不同，凡是可以证明稽查案件事实的与纳税、缴费有关情况，均应属于税务稽查证据收集与固定的范围。包括但不限于有关证明涉税违法行为主体情况，证明涉税违法行为存在、手段、后果，证明涉税违法行为情节严重，证明涉税违法行为不存在，或者情节轻微，以及查处涉税违法案件有关的其他证据。

二、税务稽查证据收集方法

根据《税收征收管理法》及其实施细则、《发票管理办法》等法律、行政法规的规定，税务机关调查税务违法案件时，可以采取的证据收集方法主要包括提取证据原件，复印、复制、录音、录像，询问当事人或证人，制作现场笔录、勘验笔录，委托协查与向第三方调查取证，收集与固定电子数据，委托鉴定以及证据保全公证等。

（一）现场检查取证

稽查人员依照法定权限和程序，到被查对象生产、经营或者办公场所实地实施检查，在检查过程中，可以通过提取证据原件、记录、录音、录像、照相和复制等方式取得书证、物证、现场（勘验）笔录、视听资料等证据形式。

对采用电子信息系统进行管理和核算的被查对象，检查人员可以要求其打开该电子信息系统，或者提供与原始电子数据、电子信息系统技术资料一致的复制件。被查对象拒不打开或者拒不提供的，经稽查局局长批准，可以采用适当的技术手段对该电子信息系统进行直接检查，或者提取、复制电子数据进行检查，但所

采用的技术手段不得破坏该电子信息系统原始电子数据，或者影响该电子信息系统正常运行。

（二）询问当事人或证人

在税务稽查案件查办中，检查人员有权向有关单位和个人询问被查对象和其他当事人与纳税或者代扣代缴、代收代缴税款有关问题和情况。通过询问，制作《询问笔录》，取得当事人陈述、证人证言类证据。

（三）异地协查取证

在案件查办过程中，需要异地调查取证的，可以发函委托相关稽查局调查取证；必要时可以派人参与受托地稽查局的调查取证。

受托地稽查局收到委托地稽查局协查请求后，应当依照法定权限和程序调查。对取得的证据材料，应当连同相关文书一并作为协查案卷立卷存档。同时，根据委托地稽查局协查函委托的事项，将相关证据材料及文书复制，注明“与原件核对无误”，注明原件存放处，并加盖本单位印章后一并移交委托地稽查局。

需要取得境外资料的，稽查局可以提请国际税收管理部门依照税收协定情报交换程序获取，或者通过我国驻外机构收集有关信息。

（四）查询存款账户和储蓄存款

在案件查办过程中，稽查人员有权对从事生产、经营的纳税人、扣缴义务人在银行或者其他金融机构的存款账户和案件涉嫌人员的储蓄存款进行查询，取得有关证明当事人资金流向、财产状况等情况的书证。

（五）向第三方调查取证

稽查人员可以根据案件需要向其他有关第三方调查，以获取与被查对象履行纳税义务、扣缴义务及其他涉税义务情况相关的各种信息，或者向其他第三方获取相关涉税参照信息。

（六）委托鉴定

稽查局在查办案件中，对于存在重大疑点需要通过鉴定予以辨别，或某些需要借助专门知识才能对事实作出判断和认定的事项，可以委托具有司法鉴定资质的机构进行鉴定，获取鉴定意见，以证明案件事实。例如，涉案财产、货物价格评估、电子数据鉴定、视听资料鉴定、文书鉴定、笔迹鉴定等。

（七）证据保全公证

公证是公证机构根据自然人、法人或者其他组织的申请，依照法定程序对民事法律行为、有法律意义的事实和文书的真实性、合法性予以证明的活动。根据中国公证协会《办理保全证据公证的指导意见（修订）》的规定，保全证据公证是指公证机构根据自然人、法人或者其他组织的申请，依法对与申请人权益有关的、有法律意义的证据、行为过程加以提取、收存、固定、描述或者对申请人的取证行为的真实性予以证明的活动。在税务稽查办案过程中，可能遇到某些特定情形，如当事人对稽查局调查取证过程以及所提取证据真实性、合法性等拒绝配合或产生争议时，稽查局可以通过公证方式收集保全证据，以降低取证风险，提高办案质量。

三、税务稽查证据收集要求

（一）书证

书证是指以文字、图画或者符号等方式所表达的思想或记载的内容来证明案件事实的书面文件或其他物品。稽查人员收集书证时一般应当取得书证的原件，取得原件确有困难的，可以取得与原件核对无误的复印件、照片、节录本。原本、正本和副本均属于书证的原件。

提取证据材料原件时，应使用《提取证据专用收据》提取证据原件。提取证据材料复制件的，应当由当事人或者原件保存单位（个人）在复制件上注明“与原件核对无误”及原件存放地点，并由其签章，注明日期；原件保存单位（个人）拒绝签章的，可以邀请基层组织人员或者其他第三方见证人到场，制作《现场笔录》，在《现场笔录》上记明拒签事由和日期，并由检查人员、见证人签章，也可以通过音像记录设备进行记录。

取得的报表、图纸、会计账册、专业技术资料、科技文献等书证的，应当附有说明材料。外文书证或者外国语视听资料，应当附有由具有翻译资质的机构翻译的或者其他翻译准确的中文译本，由翻译机构盖章或者翻译人员签名。向有关部门取得其保管的书证原件的复制件、影印件或者抄录件的，应当注明出处，并由该部门核对无误后加盖其印章。

（二）物证

物证是指以其外部特征、存在的场所和物质属性证明案件真实情况的一切物品或者痕迹。提取物证时，一般应当取得原物。取得原物确有困难的，可以取得与原物核对无误的复制件或者证明该物证的照片、录像等其他证据；原物为数量较多的种类物的，可以抽样取证，提取其中具有代表性的一部分，并辅以《现场笔录》、音像记录资料等加以佐证。原物无法长期保存的，可以采取照相、录像、模型复制等方法加以固定，并依法妥善处理原物。

稽查人员在提取原物时，应当通知被查对象当事人或者当事人具有民事行为能力的成年亲属到场，并开具《提取证据专用收据》，由当事人或者其成年亲属签章确认。当事人或者其成年亲属拒绝到场的，可以邀请有关基层组织人员或者其他第三方见证人到场，制作《现场笔录》，在《现场笔录》上记明拒签事由和日期，并由检查人员、见证人签章，也可以通过音像记录设备进行记录。

稽查人员在提取物证或者以照片、录像方式提取物证复制件时，应当同时制作《现场笔录》。《现场笔录》应记载提取物证的机关、人员、提取时间和地点、提取方法、过程、物证所有人（持有人）及物证基本情况，当事人或者其成年亲属拒绝到场的，应当记录在《现场笔录》中。

（三）视听资料

视听资料是指以录音、录像、扫描等技术手段，将声音、图像及数据等转化为各种记录载体上的物理信号，并证明案件事实的证据。税务稽查案件查办中，稽查人员可以利用照相机、录音机、摄像机、执法记录仪、视频监控等设备通过录音、录像、照相等方式制作视听资料，制作视听资料不得侵犯当事人的合法权益。

稽查人员在制作视听资料时，一般应当口头明确告知当事人，口头告知过程应当记录在视听资料里。录音、录像、照片等视听资料，可以采用离线或者在线存储，优先采用离线存储。离线存储可以选择使用只读光盘、一次性写入光盘、磁带、可擦写光盘、硬磁盘等耐久性好的载体，对每份视听资料应当注明制作方法、制作时间、制作人和证明对象等内容；在线存储应当使用专用存储服务器。

稽查人员调取视听资料时，应当调取有关资料的原始载体。难以调取原始载体的，可以调取复制件，并应当注明复制方法、人员、时间和原件存放处等事项，由复制人和原始载体持有人签章。

利用视听资料对言词证据进行固定时，录音、录像应当不间断；摄录时应当将当时所处的环境摄录清楚，并记录摄录时间、地点；对用于固定证据的录音、录像不得进行剪辑。对声音资料，应当附有该声音内容的文字记录；对图像资料，应当附有必要的文字说明。文字记录、说明可以由当事人提供或者由稽查人员制作。

（四）电子数据

电子数据是指通过电子邮件、电子数据交换、网上聊天记录、博客、微博客、手机短信、电子签名、域名等形成或者存储在电子介质中的信息。

以电子数据的内容证明案件事实的，应当要求当事人将电子数据打印成纸质资料，在纸质资料上注明数据出处、打印场所，注明“与电子数据核对无误”，并由当事人签章。

需要以有形载体形式固定电子数据的，应当与提供电子数据的个人、单位的法定代表人、财务负责人或者经单位授权的其他人员一起将电子数据复制到存储介质上并封存，同时在封存包装物上注明制作方法、制作时间、制作人、文件格式及长度等，注明“与原始载体记载的电子数据核对无误”，并由电子数据提供人签章。

相关案例 2.13 取得账外账电子数据 认定少缴税依据充分①

【案件查办过程】

B家用纺织品有限公司(以下简称B公司)成立于2010年11月，注册地位于N市T区某工业园D区，法定代表人为龚某。经营范围包括家用纺织品、服装生产、加工、销售；布、涤纶化纤销售及以上产品的自营进出口等。

2013年7月24日，因举报人向N市稽查局举报B公司存在偷税行为，N市T区稽查局(以下简称稽查局)对B公司2011年1月1日至2013年6月30日的纳税申报情况进行了税务检查。

2016年8月9日，稽查局作出《税务处理决定书》，认定B公司的违法事实有：

(1) 2011年1月至2013年6月，B公司以直接收款方式销售家纺产品、废品，共取得销售收入44 774 507.04元，B公司采用“两套账”核算方法，向税务机关申报销售收入16 921 683.98元，隐瞒销售收入27 852 823.06元，未入账，未申报纳税，应补增值税4 734 979.92元。

(2) B公司财务核算混乱，成本资料不全，特别是原始凭证的取得不符合规定，根据规定对B公司2011年至2012年度企业所得税采取核定应纳所得税的征收方法。2011年核定收入合计9 717 913.52元，核定应纳税所得额388 716.54元，核定应纳企业所得税97 179.14元，已缴企业所得税21 840.33元，应补缴企业所得税75 338.81元；2012年核定收入合计25 606 842.86元，核定应纳税所得额1 024 273.71元，核定应纳企业所得税256 068.43元，已缴企业所得税27 746.58元，应补缴企业所得税228 321.85元。

根据《税收征收管理法》第六十三条第一款，《中华人民共和国增值税暂行条例》(以下简称《增值税暂行条例》)第一条、第十九条第一款第(一)项，《中华人民共和国增值税暂行条例实施细则》(以下简称《增值税暂行条例实施细则》)第三十八条第(一)项规定，决定追缴增值税4 734 979.92元；根据《税收征收管理法》第三十五条

① 本案例改编自《南通宝都家用纺织品有限公司与南通市通州区国家税务局行政处罚二审行政判决书》江苏省南通市中级人民法院(2018)苏06行终177号，及《南通宝都家用纺织品有限公司与国家税务总局南通市通州区税务局再审行政裁定书》江苏省高级人民法院(2018)苏行申1239号，原文见中国裁判文书网 http://wenshu.court.gov.cn/website/wenshu/181107ANFZ0BXSK4/index.html? docId=4136f661532f407992e2a8f0009b4887，和 http://wenshu.court.gov.cn/website/wenshu/181107ANFZ0BXSK4/index.html? docId=6c24b4993d314a3da9aaa9c10171b89c。

第一款第(四)项,《税收征收管理法实施细则》第四十七条第一款第(四)项规定,决定追缴企业所得税303 660.66元;根据《税收征收管理法》第三十二条规定,上述相关补缴税款从滞纳之日起计算加收滞纳金。

2016年5月3日,稽查局作出《税务行政处罚事项告知书》,告知B公司拟作出税务行政处罚的事实、法律依据、拟作出的处罚决定及相应的听证权利。

2016年5月20日,稽查局应B公司的要求组织了听证。8月9日,稽查局作出《税务行政处罚决定书》,认定B公司2011年至2013年6月以直接收款的方式销售家纺产品及废品,共取得销售收入44 774 507.04元,B公司采用"两套账"核算方法,向税务机关申报销售收入16 921 683.98元,隐瞒销售收入27 852 823.06元(其中2011年度4 196 189.14元,2012年度17 887 914.9元,2013年1～6月5 768 719.02元)未入账,未申报纳税,应补缴增值税4 734 979.92元。根据《税收征收管理法》第六十三条第一款之规定,决定对B公司少缴增值税处1倍罚款计4 734 979.92元。

B公司对该税务处理决定不服,向T区国税局申请行政复议。2016年8月29日,T区国税局作出《不予受理税务行政复议申请决定书》,认为纳税人同税务机关在纳税上发生争议时,必须先依照税务机关的纳税决定缴纳税款及滞纳金或者提供相应的担保,然后可以申请行政复议。申请人B公司的申请不符合该规定,不符合受理复议条件。

B公司不服《税务处理决定书》向人民法院提起行政诉讼,2017年11月17日,一审法院作出行政裁定书,以B公司提起的被诉税务处理决定未经复议机关先行复议而向人民法院起诉,不符合行政诉讼的受理条件为由,裁定驳回B公司的起诉。

B公司不服《行政处罚决定书》,提起诉讼,请求法院撤销《税务行政处罚决定书》。

【税企争议焦点】

稽查局取证途径、方式是否合法,稽查局取得被查对象账外电子数据能否作为认定违法事实的根据。

【法院裁判观点】

▶ **一审法院认为:**

B公司于2011年1月至2013年6月,以直接收款方式销售家纺产品、废品,共取得销售收入44 774 507.04元,B公司采用"两套账"核算方法,向税务机关申报销售收入16 921 683.98元,隐瞒销售收入27 852 823.06元,该收入未列为B公司公司收入,有B公司的账外账电子账套信息、记账凭证、查询调查笔录、《税务检查签证》《查补税款计算表》《B公司少申报收入额确认表》等书证证实,证据充分。《税收征收管理法》第二十五条规定，纳税人必须依照法律、行政法规规定或者税务机关依照法律、行政法规的规定确定的申报期限、申报内容如实办理纳税申报，报送纳税申报表、财务会计报表以及税务机关根据实际需要要求纳税人报送的其他纳税资料。可见，纳税义务发生后，将应税销售款记入账簿是确定并履行纳税义务的前提条件，B公司将收入不列入账簿的行为逃避了增值税缴纳义务，B公司偷税故意明显，应当认定为有偷税行为。《税务处理决定书》认定B公司隐瞒销售收入，应当追缴增值税4 734 979.92元，并无明显违反法律的情形，法院予以采纳。稽查局认定B公司偷税事实清楚，证据充分。因此，判决驳回B公司的诉讼请求。

B公司不服一审判决，向二审院提起上诉称，被上诉人稽查局的取证途径、方式不合法，一审法院以上诉人内部虚假的数据认定上诉人隐瞒销售收入，无事实根据。《税务处理决定书》尚未生效，被上诉人稽查局将其作为被诉处罚决定的根据，违反法律规定，构成程序违法。请求二审法院撤销一审判决，撤销被诉处罚决定。

▶ **二审法院认为：**

本案中，被上诉人稽查局在对上诉人B公司进行税务检查的过程中，先后调取了上诉人B公司的账册和凭证、主服务器和辅助服务器硬盘，以及账外账凭证等证据材料。这些证据材料能够反映，上诉人B公司自2011年至2013年1～6月实际的销售收入与申报的销售收入之间存在明显差异。被上诉人T区国税局在对上诉人B公司的法定代表人龚某和财务负责人瞿某进行调查时，两人均承认公司建有两套账，外账是应付税务机关检查之用，内账是公司的真实账，由公司财务软件计算核算，真实反映公司的实际经营情况，连卖废品的几十元现金都要入账核算。被上诉人稽查局根据上诉人B公司账外账电子账套及凭证等制作的上诉人B公司自2011年至2013年6月主营业务收入统计表以及营业外收入统计表、查补税款计算表(增值税)、少申报收入额确认表及总账电子账明细汇总内容，均经上诉人B公司的法定代表人龚某或财务负责人瞿某签署“统计表内数据准确无误”“与电子数据核对一致”“数据准确、情况属实”等意见后签字确认，并加盖了上诉人B公司公章。被上诉人稽查局在作出被诉处罚决定前，还向上诉人B公司发出《税务检查签证》，对检查中发现的“上诉人B公司采用‘两套账’核算方法，未按规定如实申报销售收入44 774 507.04元，仅申报销售收入16 921 683.98元，少申报销售收入27 852 823.06元，应补缴增值税4 734 979.92元”等问题，上诉人B公司财务负责人瞿某在《税务检查签证》上签署“数据准确、情况属实”后签字后加盖B公司公章确认。在此情况下，被上诉人稽查局认定上诉人B公司存在隐匿账簿、记录凭证的偷税行为，依据《税收征收管理法》第六十三条第一款规定对上诉人B公司处以少缴税款1倍的罚款，事实根据充分，适用法律准确。上诉人B公司认为被上诉人稽查局的取证途径、方式不合法，以内账中的虚假数据认定上诉人B公司隐瞒销售收入，缺乏证据证实，本院不予采信。因此，判决驳回上诉，维持原判。

B公司不服二审判决，向省高级人民法院申请再审。认为一、二审法院将公司内部虚拟的数据作为法律上认定的数据是错误的，一、二审法院认定再审申请人隐瞒销售收入27 852 823.06元无事实依据；本案中的电子数据是税务人员整理、伪造后打印，应属无效。

▶ **再审法院认为**：本案中，被申请人在对申请人进行税务检查的过程中，先后调取了申请人的账册和凭证、主服务器和辅助服务器硬盘，以及账外账凭证等证据材料，对申请人的法定代表人龚某和财务负责人瞿某进行了询问调查。被申请人根据调取的证据材料及调查情况制作的申请人自2011年至2013年6月主营业务收入统计表，查补税款计算表（增值税），少申报收入额确认表等，均经申请人的法定代表人或财务负责人签署"统计表内数据准确无误""与电子数据核对一致""数据准确、情况属实"等意见并加盖了公司公章。申请人在被申请人作出行政处罚决定前向其发出的《税务检查签证》中认定的"你公司采用'两套账'核算方法，未按规定如实申报销售收入44 774 507.04元，仅申报销售收入16 921 683.98元，少申报销售收入27 852 823.06元，应补缴增值税4 734 979.92元"等问题，申请人的财务负责人瞿某亦签署了"数据准确、情况属实"的签证意见并加盖了公司公章。故涉案处罚决定认定，申请人2011年1月至2013年6月以直接收款的方式销售家纺产品及废品，共取得销售收入44 774 507.04元，申请人采用'两套账'核算方法，向税务机关申报销售收入16 921 683.98元，隐瞒销售收入27 852 823.06元（其中2011年度4 196 189.14元，2012年度17 887 914.9元，2013年1～6月5 768 719.02元）未入账，未申报纳税，应补缴增值税4 734 979.92元的事实根据充分。因此，裁定驳回了B公司的再审申请。

（五）证人证言

证人证言是指了解案件情况的除案件当事人以外的自然人对案件事实的陈述。证人可以采取书面或者口头方式提供证言。

证人口头提供证言的，稽查人员可以笔录、录音、录像，一般尽量采用笔录形式对口头证言进行记录，笔录应当使用能够长期保持字迹的书写工具书写，也可以使用计算机记录并打印，并由证人逐页签章、捺指印，并注明日期。利用音像记录设备记录证人口头证言的，音像记录应当不间断；摄录时应当将所处的环境摄录清楚，并记录摄录时间、地点。

证人口头提出变更证言的，稽查人员应当就变更部分重新制作笔录，注明原因，由证人逐页签章、捺指印，并注明日期。证人变更书面证言的，不退回原件。

（六）当事人陈述

当事人的陈述材料是税务稽查案件当事人就其所了解的税务稽查案件事实情况向税务机关做出说明。当事人可以多次以书面或者口头形式进行陈述。

当事人以书面形式进行陈述的，当事人应当在该书面材料上逐页签章、在骑缝处捺指印，并注明日期。

当事人口头陈述的，稽查人员可以笔录、录音、录像，一般尽量采用笔录形式对当事人口头陈述进行记录，笔录应当使用能够长期保持字迹的书写工具书写，也可以使用计算机记录并打印，并由陈述人逐页签章、捺指印，并注明日期。

利用音像记录设备记录当事人口头陈述的，音像记录应不间断；摄录时应将当时所处的环境摄录清楚，并记录摄录时间、地点。

当事人多次口头陈述的，每次口头陈述均应当记录；当事人多次书面陈述的，稽查人员接收当事人书面陈述，不退回以前书面陈述。

（七）鉴定意见

鉴定意见是指受税务机关的委托或者聘请，法定鉴定部门运用专业知识，利用专门的仪器、设备，对税务稽查案件中有关的专门性问题进行鉴定后做出的技术意见。

鉴定意见应当以书面形式出具，并须载明委托人和委托鉴定的事项，向鉴定部门提交的相关材料，进行鉴定的时间、地点，鉴定的依据和使用的科学技术手段，对鉴定情况和结果进行的论证，鉴定部门和鉴定人鉴定资格的说明，鉴定人、复核人签名和鉴定部门盖章，明确的鉴定意见等内容。

（八）现场（勘验）笔录

现场笔录指稽查人员在执行职务的过程中对某些事项当场所做的能够证明案件事实的记录。勘验笔录是指稽查人员对物品、现场进行勘察、检验后所做的能够证明案件情况的记录。

《现场（勘验）笔录》应当在现场检查时由执法的稽查人员当场制作，不能事后补充制作。应当使用能够长期保持字迹的书写工具书写，或使用计算机记录并打印，并保证字迹清楚。《现场（勘验）笔录》应当载明时间、地点和事件等内容，并按照纪实、叙述的写作要求，客观、真实、全面地反映现场的实际所见、所闻情况，并避免对有关情况进行主观评判、推断。

现场执法结束时，应当将笔录交当事人核对或者由宣读人向其宣读；笔录有修改的，应当由当事人在改动处捺指印；核对无误后，由当事人在尾页结束处写明“以上笔录我看过（或者向我宣读过），与现场情形相符”，逐页签章、捺指印，并在骑缝处捺指印。当事人拒绝在《现场（勘验）笔录》上签章、捺指印或者当事人失踪走逃的，稽查人员应当在《现场（勘验）笔录》上注明原因，可由在场的其他第三方见证人签名、捺指印，也可以通过音像记录设备进行记录。

第三章　偷(逃)税案件查办实务与案例

第一节　偷(逃)税案件概述

一、偷(逃)税案件的概念

偷(逃)税案件是指在税务稽查中,稽查局依据《税收征收管理法》第六十三条规定,以偷税定性处理的税收违法案件,也包括以涉嫌逃避缴纳税款罪移送追究刑事责任的其他税收违法案件。纳税人伪造、变造、隐匿、擅自销毁账簿、记账凭证,或者在账簿上多列支出或者不列、少列收入,或者经税务机关通知申报而拒不申报或者进行虚假的纳税申报,不缴或者少缴应纳税款的,是偷税。《刑法》第二百零一条规定了逃避缴纳税款罪,即"纳税人采取欺骗、隐瞒手段进行虚假纳税申报或者不申报,逃避缴纳税款数额较大并且占应纳税额百分之十以上"。扣缴义务人采取欺骗隐瞒手段,不缴或者少缴已扣、已收税款,也属于偷税违法行为或涉嫌逃避缴纳税款罪。

二、偷(逃)税案件的特征

(一) 主体特征

偷(逃)税案件的违法主体,既可以是个人,也可以是单位,既包括按规定办理税务登记的纳税人,也包括按规定不需要办理税务登记的纳税人,以及未按规定办理税务登记的纳税人。负有纳税义务的自然人、个体工商户、法人、非法人组织和扣缴义务人均可成为偷(逃)税案件的违法主体。

(二) 主观特征

偷(逃)税案件的主观方面表现为主观故意,即行为人明知道自己的行为违反国家税收法律、法规及税收征收管理制度,属于逃避缴纳税款的行为,会造成国家税款的不缴或少缴,但对这种结果持希望或追求的态度。

(三) 行为特征

偷(逃)税手段包括具有欺骗、隐瞒性质的各种手段,“欺骗、隐瞒”是偷(逃)税手段的实质性特征。包括伪造、变造、隐匿和擅自销毁账簿、记账凭证,在账簿上多列支出或者不列、少列收入,经税务机关通知申报而拒不申报,以及进行虚假的纳税申报等。

(四) 后果特征

偷(逃)税案件的违法后果表现为不缴或者少缴税款,包括纳税人不缴或者少缴应纳税款,以及扣缴义务人不缴或者少缴已扣、已收税款。只有造成不缴或者少缴税款的后果,才可能构成偷(逃)税行为。

三、偷(逃)税案件的类型

偷(逃)税案件的类型如图 3-1 所示。

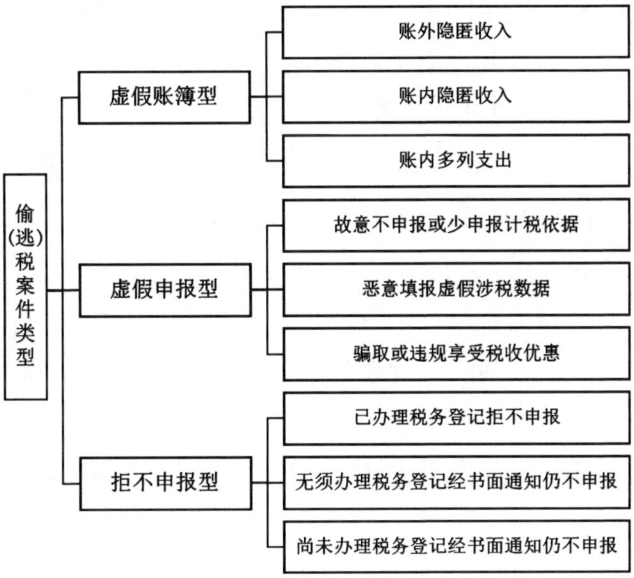

图 3-1　偷(逃)税案件的类型

(一) 虚假账簿型偷税

虚假账簿型偷税是指行为人通过伪造、变造、隐匿账簿,或在账簿上不列少列收入,或多列支出的方式,以达到逃避缴纳税款目的。

1. 账外隐匿收入

即通过账外账核算方式,设立两套甚至多套账簿,其中,应对税务机关检查的账簿中仅仅反映其部分经营收入,将取得的其他经营收入隐匿在账外,以达到逃避缴纳税款的目的。

2. 账内隐匿收入

即取得某些收入时，并不按规定确认收入，而是通过计入往来账户、资本公积等其他会计科目，将该部分应税收入隐匿在账内，不进行纳税申报，以达到逃避缴纳税款的目的。

3. 账内多列支出

通过虚构业务，取得虚假票据，签订虚假合同，虚增员工工资等方式，在账簿上多列支出，向税务机关申报税前扣除或抵扣进项税额，以达到不缴或者少缴税款的目的。

（二）虚假申报型偷税

虚假申报型偷税是指行为人虽然没有伪造、变造、隐匿账簿、凭证，未在账簿上不计或少计收入或者多列支出，但在进行纳税申报时，弄虚作假，少填报应税销售收入，或多申报扣除，或故意将应税收入作为免税收入或不征税收入申报，或通过弄虚作假骗取税收优惠资格，以达到逃避缴纳税款的目的。扣缴义务人进行虚假的扣缴申报，少缴已扣、已收税款的，也属于此类型。

1. 故意不申报或少申报计税依据

故意少申报或不申报计税依据，是指行为人取得相关应税收入或发生纳税义务，已如实在账簿、凭证中记录，但在纳税申报中弄虚作假，通过少申报或者不申报的方式，达到不缴或者少缴税款的目的。如在增值税、消费税、企业所得税、个人所得税、土地增值税等税种纳税申报中，少申报销售收入，多申报支出，在车辆购置税、城镇土地使用税、房产税、印花税、契税等税种纳税申报中，少申报计税依据等。

相关案例 3.1 挂靠公司少报车款 时隔 6 年被定偷税①

【案件查办过程】

2008 年 12 月 16 日，马某、赵某以 Y 客运有限公司的名义与 DF 汽车销售公司（以下简称 DF 公司）订立工业品买卖合同，分别购买 DY 牌客车一辆，每辆车价格为 580 000 元。同月 26 日，赵某将购车款 580 000 元交与 Y 客运有限公司，Y 客运有限公司将该款汇给 DF 公司。2009 年 1 月 1 日，DF 公司收到马某通过银行转账款 580 000 元。两车购回后，挂靠 Y 客运有限公司。

① 本案例改编自《灌云县云联客运有限公司与连云港市国家税务局稽查局、连云港市国家税务局行政处罚二审行政判决书》江苏省连云港市中级人民法院（2016）苏 07 行终 245 号，原文见中国裁判文书网，http://wenshu.court.gov.cn/website/wenshu/181107ANFZ0BXSK4/index.html? docId=8f4553ef6d3048ad97bd9e4e28d83a36。

2009年1月7日、9日，DF公司分别为赵某、马某实际购买的客车开具机动车销售统一发票，根据发票记载：购货单位为Y客运有限公司，价税合计460 000元。Y客运有限公司分别于取得机动车销售统一发票当日，按460 000元计税39 316元缴纳了车辆购置税，少缴税10 256元。在车辆购置税申报表中和完税凭证上的纳税人为Y客运有限公司。

2015年5月7日，市国税局稽查局经调查取证后作出《税务处理决定书》，认定Y客运有限公司构成偷税，决定：

(1) 追缴2009年1月份少缴纳的车辆购置税20 512元。

(2) 对追缴的税款按规定加收滞纳金。

(3) 由于上述偷税行为发生时间已超过5年，不予处罚。

Y客运有限公司不服，于2015年7月2日向市国税局提起行政复议申请，市国税局于7月5日向Y客运有限公司发出行政复议补正通知书，通知Y客运有限公司于7月10日前补正资料。2015年7月8日，市国税局收到Y客运有限公司补正的资料后，经审查于7月13日受理复议通知书，并邮寄送达Y客运有限公司。2015年9月1日，市国税局作出《行政复议决定书》，维持了市国税局稽查局的税务处理决定，同时告知当事人可自收到行政复议决定书之日起15日内依法向人民法院提起诉讼。同日，市国税局向Y客运有限公司邮寄送达复议决定书。

Y客运有限公司收到行政复议决定后不服，向法院提起行政诉讼。

【税企争议焦点】

稽查局认定被查对象属于偷税行为事实是否清楚。

【法院裁判观点】

▶ 一审法院认为：

根据《税收征收管理法》第五条、《税收征收管理法实施细则》第九条的规定，市国税局稽查局具有查处偷税及作出税务处罚决定的法定职权。市国税局稽查局作出的税务处理决定书认定涉案车辆购买、车辆购置税计税依据、申报、少报税款等基本事实当事人无争议，认定事实清楚。市国税局稽查局调查核实后作出了《税务处理决定书》，并告知了当事人有申请复议的权利，符合《税务行政复议规则》等有关程序规定，所作的处理决定符合法定程序。

一、Y客运有限公司是否具有偷税的故意和手段

根据《税收征收管理法》第三十二条："纳税人未按照规定期限缴纳税款的，扣缴义务人未按照规定期限解缴税款的，税务机关除责令限期缴纳外，从滞纳税款之日起，按日加收滞纳税款万分之五的滞纳金"，第六十三条："纳税人伪造、变造、隐匿、

擅自销毁账簿、记账凭证，或者在账簿上多列支出或者不列、少列收入，或者经税务机关通知申报而拒不申报或者进行虚假的纳税申报，不缴或者少缴应纳税款的，是偷税。对纳税人偷税的，由税务机关追缴其不缴或者少缴的税款、滞纳金，并处不缴或者少缴的税款百分之五十以上五倍以下的罚款；构成犯罪的，依法追究刑事责任。扣缴义务人采取前款所列手段，不缴或者少缴已扣、已收税款，由税务机关追缴其不缴或者少缴的税款、滞纳金，并处不缴或者少缴的税款百分之五十以上五倍以下的罚款；构成犯罪的，依法追究刑事责任”的规定，Y客运有限公司明知涉案车辆价款为580 000元而按460 000元申报税款，进行虚假纳税申报，少缴税款，属于偷税，市国税局稽查局作出追缴税款并对追缴的税款按规定加收滞纳金的处理决定正确。

二、偷税行为超过5年不予处罚适用法律是否正确

因少缴税款的行为已超过5年，市国税局稽查局决定不予处罚，符合《税收征收管理法》第八十六条：“违反税收法律、行政法规应当给予行政处罚的行为，在五年内未被发现的，不再给予行政处罚”的规定，该行政处理决定适用法律、法规正确。

三、对Y客运有限公司认定为偷税主体是否正确

Y客运有限公司关于对其实施行政处理主体错误的主张，因涉案车辆以其公司名义购买，机动车销售统一发票中载明购货单位、车辆购置税申报人及完税凭证上的纳税人均为Y客运有限公司，且其与第三人间系内部挂靠关系，市国税局稽查局据此认定原车辆购置税申报人及完税凭证上的纳税人即Y客运有限公司，为补缴税款的纳税主体并无不当，故对Y客运有限公司的该主张，不予采纳。

四、市税务局复议决定是否合法

根据《行政复议法》第十二条第二款“对海关、金融、国税、外汇管理等被告垂直领导的行政机关和国家安全机关的具体行政行为不服的，向上一级主管部门申请行政复议”的规定，市国税局对Y客运有限公司的行政复议申请负有行政复议职权。根据《税务行政复议规则》第六十五条：“对重大、复杂的案件，申请人提出要求或者行政复议机构认为必要时，可以采取听证的方式审理”的规定，市国税局稽查局认为事实清楚且无异议，不属于重大、复杂的案件，不需要采取听证的方式审理而未举行听证，符合该条规定，故对Y客运有限公司主张市国税局未举行听证程序违法的观点，不予采信。市国税局收到行政复议申请后，在5日内通知申请人补正资料，收到补正资料后于5日内决定受理，在受理申请之日起60日内，根据《行政复议法》第二十八条第一款、《税务行政复议规则》第七十五条第一款作出并送达了《行政复议决定书》，同时告知当事人的诉权，符合《行政复议法》第十七条第三款、第三十一条第一款、第三十一条第二款，《税务行政复议规则》第四十五条第一款、第四十六条、第

四十七条第一款等有关程序规定,适用法律正确。综上,市国税局稽查局税务处理决定证据确凿,适用法律、法规正确,符合法定程序。市国税局行政复议决定予以维持。故对Y客运有限公司的诉讼请求,不予支持。

依照《行政诉讼法》第六十九条之规定,判决:驳回Y客运有限公司的诉讼请求。

上诉人Y客运有限公司不服原审判决,提起上诉。二审庭审中,争议焦点主要是Y客运有限公司是否为适格的纳税主体、是否存在偷税事实、市国税局稽查局作出的行政处理决定有无事实根据、适用法律是否正确、市国税局的行政复议程序是否合法。

▶ 二审法院认为:

依法纳税是纳税人的法定义务。根据《税收征收管理法》第五条之规定,被上诉人市国税局稽查局具有对偷税行为作出行政处理决定的法定职权。该法第六十三条规定:"纳税人伪造、变造、隐匿、擅自销毁账簿、记账凭证,或者在账簿上多列支出或者不列、少列收入,或者经税务机关通知申报而拒不申报或者进行虚假的纳税申报,不缴或者少缴应纳税款的,是偷税。对纳税人偷税的,由税务机关追缴其不缴或者少缴的税款、滞纳金,并处不缴或者少缴的税款百分之五十以上五倍以下的罚款;构成犯罪的,依法追究刑事责任。"本案中,市国税局稽查局认定以上诉人Y客运有限公司名义购买的两辆DY客车实际购车价格为每辆580 000元,以每辆460 000元的购车价款缴纳车辆购置税,导致少缴应纳税款20 512元的事实清楚。

一、关于纳税主体

《中华人民共和国车辆购置税暂行条例》①(以下简称《车辆购置税暂行条例》)第一条规定,在中华人民共和国境内购置本条例规定的车辆的单位和个人,为车辆购置税的纳税人,应当依照本条例缴纳车辆购置税。Y客运有限公司于2009年以该公司的名义向DF公司购买涉案车辆,涉案车辆亦登记在上诉人Y客运有限公司名下。在申报车辆购置过程中,Y客运有限公司提供购货单位为该公司的机动车销售统一发票、该公司银行账号作为车辆价格证明;公司《组织机构代码证书》作为车主身份证明等材料,以该公司名义申报纳税,市国税局稽查局认定其为车辆购置单位,符合法律规定。本案实际车辆购买人及其与上诉人之间的挂靠关系是否成立,均不影响本案纳税主体的认定。Y客运有限公司关于其并非纳税主体的主张无事实和法律依据,本院依法不予采纳。Y客运有限公司与第三人马某、赵某主张因DF公司违法行为造成少缴税款,DF公司应为纳税人的观点无法律依据,本院不予采纳。

---

① 《中华人民共和国车辆购置税法》自2019年7月1日起施行。2000年10月22日国务院公布的《中华人民共和国车辆购置税暂行条例》同时废止。

二、关于偷税事实

《税收征收管理法》第二十五条第一款规定，纳税人必须依照法律、行政法规规定或者税务机关依照法律、行政法规规定确定的申报期限、申报内容如实办理纳税申报，报送纳税申报表、财务会计报表以及税务机关根据实际需要要求纳税人报送的其他纳税资料。《车辆购置税暂行条例》第十二条规定，纳税人购置应税车辆，应当向车辆登记注册地的主管税务机关申报纳税。《车辆购置税征收管理办法》[①]第三条规定，需要办理车辆登记注册手续的纳税人，向车辆登记注册地的主管税务机关办理纳税申报；不需要办理车辆登记注册手续的纳税人，向纳税人所在地的主管税务机关办理纳税申报。本案中，Y客运有限公司具有如实纳税申报的义务，但其在申报车辆购置税时，明知每辆客车实际价款为580 000元，却以460 000元作为计税依据申报纳税，以致税务行政部门错误核定其实际应缴税款，造成国家税款流失，被市国税局稽查局认定其存在偷税行为符合法律规定。依据《车辆购置税暂行条例》第一条、第二条规定，购买、进口、自产、受赠、获奖或者以其他方式取得并自用应税车辆的单位和个人，为车辆购置税的纳税人，应当依照该条例缴纳车辆购置税。涉案车辆属于车辆购置税征收范围，且无《车辆购置税暂行条例》第九条所列的免税、减税情节，上诉人主张涉案车辆并非应税车辆的上诉观点不能成立，本院依法不予支持。

三、关于复议程序

《税务行政复议规则》第六十五条规定："对重大、复杂的案件，申请人提出要求或者行政复议机构认为必要时，可以采取听证的方式审理"。听证程序并非税务行政复议的法定必经程序。且本案在行政处理和行政复议过程中，各方当事人对涉案车辆实际少缴税款的事实及数额均无争议，市国税局在复议程序中未举行听证不违反法律法规规定。Y客运有限公司主张本案未经复议程序导致事实认定不清，复议程序违法的上诉观点本院不予采纳。

综上，市国税局稽查局针对上诉人的偷税行为依法作出税务处理决定，认定事实和适用法律均无不当，市国税局的行政复议决定程序合法，结果正确。Y客运有限公司的上诉请求无法律依据，本院予以驳回。

2. 恶意填报虚假涉税数据

恶意填报虚假涉税数据是指纳税人在纳税申报中，通过在纳税申报表中填报虚

---

① 根据《国家税务总局关于废止〈车辆购置税征收管理办法〉的决定》(国家税务总局令第47号)，《车辆购置税征收管理办法》自2019年7月1日起废止。

假的涉税数据，以达到少缴税甚至不缴税款的目的。例如，在增值税纳税申报表未开发票栏次填写相应的负数，实现零申报的目的。

相关案例 3.2　风险核查发现虚报疑点　转交稽查查处偷税行为[①]

【案件查办过程】

S经贸有限公司(以下简称S公司)，成立于2005年3月15日，法定代表人孙某秋，主要从事五金、建材经销和煤炭零售经销业务。

2015年1月，C市K区国家税务局在对风险管理系统中的任务指令进行核查时，发现S公司在所属期2014年8月至12月采取虚假申报手段，少报计税销售额11 339 948.34元，造成不缴、少缴增值税1 927 791.39元。2015年3月9日，C市K区国税局以S公司"已实现销售未申报纳税"涉嫌税收违法行为为由依法转办给C市国家税务局第二稽查局。

2015年3月26日，C市国家税务局第二稽查局据此对S公司涉嫌税收违法行为立案，后于2015年4月13日向S公司下发《税务检查通知书》，开始对S公司2014年8月1日至2014年12月31日(如检查发现此期间以外明显的税收违法嫌疑或线索不受此限)涉税情况进行检查。同日，向S公司出示税务检查证，对时任S公司会计的张某、马某进行了询问。在税务检查及审理过程中，因需核实相关发票、无法联系S公司等原因，经局长批准，此案稽查时段、审理期限多次进行延长。

经调取核查S公司的账簿、报表、记账凭证复印件(与原件核对无异)等资料，并对时任S公司会计的张某静、马某梅询问，C市国家税务局第二稽查局认定S公司存在以下违法事实：

(1) 2014年8月至12月开具增值税专用发票118份，实现销售收入11 339 948.34元，在未开具发票栏次填写了相应的负数，结果增值税报表体现为零申报。

(2) 2014年8月至12月销售收入11 339 948.34元在2014年企业所得税申报时未进行纳税申报，不能提供完整的成本资料。

(3) 上述销售额合计11 339 948.34元在2015年4月进行了增值税纳税申报，并在《税务检查通知书》送达后将上述收入在2015年企业所得税纳税季度申报。

由于S公司无法提供成本资料，故C市国家税务局第二稽查局依法按核定征收

① 本案例改编自《长春圣方经贸有限公司与长春市国家税务局第二稽查局税务行政处罚二审行政判决书》吉林省长春市中级人民法院(2017)吉01行终307号，原文见中国裁判文书网，http://wenshu.court.gov.cn/website/wenshu/181107ANFZ0BXSK4/index.html? docId=578414c6fc4b47ba80cba8c40094e808。

方式计算S公司应补缴企业所得税数额291 803.03元。

2016年8月23日，C市国家税务局第二稽查局作出《行政处罚告知书》，并于同年8月24日向S公司送达。2016年8月25日S公司提交《陈述申辩说明》。2016年9月28日，C市国家税务局第二稽查局作出《行政处罚决定书》，认定S公司少计收入手段少缴税款行为构成偷税，处以少缴税款1倍罚款291 803.03元，并于同年9月29日向S公司送达。

S公司不服行政处罚决定，向法院提起诉讼。

【税企争议焦点】

稽查局认定S公司偷税行为是否适当。

【法院裁判观点】

▶ 一审法院认为：

一、执法权限方面

根据《税收征收管理法》第十四条的规定："本法所称税务机关是指各级税务局、税务分局、税务所和按照国务院规定设立的并向社会公告的税务机构。"《税收征收管理法实施细则》第九条第一款规定："税收征管法第十四条所称按照国务院规定设立的并向社会公告的税务机构，是指省以下税务局的稽查局。稽查局专司偷税、逃避追缴欠税、骗税、抗税案件的查处。"本案中，C市国家税务局第二稽查局系省级以下税务局的稽查局，其对偷税案件的查处负有法定职责。

二、事实认定方面

《税收征收管理法》第六十三条第一款规定："纳税人伪造、变造、隐匿、擅自销毁账簿、记账凭证，或者在账簿上多列支出或者不列、少列收入，或者经税务机关通知申报而拒不申报或者进行虚假的纳税申报，不缴或者少缴应纳税款的，是偷税。对纳税人偷税的，由税务机关追缴其不缴或者少缴的税款、滞纳金，并处不缴或者少缴的税款百分之五十以上五倍以下的罚款；构成犯罪的，依法追究刑事责任。"《税收征收管理法》第二十五条规定："纳税人必须依照法律行政法规规定，或者税务机关依照法律、行政法规的规定，确定的申报期限、申报内容，如实办理纳税申报，报送纳税申报表、财务会计报表，以及税务机关根据实际需要，要求纳税人报送的其他纳税资料。"《企业所得税法》第五十四条规定："企业所得税分月或者分季预缴。企业应当自月份或者季度终了之日起十五日内向税务机关报送预缴企业所得税纳税申报表，预缴税款。企业应当在年度终了之日起五个月内，向税务机关报送年度企业所得税纳税申报表，并汇算清缴，结清应缴应退税款。"根据上述规定，企业所得税是采取"按年计算，分期预缴，年终汇算清缴"的办法征收的。本案中，S公司将2014年8月至12月开具增值税专用发票118张,销售额合计11 339 948.34元在2015年4月进行了增值税纳税申报,并在《税务检查通知书》送达后将上述收入在2015年企业所得税纳税季度申报,但未将2014年8月至12月的销售额在2014年第三季度及第四季度的季报中体现,也未将上述销售收入计算在2014年度申报中,而将其列入2015年的第一季度季报中,违反了按期申报和如实办理纳税申报的明确规定。

(1) 关于S公司称企业所得税不能正常申报的主要原因是主管税务机关C市K区国家税务局以其原有欠税为由,不允许申报一节,C市国家税务局第二稽查局调取了S公司的税收征管信息系统《企业申报明细查询表》,并经主管税务机关确认,无论是增值税纳税申报还是企业所得税的季度申报、年度申报,均是S公司网上自行申报的,S公司在2016年8月16日《情况说明》中已经自认会计报错了,故S公司称主管税务机关不允许申报的理由不能成立。

(2) S公司称C市国家税务局第二稽查局将其账本拿走导致其无法正常申报一节,从C市国家税务局第二稽查局调取的S公司记账凭证及相关纳税申报表中,均有“与原件核对无误,原件存于我处”并有S公司法定代表人孙某秋的签字及日期,同时盖有S公司的公章,说明C市国家税务局第二稽查局调取的是S公司处相关证据的复印件,并不影响S公司按期进行纳税申报,故S公司所称因账簿在C市国家税务局第二稽查局处无法按期申报理由不能成立。

(3) 关于S公司称2014年的企业所得税在2014年的季报中已申报,但未提供相应的证据予以证实,对此主张亦不予支持。

综上,本案中,S公司采取少计收入手段造成少缴纳企业所得税291 813.03元的事实清楚,已构成偷税。

三、执法程序方面

(一) 不存在超期审理案件的情形

《税务稽查工作规程》第五十条规定,审理部门接到检查部门移交的《税务稽查报告》及有关资料后,应当在15日内提出审理意见。但下列时间不计算在内:(1)检查人员补充调查的时间;(2)向上级机关请示或者向相关部门征询政策问题的时间。案情复杂确需延长审理时限的,经稽查局局长批准,可以适当延长。通过C市国家税务局第二稽查局提交的证据可以证实,在行政执法程序中,本案因案情复杂多次补充调查、延期审理,符合上述规章规定,故C市国家税务局第二稽查局不存在违法超期审理案件的情形,S公司的意见不能成立。结合C市国家税务局第二稽查局提交的程序证据,通过法庭审查,C市国家税务局第二稽查局依法履行了调查、告知、送达等义务,程序上并无明显不当。

（二）关于陈述和申辩复核问题

关于S公司认为C市国家税务局第二稽查局未对S公司陈述和申辩进行复核的问题。C市国家税务局第二稽查局调取了S公司在税收征管信息系统的《企业申报明细查询表》，发现无论是增值税纳税申报还是企业所得税的季度申报、年度申报，均是S公司在网上自行申报的，因此C市国家税务局第二稽查局认为S公司在《陈述、申辩说明》中提出的主管税务机关不允许申报的理由不能成立。据此，C市国家税务局第二稽查局已经履行了对S公司陈述和申辩的复核，S公司该项主张不能成立。

（三）关于公告送达的方式是否违法的问题

关于S公司认为C市国家税务局第二稽查局未穷尽其他送达方式即采用公告送达的方式违法的问题。依据《税收征收管理法实施细则》第一百零四条，即“直接送达税务文书有困难的，可以委托其他有关机关或其他单位代为送达，或者邮寄送达”。《税收征收管理法实施细则》第一百零六条规定，有下列情形之一的，税务机关可以公告送达税务文书，自公告之日起满30日，即视为送达：……（二）采用本章规定的其他送达方式无法送达。C市国家税务局第二稽查局在无法实现直接送达、留置送达，且选择邮寄送达被退回时，采用公告送达方式符合法律规定。

（四）未列明具体复议机关对复议的权利的影响

关于S公司主张《税务事项通知书》未列明具体复议机关影响其复议的权利。此项主张与本案《税务处罚决定书》合法有效认定无关，不属于本案审理范围。

四、法律适用方面

在法律适用上，《税收征收管理法》第六十三条规定：“对纳税人偷税的，由税务机关追缴其不缴或少缴的税款滞纳金，并处不缴或者少缴税款百分之五十以上五倍以下的罚款，构成犯罪的依法追究刑事责任。”C市国家税务局第二稽查局对S公司处以少缴税款1倍罚款符合上述法律规定。关于S公司认为C市国家税务局第二稽查局不应采用核定方式征收企业所得税的问题。依据《税收征收管理法》第八十八条的规定：“纳税人、扣缴义务人、纳税担保人同税务机关在纳税上发生争议时，必须先依照税务机关的税务决定缴纳或者解缴税款及滞纳金或者提供相应的担保，然后可以依法申请行政复议；对复议决定不服的，可以依法向人民法院起诉。”S公司对C市国家税务局第二稽查局采取“核定征收”方法计税有异议，属于“纳税争议”，不是处罚上产生的争议，不属于本案审理范围。

综上，C市国家税务局第二稽查局作出的《税务处罚决定书》事实清楚，证据确实充分，适用法律法规正确，程序合法，S公司的诉讼请求理由不成立，不予支持。依照《行政诉讼法》第六十九条之规定，判决驳回了S公司的诉讼请求。

S公司不服一审判决,提起上诉。

▶ 二审法院认为:

一、关于上诉人是否存在偷税行为的问题

《税收征收管理法》第六十三条第一款规定,纳税人伪造、变造、隐匿、擅自销毁账簿、记账凭证,或者在账簿上多列支出或者不列、少列收入,或者经税务机关通知申报而拒不申报或者进行虚假的纳税申报,不缴或者少缴应纳税款的,是偷税。本案中,根据孙某秋、张某静的调查笔录及2014年1月1日至12月31日企业所得税申报表等证据能够证明上诉人未将企业2014年8月至12月11 339 948.44元收入进行2014年度企业所得税纳税申报,而是在稽查局进行税务检查后的2015年4月14日才进行申报。且上诉人S公司一直是网上自行申报,不存在因税务机关原因无法申报的情况。故被上诉人市稽查局的答辩理由成立,上诉人S公司存在偷税的行为。

二、关于被上诉人是否调取了上诉人账簿原件的问题

根据本案现有证据无法证明被上诉人稽查局调取了上诉人S公司账簿等记账凭证原件,且该问题并无影响对税务处罚决定是否合法的判断。如果S公司坚持其主张,可另行向稽查局提出。

三、被上诉人稽查局税务检查时间是否超期及被上诉人是否依法履行了复核程序审查等税务行政处罚程序是否合法的问题

鉴于该问题在原审判决中已有明确认定,本院予以确认,在此不再赘述。

综上,原审判决事实清楚,程序合法,适用法律、法规正确。上诉人S公司的上诉理由不成立,其上诉请求本院不予支持。依照《行政诉讼法》第八十九条第一款第(一)项的规定,判决驳回上诉,维持原判。

3. 骗取或违规享受税收优惠

骗取税收优惠资格,或明知已不符合享受税收优惠条件,而隐瞒事实继续享受,不缴或者少缴税款的,属于偷税行为。

相关案例3.3　受到环保处罚隐瞒不报　继续享受优惠定性偷税[1]

【案件查办过程】

AT农化新技术有限公司(以下简称AT公司),成立于1993年11月,注册地位

① 本案例改编自《广州天河奥特农化新技术有限公司、国家税务总局广州市税务局第二稽查局税务行政管理(税务)二审行政判决书》广州铁路运输中级法院行政判决书(2018)粤71行终3529号,原文见中国裁判文书网,http://wenshu.court.gov.cn/website/wenshu/181107ANFZ0BXSK4/index.html? docId=929fe924880749f9bbfeaaed00fe1496。

于G市T区，法定代表人为曾某。主要经营农业技术推广服务，复混肥料制造，其他肥料(含水溶肥料)制造，机械化农业及园艺机具制造，农业机械批发，化肥批发，饲料批发，有机肥料及微生物肥料制造，农业科学研究和试验发展；货物进出口；环境保护专用设备制造，生物技术咨询、交流服务，化工产品批发，生物技术推广服务；矿物油废弃物治理，非金属矿物质废弃物治理，工业焚烧残渣物治理；收集、贮存、处理、处置生活污泥，固体废物治理等业务。

2015年7月3日，G市国税局第二稽查局(以下简称第二稽查局)收到T区国税局关于AT公司涉嫌违规享受税务优惠政策的案件移送材料，区国税局在案件移送说明中称：AT公司主要从事污泥处理工作，并办理了"垃圾处理污泥处置劳务"增值税免税备案(有效期自2012年1月1日至2049年12月31日)。区国税局还称在日常税务征管过程中发现原告因于2012年8月受到市环保局行政处罚，已经不符合减免税优惠条件，但AT公司未按规定报告，继续享受该税收优惠，并且AT公司还向区国税局提供伪造的G市环保局文书。2013年11月15日区国税局取消了AT公司的税收优惠资格，并责令其补缴偷漏税款，该公司拒不配合，因此，移送第二稽查局处理。

第二稽查局根据上述线索，自2015年7月16日起对AT公司进行了税务检查。2015年11月4日，第二稽查局向市环保局发出《检查函》，请求市环保局核查AT公司自2010年1月至今是否存在因违反《中华人民共和国环境保护法》(以下简称《环境保护法》)等法律法规而受到行政处罚的事实。市环保局复函称：2012年8月30日其作出《行政处罚决定书》，该处罚认定2012年7月12日晚至7月13日凌晨，AT公司所属货船在河道倾倒装载的污泥，违反了《中华人民共和国固体废物污染环境防治法》第十七条的规定，并处以15万元的罚款。2012年10月31日，AT公司缴纳了上述罚款。

2016年4月7日，第二稽查局向区国税局发出《关于查询AT公司申请污泥处理、处置劳务税收优惠情况的函》，要求区国税局提供AT公司申请污泥处理、处置劳务税收优惠的全套资料。区国税局向第二稽查局提供了AT公司2012年度、2013年至2014年污泥处理处置劳务收入享受税收优惠的《纳税人税收优惠申请表》及其申报材料、《减免税备案登记告知书》《取消纳税人减免税申请审批表(通用)》《取消减免税资格通知书》及电子凭证回执等材料。

2016年9月14日，第二稽查局作出《税务行政处罚事项告知书》，告知拟对AT公司进行行政处罚的事实和法律依据，并告知其原告享有陈述、申辩及听证的权利。2016年9月22日，AT公司提出申辩及听证申请，2016年9月23日，第二稽查局对其听证申请予以受理。2016年10月8日，第二稽查局组织对本案第一次听证，AT

公司委托代理人沈某参加听证会并发表相关意见,在听证会上第二稽查局向AT公司出示了本案证据材料。听证会后,第二稽查局就AT公司提出的申辩意见进一步进行了调查取证。

2017年11月6日,第二稽查局再次作出《税务行政处罚事项告知书》,告知拟对原告进行行政处罚的事实和法律依据,并告知其享有陈述、申辩及听证的权利。2017年11月9日,AT公司提出申辩及听证申请,同日稽查局受理了其听证申请。2017年11月17日,第二稽查局组织了本案第二次听证,AT公司委托代理人沈某参加了听证并发表了相关意见,在听证会上第二稽查局向AT公司出示了本案证据。

2017年11月22日,第二稽查局作出《税务行政处罚决定书》,认定AT公司隐瞒因违反《环境保护法》等环境保护法律法规受到环保部门行政处罚的事实,进行虚假纳税申报,少缴增值税5 921 486.22元,构成偷税,处以少缴税款5 921 486.22元的50%的罚款2 960 743.11元。2017年11月29日,第二稽查局向AT公司送达了上述《行政处罚决定书》。

同时,第二稽查局作出《税务处理决定书》,认定AT公司2012年至2014年底均不符合免税条件,依法认定原告应补缴税款5 921 486.22元。AT公司对该处理决定在法定期限内未提起行政复议或诉讼,该处理决定已依法送达并已生效。

AT公司不服稽查局作出的《税务行政处罚决定书》,向法院提起行政诉讼。

【税企争议焦点】

AT公司的少缴税款行为是否属偷税行为,稽查局的处罚决定是否合法有据。

【法院裁判观点】

▶ 一审法院认为:

(1)稽查局认定AT公司隐瞒环保处罚事实,骗取免税资格的行为为偷税行为,于法有据,并无不妥。

《税收征收管理法》第六十三条第一款规定:"纳税人伪造、变造、隐匿、擅自销毁账簿、记账凭证,或者在账簿上多列支出或者不列、少列收入,或者经税务机关通知申报而拒不申报或者进行虚假的纳税申报,不缴或者少缴应纳税款的,是偷税。对纳税人偷税的,由税务机关追缴其不缴或者少缴的税款、滞纳金,并处不缴或者少缴的税款百分之五十以上五倍以下的罚款;构成犯罪的,依法追究刑事责任。"首先,本案原告因其向河道倾倒污泥的违法行为于2012年8月受到G市环保局行政处罚,但其在2012年11月、2013年1月的申报免税过程中,明知自己由于受到G市环保局环保行政处罚已不符合免税条件,仍隐瞒事实,向T区国税局办理免税备案,并且原告在不符合免税条件的情况下,2012年1月至2014年4月每月取得的污泥处置劳务收入均填写在增值税纳税申报表的“免税劳务销售款”一栏，作为免税收入进行申报。虚假的纳税申报是指纳税人在进行纳税申报过程中，制造虚假情况，包括不如实填写或者提供纳税申报表，财务报表以及其他纳税资料等少报、隐瞒应税项目、销售收入和经营利润等行为。原告涉案报税行为属于骗取税收优惠资格，隐瞒相关收入的客观事实，不如实填报纳税申报表的虚假纳税申报行为。本案证据表明，原告在2012年8月受到G市环保局的行政处罚后，明知其不符合享受税收优惠条件，但仍在《纳税人税收优惠申请表》“享受税收优惠理由”一栏中手工填写“我司业务中的污泥处置符合财税〔2011〕第115号……”，原告根据《财政部　国家税务总局关于调整完善资源综合利用产品及劳务增值税政策的通知》(财税〔2011〕115号，以下简称财税〔2011〕115号文件)申请免税备案，其对该文件的内容应该知悉，该文件第九条第(二)项规定“自2010年1月1日起，纳税人不得因违反《中华人民共和国环境保护法》等环境保护法律法规受到刑事处罚或者县级以上环保部门相应的行政处罚”作为享受税收优惠的条件，原告AT公司不可能不知。被告稽查局认定原告AT公司隐瞒环保处罚事实，骗取免税资格的行为为偷税行为，于法有据，并无不妥。

(2) 关于纳税基数和时段问题。

从上述法律法条及相关证据可见，AT公司2012年至2014年度均不符合免税条件，而AT公司对所属年度的相关收入按免税申报，导致应当缴纳的税款没有缴纳。第二稽查局根据案件事实及证据作出的《税务处理决定书》，依法认定原告应补缴税款为5 921 486.22元。该少缴税款的结果与AT公司的虚假纳税申报行为具有直接的因果关系。AT公司不符合免税条件，故意隐瞒被环保部门处罚的事实，骗取免税资格，对取得的应税收入按免税收入申报，进行虚假的纳税申报，少缴税款5 921 486.22元。根据《税收征收管理法》第六十三条第一款的规定，原告的上述行为构成偷税，偷税金额为5 921 468.22元。AT公司关于稽查局多计其少缴税款金额，导致处罚金额有误及稽查局认定其违法事实证据不足，适用法律错误的诉称均缺乏事实和法律依据，法院不予支持。

综上所述，稽查局作出的《行政处罚决定书》，事实清楚，程序合法，适用法律正确。AT公司要求撤销《行政处罚决定书》理由不成立，法院不予支持。依照《行政诉讼法》第六十九条的规定，判决驳回原告AT公司的诉讼请求。

AT公司不服一审判决，提起上诉。

▶ 二审法院认为：

(1) 一审法院查明的事实清楚，且有相应证据证实，予以确认。二审庭询时，被上诉人第二稽查局陈述，依据财税〔2011〕115号文件，免税应当先备案，再享受优惠。但在实践中，上诉人AT公司是先进行免税申报，再备案确认，申报免税主要是纳税人自己申请。AT公司在2012年11月进行该年度的纳税备案。AT公司陈述，其对少缴税款的数额没有异议。

(2) 本案二审的争议焦点是第二稽查局将AT公司2012年1月至7月少缴税款的行为认定为偷税，并以该期间上诉人少缴的税款计入处罚基数作出被诉处罚决定是否合法有据。

《税收征收管理法》第六十三条第一款规定："纳税人伪造、变造、隐匿、擅自销毁账簿、记账凭证，或者在账簿上多列支出或者不列、少列收入，或者经税务机关通知申报而拒不申报或者进行虚假的纳税申报，不缴或者少缴应纳税款的，是偷税。对纳税人偷税的，由税务机关追缴其不缴或者少缴的税款、滞纳金，并处不缴或者少缴的税款百分之五十以上五倍以下的罚款；构成犯罪的，依法追究刑事责任。"财税〔2011〕115号文件第二条规定，对垃圾处理、污泥处理处置劳务免征增值税。财税〔2011〕115号文件第九条规定，申请享受本通知规定的资源综合利用产品及劳务增值税优惠政策的纳税人还应符合五个条件，如自2010年1月1日起，纳税人未因违反《环境保护法》等环境保护法律法规受到刑事处罚或者县级以上环保部门相应的行政处罚；应当在初次申请时按照要求提交资源综合利用产品及劳务有关数据，报主管税务机关审核备案，并在以后每年2月15日前按照要求提交上一年度资源综合利用产品及劳务有关数据，报主管税务机关审核备案等。财税〔2011〕115号文件第十一条规定，凡经核实纳税人有弄虚作假骗取享受本通知规定的增值税政策的，税务机关追缴其此前骗取的退税税款，并自纳税人发生上述违法违规行为年度起，取消其享受本通知规定增值税政策的资格，且纳税人3年内不得再次申请。本案中，AT公司主要从事污泥处理工作，在符合相关条件的情形下，可以享受劳务增值税免征的优惠政策。实践中，上诉人AT公司每月进行纳税申报，至2012年11月对该年度的免税进行备案，税务机关亦予以默许该纳税申报方式，因此，在2012年11月税收备案之前，应推定AT公司在符合其他条件的情况下，享有相应的税收优惠。因现有证据并不能证明AT公司在2012年1月至7月有因违反环保相关法律法规受到行政处罚或不符合其他享受税收减免的条件，因此，在此期间AT公司每月进行的纳税申报并不存在虚假纳税申报的主观故意，不应认定为偷税。因AT公司在2012年8月受到环保处罚后隐瞒该事实继续进行虚假纳税申报，稽查局对AT公司2012年8月之后虚假纳税申报行为认定为偷税，符合上述规定，并无不当，本院予以支持。但被诉行政处罚决定将2012年1月至7月AT公司少缴税款认定为偷税并计入处罚基数，属认定事实不清，适用法律错误，应予以撤销，原审判决对此认定错误，本院予以纠正。

综上所述，一审判决认定事实错误，本院予以纠正。根据《行政诉讼法》第七十条第（二）项、第八十九条第一款第（二）项之规定，判决撤销原一审法院行政判决；撤销第二稽查局作出的《税务行政处罚决定书》。

（三）拒不申报型偷税

拒不申报型偷税是指采用“经税务机关通知申报而拒不申报”的手段实施偷税行为。所谓经税务机关通知而拒不申报，指的是应当依法办理纳税申报的纳税人，不按照法律、行政法规的规定办理纳税申报，并经税务机关通知，仍拒不申报，不缴或者少缴税款的行为，以及扣缴义务人拒不进行扣缴申报，不缴已扣、已收税款的行为。

“经税务机关通知申报而拒不申报”包括以下三种情形：

（1）被查对象已经依法办理税务登记，拒不申报的。

（2）被查对象依法不需要办理税务登记，经税务机关依法书面通知其申报仍拒不申报的。

（3）被查对象尚未依法办理税务登记，经税务机关依法书面通知其申报的。

相关案例 3.4　已办理税务登记拒不申报　按偷税处理处罚要视情况①

【案件查办过程】

JF 电动车厂成立于 2011 年 3 月 3 日，为个体工商户，经营者金某，注册地位于某经济开发区××大队××村，主要经营电动三轮车组装销售。

2017 年 9 月 14 日，区稽查局认定 JF 电动车厂于 2012 年 4 月至 2017 年 4 月累计未缴纳城市维护建设税 3 444.19 元、个人所得税 48 793.91 元、房产税133 516.02 元、城镇土地使用税100 273.65 元、印花税 230 元。根据《税收征收管理法》第六十三条第一款及《最高人民法院关于审理偷税抗税刑事案件具体应用法律若干问题的解释》（法释〔2002〕33 号）第二条第二款第（一）项规定，稽查局认定 JF 电动车厂的违法行为已构成偷税，共计286 257.77 元，偷税税款占被查期间应纳税款比例的 85.33%。

稽查局于 2017 年 9 月 14 日对 JF 电动车厂作出税务行政处罚决定，对其处不缴

① 本案例改编自《商丘市城乡一体化示范区地方税务局稽查局、商丘市经济开发区金福泰电动车厂税务行政管理（税务）再审行政判决书》河南省高级人民法院（2019）豫行再 72 号，见中国裁判文书网，http://wenshu.court.gov.cn/website/wenshu/181107ANFZ0BXSK4/index.html? docId=19ec4c1075524541b06eaa6b0099ca0e。

税款 286 257.77 元 4 倍罚款 1145 031.08 元,并于 2017 年 9 月 18 日送达给 JF 电动车厂。

JF 电动车厂对稽查局作出的行政处罚决定不服,于 2017 年 10 月 12 日起诉,要求依法撤销该税务行政处罚决定。

【税企争议焦点】

被查对象 JF 电动车厂是否构成"经税务机关通知申报而拒不申报"的偷税行为。

【法院裁判观点】

▶ **一审法院认为:**

根据《税收征收管理法》的规定,税务机关有权对税收相对人作出处罚决定,稽查局执法主体适格。稽查局对 JF 电动车厂作出的处罚决定认定事实清楚,适用法律法规正确,符合法定程序。JF 电动车厂认为涉案处罚决定违法请求撤销,因其没有提供相关合法的证据,对其诉请不予支持。判决驳回 JF 电动车厂的诉讼请求。

JF 电动车厂不服,向市中级人民法院提起上诉。市中级人民法院二审查明的事实与一审查明的事实基本一致。二审法院另查明,该 JF 电动车厂于 2017 年 1 月 3 日在地税局办理税务登记。

▶ **二审法院认为:**

稽查局认定 JF 电动车厂自 2012 年至 2017 年 4 月未缴纳城市维护建设税、个人所得税、房产税、城镇土地使用税和印花税,依据《税收征收管理法》第六十三条第一款和《最高人民法院关于审理偷税抗税刑事案件具体应用法律若干问题的解释》(法释〔2002〕33 号)第二条第一款第(一)项规定,认为 JF 电动车厂已办理税务登记而未缴纳税款,其不缴纳税款的行为属于"经税务机关通知申报而拒不申报"的情形,已构成偷税。本案中,稽查局提供的证据仅能证明 JF 电动车厂于 2017 年 1 月 3 日办理了地税登记,而认定违法事实却从 2012 年至 2017 年 4 月,故稽查局并未提供证据证明 JF 电动车厂在其认定违法事实全部期间内办理了相关地税登记,其认定税务机关已通知 JF 电动车厂进行税款申报,进而认定 JF 电动车厂不缴税款的行为构成偷税的主要证据不足。

《税收征收管理法》第三十七条规定,税务机关对于未办理登记的纳税人应核定其应纳税额,责令缴纳,对于不缴纳的,可以采取扣押其商品和货物的强制措施。《税收征收管理法》第六十条第一款规定了对于经税务机关通知申报而拒不申报的纳税人,税务机关可以根据其违法情形给予其相应处罚。对 JF 电动车厂未按照规定办理地税登记的行为,稽查局应当按照上述规定对其采取相应行政执法措施,其直接适用偷税规定,给予 JF 电动车厂不缴税额 4 倍罚款的税务行政处罚,属于适用法律错误。

JF电动车厂主张的城建税适用税率、个人所得税征收过高、房产税和印花税不应征收等问题，因本案的审理对象是稽查局作出的税务处罚决定，税种税额已由稽查局作出的税务处理决定所确定，JF电动车厂并未对税务处理决定申请复议进而提起诉讼，因此其所提上述税种税额征收的问题，不予评判。

综上，JF电动车厂所关于其行为不构成偷税的理由能够成立，其诉讼请求应予支持。稽查局作出的涉案税务处罚决定主要证据不足，法律适用错误，依法应予撤销。一审法院认定事实不清，法律适用错误，依法应予撤销。二审法院判决撤销一审判决，撤销稽查局作出的税务行政处罚决定。

稽查局不服二审法院判决，向省高级人民法院申请再审称：JF电动车厂自2012年到2017年4月未缴纳城建税、个人所得税、房产税、城镇土地使用税和印花税。根据《最高人民法院关于审理偷税抗税刑事案件具体应用法律若干问题的解释》(法释〔2002〕33号)第二条规定，JF电动车厂已经办理了税务登记，应当认定为属于“经税务机关通知申报而没有申报”的情形，其行为已构成偷税。稽查局对JF电动车厂作出的税务行政处罚决定认定事实清楚，程序合法，适用法律正确。请求撤销二审判决，维持一审判决。

再审法院另查明：该JF电动车厂2012年3月办理国税登记。

▶ 再审法院认为：

稽查局认定，自2012年至2017年4月，JF电动车厂已办理税务登记而未缴纳税款，依据《税收征收管理法》第六十三条和《最高人民法院关于审理偷税抗税刑事案件具体应用法律若干问题的解释》(法释〔2002〕33号)第二条规定，其不缴纳税款的行为应当认定为属于“经税务机关通知申报而拒不申报”的情形，已构成偷税。本案中，根据当时的税务管理法规，国税征收和地税征收分别由国税部门和地税部门负责，企业办理税务登记时应当分别办理国税登记和地税登记。在行政处罚程序中，认定已办理国税登记等同于已办理地税登记没有法律依据。JF电动车厂2012年3月办理国税登记，2017年1月办理地税登记。基于上述分析和事实，本院认为稽查局以已办理国税登记视同已办理地税登记为由，认定JF电动车厂已办理税务登记，其未缴纳税款的情形属于《最高人民法院关于审理偷税抗税刑事案件具体应用法律若干问题的解释》(法释〔2002〕33号)第二条规定的“经税务机关通知申报而拒不申报”情形，2012年至2017年4月存在偷税明显依据不足。

综上，再审法院认为稽查局的再审请求不能成立，不予支持。原二审判决正确，予以维持。

第二节 偷(逃)税案件查办思路

一、偷(逃)税案件检查方法

(一) 查前分析

偷(逃)税案件的检查,应当注重查前分析,尽可能掌握被查对象所属行业特征,被查企业的生产经营规模、上下游业务链条、业务流程,获取同行业其他纳税人相关涉税数据,结合被查对象纳税申报资料、财务报表等数据,进行对比分析,查找线索,完善稽查项目,明确检查重点和方向。

(二) 账簿、凭证真实性、准确性检查

(1) 通过外调、查验资金流、发票协查等方式,验证被查对象账簿记录的真实性和完整性,获取企业账外经营,隐匿收入,利用虚开发票、假发票等不符合规定的票据在账簿上多列支出并申报扣除的证据。

(2) 通过查阅业务合同,与资金流向、发票等进行核对,验证企业账簿关于经营活动的记录和会计处理是否真实、完整,获取企业违反财税法律、法规在账簿上不计或少计收入,多列支出的证据。

(3) 查阅职工花名册、工资发放记录、公司相关文件等资料,核实企业账簿关于工资薪金、职工福利费以及“五险一金”等支出情况的记录是否真实、准确。

(4) 通过实地检查,核实企业存货、固定资产、无形资产等实际情况以及使用情况,与固定资产卡片以及账簿资料核对,查实企业账簿、凭证关于固定资产、无形资产的记录是否真实、准确。

(5) 如果发现企业有账外账、多套账核算的线索或迹象,可责成企业提供真实的账簿资料,或经批准后直接对企业电子信息系统、相关计算机设备、存储介质等进行检查,调取真实账套信息或经营活动记录的电子数据进行检查分析。

(6) 询问企业财务人员、相关人员,了解企业账簿、凭证保管、使用的真实情况,掌握企业采用伪造、变造、隐匿账簿、凭证,或通过账外账隐匿收入等欺骗、隐瞒手段逃避缴纳税款等有关情况。

(三) 纳税申报真实性检查

(1) 审阅纳税申报资料,核实是否存在虚报、错填等情形,通过比对、调查、询问等方式,查明原因,取得被查对象故意进行虚假申报的证据。

（2）将纳税申报资料与账簿、凭证等资料进行核对，查明是否存在少申报收入，或者多申报扣除的情形，是否造成不缴或少缴税款。

（3）对于申报享受税收优惠的被查对象，调取企业留存备查资料，结合企业经营实际情况进一步调查核实，查实企业是否存在骗取税收优惠资格，或违规享受税收优惠的情况。

二、偷（逃）税案件取证要点

（一）违法主体取证要点

（1）营业执照（税务登记证、组织机构代码证等）、特定行业许可证明等。

（2）纳税资格和资质证明材料，如增值税一般纳税人登记表、高新技术企业认定表、建筑劳务资质等。

（3）直接负责的主管人员和其他直接责任人员的身份证明。包括有限公司法定代表人、负责人（合伙企业）、投资人（个人独资企业）、控股股东、实际经营者、财务负责人、会计、业务人员等的有效身份证件。

（4）未办理工商登记、税务登记的单位或个人，除取得个人或单位实际负责人有效身份证件外，还应取得工商部门关于其未依法办理工商登记的证明。

（5）对于被查对象存在承包、承租经营的，还应当取得有关承包、承租经营合同（协议），发包方、出租方向税务机关报告有关记录等证明。

相关案例 3.5　一个酒楼有多重身份　违法主体如何查明[①]

【案件查办过程】

XS 酒楼系经工商行政管理部门登记的个体工商户，经营地址位于 C 市 Y 区东二环 668 号，经营者为余某，主要经营餐饮服务。

2012 年 10 月 18 日，市税务局稽查局（以下简称稽查局）决定对 XS 酒楼涉嫌发票违法行为立案检查。2012 年 10 月 22 日，稽查局对 XS 酒楼发出《税务检查通知书》，对该酒楼 2010 年 1 月 1 日至 2011 年 12 月 31 日（如果检查发现此期间以外明显的税收违法嫌疑或线索不受此限）涉税情况进行检查。《税务检查通知书》送达 XS 酒楼，由余某签收。

① 本案例改编自《湖南省长沙市地方税务局稽查局、余忠诚税务行政管理（税务）再审行政判决书》湖南省高级人民法院（2017）湘行再 104 号，原文见中国裁判文书网，http://wenshu.court.gov.cn/website/wenshu/181107ANFZ0BXSK4/index.html? docId=ebb76be5fc8d4bf89709a96c004f05ce。

2012年10月22日至23日，XS酒楼向稽查局提交利润表、资产负债表、主营业务收入明细账、主营业务成本总账、应交税金明细账、本年利润明细账、利润分配明细账、税务稽查底稿等材料。

2012年10月31日，稽查局对余某制作了《询问(调查)笔录》，在笔录中，据余某陈述，XS酒楼股东有四个人，其知道酒楼存在真实收入远大于日常申报纳税收入，少缴税款的事实，酒楼由阳某承包经营，日常经营管理由阳某负责，合同约定所有法律责任都由阳某承担。

2013年3月20日，稽查局对XS酒楼作出《税务事项通知书》《税务行政处罚事项告知书》《责令限期改正通知书》，告知XS酒楼在向主管税务机关进行纳税申报时采取虚假纳税申报的手段少申报应纳税款，拟给予509 082.82元罚款的行政处罚，并告知其具有陈述、申辩、举证的权利，同时，责令XS酒楼予以改正。《税务事项告知书》《税务行政处罚事项告知书》《责令限期改正通知书》送达XS酒楼，由余某签收，并加盖XS酒楼公章。

2015年3月5日，稽查局对余某作出税务行政处罚决定，认定余某(XS酒楼)在2010年1月至2011年12月，取得营业收入后未如实向主管税务机关申报缴纳税款，采取虚假纳税申报的手段，少缴营业税835 742.39元，少缴城市维护建设税46 209.22元，少缴个人所得税136 214.01元，少缴应纳税款的行为已构成偷税，决定对余某处以罚款共计509 082.82元。《税务行政处罚决定书》于2015年3月9日送达XS酒楼。

2015年3月31日，稽查局对余某(XS酒楼)作出《限期缴纳税款通知书(催告书)》，催告缴纳欠税款，并于次日送达余某、XS酒楼。

余某不服，向法院提起诉讼，请求撤销该税务处罚决定。

【税企争议焦点】

稽查局以“余某(XS酒楼)”为涉案违法主体并进行处罚是否合法。

【法院裁判观点】

▶ 一审法院认为：

本案是对税务处罚决定的合法性进行审查。根据《税收征收管理法》第四条以及《税务登记管理办法》第二条的规定，个体工商户为纳税人。XS酒楼作为个体工商户系税法规定的纳税人。《税收征收管理法实施细则》第三条第二款规定：“纳税人应当依照税收法律、行政法规的规定履行纳税义务；其签订的合同、协议等与税收法律、行政法规相抵触的，一律无效。”根据纳税人法定的原则，税务机关只向纳税人征收税款，也只有纳税人才依照税法承担纳税义务。在税收征收法律关系中，纳税义务不能通过合同、协议等方式转移纳税义务。XS 酒楼为税务登记的纳税人，XS 酒楼工商登记的经营者为余某。而个体工商户个人经营的，以个人财产承担责任。对于 XS 酒楼的偷税行为，稽查局对余某作出行政处罚符合法律规定。余某诉称，XS 酒楼实际由他人承包经营，应由实际经营人承担偷税的法律责任，于法无据，不予支持。稽查局作出的税务处罚决定认定事实清楚，证据确凿，适用法律、法规正确，符合法定程序。据此，依照《行政诉讼法》第六十九条之规定，判决驳回余某的诉讼请求。

余某不服，提起上诉。

二审法院对一审法院认证相关证据的意见为：一审法院虽然采信了稽查局提供的《询问通知书》及其送达回证、《询问笔录》，但并未就该证据所证明的相关偷税主体问题进行查实。同时，一审法院以余某提交的关于 S 餐饮酒店管理有限公司（以下简称 S 餐饮公司）对 XS 酒楼行使所有权、经营权，和 XS 酒楼承包经营的七份证据，均是由案外人出具或签订，在本案中无法确认其真实性为由，不予采纳。

▶ 二审法院认为：

根据《税收征收管理法》第十四条、《税收征收管理法实施细则》第九条的规定，稽查局依法负有税收征收管理的法定职责，其对余某作出的税务行政处罚决定，主体职权合法。但是，稽查局以“余某（XS 酒楼）”为涉案处罚对象，主要证据不足。

稽查局以余某为处罚对象的法律依据是《民法通则》第二十六条、二十九条，《最高人民法院关于贯彻执行〈中华人民共和国民法通则〉若干问题的意见（试行）》第四十一条、四十二条、四十三条、四十四条，《个体工商户条例》（国务院第 596 号令）以及《税收征收管理法》第四条的规定。上述规定是指个体工商户的登记、债务承担、经营管理、户主与字号在诉讼中的表述、变更登记，以及纳税人的规定等内容。

《税收征收管理法》第四条第一款规定：“法律、行政法规规定负有纳税义务的单位和个人为纳税人。”故如何认定涉案纳税义务人是本案的焦点。

本案中，XS 酒楼有两种法律资格：其一是个体工商户；其二是 S 餐饮公司下属的一个分店。

关于个体工商户法律资格问题：XS 酒楼经工商行政管理机关于 2008 年 7 月 24 日登记为个体工商户，经营地址位于 C 市 Y 区东二环 668 号，经营者余某。而登记成立于 2007 年 1 月 24 日、经营者盛某、经营地址与此完全相同的 XS 酒楼海悦店，于 2011 年 1 月 11 日才予注销。2009 年 3 月 3 日，盛某、余某、阳某平签订协议，合伙经营该酒楼。稽查局据以处罚的税收违法行为的时间段为 2010 年 1 月至 2011 年12 月。稽查局在对余某作询问（调查）笔录时，余某陈述该店由阳某（系阳某平的弟弟)承包经营。那么,在同一经营地址有两个个体工商户交叉、实际承包经营人又非其中任何一人的情况下,稽查局认定余某为纳税人,显系事实认定不清。至于税务登记证登记的经营人与实际经营人不一致的问题,相关主管机关可以依法予以处理,但不是本案所要审查的。

关于XS酒楼为S餐饮公司下属分店的问题:2009年10月12日,S餐饮公司经工商行政管理机关登记成立,公司股东为盛某、魏某、胡某、余某、阳某。该公司所辖窑岭店和海悦店两个分店。2011年3月,S餐饮公司、XS酒楼、阳某等签订《承包经营合同》,就阳某承包经营S餐饮公司所属的XS酒楼作出约定。上述事实与余某陈述的、XS酒楼由阳某承包经营的事实相互佐证。可见,稽查局并未全面、客观地调查核实XS酒楼的法律性质。

另外,因XS酒楼的工商登记户主与实际经营人不一致,稽查局在检查涉嫌偷税违法行为时,作出的《税务检查通知书》《责令限期改正通知书》以及《税务行政处罚事项告知书》等行政执法文书中,都把检查对象表述为酒楼字号即"XS酒楼",并未同时标注"余某"加"括号"的方式。稽查局在最后的《税务处理决定书》和《税务行政处罚决定书》等文书中,却标注以"余某(XS酒楼)"字样。显然"XS酒楼"与"余某(XS酒楼)"两种表述的内涵是不一样的,后者明确界定为"余某"是实际经营者,而实际情况并非如此。

综上,涉案XS酒楼到底是属于个体工商户性质还是S餐饮公司下属的分店,稽查局没有调查清楚。如果是前者,要同时明确实际经营人;如果是后者,则应处罚所属公司。<u>稽查局仅从工商营业执照和税务登记证登记的形式表象,来认定余某是纳税义务人,缺乏事实和法律依据。</u>故其作出的税务行政处罚决定,在处罚对象的确定方面主要证据不足,应予撤销。一审法院认为,根据纳税人法定原则,在税收征收法律关系中,纳税义务不能通过合同、协议等方式转移。根据《税收征收管理法实施细则》第三条第二款"纳税人应当依照税收法律、行政法规的规定履行纳税义务;其签订的合同、协议等与税收法律、行政法规相抵触的,一律无效"的规定,可见,一审法院曲解了上述法律规定。纳税义务是依法不能通过合同、协议等方式转移的,但要以确定法定的纳税义务人为前提。而纳税义务人的确定,不能仅仅从登记形式上简单地罗列。故一审判决认定事实错误。余某的上诉理由成立,其上诉请求应予支持。依照《行政诉讼法》第七十条第一项、第八十九条第一款第二项的规定,判决:撤销一审判决,撤销稽查局作出的税务行政处罚决定。

稽查局不服二审法院判决,申请再审称:稽查局将余某认定为涉案处罚对象正确。第一,2008年7月24日至2011年1月11日,S餐饮公司下属分店和XS酒楼是登记于同一经营地址的两个不同纳税主体，本案中稽查局的处罚对象为以余某为经营者的XS酒楼，S餐饮公司下属分店不是涉案纳税主体。第二，XS酒楼是否属于承包经营以及实际经营者是何人，均不影响稽查局依法对其偷税行为进行行政处罚。在本案中，无论余某将XS酒楼承包给何人，只要余某不主动进行纳税申报或变更，稽查局便无法将未变更的主体列为税收行政处罚的对象。若将没有进行纳税申报的实际经营者作为税务稽查对象，不仅增加了税收执法成本，而且不具备可操作性，更违背了我国以税务登记和纳税申报为基础的税收征管制度。第三，二审判决认为XS酒楼是S餐饮公司下属分店，系认定事实不清。第四，行政执法文书和最终处罚文书对执法对象表述虽不一致，但余某和XS酒楼系同一主体，稽查局对执法对象的表述符合法律规定。

再审法院对余某在本案一审中提交的关于XS酒楼实为S餐饮公司经营管理，且自2010年7月至2012年9月由阳某承包的证据的认证意见为：由于该部分证据载明的签署人除余某外的其他人均为案外人，在该部分案外人既没有作为当事人参加诉讼，也没有由余某申请到庭接受质证的情况下，难以确认该部分证据的真实性；其次，虽然余某在稽查局对其进行调查时，曾陈述XS酒楼有四位股东，实际由阳某平承包经营，所有责任均由阳某平负责，但在稽查局于2013年3月20日向其告知拟作出的涉案行政处罚及当事人依法享有的陈述、申辩、举证的权利后，一直没有对此提出异议，且未提供上述证据用以证明XS酒楼及余某不是拟查处年度的纳税主体；再次，稽查局据以作出被诉行政行为的事实，均系根据XS酒楼及余某提供的相关财务证据予以认定。因此，在稽查局根据XS酒楼及余某提供的相关财务证据确认案件事实并作出被诉行政行为后，余某在提起本案诉讼时又提交上述证据拟证明余某及XS酒楼不是本案被诉行政行为的适格纳税人，该证据的提交程序显然不当。因余某未能对其没有在稽查局告知的举证期间内提交该部分证据的原因做出合理解释，根据《最高人民法院关于行政诉讼证据若干问题的规定》第五十九条“被告在行政程序中依照法定程序要求原告提供证据，原告依法应当提供而拒不提供，在诉讼程序中提供的证据，人民法院一般不予采纳”的规定，余某提交的上述证据应不予采纳，二审法院采信该部分证据不当，依法予以纠正。

再审法院对一审法院查明认定的事实予以认定，另查明：2010年1月至2011年12月，XS酒楼持续在向C市地方税务局领购发票，缴销发票，申报纳税及缴纳税款。

再审法院认为：《税收征收管理法》第十五条规定：“企业，企业在外地设立的分支机构和从事生产、经营的场所，个体工商户和从事生产、经营的事业单位（以下统称从事生产、经营的纳税人)自领取营业执照之日起三十日内,持有关证件,向税务机关申报办理税务登记。税务机关应当于收到申报的当日办理登记并发给税务登记证件。"《税收征收管理法》第二十五条第一款规定:"纳税人必须依照法律、行政法规规定或者税务机关依照法律、行政法规的规定确定的申报期限、申报内容如实办理纳税申报,报送纳税申报表、财务会计报表以及税务机关根据实际需要要求纳税人报送的其他纳税资料。"《税收征收管理法》第六十三条第一款规定:"纳税人伪造、变造、隐匿、擅自销毁账簿、记账凭证,或者在账簿上多列支出或者不列、少列收入,或者经税务机关通知申报而拒不申报或者进行虚假的纳税申报,不缴或者少缴应纳税款的,是偷税。对纳税人偷税的,由税务机关追缴其不缴或者少缴的税款、滞纳金,并处不缴或者少缴的税款百分之五十以上五倍以下的罚款;构成犯罪的,依法追究刑事责任。"本案中,XS酒楼系由工商行政管理部门注册登记的个体工商户,其属于法定的纳税主体。由于XS酒楼在2010年1月至2011年12月持续向C市地方税务局领购发票、缴销发票、申报并缴纳税款,同时,亦在涉案税务行政处罚决定作出前向税务查处机关提交了其在该期间的财务报表等会计税务资料,因此稽查局在查清相关案件事实后,认定法定纳税人XS酒楼在该期间存在偷税行为,并将其作为税务处罚对象,有事实和法律依据。

《税收征收管理法》第十八条规定:"纳税人按照国务院税务主管部门的规定使用税务登记证件。税务登记证件不得转借、涂改、损毁、买卖或者伪造。"《个体工商户条例》第十六条第二款规定:"个体工商户税务登记内容发生变化的,应当依法办理变更或者注销税务登记。"《税收征收管理法实施细则》第三条第二款规定:"纳税人应当依照税收法律、行政法规的规定履行纳税义务;其签订的合同、协议等与税收法律、行政法规相抵触的,一律无效。"本案中,XS酒楼系税务机关依法登记的纳税人,故其负有依法使用税务登记证件,不得转借他人使用的法定义务;同时,当其税务登记内容发生变化时,负有依法申请办理税务登记变更或注销手续的义务;此外,其应当依法履行纳税义务,不得违反税收法律、行政法规规定与他人签订合同、协议。即使余某抗辩的XS酒楼为S餐饮公司经营管理并由"阳某平"承包经营的事实成立,但因XS酒楼从未依法办理税务登记的变更或注销手续,当事人约定由税务登记的纳税人之外的主体承担纳税义务的协议因违反税收法律、行政法规的规定而对税务机关不产生约束力,故稽查局在此情形下继续将XS酒楼认定为偷税主体并将其作为税务行政处罚对象,亦无不当。

《民法通则》第二十六条规定:"公民在法律允许的范围内,依法经核准登记,从事工商业经营的,为个体工商户。个体工商户可以起字号。"《民法通则》第二十九条规定："个体工商户，农村承包经营户的债务，个人经营的，以个人财产承担；家庭经营的，以家庭财产承担。"本案中，余某作为XS酒楼的登记经营者，依法应以其个人财产对XS酒楼的债务承担责任。由于XS酒楼因经营行为而应依法承担的税负，及因违反税法规定而应依法缴纳的税务行政罚款，均属XS酒楼的债务，余某作为登记经营者，亦应以其个人财产对该罚款承担缴纳责任。因此，稽查局在查明XS酒楼存在偷税行为并作出被诉税务行政处罚决定时，将本案被处罚人表述为余某（XS酒楼）符合上述规定，该处理方式并无不当。

综上所述，稽查局的再审请求成立，依法应予支持。二审判决认定基本事实不清楚，适用法律错误，依法应予纠正；一审判决认定事实清楚，适用法律正确，依法应予维持。依照《最高人民法院关于适用〈中华人民共和国行政诉讼法〉的解释》第一百一十九条第一款、第一百二十二条之规定，判决撤销二审判决，维持一审判决。

（二）违法手段取证要点

1. 伪造、变造、转移、藏匿、毁灭账簿凭证或者其他相关资料

（1）伪造、变造、转移、藏匿、毁灭账簿凭证或者其他相关资料的鉴定意见，发票鉴定意见，协查资料，当事人陈述、证人证言、视听资料等。

（2）现场检查的，制作现场（勘验）笔录；对现场及有关物证拍照、录像，现场有物证的，提取物证原物；有涉税电子数据的，提取并固定电子数据证据。

2. 在账簿上多列支出或者不列、少列收入

（1）对于在账簿上多列支出的，取得会计账簿、凭证关于多列的支出项目、金额记录及所附原始凭证；取得真实的业务合同（协议）、外调或协查证据、银行账户查询结果等证据，证明实际发生的支出情况。通过询问有关人员，取得当事人陈述，证人证言等证据，证实虚列支出的手段。

（2）对于在账簿上不列、少列收入的，取得证明应税行为已经发生的证据，包括是否按规定开具发票，销售方式、结算方式、纳税义务发生时间、确认收入时点、收入金额、资金往来等，以及证明被查对象转移、隐匿收入的具体手段及其危害后果的证据。例如，收银、电子商务等网络信息系统电子数据，书面合同或协议，出库、发货单据，有关当事人询问笔录和证人证言等。

3. 经税务机关通知申报而拒不申报者

（1）对已办理税务登记的被查对象，取得税收征管系统关于其纳税申报信息的查询结果，证明其未进行纳税申报；调查取得被查对象发生应税行为，依法应当申报

缴纳税款的证据。通过询问有关人员，取得当事人陈述、证人证言等证据资料，证实其为逃避缴纳税款而故意不申报。

(2) 对未办理工商、税务登记的被查对象，取得税务机关书面通知其申报的证据，如《税务事项通知书》及《税务文书送达回证》。调查取得被查对象发生应税行为，依法应当申报缴纳税款的证据；取得税收征管系统关于其纳税申报及代开发票的信息的查询结果，证明其就相关纳税义务进行纳税申报并缴纳税款；通过询问有关人员，取得当事人陈述、证人证言等证据资料，证实其已收到税务机关书面通知，为逃避缴纳税款而故意不进行纳税申报。

4. 进行虚假的纳税申报

(1) 对于不如实申报计税依据的，取得被查对象的相关纳税申报资料，固定其实际申报的计税依据；取得反映真实计税依据的证据资料。例如，如房产税，取得应税房产入账的房产原值证据；车辆购置税，取得应税车辆购置时实际支付价款、合同、资金流等证据。询问相关人员，取得当事人陈述、证人证言等证据，证实被查对象为不缴或少缴税款，故意少申报计税依据的情况。

(2) 对于恶意填报虚假涉税数据的，取得被查对象的相关纳税申报资料，固定其实际填报的涉税数据；通过实地检查、外调协查、询问等方式，取得证实其真实情况的，及为逃避缴纳税款或延迟缴纳税款而故意填报虚假数据的证据。

(3) 对于骗取税收优惠资格或违规享受税收优惠的，包括虚构文件、证明、合同协议及其他相关资料，虚假资料的鉴定意见，当事人陈述(询问笔录)、证人证言以及向相关职能部门调查取得纳税人有关情况的证明资料，如实际人员、技术资格、聘用残疾人员情况、非营利性组织资格情况，技术资格、专利技术情况等。

(三) 危害结果取证要点

取得纳税人已申报的各税种纳税申报表及相关资料和用于确定纳税人应申报税款的相关资料，通过比对纳税人已申报缴纳税款和应申报税款，得出纳税人少申报缴纳的税款金额。

扣缴义务人已向税务机关申报缴纳的代扣代缴税款资料及证明扣缴义务人实际向被扣缴对象收取、扣除税款的资料(如工资发放表、劳务费结算表等)，通过核对，得出扣缴义务人不缴或者少缴已扣、已收税款的金额。

未办理工商登记、税务登记的单位和个人，在征管系统中查询该单位或个人税务登记和申报情况，证明其从事生产经营，或发生应税行为的证明资料，得出其少申报缴纳的税款金额。

相关案例 3.6 年报数据助企业认定龙头　税务稽查据以定偷税数额[①]

【案件查办过程】

Y县X茶叶公司(以下简称X公司),由原乡镇企业改制后于2002年成立,为私营有限责任公司,注册资本50万元,法人代表为葛某,主要经营茶树及经济林木种植,茶叶收购、加工、销售等。该公司系小规模纳税人,按照规定应由企业根据销售收入自行申报纳税。

2013年1月8日,Y县国税局稽查局(以下简称稽查局)向X公司送达了《企业自查告知书》,同年2月23日,X公司提交了《自查报告书》。2013年3月6日,稽查局决定对X公司进行税务稽查,检查所属时间为2009年1月1日至2012年12月31日。同年3月12日稽查局向X公司送达了《税务检查通知书》,3月14日送达了《调取账簿资料通知书》,要求X公司将2009年1月1日至2012年12月31日的账簿、记账凭证、报表和其他资料于2013年3月15日送到稽查局进行检查。X公司在此期间未按要求提供相应资料,并于同年3月21日向稽查局提供了《关于发票存根毁损的情况说明》,称其票据、发票存根、账本被毁损并已于2012年12月11日向派出所报案。

2013年4月25日,稽查局向X公司送达了《责令限期改正通知书》,令其在4月28日前按规定提供账簿、记账凭证、报表和有关资料。

2013年5月22日,Y县公安局经调查核实,认定葛某于2012年12月11日所报案属虚假报案。2013年7月1日,稽查局决定对X公司的稽查所属时间变更为2006年1月1日至2012年12月31日。期间,稽查局经过调取相关证据后,于2013年8月29日将该案作为大要案进行查处。

2013年11月8日,稽查局对X公司涉税案件进行审理,认为X公司自2006年至2010年偷税400 501.69元,其偷税行为具有连续性,未超过5年,应予处罚。遂于2013年11月12日送达了《税务行政处罚事项告知书》,告知X公司违法的事实和法律依据、拟作的处罚决定、陈述申辩及听证等权利。

经X公司申请,稽查局于11月28日9时举行了听证,X公司参加了听证并进行了陈述和申辩。

2013年11月29日,稽查局作出《税务行政处罚决定书》,认定X公司自2006年

---

① 本案例改编自《云南省盐津兴隆茶叶公司与盐津县国家税务局税务行政处罚一案二审行政判决书》云南省昭通市中级人民法院(2014)昭中行终字第46号,原文见中国裁判文书网,http://wenshu.court.gov.cn/website/wenshu/181107ANFZ0BXSK4/index.html? docId=af71c28070154531ac4544bf25a5e5e7。

到2010年采取虚假纳税申报，共计少缴税款400 501.69元，属偷税。依照《税收征收管理法》第六十三条之规定，决定对X公司处以所偷税款400 501.69元的50%，即200 250.85元的罚款。2013年12月3日，稽查局向X公司送达了该处罚决定书。

X公司不服，于2014年3月13日提起行政诉讼，要求撤销该处罚决定。

【税企争议焦点】

稽查局以X公司向工商部门提供的年检数据作为核税和处罚依据，认定事实是否清楚？适用法律是否正确？稽查局作出的行政处罚是否超过时效？

【法院裁判观点】

▶ 一审法院认为：

原、被告均符合法定主体资格。被告稽查局依照《税务稽查工作规程》的相关规定，对原告X公司进行税务检查后作出的《税务行政处罚决定书》认定事实清楚，证据确凿，程序合法，依法应予维持。原告X公司诉请撤销处罚决定的理由不成立，依法不予采纳。依照《行政诉讼法》第五十四条第(一)项之规定，判决维持稽查局对X公司做出的《税务行政处罚决定书》。

X公司不服，提起上诉，请求撤销一审行政判决。其上诉理由是：第一，稽查局据以处罚上诉人的数据全是公司为了生存发展和申报龙头企业向工商部门提供的虚假数据，一审法院维持被上诉人的处理决定意味着完全认可这些虚假数据，属于认定事实不清。第二，《税收征收管理法实施细则》第四十七条明确规定，纳税人有《税收征收管理法》第三十五条或者第三十七条所列情形之一的，税务机关有权采取下列任何一种方法核定其应缴纳税额：①参照当地同类行业或者类似行业中经营规模和收入水平相近的纳税人的税负水平核定；②按照营业收入或者成本加合理的费用和利润的方法核定；③按照耗用的原材料、燃料、动力等推算或者测算核定；④按照其他合理方法核定。稽查局抛开法律法规不顾，使用虚假的数据对上诉人进行处罚，一审法院维持该处罚决定适用法律错误。第三，税务机关从2006年起到2013年2月止从未对上诉人交纳的税款进行过质疑，未调查，也未在年度申报中告知过上诉人，现作出行政处罚的时间已经超过法定处罚时效。

被上诉人稽查局在法定举证期限内向一审法院提交了以下证据以证明其具体行政行为合法：

第一组证据：

(1) 税务稽查任务通知书。

(2) 待稽查纳税人清册。

(3) 税务稽查项目书。

（4）税务稽查立案审批表。

（5）税务稽查报告。

（6）拟查、退税汇总表。

（7）税务检查通知及回证。

（8）稽查纪律监督卡回证。

（9）税务稽查实施方案。

（10）税务行政执法审批表。

（11）调取账簿资料通知书及回证。

（12）责令限期改正通知书及回证。

（13）关于X公司下步稽查工作的实施方案。

（14）延长税收违法案件检查时限审批表。

（15）税务稽查案件稽查所属期间变更审批表。

（16）大要案情况报告表。

（17）询问通知书及回证。

该组证据证明稽查局对X公司进行稽查的相关内部审批及程序情况。

第二组证据：

（1）原告的营业执照。

（2）领购发票记录。

（3）纳税申报表及申报情况表。

（4）原告公司账目被毁损的情况说明。

（5）原告公司票据被毁损的情况说明。

（6）××会计师事务所相关执照及审计师刘某忠的证件。

（7）X公司自2006年至2012年工商年检时的《资产负债表》《利润及利润分配表》、审计报告等。

该组证据证明X公司领购发票、申报纳税、自查、报案称账簿毁损情况及原告公司账目2006年至2012年的审计情况。

第三组证据：

（1）税务检查案件提请审理书。

（2）重大案件提请审理书。

（3）税收违法案件集体审理纪要。

（4）重大税务案件审理纪要。

（5）税务行政处罚告知书及回证。

(6) 税务处理决定书及送达回证。

(7) 听证申请书。

(8) 税务行政处罚听证通知书及送达回证。

(9) 听证授权书。

(10) 税务行政处罚听证公告。

(11) X公司对案件检查的陈述。

(12) X公司代理人的代理意见。

(13) 听证笔录。

(14) 听证报告。

(15) 申辩申请。

该组证据证明X公司涉税案经过重案委集体研究讨论决定并依法举行听证的相关情况。

第四组证据：

(1) 证人李某全证言，证明其曾于2009年向葛某采购春茶八九千斤，每斤7～8元，现金付款，没有开销售发票及收款收据。

(2) 黄某华证言，证明其曾于2008年向葛某购买茶叶8 000斤，每斤5元；2010年买了18 000斤，每斤4元，现金支付，没有开发票和收据。

(3) 证人方某贤的证明及协议，证明其于2011年至2015年与葛某的茶厂合作，葛某出厂房设备，自己出资金及加工，2011年加工了40 000斤毛茶，应给葛某30 000元左右承包费。2012年的情况与2011年差不多，没有发票，也没有账簿。

(4) 方某跃的证言，证明方某贤与葛某合作，其于2012年4月到茶厂去帮方某贤管理收购茶叶，没有发现X公司有会计，但听说门市上有会计。

(5) 证人陈某付(葛某之妻)证言，证明该公司平时都是葛某在管理，会计是王某书，自己是出纳。公司门市是2008年开始经营的，毛茶销售主要是葛某负责，每年40 000斤左右，销售给黄某华等，都是现金交易。近几年纳税都是自己每月打电话给女儿葛某杰填表申报，公司申报的纳税销售收入只包含门市成品茶的销售收入，会计王某书只在需要做账的时候才来。大概的账是做过的，细账不清楚。

(6) 证人葛某杰(葛某之女)证言，证明该公司于2010年起委托其为办税员，公司每月申报纳税都是其母电话告知其数据进行申报的。

(7) 证人王某书在公安局作的证言，证明其原为××乡镇企业会计，2002年改制后就在葛某的公司做会计兼收购员，公司的账不全，每年就做一次账，做账的单据就是一些大的机械设备、煤炭采购单据等；茶叶采购和销售没有原始单据，都是葛某自己制作提供的数据。每年年底工商年检葛某都请他做报表，但报表数据不真实，没有反映公司的真实情况。

(8) 证人刘某忠(××会计师事务所审计师)证言，证明其对公司2006年到2010年的账簿和报表进行过全面审计，虽然公司的账务不健全，但资产总额、实收资本、销售收入等情况是清楚的。

(9) X公司法定代表人葛某的陈述，证明了公司账簿毁损及报案经过等情况。

X公司在一审中向法院提交了以下证据：

(1) Y县兴隆乡农村供销有限责任公司2009年到2011年的茶叶加工账目，拟证明同行业的企业收入情况。

(2) Z市人民政府昭政发〔2012〕63号文件、Y县人民政府盐政发〔2007〕7号文件，证明X公司虚报数据的目的是为申报县级、市级龙头企业，以获得更多的农业投入。

本案一审中，Y县人民法院依职权调取了以下证据：

(1) 证人刘某忠证言，证明X茶叶公司自注册以来每年都为其提供工商年检的审计报告，2006年到2010年，每年审计都提供了会计报表(资产负债表、利润及利润分配表)及账簿，原始单据的收支与报表数据不符，但会计报表是平衡的，报表上的数据是企业自己填的。考虑到公司是为了参加工商年检，只要有50万元注册资本就行，就出具了审计报告。

(2) 证人王某书证言，证明内容与其在公安局的证实基本一致。

经审查，稽查局向一审法院提交的第一组证据来源合法，内容真实，符合证据三性，能够证明稽查局对X公司进行税务稽查的过程及审批情况，应予采信。第二组证据中，证据7不具有真实性，不予采信，其余证据来源合法，内容真实，符合证据三性，能够证明上诉人X公司领购发票、申报纳税、账目审计等相关经营情况，应予采信。第三组证据来源合法，内容真实，能够证明稽查局通过对X公司涉税案调查后进行处罚的经过。第四组证据证人证言，部分内容能够相互印证，证明X公司财务管理及申报纳税不规范，经营中存在不按规定开具发票的情况，对此予以确认。

上诉人X公司在一审中提交的Y县××乡农村供销有限责任公司2009年到2011年的茶叶加工账目对本案不具有证明力，不能证明上诉人公司的经营销售情况，不予采信；Z市人民政府发〔2012〕63号文件、Y县人民政府发〔2007〕7号文件，来源合法，内容真实，能够证明上诉人已经申报获得县级、市级龙头企业称号，对此予以确认。

本案一审法院依职权调取的刘某忠、王某书证言，能够证实上诉人公司财务管理不规范,账目不清,但不能证明该公司具体的经营销售状况,对其能证实的部分内容予以采信。

▶ 二审法院认为:

稽查局具有对上诉人X公司进行税务征收和稽查的法定职权,在税务稽查过程中,X公司不能按照规定和要求向上诉人提供相应的账簿、记账凭证和报表等相关纳税资料,稽查局查实X公司进行虚假纳税申报,并根据X公司自行向工商部门申报的数据核实其从2006年到2010年少缴税款400 501.69元,认定其行为已构成偷税。根据《税收征收管理法》第六十三条的规定:"纳税人伪造、变造、隐匿、擅自销毁账簿、记账凭证,或者在账簿上多列支出或者不列、少列收入,或者经税务机关通知申报而拒不申报或者进行虚假的纳税申报,不缴或者少缴应纳税款的,是偷税。对纳税人偷税的,由税务机关追缴其不缴或者少缴的税款、滞纳金,并处不缴或者少缴税款百分之五十以上五倍以下的罚款;构成犯罪的,依法追究刑事责任。"稽查局根据上述法条的规定作出《税务行政处罚决定书》,对X公司处以所偷税款400 501.69元的50%,即200 250.85元的罚款,认定事实清楚,证据充分,程序合法,适用法律正确。

X公司的偷税违法行为从2006年持续到2010年,根据《行政处罚法》第二十九条第二款规定:"违法行为有连续或者继续状态的,从行为终了之日起计算。故被上诉人对上诉人作出的行政处罚并未超过法定时效。"上诉人X公司认为稽查局据以核定税款并作出行政处罚的数据是公司为了应付工商年检和申报县、市农业产业化龙头企业而作的虚假数据。首先,该数据系X公司自行申报提供,X公司因为该数据顺利通过工商年检并获得县、市龙头企业称号,享受了相应的政策优惠,理应缴纳相应的税款;其次,X公司在2013年12月3日收到稽查局送达的《税务处理决定书》后,并未在法定期限内向上级税务部门申请行政复议,应视为其认可偷税400 501.69元的事实;再次,X公司不能提供真实可信的账簿、记账凭证和报表推翻其申报的数据。因此,上诉人X公司的上诉理由无事实和法律依据,依法不能成立,本院不予支持。一审判决认定事实清楚,适用法律、法规正确,本院予以维持。依照《行政诉讼法》第六十一条第(一)项之规定,判决如下:驳回上诉,维持原判。

(四) 主观故意取证要点

对于行为人偷税主观故意的证明,主要根据其所采用的违法手段特征,结合当事人、相关人员对违法手段、危害后果的认知情况进行综合判定。除证明其采取欺骗、隐瞒等手段的证据外,通过对被查对象负责人、财务人员及有关证人进行询问,以证明其对于偷税行为及其危害后果的“明知”和“希望”。

在能够证明被查对象存在欺骗、隐瞒等偷税手段的情况下，即使被查对象在当事人陈述中否认其主观故意，如果不能提供相反的证据，不影响对其主观故意的认定。

被查对象法定代表人、主要负责人、财务负责人等在伪造、变造账簿、凭证、纳税申报表以及其他能够证明偷税行为的相关资料上的签字行为，可以作为其具有偷税主观故意的证据。

三、偷(逃)税案件定性处理

(一) 法律依据

偷(逃)税行为认定处理的法律依据主要有：

(1)《税收征收管理法》第六十三条。

(2)《国家税务总局关于税务检查期间补正申报补缴税款是否影响偷税行为定性有关问题的批复》(税总函〔2013〕196 号)。

(3)《国家税务总局关于北京聚菱燕塑料有限公司偷税案件复核意见的批复》(税总函〔2016〕274 号)。

(4)《国家税务总局关于纳税人取得虚开的增值税专用发票处理问题的通知》(国税发〔1997〕134 号)。

(5)《国家税务总局关于〈国家税务总局关于纳税人取得虚开的增值税专用发票处理问题的通知〉的补充通知》(国税发〔2000〕182 号)。

(6)《国家税务总局关于纳税人善意取得虚开的增值税专用发票处理问题的通知》(国税发〔2000〕187 号)。

(7)《国家税务总局转发〈最高人民法院关于审理偷税抗税刑事案件具体应用法律若干问题的解释〉的通知》(国税发〔2002〕146 号)。

(二) 违法要件

1. 违法主体的认定

违法主体是指违反税法规定并应当依法承担相应责任的主体，包括公民、法人以及其他组织。偷(逃)税案件中，违法主体的认定，须注意以下几种特殊情形：

(1) 承包、承租经营情形中偷税违法主体的确定。

《税收征收管理法实施细则》第四十九条规定，承包人或者承租人有独立的生产经营权，在财务上独立核算，并定期向发包人或者出租人上缴承包费或者租金的，承包人或者承租人应当就其生产、经营收入和所得纳税，并接受税务管理；但是，法律、行政法规另有规定的除外。发包人或者出租人应当自发包或者出租之日起 30 日内将承包人或者承租人的有关情况向主管税务机关报告。发包人或者出租人不报告的,发包人或者出租人与承包人或者承租人承担纳税连带责任。

《增值税暂行条例实施细则》第十条规定,单位租赁或者承包给其他单位或者个人经营的,以承租人或者承包人为纳税人。

相关案例3.7　发包承包该谁纳税　主体认定须有依据[①]

【案件查办过程】

B煤炭公司G煤矿,成立于2007年2月,为B煤炭公司分公司,负责人付某(B公司法定代表人),主要经营褐煤开采及销售业务。

2016年3月22日,B市国家税务局稽查局决定对B煤炭公司G煤矿立案检查,并向其送达《税务检查通知书》和《调取账簿资料通知书》,告知B煤炭公司G煤矿根据《税收征收管理法》第五十四条规定,决定派闻某、杨某等人,自2016年3月22日起对其2012年1月1日至2015年12月31日(如果检查发现此期间以外明显的税收违法嫌疑或线索不受此限)涉税情况进行检查。同时告知B煤炭公司G煤矿决定调取其2012年1月1日至2015年12月31日的账簿、记账凭证、报表和其他有关资料,并要求于2016年3月22日前将上述资料送到市国家税务局(稽查局)。

2016年3月24日,市国家税务局稽查局以"在对企业实地检查时发现,企业2016年1、2月过磅单,与负责过磅人员核实,企业在此期间确实有销售收入产生,故申请对该企业2016年1月至2月增值税纳税情况一并进行检查"为由,变更了对B煤炭公司G煤矿税务稽查的时间。

市国家税务局稽查局以"该案件涉嫌偷税数额巨大,证据资料收集、汇总工作量较大,纳税人对检查出的数据核对也比较费时"为由,分别于2016年5月21日、2016年9月30日、2016年12月31日、2017年3月31日决定对该案件检查时限进行延期。

2016年3月22日,市国家税务局稽查局向B煤炭公司G煤矿调取2012年1月至2012年12月会计凭证16册、会计账本2册、过磅单3册,以上材料于2016年4月17日退还给B煤炭公司G煤矿。

2016年3月24日,市国家税务局稽查局向B煤炭公司G煤矿调取2013年1月至2013年12月过磅单7册、2014年1月至2014年12月过磅单12册、2015年3月

---

① 本案例改编自《保山宝源煤炭有限公司干沟煤矿税务行政管理(税务)二审行政判决书》云南省保山市中级人民法院(2018)云05行终86号,原文见中国裁判文书网,http://wenshu.court.gov.cn/website/wenshu/181107ANFZ0BXSK4/index.html? docId=fa5769460a204b9ba818a9a400b36399。

至2015年12月过磅单9册、2016年1月至2016年2月过磅单2册，以上材料在“调取账簿资料清单”上注明“原件已提取”。

2016年4月17日，市国家税务局稽查局出具《提取证据专用收据》，向B煤炭公司G煤矿提取证据，名称：“G煤矿过磅单”，证据出处：“B煤炭公司G煤矿过磅单房”，内容摘要：“过磅车辆牌照号、数量、单价、金额、过磅员签名”，证据所属时间从2011年12月21日至2016年2月25日（但2012年9月25日至2012年11月14日、2013年4月27日至2013年10月24日没有“过磅单”）及对应该时段的“过磅单”数量。B煤炭公司G煤矿的负责人付某和及G煤矿现场生产负责人董某坤在《提取证据专用收据》上签字并加盖B煤炭公司G煤矿的公章。

2016年6月17日，市国家税务局稽查局制作《B煤炭公司G煤矿过磅单2012年、2013年、2014年、2015年、2016年1～2月统计汇总表》，B煤炭公司G煤矿的采购员郭某、过磅员石某在汇总表上签字并加盖B煤炭公司G煤矿的公章。

2016年7月15日，市国家税务局稽查局制作《税务稽查工作底稿（一）》，对B煤炭公司G煤矿“取得货物销售收入未计提销项税额”进行汇总，B煤炭公司G煤矿的负责人付某和及G煤矿现场生产负责人董某坤在底稿中签字并注明“数据已核对，与过磅单所载金额一致”，并加盖B煤炭公司G煤矿的公章。

市国家税务局稽查局分别于2016年9月22日、2017年8月11日送达《税务事项通知书》，将检查查实的主要问题书面告知B煤炭公司G煤矿，并告知其在收到本通知书后3日内，如有不同意见，可依法提出书面或口头申辩，如有新的证据也一并提供。

B煤炭公司G煤矿分别于2016年9月26日、2017年8月14日作出两份《关于市国家税务局稽查局税务事项通知书回复函》，内容为B煤炭公司G煤矿于2008年1月9日与董某坤签订B煤炭公司G煤矿承包生产经营协议，承包时间为8年。根据协议在承包期内B煤炭公司G煤矿的所有生产经营、原煤的生产销售、各种税费的缴纳等综合成本均由董某坤负责。承包期间董某坤没有与原告进行承包结算，合同期满后董某坤未向原告提供全面的财务依据，导致B煤炭公司G煤矿与董某坤无法进行结算，几年来B煤炭公司G煤矿未分到利润。

2017年7月24日，市国家税务局稽查局召开税收违法案件集体审理会议，并形成《B煤炭公司G煤矿取得货物销售收入少缴纳增值税案件集体审理纪要》，统一意见为：

(1) B煤炭公司G煤矿的行为系偷税，应补缴增值税2 505 077.64元，拟罚款1 252 538.93元。

(2) 该案件达到移送司法机关条件,应予移送。

(3) 根据重大案件提请审理标准的相关要求,将本案件提请市国家税务局审理委员会审理。

2017年7月25日,稽查局向市国家税务局重大税务案件审理委员会报送《重大税务案件审理提请书》,市国家税务局重大税务案件审理委员会于2017年7月27日作出《受理通知书》,经审理后于2017年8月10日作出《补充调查通知书》。

2017年8月11日,稽查局根据《补充调查通知书》,向L区国家税务局发送《关于查询B煤炭公司G煤矿涉税相关情况的函》。L区国家税务局于2017年8月11日向稽查局报送《关于B煤炭公司G煤矿与纳税主体相关的情况说明》《B煤炭有限公司G煤矿纳税情况说明》及《B煤炭公司G煤矿防伪税控认证情况说明》,上述三份情况说明的内容是:

(1) B煤炭公司G煤矿是L区国家税务局的管户。

(2) G煤矿或董某坤从未向L区国家税务局提交过《出租、发包报告》、承包(承租)协议合同复印件,也未进行过任何相关事项的备案事宜。

(3) 经查,董某坤在L区国家税务局管辖范围内未办理过临时税务登记。

(4) B煤炭公司G煤矿2012年1月1日至2016年2月29日增值税合计入库税款86 995.91元,并附有入库税款明细统计表。

(5) 经增值税防伪税控系统查询原告2012年1月1日至2016年2月29日无发票抵扣认证信息。

2017年8月11日,稽查局向市地方税务局稽查局发送《关于查询B煤炭公司G煤矿纳税情况的函》,市地方税务局直属征收分局于2017年8月11日向稽查局作出《关于B煤炭公司G煤矿纳税情况的说明》,内容是:

(1) 该公司或董某坤从未向市地方税务局直属征收分局提交过《出租、发包报告》、承包(承租)协议合同复印件。

(2) 经查,董某坤在市地方税务局直属征收分局未办理过临时税务登记。

(3)《B煤炭公司G煤矿2012年至2016年2月地税分税种已缴税统计表》,证实B煤炭公司G煤矿2012年至2016年2月缴纳城市维护建设税、地方教育附加、教育费附加、印花税、资源税、企业所得税等合计税款23 337.26元。

稽查局分别于2017年8月13日、14日向L区国家税务局第一税务分局和通过"金三系统"查询B煤炭公司G煤矿《增值税纳税申报表》,证实B煤炭公司G煤矿2012年1月～6月属于小规模纳税人,2012年7月至2016年2月属于一般纳税人及相关申报信息。

稽查局于2017年8月21日召开税收违法案件集体审理会议，并形成《B煤炭公司G煤矿取得货物销售收入少缴纳增值税案件集体审理纪要》，统一意见为：

(1) B煤炭公司G煤矿的行为系偷税，应补缴增值税2 418 081.73元，拟罚款1 209 040.96元。

(2) 该案件达到移送司法机关条件，应予移送。

(3) 根据B煤炭公司G煤矿的回函，对其提出因2008年1月9日与董某坤签订生产经营协议，所有税费应由董某坤负责承担的意见不予认可，纳税主体仍为B煤炭公司G煤矿。

(4) 根据重大案件提请审理标准的相关要求，将本案件提请市国家税务局审理委员会审理。

2017年8月21日，稽查局再次提请市国家税务局重大税务案件审理委员会审理。重大税务案件审理委员会于2017年8月25日作出审理意见，同意稽查局于2017年8月21日集体审理后形成的统一意见。

2017年9月5日，稽查局作出《税务处理决定书》并于同日向B煤炭公司G煤矿送达，B煤炭公司G煤矿加盖公章进行签收。《税务处理决定书》内容如下。

一、违法事实

经检查核实B煤炭公司G煤矿的“过磅单”所记录的销售数量、金额是企业真实的全部销售收入，由于B煤炭公司G煤矿原因当期未进行会计核算，“过磅单”记载所取得收入未全额如实进行纳税申报，属于隐瞒销售收入行为。主要证据：2012年1～6月“过磅单”5 077份，销售煤36 365.529吨，销售收入4 833 436.00元；2012年7月、8月、9月、11月、12月“过磅单”1 350份，销售煤15 327.57吨，销售收入2 235 793.00元；2013年1月、2月、3月、4月、10月、11月、12月“过磅单”2 021份，销售煤23 895.45吨，销售收入3 245 361.00元；2014年1至12月“过磅单”2 647份，销售煤34 749.93吨，销售收入3 838 222.00元；2015年3月、4月、5月、6月、7月、9月、10月、11月、12月“过磅单”3 413份，销售煤51 571.63吨，销售收入5 580 190.00元；2016年1至2月“过磅单”936份，销售煤13 479.3吨，销售收入1 372 367.00元。

二、处理决定

根据《增值税暂行条例》第一条、第五条、第十二条第一款、第十九条，《增值税暂行条例实施细则》第二条第一款、第三条第一款，《中华人民共和国税收征收管理法》第六十三条第一款之规定，由税务机关追缴其不缴或少缴的税款2 418 081.73元；根据《中华人民共和国税收征收管理法》第三十二条规定，以上少缴税款2 418 081.73元从滞纳之日起，按日加收万分之五的滞纳金。

三、告知具体事项

告知原告履行税务处理决定的时间、地点、方式、逾期履行的后果、申请行政复议的时间及途径。B煤炭公司G煤矿于2017年9月20日将税款2 418 081.73元及滞纳金1 413 106.57元缴至稽查局指定的账户内。

B煤炭公司G煤矿不服稽查局作出《税务处理决定书》，于2017年10月23日向Y省国家税务局申请行政复议，Y省国家税务局经审查于2017年12月21日作出《行政复议决定书》，2017年12月23日邮寄送达B煤炭公司G煤矿。《行政复议决定书》认为，该案认定事实清楚、证据确凿、适用依据正确、程序合法、内容适当，根据《行政复议法》第二十八条第一项、《税务行政复议规则》第七十五条第一项的规定，决定维持市国家税务局稽查局于2017年9月5日作出的处理决定。

B煤炭公司G煤矿不服《税务处理决定书》和《行政复议决定书》，向法院提起行政诉讼。

【税企争议焦点】

稽查局将B煤炭公司G煤矿作为偷税违法主体的认定是否正确。

【法院裁判观点】

▶ 一审法院认为：

根据《税收征收管理法》第六十三条第一款的规定："纳税人伪造、变造、隐匿、擅自销毁账簿、记账凭证，或者在账簿上多列支出或者不列、少列收入，或者经税务机关通知申报而拒不申报或者进行虚假的纳税申报，不缴或者少缴应纳税款的，是偷税。对纳税人偷税的，由税务机关追缴其不缴或者少缴的税款、滞纳金，并处不缴或者少缴的税款百分之五十以上五倍以下的罚款；构成犯罪的，依法追究刑事责任。"本案，被告市国家税务局稽查局通过对原告B煤炭公司G煤矿被稽查时间段内的销售货物凭证(过磅单)的调取统计并经B煤炭公司G煤矿核实确认，查询相应时段原告向税务机关申报纳税信息和税款入库信息，分别按照增值税小规模纳税人和增值税一般纳税人计算方式计算出原告少缴或不缴的税款，认定B煤炭公司G煤矿取得收入未全额如实进行纳税申报属于隐瞒销售收入行为，稽查局通过选案、立案、调查取证、集体讨论、上报重大税务案件审理委员会审理、作出《税务处理决定书》并依法送达。综上，法院认为被告市国家税务局稽查局作出的行政行为事实清楚、证据确凿充分，程序合法，适用法律法规正确。被告Y省国家税务局在受理原告的行政复议申请后，依法对被申请人作出的具体行政行为进行了审查，提出意见，经行政复议机关的负责人同意通过后，作出《行政复议决定书》并依法送达，证据确凿、适用法律、法规正确,符合法定程序。

关于原告B煤炭公司G煤矿提出其不是本案纳税主体,根据《税收征收管理法实施细则》第四十九条第二款"发包人或者出租人应当自发包或者出租之日起30日内将承包人或者承租人的有关情况向主管税务机关报告。发包人或者出租人不报告的,发包人或者出租人与承包人或者承租人承担纳税连带责任"和《税务登记管理办法》第十条第(四)项"有独立的生产经营权、在财务上独立核算并定期向发包人或者出租人上交承包费或租金的承包承租人,应当自承包承租合同签订之日起30日内,向其承包承租业务发生地税务机关申报办理税务登记,税务机关发放临时税务登记证及副本"的规定,如本案原告B煤炭公司G煤矿与案外人存在承包关系,B煤炭公司G煤矿应当按法律法规的规定向税务机关报告有关情况,承包人应当向业务发生地税务机关申报办理税务登记。但本案中,根据B煤炭公司G煤矿提交的证据表明,在税务机关登记的纳税人系原告B煤炭公司G煤矿,且在2012年1月至2016年2月向税务机关申报纳税的主体也是B煤炭公司G煤矿,B煤炭公司G煤矿从未向税务机关提交过《出租、发包报告》或承包协议合同等材料,也未向税务机关进行过任何相关事项的备案。同时也没有与B煤炭公司G煤矿有承包关系的案外人向相关税务机关申报纳税的事实,故B煤炭公司G煤矿的该诉讼请求,不予支持。

综上所述,依据《行政诉讼法》第六十九条、第七十九的规定,判决驳回原告B煤炭有限公司G煤矿的诉讼请求。

B煤炭公司G煤矿不服一审判决,提起上诉,认为:一审判决认定事实不清,证据不足。本案涉案煤炭物流事实不清,涉案资金流向不调查且刻意回避,对涉案煤炭销售款的流向及合法性均未予以查明。本案因被上诉人稽查局的原因导致损失扩大。

二审庭审过程中,被上诉人市税务局稽查局向法院提交(2018)X05行终69号判决书1份,欲证明之前已经存在相关类似案件的生效法律文书。经质证,上诉人B煤炭公司G煤矿对该判决的真实性、合法性无异议,对证明目的持有异议。二审法院认为,(2018)X05行终69号判决书系生效法律文书,且系本案上诉期间形成的新证据,本院予以采信。

▶ **二审法院认为:**

本案中,上诉人G煤矿作为纳税人,依据《增值税暂行条例》第一条:"在中华人民共和国境内销售货物或者提供加工、修理修配劳务以及进口货物的单位和个人,为增值税的纳税人,应当依照本条例缴纳增值税"的规定,其在煤炭销售的经济行为中应当依法履行缴纳增值税的法定义务。被上诉人市税务局稽查局根据上诉人G煤矿提供的煤炭销售凭证认定其于2012年1月至2016年2月应税期间未依法申报缴纳税款,致使国家税款流失 2 418 081.73 元的事实清楚,上诉人认为因其《采矿许可证》于 2012 年 9 月到期,主张本案行政处罚确定的应税期间的销售煤炭收入应以非法所得进行没收,而不能对该非法收入予以征税。经审查,上诉人所提出的采矿许可涉及的矿业行政管理职责不属被上诉人稽查局的法定职权,该收入在被上诉人作出行政处罚决定时也未经职能机关依法认定并进行没收处理,且该事项也非属行政诉讼审查范围,同时,其主张被上诉人及一审法院未查明涉案煤炭物流、资金及票据流向的观点,与被上诉人作出行政行为期间其自认账簿资料遗失并对销售凭证即过磅单的签章确认事实相矛盾,故其认为一审判决未认定导致本案事实认定不清的观点缺乏事实依据,对该项上诉理由不予支持。

关于上诉人提出本案因被上诉人的原因导致损失扩大的主张,根据《税收征收管理法》第三十二条的规定,上诉人应税期间及少缴税额已经其确认,被上诉人依此对其自滞纳税款之日起,加收少缴税款滞纳金 1 413 106.57 元符合法律规定,上诉人的该项上诉主张不予支持。

综上,被上诉人稽查局作出的行政处理决定及复议决定并无违法和不当之处,也未对上诉人造成财产损害。一审判决认定事实清楚,适用法律正确,审判程序合法,上诉人 G 煤矿的上诉请求依法不能得到支持。依照《行政诉讼法》第八十九条第一款第(一)项之规定,判决如下:驳回上诉,维持原判。

(2) 对已注销企业能否认定为偷税并作出处罚决定。

企业一经注销,相应的税务稽查案件的相对人即不存在,再对其作出行政行为缺乏依据。企业注销后,如发现其在注销前的税收违法行为已涉嫌犯罪,可按规定将有关线索移交公安机关处理。

相关案例 3.8 公司注销却收到处罚决定 股东坚持维权终赢得诉讼[①]

【案件查办过程】

W 顾问咨询有限公司(以下简称 W 公司),成立于 2007 年 11 月,为丁某峰出资设立的有限责任公司(自然人独资),注册资本 100 万元,法定代表人丁某峰,经营范围包括经济贸易咨询、技术推广服务、组织文化艺术交流活动(不含演出)、展览服

① 本案例改编自《丁海峰与国家税务总局北京市税务局稽查局其他一审行政判决书》北京市西城区人民法院(2018)京 0102 行初 881 号,及该案前后系列裁判文书,原文见中国裁判文书网,http://wenshu.court.gov.cn/website/wenshu/181107ANFZ0BXSK4/index.html? docId=962808f3cb014f9b9cb7ab1b0040d079。

务、企业策划形象等。

2012年5月16日，W公司经工商行政管理部门核准注销。

2015年3月24日，市国家税务局稽查局（以下简称稽查局）决定对W公司2009年1月1日至2011年12月31日（如检查发现此期间以外明显的税收违法嫌疑或线索不受此限）涉税情况进行检查。2015年3月25日，稽查局向W公司作出税务检查通知书、询问通知书，丁某峰签收了上述文书。同日，稽查局对丁某峰进行询问，并制作询问（调查）笔录。

2015年4月8日，稽查局向W公司作出《询问通知书》，由丁某峰签收。同日，稽查局对丁某峰进行询问，并制作了询问（调查）笔录。

2015年4月17日，稽查局向W公司作出《税务事项通知书》，丁某峰签收上述通知书。2015年4月22日，稽查局向W公司作出《税务行政处罚事项告知书》，丁某峰签收上述告知书并提出听证申请。稽查局向W公司作出《税务行政处罚听证通知书》，2015年4月28日丁某峰签收上述通知书。2015年5月5日，稽查局组织听证，并制作听证笔录。

2015年11月27日，市国家税务局稽查局对W公司作出《税务行政处罚决定书》并向丁某峰送达。该税务行政处罚决定的主要内容如下。

一、违法事实

开具领购方与开具方不符的发票，取得收入未记账、未申报缴纳企业所得税。2009年7月，向GD证券提供中介服务，取得收入1 100 000元，所开具的服务业、娱乐业文化体育业专用发票，经鉴定，系JK公司向税务机关领取。2009年11月，向HK证券提供中介服务，取得收入1 000 000元，并使用JK公司向税务机关领购的发票开具给HK证券。2010年6月，向HK信托提供中介服务，取得收入250 000元，并使用HD公司领购的发票开具给HK信托。2011年4月至6月，向HK信托提供中介服务，取得收入5 546 400.52元。使用AX公司领购的发票开具给HK信托。

W公司开具上述5份发票后，共计取得营业收入7 896 400.52元，其中2009年隐匿营业收入2 100 000元，扣除补缴的营业税金及附加115 500元，少缴企业所得税496 125元；2010年隐匿营业收入250 000元，扣除补缴的营业税金及附加13 750元，少缴企业所得税59 062.5元；2011年隐匿营业收入5 546 400.52元，扣除补缴的营业税金及附加310 598.43元，弥补亏损1 996.16元，少缴企业所得税1 308 451.48元。3年合计少缴企业所得税1 863 638.98元。

二、处罚决定

根据《发票管理办法》第二十四条、第三十九条之规定，决定对你单位开具领购方与开具方不符的发票行为处500 000元罚款。根据《税收征收管理法》第六十三条第一款之规定，决定对你单位少计收入导致的少缴企业所得税行为处1倍罚款1 863 638.98元。

丁某峰不服被诉处罚决定，向本院提起行政诉讼。丁某峰认为，稽查局在W公司注销多年后恢复其税务登记，并在被诉处罚决定中将其认定为被处罚人无法律依据。根据《行政处罚法》第三条、《民法通则》第三十六条和《税收征收管理法》第四条规定，W公司在注销后，其公司法人资格终止，不再具有民事权利能力和民事行为能力。请求法院确认市国税局稽查局作出的被诉处罚决定违法并予以撤销。

市国税局稽查局认为，丁某峰不具有行政诉讼法规定的原告主体资格，其以自己名义提起的行政诉讼主体不适格。丁某峰不是行政行为的相对人，不是与行政行为有利害关系的公民。丁某峰仅是作为W公司的原法定代表人履行配合税务机关对该公司的查处义务，稽查局从未对丁某峰设定任何实质性的义务。至于丁某峰诉称的其实际缴纳罚款的情况，无论是否属实，出于何种动机，与被诉处罚决定都不存在法律上的因果关系，也就不存在利害关系。丁某峰提起的本案行政诉讼不符合受理条件，应予以驳回。

【税企争议焦点】

丁某峰是否具备行政诉讼原告主体资格，稽查局对已注销的W公司作出处罚决定是否合法。

【法院裁判观点】

针对丁某峰是否具备行政诉讼原告主体资格的问题。本院认为，根据《行政诉讼法》第二十五条的规定，行政行为的相对人以及其他与行政行为有利害关系的公民、法人或者其他组织，有权提起诉讼。本案中，W公司已经于2012年注销，其作为责任承担主体的法律地位已不存在，丁某峰作为W公司唯一的股东是该行政行为的利害关系人，具有对被诉处罚决定提起诉讼的权利，故丁某峰具备本案原告主体资格。

针对被诉处罚决定是否合法的问题。本院认为，《民法通则》第三十六条第二款规定，法人的民事权利能力和民事行为能力，从法人成立时产生，到法人终止时消灭。《中华人民共和国公司登记管理条例》(以下简称《公司登记管理条例》)第三条第一款规定，公司经公司登记机关依法登记，领取《企业法人营业执照》，方取得企业法人资格。《公司登记管理条例》第四十四条规定，经公司登记机关注销登记，公司终止。《行政处罚法》第三条规定，公民、法人或者其他组织违反行政管理秩序的行为，应当给予行政处罚的，依照本法由法律、法规或者规章规定，并由行政机关依照本法规定的程序实施。没有法定依据或者不遵守法定程序的，行政处罚无效。本案中，W公司已于2012年5月16日经公司登记机关注销登记，其企业法人资格彻底消灭，作为责任承担主体的法律地位已不存在，其不应再作为行政处罚的被处罚对象。故被诉处罚决定将W公司列为被处罚对象，属于缺乏相应的事实和证据支持，应当予以撤销。

故依照《行政诉讼法》第七十条第（一）项之规定，判决撤销稽查局作出的《税务行政处罚决定书》。

稽查局不服一审判决，提出上诉。在二审法院审理过程中，上诉人市税务局稽查局申请撤回上诉，二审法院裁定准许上诉人市税务局稽查局撤回上诉。

（3）吊销、破产清算中的企业，能否成为偷税违法行为的主体？

企业被吊销营业执照，企业法人依然存在，其作为民事、行政相对人的主体资格依然存在，丧失的是实施清算范围以外的活动的能力，具有承担行政处理及行政处罚责任的主体资格。吊销、破产清算中的企业作为纳税义务人，依法应当接受税务管理机关的管理，稽查局有权对吊销、破产清算中的企业依法进行检查和处理、处罚。

相关案例3.9 虚假合同资金账外隐瞒收入　吊销清算期间被处理处罚①

【案件查办过程】

J实业有限公司（以下简称J公司），成立于2006年8月，法定代表人为徐某，公司类型为有限责任公司，注册资本2 000万元，注册地址为L工业园区北斗大道1号，经营范围为工业项目投资、厂房出租、建筑材料、化工原料、机电设备、纺织品以及金属材料销售等，该公司在稽查所属期内实际经营工业厂房开发销售业务。

根据群众举报，L县国税局稽查局（以下简称稽查局）于2012年10月8日下达《税务稽查任务通知书》，对该公司进行税务稽查。该案件因涉税的经济业务为资产、股权的转让，涉及诸多地方税税种以及关系到企业所得税的正确计算，因此L县国税稽查局联系县地税局稽查局对该案采取联合检查。为应对检查，J公司自

① 本案例改编自《浙江省衢州市中级人民法院行政判决书》（2017）浙08行终111号，《浙江京桥实业有限公司、国家税务总局衢州市税务局第二稽查局税务行政管理（税务）再审审查与审判监督行政裁定书》浙江省高级人民法院（2019）浙行申521号，见中国裁判文书网 http://wenshu.court.gov.cn/website/wenshu/181107ANFZ0BXSK4/index.html?docId=dbbeba2f5f994e558225a8ef00a56858http://wenshu.court.gov.cn/website/wenshu/181107ANFZ0BXSK4/index.html?docId=ef97dc7619704f8390f2ab2a00da5957。

2013年4月聘请了律师，并分两次送达了律师意见书，提出了对抗性意见。对此，稽查人员两次赴外地就该公司账外经营问题与徐某进行逐户核对。稽查局分别于2013年5月24日、2013年8月28日、2013年10月8日共三次向J公司下达《税务事项通知书》，责成J公司提供相关文件、合同、会计核算凭证等资料，该公司以各种理由推脱而未提供。

2016年10月12日，稽查局作出《税务行政处理决定书》和《税务行政处罚决定书》，认定J公司存在以下违法事实：

(1) 账外经营隐瞒应税收入，在检查所属期实际取得应税收入113 962 511.34元：

① 隐瞒与B公司资产转让收入，应于2010年按11 510 167.22元确认收入。

② 隐瞒与C公司资产转让收入，应于2010—2011年按41 659 830元确认收入，代为垫付利息费用633 000元应于2011年确认为利息收入。

③ 隐瞒与吕某超等人转让S公司的股权转让收入，应于2010年按8 651 736.80元确认收入。

④ 隐瞒与吕某昌等人转让K公司股权的股权转让收入，应于2010年按15 585 789.94元确认收入。

⑤ 隐瞒与吕某光转让Y公司股权的股权转让收入，应于2010年按11 352 486.83元确认收入。

⑥ 隐瞒与章某丰和陈某维转让H公司股权的股权转让收入，应于2011年按4 606 399.44元确认收入。

⑦ 隐瞒与施某林和李某华转让N公司股权的股权转让收入，应于2011年按8 525 135.61元确认收入。

⑧ 2010年取得山海协作项目补助款11 430 000元，取得记入“营业外收入”账户的收入7 965.50元。

(2) 可税前扣除的土地及厂房开发计税成本及股权转让成本合计金额79 006 799.70元。

(3) 经纳税调整可税前列支的期间费用金额为5 609 895.59元。

(4) 可税前扣除的主营业务税金及附加4 344 506.25元。

综上，应纳税所得额＝收入－主营业务税金及附加4 344 506.25元－成本－期间费用＝113 962 511.34－4 344 506.25－79 006 799.70－5 609 895.59＝25 001 309.80(元)。其中：2010年度应纳税所得额为19 343 567.39元，2011年度应纳税所得额为5 657 742.41元。

已于2011年缴纳所属期2010年度企业所得税共计2 004 242.95元。应补企业所得税额=25 001 309.08×25%-2 004 242.95=4 246 084.50(元)。其中:2010 年度应补所得税额2 831 648.90元,2011 年度应补所得税额 1 414 435.60 元。

根据《税收征收管理法》第六十三条第一款规定,J公司采取账外经营隐瞒收入的行为符合该条"在账簿上多列支出或者不列、少列收入,不缴或者少缴应纳税款的,是偷税"的规定,依据"对纳税人偷税的,由税务机关追缴其不缴或者少缴的税款、滞纳金,并处不缴或者少缴的税款百分之五十以上五倍以下的罚款"的规定,对其偷税行为作出:追缴少缴企业所得税 4 246 084.5 元,并根据《税收征收管理法》第三十二条规定,从滞纳税款之日起,按日加收滞纳税款万分之五的滞纳金的处理决定。同时稽查局以J公司构成偷税作出行政处罚决定。

J公司对稽查局所作出的处理决定及处罚决定均不服,向市国税局提起行政复议。市国税局经复议于 2017 年 3 月 15 日,作出《行政复议决定书》,决定维持稽查局作出的税务处理及处罚决定。

对行政处理及处罚中的相关税款,J公司已缴纳。J公司因未参加年检,已于2012 年12 月 10 日被吊销营业执照,并于 2013 年初成立清算组进行清算,现尚在清算中。

J公司不服稽查局处理、处罚决定,向法院提起诉讼。

【税企争议焦点】

J公司被吊销营业执照,已经进入清算,稽查局以J公司为对象作出处理、处罚决定是否合法;J公司的行为是否构成偷税。

【法院裁判观点】

▶ 一审法院认为:

对于稽查局在J公司企业已经进入清算而以J公司企业为对象作出的行政行为的合法性,J公司主张,稽查局对J公司作出行政处理时,J公司已被吊销营业执照,且已成立清算组,企业已进入清算状态,稽查局对被吊销营业执照的企业作出行政处罚不符合行政处罚的立案目的,企业的营业执照被吊销相当于自然人已经死亡,应该经其财产或者说遗产承担债务,但再予处罚显然没有法律依据。法院认为,企业被吊销营业执照,企业法人依然存在,其作为民事、行政相对人的主体资格依然存在,丧失的是实施清算范围以外的活动的能力。纳税义务人,依法应当接受税务管理机关对其纳税行为的监管,稽查局有权对J公司企业违反纳税义务行为依法进行处理与处罚。清缴所欠税款是《中华人民共和国公司法》(以下简称《公司法》)规定的清算组织的法定职责与义务。故J公司的主张是对法律理解的错误,依法不能成立。

关于J公司行为是否构成偷税,一审法院认为:纳税人应当如实申报纳税。纵观全案，J公司由法定代表人在销售转让1#～6#地块厂房与土地、8#、9#地块厂房与土地时，先与购买方的B公司、C门窗有限公司的法定代表人达成交易，签订合同。事隔一月，J公司法定代表人又与上述两公司的法定代表人签订以其尚未设立的D公司、E公司再行签订除价格降低一半外，其他条款基本一致的转让合同。既不合常理，更非是正常经营之道。实际履行中所收付的交易款项与第一份合同相吻合，而与第二份合同差距甚巨。对于以股权交易方式转移的其他地块的房地产，均是在双方已达成房地产交易价格甚至签订了合同的前提下，再行以交易标的投资设立新公司，进行股权转让，而实际收取的款项与原转让合同基本相符。J公司还采用刻意收回、销毁已签订的合同、与建筑公司签订虚假的附属工程合同、利用非本公司账户接收款项等方式掩盖事实，且税务自查中，仅自觉补交了部分税款，而不如实纳税申报。J公司上述行为，属《税收征收管理法》第六十三条第一款所规定的，纳税人伪造、变造、隐匿、擅自销毁账簿、记账凭证，或者在账簿上多列支出或者不列、少列收入，或者经税务机关通知申报而拒不申报或者进行虚假的纳税申报的行为，目的显然是为不缴或者少缴应纳税款的，其行为已构成偷税，且情节严重。稽查局对J公司行为的定性正确。J公司提出的其主观上没有偷税故意，稽查局没有证据证明J公司偷税及J公司未造成国家损失的主张，与事实不符，依法不予采纳。

综上，该院认为，稽查局检查认定的J公司纳税行为证据确凿、对其偷税行为的定性正确、适用法律正确，所实施的税务处理与税务行政处罚行为符合税务稽查案件的程序要求；市国税局的复议行为程序合法，决定正确。J公司请求撤销税务处罚决定及复议决定的理由不能成立，依法应予驳回。据此，依照《行政诉讼法》第六十九条之规定，判决驳回J公司的诉讼请求。

J公司不服一审判决，提起上诉。

▶ 二审法院认为：

《公司法》第一百八十六条第二款规定，清算期间，公司存续，但不得开展与清算无关的经营活动。《公司法》第一百八十四条规定："清算组在清算期间行使下列职权：……(四)清缴所欠税款以及清算过程中产生的税款；(五)清理债权、债务……"本案中，J公司被吊销营业执照、相关人员成立清算组进行清算，现清算未结束，故J公司仍然存续，应当清缴公司所欠税款，其具有承担行政处理及行政处罚责任的主体资格，J公司主张其不具有主体资格的理由不能成立。

J公司在转让资产时分别与交易方签订两份合同，且将实际履行的合同予以销毁，其少报收入、账外隐匿收入等事实依据充分，税务机关认定其具有偷税的主观故意并无不当，J公司主张其不存在偷税故意与事实不符。

据此，依照《行政诉讼法》第八十九条第一款第(一)项之规定，判决驳回上诉，维持原判。

J公司不服二审法院判决，申请再审认为：其资产转让行为是一种合理、合法的税务策划。不能因为实际履行合同的交易方式不同而产生不同的税务负担就认定存在偷逃税款的行为。稽查局的所得税计算错误。申请人与B公司及C公司采取的是厂房资产转让方式进行交易的。由于征纳双方未能就二宗地产的交易价格及交易成本进行确认，因此，尚未进行土地增值税的汇算清缴。由于土地增值税是房地产转让收益直接相关的可以税前列支的税金，在未进行土地增值税清算前，被申请人稽查局的处罚告知书未合理预计土地增值税的应计金额，因此，即使认定收入确认无误的情况下，据此计算房地产转让的企业所得税显然是不正确的。

▶ **再审法院审理认为：**

一、关于稽查局对J公司资产转让与股权转让所得取得的收入的认定是否正确的问题

根据《企业所得税法》第三条所规定，居民、企业应当就其来源于境内、境外的所得缴纳企业所得税；《企业所得税法》第五条规定，企业每一纳税年度的收入总额，减除不征税收入、各项扣除以及允许弥补的经前年度亏损后的余额，为应纳税所得额。J公司自成立之后，未从事所登记的经营活动，而以房地产开发经营的方式边建设边销售房地产，且所有的房地产销售后，对所注册登记的企业进行清算。企业所得即是移转房地产的收入。故J公司以转让房地产及以股权转让方式转让房地产所取得的收入的确定，是本案的主要的争议焦点。稽查局认定J公司资产转让与股权转让所取得的收入不仅有J公司与各受让方早期签订的合同，受让方的证言，而且还有款项支付凭证等证据，相关证据相互印证，形成证据锁链，足以证实交易各方按照早期合同而非后期合同约定支付交易对价的事实。J公司主张厂房的相关配套工程由徐某个人代建，各方依后期签订的合同支付交易对价。而对于徐某个人代建的事实，J公司未提供徐某与B公司等受让方签订的附属工程建设合同，其虽提供了徐某与吴某杰、徐某军等人签订的工程承包合同证明其将附属工程承包给吴某杰等人，但徐某军在稽查局对其所作的询问笔录中陈述徐某与其签订的工程承包合同是虚假的，汇入其账户的是钢材款而非工程款。而且也缺乏充分的工程承包合同履行事实依据。故稽查局对J公司资产转让与股权转让所得取得收入的认定，并无不当。

二、关于稽查局在作出具体税务行政处理决定过程中程序是否合法的问题

根据《税务稽查工作规程》第二十二条的规定，检查应当自实施检查之日起60日

内完成;确需延长检查时间的,应当经稽查局局长批准。该案案情重大,符合重大税务案件标准,稽查局为查明案情,多次延长办案期限并不违法。稽查局以《税务稽查工作规程》等相关规定为由未提供内部审理意见等材料,依据充分。从相关证据看,未出现税务检查人员和税务审理人员重合的情况。故再审申请人主张被申请人未按照《税务稽查工作规程》的规定执法,缺乏事实和法律依据。

三、关于所得税的计算问题

根据《企业所得税法》第五条规定,企业每一纳税年度的收入总额,减除不征税收入、各项扣除以及允许弥补的经前年度亏损后的余额,为应纳税所得额。稽查局所确定的J公司的应税收入,已将J公司从房地产及股权受让方所取得的款项中的非收入项的对方代垫款项、其他往来款项予以扣除。J公司认为C公司所代垫的土地使用税未予扣除,系J公司未能提供所主张的该代垫费用的证明,而不能扣除。稽查局在确定J公司企业应纳税所得时,已依法减扣相关的成本、管理费用和已缴纳的有关税金。稽查局在确定J公司企业应税所得时,未能预先扣减土地增值税,系因J公司尚未依法缴纳本案所涉土地增值税。故稽查局对申请人所得税计算正确。

四、关于稽查局适用法律是否正确的问题

稽查局根据所查明的再审申请人偷税的事实,适用《税收征收管理法》第三十六条关于偷税的处理的规定,追缴J公司因偷税而少缴的税款及滞纳金,适用法律正确。

综上,原一审法院判决驳回申请人J公司的诉讼请求。原二审法院对一审判决予以维持,均无不当。申请人申请再审的理由不能成立。再审申请人J公司的再审申请不符合《行政诉讼法》第九十一条规定的情形。依照《最高人民法院关于适用〈中华人民共和国行政诉讼法〉的解释》第一百一十六条第二款之规定,裁定驳回再审申请人J公司的再审申请。

2. 违法手段的认定

1)伪造、变造、隐匿、擅自销毁账簿、记账凭证等

伪造账簿是指违反会计法和国家统一的会计制度的规定,根据伪造或者变造的虚假会计凭证填制会计账簿,或者不按要求登记账簿,或者对内对外采用不同的确认标准、计量方法等手段登记会计账簿的行为。

变造账簿是指采取涂改、挖补或者其他手段改变会计账簿的真实内容的行为。所谓伪造记账凭证,是指以虚假的经济业务或者资金往来为前提,填写、制作记账凭证的行为。

变造记账凭证是指采取涂改、挖补以及其他方法改变记账凭证真实内容的行为。所谓隐匿，是指故意转移、隐藏应当保存的账簿、记账凭证的行为。

故意销毁是指故意将依法应当保存的账簿、记账凭证予以毁灭的行为。

纳税人伪造、变造、隐匿、擅自销毁用于记账的发票等原始凭证的行为，属于伪造、变造、隐匿、擅自销毁记账凭证的违法手段。

2）在账簿上多列支出或者不列、少列收入

多列支出是指在账簿上填写超出实际支出的数额以冲抵或减少实际收入的数额。

不列、少列收入，是指瞒报或者少报收入，并在账簿上作虚假登记。

3）经税务机关通知而拒不申报

经税务机关通知而拒不申报是指应当依法办理纳税申报的纳税人，不按照法律、行政法规的规定办理纳税申报，并经税务机关通知，仍拒不申报的行为。具有下列情形之一的，应当认定为“经税务机关通知申报”：①

（1）纳税人、扣缴义务人已经依法办理税务登记或者扣缴税款登记的。

（2）依法不需要办理税务登记的纳税人，经税务机关依法书面通知其申报的。

（3）尚未依法办理税务登记、扣缴税款登记的纳税人、扣缴义务人，经税务机关依法书面通知其申报的。

4）进行虚假的纳税申报

虚假的纳税申报是指纳税人或者扣缴义务人向税务机关报送虚假的纳税申报表、财务报表、代扣代缴、代收代缴税款报告表或者其他纳税申报资料，如提供虚假申请，编造减税、免税、抵税、先征收后退还税款等虚假资料等。

纳税人缴纳税款后，以假报出口或者其他欺骗手段，骗取所缴纳的税款，也属于偷税行为。

相关案例 3.10　取得虚假凭证抵扣税款　自称受害者是否定偷税②

【案件查办过程】

H科技有限公司（以下简称H公司），成立于2008年9月27日，法定代表人为宋某，主要经营科研仪器设备、试剂、耗材、科研成果、研发及推广等业务。

---

① 关于“经税务机关通知申报”的情形，参照《最高人民法院关于审理偷税抗税刑事案件具体应用法律若干问题的解释》法释〔2002〕33号第二条规定。

② 本案例改编自《海南继海科技有限公司与国家税务总局海南省税务局第一稽查局、国家税务总局海南省税务局行政复议二审行政判决书》海南省高级人民法院（2019）琼行终149号，原文见中国裁判文书网，http://wenshu.court.gov.cn/website/wenshu/181107ANFZ0BXSK4/index.html? docId=615630fa1b1648fca638aa3e008cc882。

2012年10月16日，H省国家税务局第一稽查局(以下简称第一稽查局)决定对H公司涉嫌取得三张虚假海关完税凭证抵扣进项税额进行立案检查。

2013年9月16日，第一稽查局向H公司作出《税务事项通知书》，载明“根据某海关的协查回函信息，你公司所取得的3张海关进口增值税专用缴款书属虚假抵扣凭证，已抵扣税款合计242 794.87元”，要求该公司“于2013年10月15日前重新提供从销售方取得的合法、有效抵扣凭证，否则将依法对你公司已抵扣的上述税款进行追缴”，并于2013年9月17日送达H公司。

2014年6月4日，第一稽查局对H公司法定代表宋某进行询问。

2015年4月30日，第一稽查局对H公司作出《税务事项通知书》：“请你公司于2015年5月15日前提供可以证明上述5张发票内容所示相关货物的购货合同、货物明细清单、付款凭证等证明材料；重新提供从销售方取得的合法、有效抵扣凭证，否则将依法对你公司已抵扣的上述相关税款进行追缴”，并于2015年4月30日送达H公司。

2015年12月30日，第一稽查局作出《税务稽查案件稽查所属期间变更审批表》，变更对H公司稽查所属期间为2008年11月1日至2011年12月31日，延长了案件检查时限、变更了稽查人员。2016年4月22日，第一稽查局对H公司作出《税务事项通知书》，并于当日送达该公司。

2016年11月28日，第一稽查局作出《责令限期改正通知书》。

2017年3月24日，第一稽查局作出《税务行政处罚事项告知书》。

2017年4月28日，第一稽查局召开了税务行政处罚听证会。

2017年6月6日，第一稽查局再次作出《税务行政处罚事项告知书》。

2017年6月23日，第一稽查局再次召开税务行政处罚听证会。

2017年7月12日，第一稽查局作出《税务处理决定书》《税务行政处罚决定书》。

2017年9月6日，H公司向省税务局提出行政复议申请。

2017年12月7日，省税务局作出《税务行政复议决定书》，认为第一稽查局作出的上述处罚决定部分事实认定不清，适用依据错误，决定撤销该处罚决定，并责令第一稽查局重新作出行政行为。

2018年1月29日，第一稽查局再次作出《税务行政处罚事项告知书》。

2018年3月20日，第一稽查局召开税务行政处罚听证会。

2018年3月27日，第一稽查局作出处理、处罚决定，认定H公司的违法事实有：①少计货物销售额；②取得不符合规定的海关进口增值税专用缴款书抵扣进项税额；③取得不符合规定的海关进口增值税专用缴款书和海关进口关税专用缴款书税前列支营业成本；④无票列支成本在税前申报扣除。

处理决定如下：

(1) 依据《增值税暂行条例》第一条、第九条，《增值税暂行条例实施细则》第十九条，《发票管理办法》第二十一条，《国家税务总局关于开展打击制售假发票和非法代开发票专项整治行动有关问题的通知》(国税发〔2008〕40 号)第三条的规定，对违法事实①、②，H 公司应补缴增值税 443 868.14 元。

(2) 依据《中华人民共和国企业所得税法》第六条第(一)项，《中华人民共和国企业所得税法实施条例》第十四条、第九条的规定，对违法事实①，应调增 2010 年应纳税所得额1 372 147.20 元。

(3) 依据《税收征收管理法》第十九条，《税收征收管理法实施细则》第二十九条第一款，《发票管理办法》第二十条、第二十一条，《国家税务总局关于开展打击制售假发票和非法代开发票专项整治行动有关问题的通知》(国税发〔2008〕40 号)第三条的规定，对违法事实③、④，应调增应纳税所得额 2008 年 35 784.96 元、2009 年 446 241.50 元、2010 年 1 711 001.49 元、2011 年 598 412.79 元。

(4) 依据《企业所得税法》第四条第一款、第二十八条第一款，《中华人民共和国企业所得税法实施条例》第九十二条的规定，综合违法事实②、③、④所述，H 公司 2008 年申报纳税调整后所得－27 131.59 元，检查调增应纳税所得额 35 784.96 元，检查核实后应纳税所得额 8 653.37 元，税率 20%，应纳所得税额 1 730.67 元；2009 年申报纳税调整后所得－193 340.27 元，检查调增应纳税所得额 446 241.50 元，检查核实后应纳税所得额252 901.23 元，税率 20%，应纳所得税额为 50 580.25 元；2010 年申报纳税调整后所得163 202.33 元，弥补以前年度亏损 163 202.33 元，检查调增应纳税所得额 3 083 148.69 元，检查核实后纳税调整后所得 3 246 351.02 元，调减弥补以前年度亏损 163 202.33 元，应纳税所得额 3 246 351.02 元，税率 25%，应纳所得税额 811 587.76 元；2011 年申报纳税调整后所得－78 463.79 元，检查调增应纳税所得额 598 412.79 元，检查核实后应纳税所得额 519 949.00 元，税率 25%，应纳所得税额 129 987.25 元。综上所述，H 公司应补缴税额合计 1 437 754.07 元，其中增值税 443 868.14 元，企业所得税 993 885.93 元。

(5) 依据《税收征收管理法》第六十三条的规定，H 公司上述行为造成少缴增值税 443 868.14 元、企业所得税 993 885.93 元属偷税行为，决定处少缴税款 50%的罚款即罚款 718 877.04 元。

(6) 依据《发票管理办法》第三十五条第(一)项的规定，对 H 公司未按照规定的时限、顺序、栏目，全部联次一次性开具发票的行为，决定处以 5 000 元的罚款。

同时告知，以上罚款金额共计 723 877.04 元，限 H 公司自决定书送达之日起

15 日内到税务机关缴纳入库,到期不缴纳罚款,将依照《行政处罚法》第五十一条第(一)项规定,每日按罚款数额的 3%加处罚款。

2018 年 5 月 25 日,H 公司不服税务行政处罚决定申请行政复议。省税务局于 2018 年 7 月 18 日作出复议决定,维持了处罚决定。

H 公司不服,提起诉讼。

【税企争议焦点】

第一稽查局对 H 公司取得不符合规定的抵扣凭证抵扣税款的行为认定为偷税并作出的处罚决定是否合法。

【法院裁判观点】

▶ 一审法院认为:

首先,H 公司是否具有税收违法行为。根据《税收征收管理法》第十九条规定,纳税人应根据合法有效的凭证记账,进行核算。《国家税务总局关于印发〈进一步加强税收征管若干具体措施〉的通知》(国税发〔2009〕114 号)第六条规定,未按规定取得的合法有效凭据不得在税前扣除。根据以上规定,企业所得税成本费用的扣除,应当取得合法有效凭证。H 公司取得的 5 份海关进口增值税专用缴款书和 2 份海关进口关税专用缴款书经主管税务机关及相关海关确认是虚假凭证。《税收征收管理法》第八十八条规定:"纳税人、扣缴义务人、纳税担保人同税务机关在纳税上发生争议时,必须先依照税务机关的纳税决定缴纳或者解缴税款及滞纳金或者提供相应的担保,然后可以依法申请行政复议;对行政复议决定不服的,可以依法向人民法院起诉。"2018 年 3 月 27 日,第一稽查局作出了处理决定,该决定书已对 H 公司应当补缴税款、滞纳金等违法事实进行了认定。因 H 公司未缴纳税款,未在 60 日内申请行政复议,现该处理决定已生效,故第一稽查局基于其作出的处理决定认定的相关事实依法应当对 H 公司作出并处罚款的行政处罚决定。

其次,第一稽查局作出的处罚决定程序是否合法、适用法律是否正确,省税务局作出的复议决定程序是否合法。H 公司认为第一稽查局作出行政处罚决定的时间跨度过长,属程序违法。法院认为,第一稽查局在办理该案的过程中因发现其他的违法事实,经审批后,变更了税务稽查案件稽查所属期间,从原先的 2010 年 1 月1 日至 2011 年 12 月 31 日,变更为 2008 年 11 月 1 日至 2011 年 12 月 31 日,延长了案件检查时限、变更了稽查人员。又因 H 公司的涉税事件,第一稽查局多次向某市国家税务局第一稽查局、某海关、某新区国家税务局发出《协查函》,故第一稽查局实际履行的程序未违反《税务稽查工作规程》的程序性规定,也不违反《行政处罚法》对于行政处罚的程序规定。第一稽查局依据《税收征收管理法》第六十三条、《发票管理办法》第三十五条第(一)项的规定处以罚款,符合法律的规定。故第一稽查局经立案、检查、审查、告知,经三次听证后,作出被诉行政行为程序合法、适用法律正确。省税务局经复议后作出复议决定程序合法,应予维持。

综上,H公司的起诉,缺乏事实根据和法律依据,依法应予驳回。依照《行政诉讼法》第六十九条的规定,判决驳回H公司的诉讼请求。

H公司不服一审判决,提起上诉认为:第一稽查局认定H公司存在主观恶意,明显证据不足。H公司已将购买商品的税款全额支付给了周某荣,且在税务机关怀疑虚假发票的情况下,已积极主动补缴了税款,并没有偷税的故意。而涉案的5份海关进口增值税专用缴款书和2份海关进口关税专用缴款书系周某荣伪造,第一稽查局未依法将此犯罪线索移交司法机关,导致没有查清H公司是否属于受害者。另外,税务机关在明知发票虚假的情况下,未及时告知H公司且允许继续抵扣税款,导致H公司继续受害,亦应承担责任。依照《税收征收管理法》第五十二条的规定,因税务机关的责任致使纳税人、扣缴义务人未缴或少缴税款的,税务机关在3年内可以要求补缴税款,但不得加收滞纳金。综上,请求撤销一审判决,撤销处罚决定及复议决定。

一审法院审理中查明:H公司在行政和诉讼程序中,为证明涉案5份海关进口增值税专用缴款书和2份海关进口关税专用缴款书所涉交易的真实性,针对每份缴款书提交了其与C公司签订的代理进口协议(合同)、进口货物报关单、该公司自行制作的订货清单、现金支付缴款书所涉税款的收据,但未提交装箱单、货物出入库单、物流等凭证。5份海关进口增值税专用缴款书所对应的3份《代理进口协议》和2份《合同》未对进口手续费予以约定。《代理进口协议》约定"货物进口报关完毕后由甲方自行进行验收",但H公司未提交验收单据、差旅费用或物流单据。2份《合同》约定在某市验收合格后交货,但H公司未提交验收或交接的凭证。

第一稽查局在对H公司的涉税案件核查后,认定该公司存在少计货物销售额、取得不符合规定的海关进口增值税专用缴款书抵扣进项税额、取得不符合规定的海关进口增值税专用缴款书和海关进口关税专用缴款书税前列支营业成本、无票列支成本等四项违法行为,并对所涉的商品金额、应纳税所得额、应纳税额等数据以表格的形式一一列明且形成工作底稿,H公司的法定代表人宋某于2017年2月28日在底稿上逐页签署了"情况属实,同意检查组意见"的意见。

▶ 二审法院认为:

H公司在上诉中认为,其以善意取得海关进口增值税、关税专用缴款书,且在税务机关核查前已主动补缴税款为由,以上述缴款书抵扣进项税额的行为不属于偷税。根据《国家税务总局关于纳税人善意取得虚开的增值税专用发票处理问题的通知》(国税发〔2000〕187 号)规定,认定纳税人属善意取得虚开的增值税专用发票不以偷税论处的条件是:购货方与销售方存在真实的交易;销售方使用的是其所在省(自治区、直辖市和计划单列市)的专用发票;专用发票注明的销售方名称、印章、货物数量、金额及税额等全部内容与实际相符,且没有证据表明购货方知道销售方提供的专用发票是以非法手段获得。对比以上规定,本院认为本案不能认定H公司取得海关专用缴款书属于善意,理由:第一,C公司确认其与H公司未发生过业务往来;第二,海关进口增值税、关税专用缴款书被海关确认为虚假凭证;第三,H公司在行政和诉讼程序中,均未提供可以证明业务真实性的装箱单、货物出入库单及代理进口协议约定的"货物进口报关完毕后由甲方自行进行验收"的验收单据、差旅费用或物流单据;第四,H公司将涉案专用缴款书所涉交易货款全部以现金的方式支付给公司的员工个人,与企业间惯常资金往来方式不符;第五,代理进口协议并未约定代理进口手续(中介)费用,不符合常理;第六,自第一稽查局于 2013 年 9 月 16 日以《税务事项通知书》告知H公司涉案缴款书属虚假抵扣凭证至处罚决定作出之前,H公司一直未就虚假缴款书的问题寻求救济,亦不符合常理。

在无法认定H公司善意取得增值税专用发票的情况下,第一稽查局认定该公司以虚假海关进口增值税、关税专用缴款书抵扣进项税额行为的性质为偷税,并按《税收征收管理法》第六十三条第一款规定的少缴税款的最低比例 50%予以罚款,处罚结果并无不当。省税务局受理H公司的复议申请后,作出复议决定维持了处罚决定,案件处理结果亦无不当。

综上,第一稽查局作出处罚决定认定事实清楚,适用法律和处罚结果正确,程序合法;省税务局作出复议决定维持处罚决定,认定事实、适用法律和处理结果均无不当。一审判决认定基本事实清楚,适用法律和案件处理结果正确,应予维持。H公司的上诉请求及理由不成立,本院不予支持。依照《行政诉讼法》第八十九条第一款第(一)项之规定,判决驳回上诉,维持原判。

3. 主观故意的认定

认定偷税行为,应当有证据证明行为人具有偷税的主观故意。对此,《国家税务总局关于税务检查期间补正申报补缴税款是否影响偷税行为定性有关问题的批复》(税总函〔2013〕196 号)①、《国家税务总局关于北京聚菱燕塑料有限公司偷税案件复

① 参见国家税务总局网站 http://www.chinatax.gov.cn/n810341/n810755/c1816144/content.html.

核意见的批复》(税总函〔2016〕274号)[①]等文件中均有明确表述，肯定了认定偷税应当具备主观故意。近几年，司法机关在多起涉税诉讼案件的裁判中也肯定了偷税应当具备主观故意这一基本要件。

因此，如果行为人不是出于故意逃避缴纳税款的目的，如因过失行为造成的漏缴税款，因税收政策理解错误造成的少缴税款等情形，不应认定为偷税行为。认定行为人是否具有偷税的主观故意，主要从行为人是否采取了具有欺骗、隐瞒实质的各种手段，并结合行为人的主观条件、业务水平等具体情况，综合全案证据进行判定。如果没有在案证据能够证明行为人有偷税的主观故意，则不应定性为偷税。

相关案例3.11 没有证据证明偷税故意 医药企业诉稽查局获支持[②]

【案件查办过程】

M市T药业有限公司(以下简称T公司)成立于2004年6月15日，是具备中成药、化学药制剂、抗生素制剂等医药批发经营资质的医药企业，曾通过招投标方式竞得G市人民医院的医药供应合同。当时因医院所需的部分药品由医药代表垄断，T公司无法直接通过厂家拿货，为了能够履行其与医院的供货合同，T公司采取医药行业的普遍做法，由医药代表个人挂靠T公司向G市人民医院供货，而T公司负责配送药品，收取配送费用作为回报。其代开发票流程为：发票开出前由与T公司合作的医药代表向税务机关提出开票申请，附上G市人民医院出具的开票证明作为审批资料，部分开票证明上注明"此笔货款是汇入本人合作方Y公司的账户内"，税务机关的工作人员收到申请和开票证明等资料后，认为开票合法的，T公司的合作医药代表才能够以个人名义开出发票。

2013年7月2日，M市国税局第一稽查局(以下简称稽查局)将T公司确定为待稽查对象并经审批立案检查。2013年7月3日发出《税务检查通知书》，对T公司2009年1月1日至2011年12月31日涉税情况进行检查。

稽查局根据G市人民检察院扣押T公司有关账册、凭证等有关资料对T公司2009年1月1日至2011年12月31日的纳税情况进行检查，查实T公司如下涉税情况：在2009年1月1日至2011年12月31日，T公司通过杨某平等人在M区国家税务局代开发票共136份，合计金额197 319 733.86元(含税)，该金额与稽查局

① 参见国家税务总局网站 http://www.chinatax.gov.cn/n810341/n810755/c2183495/content.html.

② 本案例改编自《茂名市天普药业有限公司与茂名市国家税务局第一稽查局行政处罚二审行政判决书》广东省茂名市中级人民法院(2015)茂中法行终字第49号，原文见中国裁判文书网，http://wenshu.court.gov.cn/website/wenshu/181107ANFZ0BXSK4/index.html? docId=7b7950a0870e4b3b9ca7d37ba7b59b2d。

查实的T公司未按规定缴纳税款的交易金额一致。未按规定缴纳的税款分别有：2009年至2011年增值税合计22 923 211.97元；2009年至2011年企业所得税合计2 112 815.39元。

2014年3月4日，稽查局作出《税务处理决定书》并送达T公司。T公司对稽查局作出的处理决定不服，向稽查局提出T公司应补缴的税款25 036 027.36元及滞纳金由陈某及钟某个人提供纳税担保，并于2014年5月19日向M市国家税务局申请行政复议，M市国家税务局于2014年5月22日以T公司未能依照被告根据法律、法规确定的税额、期限，缴纳税款和滞纳金，或者提供相应的担保为由作出《不予受理决定书》。

稽查局于2014年3月4日作出《税务行政处罚决定书》，认定T公司存在《税收征收管理法》第六十三条第一款规定的偷税行为，决定对T公司处以所偷增值税合计22 923 211.97元50%的罚款，罚款金额11 461 605.98元；决定对被上诉人处于所偷企业所得税合计2 112 815.39元50%的罚款，罚款金额1 056 407.70元。罚款金额合计12 518 031.68元。限被上诉人自决定书送达之日起15日内到办税服务厅缴纳入库。

T公司不服，于2014年6月3日向法院提起诉讼。

稽查局主张，2009年至2011年G市人民医院从T公司购进药品金额合计334 980 077.22元(含税)，而同期T公司销售给G市人民医院的往来账面上只反映金额合计137 660 343.36元(含税)，T公司少列197 319 733.86元(含税)，T公司是这部分收入的纳税义务人。稽查局提供了分别来源于T公司及G市人民医院的双方往来账簿、原告自己开具的增值税普通发票、通过个人代开加盖原告公司发票专用章和银行账号章的税务机关统一代开发票、付款证明等材料佐证。

T公司以医药行业特殊性为由，主张其与杨某平等人是协作型联营的关系，代开发票所涉及的收入实际是医药代表的收入，纳税义务人应为杨某平等医药代表。对此原告提供《药品暂代保管协议书》《退货签收声明》《货款结清(声明)保证书》、结算签收表、银行进账单、跨系统业务回单、中国工商银行客户存款对账单佐证。

【税企争议焦点】

稽查局认定T公司偷税是否成立，T公司是否具有偷税的主观故意。

【法院裁判观点】

▶ 一审法院认为：

双方提供的往来账簿、付款凭证以及相关发票能证实T公司与G市人民医院之间确实存在购销关系，G市人民医院已将全部货款打入T公司在中国银行M分行的账户。T公司提供的《药品暂代保管协议书》、G市人民医院提交M区国税局的《证明》等材料能证明T公司、G市人民医院与邱某朝等人这三方之间存在交易往来，但不足以证实涉案的交易存在于邱某朝等医药代表与G市人民医院之间。因此被告第一稽查局主张原告T公司为涉案发票的纳税义务人依法有据，应予认可。

依照《增值税暂行条例》第一条、第二条第（一）项、第五条、第六条，《增值税暂行条例实施细则》第十四条，《企业所得税法》第一条、第四条、第五条、第六条，《企业所得税核定征收办法》（试行）（国税发〔2008〕30号）第四条第（一）项、第六条、第八条之规定，T公司作为与G市人民医院购销关系中的纳税义务人，应当补缴少缴部分的税款。

根据《国家税务总局关于加强和规范税务机关代开普通发票工作的通知》国税函〔2004〕1024号第一条的规定，代开发票是指由税务机关根据收款方（或提供劳务服务方）的申请，依照法规、规章以及其他规范性文件的规定，代为向付款方（或接受劳务服务方）开具发票的行为。在本案中，由M区国税局提供的《代开发票申请表》可以看出，代开发票的付款人是G市人民医院，收款方是医药代表个人而非T公司，发票品名为药品一批且金额巨大，明显该发票涉及药品销售。M区国税局作为税法法规实施和执行的行政机关，对于代开发票申请有全面审查的义务。在医药代表（××）申请代开发票时，M区国税局应当清楚个人不能销售药品，但其在长达3年的时间里一直同意医药代表代开发票的申请，开出的发票多达136份，因此M区国税局对T公司的少缴税款行为负有责任。

T公司收到稽查局作出的《税务行政处罚决定书》后，一直积极主动配合税务机关，愿意补缴税款。M区国家税务局于2014年9月11日划扣了T公司少缴的税款25 612 809.52元和滞纳金18 443 591.01元，T公司行为实际未造成国家损失。此外，稽查局无证据证明原告的少缴税款行为存在主观故意。因此被告认为原告少缴税款的行为构成偷税的主张，属认定事实不清，不予以认可。

综上，被告稽查局对原告T公司作出《税务行政处罚决定书》认定事实不清，应予撤销。案经原审法院审判委员会讨论决定，依照《行政诉讼法》第五十四条第（二）项第1目的规定，判决：撤销被告稽查局于2014年3月4日作出的《税务行政处罚决定书》。

稽查局不服一审判决，提起上诉。

▶ 二审法院认为：

一审判决正确，本院依法维持。上诉人上诉理由不足，应予驳回。依照《行政诉讼法》第六十一条第（一）项的规定，判决驳回上诉，维持原判。

4. 违法后果的认定

偷(逃)税案件的违法后果，即偷税数额，是指在确定的纳税期间，不缴或者少缴各税种税款的总额。包括在确定的纳税期间，不缴或者少缴各税种税款的总额。若行为人虽采取了偷税的手段，但并未实际造成不缴或者少缴税款的结果，则不应认定为偷税。在认定偷税数额时，应注意以下问题：

(1) 未在法定期限内缴纳税款，逾期后补缴的，不影响偷税结果的认定。对不缴或者少缴应纳税款或已扣、已收税款的结果认定，应当根据纳税人或扣缴义务人依法应当缴纳税款的期限确定，即在税法规定的期限内，是否缴纳或足额缴纳税款。行为人未在法定的期限内缴纳税款，逾期后补缴税款的，不影响偷税结果的认定。①

(2) 增值税偷税数额的确定。关于增值税偷税数额的确定，《国家税务总局关于增值税一般纳税人发生偷税行为如何确定偷税数额和补税罚款的通知》(国税发〔1998〕66 号)、《国家税务总局关于修改〈国家税务总局关于增值税一般纳税人发生偷税行为如何确定偷税数额和补税罚款的通知〉的通知》(国税函〔1999〕739 号)及《国家税务总局关于增值税一般纳税人取得的账外经营部分防伪税控增值税专用发票进项税额抵扣问题的批复》(国税函〔2005〕763 号)等文件作了进一步的明确。

根据国家税务总局文件规定，一般纳税人有增值税偷税行为，其不报，少报的销项税额或者多报的进项税额，即是其不缴或少缴的应纳增值税额。因此，偷税数额应当按销项税额的不报，少报部分或者进项税额的多报部分确定。如果销项、进项均查有偷税问题，其偷税数额应当为两项偷税数额之和。

纳税人的偷税手段如属账外经营，即购销活动均不入账，其不缴或少缴的应纳增值税额即偷税额为账外经营部分的销项税额抵扣账外经营部分中已销货物进项税额后的余额。纳税人采用账外经营手段进行偷税，其取得的账外经营部分防伪税控专用发票，未按规定的时限进行认证，或者未在认证通过的当月按照增值税有关规定核算当期进项税额并申报抵扣，因此，不得抵扣其账外经营部分的销项税额。

根据检查核实后一般纳税人当期全部的销项税额与进项税额(包括当期留抵税额)，重新计算当期全部应纳税额，若应纳税额为正数，应当作补税处理，若应纳税额

① 《国家税务总局关于税务检查期间补正申报补缴税款是否影响偷税行为定性有关问题的批复》(税总函〔2013〕196 号)对此有明确："税务机关认定纳税人不缴或者少缴税款的行为是否属于偷税，应当严格遵循《中华人民共和国税收征收管理法》第六十三条的有关规定。纳税人未在法定的期限内缴纳税款，且其行为符合《中华人民共和国税收征收管理法》第六十三条规定的构成要件的，即构成偷税，逾期后补缴税款不影响行为的定性。"

为负数，应当核减期末留抵税额。

纳税人账外经营部分的销售额（计税价格）难以核实的，应根据《增值税暂行条例实施细则》第十六条第（三）项规定按组成计税价格核定其销售额。

相关案例 3.12　专票不认证账外经营　增值税偷税数额能否核定①

【案件查办过程】

X实业有限公司（以下简称X公司）成立于2007年2月，注册资本1 200万元，法定代表人为陈某。经营范围包括粮油加工收购销售，饲料原料、建筑材料、日用百货、机械设备等产品的销售，仓储服务等。

2014年7月15日，A市国家税务局稽查局（以下简称稽查局）对X公司2011年1月1日至2013年12月31日涉税情况进行立案检查，并通知原告依法接受检查，如实反映情况，提供有关资料。

2016年9月21日，稽查局向X公司作出《税务行政处罚事项告知书》，告知原告拟处罚事项，X公司于2016年9月26日申请对上述拟处罚事项进行听证，稽查局受理了听证申请，并于2016年10月9日举行了听证。

2016年10月14日，稽查局作出《税务行政处罚决定书》，认定X公司存在以下违法事实：

(1) 从F粮油工业有限公司购进菜油155.32吨，取得增值税专用发票2份，金额1 495 470.44元，税额194 411.16元，价税合计1 689 881.60元，未认证抵扣，未入账核算；从L粮食转运有限公司购进菜油2 635.51吨，不含税金额28 612 178.80元，取得增值税专用发票265份，其中，入账核算249份发票，有16份发票未认证抵扣、未入账核算，菜油共计数量155.64吨，金额1 502 683.5元，税额195 348.86元，价税合计1 698 032.36元；从D粮油工业有限公司购进棕榈调和油35.76吨，取得增值税专用发票1份，金额237 345.13元，税额30 854.87元，价税合计268 200元，未认证抵扣，未入账核算。以上货物于2013年1月至2013年7月以收取现金方式销售给零散客户，共收货款不含税金额3 240 320.35元，未进行纳税申报。

(2) X公司2013年从储备公司购进菜油4 168.882吨销售给G市直属库，按照

① 本案例改编自《贵州天兴实业有限公司、安顺市国家税务局稽查局税务行政管理（税务）二审行政判决书》贵州省安顺市中级人民法院(2017)黔04行终78号，及《贵州天兴实业有限公司、安顺市国家税务局稽查局税务行政管理（税务）再审审查与审判监督行政裁定书》贵州省高级人民法院(2018)黔行申89号，原文见中国裁判文书网 http://wenshu.court.gov.cn/website/wenshu/181107ANFZ0BXSK4/index.html?docId=be921c97e8e544c3aa6aa8740171b6ab，及 http://wenshu.court.gov.cn/website/wenshu/181107ANFZ0BXSK4/index.html?docId=eb79d93b421d4c07b7fba96c003cb4e0。

X公司与G市直属库2013年签订的《油菜籽委托收购加工协议》规定每吨10 600元含税单价结算，取得含税收入44 190 149.20元。购进未取得增值税专用发票，未入账核算，未进行纳税申报。

对X公司上述税收违法行为定性为偷税，除追缴所偷的增值税、滞纳金外，对X公司上述第(1)项税收违法行为所偷增值税626.76元处1倍即626.76元的罚款，对上述第(2)项税收违法行为所偷增值税5 083 822.47元处1倍即5 083 822.47元的罚款。

2016年10月14日，市稽查局作出《税务处理决定书》，认定X公司对上述2013年的税收违法行为应补缴增值税5 505 064.12元。

X公司不服税务行政处罚决定，于2017年3月23日向法院起诉。

【税企争议焦点】

稽查局对X公司账外经营偷税数额认定是否符合规定。

【法院裁判观点】

▶ 一审法院认为：

《行政诉讼法》第六条规定："人民法院审理行政案件，对行政行为是否合法进行审查。"因此，行政行为是否合法是人民法院审理行政案件的关键所在。本案系税务行政处罚案件，被告稽查局对原告X公司所作的处罚决定是否合法，是该院应当审查的主要问题。

首先，依照《税收征收管理法》第五条第一款、第十四条、第六十三条第一款，《税收征收管理法实施细则》第九条的规定，被告稽查局具有税务行政处罚的主体资格和法定职权。其次，原告的税收违法行为已经被被告所作的《税务处理决定书》予以认定，本案诉讼过程中，原告向本院一并提起诉讼，要求撤销被告对其所作的税务处理决定，本院判决予以驳回。故稽查局依据上述税务处理决定对原告作出税务行政处罚，证据充分，认定事实清楚。再次，被告稽查局在立案查处原告上述税收违法行为时，选案、检查、审理、决定等案件办理环节，符合《税务稽查工作规程》的有关规定，程序合乎规范。被告依照《行政处罚法》第三十一条、第四十二条，《税收征收管理法》第八条第四款的规定，依法履行了拟处罚告知义务，保证了原告的陈述申辩权和申请听证权。故被告对原告X公司所作税务行政处罚决定，符合法定程序。最后，稽查局依照《税收征收管理法》第六十三条第一款的规定，对原告X公司处以其税收违法所偷税款1倍的罚款，适用法律正确，量罚适当。被告稽查局对原告X公司所作税务行政处罚决定，认定事实清楚，程序合法，适用法律、法规正确。依照《行政诉讼法》第六十九条的规定，判决驳回原告X公司的诉讼请求。

一审判决后，X公司不服，提起上诉称：市稽查局作出的税务处理决定事实认定错误，导致其作出的行政处罚决定丧失成立的基础，一审判决驳回上诉人诉讼请求，属事实认定错误。《增值税暂行条例》是由国务院制定并颁布的行政法规，《税收征收管理法》是由全国人大常委会制定并颁布的法律。依照《中华人民共和国立法法》第七十九条"法律的效力高于行政法规、地方性法规、规章。行政法规的效力高于地方性法规、规章"的规定，在《增值税暂行条例》未就偷税以及税款的追缴、补缴事项作出规定的情形下，应当适用上位法即《税收征收管理法》的相关规定。依照《税收征收管理法》第六十三条"纳税人伪造、变造、隐匿、擅自销毁账簿、记账凭证，或者在账簿上多列支出或者不列、少列收入，或者经税务机关通知申报而拒不申报或者进行虚假的纳税申报，不缴或者少缴应纳税款的，是偷税。对纳税人偷税的，由税务机关追缴其不缴或者少缴的税款、滞纳金，并处不缴或者少缴的税款百分之五十以上五倍以下的罚款；构成犯罪的，依法追究刑事责任"的规定，税务机关在对纳税人作出追缴税款的行政决定之前，应对纳税人因偷税行为给国家造成的应收增值税流失税款即纳税人不缴或少缴税款的数额进行核定，该核定行为是税务机关必须履行的法定义务，被上诉人稽查局对上诉人作出税务处理决定时，适用《国家税务总局关于增值税一般纳税人发生偷税行为如何确定偷税数额和补税罚款的通知》（国税发〔1998〕66号）第一条第（二）款"纳税人的偷税手段如属账外经营，即购销活动均不入账，其不缴或少缴的应纳增值税额即偷税额为账外经营部分的销项税额抵扣账外经营部分中已销货物进项税额后的余额。已销货物的进项税额按下列公式计算：已销货物进项税额＝账外经营部分购货的进项税额－账外经营部分存货的进项税额"的规定，亦符合《税收征收管理法》第六十三条的规定，即明确了税务机关具有核定纳税人不缴或少缴的应纳增值税额即偷税额的义务。且该通知对偷税额及已销货物进项税额如何核定作了明确规定。被上诉人对上诉人作出税务处理决定时，未依据前述法律、规范性文件规定，履行核定上诉人偷税额、已销货物进项税额的法定义务，导致在税务处理过程中错误认定上诉人的补税额。被上诉人依据错误的税务处理决定作出的行政处罚决定依法不能成立。一审判决驳回上诉人诉讼请求亦属基本事实认定错误。

▶ 二审法院认为：

关于X公司增值税偷税税额认定问题。《税收征收管理法》第六十三条规定，纳税人伪造、变造、隐匿、擅自销毁账簿、记账凭证，或者在账簿上多列支出或者不列、少列收入，或者经税务机关通知申报而拒不申报或者进行虚假的纳税申报，不缴或者少缴应纳税款的，是偷税。对纳税人偷税的，由税务机关追缴其不缴或者少缴的税款、滞纳金,并处不缴或者少缴的税款50%以上5倍以下的罚款;构成犯罪的,依法追究刑事责任。扣缴义务人采取前款所列手段,不缴或者少缴已扣、已收税款,由税务机关追缴其不缴或者少缴的税款、滞纳金,并处不缴或者少缴的税款50%以上5倍以下的罚款;构成犯罪的,依法追究刑事责任。《增值税暂行条例》第八条第一款规定,纳税人购进货物或者接受应税劳务支付或者负担的增值税额,为进项税额。从销售方取得的增值税专用发票上注明的增值税额进项税额准予从销项税额中抵扣。《国家税务总局关于增值税一般纳税人发生偷税行为如何确定偷税数额和补税罚款的通知》(国税发〔1998〕66号)第一条第(二)项规定,纳税人的偷税手段如属账外经营,即购销活动均不入账,其不缴或少缴的应纳增值税额即偷税额为账外经营部分的销项税额抵扣账外经营部分中已销货物进项税额后的余额。本案中,上诉人X公司未依法取得增值税专用发票,没有可抵扣的进项税额,稽查局认定上诉人X公司没有可抵扣的进项税额并无不当,上诉人X公司的行为构成偷税,明显违反国家税收法律法规规定。被上诉人稽查局对该公司作出的税务行政处罚决定,是税务机关以税务执法程序中收集到的证据为依据作出的,对依被上诉人作出的《税务处理决定书》认定的上诉人X公司的偷税金额认定事实清楚,符合法定程序。

综上所述,一审判决认定事实清楚,处理并无不当,应予维持。上诉人的上诉理由不能成立,不予支持。据此,依照《行政诉讼法》第八十九条第一款第(一)项的规定,判决驳回上诉,维持原判。

X公司不服二审判决,申请再审。

▶ **再审法院查认为:**

《税收征收管理法》第三十五条、第三十七条已经规定了税务机关有权核定应纳税额的情形,X公司的账外经营行为不符合上述规定中需要核定应纳税额的情形,稽查局不予核定并无不当。需强调的是,《税收征收管理法》第三十五条表述为"……有权核定其应纳税额……"属于授权性规范,税务机关可以自行抉择是否核定应纳税额。因此,核定应纳税额并不是税务行政处罚的必经程序。

X公司从G收储经销有限公司购入菜油,未取得增值税专用发票、未入账核算、未进行纳税申报。《国家税务总局关于增值税一般纳税人取得的账外经营部分防伪税控增值税专用发票进项税额抵扣问题的批复》(国税函〔2005〕763号)规定:"根据《国家税务总局关于增值税一般纳税人取得防伪税控系统开具的增值税专用发票进项税额抵扣问题的通知》(国税发〔2003〕17号)规定,自2003年3月1日起,增值税一般纳税人(以下简称'纳税人')申请抵扣防伪税控系统开具的增值税专用发票(以下简称'防伪税控专用发票'),必须自该防伪税控专用发票开具之日起90日内到税务机关认证……纳税人认证通过的防伪税控专用发票，应在认证通过的当月按照增值税有关规定核算当期进项税额并申报抵扣，否则不予抵扣进项税额。”根据上述规定，账外经营部分的进项税额，必须有抵扣凭证才能按程序予以抵扣。X公司没有取得增值税发票，即没有抵扣凭据，市税务局稽查局对X公司进项税额不予抵扣并无不当。

综上所述，X公司的再审申请不符合《行政诉讼法》第九十一条规定的应当再审情形。依照《最高人民法院关于适用〈中华人民共和国行政诉讼法〉的解释》第一百一十六条第二款的规定，裁定驳回X公司的再审申请。

（三）案件处理

对纳税人、扣缴义务人定性为偷税的，首先由税务机关追缴其不缴或者少缴的税款、滞纳金，以纠正偷税人的违法行为，挽回国家税收损失，同时对其处以不缴或者少缴的税款50%以上5倍以下的罚款。在偷（逃）税案件处理中，还应当注意以下几个问题。

1. 主动补缴税款后的处罚适用

被查对象在稽查局依法作出《税务处理决定书》之前，包括立案检查前，可以向税务机关主动补缴其实施偷税行为造成的不缴或者少缴税款。但经税务稽查认定，其行为符合《税收征收管理法》第六十三条规定的构成要件的，即构成偷税，逾期后补缴税款并不影响行为的定性。稽查局在对此类被查对象的偷税行为进行处罚时，应当充分考虑从轻、减轻或者不予行政处罚的情节，鼓励行为人在税收违法后主动纠正，及时减轻危害后果。

根据《行政处罚法》规定，当事人有下列情形之一的，应当依法从轻或者减轻行政处罚：

（1）主动消除或者减轻违法行为危害后果的。

（2）受他人胁迫有违法行为的。

（3）主动供述行政机关尚未掌握的违法行为的。

（4）配合行政机关查处违法行为有立功表现的。

（5）其他依法从轻或者减轻行政处罚的。

违法行为轻微并及时纠正，没有造成危害后果的，不予行政处罚。

对于被查对象主动补缴税款的，稽查局可以根据其具体情节，符合初次违法且危害后果轻微并及时改正的，可以不予行政处罚。“不予处罚法定”情形的，应当作出《不予税务行政处罚决定书》。符合“主动消除或者减轻违法行为危害后果”情形的，应当依法从轻或者减轻处罚。

相关案例3.13 企业查前主动补缴税款 税务稽查依然定性偷税①

【案件查办过程】

N市D置业有限公司(以下简称D置业公司)成立于2005年8月8日，法定代表人为程某。经营范围包括从事金峰大厦自有房屋的销售，停车场管理等。

2016年6月22日，接群众举报，N市稽查局于(以下简称稽查局)2016年6月24日，向D置业公司发出《税务检查通知书》，决定对其2009年1月1日至2016年5月31日涉税问题进行检查。

经查明，在2016年5月17日，D置业公司曾向稽查局申报2014年1月1日至2014年12月31日的企业所得税纳税，共缴纳企业所得税4 215 469.61元，滞纳金为739 814.92元。

2017年7月11日，稽查局作出《税务处理决定书》和《税务行政处罚决定书》。2017年7月19日，D置业公司提出明确偷税税额计算明细的要求，稽查局于7月27日向D置业公司说明。经复核，稽查局对补税额和偷税额进行了调整，于2017年8月4日作出新的《税务处理决定书》和《税务行政处罚决定书》，认定D置业公司在2010年至2014年出租自有房产，少申报缴纳企业所得税金额为3 761 308.31元。并对其处以不缴或少缴税款3 761 308.31元的0.8倍的处罚，计人民币3 009 046.65元。原处理决定书和处罚决定书作废。

D置业公司不服，向法院提出诉讼，请求依法撤销稽查局作出《税务行政处罚决定书》。

【税企争议焦点】

D置业公司的行为是否构成偷税，其主动补缴税款是否影响偷税定性。

【法院裁判观点】

▶ **一审法院认为：**

税务处罚决定中将D置业公司在2010年至2014年少申报租金收入行为认定为偷税并处罚，认定事实是否清楚，适用法律是否正确，处罚是否恰当，即本案的争议焦点。

---

① 本案例改编自《上诉人南京德嘉置业有限公司与被上诉人国家税务总局南京市税务局稽查局税务行政管理行政处罚一案的行政判决书》江苏省南京市中级人民法院(2018)苏01行终1027号，原文见中国裁判文书网，http://wenshu.court.gov.cn/website/wenshu/181107ANFZ0BXSK4/index.html? docId=12bfc16d4e9e4e218409aac500902358。

(1) 关于偷税定性问题。《税收征收管理法》第六十三条第一款规定,纳税人伪造、变造、隐匿、擅自销毁账簿、记账凭证,或者在账簿上多列支出或者不列、少列收入,或者经税务机关通知申报而拒不申报或者进行虚假的纳税申报,不缴或者少缴应纳税款的,是偷税。根据该规定,偷税有三种行为模式:一是通过伪造、变造、隐匿、擅自销毁账簿、记账凭证等手段,不缴或者少缴应纳税款的行为;二是通过在账簿上多列支出或者不列、少列收入,不缴或者少缴应纳税款的行为;三是经税务机关通知而拒不申报或者进行虚假的纳税申报,不缴或者少缴应纳税款的行为。偷税包括三个构成要件:①主观上存在偷税故意;②采取以上三种之一的欺骗或隐瞒的手段;③造成了不缴或少缴的后果。本案中,稽查局在调查过程中收集的D置业公司与K公司等9家公司签订的租赁合同可以证明,D置业公司通过约定的方式转移纳税义务,存在不申报纳税的故意。稽查局对D置业公司的股东、高管及财务人员的调查及银行流水可以证明,D置业公司存在将租金收入打入个人账户,逃避纳税的行为。D置业公司未按规定时限申报纳税,客观上造成了国家税收收入的损失,损害了国家税收征管的秩序。补缴的税款亦未归属到所属年限申报,客观上造成了少缴的后果。D置业公司的行为符合《税收征收管理法》第六十三条规定的偷税的构成要件,稽查局认定原告偷税的行为认定事实清楚,适用法律正确。

在偷税认定方面,D置业公司强调系原总经理章某的个人行为,法院认为,总经理代表公司租赁公司房产,系职务行为,且法定代表人、执行董事对租金长期打入个人账户均是知情的。公安机关未对总经理立案查处,尚无法认定属职务犯罪行为。

(2) 事后补缴对偷税认定的影响。关于补缴是否免责的问题。D置业公司强调已补缴税款应推定其没有偷税的主观故意。法院认为,是否具有主观故意应在行为发生时进行判断,不能因事后补缴就倒推没有主观故意。根据《国家税务总局关于税务检查期间补正申报补缴税款是否影响偷税行为定性有关问题的批复》(税总函〔2013〕196号)规定,纳税人未在法定期限内缴纳税款,且行为符合《税收征收管理法》第六十三条规定的构成要件的,即构成偷税,逾期后补缴税款不影响行为的定性。纳税人在稽查局进行税务检查前主动补正申报补缴税款,并且税务机关没有证据证明纳税人具有偷税主观故意的,不按偷税处理。本案中,稽查局的证据能够证明D置业公司在2010—2014年期间出租自有房产存在故意欺骗和隐瞒应纳税收入,具有偷税的主观故意,稽查局将D置业公司定性为偷税并无不当。

综上,一审法院认为稽查局于2017年8月4日作出的《税务行政处罚决定书》,认定事实清楚,证据充分,适用法律、法规正确,程序合法。判决驳回D置业有限公司的诉讼请求。

D置业公司不服一审判决，提起上诉。

二审法院认为：

《税收征收管理法》第六十三条规定，纳税人伪造、变造、隐匿、擅自销毁账簿、记账凭证，或者在账簿上多列支出或者不列、少列收入，或者经税务机关通知申报而拒不申报或者进行虚假的纳税申报，不缴或者少缴应纳税款的，是偷税。对纳税人偷税的，由税务机关追缴其不缴或者少缴的税款、滞纳金，并处不缴或者少缴的税款50%以上5倍以下的罚款；构成犯罪的，依法追究刑事责任。本案中，稽查局根据调查中获取的房屋租赁合同、询问笔录、个人银行卡交易清单、租金未作收入统计表、记账凭证及相关情况说明等证据材料，确认上诉人D置业公司将公司2010年至2014年租金收入合计18 883 287.52元通过公司员工个人账户收取，亦未在当年度的企业所得税纳税申报中予以申报纳税，属于设立账外账、少列收入，达到不缴或少缴税款目的的行为。稽查局据此认定上诉人D置业公司该行为构成偷税，并对其处以不缴或少缴税款3 761 308.31元的0.8倍的处罚，计人民币3 009 046.65元。该处罚决定认定事实清楚，适用法律正确，证据确凿，并无不当。同时，被上诉人在作出行政处罚决定中，履行了立案检查、调查取证、处罚告知、进行听证、听取陈述申辩、报送审理及作出处罚决定并送达上诉人等相关程序义务，程序合法。

上诉人D置业公司认为将公司租金收入设立账外账，不予申报纳税行为系原总经理章某的个人行为，与上诉人公司无关。对此，本院认为，章某时任D置业公司总经理对外代表公司处理公司自有房屋出租事宜，其少列收入不予申报纳税动机亦出于为公司获取不当利益考虑，该行为应视为职务行为，而非章某个人行为。且在卷证据显示公司法定代表人程某知晓章某的行为，程某也提供个人账户接受承租方房租汇款。故上诉人D置业公司该项主张，与事实不符，本院不予采纳。

上诉人D置业公司认为其行为没有偷税的主观故意，故不应认定为偷税行为。对此，本院认为，在卷证据显示上诉人D置业公司在订立租赁合同时即约定相应税费由承租人负担，以此逃避纳税义务，又违法不开具发票，说明其在租赁关系建立之初就存在隐瞒收入进行偷税的主观故意。且上诉人公司将房屋租赁款项存入公司法定代表人、高管及财务负责人的个人名下，以账外设账等方式不计少计收入，以此达到不缴或少缴税款的目的，其偷税主观故意意图明显，不属于“因理解税收政策不准确、计算错误等失误导致未缴、少缴税款，依法追缴税款、滞纳金”的范畴。故上诉人认为其没有偷税的主观故意，不应认定为偷税的上诉理由不能成立，本院不予采纳。

上诉人D置业公司认为其在税务检查前自我纠正申报补缴税款，应不按偷税处理。对此，本院认为，《国家税务局关于税务检查期间补正申报补缴税款是否影响偷税行为定性有关问题的批复》(税总函〔2013〕196 号)明确规定，税务机关认定纳税人补缴或者少缴税款的行为是否构成偷税，应当严格遵循《税收征收管理法》第六十三条的有关规定。纳税人未在法定的期限内缴纳税款，且其行为符合《税收征收管理法》第六十三条规定的构成要件的，即构成偷税，逾期后补缴税款不影响行为的定性。纳税人在稽查局进行税务检查前主动补正申报补缴税款，并且税务机关没有证据证明纳税人具有偷税主观故意的，不按偷税处理。依据该批复，上诉人公司行为符合《税收征收管理法》第六十三条规定构成偷税行为，逾期后补缴税款不影响该行为定性，且上诉人公司也没有如实按规定申报补缴应纳税款，偷税主观意图明显，应按偷税行为处理。

上诉人认为稽查局作出的《税务行政处罚决定书》处罚畸重不合理，对此，本院认为，《税收征收管理法》第六十三条规定，构成偷税的，由税务机关追缴其不缴或者少缴的税款、滞纳金，并处不缴或者少缴的税款 50%以上 5 倍以下的罚款。N 市国家税务局、N 市地方税务局发布的《税务行政处罚自由裁量基准操作标准》第六条规定，纳税人实施偷税有以下情形之一的，处不缴或少缴税款 0.5 倍以上 1 倍以下罚款：①纳税人配合税务机关检查的；②在税务机关对其违法行为作出税务处理前主动补缴税款和滞纳金的；③以及违法行为较轻的。稽查局综合本案案情和上诉人 D 置业公司配合税务机关检查及主动补缴税款和滞纳金情节，对上诉人 D 置业公司作出 0.8 倍处罚，符合法律及税务处罚操作标准的相关规定，并无不当。

综上，上诉人 D 置业公司的上诉请求和理由缺乏相应的事实和法律依据，本院不予支持。一审判决认定事实清楚，适用法律正确，审判程序合法。依照《行政诉讼法》第八十九条第一款第(一)项的规定，判决驳回上诉，维持原判。

2. 关于偷税税款追征期以及处罚时效

(1) 税款追征期。根据《税收征收管理法》第五十二条规定，因税务机关的责任，致使纳税人、扣缴义务人未缴或者少缴税款的，税务机关在 3 年内可以要求纳税人、扣缴义务人补缴税款，但是不得加收滞纳金。因纳税人、扣缴义务人计算错误等失误，未缴或者少缴税款的，税务机关在 3 年内可以追征税款、滞纳金；有特殊情况的，追征期可以延长到 5 年。对偷税、抗税、骗税的，税务机关追征其未缴或者少缴的税款、滞纳金或者所骗取的税款，不受前款规定期限的限制。也就是说，如果行为人被定性为偷税，则对其因偷税而不缴或者少缴税款的追征，不受追征期限的限制。

(2) 处罚时效。《税收征收管理法》第八十六条规定，违反税收法律、行政法规应当给予行政处罚的行为，在5年内未被发现的，不再给予行政处罚。追究时效的期限从违法行为发生之日起计算，违法行为有连续或者继续状态的，自行为终了之日起计算。[①] 因此，偷逃(税)案件的处罚时效，应当以5年为限，但如果行为人的偷税行为有连续或者继续状态的，自行为终了之日起计算处罚时效是否超过5年，未超过5年的应当给予行政处罚。

相关案例3.14 房开企业偷税连续14年 税务稽查处罚未超追诉期[②]

【案件查办过程】

D房地产开发有限公司(以下简称D公司)成立于1999年1月，法定代表人邓某，注册资本2 000万元，主要经营房地产开发、商品房销售等业务。

2014年11月13日，H市公安局经济犯罪案件侦查支队向H市地方税务局稽查局移送D公司涉嫌偷逃线索，请H市地方税务局稽查局依法核查。

2014年12月31日，H市地方税务局稽查局(以下简称稽查局)向D公司送达了税务检查通知书，开始对D公司进行税务检查。2015年4月29日，稽查局发现D公司在2001年7月1日至2014年12月31日存在少申报缴纳营业税1 525 776.56元、城市维护建设税75 733.26元、城镇土地使用税619 183.82元、企业所得税1 707 190.14元、房产税379.80元、印花税20 026.81元、教育费附加46 328.86元的违法事实。

2015年5月26日，稽查局向D公司发出《税务事项通知书》，告知其税务检查情况，并要求对检查结果进行复核，D公司没有在告知的时间复核。

2015年6月12日，稽查局向D公司送达《税务行政处罚事项告知书》，D公司收到后申请听证，稽查局于2015年6月30日举行了听证。

稽查局在对D公司查处过程中，根据《重大税务案件审理办法》第十一条规定将该案报市地方税务局重大税务案件审理委员会审理后，于2015年7月8日作出《税

① 参照《全国人大常委会法制工作委员会关于提请明确对行政处罚追诉时效“二年未被发现”认定问题的函的研究意见》(法工委复字〔2004〕27号)及《司法部关于提请明确对行政处罚追诉时效“二年未被发现”认定问题的函》(司发函〔2004〕212号)的意见，对于税务稽查案件，任何机关只要启动调查、取证和立案程序，均可视为“发现”；群众举报后被认定属实的，发现时效以举报时间为准。

② 本案例改编自《陕西邓邦房地产开发有限公司诉汉中市地方税务局、汉中市地方税务局稽查局税务行政处罚二审行政判决书》陕西省汉中市中级人民法院(2016)陕07行终66号，原文见中国裁判文书网，http://wenshu.court.gov.cn/website/wenshu/181107ANFZ0BXSK4/index.html? docId=2da8c1bbcc484bf7ba58a89600b46192。

务行政处罚决定书》，并于当日送达D公司。

2015年7月27日，稽查局将D公司涉嫌逃税一案移送H市公安局。2015年8月12日，H市公安局对D公司逃税一案立案侦查。后经人民检察院公诉，H市T区人民法院审理后认定D公司法定代表人邓某指使该公司财务人员采用作假账、隐瞒收入、虚假纳税申报及不申报的手段在2006年度、2007年度、2008年度共计逃避缴纳税款金额为2 880 160.85元，逃避缴纳税款金额占当年度应纳税额的比例均超过30%。法院遂于2017年3月6日作出《刑事判决书》，判决D公司犯逃税罪，判处罚金300万元，邓某犯逃税罪，判处有期徒刑5年，并处罚金50万元。D公司及邓某不服该判决，提起上诉。二审法院经审理认为原审判决认定事实清楚、适用法律正确，量刑适当，程序合法，遂于2017年9月14日裁定驳回上诉、维持原判。

2016年3月23日，D公司就稽查局作出的《税务行政处罚决定书》向法院提起行政诉讼。

【税企争议焦点】

稽查局对D公司偷税行为的处罚是否超过法定最长追诉时间；稽查局作出的税务行政处罚决定是否构成一事二罚。

【法院裁判观点】

▶ 一审法院认为：

稽查局通过税务检查查明D公司存在偷税事实，依据各项税收法律法规规定对D公司的具体偷税数额予以确定，并按规定告知D公司其有权对税务检查结果进行复核并可在规定的时间内提出异议，D公司复核后对稽查局税收检查认定的偷税数额均没有在规定的时间内提出异议。在庭审中D公司对稽查局所调查的证据材料的真实性均没有异议。D公司虽提出《税务行政处罚决定书》中确定的偷税数额错误，但没有提出具体依据，故其诉称《税务行政处罚决定书》中确定的偷税数额错误的理由不能成立。

稽查局根据《税收征收管理法》第六十三条，《行政处罚法》第二十九条第二款①的规定，对D公司连续的偷税行为进行查处，其适用法律并无不当，D公司诉称稽查局适用法律不当的理由不能成立。遂判决驳回原告D公司诉讼请求。

D公司不服一审判决，提起上诉认为：被诉行政处罚决定追诉期长达14年，明显违背《税收征收管理法》规定的最长追诉时间，故一审判决适用法律错误。M县税务局在2008年对D公司罚款48 800元，在2010年罚款2 750元，意味着M县地方税务局

---

① 2021年修订后的《行政处罚法》为第三十六条第二款，下同。

已经对D公司在2008年和2010年进行过两次税务稽查,因此即便上诉人有偷税漏税行为,也是属于税务机关的责任,只能要求上诉人补缴税款而不应给予罚款及滞纳金。M县地方税务局2008年、2010年对上诉人的处罚决定,意味着本次处罚是一事二罚。

▶ **二审法院认为:**

稽查局根据公安机关移交的案件线索,对上诉人D公司在2001年7月1日至2014年12月31日的纳税情况进行税务检查,查明D公司有少申报缴纳营业税1 525 776.56元、城市维护建设税75 733.26元、企业所得税1 707 190.14元、城镇土地使用税619 183.82元、房产税379.80元、印花税20 026.81元的税务违法事实。其中D公司在2006年度、2007年度、2008年度采用做假账、隐瞒收入、虚假纳税申报及不申报的手段逃避缴纳税款的行为已被法院生效裁判文书认定为逃税罪。稽查局按规定告知D公司有权对税务检查结果进行复核并可在规定的时间内提出异议,D公司经复核后对税收检查认定的偷税数额没有在规定的时间内提出异议。在作出处罚决定前,稽查局依法对D公司进行了处罚前的告知,告知了D公司作出行政处罚决定的事实、理由及依据,并告知上诉人依法享有陈述、申辩及要求听证的权利。应D公司的申请,稽查局依法举行了听证,并根据《重大税务案件审理办法》报重大税务案件审理委员会同意后,依法作出被诉的税务行政处罚决定书,并向D公司送达,因此,稽查局作出《税务处罚决定书》认定事实清楚、证据充分、处罚程序合法、适用法律正确。

D公司提出稽查局作出被诉税务行政处罚决定追诉期违背《税收征收管理法》规定的最长追诉时间,因此被诉税务行政处罚决定适用法律错误的上诉理由。根据《行政处罚法》第二十九条第二款的规定,违法行为有连续或者继续状态的,从行为终了之日起计算处罚的时效。经查,D公司的偷税行为从2001年7月1日至2014年12月31日一直为连续状态,因此稽查局于2014年11月20日对本案立案调查,并不存在违背《税收征收管理法》规定的最长追诉时间的情形,稽查局作出被诉税务行政处罚决定适用法律正确。

上诉人提出M县地方税务局2008年、2010年对上诉人的处罚决定,意味着本次处罚是一事二罚的上诉理由。首先,根据现有证据,并无法确认M县地方税务局2008年对D公司的处罚与被上诉人稽查局作出的本案被诉处罚针对的是D公司同一违法事实;其次,经查,稽查局作出本案被诉税务行政处罚决定时,并未将M县地方税务局2010年处罚决定认定的上诉人D公司少缴的印花税、土地增值税重复认定在被诉税务行政处罚决定认定的违法事实中,而是作为D公司已缴纳的税款中予以了扣减。因此,上诉人主张的被诉处罚决定一事二罚的上诉理由依法不能成立。

综上,上诉人的上诉理由均不能成立,其上诉请求依法不予支持。原审判决认定事实清楚、程序合法、适用法律正确、判处适当，依法应予维持。依照《行政诉讼法》第八十九条第一款第(一)项之规定，判决驳回上诉，维持原判。

3. 涉嫌构成逃税罪的移送

稽查局对以偷税定性处理的案件，根据《刑法》第二百零一条、《最高人民法院关于审理偷税抗税刑事案件具体应用法律若干问题的解释》(法释〔2002〕33 号)、《最高人民检察院 公安部关于公安机关管辖的刑事案件立案追诉标准的规定(二)》等规定，涉嫌构成犯罪，依法需要追究刑事责任的，必须向公安机关移送。

《刑法》第二百零一条规定，纳税人采取欺骗、隐瞒手段进行虚假纳税申报或者不申报，逃避缴纳税款数额较大并且占应纳税额 10%以上的，处 3 年以下有期徒刑或者拘役，并处罚金；数额巨大并且占应纳税额 30%以上的，处 3 年以上 7 年以下有期徒刑，并处罚金。

扣缴义务人采取前款所列手段，不缴或者少缴已扣、已收税款，数额较大的，依照上述的规定处罚。

对多次实施前两款行为，未经处理的，按照累计数额计算。

有第一款行为，经税务机关依法下达追缴通知后，补缴应纳税款，缴纳滞纳金，已受行政处罚的，不予追究刑事责任；但是，5 年内因逃避缴纳税款受过刑事处罚或者被税务机关给予二次以上行政处罚的除外。

逃避缴纳税款数额，是指在确定的纳税期间，不缴或者少缴各税种税款的总额。逃避缴纳税款数额占应纳税额的百分比，是指一个纳税年度中的各税种偷税总额与该纳税年度应纳税总额的比例。不按纳税年度确定纳税期的其他纳税人，逃避缴纳税款数额占应纳税额的百分比，按照行为人最后一次偷税行为发生之日前一年中各税种偷税总额与该年纳税总额的比例确定。纳税义务存续期间不足一个纳税年度的，逃避缴纳税款数额占应纳税额的百分比，按照各税种偷税总额与实际发生纳税义务期间应当缴纳税款总额的比例确定。

偷税行为跨越若干个纳税年度，只要其中一个纳税年度的逃避缴纳税款数额及百分比达到《刑法》第二百零一条第一款规定的标准。各纳税年度的逃避缴纳税款数额应当累计计算，逃避缴纳税款百分比应当按照最高的百分比确定。

《最高人民检察院 公安部关于公安机关管辖的刑事案件立案追诉标准的规定(二)》(2022 年修订，自 2022 年 5 月 15 日施行)第五十二条规定，逃避缴纳税款，涉嫌下列情形之一的，应予立案追诉：

(1) 纳税人采取欺骗、隐瞒手段进行虚假纳税申报或者不申报，逃避缴纳税款，数额在10万元以上并且占各税种应纳税总额10%以上，经税务机关依法下达追缴通知后，不补缴应纳税款、不缴纳滞纳金或者不接受行政处罚的。

(2) 纳税人5年内因逃避缴纳税款受过刑事处罚或者被税务机关给予二次以上行政处罚，又逃避缴纳税款，数额在10万元以上并且占各税种应纳税总额10%以上的。

(3) 扣缴义务人采取欺骗、隐瞒手段，不缴或者少缴已扣、已收税款，数额在10万元以上的。

纳税人在公安机关立案后再补缴应纳税款、缴纳滞纳金或者接受行政处罚的，不影响刑事责任的追究。

根据上述规定，稽查局在偷税案件查办过程中，发现纳税人在5年内因逃避缴纳税款受过刑事处罚或者被税务机关给予二次以上行政处罚，又逃避缴纳税款，数额在10万元以上并且占各税种应纳税总额10%以上的，或者逃避缴纳税款，数额在10万元以上并且占各税种应纳税总额10%以上，经稽查局依法下达《税务处理决定书》《税务处罚决定书》后，逾期仍不补缴应纳税款、不缴纳滞纳金或者不接受行政处罚的，应当按规定程序向公安机关移送。发现扣缴义务人不缴或者少缴已扣、已收税款，数额在10万元以上的，即应按规定程序向公安机关移送。

第三节　偷(逃)税案件查办实战案例

实战案例3-1

数据分析助力偷税案件查处[1]

——某工业企业接受虚开发票偷税案

【案例摘要】 在上游企业失联、企业相关人员坚称业务无误的情况下，某市税务局利用先进的软件分析工具，仅用1天时间就完成了以往人工分析筛查5天才能完成的工作，从众多企业交易流水数据中，"挖"出了虚假交易证据，使得案件查办取得决定性突破，最终顺利结案。

① 本案例改编自：魏颖、陈冠谊、陈俊峰：《数据流中"筛"出虚开实证》，《中国税务报》2020年1月14日。

【关键词】 数据分析 虚开 偷税

【案例正文】

一、案件来源

2019年3月，某市稽查局收到来自J省税务局稽查局的一份税收违法案件协查函。协查函显示，Y公司分别于2013年3月至2013年4月、2014年2月至2014年5月取得J省X物资有限公司（以下简称X公司）和J省F材料有限公司（以下简称F公司）开具的增值税专用发票56份。目前，X公司和F公司均已走逃失联，上述发票涉嫌虚开，共涉及金额520.5万元，税额88.5万元，价税合计609.1万元，Y公司涉嫌取得虚开发票逃避纳税。根据上述协查线索，第二稽查局决定对Y公司立案检查。

二、查前分析

检查人员决定先对涉案企业涉税数据和经营情况实施分析，以确定案件调查取证重点和方向。

Y公司成立于2001年6月，为私营有限责任公司，法定代表人黄某，注册资本100万元人民币，为增值税一般纳税人，主要从事电脑连线、端子连线、手机电脑数据线的生产和销售，公司注册地址是S市某工业区。

检查人员调取并分析了该公司2013—2014年的销售额、应纳税额等数据，发现Y公司在取得涉案发票的相关月份，税负与其他月份相比明显偏低。

结合以往税务稽查经验，检查人员认为，从行业属性来看，Y公司所属行业为电子零配件加工业。企业的主要产品端子连线、电脑连线、手机数据线等是经由人工和机械化手段将铜线、插口、线材等原材料加工组合而成，产品的原材料增值额较大，为降低税负，涉案企业具有虚开进项发票抵减税额的动机。

综合前期线索和分析结果，检查人员决定将企业业务流和资金流作为检查重点。

三、检查过程

（一）进非所用，虚假采购现端倪

检查人员决定兵分两路对企业实施核查，一组负责调查核实企业生产实际情况；二组根据协查信息提供的发票业务线索，核查企业对公账户、企业关键人员个人账户银行流水数据等信息，并将调回的资金信息与企业业务流、现金账目核对，以寻找企业违法证据。

检查人员按法定程序向企业下达了《调取账簿通知书》，依法调取了该公司2013—2014年的账簿、凭证、报表、合同等相关纳税资料。Y公司按照税务机关要求,提供了协查信息指向的涉案发票业务有关的采购合同、送货单、入库单、付款凭证,以及企业应付账款明细账等材料。

检查人员核验这些资料信息发现,涉案56张增值税专用发票上所注明的企业采购货物是线材(钢材的一种,一般用作建筑材料等),数量多达1 725吨。而从该公司大多数存货数据来看,企业生产端子连线、电脑连线、手机数据线等产品的常用主要原材料是塑胶粒、半成品电线、铜线等,发票上的进货料与该公司常用原材料存在明显差异,难道该公司这一阶段用线材生产了数据线吗?为了核实情况,检查人员对Y公司进行了实地检查。

检查人员来到Y公司的注册地,发现企业的整个生产办公区域由两幢建筑物组成。其中一幢楼是企业整理车间和办公区,一楼是整理、包装车间和一个面积约100平方米的原材料仓库,二楼是办公区。另一建筑物是企业铁棚车间,有近20台机器在运转,主要对细铜线进行包胶。整个厂区有工人约50人,办公室人员约15人。

在生产车间及仓库核查期间,检查人员发现企业生产现场堆放的原材料主要是塑胶粒、细铜线、接头,还有一些手机、电脑数据线半成品,并没有任何线材原料。

按照疑点发票的进货信息,该公司购进线材1 725吨,这是一个不小的数字,若把这些线材堆在一起,应需要一个篮球场大小面积的仓库,该公司100平方米左右的仓库根本装不下这么多线材。但该企业既没有其他的原材料存放仓库,现场也没有线材原材产成品。并且,检查人员询问现场工人了解到,企业从未用线材生产过产品。

企业究竟有没有采购1 725吨线材?

检查人员依法对Y公司法定代表人黄某进行了询问,黄某坚称确实购进过线材,货物交易真实。黄某称当时的具体采购等业务是由公司一位姓王的业务人员一手经办,具体情况他并不清楚。当检查人员提出要联系这位业务员询问具体情况时,黄某称该名业务员已离职,并且失去联系。

对黄某的约谈结果和现场检查的种种疑点,加重了企业虚开进项发票嫌疑。

(二)软件解码,数据流中“筛”证据

在此情况下,检查人员决定通过外部调查打开案件突破口,重点对Y公司与X公司、F公司之间的资金往来实施核查,通过核查资金流寻找企业虚开违法证据。

在涉嫌无货虚开案件的调查过程中,银行资金流水的调查取证工作往往具有一定难度。违法嫌疑人为了逃避执法机关打击,通常会挖空心思伪造交易信息。上、下游企业之间往往会利用多个银行账号、来回多次转账的方式伪造资金流。检查人员在取证过程中因此将可能面临几十、上百个账户的成百上千条甚至更多的交易信息。

在此过程中，必须对这些银行流水资料进行仔细筛选分析，首先找出可疑账户和信息，通过逐一排查，才有可能从中找到有价值的线索和证据——这是一个极为考验耐力和工作细致程度的取证环节。

尽管核查工作量巨大，但检查人员迎难而上，在人民银行反洗钱部门的支持下，利用信息情报分析工具，累计调取涉案企业相关资金流水信息超过5 000条、账户近百个。

在市税务局涉税信息情报小组的帮助下，检查人员使用市税务局研发的银行流水分析软件对Y公司、F公司、X公司的对公银行账户、法定代表人银行账户和相关企业人员账户的资金流转情况逐一进行了检索排查。在保证数据安全和案件调查情况保密的前提下，利用大数据分析手段对资金支付账号流水记录、资金流水运转特征、账户关联关系、人员信息等数据进行了综合筛查和分析。

由于应用了流水分析软件，核查人员仅用1天时间，就完成了以往手工分析需要5天时间才能完成的疑点账号锁定和资金回流取证工作。数条隐秘的资金流浮出了水面。调查结果显示，检查期内Y公司收到F公司、X公司发票后不久，其向两家企业支付的货款便会“返还”——Y公司法定代表人黄某的银行账户均会收到来自X公司人员黄某某，以及F公司人员程某汇入的与两家企业开票金额相近的款项，形成完整的资金回流闭合线路。

完成资金流取证后，检查人员依法再次对Y公司法定代表人黄某进行了询问。面对检查人员出示的协查虚开确认函件和资金回流等多项证据，黄某最终承认了通过F公司和X公司，以支付票面金额一定比例手续费的方式购买增值税专用发票，虚增进项、虚列成本偷逃税款的违法事实。

四、处理结果

针对Y公司的违法行为，第二稽查局依法对其作出追缴增值税88.5万元、企业所得税130.2万元、城市维护建设税6.2万元，加收滞纳金，并处少缴税款1倍罚款的处理、处罚决定。由于该案已涉嫌犯罪，第二稽查局依法向公安机关进行了移交。

【案例评析】

本案是一起典型的生产企业虚开偷税案件。涉案企业通过签订虚假购货合同、伪造货物交易资金流等手段，虚构交易活动、虚列成本逃避纳税，其违法行为具有一定代表性。本案的查办，对今后税务机关检查人员核查类似虚开违法案件提供了可供借鉴的经验。

精准有效的案头分析是案件查办的关键。在实地调查之前，办案人员首先对疑点线索、企业涉税信息进行充分、到位的筛查分析,确定了案件检查的方向,对案件最终顺利查处具有重要意义。本案中,协查函虽给出了涉嫌虚开的具体线索,但更多的线索和证据信息仍待挖掘、证实。检查人员通过对企业税负、企业生产特点和信息的缜密分析,进一步确认了企业虚开疑点,为进一步检查核实与取证工作奠定了坚实基础。

检查人员要善于从纷繁复杂的企业数据流中找到线索和证据。查证和确认涉案企业银行账户与上游企业是否存在资金闭环回流,是无货虚开案件取证的重要环节。本案的调查得以迅速突破,企业资金流调查取证获得实效,与检查人员及时应用市税务局研发的资金流分析模型软件有着直接关系。该软件是以四部门信息情报平台为基础开发的资金流分析工具,具有分析处理信息能力强、精确度高等优势,可有效解决以往资金流调查中信息量大、锁定疑点难、分析准确度低等难点问题。借助这一“利器”,检查人员在短时间内完成了对涉案企业几千条交易流水信息的分析筛查工作,并成功取得了涉案公司、涉案人员虚开违法资金闭环回流的关键证据,使案件准确定性并最终顺利结案。

实战案例 3-2

欲盖弥彰 查你没商量

——某啤酒有限公司隐匿收入偷税案

【案例摘要】 甲省税务局稽查局通过金税三期操作模块——税务稽查“双随机”工作平台,从税务稽查异常对象名录库中随机抽取P市Y啤酒有限公司(以下简称啤酒公司),对其开票和申报纳税情况实施风险分析,发现啤酒公司2011年至2014年共购进麦芽2.6万吨,以每吨麦芽可生产8吨啤酒计算的销售收入与其实际经营情况极不相符,存在虚假做账、隐瞒销售收入的重大偷(逃)税嫌疑。

【关键词】 双随机　隐匿收入　偷税

【案例正文】

一、案件来源

2016年6月10日,甲省国家税务局稽查局(以下简称稽查局)通过金三系统“双随机”平台,从税务稽查异常对象名录库中随机抽取啤酒公司进行检查,对其开票和申报纳税情况实施风险分析,发现其2011年至2014年共购进麦芽2.6万吨,以每吨麦芽可生产8吨啤酒计算的销售收入与其实际经营情况极不相符,存在虚假做账、隐瞒销售收入的重大偷(逃)税嫌疑。稽查局决定对啤酒公司立案检查。

二、查前分析

（一）纳税人基本情况

啤酒公司于1999年12月1日开业投产并办理税务登记，法定代表人黄某，出资人陈某，出资额2.55亿元，2004年1月1日被认定为增值税一般纳税人。啤酒公司开业即与德国T公司合作生产啤酒，于2009年结束合作关系。其后，一直生产自有品牌，并零星受托加工其他品牌啤酒。

（二）案头分析

(1) 检查组查阅纳税征管资料，了解纳税人的基本情况：2009年起，啤酒公司生产经营状况恶化，资金紧缺，2010年初因严重负债被法院冻结其银行账户。2011年啤酒公司销售啤酒25 396吨，申报消费税559万元，申报销售收入4 087万元，申报增值税154万元，增值税税负3.8%；2012年销售啤酒31 028吨，申报消费税685万元，申报销售收入5 748万元，申报增值税144万元，增值税税负2.5%；2013年销售啤酒24 944吨，申报消费税551万元，申报销售收入4 496万元，申报增值税42万元，增值税税负0.92%；2014年销售啤酒19 233吨，申报消费税428万元，申报销售收入5 513万元，申报增值税74万元，增值税税负1.34%。2011—2014年申报所得税为零。纳税人税负逐年降低，检查组认为申报异常。

(2) 确定检查重点。根据静态资料分析，检查组初步确定了分别从原材料购进、生产工艺流程、经销商网络和财务核算、纳税申报进行检查取证的检查方案。检查人员面对纳税人财务管理的混乱状况，以及相关账务资料的缺失，通过对同行业投入产出率的分析比对发现疑点，以货物结转环节作为切入点，对销售开单、仓储提货、经销商收货等诸环节进行检查，并采取从核查其“出货单”等最基础资料入手，找出问题并取得突破，同时对发现的疑点充分运用书证、人证、物证等形成予以确认，最终查实纳税人隐匿销售收入的违法事实，其办案思路和方法均有一定的借鉴意义。

三、检查过程

（一）常规检查，未能取得突破

检查组依法调取啤酒公司有关资料进行检查分析，对现有人员进行询问，发现啤酒公司存在以下状况：多次被举报并接受税务检查，但没有发现重大问题，说明其反检查能力比较强；货物销售业务现金交易，资金流难以检查落实；人员变动频繁，关键岗位人证难以取得；采购、仓库、生产、销售、财务等部门管理混乱，各部门间生产数据均连接不上；财务核算资料在不同时期核算口径不尽一致，数据勾稽关系前后矛盾；提供的资料不能完整、系统地反映其生产经营全貌。

稽查人员首先对啤酒公司主要原材料——麦芽的供应商销售情况进行了外调

协查,核实了解到供应商提供的麦芽销售数量及金额均与啤酒公司账上相符,说明啤酒公司未有账外生产的情况。检查人员又对啤酒公司的附属产品——麦糟的数量进行核实,想以其主要产品与附属产品之间的产出比例关系,从附属产品推算出主要产品的大体产量,以确定啤酒公司是否存在账外经营的情况,但啤酒公司生产过程中产生的麦糟主要销往公司投资人亲戚办的个体养殖场,该个体养殖场没有核算资料,提供不出具体数量,导致稽查人员无法测算啤酒的真实产量。

稽查人员又转而对啤酒公司资金流向进行检查,发现啤酒公司从2002年起银行账号被法院冻结,与啤酒经销商之间的资金结算大部分采取现金交易方式,或以个人银行卡支付货款,货款汇往啤酒公司地区业务员个人银行账号。并且2011年至2014年的业务员大部分已离岗辞职,上述业务员及其个人银行账号无法查找齐全。因此,从资金流方面也难于获得该公司账外经营的证据。

鉴于上述情况,为拓宽检查思路,检查组对当地其他啤酒生产企业进行调查,获悉在生产条件相当的情况下,啤酒投入产出比一般在1∶8,即投放1吨麦芽可生产8吨啤酒。而啤酒公司账上反映2011年至2014年生产投入产出比为1∶7.2,啤酒公司投入产出低于行业正常水平。于是检查人员在初步掌握被查企业的生产、经营、管理信息的基础上,进一步整合检查方案,确定将落实其真实的经营销售情况,即对销售开单、仓储提货、经销商等与实物直接接触的环节作为重点,以查找其偷税的证据。

(二)突击检查,查获重要证据

检查组通过对啤酒经销商的调查,了解到经销商向啤酒公司正常提货时使用“啤酒公司送货单”(以下简称“送货单”),促销赠酒时使用“啤酒公司授权书用酒送货单”(以下简称“赠酒单”)。于是,为从啤酒公司获取上述单据资料,检查组分兵几路,同时突击检查了该公司的财务部、营销部、仓储部、保安部、运输部,终于在营销部获得了该啤酒公司2011年1月至2012年6月的部分“送货单”存根联和回执联,以及“赠酒单”存根等单据。两种送货单为啤酒公司经销商提货及领取促销赠酒所使用的单据,详细记录了啤酒公司销售和促销赠酒的品种、规格、数量、客户、提货方式、提货车号、提货人等有关资料。并从经销商处取得了啤酒公司销售啤酒正常提货时使用“送货单”,促销赠酒时使用“赠酒单”,以及啤酒公司与上述购货方采用现金方式直接收款的事实,证明啤酒公司啤酒销售实现的时间即购货方收到啤酒的当天。

(三)数据抽样比对,测算隐匿收入

在查获啤酒公司两种送货单后,检查组通过整理归类,抽取了一个月的啤酒送货单进行统计，然后与账务核算资料和纳税申报进行比对，发现送货单上记录的啤酒销售数量远远大于同期账簿反映的纳税申报数量。于是，检查组耗时30多天，对上述全部送货单的品种、规格、数量和其对产成品明细账的8万余条信息逐笔录入电脑，形成了如下三种类型的700余份统计表格：

一是财务部会计核算统计，包括各种名称的产品分规格型号，每天的期初数量、期末数量、当天生产完工入库数量、当天发出销售数量，以及每天销售的单价。

二是仓储部核算统计，包括各种名称的产品分规格、型号，每天的期初数量、期末数量、当天领用数量、当天发出销售数量。

三是营销部上述"送货单"部分存根联和回执联以及"赠酒单"存根统计，包括各种名称的产品分规格、型号，每天的期初数量、期末数量、当天领用数量、当天发出销售数量、销售对象、领取人，以及每天销售的单价。

经过对上述各类数据统计表的信息数据比对，核实啤酒公司2011年1月至2012年6月，销售啤酒10 542万瓶、生啤5 730升。而同期纳税申报销售啤酒6 890万瓶、生啤300升。与企业正常纳税申报的销售数量和金额，有啤酒3 244万瓶、生啤5 430升的数量差距，按照同期或近期同类或类似产品平均销售单价和啤酒的密度（吨/升）计算，涉及啤酒19 558吨，销售收入3 316万元。

（四）正面交锋，偷（逃）税案水落石出

在掌握了上述重要证据后，检查人员与啤酒公司主要负责人进行了正面交谈，告知其主要涉税问题的严重性和已经取得了其偷（逃）税的直接证据，要求其主动配合检查，并对上述业务的具体经办人，告知其只有把情况说明清楚，把责任分清楚，才能排除或减少相关法律责任。通过对财务人员、仓库管理人员、销售人员及法律顾问的耐心教育和开导，上述人员消除了顾虑，积极配合检查并提供了其他偷（逃）税证据。啤酒公司也以"自述材料"的形式书面说明和确认了上述违法事实，并对检查人员取得的相关资料一一签字、盖章确认。至此调查取证工作圆满完成。

（五）检查中遇到的困难和阻力及相关证据的认定

本案在检查中遇到的困难：一是检查资料比较多，有账内、账外资料，有纸质材料、电子文档，工作量较大；二是检查涉及面比较宽，从企业财务部，查到营销、仓储、保安、运输等部门，从企业内部查到关联企业，外调任务重，各类信息比较多，稍不注意，就会做无用功，甚至产生错觉，偏离工作方向，影响工作质量和工作效率；三是啤酒公司人事变动频繁，业务经办人员大部分已经离职，且无法取得联系，无法对各职能部门的相关人员进行调查取证，且财务管理混乱，财务人员变动频繁，纳税申报资料保管不全，给固定销售数量、销售金额增加了难度；四是企业相关人员反检查能力比较强，在没有充分证据前，企业存在以各种主客观理由阻挠检查的情况，更谈不上配合检查。

在相关证据的认定上，检查人员首先对财务部门核算资料，投入精力按产品规格、型号、名称，理出期初数量、完工入库数量、发出数量、期末数量进行归类整理，然后对照纳税申报资料，落实账面核算的产品发出是否存在没有及时作销售处理，已销售产品是否存在没有申报纳税问题；其次，把营销部的"送货单"部分存根联和回执联以及"赠酒单"存根，按产品规格、型号、名称、提货人、运输单位、数量、单价、金额、开单时间、发货时间等要素，理出每天实际发出商品的真实数量；再次把仓储部的成品，按照规格、型号、名称，每天期初数量、入库数量、发出数量、期末数量，货物入库验收人、发货人等要素，理出每天出入库真实数量；最后把生成的上述信息进行同口径比对，得出每天实际销售数量，形成完整、准确的数据证据资料。

四、处理结果

(一) 违法事实

2011 年 1 月至 2012 年 6 月，啤酒公司销售啤酒 19 558 吨，采取账外经营，资金体外循环，在账簿上少列收入 3 316 万元，少缴增值税 564 万元、消费税 431 万元。

(二) 处理情况

(1) 根据《增值税暂行条例》《消费税暂行条例》《企业所得税法》及实施条例的规定，同时根据《税收征收管理法》第六十三条第一款："纳税人伪造、变造、隐匿、擅自销毁账簿、记账凭证，或者在账簿上多列支出或者不列、少列收入，或者经税务机关通知申报而拒不申报或者进行虚假的纳税申报，不缴或者少缴应纳税款的，是偷税。对纳税人偷税的，由税务机关追缴其不缴或者少缴的税款、滞纳金，并处不缴或者少缴的税款百分之五十以上五倍以下的罚款；构成犯罪的，依法追究刑事责任"和《税收征收管理法》第六十四条："纳税人、扣缴义务人编造虚假计税依据的，由税务机关责令限期改正，并处五万元以下的罚款。税务机关对该啤酒公司做出如下处理：

① 对该公司在账上少列收入 3 315.5 万元的偷税问题，追缴增值税 564 万元、消费税 431 万元，并处少缴税款 50%的罚款 498 万元。

② 对该公司少列收入 3 315.5 万元，应调增所属年度的应纳税所得额。由于 2011 年度及 2012 年度企业亏损，查增利润不足以弥补亏损，责令其按规定调整账务，并对该公司编造虚假的计税依据的行为，处以 5 万元的罚款。

(2) 根据《税法征收管理法》第三十二条的规定：纳税人未按照规定期限缴纳税款的，扣缴义务人未按照规定期限解缴税款的，税务机关除责令限期缴纳外，从滞纳税款之日起，按日加收滞纳税款 0.5‰的滞纳金。

(3)该案上述违法行为已涉嫌触犯《刑法》第二百零一条的规定，根据《税收征收管理法》第七十七条、《行政执法机关移送涉嫌犯罪案件的规定》第三条的规定，依法将该案移送公安机关处理。

【案例评析】

一、找准突破口是成功查办案件的关键

在新的经济形势下，纳税人偷税手段越来越诡秘、偷税过程越来越隐蔽，其提供的资料一般经过精心策划，从账面上很难发现大的涉税问题。检查人员在检查过程中，一方面要善于使用企业的内部资料，利用其较真实的内部核算资料来掌握真实情况；另一方面要全面了解其具体经营流程，从其经营流程中最真实反映经营状况的环节寻找突破口，并围绕疑点问题提取证据资料，用证据资料证明其违法事实。

二、技术查账是提高案件查办效率的重要手段

专案组面对查获的大量需要分类、统计、分析的杂乱、零散原始单据信息，通过建立计算机电子表格，利用计算机的多项功能的辅助，极大地提高了办案效率和办案质量。

三、适时调整检查思路是逐步接近事实真相的有效途径

对较复杂的案件，不仅要有检查预案还要有随机应变的能力。要根据具体检查情况，边检查、边分析、边整合，并适当调整检查思路，才能少走弯路，不断明晰检查重点，逐步接近事实真相。

四、工作建议

日常税收管理要及时到位。以本案为例，该啤酒公司是一家大型生产企业，货物的购、产、销是其主要经营环节，三者之间有匹配关系，且这个关系在一定时期是相对稳定的，而该公司的税负率连年下降，作为日常税务管理部门应及时了解并确认企业的经营及纳税申报情况是否存在异常，及时发现和确认各类涉税疑点问题。因此建议对纳税人建立涉税信息的动态监控机制，对企业生产经营及纳税情况出现较大变化时，及时予以检查确认，提高日常税收管理的针对性和实效性。

实战案例 3-3

材料成分占比 岂能任性①

——某房地产企业虚增成本偷税案

【案例摘要】 J省K市税务局稽查局通过金三系统“双随机”平台，从税务稽查

① 本案例改编自：邹家辉、余晓宇、黄旭丽等：《钢筋水泥用量大 是质量高还是“水分”高》，《中国税务报》2019年9月25日。

异常对象名录库中随机抽取N房地产企业，对其成本异常申报纳税情况实施风险分析，发现该企业涉嫌以虚列成本的方式少缴税款。检查组从涉案企业项目决算报告入手，查建筑主材用量、核前期施工土方、算实际工程成本……通过内查、外调，最终锁定证据，挤出了房企开发项目成本中的“水分”。

【关键词】 双随机 虚增成本 偷税

【案例正文】

一、案件来源

2019年5月，J省K市税务局稽查局选案科通过“双随机、一公开”方式，从金三系统选取N房地产开发公司，经涉税风险分析该企业涉嫌以虚列成本的方式少缴税款。该局遂从税务稽查执法检查人员分类名录库中随机选取检查人员对该企业立案调查。

二、查前分析

检查人员了解到，N房地产开发公司于2012年4月成立，注册资本5 000万元，公司类型为其他有限责任公司，主要从事房地产开发、经营、租赁、物业管理等业务。

该公司开发销售的X商住项目自2014年1月起开工建设，实际建设可售总面积43.1万多平方米，分三期进行开发。截至2018年12月31日，X商住项目一期已售出10.9万多平方米，占可售面积93.50%，二期已售11.8万多平方米，占可售面积83.88%；三期已售5.9万多平方米，占可售面积34.42%。企业申报信息显示，N房地产开发公司该项目房产销售共取得销售不动产收入15.54亿元。

X商住项目一、二期工程已达到土地增值税清算条件，其主管税务机关已通知N房地产开发公司进行清算，该公司也在规定的时间内进行了土地增值税申报，并未发现明显问题。

三、检查过程

(一) 梳理线索，多个疑点浮现

大型房地产建设项目具有工期长、项目支出繁多、成本构成复杂的特点，该企业的申报信息中是否有“水分”呢？

带着疑问，检查组先期进行了外围调查。走访当地建筑、房管等部门，了解同类建筑项目的平均市场成本和价格情况，并将结果与X商住项目工程决算报告数据进行比对分析，发现其工程决算成本价格明显高于市场平均水平。

在随后对N房地产开发公司进行账面检查的过程中，检查人员又发现了多处疑点：一是账面凭证方面，存在短期内土建工程建筑安装发票大量增加的情况，导致建筑安装成本偏高，存在突击开具安装发票虚增建筑安装成本嫌疑。二是前期工程费中土地平整费额度较高，有虚增前期工程费嫌疑。

针对初步调查发现的情况，检查人员决定从开发项目决算报告入手，对该企业建筑施工的实际成本和费用实施核查。

(二) 决算稽核，锁定“兑水”成本

根据《土地增值税清算管理规程》等有关法规规定，房地产开发企业在工程结算前，须请中介机构出具工程决算报告作为工程结算依据。检查人员分析认为，如果N房地产公司最初向中介机构提供的原始资料就有“水分”，那么即使是较大规模中介机构出具的决算报告内容也会失真。

基于以上考虑，结合前期的疑点线索，检查人员对N房地产开发公司决算报告中的数据进行仔细检查和分析，将决算报告中反映的项目施工所用钢筋、水泥、商砼、砂石等主材从总项目中分解出来，分别按各期项目进行汇总，制作了X商住项目工程钢筋、水泥、商砼、砂石使用情况汇总表，并按项目建筑面积计算出平均单位用量。

经过与建设部门提供的建筑质量要求标准进行核对后，检查人员发现，X商住项目钢筋、水泥、商砼、砂石等主材使用量大幅高于指导标准和行业标准——超标建设，大幅增加成本，这并不符合房产企业经营常规。

为了查清X商住项目施工企业使用主材数量和施工成本的真实情况，检查人员决定开展延伸核查，对该项目的施工企业M建筑公司和向其供应建筑主材的商家进行调查。

检查人员兵分两路：一组对M建筑公司进行了突击检查，核查了其购进钢筋、水泥、商砼、砂石等主材的资金流、票流和货物流，按材料项目进行汇总，制作了M建筑公司施工X商住项目时，钢筋、水泥、商砼、砂石等主材购买、使用情况统计表。与此同时，另一组检查人员迅速对M建筑公司的主材供应商进行了货流、票流和资金流等方面调查，并与M建筑公司购进主材料信息逐一进行比对，以锁定实际购进主材的数量、金额等证据，防止M建筑公司与供货商串通作假。

随后，检查组将经过核实的M建筑公司施工主材实际购买数据，与X商住项目工程决算报告中汇总的施工结算数据进行比对，发现M建筑公司实际购进使用的主材数据明显小于决算报告数据。

检查人员随即对N房地产开发公司项目虚报的施工成本进行了测算，制作了X商住项目钢筋、水泥、商砼、砂石等主要材料结算与实际购买差额情况表。经测算，初步确定N房地产开发公司X商住项目在纳税申报时，涉嫌虚增建筑安装工程成本6 100万元。

(三) 业务追踪，挖出虚列费用

在调查过程中，检查人员从当地居民处得到了一个信息：N房地产开发公司为了少缴税款和逃避价格监管，在购房业主支付部分购房款后，未开具正式发票。为了核实情况，检查组对部分购房业主进行了走访调查。

经了解，购房业主与开发商签订了两份合同，一份为购房合同，一份为装修合同。装修合同的标的为2万～20万元不等。检查组将购房合同、装修合同、建设工程施工合同等多项合同内容对照分析，并到已售商品房现场勘查后发现，装修合同所列施工内容与购房合同中所列交房条件大部分为重复内容，甚至有的合同根本未履行。

调查结果显示，N房地产开发公司所提供的房屋装修合同中的业务并未真正实施，企业收款后未开具发票，也未在账内反映。经过测算，N房地产开发公司涉嫌账内少计销售收入3 000余万元。

X商住项目账列前期工程费中，累计支出场地土方平整费用960万元，根据施工方结算表，该工程平整费用每立方米22元，总工程量约为43.6万立方米。

为了核实X商住项目支出场地平整费用的真实性，检查人员走访项目所在地附近的居民，了解到X商住项目所在地之前是一片荒地，地势较平坦。同时，有关部门提供的X商住项目前期岩土工程勘察报告也显示，该项目素填土(全新人工填土层)平均厚度为2.55米，实际需土方平整工程量约为27.6万立方米。综合第三方调查信息，检查人员认为，企业虚增了场地平整工程量16万立方米，并测算N房地产开发公司涉嫌虚增场地平整工程费用352万元。

核查取证工作完成后，检查组约谈了N房地产开发公司负责人、财务负责人。检查组指出，企业通过伪造凭证和在账簿上多列支出或少列收入等手段偷逃税款，一经查实，不仅将受到行政处罚，如情节严重还可能承担刑事责任。

面对检查人员出示的翔实证据，N房地产开发公司负责人承认通过虚增成本、少计收入等方式逃避纳税的违法事实，并提供了账外账。

四、检查结果

(一) 违法事实

经查，N房地产开发公司在X商住项目建设和销售过程中，累计虚增建筑安装工程成本6 500万元，虚增场地平整工程成本410万元，少计销售收入3 250余万元。并且该企业将虚增成本和少计收入获得的账外收入9 000余万元作为红利向股东进行了分配。

(二) 处理结果

(1) 根据《增值税暂行条例》、《土地增值税暂行条例》、《个人所得税》及实施条例《企业所得税法》及实施条例、《税收征收管理法》第六十三条第一款："纳税人伪造、变造、隐匿、擅自销毁账簿、记账凭证，或者在账簿上多列支出或者不列、少列收入，或者经税务机关通知申报而拒不申报或者进行虚假的纳税申报，不缴或者少缴应纳税款的，是偷税。对纳税人偷税的，由税务机关追缴其不缴或者少缴的税款、滞纳金，并处不缴或者少缴的税款百分之五十以上五倍以下的罚款；构成犯罪的，依法追究刑事责任"和《税收征收管理法》第六十四条第一款纳税人、扣缴义务人编造虚假计税依据的，由税务机关责令限期改正，并处五万元以下的罚款"的规定，税务机关对该N房地产开发公司做出如下处理：

(1) 针对企业违法行为，税务机关依法作出补缴企业所得税3 170万元、增值税295万元、城建税及教育附加36万元、土地增值税2 850万元、个人所得税(股息、利息、红利所得)2 400万元，共计8 751万元，并依法加收滞纳金的处理决定。企业及时缴纳税款和滞纳金。

(2) 根据《刑法》第二百零一条的规定，经税务机关依法下达追缴通知后，补缴应纳税款，缴纳滞纳金，已受行政处罚的，不予追究刑事责任；但是，5年内因逃避缴纳税款受过刑事处罚或者被税务机关给予二次以上行政处罚的除外。因企业及时缴纳税款和滞纳金，未移送司法机关追究刑事责任。

【案例评析】

一、虚列建筑安装成本是房地产偷税的主要手段

建筑工程的前期工程量往往被后来的施工所隐蔽，而税务人员又不太熟悉建筑施工业务，房地产开发商往往利用这一特点，虚列建安工程成本，扩大税前扣除，这是当前房地产开发企业偷(逃)税收所采取的较为普遍的做法，这种虚增建筑施工成本，同时设计虚假的施工项目工作记录，给税务检查工作带来极大困难。

二、房地产中介机构自律不够，税务稽查难度加大

由于行业监管不到位，加之相关法律制度不健全，在利益驱动之下，一些中介机构不能严守职业道德，唯开发商需求是从，为开发商编造虚假的结算审核数据大开方便之门，这给税务管理带来了更大的难度。

三、税务管理滞后，给建筑施工成本的检查带来较大难度

税务管理主要是一种事后管理工作，税务机关不能从房地产开发项目立项时就开始介入，而检查人员在检查房地产开发企业时，工程往往已经建成，检查难度不言而喻。

四、税务检查缺乏有效的手段，给取证工作带来较大障碍

在税务稽查过程中，往往需要求助于其他部门或个人，造成相关证据难以取得

或虽然取得但需要花费较多的时间和精力，一方面影响税务检查工作效率，另一方面容易使税务检查丧失有利时机。

实战案例 3-4

举报线索有指向 突击检查账外账[①]

——某食品公司隐匿收入偷税案

【案例摘要】 H 市税务机关接到举报称 F 食品公司隐匿销售收入，存在严重的偷逃税款行为。举报人提供了该企业收取货款的部分企业人员银行账户信息，还提供了企业使用的财务核算系统名称，以及系统中的部分数据。举报信息言之凿凿，但现场检查却未发现企业隐匿收入证据。在涉案企业不配合的不利条件下，检查人员运用信息技术，内外结合，不懈追查。最终经过双方数轮“交手”后，案件水落石出，企业“认账”“认罚”。

【关键词】 举报　账外账　偷税

【案例正文】

一、案件来源

2017 年 6 月，H 市税务机关接到举报称 F 食品公司隐匿销售收入，存在严重的偷逃税款行为。举报人提供了该企业收取货款的部分企业人员银行账户信息，还提供了企业使用的财务核算系统名称，以及系统中的部分数据。税务机关进行立案检查。

经过核查证实，F 食品公司通过账外销售、私人账户收取货款等方式，在经营中隐匿收入 1.09 亿元，逃避缴纳增值税税款 1 854.25 万元。税务机关依法对该企业作出补缴税款、加收滞纳金并处罚款共 3 337.65 万元的处理决定。

二、查前分析

近年来，在办案中发现不少纳税人受经济利益的驱动，通过设置“账外账”的方式，进行偷税、逃税、骗税等涉税违法行为，造成国家税款的大量流失。针对这一现象，在日常办案中，仅靠传统的、简单的就账查账方法已无法查深、查透，更难以发现纳税人偷税、逃税等涉税违法行为。因此，发现和查处“账外账”，提高稽查工作成效，严厉打击涉税违法犯罪行为显得尤为重要。

“账外账”是指部分纳税人为偷逃国家税款，私自设立两套账簿，对内账簿真实核算生产经营情况；对外账簿记载虚假的经营收入和利润情况，以虚假的生产经营

① 本案例改编自：陈辉、严儒恋：《交锋“账外账”税务人三回合锁定胜局》，《中国税务报》2020 年 1 月 9 日。

情况应对各方检查，并以此作为纳税申报的依据，通过做假账的手段达到偷逃税款的目的。

三、检查过程

2017年6月，H市税务机关接到举报称F食品公司隐匿销售收入，存在严重的偷逃税款行为。举报人提供了该企业收取货款的部分企业人员银行账户信息，还提供了企业使用的财务核算系统名称，以及系统中的部分数据。

（一）发现屋角电脑中的神秘表格

接到举报线索后，检查人员对该企业情况进行了分析。F食品公司成立于2000年，经过近20年的经营，在周边地区已小有名气。从企业申报纳税记录来看，该企业平均税负率为3.6%，行业税负率偏离度并不大。2014年1月至2017年5月，企业申报的年均销售额为2 400余万元。但举报信息反映，该企业实际年均销售额超过4 500万元，两者之间相差近1倍。

检查人员认为，举报信息提供的企业经营数据细节、核算系统使用情况，以及涉税账簿资料存放地点等信息非常细致，极有可能是知晓企业内情的人员举报，具有一定可信度。从企业申报信息等数据来看，虽然企业税负率偏离度不大，但存在人为控制干预的可能性。H市税务机关决定，成立检查组对F食品公司实施调查。

检查组制订了检查方案。为防止进户检查时企业转移、销毁证据，明确了突击检查的重点：第一时间搜寻企业经营管理软件和财务核算系统并迅速提取相关数据；在核查摸清企业销售模式、结算方式的同时，重点提取财务经理、主办会计和出纳等关键岗位人员电脑内的账目核算电子文档资料等。

对企业实施突击检查后，检查人员顺利提取了企业财务核算系统中的账套数据，并相继与企业负责人、财务、仓管等人员进行了谈话。经过分析，检查人员发现企业核算系统和现场相关账簿资料中的信息内容，与税务机关掌握的企业申报信息并无差异。

这时，企业财务部门电脑中的一张小表格引起了检查人员的注意。

在制作询问笔录时，一名检查人员发现，财务部门角落里一台不起眼的电脑上，有一个未来得及关闭的销售人员薪金费用表，其中详细记载了各个月份的销售情况。

检查人员认为，企业一般根据销售人员业绩发放工资和提成，这张薪金费用表中的数据应该会比较真实反映企业销售情况。

检查人员迅速对表格中的信息进行统计和比对，按照表中数据，该企业2016年4～12月的销售收入累计已达到5 500余万元，但企业2016年向税务机关申报的年销售收入却仅为2 600余万元。检查人员立即对文档资料证据进行了提取和固定。

检查人员认为，从现场情况来看，企业确实可能存在另外一套财务核算资料，想要查清企业真实经营和销售情况，必须尽可能完整地从各方面采集企业经营数据，经过整合分析，核实企业真实收入情况。

检查组当机立断，对企业所有财务、出纳、仓管等相关人员使用的电脑中的各类文档资料都进行了采集和封存。在此过程中，检查人员还找到了举报材料中所称的，企业用于收取货款的个人银行卡等物品。

在扩大核查范围的过程中，检查人员还在该企业办公楼楼梯下方一间不起眼的储藏间里，发现了许多疑似企业账簿的资料，检查人员立即安排人员值守，并进行了打包、封存，经统计，储藏室内的疑似账簿资料共计20箱。

（二）突击检查“抢救”出“二套账”

现场检查取得的材料和一些证据，正在一点一滴地印证举报材料中的信息线索。但检查人员发现，举报材料中提到的载有企业“秘密”的财务核算系统，以及存放其数据的服务器却不见踪影。

难道该企业的服务器没有放置在自己的办公场地?

正当检查人员准备对该企业法定代表人和相关人员进行询问，寻找举报材料中所称企业第二套核算系统时，却发现该企业办公楼内的工作人员突然变少了——办公现场只剩下了企业财务主管、办公室主任等少数几个部门负责人。

面对检查人员的询问，企业财务主管先是坚称企业没有其他核算系统，但随即改口称，在检查人员来的前一天，企业存放第二套系统数据的服务器因为故障无法正常工作，已经送去维修了。

见此情景，检查人员决定改变策略，暂时结束检查，先整理检查中发现的资料数据，从中寻找线索。

几天后，检查组不宣而至，再次突击检查该企业，此次终于在财务办公室发现了一台“眼生”的电脑设备。检查人员立即对这台陌生的电脑设备进行检查，经确认，该电脑正是那台“失踪”的存放企业第二套核算系统的服务器。

但是，检查人员随后发现，这套核算系统中相关财务数据已经损坏缺失，无法从中提取完整的账套数据。不过经检查，技术人员发现，该系统的数据备份文件还未损坏，可以完整拷贝。

但是提取信息时又遇到了困难，由于这套核算系统数据库的备份文件格式特殊，检查组凭借现有技术手段无法将其直接转换成账套数据。在此情况下，检查组要求电子查账软件厂商提供技术支持，在技术人员协助下，检查人员最终成功将企业第二套核算系统的备份文件还原为账套数据，其中包括财务数据、商品进销存信息等。

（三）锁定事实后企业“认账”

通过对企业两套核算系统数据、纸质账簿信息、申报纳税信息进行比对分析，检查组发现，从企业现场取回的20箱纸质账簿资料数据，与企业第二套系统中的数据高度吻合，而财务人员电脑中的第一套系统数据则与企业申报信息基本对应。检查组判断，该企业财务人员电脑中核算信息应是“明账”，而第二套系统中的信息才是真实生产销售数据。

为了验证判断，检查组从采集的企业数据中，抽取了部分客户单位，对双方的发货、销售、退货等业务来往情况实施核查。同时，前往银行提取了涉案企业及相关个人银行卡资金往来记录。

外调结果和银行数据核查信息显示，H食品公司与被调查客户企业的业务往来情况，与20箱纸质账簿资料中的数据和第二套系统中的数据基本一致。

通过对纸质账簿资料、外调结果、银行资金往来记录等材料进行对比分析，并与企业第二套系统中的账套数据相互验证，检查组发现，在检查年度期间，H食品公司在3个公司账户以外，还通过9个个人账户，以及现金收款等方式收取货款，累计隐瞒销售收入近1.09亿元。

在企业不配合检查，企业人员在调账清单、电子数据提取等文书上不签字，不盖章，也不配合询问等不利条件下，检查人员不懈追查，通过采集企业各类原始资料和数据，进行筛选分析，结合大量外部核查工作，最终完善了证据链条。

在对企业资金流实施调查的过程中，检查组发现，突击检查后，该企业银行账户和收取货款的个人账户，均出现大额资金向企业法定代表人的配偶等个人账户转移情况，累计达245万余元。为防范涉案企业转移资产，避免国家税款流失，检查组迅速按照法定程序采取税收保全措施，冻结了该企业的相关账户。

企业账户冻结等措施影响了涉案企业的生产经营，并且给企业法定代表人带来了较大心理压力。在此情况下，之前一直对税务机关检查拒不配合的他，态度开始有所转变。

检查组随后多次对该法定代表人和其配偶以及公司财务等人进行约谈，面对检查人员出示的多项证据，企业人员最终承认了采用两套账目核算、账外销售收入不申报等手段偷逃税款的违法事实。

四、检查结果

经查，F食品有限公司在检查期内，通过设置两套账目、虚假申报的方式，通过账外销售、私人账户收取货款等方式，共隐匿销售收入1.09亿元，偷逃增值税税款

1 854.25万元。针对企业违法行为，H市税务机关依法向该企业下达了《税务处理决定书》和《税务行政处罚决定书》，作出补缴税款、加收滞纳金并处罚款共3 337.65万元的处理决定。

【案例评析】

一、当前“账外账”偷税行为的特点及手法

“账外账”是指部分纳税人为偷逃国家税款，私自设立两套账簿，对内账簿真实核算生产经营情况；对外账簿记载虚假的经营收入和利润情况，以虚假的生产经营情况应对各方检查，并以此作为纳税申报的依据，通过做假账的手段达到偷逃税款的目的。

(1)“账外账”偷税的主要特点。从税务检查情况看，“账外账”有以下两种形式：一种是流水账式的记录。按日或按月汇总金额，采用这类“账外账”偷税的主要是规模小、业务量较少的企业；另一种是账簿式的记录。所有凭证资料俱全，业务详细，采用这类“账外账”偷税的主要是具有一定规模、业务频繁的企业。无论“账外账”形式如何，一般具有如下特点：一是隐蔽性强，用来向税务机关申报纳税的假账，随时都可拿出来应付税务机关的检查，而核算准确的真账却存放隐蔽处(一般不存放在公司)，令执法部门不易查证，难以发觉。二是知情范围小，为了降低偷税风险，一般只有单位主要领导及财务人员知晓内幕，其他人并不知晓。三是使用范围广，由于“账外账”设置并不难，容易被不法分子用来偷逃国家税款，成为偷税最常用的伎俩之一。四是人员挑选严，采取“两套账”偷税的企业，在财务人员的选择上要求较严，因而一般都聘用自己的亲朋好友来担任。五是现金交易多，不法分子利用行业经营特点，采取大量现金交易，取得收入不开具合法凭证，在账上将经营业务收入化整为零或不完整反映，蓄意隐瞒收入偷逃税。

(2)“账外账”偷税的主要手法。“账外账”偷税手法真可谓五花八门：一是“一真一假法”，即“一套账”是对企业经营过程的真实反映，另“一套账”是对企业经营过程的虚假反映，从表面上看，假账真做、天衣无缝，但原始凭证往往只有企业自制的虚假内容的费用报销单据。二是“半真半假法”，两套账都是核算企业真实经营情况的一部分，对企业有利的，在真账中反映，不利的则在假账中反映，一般采取抽单做账或者部分现金收入分离。三是“人机分算法”，除建立一套计算机账外，另建一套人工操作账，两套账在不同企业中因管理方法的不同而有所区别，有的企业计算机账反映的是真实情况，有的企业人工账是真实账。四是“机内分流法”，有的企业完全取消了手工做账，全面推行计算机核算，在机内设立两套应用程序，将收入部分，特别是大量现金交易而不易被税务机关监管的收入，直接从机内分流，以达到偷税目的。"账外账"偷税已向智能化方向发展。

(3)"账外账"偷税行为危害大。从税收来看,企业做"账外账",通过现金交易、体外循环形式,隐瞒应税收入,把应该交给国家的税款占为自己有,变成企业的利润,坑了国家,肥了自己。同时,这种偷税行为也极易引发全行业、配套企业偷税的连锁反应,严重扰乱正常的税收秩序。从大局来看,近年来,一些公司为了获取上市资格,大做假账,上市之后,继续公布虚假的财务状况,极大地损害了投资者的利益。假账的大量存在,使我国的一些统计信息及经济指标误差很大,这不仅严重影响了政府的决策,而且也动摇了"诚信"这块市场经济的基石。

二、税务稽查如何发现企业"账外账"偷税

如何通过税务稽查查出"账外账",已成为税务稽查人员十分棘手的问题,笔者根据多年稽查工作实践,谈一谈"账外账"查账思路。

思路一:从关联单据入手,发现偷税痕迹。主要查"一票两单"。"一票"即指运费发票,产品购销与交通运输紧密关联,按税法规定,企业的运费发票都要填写货物的起运地和到达地,结合企业材料采购、货物销售,认真核查产品到达地是否有相应销售发票开出,如没有,则企业可能有账外经营偷税行为发生。"两单"即货物入库单、出库单,看这些单据记载数量与实地购入及销售情况是否吻合。

思路二:分析账户的勾稽关系,推算销售收入。纳税人的"原材料""生产成本""产成品""主营业务收入"等科目存在着一定的勾稽关系,从耗用的原材料,结合生产成本可以推算出产值,从产成品减少可以推算出销售收入,用推算值与账面数进行核对,看有无少计收入情况。

思路三:检查往来结算情况,看收入是否长期挂账。纳税人的"应收账款""应付账款"等往来明细科目,如长期存在贷方余额等异常情况,可能就存有货物已发出,不及时计销售计提销项税金的情况。

思路四:核查资金来龙去脉。货物购销与纳税人资金流出、流入是紧密联系的,通过企业"银行存款""库存现金"科目反映的资金情况与纳税人提供的"银行对账单"核对,从中发现企业是否存有进销货物不入账,瞒天过海私设小金库等账外经营违法事实。

三、对"账外账"实施稽查的步骤及方法

(1)做好稽查前准备。在对企业进行稽查前一定做好情况分析、摸底调查和方案论证。首先,做好稽查前相关信息的收集和分析,调阅被查对象的纳税档案等资料,对被查对象的经营规模、生产状况、行业特点、财务核算以及生产流程进行综合分析,寻找稽查的切入点,确定实地摸底和突击检查的重要环节或部门;其次,对企业进行实地摸底调查,乔装成购货者,初步摸清企业经理办公室、财务、生产车间、仓库各部门分布状况以及购买货物时单据流转和资金流转情况;再次根据企业信息和摸底调查情况,制订详细的稽查实施方案,安排好任务、目标、行动时间和注意事项等。最后做好保密工作,减少知情面。在制订方案时只定检查某一环节所需的人数而不确定人员名称,具体人员分工到检查现场再进行确定。

(2) 实施突袭检查。突击检查是目前稽查两套账较为普遍且行之有效的方式。在突袭稽查时要做到"优势互补""普遍撒网""重点突出""合法有效"和"迅速安全"。

① 人员组织要做到"优势互补"。在突袭稽查时不能"单打独斗",而要学会借助各方力量,体现互补优势。借助公安部门力量,对重要场所、重点人员实施监控;借助计算机技术人员力量,对网络、电子数据进行调取;借助公证人员力量,对调取资料的合法性、真实性进行全部公证;必要时借助新闻媒体力量,对企业暴力阻挠检查的行为进行曝光等。

② 人员分布要做到"普遍撒网"。根据查前实地摸底调查情况,稽查人员必须做到分工明确,对经理室、办公室、档案室、财务部门、供销部门等办公地点,对生产车间、原材料、半成品、成品仓库等生产经营场地以及各门岗一并展开检查,对有分支机构的企业必须分头同时进行检查。

③ 收集证据要做到"重点突出"。把突击检查的重点放在仓库明细账、发货单、出库单、收款收据、内部结算凭证、生产销售统计资料、经济合同以及企业管理者、财务人员记录的与生产经营有关的笔记本、备忘录、流水账、内部报表等辅助纳税资料,从中收集掌握企业货物流转的线索与证据。注意对现金、产品、材料即时盘点,锁定企业现时状况。对实行计算机网络管理的企业,信息技术人员接触企业后,应快速查明网络走向,准确及时控制网络服务器,切断网络联系,对记录有关生产经营内容的电子纳税资料进行提取、备份。做到迅速及时,以快制胜,不给违法分子隐匿、销毁、转移证据的机会,获取第一手证据资料。

④ 环节程序要做到"合法有效"。充分运用录音、录像、照相和复制等现代技术手段采集证据,并提请公证部门全程参与,对稽查文书的签收、纸质资料的调取、电子数据的备份及被查企业的配合情况进行公证,为后期证据的有效性提供保证。

⑤ 实施操作要做到"迅速安全"。查处"账外账"时,检查人员既要有"不达目的,誓不收兵"的决心,又要尽可能快速、深入、全面地获取企业原始资料,防止企业销毁有关资料,尽量减少不必要的摩擦与争执,力保资料全面迅速调取,检查人员安全离开企业。

(3) 关注异常数据。此种方法主要是从货物流向的角度进行分析,根据被查对象的财务核算指标和生产业务流程进行分析论证，通过对资料之间的比率或趋势进行分析，横向上与同行业，纵向上与同企业不同时期的数据资料进行比对。从而发现资料间的异常关系和某些数据的意外波动，寻找突破口。在分析时可着重从收入、费用、成本、往来账款四个方面着手。

① 收入数据分析重点。一是分析企业的收入是否存在较大的起伏变化，是否符合经营常规；二是分析企业应纳税额的变化幅度与其销售收入的变化幅度是否一致；三是将企业的销售收入总量和注册资本情况进行对比分析，了解企业经营规模、发展速度；四是对企业税收负担率进行分析，判断企业是否存在人为调节应纳税额、调节税负，以达到逃避管理监控目的的情况。

② 费用数据分析重点。一是对企业管理费用、经营费用、财务费用与企业产能、收入总量是否匹配进行分析，判断企业是否存在虚增成本的现象；二是对比企业长、短期借款变动情况和企业财务费用变动情况，判断企业是否存在以借款名义将账外资金回流到账内的情况。有无将账外资金的利息收入冲减财务费用；三是分析企业运输费、仓储费，通过货运渠道和仓储情况核清企业发货时间、数量及进销货情况。

③ 成本数据分析重点。一是对企业的原材料成本、辅助材料、包装物、燃料动力及人工成本进行分析，确定每种产品的原材料、包装物、燃料动力消耗量等，与同行业的该项指标进行对比，以确定是否合理。二是分析企业存货周转，企业存货周转次数过快，高于企业生产能力，周转天数小于企业产品生产周期，都反映企业有虚增存货、虚抵进项税额及虚增成本的嫌疑。

④ 往来账款数据分析重点。一是分析企业应收（预收）账款余额与当期销售收入是否匹配；二是分析企业应付账款是否长期不变，是否属于应转作收入的应付未付款；三是结合企业的存货、应收（应付）账款、预收（预付）账款、借款等项目综合分析，对于货币资金充沛度小于企业存货的企业应注意其可能存在虚开增值税专用发票和虚开收购发票、少计收入、虚列成本的嫌疑。四是分析各期间的资产负债率，对于资产负债率居高不下、销售收入不断增长而利润、股东权益长期减少的“长亏不倒企业”，就可能存在账外经营、少计收入、多列成本的嫌疑。

（4）多方分析求证。在实务工作中，如何甄别孰真孰假，如何通过税务稽查查出“账外账”，需从以下几个方面进行求证：

① 经营能力求证法。对经营能力的推算主要根据对企业生产规模、生产能力、仓储能力以及运输能力是否与企业申报的销售规模相匹配，若明显大于申报销售数据则存在偷税嫌疑，若明显小于申报销售数据则存在虚开发票行为。

② 耗材耗工求证法。主要是对原材料、辅助材料、包装物、动力、热力实际购进

和人工等费用的支付情况进行外围调查,通过外调发现企业确有外购货物未入账的情形,一方面证明企业有设置两套账进行偷税的情况,另一方面通过实际购进数据根据行业耗用标准推算实有产量,以论证检查获取账簿资料的真实性。

③ 资金往来求证法。设置两套账的手段不论多么隐蔽,必然“来有踪去有影”,其中的主线就是资金。一是在突击检查时应依法重点检查销售及财务部门有关人员的保险柜、文件柜及办公桌,检查是否有相应的存款单、存款存折;二是有无将账外资金的利息收入冲减财务费用;三是到银行查询资金往来情况,从中发现有疑点的提款个人和新的银行账号,进一步追查资金流向;四是重点把握企业核心人物,了解其身份证号,必要时到银行查询这些核心人物的个人办理储蓄卡情况,核查这些银行卡是否有大量资金流入,是否是涉案的账外资金。

④ 以“点”证“面”法。在求证两套账簿孰真孰假时,既要注重月份齐全、资料完整证据的运用,又要注重零散、细微证据的收集运用。将这些零星的证据一点一滴地收集起来,与主体证据相映照,形成证据链,提高证明力,起到以“点”证“面”的效果。

⑤ 账账核对求证法。是指企业将向税务机关申报的账簿资料与获取的账簿资料进行核对,核查两者之间的逻辑关系,“以子之矛,攻子之盾”,通过账账核对求证获取企业账簿的真实性。

第四章　骗税案件查办实务与案例

第一节　骗税案件概述

一、骗税案件的概念

骗税案件，一般指骗取出口退税的案件，是指在税务稽查中，稽查局通过依法调查取证，并依据《税收征收管理法》第六十六条以骗取出口退税行为定性处理的税收违法案件。

出口退税是指为了鼓励出口，避免双重征税，国家对出口企业实行的退还有关国内税收的一种税收优惠措施。在我国，有出口经营权的企业出口和代理出口的货物，可在货物报关出口并在财务上做销售后，凭有关凭证按月报送税务机关批准按规定的税率退还增值税和消费税。对出口企业实行出口退税，是我国鼓励经济和对外贸易发展的一项重要政策和制度，对于提高我国外贸出口的数量和质量以及出口企业国际竞争力，调整对外贸易结构和国内产业结构具有重要作用，这也是避免出口货物双重征税的一项国际通行做法。在实施过程中，一些出口企业违反正常的外贸经营程序，采取假报出口或者其他欺骗手段，骗取国家出口退税款，影响了出口退税工作的顺利进行及我国出口贸易的发展，损害了国家利益，破坏了正常的外贸秩序。

为了严厉打击和惩治骗取出口退税违法行为，《税收征收管理法》第六十六条规定，以假报出口或者其他欺骗手段，骗取国家出口退税款的，由税务机关追缴其骗取的退税款，并处骗取税款 1 倍以上 5 倍以下的罚款；构成犯罪的，依法追究刑事责任。《刑法》第二百零四条规定了骗取出口退税罪，即“以假报出口或者其他欺骗手段，骗取国家出口退税款，数额较大的”行为。

二、骗税案件的特征

（一）主体特征

骗税案件的违法主体，不限于纳税人，所有实施欺骗手段，骗取出口退税款的单位和个人都可以构成骗税案件的违法主体。

(二) 主观特征

骗税案件要求行为人在主观上具有骗取出口退税款的故意,如果是由于行为人不了解出口退税的有关规定,或者疏忽大意而多报多领出口退税款,应由税务机关追缴多退多领的税款,但不属于骗取出口退税行为。

(三) 手段特征

骗取出口退税的手段表现为假报出口或者其他欺骗手段,具有明显的违法性和欺诈性。

假报出口是指没有出口货物,而向税务机关提供办理出口退税发票或者税票、出口货物销售明细账、出口货物报关单、出口收汇单证等有关凭证,冒充已出口货物,骗取国家出口退税的行为。

其他欺骗手段,骗取国家出口退税款的行为,在实践中主要表现为虚报出口商品的数量,以少报多,虚报出口商品价格,以低报高,虚报出口商品种类,以低税率商品报高税率商品,以增加退税款数额。

(四) 后果特征

骗税案件必须具有骗取国家出口退税款的结果,即国家税款遭到实际的损失。

三、骗税案件的类型

(一) 虚构已纳税款骗税

虚构已纳税款骗税是指虚构申报出口退税货物已缴纳税款,以骗取出口退税的案件,具体包括以下三类:

(1) 故意接受虚开、伪造、变造、非法取得增值税专用发票或者其他可用于出口退税的发票、增值税抵扣凭证,以骗取出口退税。

(2) 故意将未纳税或者免税货物作为已税货物出口,以骗取出口退税。

(3) 虚构出口货物的名称、数量、单价等要素,以骗取未实际纳税部分出口退税款。

(二) 虚构出口事实骗税

虚构出口事实骗税是指虚构已税货物出口的事实,以骗取出口退税的案件。如伪造或者签订虚假的出口买卖合同,或以伪造或者其他非法手段取得出口货物报关单、运输单据等出口退税单据、凭证,虚构已税货物出口事实,以骗取出口退税款。

第二节　骗税案件查办思路

一、骗税案件检查方法

（一）现场检查

实施现场检查前，检查人员应当充分做好查前准备工作，提前熟悉被查对象及相关涉案人员的基本情况，了解现场检查的周边环境，准备好必要的取证设备、工具，预判检查中可能遇到的困难和风险，提前做好预案。

在现场检查时，发现企业存在疑点的，应及时予以记录或取证，制作现场笔录，必要时录音录像，记录现场情况。根据案件查办需要，适时对被查对象法定代表人、财务人员、业务人员、生产人员等相关人员进行询问，了解被查对象生产经营情况。

（二）账簿资料检查

在骗税案件查办中，不能忽视对账簿资料的检查，但也不能“就账查账”，过于依赖被查对象所提供的账簿资料。在账簿资料检查中，要结合账簿记录，重点针对外销合同、国内采购合同、委托加工合同、物流仓储合同等被查对象出口业务签订的各种合同、协议、往来函件等资料，以及企业自制发票、结汇水单、报关单、商检报告等单据，进行比对审核。

（三）其他项目检查

1. 货物情况检查

将企业购进货物和出口货物情况进行匹配对照，利用增值税电子底账系统的相关数据，结合企业取得发票的信息和会计凭证记载，对企业进货情况进行比对核实。

2. 资金检查

重点是通过查询银行交易流水记录，整理分析被查企业资金流转的规律以及是否存在资金回流。

3. 出口运输单证检查

对海运出口的，主要检查装货单、海运提单、货代提单等备案单证，并根据需要实施外调取证，查验单证真伪，寻找真实货主。对空运出口的，主要检查空运提单，并重点关注国内公路运输到机场的物流情况，比对物流信息与出口货物信息是否一致，必要时到物流企业进行外调取证。

4. 辅助费用检查

检查出口企业、国内供应商以及货运代理三方是否有相应的国内运输费用记录，是否存在不符合正常流程的情形。对于相关运输费用记录，要核实货物装卸地址、时间、货物类型以及资金往来情况，综合判定运输环节是否真实。

二、骗税案件取证要点

对于骗取出口退税案件，主要从违法主体、骗税手段、危害后果等方面收集证据。

（一）主体方面

收集、固定证明违法主体身份基本情况的证据，营业执照（税务登记证、组织机构代码证），公司章程，增值税一般纳税人资格登记表、进出口经营权的审批资料、退税资格认定资料、相关年度纳税申报表、法定代表人及相关人员身份证或其他有效证件等。

（二）主观方面

骗税出口退税主观方面，重点围绕涉案人员的确认供述，收集当事人陈述、证人证言等类型证据。取得企业的法定代表人或者实际经营人、业务员的供述，举报人、财务人员等涉案人员关于骗取出口退税的证人证言等。结合其他书证、物证、鉴定意见等证据类型综合认定。

（三）手段方面

对于虚构已纳税款骗取出口退税的，收集开票方所属税务机关出具的证实虚开发票证明及相关证明材料，或可直接认定所取得发票为虚开的证据，以及受票方取得虚开增值税专用发票或其他可用于出口退税的凭证，用于骗取出口退税的证据；收集被查对象故意将未纳税或者免税货物作为已税货物的证据；收集被查对象虚构出口货物名称、数量、单价等要素，以及骗取未实际纳税部分退税款的证据。

对于虚构出口事实骗取出口退税的，重点收集伪造或者虚假的出口业务合同，伪造或者其他非法手段取得的出口货物报关单、装货单、货运提单、出口货物明细等出口货物退税单据、凭证。收集涉案人员关于骗税行为的明知、参与的确认供述等证据资料。

（四）危害后果

1. 收集行为人申报办理出口退税事实的相关证据

（1）申报退税资料，如出口退税申报明细表、出口退税货物进项凭证申报明细表、出口货物报关单（退税联）、出口收汇核销单、出口外销发票、增值税专用发票（抵扣联）等。

(2) 退税备案单证,如购货合同、出口货物明细单、出口货物装货单、出口货物运输单据等。

(3) 会计核算账簿、凭证资料,包括被查对象提供的核算流程、相关出口业务记账凭证及附件、收付款凭证等。

(4) 纳税申报资料,包括相关纳税申报表、退(免)税申报表及其附表。

(5) 其他证据资料,如外销合同,产品技术资料、检疫及检验证明、原产地证明等。

2. 收集固定被查对象取得出口退税款的证据资料

主要包括税务机关审核退税证明资料,被查对象申报出口退税时的相关记账凭证及其附件,收到出口退税款的相关记账凭证及其附件等。

相关案例 4.1　查处骗税案件证明难　且看司法机关如何判①

【案件查办过程】

位于某工业园区的C进出口有限公司(以下简称C公司),成立于1994年,注册资本500万元人民币,为增值税一般纳税人。主要经营预包装食品、乳制品,自营和代理各类商品和技术的出口,销售百货、五金交电、工艺美术品、针织纺品等业务。

2016年5月31日,市税务局稽查局(以下简称稽查局)作出《税务检查通知书》《调取账簿资料通知书》,于次日向C公司送达,决定对C公司2014年1月1日至2016年4月30日涉税情况进行检查,并调取了上述期间内的账簿、记账凭证、报表和其他有关资料。

2016年10月14日,稽查局向C公司送达《税务事项通知书》,告知C公司因打击骗税案件工作需要,检查所属期间停止时间由2016年4月30日延长至2016年9月30日。同年10月18日,稽查局制作《调取账簿资料通知书》并于次日送达C公司,决定调取2016年5月1日至2016年9月30日的账簿、记账凭证、报表和其他有关资料。同年11月25日,稽查局将上述账簿资料退还C公司。

2016年12月7日,稽查局根据检查情况制作《税务稽查工作底稿》,由检查人员周某、田某交C公司签字确认。C公司提出陈述申辩称,其对上述"出口业务虚假""无货虚开"不知情,随附该公司"关于出口S公司面料业务的情况说明"。

---

① 本案例改编自《苏州工业园区中辰进出口有限公司与国家税务总局苏州工业园区税务局稽查局、国家税务总局江苏省税务局行政复议二审行政判决书》江苏省南京市中级人民法院(2018)苏01行终1053号,见中国裁判文书网,http://wenshu.court.gov.cn/website/wenshu/181107ANFZ0BXSK4/index.html? docId=be4ac9e5cf2941f59ed0aa6f00e6046a。

2017年1月13日，稽查局作出《税务处理决定书》，认定C公司91笔从S公司进货出口业务虚假，共涉及出口额12 658 228.88美元，增值税专用发票696份，金额65 371 894.94元，税额11 113 221.20元；涉及已退税额10 746 699.37元，未退税额2 668 341.63元，合计涉及退额13 415 041.00元。业务虚假具体情况为：

(1) 73笔出口业务已实际退税，已全部证实供货虚假，69笔已落实真实货主。C公司上述73笔出口业务已实际取得退税款10 746 699.37元，共对应增值税专用发票673份，金额63 215 878.27元，税额10 746 699.37元，由S公司开具，已全部证实为无货虚开。其中，69笔出口业务已落实真实货主，证实出口货物为巴基斯坦人在国内市场自行采购，通过买单卖单中间人韩某峰冒用该公司名义“配单”出口，出口货物与C公司无关。

(2) 2笔出口业务企业已申报暂未退税，已全部证实供货虚假。C公司上述2笔出口业务共向国税部门申报退税366 522.83元，共对应增值税专用发票23份，金额2 156 016.67元，税额366 522.83元，由S公司开具，已全部证实为无货虚开。

(3) 16笔出口业务企业未收齐退税申报资料未申报退税，6笔已落实真实货主。C公司上述16笔出口业务涉及退税额2 301 818.80元。检查组已从货代公司获取证据，证实其中6笔出口货物为巴基斯坦人在国内市场自行采购，通过买单卖单中间人冒用该公司名义“配单”出口，出口货物与C公司无关。

稽查局针对以上事实作出税务处理决定：

(1) C公司与S公司的73笔业务，已证实购进和出口均为虚假，涉及已退税款10 746 699.37元。根据《税收征收管理法》第六十六条、《财政部 国家税务总局关于出口货物劳务增值税和消费税政策的通知》(财税〔2012〕39号)第九条第(一)项第三点、《国家税务总局关于发布〈出口货物劳务增值税和消费税管理办法〉的公告》(国家税务总局公告2012年第24号)第十三条第六款之规定，向C公司追缴骗取的退税款10 746 699.37元。

(2) C公司与S公司的2笔业务已申报尚未退税，已全部证实购进虚假，涉及未退税款366 522.83元。根据《税收征收管理法》第六十六条之规定，该部分未退税款366 522.83元不予退税。

(3) C公司与S公司的16笔业务未收齐退税申报资料，尚未向国税部门申报退税。根据《税收征收管理法》第六十六条之规定，不予退税。

综上，向C公司追缴骗取的退税款10 746 699.37元，不予退税366 522.83元。

2017年6月8日，C公司不服上述《税务处理决定书》，向省税务局申请行政复议。2017年7月18日，省税务局组织了听证。8月4日，省税务局作出《延期审理通知书》并送达，告知双方当事人因情况复杂，行政复议决定延期至2017年9月5日前作出。8月29日，省税务局作出《行政复议决定书》并邮寄送达C公司，决定维持稽查局作出的案涉《税务处理决定书》。《行政复议决定书》中同时指出："关于C公司与S公司的16笔业务未收齐退税申报资料，尚未向国税部门申报退税的业务处理，我局认为对以上情形，国税部门没有职责作出是否予以退税的决定。基于该不予退税的决定，并未对申请人权利产生实际影响，建议被申请人稽查局在今后工作中加以注意。"C公司不服，向法院提起诉讼。

【税企争议焦点】

稽查局认定C公司涉案出口业务虚假，并认定其构成骗取出口退税，事实是否清楚，证据是否充分，定性是否准确。

【法院裁判观点】

▶ **一审法院审理认为：**

稽查局作为证据提交的巴基斯坦外商关于业务情况出具的《情况说明》、F公司出具的《货代流程》、Y公司不同业务人员出具的几份《情况说明》、提单统计表及相应的海运提单、Y公司提供的与巴基斯坦外商货代费结算账户资金往来信息、结汇资金流向统计表及涉案人员账户信息、W国税部门出具的已证实S公司虚开增值税专用发票通知单、C公司业务经理王某峰的笔录等证据材料，可以证明案涉出口货物是巴基斯坦外商在市场自行采购，随后委托Y公司等货代公司办理订舱报关等出口手续，并向货代公司支付货代费用，案涉出口货物与C公司无关，S公司与C公司无真实货物交易，实际情况是韩某峰利用巴基斯坦外商出口货物信息，经货代公司以C公司名义将货物报关出口等事实。一审法院认为稽查局作出的《税务处理决定书》及省税务局作出的《行政复议决定书》均认定事实清楚、适用法律正确、符合法定程序，判决驳回了C公司的诉讼请求。

C公司不服一审判决，提出上诉认为：

(1) 案涉出口业务均有货物出口。认定出口业务是否属于骗取出口退税，关键因素是交易的真实性。出口交易虚假才可能构成骗取退税。认定外贸公司是否具有骗税故意，关键因素是外贸公司是否明知交易虚假仍申报并获取退税，只有在其明知出口业务是虚假交易的情况下仍申报获取退税，才可能具备骗税故意。案涉出口业务均有真实货物出口，认定交易虚假证据不足；更没有证据证明上诉人明知交易虚假仍获取退税。取得退税后，上诉人按合同约定，将包括退税款在内的货款支付给供应商S公司，上诉人没有实际占有退税款。

(2) 报关单某一栏不符合填写规范，至多是违规行为，显然不能作为认定上诉人具有骗税故意的依据。

(3)“真代理、假自营”亦不能作为认定C公司具有骗取退税故意的依据。即便认定案涉出口业务具有“真代理、假自营”的性质，亦仅仅属于违反《国家税务总局商务部关于进一步规范外贸出口经营秩序切实加强出口货物退(免)税管理的通知》(国税发〔2006〕24号)规定的违规行为，“真代理、假自营”行为与“骗取退税”行为存在本质区别，亦不能据此认定上诉人有骗税故意。

针对C公司提出的上诉意见，

二审法院审理认为：

一、关于上诉人C公司提出的相关证据不具有证明效力的问题

(1) 对于X区稽查局出具的已证实虚开通知单的证明效力问题。本院认为，书证是指以文字、符号所记录或表达的思想内容，证明案件事实的文书。《最高人民法院关于行政诉讼证据若干问题的规定》第六十三条规定，证明同一事实的数个证据，其证明效力一般可以按照下列情形分别认定：国家机关以及其他职能部门依职权制作的公文文书优于其他书证；……本案中，X区稽查局出具的已证实虚开通知单属于行政诉讼证据规定的公文文书，其效力未经行政程序或司法程序予以否认，该证据由被上诉人稽查局在税务行政案件的查处过程中获取，依法具有证明效力。

(2) 对于巴基斯坦外商出具的关于业务情况的《情况说明》及Y公司业务人员出具的《情况说明》的效力问题。本院认为，《最高人民法院关于行政诉讼证据若干问题的规定》第七十一条第(三)项规定，应当出庭作证而无正当理由不出庭作证的证人证言，不能单独作为定案依据。根据本条规定，不出庭作证的证人证言，不能单独作为定案依据，但并非没有法律效力。外籍人士的《情况说明》由其进行签名确认，相关《情况说明》由稽查局检查人员按照工作要求进行取证，上诉人C公司提出异议但未提交证据证明稽查局检查人员违反法定程序收集或是以不正当手段获取，也未提交证据表明外籍人士出具的《情况说明》不是其真实意思表示，故外籍人士的《情况说明》具有相应的法律效力。Y公司不同业务人员出具的《情况说明》也属于证人证言，亦具有相应的法律效力。

(3) 上诉人C公司认为F公司出具的《货代流程》、巴基斯坦外商出具的《情况说明》，不是在案件发生前或者案件发生过程中所形成的，不具有证明效力。本院认为，上诉人认为书证必须是案件发生前或者案件发生过程中所形成的书面材料，系对证据形成时间的误读。依据相关行政法律法规对于行政机关作出行政行为的要求，行政机关应当“先取证，后裁决”，即行政机关只能以其在作出行政行为前收集的证据作为证明行政行为合法性的依据。本案中，《货代流程》及《情况说明》系了解案

件情况的单位在被上诉人稽查局调查过程中提供的书面材料，内容均与本案待证事实相关，具有相应的证据效力。

(4) 关于上诉人C公司认为王某峰的询问笔录不能证明交易虚假的意见。本院认为，王某峰系C公司业务经理，系案涉业务的具体经办人，其所作的陈述内容与本案待证事实相关，故对该询问笔录的证明力予以确认。

(5) 对于上诉人C公司提出的认为结汇资金流向证据不能证明S公司未交付货物、不能证明上诉人出口业务虚假的意见。本院认为，结汇资金流向证据来源合法，客观真实，与本案待证事实具有关联性，且有效地形成了证据链条，足以证明本案的相关事实。

(6) 关于上诉人C公司认为不能根据41笔出口业务提单与报关单货物品名不符，从而认定出口业务虚假的意见。本院认为，判定案件事实需要结合全部证据综合审查，全面、客观、公正地进行分析判断，确定证据材料与案件事实之间的证明关系。本案中，被上诉人稽查局提交了相互之间可以印证且形成证据链条的证据证明C公司出口业务虚假，而非凭借单一证据予以证明。该组证据与稽查局提供的其他证据能够相互印证，足以证明上诉人C公司虚构出口业务的事实。

二、关于上诉人C公司提出的一审判决认定其主观上具有骗取出口退税故意的证据不足的意见

本院认为，故意的认定应以客观事实和客观行为予以证明。《税收征收管理法》第六十六条规定，以假报出口或者其他欺骗手段，骗取国家出口退税款的，由税务机关追缴其骗取的退税款，并处骗取税款1倍以上5倍以下的罚款；构成犯罪的，依法追究刑事责任。对骗取国家出口退税款的，税务机关可以在规定期间内停止为其办理出口退税。《财政部　国家税务总局关于出口货物劳务增值税和消费税政策的通知》(财税〔2012〕39号)第九条第(一)项第三点规定，出口企业或其他单位骗取国家出口退税款的，经省级以上税务机关批准可以停止其退(免)税资格。《国家税务总局关于发布〈出口货物劳务增值税和消费税管理办法〉的公告》(国家税务总局公告2012年第24号)第十三条第(六)项规定，出口企业和其他单位以假报出口或者其他欺骗手段，骗取国家出口退税款，由主管税务机关追缴其骗取的退税款，并处骗取税款1倍以上5倍以下的罚款；构成犯罪的，依法追究刑事责任。《国家税务总局商务部关于进一步规范外贸出口经营秩序切实加强出口货物退(免)税管理的通知》(国税发〔2006〕24号)第二条规定，为维护我国正常外贸经营秩序，确保国家出口退税机制的平稳运行，避免国家财产损失，凡自营或委托出口业务具有以下情况之一者，出口企业不得将该业务向税务机关申报办理出口货物退(免)税：(1)出口企业将空

白的出口货物报关单、出口收汇核销单等出口退(免)税单证交由除签有委托合同的货代公司、报关行,或由国外进口方指定的货代公司(提供合同约定或者其他相关证明)以外的其他单位或个人使用的;(2)出口企业以自营名义出口,其出口业务实质上是由本企业及其投资的企业以外的其他经营者(或企业、个体经营者及其他个人)假借该出口企业名义操作完成的;(3)出口企业以自营名义出口,其出口的同一批货物既签订购货合同,又签订代理出口合同(或协议)的;(4) 出口货物在海关验放后,出口企业自己或委托货代承运人对该笔货物的海运提单(其他运输方式的,以承运人交给发货人的运输单据为准,下同)上的品名、规格等进行修改,造成出口货物报关单与海运提单有关内容不符的;(5)出口企业以自营名义出口,但不承担出口货物的质量、结汇或退税风险的,即出口货物发生质量问题不承担外方的索赔责任的(合同中有约定质量责任承担者除外);不承担未按期结汇导致不能核销的责任的(合同中有约定结汇责任承担者除外);不承担因申报出口退税的资料、单证等出现问题造成不退税责任的;(6)出口企业未实质参与出口经营活动、接受并从事由中间人介绍的其他出口业务,但仍以自营名义出口的;(7)其他违反国家有关出口退税法律法规的行为。

本案中,C公司作为多年从事出口业务的外贸公司,对于办理出口退税业务的相关规定应当明确知晓,对“真代理、假自营”业务不能申报办理出口退税的情况理应清楚。C公司与J公司签订的《代理出口协议》约定,J公司负责对外洽谈业务、备货、出运并承担一切责任与风险,C公司按照J公司对外洽谈的成交条件制作出口合同,经J公司确认后对外签约,C公司按照J公司确认的合同进行出口业务的具体操作。C公司按照出口货物合同总额的1.8%收取代理费,在收汇后按当日银行买入价折算,扣除代理费和有关费用,加上退税,在收到J公司或其指定工厂提供的增值税发票后,3日内向增值税发票的开票方付款。之后,C公司使用韩某峰提供的虚开增值税专用发票、报关单等材料,以自营出口的名义向某工业园区国家税务局申报办理出口退税并取得了退税款。根据C公司与J公司的上述约定及本案的其他证据可以认定,C公司作为出口企业,并未实质参与出口经营活动,而是接受并从事由中间人介绍的其他出口业务,但仍以自营名义出口并取得退税。

C公司的上述行为明显违反了《国家税务总局商务部关于进一步规范外贸出口经营秩序切实加强出口货物退(免)税管理的通知》(国税发〔2006〕24号)的相关规定,也反映C公司在主观上明知其行为不符合出口退税条件的情况下,通过填写不正确的信息、使用他人虚开的增值税专用发票等行为获取国家出口退税,据此,足以认定C公司具有骗取出口退税款的故意。

据此，二审法院认为原审判决认定事实清楚，适用法律、法规正确，审判程序合法，遂判决驳回上述，维持原判。

三、骗税案件定性处理

（一）法律依据

对骗取出口退税案件认定处理的法律依据以及参考的依据主要有《税收征收管理法》第六十六条和《最高人民法院关于审理骗取出口退税刑事案件具体应用法律若干问题的解释》(法释〔2002〕30号)。

（二）违法要件

1. 主观故意认定

骗取出口退税主观故意是指被查对象明知自己不符合出口退税条件，为了骗取国家出口退税款，而实施假报出口或者其他欺骗手段。

有进出口经营权的被查对象，明知他人意欲骗取国家出口退税款，仍违反国家有关进出口经营的规定，允许他人自带客户、自带货源、自带汇票并自行报关，骗取国家出口退税款的，应当认定为具备骗取出口退税的主观故意。

2. 违法手段认定

骗取出口退税的手段包括假报出口或者其他欺骗手段：

(1)“假报出口”是指以虚构已税货物出口事实为目的，具有下列情形之一的行为：

① 伪造或者签订虚假的买卖合同。

② 以伪造、变造或者其他非法手段取得出口货物报关单、出口货物专用缴款书等有关出口退税单据、凭证。

③ 虚开、伪造、非法购买增值税专用发票或者其他可以用于出口退税的发票。

④ 其他虚构已税货物出口事实的行为。

(2)“其他欺骗手段”是指下列行为：

① 骗取出口货物退税资格的。

② 将未纳税或者免税货物作为已税货物出口的。

③ 虽有货物出口，但虚构该出口货物的品名、数量、单价等要素，骗取未实际纳税部分出口退税款的。

④ 以其他手段骗取出口退税款的。

3. 危害结果认定

对于实行"免、抵、退"的生产企业，采用假报出口或其他欺骗手段骗取出口退税，造成内销环节少缴税款数额的，认定为偷税，实际取得的退税款，认定为骗取出口退税。

对以假报出口或者其他欺骗手段，特别是虚构申报出口退税的货物、劳务、服务已缴纳税款或者已出口，骗取国家出口退税款的，认定为骗税。

（三）案件处理

1. 骗取出口退税的行政处理

1）追缴骗取的出口退税款，并处罚款

根据《税收征收管理法》第六十六条规定，以假报出口或者其他欺骗手段，骗取国家出口退税款的，由税务机关追缴其骗取的退税款，并处骗取税款1倍以上5倍以下的罚款；构成犯罪的，依法追究刑事责任。

2）停止出口退税权

《税收征收管理法》第六十六条第二款规定，对骗取国家出口退税款的，税务机关可以在规定期间内停止为其办理出口退税。根据《国家税务总局关于发布〈出口货物劳务增值税和消费税管理办法〉的公告（国家税务总局公告2012年第24号）》第十三条第六项规定，出口企业和其他单位以假报出口或者其他欺骗手段，骗取国家出口退税款的，由省级以上（含本级）税务机关批准，按下列规定停止其出口退（免）税资格：

（1）骗取国家出口退税款不满5万元的，可以停止为其办理出口退税半年以上一年以下。

（2）骗取国家出口退税款5万元以上不满50万元的，可以停止为其办理出口退税一年以上一年半以下。

（3）骗取国家出口退税款50万元以上不满250万元，或因骗取出口退税行为受过行政处罚、两年内又骗取国家出口退税款数额在30万元以上不满150万元的，停止为其办理出口退税一年半以上两年以下。

（4）骗取国家出口退税款250万元以上，或因骗取出口退税行为受过行政处罚、两年内又骗取国家出口退税款数额在150万元以上的，停止为其办理出口退税两年以上三年以下。

（5）停止办理出口退税的时间以省级以上（含本级）税务机关批准后作出的《税务行政处罚决定书》的决定之日为起始日。

实施骗取出口退税违法行为，同时构成虚开增值税专用发票等其他违法行为的，按照法律和相关规定处罚较重的进行定性处罚。

2. 涉嫌骗取出口退税罪的移送

《最高人民检察院 公安部关于公安机关管辖的刑事案件立案追诉标准的规定（二）》（2022 年修订，自 2022 年 5 月 15 日施行）第五十五条规定，以假报出口或者其他欺骗手段，骗取国家出口退税款，数额在 10 万元以上的，应予立案追诉。

《刑法》第二百零四条规定，以假报出口或者其他欺骗手段，骗取国家出口退税款，数额较大的，处 5 年以下有期徒刑或者拘役，并处骗取税款 1 倍以上 5 倍以下罚金；数额巨大或者有其他严重情节的，处 5 年以上 10 年以下有期徒刑，并处骗取税款 1 倍以上 5 倍以下罚金；数额特别巨大或者有其他特别严重情节的，处 10 年以上有期徒刑或者无期徒刑，并处骗取税款 1 倍以上 5 倍以下罚金或者没收财产。

纳税人缴纳税款后，采取上述规定的欺骗方法，骗取所缴纳的税款的，依照《刑法》第二百零一条的规定定罪处罚；骗取税款超过所缴纳的税款部分，依照骗取出口退税定罪处罚。

3. 备案单证违法的定性处理

取得以下证据之一，但没有其他证据证明骗取出口退税或收受虚开发票用于出口退税的，按备案单证违法定性处理：

（1）出口货物合同虚假。

（2）出口货物装货单虚假。

（3）出口货物运输单据虚假。

（4）未按规定进行单证备案。

根据《财政部 国家税务总局关于出口货物劳务增值税和消费税政策的通知》（财税〔2012〕39 号）的规定，出口企业或者其他单位提供虚假备案单证的货物，适用增值税征税政策。出口企业或其他单位增值税退（免）税凭证有伪造或内容不实的货物，适用增值税征税政策。已实际退税或免税的应当补缴已退或已免税款。

根据《国家税务总局关于〈出口货物劳务增值税和消费税管理办法〉有关问题的公告》（国家税务总局公告 2013 年第 12 号）规定，出口企业或其他单位未按规定进行单证备案（因出口货物的成交方式特性，企业没有有关备案单证的情况除外）的出口货物，不得申报退（免）税，适用免税政策。已申报退（免）的，应用负数申报冲减原申报。

根据《国家税务总局关于发布〈出口货物劳务增值税和消费税管理办法〉的公告》（国家税务总局公告 2012 年第 24 号）第十三条第（三）项的规定，出口企业提供虚假备案单证的，主管税务机关应按照《税收征收管理法》第七十条的规定处罚。因此，被查对象被定性为备案单证违法的，应按照《税收征收管理法》第七十条，以及

《税收征收管理法实施细则》第九十六条："提供虚假资料，不如实反映情况，或者拒绝提供有关资料的"的规定，由税务机关责令改正，可以处 1 万元以下的罚款；情节严重的，处 1 万元以上 5 万元以下的罚款。

4. 不规范的出口业务定性处理

具有以下情形之一的，按不规范的出口业务定性处理：

(1) 出口企业将空白的出口货物报关单、出口收汇核销单等出口退(免)税单证交由除签有委托合同的货代公司、报关行，或由国外进口方指定的货代公司(提供合同约定或者其他相关证明)以外的其他单位或个人使用的。

(2) 出口企业以自营名义出口，其出口业务实质上是由本企业及其投资者的企业以外的其他经营者假借名义操作完成的。

(3) 出口企业以自营名义出口，其出口的同一批货物既签订购货合同，又签订代理出口合同的。

(4) 出口货物在海关验放后，出口企业自己或委托货代承运人对该笔货物的海运提单上的品名、规格等进行修改，造成出口货物报关单与海运提单有关内容不符的。

(5) 出口企业以自营名义出口，但不承担出口货物的质量、结汇或退税风险的。

(6) 出口企业未实质参与出口经营活动、接受并从事由中间人介绍的其他出口业务，但仍以自营名义出口的。

(7) 属于《财政部 国家税务总局关于出口货物劳务增值税和消费税政策的通知》(财税〔2012〕39 号)第六条第(一)项，《财政部 国家税务总局关于防范税收风险若干增值税政策的通知》(财税〔2013〕112 号)第二条、第五条、第六条规定情形的。

(8) 国家税务总局规定的其他不规范的出口业务情形的。

对被查对象认定为不规范的出口业务的，根据《财政部 国家税务总局关于出口货物劳务增值税和消费税政策的通知》(财税〔2012〕39 号)的有关规定，不适用增值税退(免)税政策，视同内销货物征税，已实际退税或免税的，应当补缴已退或已免税款。

对属于《财政部 国家税务总局关于出口货物劳务增值税和消费税政策的通知》(财税〔2012〕39 号)第六条第(一)项，《财政部 国家税务总局关于防范税收风险若干增值税政策的通知》(财税〔2013〕112 号)第二条、第五条、第六条规定情形的，实行免征增值税政策。

相关案例4.2 责任人员被判骗税罪 涉案公司应如何处理①

【案件查办过程】

G贸易有限责任公司(以下简称G公司),成立于2001年,注册资本600万元人民币,为增值税一般纳税人。主要经营日用百货、针纺织品、五金机械、玩具、鞋帽、轻工工艺品、建材、木材、汽车配件的销售,商务信息咨询,自营和代理各类商品和技术的进出口等业务。

2014年7月24日,H区人民法院作出刑事判决认定:2011年至2012年,庄某以虚构已税货物出口事实,骗取国家出口退税款项,安排段某、詹某民、詹某锋等人用空白核销单等单据和虚假合同、发票等材料,从海关取得出口货物报关单等凭证,后通过Z公司、G公司向Y市国税局申报出口退税业务6笔,共骗得国家出口退税款共计人民币1 201 459.05元。H法院依据上述事实,判决庄某等4人构成骗取出口退税罪,判决庄某退还所骗取的出口退税款人民币1 201 459.05元。该判决已经生效。

2016年5月11日,H区国税局对G公司作出《税务处理决定书》以及《税务行政处罚决定书》,认定G公司在2010年1月至2012年5月有5单出口业务存在以假报出口手段,虚构已税货物出口事实,骗取出口退税款1 004 940元;有40单出口业务提供的备案单证中存在出口货物运输单据(海运提单)或装货单(场站收据)虚假等违法事实,已申报办理退税7 883 406.53元。

《税务处理决定书》依据《税收征收管理法》第六十六条第一款之规定,对G公司以假报出口手段,虚构已税货物出口事实,骗取出口退税款的5单违法行为追缴已退出口退税款1 004 940元;依据《国家税务总局关于出口货物退(免)税实行有关单证备案管理制度(暂行)的通知》(国税发〔2005〕199号,以下简称〔2005〕199号文件)第六条之规定,对G公司提供虚假备案单证的40单违规行为追回出口退税款7 883 406.53元。

《税务行政处罚决定书》根据《税收征收管理法》第六十六条第一款的规定,决定对G公司处以骗取出口退税款一倍罚款即1 004 940元。认定G公司提供的2010年1月至2012年5月发生出口业务的备案单证中,有40单存在出口货物运输单据(海运提单)或装货单(场站收据)虚假等事实,已实际退税7 883 406.53元,构

① 本案例改编自《扬州国泰贸易有限公司与扬州市邗江区国家税务局、江苏省扬州市国家税务局行政处罚、行政复议二审行政判决书》江苏省扬州市中级人民法院(2017)苏10行终188号,见中国裁判文书网,http://wenshu.court.gov.cn/website/wenshu/181107ANFZ0BXSK4/index.html? docId=53318d8b280c489a97c8a8a500f6ad40。

成备案单证违法。根据国税发〔2005〕199号文件第六条、《税收征收管理法实施细则》第九十六条第一款、《税收征收管理法》第七十条规定，决定对G公司提供虚假单证的违规行为处罚款20 000元。

G公司不服处罚决定，向市国税局申请行政复议。市国税局于2016年9月5日作出《行政复议决定书》，维持了H区国税局上述处罚决定。

G公司不服，向人民法院提起诉讼。一审法院审理后判决驳回原告G公司的诉讼请求。G公司不服，向Y市中级人民法院提起上诉。

【税企争议焦点】

人民法院已对相关责任人员以骗取出口退税罪定罪判刑的情况下，税务机关能否再对涉案公司以骗取出口退税行为及其他相关税收违法违规行为进行处理处罚。

【法院裁判观点】

(1) 就涉案的5单业务，在H区人民法院已对庄某等人以骗取出口退税罪判处刑罚的情况下，H区国税局能否依据相关的法律法规，就G公司在上述行为中存在的违反行政法律、法规的行为作出行政处罚？

《中共中央办公厅　国务院办公厅转发国务院法制办等部门〈关于加强行政执法与刑事司法衔接工作的意见〉的通知》(中办发〔2011〕8号)规定，行政执法机关在执法检查时，发现违法行为明显涉嫌犯罪的，应当及时向公安机关通报。公安机关对行政执法机关移送的涉嫌犯罪案件，应当依法作出处理。公安机关作出不立案决定或者撤销案件的，应当将案卷材料退回行政执法机关，行政执法机关应当对案件依法作出处理。

根据上述规定精神，一方面，尽管H法院在刑事判决书中只认定庄某等4人构成骗取出口退税罪并判处了相应的刑罚，且该判决书未对G公司作出任何刑法上的评价，但这并不意味着H区国税局就不能依照相关行政法律、法规，针对G公司在涉及犯罪的5单业务中所体现的主观方面及客观行为，作出构成行政违法的评价，进而在认定G公司已构成行政违法的情况下作出相应的行政处理和行政处罚。毕竟刑事违法与行政违法分属不同的法律关系，两种违法行为在构成要件、证据的证明标准方面都存在一定的差异。因此，H区国税局就涉案5单业务对G公司作出处罚，具有法律依据。

另一方面，H区国税局根据H法院的刑事判决书以及涉案5笔核销单载明的经营单位、发货单位，庄某、段某等人的笔录，同时结合G公司在出口业务、出口退税中所实施的行为，综合分析认定G公司具有骗取出口退税的行政违法行为，事实清楚，证据确凿充分。因此，G公司提出的其实是庄某骗取出口退税犯罪被利用的平台和工具，主观上不知情、客观上未参与，因而不具有行政违法性不应给予行政处罚的上诉理由不能成立，本院不予采纳。

(2) 关于处罚决定备案单证违法处理的适用法律是否正确？

第一，《增值税暂行条例》第二十五条规定，纳税人出口货物适用退（免）税规定的，应当向海关办理出口手续，凭出口报关单等有关凭证，在规定的出口退（免）税申报期限内按月向主管税务机关申报办理出口货物的退（免）税。具体办法由国务院财政、税务主管部门制定。国税发〔2005〕199号文件第一条规定，出口企业自营或委托出口属于退（免）增值税或消费税的货物，最迟应在申报出口货物退（免）税后15天内，将下列出口货物单证在企业财务部门备案，以备税务机关核查。出口货物退（免）税有关备案单证指：①外贸企业购货合同、生产企业收购非自产货物出口的购货合同，包括一笔购销合同下签订的补充合同等；②出口货物明细单；③出口货物装货单；④出口货物运输单据（包括海运提单、航空运单、铁路运单、货物承运收据、邮政收据等承运人出具的货物收据），该通知自2006年1月1日起执行。此后国家税务总局的相关文件虽然对出口货物退（免）税单证备案管理制度进行了简化，但并未免除出口企业申报出口货物退（免）税时将出口货物运输单据作为备案单证之一存放企业的义务，税务机关有权在退税审核发现疑点以及退税评估、退税日常检查时，向出口企业调取备案单证进行检查。

第二，国税发〔2005〕199号文件第六条规定，出口企业提供虚假备案单证、不如实反映情况，或者不能提供备案单证的，税务机关除按照《税收征收管理法》第六十四条、第七十条的规定处罚外，应及时追回已退（免）税款，未办理退（免）税的，不再办理退（免）税，并视同内销货物征税。此条款至2012年7月方废止。本案中，H区国税局在处罚决定第（二）中所针对的是G公司在2011年至2012年5月所发生的违法事实，H区国税局依据国税发〔2005〕199号文件的规定，对G公司作出相应的处罚并无不当。

第三，国家税务总局2013年12号公告第五条第（八）项规定，出口企业或其他单位未按规定进行单证备案（因出口货物的成交方式特性，企业没有有关备案单证的情况除外）的出口货物，不得申报退（免）税，适用免税政策。已申报退（免）税的，应用负数申报冲减原申报。该条款中所陈述的例外情况一般指自提、边贸等极为特殊的交付方式。况且根据国家税务总局公布的《关于出口货物退（免）税实行有关单证备案管理制度的补充通知》（国税函〔2006〕904号）的规定，对于出口企业确实无法提供与国税发〔2005〕199号文件规定一致的备案单证名称的，可以提供具有相似内容或作用的单证作为备案单证，但出口企业在进行首次单证备案前，应向主管税务机关提出书面理由并提供有关单证的样式。而本案所涉业务成交方式与上述规定不符,且G公司也未按上述规定履行事前报告义务。

第四,随着货运行业的发展,FOB价格条款下的贸易越来越多地由买方直接与船公司签约,演变为买方直接指定货运代理公司,但这种交易模式,并不完全导致出口公司无法取得原始的货代提单。

因此,上诉人G公司提出的被诉处罚决定第(二)项适用法律错误的上诉理由不能成立,本院不予采纳。二审法院判决驳回上诉,维持原判。

第三节 骗税案件查办实战案例

实战案例4-1

天价羊绒虚假循环贸易骗税案[①]

——某纺织企业骗取出口退税案

【案例摘要】 随着经济社会持续、快速发展和全面深化改革向纵深推进,中国在成为世界第二大经济体后,所面临的国际市场竞争压力也与日俱增。出口退税是国家为了帮助出口企业降低成本,增加产品出口,扩大国内就业,增强商品国际竞争力,鼓励出口创汇而实行的国家鼓励政策。出口退税制度,是一个国家税收制度的重要组成部分,主要是通过退还出口货物的国内已纳税款来平衡国内产品的税收负担,使本国产品以不含税收成本进入国际市场,与国外产品在同等条件下进行竞争,从而增强本国产品的国际竞争力。而不法分子在巨额利益的驱动下,不惜以身试法,用各种手段疯狂骗取出口退税,给国家造成重大损失,也严重破坏了我国的税收管理秩序和公平的市场竞争秩序。本案例通过总结查办骗取出口退税犯罪案件实践中的经验与战法,对骗取出口退税的犯罪手法进行剖析,提供打击突破骗取出口退税罪的思路。

S市税务部门在退税核查中发现M公司存在骗取出口退税嫌疑,并将线索移送公安机关处理。经查发现,本案是一起投机者为追求"稳定收益",通过虚假循环贸易骗取国家退税的案件,且案值巨大,涉案金额高达8亿元。

---

① 本案例改编自梁晓轩:《天价羊绒虚假循环贸易骗税案》,《检察风云》2016年第24期。

【关键词】 天价　虚假　骗取退税

【案例正文】

一、案件来源

S市税务局在退税核查中发现M公司存在骗取出口退税行为，且已涉嫌犯罪，遂将线索移送公安机关查处。

二、查前分析

我国是羊毛消耗大国，近年来的年羊毛消费数量约为40万吨，其中国内供给不足12万吨，也就是说，我国羊毛原材料以进口为主，原料端尚不能自给自足。而就有这么一家"明星"贸易公司，每年稳定出口大量羊绒原料，且出口价格明显高于市场价格，存在高报退税的可能性，继而引起了S市税务部门的警觉……

三、检查过程

2012年，S市税务部门在退税核查中发现M公司存在骗取出口退税嫌疑，并将线索移送公安机关处理。经查发现，本案是一起投机者为追求"稳定收益"，通过虚假循环贸易骗取国家退税的案件，且案值巨大，涉案金额高达8亿。

（一）贸易趋冷，实业家"转型"

黄某建是纺织品贸易领域小有名气的商人，在前些年外贸兴盛的好年景里积攒了大量资金和人脉。然而外贸行业的好景不长，2008年以来，外贸领域尤其是传统纺织行业出现了比较严重的萎缩，出口滞缓，企业纷纷倒闭，黄某建的生意开展得也愈发不顺利。在长期从事进出口贸易中，黄某建发现，根据国家的出口退税规定，退税高达16%，即外贸公司（出口方）从工厂（供货方）买进一批不含税金额为100万元的纺织品，按17%增值税率即17万元增值税，这批货物的含税价为117万元。货物出境后，外贸公司可凭海关签发的《出口货物报关单》中的"出口退税证明联"和工厂的增值税专用发票申请出口退税。按纺织品16%的退税率，可以退100×16%=16（万元）。

与此同时，根据行业惯例，此项"贸易"成本也是可控的：假如通过花费"开票费"的方式获取虚开的增值税发票用于退税，用于购买发票的成本大体上是3到6.5个点，地下钱庄费用0.8到1.2个点，外贸公司代理费用约为1.5个点。也就是说这项买卖的"原料"成本约为5到9个点，其余皆为公司运营的常规成本。在贸易数量足够大的情况下，给货物"注水"来获取退税似乎是个扩大利润的"新增长点"。于是，在利益的驱使下，黄某建决定转型从事更加"稳定"的收益。

（二）增设贸易节点公司，为骗税做准备

2005年，黄某建成立了M羊绒纺织品有限公司（以下简称M公司），主要从事羊绒制品、纺织原料的采购、加工、进出口等业务，并下设生产部、财务部、贸易部、采购部等部门，该公司结构稳定，且在业内有着一定的行业知名度，该公司成为理想的退税申报主体。然而，近年来虚假贸易、虚开增值税发票、骗取出口退税案件频发，国家对上述犯罪均呈高压打击趋势，监管趋严，尤其是对于某一家固定企业突然出口增速较大的，视为重点关注对象。此外，对于没有产业惯例的地区或公司，税务系统一般给予重点排查，做多贸易节点公司就成为一种有效规避监管的手段。因此，单纯有这一家公司是远远不够的，为了顺利开展"贸易"，黄某建还先后成立M投资集团有限公司（以下简称M集团）、N纺织有限公司（以下简称N公司）、Y纺织有限公司（以下简称Y公司）、J纺织品有限公司（以下简称J公司）、B保健食品有限公司（以下简称B公司）等公司，并担任上述公司的实际负责人。在"硬件"逐渐齐全的同时，黄某建开始招兵买马。首先，黄某建邀请了陈某，陈某是国际贸易的老手，对于货物通关、报税、外汇业务均较为熟悉，正因此在整个"贸易"中承担重要职责，由其具体负责M公司纱线出口等事务。至于财务人员的选择，黄某建则安排自己的亲信，原M公司出纳——胞妹黄某，来担任"贸易"的财务负责人，负责货款支付、财务报销、购汇、发票处理及退税等工作。这样一来，公司运营的一套班子就基本成形了。

（三）取道中国香港，伪装循环贸易

基本条件成熟以后，接下来就是选择贸易节点，出于多种考量，中国香港成为最便捷的"出口贸易"节点（除了中国香港，另有部分循环贸易取道新加坡）。黄某建、陈某通过联系中国香港人雷某辉，指使黄某根在中国香港以F（中国香港）贸易有限公司（以下简称F公司）的名义收货。待货物到达中国香港后，黄某建、陈某又指使雷某辉、黄某根等人将纱线以来料加工或者以羊毛纱线名义报关入境，并通过物流公司将纱线从深圳、东莞等地先运至H省中转，安排史某负责在H省Q县接收纱线并重新包装，再运送至M公司S仓库等处。同时，为向境内公司支付货款，由陈某先后安排黄某根、史某等人在中国香港注册成立了多家与出口合同所列外商公司英文名称相近似的中国香港公司，并将资金通过私人账户划转至葛某及雷某辉、黄某根介绍的地下钱庄私人账户内，从而非法汇兑至上述中国香港公司账户。最后，黄某根在中国香港以外商名义（中国香港公司可以英文名注册，目的在于以近似名称以混淆税务机关检查）向M公司及K公司等外贸公司付款，完成付款至境内等事宜，最终由M公司及外贸公司办理出口退税手续。

（四）利用地下钱庄进出资金，伪装出口贸易

既然是伪装成正常进出口贸易，除了通关报税环节，还需要外币的进出账环节，

于是购汇就成了接下来工作的重点。正值黄某建苦于手中缺乏美元之际，一个老熟人的面孔浮现在他的脑海。原来黄某建前些年在去渣打银行办理业务时曾结识了葛某，这个葛某现在就经营着信用证贴现和外币兑换业务，即地下钱庄。地下钱庄往往以货物代理、国际贸易、贸易、咨询等形式存在，为地下本外币兑换提供平台。地下钱庄“匹配资金”通过离岸账户直接兑换，如图 4-1 所示。

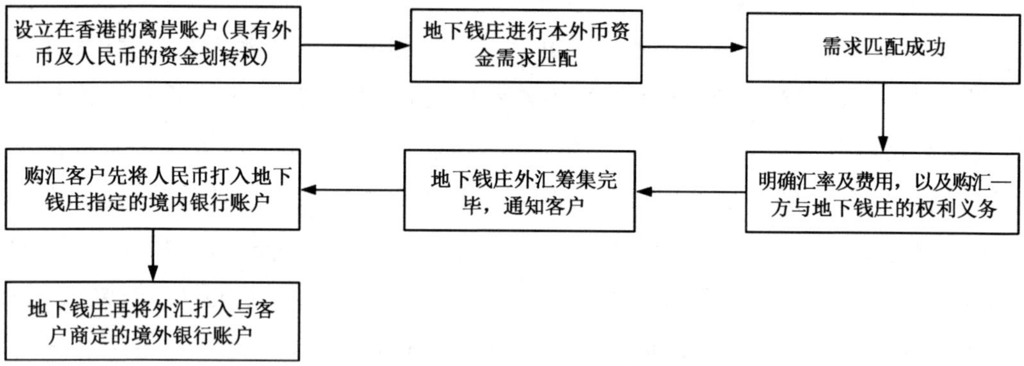

图 4-1　地下钱庄“匹配资金”通过离岸账户直接兑换示意图

说到葛某，其人金融从业也堪称经历丰富，曾就职于多家外资银行，熟悉外汇业务，后来他嗅到了经营外汇业务赚钱的“商机”，就辞职创业，成立了一家叫作 G 科技的公司。这家公司在中国香港等地拥有离岸账户，有美元及人民币的资金划转权，加之由于经营信用证贴现，美元客户较多，能够为后面换汇提供资源，同时，葛某的众多外国客户恰恰急需人民币以进入中国境内配置人民币资产。于是，黄某建与葛某一拍即合，约定由葛某提供美元，黄某提供人民币并按照汇率上浮 2～3 个点给付佣金。葛某根据约定的汇率，安排其财务人员将外汇先行汇入购汇客户黄某建开设在境外的银行账户，再安排张某等员工直接要求客户黄某建，将相应的人民币汇入售汇客户指定的境内银行账户。

随着黄某建的外汇需求越来越大，葛某自身的资源也无法应对，于是其联系银行圈子里的同事，包括汇丰银行、星展银行、法国兴业银行等外资银行的中层领导或业务经理，约定五五分成，通过他们的客户资源源源不断地为黄某建提供外汇。

（五）巧借国企货代，为虚假贸易“增信”

除了精心策划循环贸易的各个环节，凭借多年从事外贸的经验，黄某为了降低监管风险，主动自我“加杠杆”，即抛开自己熟悉的贸易公司不用，故意斥资寻找有名气的央企或上市公司背景的货运代理公司合作——基于信任，海关和税务部门对上述两种企业的监管并不严格。黄某建先后委托 Z 有限公司（以下简称 Z 公司）、E 进出口有限公司(以下简称E公司)、W发展公司(以下简称W公司)、T有限公司(以下简称T公司)、R纺织丝绸轻工工艺品进出口有限公司(以下简称R公司)等知名外贸公司或知名央企子公司代理出口纺织纱线至中国香港、新加坡。

（六）二次伪装产地信息，虚开增值税发票抵扣税款

黄某建深知税务部门的监管政策，如果在S“凭空”地生产出羊毛原料转而出口容易引起监管部门的警觉。如果不能制造“产地”，不妨佯装从产地进货加工进而出口贸易。Q县是中国羊绒之都，于是黄某建拉拢了几个Q县籍人，让他们分别去内蒙古、宁夏、辽宁设立公司，并利用上述公司虚构并抬高收购羊毛、羊绒价格，为M公司提供足额的增值税进项发票。这里虚开增值税发票又涉及两部分：第一部分是在Q县籍人控制的公司与黄某建的公司之间。比如黄某建从Q县籍人的公司拿了100万元的羊毛原料，但却按1 000万元货来虚开发票，然后黄某打款给Q县籍人的公司1 000万元，Q县籍人的公司实际收账100万元，另外900万则借道地下钱庄汇至黄某控制的境外公司，然后通过境外公司再打给黄某委托代理出口的外贸公司，完成“资金流”的匹配。第二部分就是利用税务部门针对农户的便民措施，具体发生在农户与Q县籍人的公司之间。农户将羊毛、羊绒等制品卖给公司开具农副产品发票，收购羊毛的公司即凭此实现进项税抵扣。这类发票可以由农户自领也可由收购羊毛的公司代领，开票形式是手写，具体交易额只有农户和收购公司知道。以此积少成多，层层的虚开最终为黄某建提供了足额的进项发票。截至案发，黄某建通过Z公司等60余家公司虚开羊绒类增值税专用发票价税合计79.3亿余元，税额11.5亿余元。

（七）狸猫换太子：高报出口、低报进口

虚假贸易的关键环节在于创造利差。根据前面的测算，黄某建的一般成本大概在9到10个点之间，只有6到7个点可赚，而实际上，黄某建通过循环贸易，高报出口同时低报进口降低了成本。即M公司本身存在真实的出口业务，而且出口的货物也是M公司自行收购来的，但是他们却将一批货物反复报关。黄某建将收购过来的羊毛纱线谎报为羊绒纱线，以每公斤相当于900余元人民币的价格报关出口到新加坡及中国香港地区，其后由黄某建控制的中国香港“空壳”公司将同批货物虚报品命名为棉纱线或化纤纱线，以约16元/公斤的价格卖入境内由黄某建控制的公司，重新包装后再出口。为了避免出现票货不一致引起监管机构警觉，黄某建将进口至甲市的货物先运到乙省的公司(因为增值税专用发票来自乙省)，再运抵甲市自己控制的公司。这批1 300万公斤的羊毛纱线就这样“空转”往返约4年，M公司累计报关出口金额近70亿元人民币，骗取退税款超过8亿元。

四、查处结果

2015年8月25日，黄某建一审被判无期徒刑，被告人黄某建辩称其系正常经营，所涉及不正当换汇亦用于海外投资(实际是洗钱)，故不构成骗税，提出上诉。但同案犯供述及交易记录，资金流水等客观证据均指向黄某建，其骗税与虚开增值税专用发票均构成犯罪，且数额巨大。2016年5月26日，S市高院终审维持原判，裁定黄某建构成骗取出口退税罪，其行为又构成虚开增值税专用发票罪，应当择一重罪论处，故应以骗取出口退税罪定罪处罚。最终，黄某建被判处无期徒刑，剥夺政治权利终身，并处没收其个人全部财产，其余同案犯均按照各自所犯罪行受到应有的惩罚。

【案例评析】

新型骗取出口退税案件逐渐向着专业化、体系化方向发展，各个环节分工明确，实现了部分“工作”的分割外包，并围绕外贸及税务政策不断进行调整。从此类案件的整体发案情况来看，主要呈以下特点。

一、标的物选择更“专业”

虚假贸易的标的物一般具备容易拆分以及小件化的属性，比如纺织品、木制品、电子数码产品，尤其是电子精密设备配件等。近年来，技术含量较高的电子配件由于其体积小、估值参照价格不敏感等因素成为骗税分子眼中的“优质”标的。例如，S市发生的一起电子配件循环贸易出口退税案中，骗税分子将CPU和二极管作为虚假贸易的标的物，通过前者提供进项，利用信息不对称虚报后者出口价格，制造剪刀差获利。

二、伪装贸易环节设置更严密

除不断在各个环节设立公司外，骗税分子愈发注意工商登记等信息的敏感性，如通过借用他人身份信息，又如，在资金运转上，尽量使用自己实际控制的非本人名下资金账户。此外，骗税分子非常青睐委托大型外贸公司尤其是国有外贸公司为其代理出口业务，并将其视为获得稳定收益的“增信措施”。国内许多骗取出口退税的大案都涉及国有企业或上市公司。M公司羊绒骗税案中的出口代理公司就是“S公司”。受累于该案，“S公司”已经停止外贸进出口业务。

三、“贸易”落脚城市选择相对单一。

中国香港由于其独特的区位以及政策因素，成为骗税分子天然的落脚城市。在中国香港开立账户，物色中介机构与专业人员，通过深圳的地下钱庄把人民币换成外汇，将数批委托单集中一起从中国香港汇过来。事实上，由于种种特殊原因，中国香港逐渐成了骗税分子难以绕开的落脚点。此外，在进项发票上，票源地也存在相对单一的情况。由于部分地区税收征管不到位、优惠政策泛滥，导致发票产业兴盛，如江苏北部某些地区、江西某些地区，骗税分子在进项周转不开时，难免铤而走险。

四、外贸操作“反常态”

外贸操作的“反常态”表现在以下几个地方：

(1) 进行外贸代理业务中，委托方要求自己承担制作单证、报关工作，不需代理方(外贸代理公司)介入。此种违背代理业务初衷的反常做法恰恰说明其另有目的。

(2) 为了避免海关查货，委托方会人为地拆单出口，每单金额都控制在10万美元以下——就好像利用网络支付套取信用卡资金一样，掌握了监管部门的惯常口径后，采取针对性措施。

(3) 贸易的进口与出口差异也是反常的表现之一，如货源所在地与出口报关地相差较远，增值税开票人在内蒙古，报关在深圳，走向不合理。

实战案例 4-2

咬定青山不放松　立根原在破岩中

——M纺织贸易有限公司骗税案

【案例摘要】 甲市税务部门根据总局“双打”骗税案源，检查人员紧紧抓住海运提单这个关键环节，对被查企业出口业务真实性进行层层追查，确定假报出口方式骗取出口退税的违法事实。

【关键词】 “双打”　骗税

【案例正文】

一、案件来源

根据税务总局下发骗税案源，按照省税务局2016年“双打”案件工作部署，2016年8月1日起，甲市税务局稽查局对辖区内的M纺织贸易有限公司(以下简称M公司)的涉税情况进行立案检查。

二、查前分析

M公司，经济性质：其他有限责任公司，开业时间：2010年5月7日，注册资本600万元，经营范围：毛巾、浴巾、餐巾、箱包、手袋、服装鞋帽、针纺织品、工艺品、日用品、五金交电、机械设备、电子产品销售以及本企业商品和技术的进出口业务[但国家限定公司经营或禁止进出口的商品及技术除外(以上经营范围涉及许可经营项目的，应取得有关部门的许可后方可经营)]，企业经营状态：正常。2010年6月认定为增值税一般纳税人，税种登记：增值税、企业所得税。M公司为外贸企业，享受出口免退税政策。

2014年出口免税销售额45 067 183.96元，没有内销收入，未缴纳增值税。缴纳企业所得税103 640.35元，收到出口退税款2 117 784.74元。

2015年出口免税销售额2 502 154.85元，劳保手套13%，手袋15%的出口退税率，没有内销收入，未缴纳增值税，账面亏损49 614.04，收到出口退税款5 102 045.56元。

2016年1～6月内销销售收入5 240.67元，缴纳增值税259.73元，未缴纳企业所得税。

三、检查过程

（一）案头资料分析

结合M公司的基本情况，经分析发现：M公司自成立以来无内销收入；出口外销业务的货物为轻工品；出口海关为S地区的Q、D、S和W海关，运输方式全部为水路运输。

（二）实地勘验核查

M公司注册经营地址为某市某村，经实地检查，M公司没有办公地点和仓库，M公司是由原公司法人代表金某转让给柴某，2013年9月16日变更税务登记。

（三）协查上游企业

上游企业为M公司注册地某皮革制品有限公司和W县一个皮革制品有限公司，经检查外调，已于2014年9月25日和2015年11月16日注销税务登记，经营期间不足两年，因此货物交易的具体情况无从查实，只能将调查方向向下游延伸。

（四）查找知情人员

通过调查了解得知，M公司记账会计只负责企业的记账、纳税申报和办理出口退税手续，不负责其他，上述出口业务单证都是企业法定代表人快递寄给他，然后记账、申报退税。多次电话通知企业法人到税务机关说明单证情况，但其拒不到税务机关配合调查。

（五）检查资金结汇

在资金方面，收到结汇款项或者是退税款后当日汇入企业法定代表个人账户，需要支付购货款项时，法人代表再通过个人账户汇入公司账户，由公司账户支付货款。

（六）外调出口环节

通过对出口退税申报备案资料的检查发现，2014年1月至2015年12月M公司出口备案资料显示共出口手袋、手套等货物91批，出口销售手袋共计607 990个，劳保手套共计326 376个，贸易方式是FOB，外汇结算是通过某中国香港公司结汇，运输方式主要是水路运输，出口国主要有日本、美国、英国、法国等国家。

检查人员为查实出口业务的真实情况，检查M公司提供的出口备案单据，梳理货代公司名称，确定应外调取证方向和思路。先根据货代单证，到货代公司以提运单号和集装箱号为查询关键字，查找出承运此集装箱的海运公司名称。然后，根据货代公司提供的海运公司名称，到海运公司以提运单号和集装箱号为查询关键字，查找出真实的海运提单。最后，通过对船运公司调查取证，对比M公司申报备案资料。通过上述外调取证，最终发现M公司备案海运提单与海运公司提供的海运提单不符。具体情况如下：

(1) 2014年5月出口情况见表4-1。

表4-1　5月份外调取证情况表

名称	数量(个)	进货金额(元)	可退金额(元)	备案海运提单	集装箱号	外调情况
手袋	4 227	379 335.40	56 900.32	N** ING LTD	MSKU4599 *	不一致

(2) 2014年6月出口情况见表4-2。

表4-2　6月份外调取证情况表

名称	数量(个)	进货金额(元)	可退金额(元)	备案海运提单	集装箱号	外调情况
手袋	11 447	425 753.78	63 863.07	NEW CITY S** LTD	NYKU439 *	实际货主与发货人不一致
	6 706	481 456.40	72 218.47	NEW CITY S** LTD	TRLU66 **	
	9 995	298 995.72	44 849.36	NEW CITY S** LTD	WFHU51 **	
	3 593	268 707.27	40 306.09	NEW CITY S** LTD	FSCU98 **	
	3 000	211 794.87	31 769.22	NEW CITY S** LTD	GESU55 **	
	3 330	298 846.20	44 826.93	NEW CITY S** LTD	TCKU90 **	
	5 064	454 461.54	68 169.24	NEW CITY S** LTD	GESU67 **	

(3) 2014年7月出口情况见表4-3。

表4-3　7月份外调取证情况表

名称	数量(个)	进货金额(元)	可退金额(元)	备案海运提单	集装箱号	外调情况
手袋	5 935	532 628.18	79 894.24	N* C* S** LTD	OOLU62 **	实际货主与发货人不一致
	5 935	532 628.18	79 894.24	N* C* S** LTD	OOLU62 **	
	3 325	298 397.43	44 759.62	N* C* S** LTD	OOLU76 **	
	3 320	297 948.71	44 692.31	N* C* S** LTD	TCNU45 **	

（续表）

名称	数量（个）	进货金额（元）	可退金额（元）	备案海运提单	集装箱号	外调情况
手袋	3 320	297 948.71	44 692.31	N* C* S** LTD	TCKU24 **	实际货主与发货人不一致
	3 300	296 153.85	44 423.07	N* C* S** LTD	NYKU29 **	
	6 610	593 205.13	88 980.76	N* C* S** LTD	OOLU75 **	
	3 324	298 307.69	44 746.15	N* C* S** LTD	GLDU71 **	
	3 320	297 948.71	44 692.31	N* C* S** LTD	HDMU68 **	
	5 250	414 615.40	62 192.30	S* * INC	FSCU70 **	
	6 744	597 161.04	89 574.18	S* * INC	YMLU95 **	
	13 980	418 205.13	62 730.75	N* C* S** LTD	OOLU90 **	
	11 402	409 302.00	61 395.37	N* C* S** LTD	OOLU90 **	

（4）2014年8月出口情况见表4-4。

表4-4　8月份外调取证情况表

名称	数量（个）	进货金额（元）	可退金额（元）	备案海运提单	集装箱号	外调情况
手袋	10 046	408 709.62	61 306.45	N** S* LTD	TR * 66 **	实际货主与发货人不一致
手套	44 064	1 186 338.51	154 224.00	M* LIE	ZC * 89 **	

（5）2014年9月出口情况见表4-5。

表4-5　9月份外调取证情况表

名称	数量（个）	进货金额（元）	可退金额（元）	备案海运提单	集装箱号	外调情况
手套	44 064	1 178 584.64	153 216.00	M* LIE	ZCSU89 **	实际货主与发货人不一致
	22 516	537 959.97	69 934.80	N** LTD	DFSU61 **	
手袋	13 000	1 166 666.61	175 000.31	Y** LINES	CX * 223 **	

（6）2014年11月出口情况见表4-6。

表4-6　11月份外调取证情况表

名称	数量（个）	进货金额（元）	可退金额（元）	备案海运提单	集装箱号	外调情况
手袋	11 249	1 009 525.63	151 428.85	Y** LINES	MS * 14 **	实际货主与发货人不一致
手套	32 976	535 507.68	69 616.02	Y** LINES	OO * 74 **	
	33 264	540 184.62	70 224.02	Y** LINES	OO * 74 **	
	54 000	526 153.86	68 400.00	Y** LINES	IN * 31 **	

(7) 2014 年 12 月出口情况见表 4-7。

表 4-7 12 月份外调取证情况表

名称	数量（个）	进货金额（元）	可退金额（元）	备案海运提单	集装箱号	外调情况
手袋	16 509	1 165 507.18	174 826.10	N** LTD	FSCU48 **	实际货主与发货人不一致
	11 450	595 987.19	89 398.07	N** LTD	MSKU83 **	
手套	33 780	587 829.73	76 417.89	Y** LINES	TRHU21 **	
手袋	6 610	593 205.13	88 980.76	N** LTD	MSKU64 **	
	6 276	563 230.74	84 484.62	N** LTD	MSKU02 **	
	6 252	314 203.09	47 130.47	N** LTD	HJCU17 **	
	21 730	780 051.29	117 007.68	N** LTD	YMLU95 **	
手套	42 000	590 871.78	76 813.32	Y** LINES	MEDU15 **	
手袋	12 669	419 701.25	62 955.18	Y** LINES	PONU80 **	
	5 250	474 384.60	71 157.70	虚假	APHU63 **	
	5 250	474 384.60	71 157.70	虚假	APHU63 **	
	4 700	431 275.20	64 691.30	** LINES	OOLU84 **	

四、处理结果

（一）违法事实

通过检查备案资料，结合外调情况，发现该企业存在利用虚假海运提单假报出口的情况，M 公司虚假的备案海运提单共计 44 份，出口货物金额 23 664 328.75 元，购进出口货物金额22 184 064.77 元，骗取国家出口退税款 3 213 941.55 元。

（二）处理依据及结果

1. 处理依据

(1) 根据《最高人民法院关于审理骗取出口退税刑事案件具体应用法律若干问题的解释》（法释〔2002〕30 号）第一条第（二）项的规定，《刑法》第二百零四条规定的‘假报出口’，是指以虚构已税货物出口事实为目的，具有下列情形之一的行为：以伪造、变造或者其他非法手段取得出口货物报关单、出口收汇核销单、出口货物专用缴款书等有关出口退税单据、凭证。

(2)《税收征收管理法》第六十六条第一款规定：“以假报出口或者其他欺骗手

段，骗取国家出口退税款的，由税务机关追缴骗取的退税款，并处骗取税款一倍以上五倍以下的罚款；构成犯罪的，依法追究刑事责任”。

(3)《X省规范税务行政处罚裁量权实施办法》第二十条第一款规定，实施税务行政处罚，应当按照本办法及其附件《裁量基准》执行。《X省税务行政处罚裁量基准》第三十八款第四项规定，骗取国家出口退税款250万元以上的，或因骗取出口退税行为受过行政处罚，两年内又骗取国家出口退税款数额在150万元以上的，处骗取税款3倍以上4倍以下的罚款。

(4)《最高人民检察院 公安部关于公安机关管辖的刑事案件立案追诉标准的规定(二)》第六十条：“骗取出口退税案(刑法第二百零四条第一款)以假报出口或者其他欺骗手段，骗取国家出口退税款，数额在五万元以上的，应予立案追诉。”

2. 处理结果

(1) M公司以虚假海运提单假报出口，属于骗取出口退税，应追缴出口退税款3 213 941.55元，并对该企业处骗取税额三倍的罚款，即9 641 824.65元。由于该案已涉嫌犯罪，应移送司法机关处理。

(2) 根据《国家税务总局关于发布〈出口货物劳务增值税和消费税管理办法〉的公告》(国家税务总局公告2012年第24号)第十三条等有关规定，已建议出口退税部门按相关规定和程序停止M公司的出口退(免)税资格。

(3) M公司涉嫌骗取出口退税罪，甲市税务局稽查局已依法将其移送公安机关处理。

【案例评析】

(1) 该案通过外调找到突破口，并固定定案证据。M公司两头在外，即货源地和出口地均不在被查企业所在省。要弄清楚M公司出口业务的详细情况，就必须对其真实性以及业务的来龙去脉了解清楚，因此对于出售给M公司这批货物的上游企业以及对出口报关地进行外调核查非常有必要。

(2) 加强学习知己知彼，才能在检查中游刃有余。出口报关流程以及出口退税业务对于稽查人员而言相对陌生，此案中，检查人员刻苦钻研，虚心向某市税务人员请教，理清检查工作思路，不畏困难，层层推进，最终成功查处案件。

(3) 加强对出口企业的管理，做到源头管控。加强对异常业务的监控分析，注重审核出口退税申报信息，提高对事前、事中的监管。

实战案例 4-3

“挖出”真实货主　捅破“买单配票”骗局[1]

——X进出口有限公司骗税案

【案例摘要】 拉上一帮亲朋好友，以自己注册或控制的9家外贸公司作为“出口退税平台”，利用实际控制的几家生产企业，从A、B、C等地虚开增值税专用发票，并通过外贸公司“买单配票”“货物低价高报”等手段，向税务部门申报骗取出口退税，涉及全国10多个省、市百余家企业，涉案金额高达140余亿元。

检查人员通过抽丝剥茧、层层递进方式抓住关键环节，对被查企业出口业务真实性进行层层追查，确定假报出口方式骗取出口退税的违法事实。

【关键词】 买单配票　虚开　骗税

【案例正文】

一、案件来源

2017年底，L市税务局第一稽查局收到K市税务局稽查局的一份协查通报，称甲县一家羊绒被服公司向L市两家服装公司开出的增值税专用发票为虚开，甲县这家公司通过个人银行卡回流资金，嫌疑人已被抓捕。L市税务局第一稽查局立即对涉案企业展开检查。

二、查前分析

检查人员通过金税三期系统对涉案企业申报数据进行比对分析，发现该企业没有水电费、加工费，进项发票内容为“布”“羊绒”等原料，销项发票开具内容为“成品服装”，进销项内容存在异常。

三、检查过程

（一）线索交叉，发现经营异常，涉嫌骗税

2017年底，L市税务局第一稽查局收到K市甲县税务局稽查局的一份协查通报，称甲县一家羊绒被服公司向L市两家服装公司开出的增值税专用发票为虚开，甲县这家公司通过个人银行卡回流资金，嫌疑人已被抓捕。

检查人员获悉这一情况后，第一时间正常下户，对这两家服装公司开展实地调查。检查人员发现，尽管企业负责人虞某、毛某笑脸相迎、有问必答，但能够感觉出热情之下一丝隐隐的慌乱和不安。

随着调查进一步展开，检查人员发现了一“小”一“大”的现象。一边是简陋的厂

① 本案例改编自：孙宁、杨贤光、夏燕燕：《“挖出”真实货主　捅破“买单配票”骗局》，载《中国税务报》2019年10月23日。

房，搁置在角落，几将报废的斑驳的生产设备；一边是通过X进出口有限公司、S进出口有限公司等多家外贸公司，出口了近3 000万元服装产品。检查人员翻阅其账簿，进一步发现在零水电费、零加工费发票的情况下，进项发票“布”“羊绒”等服装原料，与销项发票“成品服装”不匹配，企业存在明显的经营异常。

无独有偶，2018年初，X进出口有限公司被国家税务总局列入“打骗打虚”专项案源。下发的线索表明，该公司涉嫌通过暴力虚开骗取出口退税。两股线索交叉，引起了检查人员的高度警觉：X进出口有限公司和对应的两家服装公司极有可能团伙作案，存在骗取出口退税的嫌疑。

（二）数据研判，厘清人物关系，团伙作案

综合分析案件后，L市税务局第一稽查局迅速成立专案组，并提请J公安分局经侦大队派员提前介入调查。检查人员决定多方调查取证。先是结合防伪税控系统、发票电子底账等现有的多种信息化平台，调取涉案企业相关信息。在公安分局经侦大队的协助下，进一步筛选确认涉案企业、相关人员及其相互关系。

经信息数据研判发现，X进出口有限公司与另外8家外贸公司，都是上述L市两家服装公司和另一家服装公司的受票单位。还有多家外地企业是包括X进出口有限公司在内的9家外贸公司的共同“供货商”。

值得注意的是，9家外贸公司都直接或间接与T地柯某有关。柯某在多家外贸公司担任法定代表人或监事。就连没有直接关系的外贸公司的法定代表人方某、毛某等，也与柯某关系密切。几家外贸公司的财务会计也基本上是同一个人。此外，涉案的9家外贸公司的“供货商”——T地Y服饰有限公司、M服饰有限公司的法定代表人蒋某，系柯某的妻子。

在全面厘清了涉案人员的上下线关系后，检查人员将检查重点放在了资金流上。经过抽丝剥茧、层层推进，以及大量的数据分析，检查人员发现涉案的9家外贸公司在收取外汇后全部结汇，合计取得1.48亿元人民币。结汇资金大多数经多次转账后，最终流向境内个人或外国人账户。从9家外贸公司结汇资金的流动特征分析，作为“供货商”的多家企业，基本上是进行“洗票虚开”的“空壳企业”。9家外贸公司将虚开的服装材料发票，在无实际生产能力的情况下，“洗”成服装发票，供给进出口企业，骗取出口退税。而3家服装公司的供票单位，在收到货款后，马上通过对公账户或个人账户，向作案团伙个人银行卡回流资金。

种种迹象表明，这3家服装公司和9家外贸公司存在团伙虚开骗取出口退税的嫌疑。

（三）部门协作，调查真实货主，揭开真相

由于此案涉案金额巨大、涉及区域广，而且是团伙作案，调取的资料信息量大且繁杂。因此，2018年8月，L市税务局第一稽查局认真落实四部委打击虚开骗税违法犯罪两年专项行动，坚持打“整体仗”，抓合成、合作、合力，主动加强与L市公安、海关、人民银行等部门的协调。并于2018年9月11日，与公安、海关和人民银行等部门成立了“9·11联合专案组”。各部门发挥专业优势，协同作战。

对于该案来说，找到出口货物的真实货主，将对整个案件突破起到决定性作用。专案组人员通过L海关缉私局查私处提供的9家外贸公司申报出口时备案的货代公司资料，发现9家外贸公司的“多票出货”，都是由W市几家货代公司和C供应链公司负责的。其中，C供应链公司提供中国到迪拜“门到门”服务(包括迪拜清关配送)。这为日后发现国外清关的货值与国内报关出口货值差异，证实“货物低价高报”打下了扎实基础。

在Z省公安厅经侦总队的支持下，2018年10月30日，税务、公安、海关3家单位抽调人员赴W市取证，确保破案所需证据链要素在询问笔录中完整体现。专案组带着前期整理的几家外贸公司9单疑点出口业务资料，赶赴W市XY进出口有限公司取证。XY进出口有限公司主要从事出口货运代理，货物运输线路是从W市至迪拜。在大量的事实依据面前，XY进出口有限公司实际经营者黄某，承认这9单疑点出口业务，都是个人从W市市场采购商品，无须办理出口退税的业务，其供货的真实货源地是J地，并非9家外贸公司提供的企业。

税务检查人员顺藤摸瓜，赴W市几家关联货代公司，查找真实货主，货代中介“炒单”配货配票渐渐浮出水面。作案团伙中的赖某，以每单1 000元的价格，从W市几家货代公司购买不需要退税的货主信息，将不具有退税资格的出口货物，通过9家外贸公司虚假申报为一般贸易出口，然后找相关的服装生产企业开具虚假的增值税专用发票。由此，团伙“买单配票”的关键证据初步锁定。

同时，对C供应链公司的检查也传来了好消息。专案组人员对该公司业务经理李某实施调查询问，确认9家外贸公司出口的货物，都是外商在国内涉案地以外的地方采购的，报关所用的抬头都由柯某、赖某提供，即9家外贸公司的名称。其中，柯某在税务检查开始后，还要求李某将拖柜地址改成其妻子担任法定代表人的生产企业所在地——T、S等地。

出口报关信息显示，作案团伙还有大量单子在X地各口岸“出货”。专案组人员初步断定，有专人负责在X地“买单”。专案组人员趁热打铁，兵分两路，马不停蹄地赶赴X地甲、乙等地的4个陆路口岸。在当地海关的通力协助下，调取了出关货物真实货主的详细信息。海陆双管齐下,团伙“买单配票”的关键证据进一步得到锁定。

同时,专案组对调取的数百个银行账户、近百万条银行交易信息逐一比对分析,进行资金梳理,确认涉案企业大量经营资金均来源于主要犯罪嫌疑人柯某、虞某等人的10余个个人银行账户,并很快查明涉案企业的虚假资金链、虚假发票流向。

经过两个多月的连续奋战,专案组基本查清了这个作案团伙的成员关系及违法犯罪事实。

四、查处结果

2018年11月28日,专案组在Z省公安厅经侦总队指挥的协调下,开展集中收网行动,在H、B、A、L、S等地一举抓获涉案人员22名,捣毁非法开票窝点5个,现场查扣赃款23余万元、个人信用卡100余张、公章60余枚,以及大量电脑和打印设备,彻底摧毁这个从买单、配票、套汇到骗取出口退税的T籍犯罪团伙。

其中一家涉案企业的老板——虞某和毛某夫妇,在公司被调查后,立即切断在LB的所有联系,租乘一辆黑车跑到Y省某县山区,改名换姓藏身在一家橘园,化身橘农躲避抓捕。在被民警抓获时,夫妻俩穿着破旧衣服,正在橘园里干活,风吹日晒下灰头土脸,满脸皱纹的样子,与原来做老板时留下的照片判若两人。

而在作案团伙中主要负责“买单配票”的货代人员赖某,在抓捕当天驾驶自己的私家车,从J高速公路出口附近冲进农田,自己报警,通知交警前去处理,抓捕民警不费吹灰之力将其“捡到”。

主犯柯某虽然在集中抓捕当天逃脱,但是随着团伙中其他犯罪嫌疑人陆续交代违法事实,他最终放弃侥幸心理,于2019年1月7日主动向L市某区公安局经侦大队投案自首。

经查,2015年1月至2018年6月,柯某伙同虞某、赖某等人,通过9家外贸公司,以自设“空壳企业”,或支付“手续费”等方式,在没有真实货物交易的情况下,通过赖某等人向他人或货代公司“买单配票”。同时,采取伪造购销合同、货款资金回流、支付开票费等方法,从Z、B、C、D、A等地虚开增值税专用发票,虚构出口报关单,虚构出口货物货款,非法套购外汇,并通过海外关系人转账,向税务部门申报出口退税。截至案发,涉案发票金额140余亿元,税额10多亿元,其中L涉案公司已骗取退税款约2 590万元。

【案例评析】

从成立专案组到实施抓捕,只用了两个多月时间,L市税务局第一稽查局快查快办,联合公安、海关、人民银行等部门,破获了一起以柯某、虞某为首,共计22名嫌疑人团伙实施的重大虚开骗税案。这也是L市税务局等部门迅速落实四部委打击虚开骗税违法犯罪两年专项行动的一个重大成果。本案查处过程中，主要体现了以下两个方面的特点：

一是充分发挥了部门协同的整体合力。“9·11”专案涉案金额大、区域广，涉及全国10余个省、自治区、直辖市，20多个县(市)，100多家企业，覆盖从产品生产、外贸出口再到出口退税的整个链条。作案人员团伙化、骗税环节专业化、作案手段隐秘化，调取的资料信息量大且繁杂。正是得益于四部门的协同发力，打破部门、层级、地区间信息壁垒，坚持打“整体仗”，才能在两个多月内快查快办，成功告破这起重大虚开骗取出口退税案。税务稽查负责梳理发票流、退税数据，以及部分资金流分析；海关缉私局根据税务提供的报关信息，追查货代及船务公司信息；公安经侦部门关注嫌疑对象活动轨迹；人民银行反洗钱处则负责查询涉案企业及人员的全部账号信息，确保无一遗漏。在几部门的共同努力下，实现了“9·11”专案信息数据的快速收集、分析、共享和综合应用，迅速查明了涉案企业的跨区域团伙骗税嫌疑。

二是充分发挥了税收大数据的优势。此案无论是前期的案前分析、制订计划，查处过程中的数据比对、方案实施，还是后期的证据固定、完善，都充分利用了各种平台的税收大数据。税收大数据的优势还应进一步挖掘。此案总结的经验，建议在日常的出口退税管理中加以应用，如对不同外贸公司收用来自同一地区同一企业的增值税专用发票的数量、金额加以分析，或反过来对疑点销货开票企业涉及对应的外贸公司进行分析，争取迅速发现企业违规违法现象。

第五章　虚开发票案件查办实务与案例

第一节　虚开发票案件概述

一、虚开发票案件的概念

虚开发票案件是指在税务稽查中，依据《发票管理办法》第二十二条、第三十七条规定，以虚开发票定性并处罚的税收违法案件，也包括税务机关以涉嫌虚开发票有关罪名移送追究刑事责任的其他税收违法案件。

《发票管理办法》第二十二条第二款规定，任何单位和个人不得有下列虚开发票行为：

（1）为他人、为自己开具与实际经营业务情况不符的发票。

（2）让他人为自己开具与实际经营业务情况不符的发票。

（3）介绍他人开具与实际经营业务情况不符的发票。

二、虚开发票案件的特征

（一）主体特征

虚开发票案件的违法主体较为广泛，不仅包括纳税人，也包括非纳税人，任何单位和个人都可以成为虚开发票案件的违法主体。

（二）主观特征

虚开发票案件的违法主体在主观方面表现为故意，即明知虚开发票的行为危害税收征管秩序，为法律、行政法规所禁止，而为了获取非法利益或其他特定目的，而希望或者追求这种目的实现。

（三）行为特征

虚开发票案件以虚开行为作为核心构成要件，并不考虑是否造成税款流失或其他危害后果。虚开发票行为的本质特征是没有业务而开具发票，或者所开具发票与实际业务不相符。

三、虚开发票案件的类型

根据所虚开发票的种类不同,可分为虚开增值税专用发票用于骗取出口退税、抵扣税款发票案件和虚开其他发票案件。根据虚开发票的行为特征,可对虚开发票案件进行分类,如图 5-1 所示。

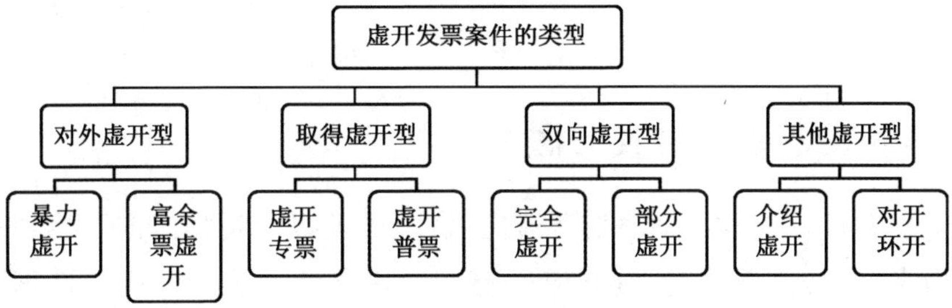

图 5-1 虚开发票案件的类型

(一) 对外虚开型

对外虚开型案件是指行为人仅为他人虚开发票,不为自己虚开发票或让他人为自己虚开发票的行为,通过卖票牟利,虚出不虚进。实践中主要表现有暴力虚开和富余票虚开两种形式。

(二) 取得虚开型

取得型虚开是指行为人让他人为自己虚开,或者自己为自己虚开发票,取得进项税额抵扣,同时虚增成本费用,在企业所得税税前扣除的行为,虚进不虚出,目的是不缴或少缴税款。取得型虚开,按照取得虚开的发票种类,可分为虚开增值税专用发票用于骗取出口退税、抵扣税款发票以及虚开其他发票两种。

(三) 双向虚开型

双向型虚开是指行为人既为他人虚开,也让他人为自己虚开或自己为自己虚开,既虚出又虚进的行为。实践中,双向型虚开又分为双向完全虚开和双向部分虚开两类。完全虚开是指行为人无实际经营业务,通过虚构交易,让他人为自己虚开发票,或自己为自己虚开发票取得进项税额后,再为他人虚开,卖票牟利。部分虚开是指行为人有部分真实业务存在,同时虚构部分业务,让他人为自己虚开发票,或自己为自己虚开发票,再为他人虚开发票,以达到不缴或少缴税款的目的,或通过卖票牟利。

(四) 其他虚开类型

除上述三种主要的虚开发票类型外,其他常见虚开类型有两种。一是介绍他人虚开，以牟取非法利益的虚开行为；二是关联公司无实际经营业务但互相开具发票，并不收取手续费，通过“对开”“环开”，以达到虚增经营业绩、上市融资、应对绩效考核等目的的虚开行为。

第二节　虚开发票案件查办思路

一、虚开发票案件检查方法

虚开发票案件检查重点围绕发票流向、资金流向以及货物流向，对涉案发票、上下游业务链条、生产经营情况、资金流转等情况进行调查核实并固定证据。虚开发票案件检查方法框架，如图 5-2 所示。

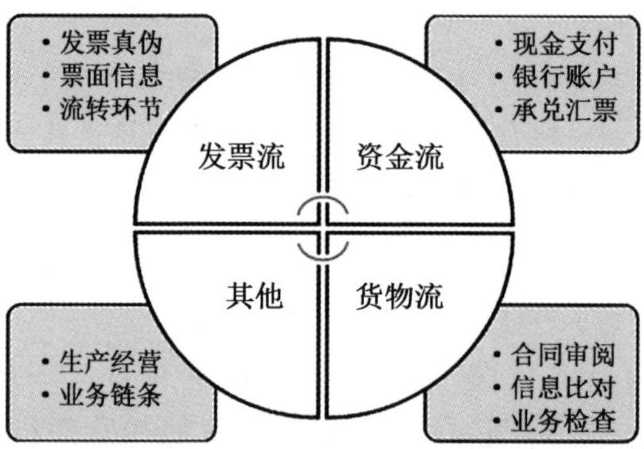

图 5-2　虚开发票案件检查方法基本框架

（一）发票流向检查

在虚开发票案件查办中，发票流向的检查是最基础，也是首要的环节。发票流向的检查，主要从发票真伪鉴别、票面信息的比对以及发票流转环节等方面进行检查。

1. 发票真伪

发票真伪鉴别主要通过票面验真、网络查验以及协查等方法进行。票面验真主要根据发票的防伪措施进行查验，如密文信息、防伪线等。网络查验是比较快捷便利的方法，通过国家税务总局增值税发票查验平台，可查验最近 1 年内使用增值税发票管理新系统开具的发票，包括增值税专用发票、增值税普通发票、机动车销售统一发票、二手车销售统一发票。其他发票可以通过当地税务机关网站进行查验。在虚开发票案件查办中，对有疑问的发票，可以向受票方或开票方所在地税务机关发起协查，核实发票开具内容和业务的真实性。根据案件查办需要，也可派人前往上下游地区实地调查核实。

2. 票面信息

对发票联、抵扣联、记账联、销货清单及认证抵扣清单的票面信息一一进行比对，重点核实货物或应税劳务、服务名称、金额、税额、购买方、销售方等要素信息是否一致。核实发票各个联次是否齐全，各联次票面信息是否完全一致。通过增值税发票电子底账系统查询核实电子数据与纸质票面信息是否完全一致。

3. 流转环节

发票流转过程是否符合常规逻辑，对于认定虚开发票案件非常关键。检查人员通常采取实地检查方式，并对实际控制人、经办人等相关人员进行询问，梳理发票开具、取得、入账、抵扣等时间链条，核实发票交接方式及相关证据，调查是否存在中间人，获取中间人基本信息及收取开票费情况等。

（二）资金流向检查

在虚开发票案件查办中，资金流向相关证据对案件定性处理具有极其重要的作用。资金流向的检查，重点围绕行为人是否存在虚假资金流转、虚假债权债务等情形进行核实和取证。

1. 现金收付

通常情况下，企业除按规定可以使用现金结算的项目外，大部分货币收付业务应当通过银行账户办理结算。但是，由于现金的高流动性以及无痕性的特点，采用现金收付成为虚开发票违法活动中虚假交易资金最容易造假的方式，在取得虚开型案件中较为常见，且对事后调查取证带来极大困难。对虚假现金收付的检查，围绕现金来源、支出、库存合理性进行调查核实，对现金业务增减、库存现金盘存、会计凭证记载、购销合同等情况进行比对核查，对相关人员进行询问，综合各方面调查情况判断现金收付业务的真实性。

2. 资金回流

利用银行账户进行资金回流是当前虚开发票案件查处中最常见的虚假资金交易方式。虚假交易资金回流是指在没有真实交易和债权债务关系的开票方和受票方之间，通过虚构交易，受票方通过单位结算账户将虚假交易资金转入开票方单位结算账户后，开票方再通过银行账户中转或现金支付的方式，将虚假交易资金等额或不等额转回受票方单位结算账户或控制的他人（第三方单位）账户的行为。

资金回流检查，首先要明确银行账户交易查询权限与途径，根据《税收征收管理法》第五十四条第（六）项规定，对从事生产、经营的纳税人的存款账户，案件涉嫌人员的储蓄存款，凭《检查存款许可证明》到银行或其他金融机构进行查询并取得有关证据资料。此外，还可以利用部门协作机制，利用人民银行、公安部门相关平台进行查询。涉及支付宝、微信支付等第三方支付平台资金流转的，可以通过第三方支付平台查询并取得相关证据资料。其次，对于资金回流检查，关键在于对所获取的信息数据进行整理分析，发现疑点，找到突破口，形成资金回流的证据链条。

3. 承兑汇票

由于汇票是一种远期支付工具，从出票、背书、贴现到承兑付款，流转环节多，在虚开发票案件中，利用票据虚假支付结算的手段较多。对利用承兑汇票虚假支付结算的检查，重点围绕开票方、受票方应收票据、应付票据等科目明细账、记账凭证、原始凭证、合同等单证，银行查询结果，出票人履约能力等方面进行调查取证，并汇总数据信息，开展梳理分析。

4. 其他形式

资金流向检查，除上述三种方式外，还应当注意检查行为人是否存在虚增债权、债务，是否存在收付虚开发票手续费等方式。关注应收应付款项、预收预付款项等往来账户，询问有关人员，核实有关业务是否真实，发现线索，固定证据。

（三）货物流向检查

1. 合同审阅

审阅购销合同，了解被查对象购进和销售单位、交货方式、运输方式、交货地点、经办人、货物名称、规格、数量、计量单位与方法等基本信息。

2. 信息比对

比对发票、合同信息是否一致，比对购进原材料（货物）与销售产品是否关联、匹配。

3. 业务检查

检查货物出入库记录、物流凭证、货物流向，核实存货与生产能力与涉案交易货物情况是否匹配，以核实购销、运输物流以及委托加工等业务是否真实存在。

二、虚开发票案件取证要点

虚开发票案件在查办中，应重点围绕开票方、受票方在发票流、资金流、货物流等方面，调查收集被查对象虚构、虚增交易，开具或者让他人开具与实际交易事实不符发票的相关证据，并加以相互印证。

（一）主体方面

主体方面的证据主要包括涉案企业的工商登记资料、税务登记信息，涉案企业法定代表人（实际负责人）、财务人员、办税人员身份信息，其他涉案人员的身份信息等。

（二）主观方面

主观方面的证据主要包括企业法定代表人（或企业实际控制人）、经营的负责人、直接责任人员、财务人员、开票介绍人等具有虚开主观故意的书证、物证、当事人陈述、证人证言、视听资料等证据；业务人员、仓库管理员、运输人员等所做证明有虚开主观故意的书证、当事人陈述、证人证言、视听资料等证据；以及其他证明具有虚开主观故意的书证、物证、证人证言、视听资料等证据。

（三）行为方面

虚开发票案件查办中，取得行为人行为手段方面的证据是证明违法行为的核心。主要有以下几个方面：

（1）证明行为人是否具有生产能力的证据。例如，是否有与发票开具所对应的生产经营活动相匹配的生产设施、设备的证据资料；与生产经营相匹配的水、电、人工、动力燃料、必要原材料等要素的证据资料；对涉案人员所作询问笔录关于生产能力真实性的陈述及说明等。

（2）证明行为人交易资金是否真实的证据。例如，行为人或其他涉案当事人通过银行账户进行资金回流的证据资料；利用银行承兑汇票进行虚假结算的证据资料；虚假现金支付的证据资料；以及对涉案人员关于交易资金虚假所作的询问笔录、情况说明等。

（3）证明涉案货物是否真实的证据，包括无货物交易的证据和票货不一致的证据。例如，涉案人员证人证言、当事人陈述等言词证据，证实无货物交易，或票货不一致；上下游企业无相应货物出入库记录的证明资料；上下游企业货物名称、规格、数量、收发货人等要素不一致的出入库记录、清单等资料。

（4）证明收取开票手续费的证据。在虚开发票案件中，受票方通常会按照虚开发票的票面金额一定比例向开票方或中间人支付开票费。检查人员应设法查明开票手续费支付的方式，并收集固定有关证据，如支付虚开发票手续费的银行转账记录，通过现金、承兑汇票等方式支付虚开发票手续费的证明，涉案人员提供的证实收取或者支付开票手续费的证人证言、当事人陈述等证据。

三、虚开发票案件定性处理

（一）法律依据

虚开发票案件定性与处理相关依据主要包括：

(1)《中华人民共和国发票管理办法》第二十二条、第三十七条。

(2)《国家税务总局关于纳税人取得虚开的增值税专用发票处理问题的通知》(国税发〔1997〕134 号)。

(3)《国家税务总局关于〈国家税务总局关于纳税人取得虚开的增值税专用发票处理问题的通知〉的补充通知》(国税发〔2000〕182 号)。

(4)《国家税务总局关于纳税人善意取得虚开的增值税专用发票处理问题的通知》(国税发〔2000〕187 号)。

(5)《国家税务总局关于纳税人善意取得虚开增值税专用发票已抵扣税款加收滞纳金问题的批复》(国税函〔2007〕1240 号)。

(6)《国家税务总局关于纳税人虚开增值税专用发票征补税款问题的公告》(国家税务总局公告 2012 年第 33 号)。

(7)《国家税务总局关于纳税人对外开具增值税专用发票有关问题的公告》(国家税务总局公告 2014 年第 39 号)。

(二) 违法认定

1. 违法主体的认定

虚开发票违法行为的主体既可以是单位,也可以是个人。实践中,有些虚开发票案件,虽然是单位的名义,但实际上可能是企业的实际控制人的行为,也有的是中间人自己的行为,需要调查核实予以区别对待。对于认定单位作为虚开违法主体的,必须查实虚开违法行为属于单位的意志,或按照单位的决策程序作出的决定,或者获得的非法利益最终由单位所有。

在虚开发票违法主体认定中,应当注意区分开票方和受票方的情形,开票方定性虚开,相应的受票方不一定是虚开,受票方被定性为虚开的,相应的开票方也不一定是虚开。

2. 违法手段的认定

(1) 无实际经营业务的虚开行为认定。

无实际经营业务的虚开行为是指所开具发票票面记载的销货方与购货方之间,不存在真实交易,票面记载的销售货物名称、数量、金额等均是虚构业务的情况下,开票方为受票方虚开发票,或受票方让开票方为自己虚开发票,或行为人自己为自己虚开发票,中间人介绍双方虚开发票的违法行为。

(2) 票货不一致的虚开行为认定。

票货不一致的虚开行为是指所开具发票票面记载的销货方与购货方之间,发生了实际业务,但其实际发生的业务与票面记载的货物或服务名称、数量、金额等信息有一项或多项不相符的情况下，开票方为受票方虚开发票，或受票方让开票方为自己虚开发票，或行为人自己为自己虚开发票，中间人介绍双方虚开发票的违法行为。①

3. 主观故意的认定

《发票管理办法》第二十二条规定的“为他人”“为自己”“让他人为自己”“介绍他人”等行为，均要求行为人主观方面为故意。即行为人明知没有实际经营业务而开具（接受）虚开的发票，或开具（接受）与实际经营业务不一致的虚开发票。

（三）定性处理

1. 善意取得虚开发票行为的认定与处理

1）善意取得虚开发票行为认定的政策依据

纳税人善意取得虚开的增值税专用发票指购货方与销售方存在真实交易，且购货方不知取得的增值税专用发票是以非法手段获得的。当前，关于善意取得虚开增值税专用发票问题处理的文件有两个，分别是《国家税务总局关于纳税人善意取得虚开的增值税专用发票处理问题的通知》（国税发〔2000〕187 号）和《国家税务总局关于纳税人善意取得虚开增值税专用发票已抵扣税款加收滞纳金问题的批复》（国税函〔2007〕1240 号）。

2）善意取得虚开发票的条件

在受票方不知道取得的增值税专用发票是销售方虚开的情况下，对受票方同时满足以下条件的，可认定为善意取得虚开的增值税专用发票行为：

（1）购货方（受票方）与销售方存在真实的交易。

（2）销售方使用的是其所在省（自治区、直辖市和计划单列市）的专用发票。

（3）专用发票注明的销售方名称、印章、货物数量、金额及税额等全部内容与实际相符。

（4）没有证据表明购货方知道销售方提供的专用发票是以非法手段获得的。

如有证据表明购货方（受票方）在进项税款得到抵扣，或者获得出口退税前知道该专用发票是销售方以非法手段获得的，对购货方（受票方）应按《国家税务总局关于纳税人取得虚开的增值税专用发票处理问题的通知》（国税发〔1997〕134 号）和《国家税务总局关于〈国家税务总局关于纳税人取得虚开的增值税专用发票处理问

① 在最高人民法院关于适用《全国人民代表大会常务委员会关于惩治虚开、伪造和非法出售增值税专用发票犯罪的决定》的若干问题的解释中，将票货不一致解释为“有货物购销或者提供或接受了应税劳务但为他人、为自己、让他人为自己、介绍他人开具数量或者金额不实的增值税专用发票”，即只有数量或者金额不符的才属于虚开。《发票管理办法》中规定为“与实际经营业务不符”，口径更加宽泛。

题的通知〉的补充通知》(国税发〔2000〕182 号)的规定处理。

3) 善意取得虚开发票的处理

对同时满足上述条件的善意取得虚开的增值税专用发票的受票方纳税人,不以偷税或者骗取出口退税论处,但应按有关法规不予抵扣进项税款或者不予出口退税;受票方已经抵扣的进项税款或者取得的出口退税,应依法追缴。

纳税人善意取得虚开的增值税专用发票,如能重新取得合法、有效的专用发票,准许其抵扣进项税款;如不能重新取得合法、有效的专用发票,不准其抵扣进项税款或追缴其已抵扣的进项税款。

纳税人善意取得虚开的增值税专用发票被依法追缴已抵扣税款的,不属于《税收征收管理法》第三十二条"纳税人未按照规定期限缴纳税款"规定的情形,不适用该条"税务机关除责令限期缴纳外,从滞纳税款之日起,按日加收滞纳税款万分之五的滞纳金"的规定,即只追缴税款,不加收滞纳金。

纳税人善意取得虚开的增值税专用发票,对应的企业所发生的成本费用等,能否在企业所得税应纳税所得额前扣除,上述文件并未作出规定。

相关案例 5.1　一起善意虚开案引发的 N 场官司[①]

【案件查办过程】

S 市 D 冶金设备有限责任公司(以下简称 D 公司),成立于 2006 年 3 月,主要经营冶金设备、轧辊制造;机械加工;五金交电、金属材料、建筑材料、机械电子设备、仪器仪表批发零售等业务。

D 公司从 X 公司及 N 公司所取得增值税专用发票,被国家税务总局稽查局、T 市国家税务局稽查局证实为虚开的增值税专用发票。2012 年 11 月 20 日,S 市第二稽查局(以下简称稽查局)据此对 D 公司作出《税务处理决定书》和《税务行政处罚决定书》。

D 公司不服,缴纳涉税款项后向 S 市国家税务局申请行政复议,后撤回了复议申请。2013 年 1 月 31 日,稽查局撤销了 2012 年 11 月 20 日作出的《税务处理决定书》和《税务行政处罚决定书》。

2013 年 6 月 4 日,稽查局根据 D 公司取得虚开的增值税专用发票用以抵扣进项

① 本案例改编自"沈阳东管冶金设备有限责任公司与沈阳市国家税务局第二稽查局"系列行政诉讼案裁判文书,包括辽宁省高级人民法院(2015)辽行监字第 00382 号再审行政裁定书、沈阳市中级人民法院(2016)辽 01 行终字第 891 号行政裁定书、沈阳市中级人民法院(2015)沈中行终字第 973 号行政判决书等,原文见中国裁判文书网。

税款的事实，确定D公司为善意取得虚开的增值税专用发票，并重新作出《税务处理决定书》，对D公司作出应补缴增值税，不加收增值税滞纳金，补缴企业所得税及滞纳金的处理，对D公司已缴纳的增值税滞纳金111 948.01元予以退回，对D公司缴纳的增值税、企业所得税及滞纳金404 914.01元未做处理。

2013年6月8日，D公司办理了退还增值税滞纳金111 948.01元的退税手续后，对稽查局作出的《税务处理决定书》不服，向S市税务局申请行政复议。2013年10月16日，S市国家税务局作出复议决定，维持了稽查局所作的《税务处理决定书》。

系列官司一：诉撤销处理决定

D公司不服，起诉至法院，一审法院作出判决后，D公司仍不服，上诉至中级人民法院，中级人民法院裁定发回一审法院重审。

2015年1月5日，一审法院再次作出判决，原告还不服再次上诉至中级法院，中级法院2015年5月27日作出判决，认为D公司存在善意取得增值税专用发票的事实，D公司对已取得的虚开增值税专用发票用以抵扣进项税款，根据相关法律规定，稽查局对D公司作出应补缴增值税，补缴企业所得税及滞纳金，对已缴纳增值税的滞纳金予以退回的处理并无不当。

D公司不服一、二审判决，向省高级人民法院申请再审。再审法院认为，稽查局重新作出的《税务处理决定书》认定事实清楚，适用法律正确，符合法律规定。关于D公司提出其存在真实合法的购货交易，合法取得诉涉增值税专用发票且该发票经过H区国税局认证，合法有效，应予以抵扣进项税款的主张，根据《国家税务总局关于纳税人善意取得虚开的增值税专用发票处理问题的通知》（国税发〔2000〕187号）、《关于纳税人善意取得虚开增值税专用发票已抵扣税款加收滞纳金问题的批复》（国税函〔2007〕1240号）的规定，因D公司所取得的诉涉增值税专用发票已经被国家税务总局稽查局、T市国家税务局稽查局证实为虚开的增值税专用发票，而且D公司未能重新取得合法、有效的专用发票，故D公司要求抵扣进项税款的主张，没有事实及法律依据，不予支持。裁定驳回了D公司的再审申请。

系列官司二：诉确认违法

针对稽查局关于D公司善意取得虚开发票案件的处理，D公司认为稽查局应依法返还D公司缴纳的增值税、增值税滞纳金、企业所得税及企业所得税滞纳金，以稽查局不依法履行职责为由，再次起诉，请求法院依法确认稽查局未按规定返回原告税款516 862.02元的行为违法。

▶ 一审法院审理认为：

D公司缴纳税款的依据是稽查局首次作出的《税务处理决定书》和《税务行政处罚决定书》，2013年1月31日，稽查局作出“关于撤销对D公司作出的《税务处理决定书》《税务行政处罚决定书》的决定”，此时D公司缴纳税款的依据即为撤销，根据《中华人民共和国税收征收管理法》第五十一条、《税收征收管理法实施细则》第七十八条的规定，稽查局应于此决定作出后10日内返还原告缴纳的增值税、增值税滞纳金、企业所得税及企业所得税滞纳金共计516 862.02元，故稽查局未依法返还D公司税款的行为违法。稽查局于2013年6月4日重新作出《税务处理决定书》，该决定书认定D公司应缴纳增值税、企业所得税及企业所得税滞纳金，并将D公司已缴纳的增值税滞纳金予以退还，故现缴纳的增值税、企业所得税及企业所得税滞纳金均为应纳税额，D公司并未超过应纳税额缴纳税款，已不具备法定退税条件。因此，判决确认被告稽查局未按规定退还原告税款516 862.02元的行为违法。

稽查局不服，提起上诉。

▶ 二审法院审理认为：

上诉人稽查局2013年1月31日撤销了2012年的处理决定，直至2013年6月4日才作出新的处理决定，已经超出60日的合理期限，上诉人超出60日至作出新的处理决定期间未予返还被上诉人已缴税款的行为，缺少事实前提，没有法律依据，应该确认违法。因此，判决确认上诉人稽查局自作出新的处理决定之前（自2013年1月31日起至2013年6月4日，已超出60日）未返还D公司已缴税款516 862.02元的行为违法。

系列官司三：诉执行判决

取得人民法院关于确认稽查局未返还税款的行为违法的判决之后，D公司再次向人民法院起诉，诉讼请求是要求执行确认稽查局未返回已缴税款行为违法的判决书的内容。

▶ 一审法院审理认为：

该判决为确认违法判决，并不具有可执行的内容，D公司的诉讼请求不能支持，裁定驳回D公司的起诉。

D公司不服，提起上诉。

▶ 二审法院认为：

D公司请求法院判决稽查局执行法院的生效判决，不属于行政诉讼的受案范围，且该判决并无可执行内容。裁定驳回上诉，维持原裁定。

2. 受票方非善意取得虚开发票的认定与处理

实践中，在对虚开发票的受票方查处时，要认定其“让他人为自己开具与实际经营业务情况不符的发票”并不容易，既有调查取证方面的困难，也存在事实认定上的困惑。受票方取得虚开的增值税专用发票仅仅是一种客观结果，并不能理所当然地得出其属于“让他人为自己开具与实际经营业务情况不符的发票”的虚开行为。但是，纳税人取得虚开的增值税专用发票后用于抵扣税款、出口退税，或在企业所得税税前扣除，会造成国家税款的流失。因此，对受票方取得虚开的增值税专用发票，无论是否能够认定为虚开行为，税务机关都必须依法追回其不缴或少缴的税款。

根据《国家税务总局关于纳税人取得虚开的增值税专用发票处理问题的通知》(国税发〔1997〕134 号)和《国家税务总局关于〈国家税务总局关于纳税人取得虚开的增值税专用发票处理问题的通知〉的补充通知》(国税发〔2000〕182 号)的规定，对受票方分别以下情形处理：

(1) 对于受票方利用他人虚开的专用发票，向税务机关申报抵扣税款进行偷税的行为，应当依照《税收征收管理法》及有关法规追缴税款，处以偷税数额 5 倍以下的罚款；进项税额大于销项税额的，还应当调减其留抵的进项税额。利用虚开的专用发票进行骗取出口退税的，应当依法追缴税款，处以骗税数额 5 倍以下的罚款。

无论购货方(受票方)与销售方是否进行了实际的交易，增值税专用发票所注明的数量、金额与实际交易是否相符，有证据表明购货方明知取得的增值税专用发票系销售方以非法手段获得的，即可认定为“受票方利用他人虚开的专用发票，向税务机关申报抵扣税款进行偷税”。

(2) 在货物交易中，购货方从销售方取得第三方开具的专用发票，或者从销货地以外的地区取得专用发票，向税务机关申报抵扣税款或者申请出口退税的，应当按偷税、骗取出口退税处理，依照《税收征收管理法》及有关法规追缴税款，处以偷税、骗税数额 5 倍以下的罚款。

无论购货方(受票方)与销售方是否进行了实际的交易，增值税专用发票所注明的数量、金额与实际交易是否相符，购货方取得的增值税专用发票所注明的销售方名称、印章与其进行实际交易的销售方不符的，即可认定为“购货方从销售方取得第三方开具的专用发票”。购货方取得的增值税专用发票为销售方所在省(自治区、直辖市和计划单列市)以外地区的，即可认定为“从销货地以外的地区取得专用发票”。

(3) 纳税人以上述方式取得发票未申报抵扣税款，或者未申请出口退税的，应当依照《发票管理办法》有关规定处理。《发票管理办法》第三十九条规定，有下列情形之一的，由税务机关处 1 万元以上 5 万元以下的罚款；情节严重的，处 5 万元以上

50万元以下的罚款;有违法所得的予以没收:①转借、转让、介绍他人转让发票、发票监制章和发票防伪专用品的;②知道或者应当知道是私自印制、伪造、变造、非法取得或者废止的发票而受让、开具、存放、携带、邮寄、运输的。对于知道或者应当知道是非法取得的发票而受让的,按照所取得发票份数、金额等情节,处以1万以上50万元以下的罚款。

(4) 受票方利用虚开的专用发票进行偷税、骗税,构成犯罪的,税务机关依法进行追缴税款等行政处理,并移送司法机关追究刑事责任。

相关案例5.2 接受虚开并抵扣税款 不定虚开按偷税处理①

【案件查办过程】

S市H纺织品有限公司(以下简称H公司)成立于2010年,注册资本50万元,主要经营批发、零售针织品及面料、服装、服饰、床上纺织品、鞋帽、五金配件、机械设备,货物进出口等业务。

自2015年起,H公司向某国际轻纺城C区的"KF布业"采购全棉布,货物由"KF布业"发至柯桥,发票由"KF布业"邮寄给H公司,从2015年4月至2016年1月,H公司收到"KF布业"邮寄的由Y公司等9家企业开具的增值税专用发票122份,金额11 848 294.17元,进项税额2 014 210.05元。其中,F纺织公司3份发票进项税额50 956.44元、J公司5份发票进项税额84 930.25元,已于2016年4月由H公司自行转出,且调整营业成本。

S市国家税务局稽查局(以下简称稽查局)认为H公司的行为已构成利用收受虚开增值税专用票进行偷税4 027 618.26元,于2017年8月23日作出税务处理决定,责令H公司补缴税款4 027 618.26元。H公司对该税务处理决定未申请行政复议。同日,市国家税务局稽查局作出行政处罚决定,H公司不服,提起行政诉讼。

【税企争议焦点】

H公司利用他人虚开的增值税专用发票抵扣税款行为是否构成偷税。

【法院裁判观点】

▶ 一审法院认为:

根据庭审查明的事实,H公司法定代表人在税务机关的陈述,其公司系从"KF布业"采购面料,货款由H公司法定代表人的个人账户汇给"KF布业"的宁某,故可

① 本案例改编自《浙江省绍兴市中级人民法院行政判决书》(2018)浙06行终370号,原文见中国裁判文书网,http://wenshu.court.gov.cn/website/wenshu/181107ANFZ0BXSK4/index.html?docId=a71e7987f1fe4985a3aeaa45007ccaa2。

认定案涉买卖关系的双方当事人为H公司和“KF布业”。同时结合H公司法定代表人在税务机关的陈述，Y公司等九家企业开具的增值税专用发票122份，均为“KF布业”邮寄给H公司，根据上述事实，H公司的行为符合《国家税务总局关于纳税人取得虚开的增值税专用发票处理问题的通知》（国税发〔1997〕134号）和《国家税务总局关于〈国家税务总局关于纳税人取得虚开的增值税专用发票处理问题的通知〉的补充通知》（国税发〔2000〕182号）规定的偷税情形，故稽查局作出的税务行政处罚决定，认定事实清楚，适用法律正确。综上，依照《行政诉讼法》第六十九条之规定，判决驳回原告H公司的诉讼请求。

H公司不服一审判决，提出上诉称，其委托“KF布业”代为采购货物，H公司将货款交给“KF布业”，“KF布业”将款项交给供应商，供应商将合同、货物、发票通过“KF布业”交给H公司，该操作方式是普遍存在的合法市场行为，未违反任何法律规定。虚开增值税发票是双方行为，根据国家税务总局2014年第39号公告，Y公司等9家单位不构成对外虚开增值税发票，一审判决认定H公司虚开发票错误。H公司不存在《税收征收管理法》第六十三条所列偷税行为，稽查局适用该条处罚属适用法律错误。请求撤销原审判决，改判撤销被诉行政处罚。

S市税务局稽查局答辩认为，H公司向“KF布业”购买货物，货物由“KF布业”发货给H公司，H公司将全部货款付给“KF布业”，“KF布业”向H公司提供案涉9家企业开具的增值税专用发票的事实清楚，符合偷税相关规定。该9家企业均未向H公司实际销售货物、均未从H公司处取得货款，不符合国家税务总局2014年第39号公告规定的情形。另，该九家企业均为国家税务总局认定的疑点单位。综上，被诉行政处罚认定事实清楚、证据确实充分，请求驳回上诉、维持原判。

▶ **二审法院认为：**

上诉人H公司虽主张其委托“KF布业”代为采购，但未提供证据证明，亦与H公司2016年11月12日作出的情况说明中“我司要求KF公司补开对应增值税发票”等内容相悖，本院不予采纳。H公司的上述行为符合《国家税务总局关于纳税人取得虚开的增值税专用发票处理问题的通知》（国税发〔1997〕134号）和《关于〈国家税务总局关于纳税人取得虚开的增值税专用发票处理问题的通知〉的补充通知》国家税务总局（国税发〔2000〕182号）规定的偷税情形，稽查局作出的税务行政处罚决定认定事实清楚，适用法律正确。上诉人H公司主张案涉Y公司等9家单位符合国家税务总局2014年第39号公告规定的情形，缺乏事实依据，本院亦不予采纳。综上，依照《行政诉讼法》第八十九条第一款第（一）项之规定，判决驳回上诉，维持原判。

3. 纳税人虚开发票后增值税税款的征补

根据《国家税务总局关于纳税人虚开增值税专用发票征补税款问题的公告》(国家税务总局公告2012年第33号)规定,纳税人虚开增值税专用发票,未就其虚开金额申报并缴纳增值税的,应按照其虚开金额补缴增值税;已就其虚开金额申报并缴纳增值税的,不再按照其虚开金额补缴增值税。

纳税人取得虚开的增值税专用发票,不得作为增值税合法有效的扣税凭证抵扣其进项税额。

相关案例5.3 虚开发票不缴税 到底有没有道理①

【案件查办过程】

A省H医药股份有限公司(以下简称H医药公司),成立于2009年7月,注册资本2 000万元,经营范围包括中成药、化学药制剂、化学原料药、抗生素、生化药品、生物制品、蛋白同化制剂、肽类激素、医疗器械一、二、三类的销售,保健食品的销售,预包装食品批发,仓储服务,房屋租赁等。

2011年11月至2012年4月,H医药公司员工田某东、邢某全为谋取好处费,在没有真实交易的情况下,接受他人虚开的增值税专用发票200份,从H医药公司处出具合同、入库单、财务手续,由H医药公司到国税部门认证、抵扣进项税额2 984 190.62元。H医药公司按照田某东、邢某全提供的信息又向其他6家企业虚开税额为2 749 007.93元的增值税专用发票。后田某东、邢某全因犯虚开增值税发票罪被判处有期徒刑并处罚金。

2012年9月20日,F市国家税务局稽查局以H医药公司涉嫌虚开增值税发票为由向H医药公司发出《税务检查通知书》,对H医药公司进行涉税检查。2014年5月4日市国税局作出《税务行政处罚事项告知书》,向H医药公司告知查实的违法行为、拟对其进行的处罚及陈述、申辩、听证权利,同日送达H医药公司。2014年5月8日,市国税局作出《税务行政处罚决定书》,认定H医药公司的违法事实:H医药公司2011年11月至2012年4月,取得J中药材销售有限责任公司、K中药材销售有限公司、T中药材开发有限责任公司开具增值税专用发票200份,金额合计17 554 059.38元,税额合计2 984 190.62元。上述发票涉及的业务为虚构,同时经S

① 本案例改编自《安徽海通医药股份有限公司与国家税务总局合肥市税务局税务处罚再审审查与审判监督行政裁定书》安徽省高级人民法院(2017)皖行申124号,原文见中国裁判文书网,http://wenshu.court.gov.cn/website/wenshu/181107ANFZ0BXSK4/index.html?docId=ea2831fc5da34956b1bca99e015562cd。

省D市国家税务局稽查局、S省N市国家税务局稽查局证实为虚开的增值税专用发票，H医药公司已申报抵扣进项税额2 984 190.62元，造成少缴增值税2 981 310.93元。处罚决定：根据《国家税务总局关于纳税人取得虚开的增值税专用发票处理问题的通知》（国税发〔1997〕134号）第一条、《税收征收管理法》第六十三条规定，对上述违法事实，按实际取得抵扣进项税2 981 310.93元处以0.5倍罚款，即处罚款1 490 655.47元。同日送达H医药公司。

H医药公司对该处罚决定不服，向A省国家税务局提起行政复议。2014年9月30日，省国家税务局作出《行政复议决定书》，维持了市国税局上述处罚决定。H医药公司遂提起行政诉讼，请求撤销市国税局作出的《税务行政处罚决定书》。

【税企争议焦点】

纳税人认为其未发生实际经营业务而对外虚开增值税发票，税务机关对其征补税款与《增值税暂行条例》规定不符的理由能否成立？稽查局对取得虚开发票后又为他人虚开发票的行为，定性偷税追缴增值税税款是否正确？

【法院裁判观点】

▶ 一审法院认为：

H医药公司取得其他公司虚开的增值税专用发票200份，用这些发票申报抵扣税额合计2 984 190.62元。《税收征收管理法》第六十三条第一款规定："纳税人伪造、变造、隐匿、擅自销毁账簿、记账凭证，或者在账簿上多列支出或者不列、少列收入，或者经税务机关通知申报而拒不申报或者进行虚假的纳税申报，不缴或者少缴应纳税款的，是偷税。对纳税人偷税的，由税务机关追缴其不缴或者少缴的税款、滞纳金，并处不缴或者少缴的税款百分之五十以上五倍以下的罚款；构成犯罪的，依法追究刑事责任。"《增值税暂行条例》第九条规定："纳税人购进货物或者应税劳务，取得的增值税扣税凭证不符合法律、行政法规或者国务院税务主管部门有关规定的，其进项税额不得从销项税额中抵扣。"据上述法律、法规的规定，H医药公司取得的虚开的增值税专用发票不能作为增值税合法抵扣凭证，其增值税税额不能抵扣。H医药公司以不合法的增值税专用发票抵扣税款，属于《税收征收管理法》第六十三条规定的进行虚假的纳税申报少缴应纳税款的情形。

H医药公司诉称的其无偷税目的，其取得的虚开的增值税专用发票抵扣的也是同批"货物"的销项税，未抵扣H医药公司其他经营收入，故不是偷税，不应处罚。《国家税务总局关于纳税人取得虚开的增值税专用发票处理问题的通知》（国税发〔1997〕134号）规定："受票方利用他人虚开的专用发票，向税务机关申报抵扣税款进行偷税的应当依照《中华人民共和国税收征收管理法》及有关规定追缴税款，处以偷税数额五倍以下的罚款；……”《国家税务总局关于纳税人虚开增值税专用发票征补税款问题的公告》(国家税务总局公告 2012 年第 33 号)规定：“纳税人虚开增值税专用发票，未就其虚开金额申报并缴纳增值税的，应按照其虚开金额补缴增值税；……税务机关对纳税人虚开增值税专用发票的行为，应按《中华人民共和国税收征收管理办法》及《中华人民共和国税收征收管理法实施细则》的有关规定给予处罚。……”据上述规定，受票方利用他人虚开的专用发票，向税务机关申报抵扣税款行为即认定为偷税进而处罚。虚开的增值税专用发票应按照其虚开金额补缴增值税。故 H 医药公司提出的“取得的虚开”抵扣的是“虚开出去的”，没有偷税目的没有偷税结果不应处罚的诉称，无法律依据，不予支持。

综上，市国税局对 H 医药公司所作的行政处罚决定事实清楚、适用法律正确。市国税局依法履行了向 H 医药公司告知行政处罚的事实、理由及依据，告知 H 医药公司享有陈述、申辩和听证的权利等法定程序，程序合法。经一审法院审判委员会讨论决定，依据《行政诉讼法》六十九条的规定，判决：驳回 H 医药公司的诉讼请求。

H 医药公司认为：其并没有造成国家税款损失，虚开增值税的生产企业和受票的客户企业造成的税款损失，省内企业已经退回，省外企业也完全可以追回。A 省 F 市国家税务局行政处罚的法律依据适用错误。A 省 F 市国家税务局在行政处罚决定书中引用的法律依据是《国家税务总局关于纳税人取得虚开的增值税专用发票处理问题的通知》(国税发〔1997〕134 号)第一条和《税收征收管理法》第六十三条，是对偷税行为进行处罚，但申请人没有偷税行为，A 省 F 市国家税务局依据该法律对申请人进行处罚，属于适用法律错误。申请人从出票企业接受了增值税发票，又开具给受票企业，有增值才征税，没有增值不征税，申请人已经就增值额缴纳了增值税。按照 A 省 F 市国家税务局的逻辑，既然认定没有真实的货物交易，又没有进项税款可以抵扣的销项税款，那么，根据《增值税暂行条例》的规定，申请人补缴增值税有什么法律依据，又如何偷税了呢。

F 市税务局认为：(1)我国增值税的征收是采用抵扣制度，实行购买与销售分离，即只要有进项税额就可抵扣，而不问是否实现了销售，当期不足抵扣的，结转下期继续抵扣。所以，利用虚开增值税专用发票抵扣的税款，并不是获得了本次虚构交易的税款，而是获得了今后销售货物行为所应缴纳的税款。本案中，H 医药公司利用虚开的增值税专用发票，从市国税局抵扣税款后，获得了与抵扣税款相一致的经济利益。H 医药公司今后销售的应税货物，即可在上述抵税金额内进行等额抵扣。可见，H 医药公司利用“虚开增值税专用发票”办理抵税手续后，偷税的行为即已完成。(2)H 医药公司在上诉状中称，其“偷税行为”没有给国家造成税款损失，该观点不能成立。具体理由为：第一、本案焦点是H医药公司伪造虚假的交易合同、虚假的交易凭据和虚假的财务凭据，并从市国税局偷税2 984 190.62元，而不是H医药公司的上游出票人的偷税行为或其下游收票人的偷税行为。第二、增值税是以商品(含应税劳务)在流转过程中产生的增值额作为计税依据而征收的一种流转税，按照交易环节，采用环环缴纳的方式。本案中，H医药公司与上游出票人之间没有交易，H医药公司通过虚构交易事实，并从市国税局抵扣税款2 984 190.62元。该被抵扣金额，为H医药公司给国家造成的实际税收损失。至于H医药公司再虚开发票给下游企业，则需要衡量该环节的税收损失问题，并由受票人所在地的国税机关为调查主体，并予以惩处。第三、关于其他需要说明的事项。(3)《国家税务总局关于纳税人虚开增值税专用发票征补税款问题的公告》(国家税务总局公告2012年第33号)是专门针对利用虚开增值税专用发票征补税款的法律性解释，只要本案的情形符合上述公告规定的情形，该公告即当然适用本案。根据上述公告的规定，纳税人虚开增值税专用发票，未就其虚开金额申报并缴纳增值税的，应按照其虚开金额补缴增值税；已就其虚开金额申报并缴纳增值税的，不再按照其虚开金额补缴增值税。就本案而言，第一、H医药公司接收其他公司虚开的200张，是不能抵税的；第二、H医药公司虚开给KT药业有限公司、JS医药有限公司等单位的增值税专用发票，H医药公司应按照票面金额进行纳税。

▶ 二审法院认为：

被上诉人市国税局作为税收征收管理机关，具有《税收征收管理法》赋予的税收征收管理包括行政处罚的职权。《增值税暂行条例》第九条规定，纳税人购进货物或者应税劳务，取得的增值税扣税凭证不符合法律、行政法规或者国务院税务主管部门有关规定的，其进项税额不得从销项税额中抵扣。H医药公司作为增值税一般纳税人，取得了无真实货物交易的增值税专用发票，该公司仓管人员虚构了入库单，财务人员伪造了记账凭证，并对接受虚开的增值税专用发票进行了认证、抵扣了税款，以上事实有市国税局提供的《税务检查签证》《已证实虚开通知单》及《增值税纳税申报表》等证据证实，依法应予认定。上述行为属于《税收征收管理法》第六十三条第一款所规定的虚假纳税申报行为，该公司通过虚假申报抵扣了进项，造成当期少缴税款。根据《国家税务总局关于纳税人取得虚开的增值税专用发票处理问题的通知》第一条规定，“受票方利用他人虚开的专用发票，向税务机关申报抵扣税款进行偷税的，应当依照《税收征收管理法》及有关法规追缴税款，处以偷税数额5倍以下的罚款”。故市国税局对H医药公司的行政处罚定性准确，适用法律正确。市国税局在作出处罚之前，全面收集了证据，并向H医药公司发出税务检查通知。在基本事实查实后，经集体讨论，作出税务处理决定和税务行政处罚决定，且在作出行政处罚之前，履行了告知程序，同时将相关法律文书送达给了相对人。该行政处罚程序合法。

上诉人H医药公司将接受虚开的增值税发票抵扣后，又向下游企业虚开增值税发票。《国家税务总局关于纳税人虚开增值税专用发票征补税款问题的公告》(国家税务局公告2012年第33号)对此情形作出专门规范，公告规定，纳税人虚开增值税专用发票，未就其虚开金额申报并缴纳增值税的，应按照其虚开金额补缴增值税；已就其虚开金额申报并缴纳增值税的，不再按照其虚开金额补缴增值税。按照此规定，接受虚开的增值税专用发票不允许作为进项税额抵税，而虚开的增值税专用发票，无论有无真实的货物交易，均需依法缴纳税款。此外，H医药公司为他人虚开销项增值税专用发票以后，受票单位用这些虚开的增值税专用发票抵扣应缴税款，造成了国家税款流失。本案中，H医药公司接受虚开和虚开出去的数额巨大。因此，该公司的行为已经侵害了增值税征管秩序，其上诉认为没有偷逃税款的理由不能成立。另外，被上诉人市国税局在作出税务行政处罚之前，作出了税务处理决定，应为两个不同的行政行为，本案原告仅起诉税务处罚行为，其要求一并审查税务处理决定的理由没有法律依据，本院亦不予采纳。

综上所述，一审判决认定事实清楚、适用法律正确。根据《行政诉讼法》第八十九第一款第(一)项规定，判决驳回上诉，维持原判。

二审判决后，H医药公司不服申请再审。

▶ 再审法院认为：

申请人H医药公司作为增值税一般纳税人，取得了无真实货物交易的增值税专用发票，该公司仓管人员虚构了入库单，财务人员伪造了记账凭证，并对接受虚开的增值税专用发票进行了认证、抵扣了税款。上述行为属于《税收征收管理法》第六十三条第一款所规定的虚假纳税申报行为，该公司通过虚假申报抵扣了进项，造成当期少缴税款。根据《国家税务总局关于纳税人取得虚开的增值税专用发票处理问题的通知》(国税发〔1997〕134号)第一条规定，受票方利用他人虚开的专用发票，向税务机关申报抵扣税款进行偷税的，应当依照《税收征收管理法》及有关法规追缴税款，处以偷税数额5倍以下的罚款。故市国税局对H医药公司的行政处罚并无不当。

H医药公司将接受虚开的增值税发票抵扣后，又向下游企业虚开增值税发票。《国家税务总局关于纳税人取得虚开的增值税专用发票处理问题的通知》(国税发〔1997〕134号)规定："受票方利用他人虚开的专用发票，向税务机关申报抵扣税款进行偷税的应当依照《中华人民共和国税收征收管理法》及有关规定追缴税款，处以偷税数额五倍以下的罚款；……”《国家税务总局关于纳税人虚开增值税专用发票征补税款问题的公告》（国家税务总局公告2012年第33号）规定：“纳税人虚开增值税专用发票，未就其虚开金额申报并缴纳增值税的，应按照其虚开金额补缴增值税；……税务机关对纳税人虚开增值税专用发票的行为，应按《中华人民共和国税收征收管理办法》及《中华人民共和国发票管理办法》的有关规定给予处罚。……”据上述规定，受票方利用他人虚开的专用发票，向税务机关申报抵扣税款行为即认定为偷税进而处罚。虚开的增值税专用发票应按照其虚开金额补缴增值税。此外，H医药公司为他人虚开销项增值税专用发票以后，受票单位用这些虚开的增值税专用发票抵扣应缴税款，造成了国家税款流失。H医药公司接受虚开和虚开出去的数额巨大。因此，H医药公司的该行为已经侵害了增值税征管秩序，其认为没有偷逃税款的再审理由不能成立。

另外，市国税局在作出税务行政处罚之前，作出了税务处理决定，应为两个不同的行政行为，本案申请人仅起诉税务处罚行为，其要求一并审查税务处理决定的理由没有法律依据。

综上，一、二审判决认定事实清楚，适用法律正确。H医药公司的再审申请不符合《行政诉讼法》第九十一条规定的情形。依照《最高人民法院关于适用〈中华人民共和国行政诉讼法〉的解释》第一百一十六条第二款之规定，裁定驳回H医药公司的再审申请。

4. 对外开具发票不按虚开发票定性处理的情形

根据《国家税务总局关于纳税人对外开具增值税专用发票有关问题的公告》（国家税务总局公告2014年第39号）规定，纳税人通过虚增增值税进项税额偷逃税款，但对外开具增值税专用发票同时符合以下情形的，不属于对外虚开增值税专用发票：

（1）纳税人向受票方纳税人销售了货物、不动产、无形资产，或者提供应税劳务、应税服务。

（2）纳税人向受票方纳税人收取了所销售货物、不动产、无形资产、所提供应税劳务或者应税服务的款项，或者取得了索取销售款项的凭据。

（3）纳税人按规定向受票方纳税人开具的增值税专用发票相关内容，与所销售货物、不动产、无形资产、所提供应税劳务或者应税服务相符，且该增值税专用发票是纳税人合法取得、并以自己名义开具的。

受票方纳税人取得的符合上述情形的增值税专用发票，可以作为增值税扣税凭证抵扣进项税额。

相关案例 5.4 挂靠代开涉嫌虚开发票 检察机关决定不予起诉[①]

A 货物运输有限公司(以下简称 A 公司)成立于 2009 年 11 月 9 日,股东为田某某和刘某,田某某在公司成立不久后就退出了,公司的实际所有人和经营人均为刘某,2014 年 3 月,刘某将该公司转出,不再经营。A 公司有组织机构代码证、税务登记证、营业执照、道路运输经营许可证等合法有效证照,经营范围为普通货物运输,信息咨询。

2011 年至 2013 年,A 公司为十余家矿业公司代开运输发票,共开出普通运输发票票面金额 417 473 004 元,收取服务费合计 768 307.74 元。某乡各矿山企业的运输车辆绝大部分为当地村民的自有车辆,因为这些车辆的所有人不具备开具运输发票的资质,经相互介绍或是各矿山企业的介绍,就找到 A 公司的刘某,由刘某根据各矿提供的经手人签字并盖有公章的每辆车的运输量和运费清单,到 L 县地税局××分局开具发票,缴纳税款。各矿山企业根据票面金额给付刘某垫付的税款,并支付各车主运费。同时,矿上按开票额的 2‰或 3‰支付刘某代开发票的服务费,刘某出具收款发票。

本案移送后,L 县人民检察院认为,刘某不具有虚开发票的主观故意。构成虚开发票罪,其主观方面要求为直接故意,即明知没有实际运输业务发生而开具发票,其目的是偷逃税款,给国家税收造成损失。本案中,刘某为实际发生的货物运输代开运费发票,并交纳了相关税款,未造成税款的流失,发票也是通过合法途径取得,因此,刘某的行为不具有虚开发票的主观故意。刘某并未实施虚开发票的客观行为。现有证据能够证实,刘某与各矿、各车主存在书面或口头的约定,各车主属于挂靠 A 公司进行运输活动。《最高人民法院〈关于如何认定以“挂靠”有关公司名义实施经营活动并让有关公司为自己虚开增值税专用发票行为的性质〉征求意见的复函》(法研〔2014〕58 号)中载明:挂靠方以挂靠形式向受票方实际销售货物,被挂靠方向受票方开具增值税专用发票的,不属于《刑法》第二百零五条规定的“虚开增值税专用发票”。虚开增值税专用发票罪是行政犯,对相关入罪要件的判断,应当依据、参照相关行政法规、部门规章等。而根据《国家税务总局关于纳税人对外开具增值税专用发票有关问题的公告》(国家税务总局公告 2014 年第 39 号)规定,挂靠方以挂靠形式向受票方实际销售货物,被挂靠方向受票方开具增值税专用发票的,不属于虚开;行为人利用他人的名义从事经营活动,并以他人名义开具增值税专用发

① 本案例改编自《河北省滦平县人民检察院不起诉决定书》滦检公诉刑不诉(2018)12 号,原文见 https://ydzk.chineselaw.com/case/31af6933-74d5-4270-84e1-85627ef50f1a/JCY_BQSS。

票的，即使行为人与他人之间不存在挂靠关系，但如行为人进行了实际的经营活动，主观上并无骗取抵扣税款的故意，客观上也未造成国家增值税款损失的，不宜认定为《刑法》第二百零五条规定的“虚开增值税专用发票”。根据该复函的规定，增值税专用发票通过上述方式开具，不能认定为虚开，复函中虽未对普通发票作出规定，举重以明轻，对于通过上述方式开具的普通货物运输发票，更不宜认定为虚开。因此，刘某并未实施虚开发票的客观行为。刘某既无虚开发票的主观故意，亦未实施虚开发票的客观行为，没有犯罪事实。依照《刑事诉讼法》第一百七十三条第一款之规定，决定对刘某不起诉。

5. 走逃(失联)企业虚开增值税专用发票行为认定

对立案检查的涉嫌虚开团伙控制的走逃（失联）企业，除有证据表明，其开具的增值税专用发票符合《国家税务总局关于纳税人对外开具增值税专用发票有关问题的公告》(国家税务总局公告 2014 年第 39 号)规定的情形外，对于符合下列情形的，可以认定为虚开：

（1）商贸企业购进、销售货物名称严重背离的；生产企业无实际生产加工能力且无委托加工，或者生产能耗与销售情况严重不符，或者购进货物并不能直接生产其销售的货物且无委托加工的。

（2）直接走逃失踪不纳税申报，或者虽然申报但通过填列增值税纳税申报表相关栏次，规避税务机关审核比对，进行虚假申报的。

（3）同一代码、号码的增值税专用发票，存根联与抵扣联的货物品名或者受票单位名称不一致的。

（4）同一代码、号码的增值税专用发票，纸质发票与增值税发票管理新系统信息不一致的。

（5）已查实全部或者部分交易资金信息不真实的（如利用银行账户回流资金）、大宗交易未付款或者虚假现金支付的等。

（6）涉案人员承认无货交易，且有旁证或者相应书证、物证等证据辅助证明的。

（7）下游受票企业已认定接受虚开的。

6. 关联公司相互对开、环开发票的定性处理

对于关联公司以虚增业绩等目的，互相对开、环开发票的行为，经调查核实，符合《发票管理办法》第二十二条第二款规定情形的，应当以虚开发票定性处罚。涉嫌构成犯罪的，移送追究刑事责任。

相关案例 5.5 对开环开定虚开 无货交易受处罚[①]

【案件查办过程】

W物流园有限公司(以下简称W公司)成立于2012年2月29日,经营范围包括道路货物运输站(仓储理货)、货运代理、货运信息服务、搬运装卸、利用自有资金对外投资、房地产开发经营、物业管理服务;企业自有房屋的租赁,金属材料、金属制品的销售,金属材料的剪切加工等。

2013年9月26日与2014年11月13日,W公司和A公司签订《国内货物采购合同(长期)》。第一份约定在合同有效期内(2013年9月26日至2014年9月30日),W公司按季连续、均衡地向A公司订购钢材,原则上每季订货12 000吨,共计订货48 000吨;第二份约定在合同有效期内(2014年11月13日至2015年11月30日),W公司按季连续、均衡地向A公司订购钢材,原则上每季订货15 000吨,共计订货60 000吨。

2013年9月26日与2014年11月13日,W公司与乙公司签订了《国内货物销售合同(长期)》。第一份约定在合同有效期内(2013年9月26日至2014年9月30日),乙公司按季连续、均衡地向W公司订购钢材,原则上每季订货12 000吨,共计订货48 000吨。第二份约定在合同有效期内(2014年11月13日至2015年11月30日),乙公司按季连续、均衡地向W公司订购钢材,原则上每季订货15 000吨,共计订货60 000吨。

2016年10月18日,M市税务局稽查局接举报称W公司与A公司、乙公司之间涉嫌以签订交易钢材买卖合同为名,相互虚开发票。市税务局稽查局经审查后,根据《税务稽查工作规程》规定,于举报当日予以立案。2016年12月7日,市税务局稽查局向W公司发出检查通知,告知该公司:根据《税收征收管理法》相关规定,自2016年12月8日起对W公司2013年1月1日至2016年6月30日涉税情况进行检查。根据省税务数据情报管理平台查询:2013年12月至2014年12月,A公司开具给W公司增值税专用发票共计1 566份,不含税金额合计153 829 188.23元;W公司开具给乙公司增值税专用发票共计164份,不含税金额合计158 644 151.41元,税额合计26 969 505.91元;乙公司开具给A公司增值税专用发票共计1 632份,不含税金额合计160 843 475.61元。上述开票流程为:A公司——W公司——乙公司——A公司。

① 本案例改编自《五矿无锡物流园有限公司与国家税务总局无锡市税务局稽查局行政检查、行政处罚一审行政判决书》江苏省无锡市滨湖区人民法院(2018)苏0211行初256号,原文见中国裁判文书网,http://wenshu.court.gov.cn/website/wenshu/181107ANFZ0BXSK4/index.html? docId=db15ab7525894aeea84caaf5011fcbd8。

2018年3月21日，市税务局稽查局向W公司作出《行政处罚决定书》，认为：W公司与A、乙公司三家单位于2013—2014年相互开具增值税专用发票，形成发票开具(申报)与接收(抵扣)的封闭循环圈；其中，W公司开具给乙公司共计164份增值税专用发票，不含税金额合计158 644 151.41元，税额合计26 969 505.91元；经查，上述发票实际无真实的货物交易。故认定W公司在无真实货物交易的情况下开具增值税专用发票。市税务局稽查局根据《发票管理办法》第二十二条第二款第(一)项、第三十七条第一款，决定对原告W公司处50 000元罚款。

【税企争议焦点】

没有实际购销业务，以融资为目的环开发票是否应定性虚开。

【法院裁判观点】

W公司认为，涉案交易合同约定是合同当事人真实意思表示，涉案交易符合“三流一致”的标准，是真实的交易，市税务局稽查局认定其“无真实的货物交易”的理由不充分、证据不足，市税务局稽查局未能证明其知道或应当知道“封闭循环圈”。法院审理认为，根据《发票管理办法》第二十二条第二款第(一)项规定，任何单位和个人不得有下列虚开发票行为：为他人、为自己开具与实际经营业务情况不符的发票。

综合相关证据，可以认定下列事实：首先，关于原告W公司与A公司、乙公司订立合同的认定。本案中，原告W公司与A公司之间订立了两份《国内货物采购合同(长期)》及四份《季度采购合同》，与乙公司订立了两份《国内货物销售合同(长期)》及四份《季度销售合同》，W公司向A公司采购热轧卷板，乙公司向W公司采购相对应吨位的热轧卷板……从被告市税务局稽查局对陈某的询问笔录、公安机关对丁某凤、丁某军的询问笔录及A公司的会计王某湖出具的《情况说明》等可以得知，A公司与乙公司系关联公司，实际控制人为陈某。且陈某分别作为A公司、乙公司的委托代理人签订上述相关合同并办理公证事宜。从上述合同的内容以及A公司、乙公司系关联公司来看，上述合同，构成了供、销循环合同。被告市税务局稽查局在调查中通过J省国税数据情报综合管理平台查询获知：在2013年12月至2014年12月，原告W公司与A公司、乙公司三家单位于2013—2014年相互开具增值税专用发票，形成发票开具(申报)与接收(抵扣)的封闭循环圈。其中，W公司开具给乙公司共计164份增值税专用发票，不含税金额合计158 644 151.41元，税额合计26 969 505.91元。

关于上述发票实际是否存在真实的货物交易。(1)根据A公司、乙公司同期进项发票证实，并无热轧卷板的购入发票，且查询该两公司的同期银行账户交易账户信息，并无从外部购入4 500万元货物的货款支付记录，无合同货物来源证据。(2)根据原告W公司提供的交货通知书、收货确认书、提货通知书，涉及合同项下的货物仓储地为G公司。在调查过程中，原告W公司未向被告市税务局稽查局提供相应合同项下涉及的仓储凭证以及该公司或其上、下游公司缴纳出库费(或吊装费)的证据或证据线索，不能提供仓储费的收取证明；在诉讼过程中，亦未提供相应证据材料。并且，被告市税务局稽查局对G公司股东黄某萍、仓库管理员黄某娟调查，证实在其任职期间G公司未与W公司、A公司、乙公司发生过仓储物流业务，与W公司仅有零星的加工业务；原告W公司的业务经理钱某也未说明上述货物的具体经办细节。且G公司有完善的货物进出流程，市税务局稽查局调取的同期与G公司有仓储业务的J物资有限公司、T现代物流有限公司的出入库单据等凭证，与W公司提供的单据不一致。因此，案涉合同项下的货物流转及仓储存在一定异常，W公司无确实充分的货物仓储物流证据。(3)被告市税务局稽查局对陈某所作的调查笔录中，陈某证实案涉合同的W公司、A公司、乙公司没有实际购销业务，是以贸易融资为目的。(4) Z市中级人民法院就2014年11月13日W公司与乙公司签订的《国内货物销售合同(长期)》及该合同项下的《季度销售合同》作出的《民事判决书》，认定W公司所提供的现有证据不能形成有效的证据链，不足以证明W公司和乙公司之间存在真实的货物交易行为。(5)被告市税务局稽查局查询在2013年12月至2014年12月，原告W公司与A公司、乙公司三家单位相互开具增值税专用发票，认为存在W公司在订立案涉合同后，提供了首笔资金，通过四笔循环购销合同的流转又回到W公司的情况，该情况与陈某陈述三家公司实际没有购销业务，是以融资为目的的环开票相符，资金循环不合理。

综上，可以综合认定原告W公司在无真实货物交易的情况下开具增值税专用发票，被告市税务局稽查局认定该违法事实有调取的相关证据材料及询问笔录、情况说明等证据佐证，认定事实清楚。

《发票管理办法》第三十七条第一款规定，违反本办法第二十二条第二款的规定虚开发票的，由税务机关没收违法所得；虚开金额在1万元以下的，可以并处5万元以下的罚款；虚开金额超过1万元的，并处5万元以上50万元以下的罚款；构成犯罪的，依法追究刑事责任。本案中，被告市税务局稽查局经调查，认为原告W公司虚开发票超过1万元，处5万元的罚款。依照上述规定，决定对W公司处50 000元罚款的行政处罚，适用法律正确，处罚幅度得当。

被告市税务局稽查局收到举报后依法受理，经调查取证，告知被处罚人W公司拟作出行政处罚的事实、理由和依据，并依法告知享有陈述申辩的权利；审查后作出《行政处罚决定书》，并及时送达，处罚程序合法。综上，被告市税务局稽查局作出的《行政处罚决定书》，认定事实清楚、适用法律正确，符合法定程序。原告W公司请求撤销《行政处罚决定书》的诉讼请求，依据不足，本院不予支持。据此，依照《行政诉讼法》第六十九条之规定，判决驳回原告W公司的诉讼请求。

7. 虚开发票案件涉嫌犯罪移送标准

根据《最高人民检察院　公安部关于公安机关管辖的刑事案件立案追诉标准的规定(二)》(2022年修订，自2022年5月15日施行)规定，虚开增值税专用发票或者虚开用于骗取出口退税、抵扣税款的其他发票，虚开的税款数额在10万元以上或者造成国家税款损失数额在5万元以上的，应予立案追诉。

虚开《刑法》第二百零五条规定以外的其他发票，涉嫌下列情形之一的，应予立案追诉：

(1) 虚开发票金额累计在50万元以上的。

(2) 虚开发票100份以上且票面金额在30万元以上的。

(3) 五年内因虚开发票受过刑事处罚或者二次以上行政处罚，又虚开发票，数额达到上述第(1)项、第(2)项标准60%以上的。

8. 虚开发票案件移送公安后续处理

(1) 虚开发票案件由公安机关立案侦查后，稽查局能否再向行为人作出追缴税款的《税务处理决定书》。

《税务处理决定书》是税务机关对各类税务违法行为依法调查、审理后，依据有关法律、法规、规章，作出补税等有关纳税义务处理决定的法律文书。它适用于税务机关向当事人追缴税款、滞纳金及要求当事人履行义务等。

《最高人民检察院　最高人民法院　国家税务局关于印发〈关于办理偷税、抗税案件追缴税款统一由税务机关缴库的规定〉的通知》第一条规定："根据《中华人民共和国刑法》第一百二十一条规定的精神，偷税、抗税构成犯罪的，应当按照税收法规补税。这部分税款属于国家应征税款的一部分，对其处理不能按一般赃款对待，不宜由人民检察院或者人民法院追缴后直接上交地方财政，应当由税务机关依法征收，并办理上交国库手续。"根据规定，税务部门办理与刑事案件相关的税收案件时应当按照税法的相关规定独立作出征收税款的行政行为。

因此，虚开发票案件如有应当追缴的税款，在移送公安机关之前未作出《税务处理决定书》的，在移送公安机关后，可以依法作出《税务处理决定书》追缴行为人不缴或少缴的税款及滞纳金。

相关案例 5.6 已移送侦查中的虚开案件 稽查局还能作出处理决定①

【案件查办过程】

B工贸有限责任公司(以下简称B公司),成立于2009年4月8日,法定代表人陈某军。经营范围包括加工、批发零售:石油助剂,石油技术服务;批发零售:石油钻采专用设备及配件、其他机械设备及电子产品、其他日用品、五金交电、其他化工产品等。2009年5月1日,被认定为增值税一般纳税人。

2009年5月至2011年12月,B公司业务经理王某旗与中间人张某梅商定,以"票货分离"即B公司要票不要货,张某梅要货不要票的方式从张某梅处取得增值税专用发票62份,将已借入第三人资金名义存入B公司基本账户的,实际为张某梅自有资金付给张某梅,由张某梅将货物提走,B公司按票面金额的6%给张某梅支付开票手续费。B公司将上述62份增值税专用发票全部认证,并实际申报抵扣了增值税进项税额1 601 416.54元。

2012年4月11日,B公司业务经理王某旗到公安局刑侦支队自认其虚开增值税专用发票行为,公安局对王某旗涉嫌虚开增值税专用发票罪立案侦查。同时,稽查局与公安局联合办理了涉案案件。王某旗于2012年4月20日向该局缴纳了400 000元案款、于2012年5月30日缴纳了500 000元案款、于2012年6月4日缴纳了450 000元案款、于2012年7月18日缴纳了250 000元案款,共计1 600 000元。之后,公安局对王某旗作出取保候审决定。

稽查局经调查后,于2014年11月6日作出《税务处理决定书》,认定B公司虚构货物,让他人为自己虚开专用发票抵扣税款造成少缴税款1 601 416.54元,是偷税行为,根据《税收征收管理法》第六十三条第一款和第三十二条,追缴B公司少缴税款1 601 416.54元,并对B公司少缴税款依法加收滞纳金。稽查局依法向B公司送达了《税务处理决定书》。

2015年1月21日,B公司在向稽查局补缴税款并缴纳滞纳金后,以稽查局作出的《税务处理决定书》认定违法事实不清、适用法律错误和所做具体行政行为明显不当为由,向稽查局所属市国税局提出行政复议申请。

2015年1月21日,市国税局受理了B公司的复议申请,于2015年4月17日作

---

① 本案例改编自《巴音郭楞蒙古自治州国家税务局稽查局与巴音郭楞蒙古自治州国家税务局、巴州麦博尔工贸有限责任公司不服税务征收处理决定再审行政判决书》新疆维吾尔自治区巴音郭楞蒙古自治州中级人民法院(2018)新28行再2号,见中国裁判文书网,http://wenshu.court.gov.cn/website/wenshu/181107ANFZ0BXSK4/index.html?docId=7311c5fb226f4a699ea3a8d100e183cd。

出《税务行政复议决定书》，维持稽查局于2014年11月6日作出的税务处理决定，并依法向B公司送达了相关法律文书。

B公司对稽查局及市国税局的行政行为不服，向法院提起行政诉讼。

【税企争议焦点】

在公安机关对B公司涉嫌税收违法案件立案受理后没有结论的情况下，稽查局对其作出税务处理决定是否合法。

【法院裁判观点】

▶ 一审法院认为：

本案被告稽查局根据法律规定对原告作出追缴税款及滞纳金的处理决定事实清楚，适用法律正确，程序合法，应当予以维持。原告B公司通过虚开增值税专用发票进行偷税行为应当由被告稽查局进行处理，且稽查局在法庭出示的证据足以证实B公司确实有上述行为，其业务经理也承认此事，因此稽查局作出处理决定所认定的事实是清楚的。

被告稽查局通过法律赋予的权利对原告B公司进行税务稽查、作出税务处理决定是其职权范围的行为，该局也是对B公司偷税行为进行监督管理的专门机构，应当由其作出关于追缴税款的处理决定后，才能将追缴的税款收缴并上交国库，因此被告稽查局作出处理决定符合法律规定。

另被告稽查局所适用的法律也正确，均适用于B公司的该行为。B公司主张稽查局作出处理决定的同时必须作出处罚决定，但是行政处理与行政处罚是两种行政行为，行政处理受《中华人民共和国税收征收管理法》规范，行政处罚受《行政处罚法》规范，行政处理决定并不受行政处罚的影响，因此B公司的此主张不成立。

被告市国税局作出复议决定所依据的事实清楚、适用的法律正确、程序合法，也应当予以维持。据此，依照《行政诉讼法》第六十九条的规定，判决驳回原告B公司的诉讼请求。

B公司不服，提起上诉。

▶ 二审法院认为：

2012年4月11日，B公司业务经理王某旗到公安局刑侦支队自行交待其公司存在虚开增值税专用发票的行为。此后，稽查局与公安局联合办理了涉案案件。公安局对B公司涉嫌税收违法案件于2012年4月11日立案后，启动了司法程序。根据《行政执法机关移送涉嫌犯罪案件的规定》第十条的规定："行政执法机关对公安机关不予立案的案件，应当依法作出处理；……"。根据以上规定，在公安机关对B公司涉嫌税收违法案件立案受理后没有结论的情况下，被上诉人稽查局作出《税务处理决定书》，不符合上述有关规定。

综上，被上诉人稽查局作出的《税务处理决定书》，是对公安机关正在侦查的同一违法行为作出的行政处理决定，该决定程序违法，应予以撤销。被上诉人市国税局作出的《税务行政复议决定书》，认为稽查局作出的行政行为事实清楚，证据确凿，程序合法，与本案查明认定的事实不符，亦应予以撤销。上诉人B公司提出的两被上诉人作出的行政行为程序违法，上诉请求成立，依法予以支持，其他上诉请求因无相关证据足以印证，依法不予支持。原审法院判决有误，依法予以撤销。根据《行政诉讼法》第八十九条第一款第二项之规定，判决：撤销一审法院判决，撤销稽查局税务处理决定，撤销市国税局行政复议决定。

二审宣判后，稽查局与市国税局申请再审。

再审法院另查明，2018年2月25日，公安局对王某旗涉嫌虚开增值税专用发票案作出《撤销案件决定书》。

▶ 再审法院认为：

税务处理决定书是指税务机关对各类税务违法行为依法调查、审理后，依据有关法律、法规、规章，作出补税等有关纳税义务处理决定的法律文书。它适用于税务机关向当事人追缴税款、滞纳金及要求当事人履行义务等。税务行政处罚决定书是税务机关对各类税务违法行为，依法调查、审理后，认为应受行政处罚的，根据情节轻重及具体情况，依据法律、法规、规章作出行政处罚的法律文书。它适用于税务机关向当事人处以罚款、没收非法所得、没收作案工具、收缴未用发票和暂停供应发票、停止出口退税权等。两者的制作程序不同：税务处理决定，只要查明当事人有确凿的违法事实，就可以依法作出，无须履行告知和听证程序。税务行政处罚决定，必须根据《行政处罚法》第三十一条、第三十二条和第四十二条的规定①，行政机关在作出行政处罚决定之前，必须向当事人发出行政处罚事项告知书。告知作出行政处罚的事实、理由、依据，并告知当事人享有陈述、申辩的权利。税务机关只有在听取当事人陈述、申辩或听证结束后，或者在当事人接到税务行政处罚事项告知书3天②后不提出听证的，才能作出税务行政处罚决定。

《最高人民检察院 最高人民法院 国家税务局关于印发〈关于办理偷税、抗税案件追缴税款统一由税务机关缴库的规定〉的通知》第一条规定："根据《中华人民共和国刑法》第一百二十一条规定的精神，偷税、抗税构成犯罪的，应当按照税收法规

① 2021年修订后的《行政处罚法》为第四十四条、四十五条和第六十三条、第六十四条、第六十五条。

② 根据2021年修订后的《行政处罚法》规定，当事人要求听证的，应当在行政机关告知后5日内提出。

补税。这部分税款属于国家应征税款的一部分，对其处理不能按一般赃款对待，不宜由人民检察院或者人民法院追缴后直接上交地方财政，应当由税务机关依法征收，并办理上交国库手续。”根据规定，税务部门办理与刑事案件相关的税收案件时应当按照税法的相关规定独立作出征收税款的行政行为。

根据《行政执法机关移送涉嫌犯罪案件的规定》第三条、第五条、第八条、第十一条的规定，行政执法机关在依法查处违法行为过程中，发现违法事实涉嫌构成犯罪，依法需要追究刑事责任的，必须依照规定向公安机关移送；税务机关在发现涉嫌犯罪并移送公安机关进行刑事侦查后，不再针对同一违法行为作出行为罚和申诫罚以外的行政处罚；行政执法机关将案件移送公安机关立案侦查后，又以当事人涉嫌偷税立案，并作出行政处罚决定的，属行政程序违法，依法应予撤销。

综上，B公司业务经理王某旗于2012年4月11日到公安局刑侦支队自认其虚开增值税专用发票后，公安局对王某旗涉嫌虚开增值税专用发票案立案侦查。在案件侦查期间，稽查局依职权对B公司2009年4月至2012年3月31日涉税情况进行检查，认定B公司虚构货物，让他人为自己虚开增值税专用发票抵扣税款造成少缴税款1 601 416.54元，于2014年11月6日作出税务处理决定书，B公司不服向市国税局申请复议，市国税局于2015年4月17日作出《税务行政复议决定书》，维持稽查局作出的税务处理决定书。故稽查局依职权作出的税务处理决定及市国税局作出行政复议决定，认定事实清楚、适用法律正确、程序合法，应予以维持，再审申请人稽查局、市国税局的再审请求成立，予以采纳。二审判决适用法律错误，处理不当，予以更正。依照《行政诉讼法》第八十九条第一款第（二）项的规定，判决撤销二审判决，维持一审判决。

(2) 虚开案件移送司法机关追究刑事责任后，稽查局能否再作出处罚决定。

根据《关于加强行政执法与刑事司法衔接工作的意见》第一条第（三）项规定，行政执法机关向公安机关移送涉嫌犯罪案件，应当移交案件的全部材料，同时将案件移送书及有关材料目录抄送人民检察院。行政执法机关在移送案件时已经做出行政处罚决定的，应当将行政处罚决定书一并抄送公安机关、人民检察院；未作出行政处罚决定的，原则上应当在公安机关不予立案或者撤销案件、人民检察院作出不起诉决定、人民法院作出无罪判决或者免予刑事处罚后，再决定是否给予行政处罚。

因此，对于虚开发票案件，在移送司法机关追究刑事责任前未作出《税务行政处罚决定书》，移送后是否再需要给予行政处罚，需要看司法机关的处理结论。如果司法机关已对涉案当事人判决追究刑事责任，则无须再进行行政处罚。如果公安机关不予立案或者撤销案件，人民检察院作出不起诉决定，人民法院作出无罪判决或者免予刑事处罚后，稽查局认为涉案当事人的违法行为依法应当予以行政处罚的，可依照法定程序作出《税务行政处罚决定书》。

相关案例 5.7 企业因虚开被移送后 稽查局竟然还能处罚①

【案件查办过程】

S 市 T 实业有限公司（以下简称 T 公司）成立于 2006 年 4 月 5 日，法定代表人为张某臣。经营范围包括金属、化工产品销售（需专项审批的除外）；从事货物和技术进出口业务（法律、法规规定应经审批方可经营或禁止进出口的货物和技术除外）；污水处理设备的生产、销售及技术推广。

2011 年 11 月 28 日，S 市国税局稽查局（以下简称稽查局）对 T 公司进行了税务检查。在检查中发现 T 公司存在无生产、无费用、不见原料、不见产品虚构委托加工生产的情况，有虚开增值税专用发票的嫌疑。

2012 年 6 月 15 日，稽查局向 S 市公安局报案，并将《关于 T 实业有限公司涉嫌虚开增值税专用发票案件的调查情况》《D 高新材料有限公司出具的情况说明》、委托书复印件移交公安机关。

2016 年 3 月 26 日，S 市中级人民法院作出终审刑事判决书，认定 T 公司构成虚开增值税专用发票罪，对该公司法定代表人张某臣及其他直接责任人判处刑罚，对 T 公司未作出罚金处罚。

2016 年 10 月 9 日，稽查局对 T 公司作出《税务行政处罚事项告知书》，拟对 T 公司虚开增值税发票的行为处以罚款，T 公司当日即收到了该行政处罚事项告知书。随后，稽查局依 T 公司申请，就该行政处罚事项召开了听证会，T 公司委托代理人何某到场参加。

2016 年 12 月 28 日，稽查局作出《税务行政处罚决定书》，决定对 T 公司虚开增值税发票的行为罚款 200 000 元。稽查局多次通知 T 公司委托代理人何某领取，但何某未去领取。2017 年 6 月 30 日，市稽查局通过公告方式向 T 公司送达了该处罚决定书，后又采取了邮寄、张贴、当面直接送达等方式，予以送达。

2017 年 9 月 25 日，市国税局收到 T 公司提起的行政复议申请，请求一是撤销稽

① 本案例改编自《三门峡天一实业有限公司、河南省三门峡市国家税务局税务行政管理（税务）二审行政判决书》河南省三门峡市中级人民法院（2018）豫 12 行终 46 号，原文见中国裁判文书网，http://wenshu.court.gov.cn/website/wenshu/181107ANFZ0BXSK4/index.html? docId=0f704f9022744266a951a93000bdb677。

查局作出的《税务行政处罚决定书》，二是撤销稽查局作出的《行政强制执行催告书》。市国税局经审查于11月5日作出《税务行政复议决定书》，维持了稽查局作出的税务行政处罚决定，同时撤销了其作出的《行政强制执行催告书》。

T公司不服稽查局的税务行政处罚决定及市国税局作出维持部分的税务行政复议决定，遂诉至法院。

【税企争议焦点】

本案争议焦点有二：一是T公司因虚开增值税专用发票，被移送司法机关追究刑事责任后，行政机关能否再以同一违法行为追究其行政责任给予行政处罚；二是稽查局通过公告形式向T公司送达行政处罚决定书是否属于送达程序违法。

【法院裁判观点】

▶ **一审法院认为：**

(1) 关于T公司因虚开增值税专用发票，被移送司法机关追究刑事责任后，行政机关能否再以同一违法行为追究其行政责任给予行政处罚。稽查局在税务稽查时发现T公司有涉嫌虚开增值税专用发票的嫌疑，并将相关材料移交公安机关。现该刑事案件已由S市中级人民法院作出终审刑事判决，认定T公司法定代表人张某臣在经营中虚开增值税专用发票，构成虚开增值税专用发票罪；T公司系单位犯罪，追究直接责任人何某责任，张某臣、何某分别被判处了10年6个月和3年的有期徒刑。《中共中央办公厅　国务院办公厅转发国务院法制办等部门〈关于加强行政执法与刑事司法衔接工作的意见〉的通知》(中办发〔2011〕8号)第一条第(三)项规定："行政执法机关向公安机关移送涉嫌犯罪案件，应当移交案件的全部材料，同时将案件移送书及有关材料目录抄送人民检察院。行政执法机关在移送案件时已经做出行政处罚决定的，应当将行政处罚决定书一并抄送公安机关、人民检察院；未作出行政处罚决定的，原则上应当在公安机关不予立案或者撤销案件、人民检察院作出不起诉决定、人民法院作出无罪判决或者免予刑事处罚后，再决定是否给予行政处罚。"涉及本案，法院经过刑事审判认定T公司构成虚开增值税专用发票罪，仅对T公司法定代表人及直接责任人判处了刑法的人身罚，但对T公司并未进行判处罚金的刑罚。市稽查局依照《税收征收管理法》《发票管理办法》的有关规定，对T公司处罚并不违反相关法律规定，并不违反"一事不再罚"原则，对T公司所主张该理由，不予采信。

(2) 关于稽查局通过公告形式向T公司送达行政处罚决定书是否属于送达程序违法。根据《行政处罚法》第四十条规定[①]："行政处罚决定书应当在宣告后当场交

① 2021年修订后的《行政处罚法》为第六十一条，内容无变化。

付当事人；当事人不在场的，行政机关应当在七日内依照民事诉讼法的有关规定，将行政处罚决定书送达当事人。”根据《民事诉讼法》及《最高人民法院关于适用〈中华人民共和国民事诉讼法〉若干问题的意见》的有关规定，市稽查局应优先采取直接送达；在当事人拒签的情况下，可以采取留置送达；在直接送达有困难时，才能采取邮寄送达；在通过其他方式都无法送达的情况下，可以采取公告送达。本案中稽查局在没有穷尽送达方式的情况下，就采取公告方式送达，存在一定瑕疵，但T公司提起行政复议，并得到市国税局受理，足以证明其知道行政处罚的内容，其救济权利也未受到减损。因此，市稽查局送达程序并未构成根本违法，法院予以确认。

综上，稽查局作出的税务行政处罚决定，认定事实清楚、程序合法、证据充分、适用法律正确、处罚适当，法院予以支持。市国税局作出的复议决定，同样符合相关法律法规。T公司的诉请缺乏相应的事实及法律依据，法院不予支持。根据《行政诉讼法》第六十九条规定，判决驳回T公司的诉讼请求。

T公司不服一审判决，提起上诉。

二审法院认为：

(1) 稽查局对上诉人T公司的行政处罚并不违反“一事不再罚”的原则。稽查局在2012年的税务稽查中发现T公司存在虚开增值税专用发票的违法行为，并将其涉嫌犯罪行为移送公安机关处理，后检察机关提起公诉，S市中级人民法院作出(2015)三刑终字第00155号终审刑事判决。该刑事判决书并未对T公司虚开增值税专用发票的行为予以处罚。市稽查局对T公司虚开增值税专用发票的违法行为，作出“处以200 000元的罚款，并移交司法机关依法追究刑事责任”的处罚，并不违反“一事不再罚”的法律原则。

(2) 稽查局的行政处罚决定认定事实清楚。稽查局依照T公司的各类账目、销售发票统计表、情况说明；公安机关询问笔录、讯问笔录；生效的刑事判决书为证据，认定T公司存在虚开增值税专用发票的违法行为，并对其予以行政处罚。该处罚认定事实清楚、证据充分。

(3) 稽查局在复议过程中对送达瑕疵进行了补救，可以作为认定行政行为合法的依据。根据《最高人民法院关于适用〈中华人民共和国行政诉讼法〉的解释》第一百三十五条第三款规定，复议机关作共同被告的案件，复议机关在复议程序中依法收集和补充的证据，可以作为人民法院认定复议决定和原行政行为合法的依据。本案中，稽查局在处罚决定作出后，并未按照行政处罚法的规定送达。在复议期间，稽查局通过多种方式予以送达。虽因上诉人T公司的原因未签收，但对送达瑕疵予以了补救。上诉人T公司的复议、诉讼等救济权利也并未受到影响。

(4) 被上诉人市国税局复议决定合法。T公司不服稽查局作出的《税务行政处罚决定书》和《行政强制执行催告书》，于2017年9月14日向国税局提出复议申请。市国税局于2017年9月25日受理后，经审查，于2017年11月15日作出行政复议决定。该复议程序合法。针对T公司提出的两项请求，市国税局经审查认为稽查局作出的处罚决定，认定事实清楚、证据充分应予维持。稽查局应当在处罚决定正式送达生效后再送达强制执行催告书，撤销了稽查局作出的强制执行催告书。该复议决定程序合法、认定事实清楚。

综上，原审判决认定事实清楚，适用法律、法规正确，应予维持。上诉人上诉理由缺乏事实和法律依据，不予支持。根据《行政诉讼法》第八十九条第一款第(一)项规定，判决驳回上诉，维持原判。

第三节　虚开发票案件查办实战案例

实战案例 5-1

“创业搭档”原来是虚开同伙①

——某劳务公司虚开发票案

【案例摘要】 业务量短期暴增，税负偏低……F公司的异常信息引起了检查人员注意。在详细分析企业经营数据后，检查人员立即决定对其立案调查，该企业有六项工程业务太蹊跷了……

【关键词】 数据分析　时间短　虚开

【案例正文】

一、案件来源

2018年6月，某市税务机关通过互联网大数据预警平台，对辖区企业开票和申报纳税情况实施风险分析，在此过程中，发现F劳务公司增值税发票开票量陡增，该公司在成立后的短短1年里，对外开具增值税发票金额累计达到8 500多万元，但登记员工人数却仅有4人。

① 本案例改编自：张鲲翼、莫振邦、向明华：《“创业拍档”原来是虚开同伙》，载《中国税务报》2019年11月26日。

一家劳务服务公司，员工不多，业务量短期内暴增，并且增值税税负偏低，该公司这些异常现象引起了检查人员警觉，决定对其情况进行重点分析核查。

二、查前分析

检查人员了解到，F劳务公司成立于2016年8月，注册资金300万元，其中，由财务负责人余某设立的H岩土工程公司出资90%，法定代表人周某出资10%，公司的日常运营业务由余某及周某共同负责。该公司主要从事建筑工程劳务派遣业务，主要业务是为施工单位提供劳务工人，通过收取劳务费获得收益。该公司于2017年3月1日取得增值税一般纳税人资格。

检查人员从税收综合征管系统、发票抵扣系统中调阅了公司的申报信息，以及发票开具明细数据，仔细分析后发现了一个更大的疑点——F劳务公司成立于2016年8月，但该公司2017年竟然分别为6家下游企业2015年施工的工程项目开具了劳务服务发票。这一情况的发现，加重了公司涉税违法的嫌疑，税务稽查部门迅速调配人员组成检查组，对F劳务公司立案调查。

三、检查过程

（一）蹊跷业务背后的隐秘资金

为了不打草惊蛇，检查组决定首先从F劳务公司为这6户下游企业开具的发票业务入手开展调查，寻找企业违法证据。

检查人员首先从6户下游企业中选取了一户受票金额较大的本地企业M工程公司（以下简称M公司）进行核查。税收综合征管系统中的信息显示，M公司成立于2010年，企业设立后一直没有销售收入，直到2015年新厂房交付使用后企业才有营业收入。

F劳务公司的开票信息则显示，在2017年5～9月，F劳务公司为M公司开具了16份增值税普通发票。依据这些线索信息，检查人员经过外调核实后确认，M公司新厂房项目的竣工时间为2015年1月，该M公司新厂房在F劳务公司成立前就已完工并投入使用。

随后，检查人员调取了涉案企业银行账户信息，发现F劳务公司开具发票后，账户收到M公司结算资金后的当天，立即将该笔款项减少一定比例后，转入本地的一个名为冯某的私人账户上，随后冯某通过私人账户又将这笔钱汇回了M公司的对公账户，形成了资金回流。经查，这个神秘账户的开户人冯某为M公司员工。

F劳务公司为M公司开具劳务服务发票的工程项目，在F劳务公司成立之前的2015年就已完工交付使用，F劳务公司与M公司银行账户有明显资金回流——核查结果验证了检查人员的判断，F劳务公司存在虚开发票的重大违法嫌疑。

（二）“好拍档”的生财之道

为加快案件查办进程，市税务稽查部门迅速启动税警联动机制，与公安机关成立联合专案组，共同会商案件，并制订了下一步调查取证方案。税警联合专案组成立了资金查询、信息分析和跟踪抓捕3个工作小组，分头开展案件侦查工作。

信息分析组对F劳务公司开具发票情况进行梳理，逐一清分受票企业，绘制出了发票流向图。经过仔细分析发现，F劳务公司检查期内共与55户企业有业务往来，其中向涉案嫌疑较大的28户受票企业开出增值税普通发票594份，涉及金额价税合计1.02亿元，这些受票企业主要分布于G、S、C等10多个地市。

资金查询组则进一步扩大涉案企业银行账户信息的核查取证范围，并运用“穿透式”账户核查等方法，对F劳务公司、下游企业及相关涉案人员的100余个银行账户、涉及4万多条资金流信息数据进行逐一分析。在此过程中，发现了F劳务公司账户更多的资金回流情况。检查期内，F劳务公司共通过银行账户收取资金1亿多元，在收到下游28户企业的款项后，短时间内均会出现扣除一定比例金额后，余款转入这些下游企业员工私人账户，并再回流回企业账户的情况。

根据前期调查结果，专案组确认，F劳务公司存在虚开发票违法行为。为防止企业继续从事涉税违法行为，减少税款流失，专案组在前期对涉案企业和人员布控的基础上，决定对F劳务公司及相关人员采取控制措施。

专案组迅速行动，在F劳务公司办公场所成功控制违法嫌疑人周某、余某，并在现场查获涉案电脑4台，U盾3个，大量财务资料以及虚假身份证、虚假部门公章若干。

专案组连夜对F劳务公司法定代表人周某、财务负责人余某进行了讯问。面对证据，周某与余某对其成立公司对外虚开增值税发票的违法事实供认不讳。

原来，余某在外地从事工程项目勘察工作的过程中，得知部分建筑企业有劳务发票“需求”。余某认为找到了发财“机会”。于是，2016年8月余某伙同周某在W市登记成立F劳务公司，由周某担任该公司法定代表人。

随后，余某、周某公司与下游受票“客户”勾连，与受票企业签订虚假劳务合同，在没有任何实际业务来往的情况下，向下游受票企业大量虚开增值税发票，并通过收取手续费的方式非法牟利。

（三）法槌敲响的时刻

至此，案情已明朗。虽然已取得了不少证据，也有了涉案企业人员的言证，但为了进一步夯实证据链，将案件办成铁案，专案组决定对位于G、S、C等地区的28户受票企业进行调查取证。

为提高外调核查效率，专案组分成两个小组，一组负责核查、收集下游企业与受票项目相关的财务账证及合同资料等证据；另一组则在当地税务机关的协助下，负责对下游受票企业财务负责人、项目经理等相关人员进行询问，获取言证。

经过10个月的不懈追查，经过对下游28户受票企业逐一实施调查取证，专案组确认，F劳务公司确与28户受票企业无真实业务往来，其为企业开具的增值税发票皆为虚开发票。

原来，这28户企业在承包建筑工程后，将相关的劳务工程分包给当地的包工头组织施工，并与包工头签订了劳务分包合同，但工程完工后包工头无法提供发票等凭证。为了降低成本，少缴税款，G、S等地的28户受票企业与余某的F劳务公司联络，接受了F劳务公司虚开的增值税发票。

经查，2016年12月至2018年5月，余某、周某在没有开展真实劳务派遣业务的情况下，通过签订虚假合同、虚构业务的方式，为下游企业虚开增值税普通发票594份，价税合计1.02亿元。

四、查处结果

案件调查结束后，专案组将该案证据资料移送W市某区检察院，区检察院以涉嫌虚开增值税专用发票罪、虚开发票罪，依法对余某、周某这对“创业拍档”提起公诉。2019年10月31日，W市某区人民法院以虚开增值税专用发票罪、虚开发票罪，一审判处余某有期徒刑6年，并处罚金20万元；以虚开增值税专用发票罪、虚开发票罪，一审判决周某有期徒刑4年10个月，并处罚金10万元。

【案例评析】

本案是一起非常典型的建筑服务企业虚开发票违法案件。违法人员在没有真实业务发生的情况下，通过签订虚假劳务合同等方式，伪造业务，向28家企业虚开发票，非法牟利，导致国家税款大量流失，危害巨大。

针对本案中涉案行业的特点和企业的违法行为，税务机关须以案为鉴，加强建筑业劳务服务类企业的税收监管，以防范和遏制类似违法行为发生。

强化行业企业发票监管。税务机关应在风控系统中建立风险分析模型，对企业劳务发票增票和开具情况实施监控。通过设置企业增票数量监控指标，对增票行为加强监管，及时识别企业异常行为；加强企业销项发票客户离散度分析，结合下游企业的行业及地区分布，开展业务合理性分析，如果发现异常，及时对企业开展税收检查，核实业务真实性。此外，还可通过在模型中设置发票作废率、发票顶额开具比例等预警指标，及时发现、识别虚开违法企业。

税务机关应设计应用《建筑劳务企业专用发票》。目前建筑劳务企业可选择差额纳税方式，即企业取得的全部收入扣除支付给劳务派遣人员的工资、费用以及相关社会保险等支出后，余额采取简易计税方法按5%的征收率计算缴纳增值税。目前，建筑劳务企业申报时，只需在增值税专用发票备注栏中填写支付派遣人员工资、社会保险等支出的总额，并与其开具发票取得的收入抵减，即可按5%征收率申报缴税。由于其备注栏中只有支出总额，税务人员无法了解企业所列人员工资等支出的具体情况，这使企业有了逃避纳税的违法操作空间。因此，税务机关应考虑对建筑劳务企业应用专用发票，在发票填开栏中设置人员工资、社会保险费和管理费专栏（或设置附页），以便于税务人员了解企业具体经营情况和费用支出，防止不法人员借此逃税或从事虚开等违法活动。

完善建筑劳务企业发票领用审核制度。税务机关应进一步严格企业领用发票时的材料审核要求，应明确建筑劳务企业领用发票时，除需提供劳务分包合同外，还需提供劳务资质材料、劳务人员聘用材料以及社会保险费缴纳情况等材料，以便于税务人员核实企业是否真实聘用劳务工人，以及具有劳务服务提供能力等情况，从源头防止空壳企业违法虚开。

实战案例 5-2

大数据平台指标异常　税警联手顺藤摸瓜①

——某棉纺企业虚开发票案

【案例摘要】 在棉纺业发达的A地区，税务部门利用大数据平台等信息技术手段，联合警方顺藤摸瓜，斩断一个通过注册虚假企业、农民专业合作社，串联30户企业虚开发票的链条。涉案团伙对外虚开发票总额达4.89亿元，可以抵扣税款7 000余万元，受票企业160户。本案还牵扯出一批外省市的虚开发票案。

【关键词】 数据分析　棉花　虚开

【案例正文】

一、案件来源

A地区税务部门利用大数据平台对税收风险识别和案源分析，结果显示F纺织公司非常可疑。比对分析辖区其他纺织企业的涉税指标资料后，A地区税务部门发现F纺织公司涉税数据指标异常，于是将该企业列入检查对象。

二、查前分析

发展农民专业合作社是当前解决我国“三农”问题的一个重要举措，是推进农业产

① 本案例改编自：王秋香、罗威：《双方联手顺藤摸瓜　揪出棉纺业里的“蛀虫”》，载《中国税务报》2020年1月8日。

业化、农业结构调整和农民收入增加，实施国家对农业扶持保护政策的一个有效途径。对农民专业合作社销售本社成员生产的农业产品，视同农业生产者销售自产农业产品免征增值税。增值税一般纳税人从农民专业合作社购进的免税农业产品，可按9%的扣除率计算抵扣增值税进项税额。纳税人购进用于生产销售或委托加工13%税率货物的农产品，按照10%的扣除率计算进项税额。这些优惠政策让犯罪分子铤而走险，一些犯罪分子打着合作社经营者幌子，钻税收优惠政策的空子，大量虚开发票。

三、检查过程

A地区位于某自治区的南部，盛产棉花。依托得天独厚的棉花资源和中心区位的优势，A地区近年来纺织服装产业蓬勃发展，逐步形成了纺织业全产业链条，极大地带动了当地的经济和就业。然而，在一片繁荣的背后，少数企业出现急功近利不按规矩行事的苗头。2016年7月，A地区税务局针对这些苗头，决定组织开展高风险纺织企业税收专项检查，以促进辖区纺织行业健康发展，推动纺织企业规范经营。

“看，税收风险识别和案源分析结果显示，F纺织公司非常可疑。”比对分析辖区纺织企业的资料后，该局一位税务人员指着电脑上的异常指标向领导汇报。

很快，F纺织公司成为税务稽查的对象。

通过数据分析、实地调查和摸排询问，检查人员发现，这家企业所销售产品的品名大部分为本地无法生产的坯布、针织布和涤纶布等，涉嫌虚开发票3 176万元，而且该企业注册资料虚假，已经走逃。

意识到案情重大，A地区税务局稽查部门立即依法将案件移送公安机关。

（一）大数据筛出一个大团伙

税务稽查部门没有止步于就案查案，而是按照“打团伙、打链条”的思路，紧盯案件线索，顺藤摸瓜，穷追不舍，将已经掌握的涉案人员、地址、投资人等资料信息放到海量的征管大数据中，进行多维度的匹配、排查和勾稽分析，查找疑点数据。

与此同时，检查人员充分运用税务电子发票底账系统和防伪税控系统等大数据平台，以大量接受F纺织公司发票的受票方为索引，对外省市受票单位取得本辖区增值税专用发票的情况进行多重逆向分析，筛查相关联的虚开发票单位。

经过一系列的深入分析和调查，检查人员发现，另有29户企业及农民专业合作社在近期向F纺织公司的受票企业开具过增值税专用发票，且金额巨大，所开发票上的销售货物品名存在重重疑点，此外这些经营单位的登记地点基本上是住宅小区或者普通农户家庭。

为进一步核实情况，检查人员将所发现的串联疑点户的税务登记信息与F纺织公司的相关信息进行对比，发现部分公司的负责人身份证信息、电话号码、投资人身份、登记地址等相互重合交叉。再将有关串联疑点户的开票记录逐一导出，进行核对分析，检查人员发现该类企业的开票疑点和F纺织公司的情况高度相似。

通过多方调查，检查人员取得了这30户企业团伙作案、串联作案的证据。

鉴于案情重大，A地区警方与税务部门组织精干人员联合成立"8・15"团伙虚开专案工作组，整合公安刑事执法和税务行政执法的优势，围绕案件线索，深入开展技术侦查和资金查控，勾画涉案团伙的犯罪轨迹和群像。

（二）嫌疑人租住房里的意外事

按照方案部署，警税联合工作组兵分两路展开内查外调。

一组远赴S、D、H、Z等省20余个县市调查取证，行程数万公里，充实证据链条。在对涉案的农民专业合作社的调查中，检查人员跋山涉水，深入农村，在田间地头调查核实，取得了一系列关键证据，查清了涉案的虚开发票单位间的关系。

另一组负责对F纺织公司进行深度核查。经查确定，该公司的经营地址与注册地址不一致。几经周折，专案组人员通过兼职会计提供的有限信息，联合社区工作人员和警务站民警排查到了F纺织公司违法嫌疑人的实际住址，然而那里已是人去楼空。在调查过程中，专案组人员发现这个犯罪团伙的警惕性极高，原本其与房东签的租住房屋合约为一年，但实际居住8个月就离开了，而且在离开前还专门从房东那里拿走了带有其身份信息的租房合同和身份证复印件。

出于直觉，专案组人员觉得应该看下嫌疑人租住过的房屋，希望能从中寻找些蛛丝马迹。当房东打开嫌疑人退租后一直闲置尚未打扫的出租屋时，眼前的场景令专案组人员吃了一惊——警惕性极强的犯罪分子百密一疏，忽视了对作案现场的清理，在这个出租屋里遗留了大量作案证据：5个开票密码器、银行取款和转款小票、大量已拓印的自制出库单。在客厅茶几抽屉中发现的一份自制出库单上，有10余枚不同公司的印鉴信息，其中包含2户已经被移送公安机关但因信息缺失而未受到打击的走逃企业的印鉴。

检查人员将这些印鉴信息与前期通过发票多重逆向分析出的企业名单相比对，结果高度重合。

（三）30户虚假企业和合作社的疯狂

经过深入查证，专案组挖出一个大型虚开发票犯罪团伙。

该团伙在4年多的时间里，先后控制30家虚假企业和农民专业合作社，对外虚开发票总额达4.89亿元，可以抵扣税款7 000余万元。其中，增值税专用发票2 200余份，金额2.22亿元；增值税普通发票2 700余份，金额2.67亿元。受票方多达160户，涉及16个省份，55个地州市。

经协查回函证实，涉案的外地受票单位在接受有关农民专业合作社开具的普通发票抵扣进项税后，再对外大肆虚开增值税专用发票，非法牟利。

取得充分证据后，警方布控抓捕了本案主要犯罪嫌疑人王某和查某。至此，隐藏在N地棉纺业里的一条跨区域虚开发票犯罪链条被斩断，并牵扯出一批外省市的虚开发票案。本案的侦破，取得了一连串精准打击的效果。

四、处理结果

A地区中级人民法院经过审理，查明了王某和查某的有关违法犯罪事实，依法分别对王某和查某作出了刑事判决。

法院查明，王某、查某在没有真实业务往来的情况下，以其注册成立的农民专业合作社和有限公司的名义，伙同他人对外虚开增值税专用发票和其他发票1.88亿元。法院宣判："判处王某有期徒刑12年，并处罚金30万元，追缴其违法所得；判处查某有期徒刑5年，并处罚金10万元，追缴其违法所得……"至此，这两个被利益冲昏头脑的人为自己的非法行为付出了沉重代价。

【案例评析】

自2018年8月国家四部委联合启动"打击虚开骗税违法犯罪专项行动"以来，X税务、公安、海关、人民银行持续深化部门协作，集中查处了一批涉税违法犯罪团伙，有效遏制了虚开骗税猖獗的势头，但税务部门不能放松，还要在提升打击效果上加倍努力，本案的查办经验值得借鉴。

当前虚开骗税违法呈现出职业化、智能化、暴力化、跨区域化的显著特点，作案手法不断翻新变异，家族式、地域式的团伙作案层出不穷，各级税务稽查部门和检查人员必须立足新常态新形势，及时转变办案思路，牢固树立起打团伙、打窝案、打串案的理念，跳出过去"就案查案""就票查票"的圈子，主动深挖串并、用心经营、纵深突破，用足用好稽查新战法，持续深化部门协作，开展上下游全链条、全环节打击，从而实现连锅端、连根拔的打击效果。本案正是基于这一思路，实现了这样的目标。

笔者认为，在严厉打击虚开骗税违法犯罪行为的同时，税务部门还应当在两个方面加大力度：一要注重源头治理，推动打防并举，探索标本兼治，切实发挥好税务稽查以查促管、促改、咨政的职能作用，通过加强管查互动、建立健全常态化稽查建议制度等形式，不断强化稽查成果增值应用，为堵塞征管漏洞、夯实征管基础提供靶向；二要坚持打击整治和宣传报道同步推进，积极组织开展"以案说法"活动，加大重大案件曝光力度，发挥典型案例的警示教育作用，深化税收违法"黑名单"和联合惩戒机制的运用，强化震慑，引导纳税遵从，实现稽查执法政治效应、法律效应和社会效应的有机统一。

税务稽查不断提高税务稽查治理能力，保持严打虚开骗税违法犯罪的高压态势，不懈怠不畏难不退缩，发挥好税务稽查维护经济税收秩序、国家税收安全和社会公平正义的职能，才能为社会稳定和长治久安工作总目标作出更大的贡献。

实战案例 5-3

企业虚开走逃　税警依法定性[①]

——某市破获“黄金票”案

【案例摘要】　某市税务局与公安机关联手查处一起团伙虚开“黄金票”案件。违法分子以两家贸易公司为平台，虚构黄金购销业务，通过“套取发票”“分销黄金”“票货分离与层层洗票”“变造虚开”四个作案手段，向A、B、C等9省市的34家下游企业无货虚开增值税专用发票163份，涉及金额2.27亿余元，税额3 872万元。目前，涉案企业的违法手段和违法事实已查清，由于企业走逃，案件已移交公安机关进一步查处，主要犯罪嫌疑人金某等人已被公安机关网上追逃。

【关键词】　黄金票　虚开　偷税

【案例正文】

一、案件来源

2016年10月，某市税务局稽查局接到国家税务总局下发线索：人民银行反洗钱部门向税务机关反映，N县X贵金属有限公司和J贵金属有限公司存在虚开增值税专用发票嫌疑。该局随即成立专案组，对两家企业立案调查。

二、查前分析

黄金具有体积小、价值高的属性。在上海黄金交易所及其会员单位购买实物黄金取得的增值税专用发票（以下简称“黄金票”），能够用来抵扣销项税额。国家税务总局2015—2017年披露的案件中，利用黄金交易虚开增值税专用发票的案件约占一半，是虚开增值税专用发票的重灾区，其涉税金额大，是其他虚开增值税专用发票案件涉税金额的10倍左右。由于虚开“黄金票”案件的社会危害大、监管难度高、发生频率高、涉税金额大、波及范围广，因而国家税务总局对此类案件采取高压态势，露头就打。

检查人员调阅征管信息发现，X公司和J公司均于2015年5月办理税务登记，经营项目均为贵金属、金属材料和金属制品批发，企业注册地为同一地址，法定代表人分别为李某和张某。两家公司在2015年5～11月尚有发票领购记录，期间向全国9个省市30余家下游企业开具了超过2亿元品名为黄金的增值税发票。

---

① 本案例改编自：施斌、严洁、袁勤：《企业虚开走逃　税警依法定性》，载《中国税务报》2018年2月8日。

检查人员从企业主管税务分局了解到，由于两家涉案企业短期大量对外开票，状态异常，发票风险系统发出预警后，基层管理分局便对企业停止供票。在后期核查时，税务人员发现两家企业均停止纳税申报，人员已失联，遂将其认定为非正常户。

同一时间注册登记、同一经营地址、相同的经营业务、短期内大量开具高面额发票、同时停止纳税申报……综合各方信息，检查人员认为两家企业行为蹊跷，具有虚开发票违法重大嫌疑。

三、检查过程

由于案情重大，税务局迅速向N县公安局经侦部门通报情况，并会同公安部门成立联合调查组。调查人员赴企业经营地调查发现，两家企业办公场地已转租，现场未留下任何资料线索。

根据基层管理分局提供的线索，调查组与两家涉案企业的代账会计——N县S会计服务公司负责人阮某取得了联系。阮某称，X公司和J公司由同一批人注册成立，委托S会计服务公司代理记账，阮某和会计王某分别为两家公司代理记账和纳税申报业务。

据阮某回忆，在设立公司时对方共有3人一起办理登记手续，其中带队的一人在登记法定代表人信息时，随手从一叠身份证中抽取了一张交给了办理人员。阮某由此推断，两家企业的法定代表人并不是实际经营人。阮某称，平时需要做账和申报时，两家企业会有人员携带资料交给代理公司，但他们并不知道这些人员的身份和联系方式。

根据阮某和王某描述的两家涉案企业设立人的体貌特征，结合企业涉嫌黄金票虚开的情况，公安机关经侦人员联想到网上追逃的虚开黄金票案件嫌疑人信息，便将网上追逃人员照片交由阮某、王某辨认。经辨认，注册X公司和J公司实际经营人，为甲省G县另一起黄金票虚开案件的涉案嫌疑人金某。

（一）转机——新法规为调查指明方向

尽管涉案企业实际经营人金某身份得到了证实，但案件后续调查却有些棘手。按照稽查调查取证程序，检查人员需取得涉案企业虚开相关证据，并得到涉案企业人员签章确认，案件才能够定性和结案。但两家涉案企业人员已失联，无法取得原始涉税资料证据和言证，这为案件调查带来了困难。

2016年12月初，国家税务总局接连颁布了《国家税务总局关于走逃（失联）企业开具增值税专用发票认定处理有关问题的公告》（国家税务总局公告2016年第76号，以下简称2016年第76号公告）和《国家税务总局关于走逃（失联）企业涉嫌虚开增值税专用发票检查问题的通知》（税总发〔2016〕172号，以下简称税总发〔2006〕

172号文件)。

两项新法规明确了走逃(失联)企业的违法判定标准和其所开具发票的处理办法,明确在企业走逃(失联)情况下,检查人员取得涉案企业虚开相关证据资料后,无需经过涉案当事人签章确认。同时,进一步明确了走逃(失联)企业涉嫌虚开增值税专用发票违法时,对犯罪行为的认定依据和固定证据的标准。

两项政策的实施,为案件调查带来了转机,为专案组后续的调查取证,以及企业违法行为认定工作提供了法规依据和支撑。

专案组重新制订了调查计划,决定依据两项新法规,在程序上首先确认企业已走逃(失联),随后通过上下游企业调查,厘清企业发票流、资金流和物流脉络,寻找企业虚假经营、虚开发票的证据。

专案组对两家企业下达了《检查通知书》,由其代理会计代为签收,并用执法记录仪对过程进行记录。在尝试通过各种渠道仍然无法联系到两家企业的情况下,专案组依法将企业认定为走逃(失联)企业。

通过调阅征管软件数据,结合涉案企业留存在代理会计处的为数不多的会计资料,办案人员发现了企业几条发票流和资金流重要信息:其一,两家涉案企业主要从乙市Y商贸公司、丙市C网络科技公司和丁市L黄金投资公司3家企业购入黄金,取得增值税专用发票379份,金额2.28亿元,申报抵扣进项税额合计3 880万元,购货款已全部付清;其二,两家涉案企业向下游34家企业开具品名为黄金的增值税专用发票163份,金额2.27亿元,销项税额3 872万元,销货款均挂账应收账款,未实际收取;其三,有8个来自某市的个人账户曾陆续向两家涉案企业汇款,累计金额2.1亿元,这笔资金挂账在其他应付账款科目中,资金具体来源和用途不明。

企业黄金购销业务貌似正常,但销售货款为何均挂账应收账款科目?企业为何与8个个人账户有不明大额资金往来?企业经营信息疑点重重。

(二)定案——辗转千里锁定违法事实

专案组依照计划,选取涉案企业的3家上游企业和9家交易金额较大的下游企业实施外调,查找证据。

调查结果显示,2015年7～11月,两家涉案企业先后6次向乙市Y公司、丙市C公司和丁市L公司购买黄金,经办人均为金某,交易过程未发现异常。

在赴B省、乙市、D省和L省等8个地区对9家下游企业实地调查过程中,办案人员发现,9家受票下游企业注册法定代表人均非当地人,并且在两家涉案企业受到停票处理后的3个月内先后走逃,相关发票和财务资料基本没有留存。

在当地税务机关的协助下,专案组通过防伪税控认证系统调阅了9家下游企业进销项发票信息，发现9家企业从两家涉案企业获得品名为黄金的增值税进项发票，但其对外开具的销项发票却为钢材、建材、日用品等，并无黄金销售业务，呈现出明显的变票虚开特征。

此时，其余25家下游受票企业的协查也有了回复，其情况与9家受票企业情况基本相同，人员均已失联，企业已被当地税务机关认定为非正常户或已立案调查，并且存在发票进销项品名不一致情况。

既然两家涉案企业与下游企业没有发生黄金交易，其从上游3家企业购买的价值2亿元的黄金去哪了？

检查人员联想到，在对上游丁市L公司实施调查时，企业人员曾称，目前国内黄金市场实行会员制，购买黄金只有与会员单位才能交易。但在Z市某小镇中有一个黄金交易市场，市场个体业户专门从事金银加工和交易，黄金买卖并无门槛限制，个人可与市场内与任意一家商户进行黄金交易，而且无需开具增值税专用发票。

办案人员调查涉案企业银行账户往来信息发现，给涉案企业汇款2.1亿元的8个个人账户的开户所在位置正是Z市某小镇，而且该笔金额与涉案企业购买黄金总额2.28亿元非常接近。综合调查信息，办案人员推定涉案企业在套取黄金进项发票后，已转手将黄金在Z市某小镇的黄金交易市场进行了抛售。

依据2016年第76号公告和税总发〔2016〕172号文件的规定，N县税务局稽查局经过数月调查追踪，以两家走逃企业发票流、资金流、物流调查获得的证据和合理推定为依据，确认两家涉案企业与34家下游企业交易虚假，最终认定两家企业存在虚开增值税专用发票违法行为。

经查，金某等人结成违法团伙，利用虚假身份成立X、J两家贸易公司，向上游3家企业购买黄金套取增值税进项发票，随后将黄金抛售，并向该团伙控制设立的34家下游企业无货虚开增值税专用发票163份，涉及金额2.27亿元。

四、检查结果

根据企业违法认定结果，N县税务局稽查局已将案件移交公安机关，公安机关已对金某等涉案人员实施网上追逃。

【案例评析】

本案是一起团伙虚开黄金票违法案件。违法人员冒用他人身份信息注册两家黄金贸易企业，采购黄金套取进项发票后，在无真实货物交易的情况下，向同伙设立的下游企业虚开发票，随后下游企业再对外“变票”虚开非法牟利，形成了一条完整隐蔽的违法业务“流水线”。事发后，违法人员望风而遁，迅速走逃，为案件的定性和查处带来了困难。办案人员锲而不舍、不畏艰难，以2016年第76号公告和税总发

〔2016〕172 号文件两项法规为依据，缜密取证，最终确认了涉案企业违法事实，案件得以水落石出。

本案的查处经验可为税务机关查处类似案件提供借鉴。检查人员在查处走逃（失联）企业涉嫌虚开增值税专用发票案件时，应以两项法规为指导文件，首先准确确定检查方向，即确认涉案企业是否已走逃失联，并对涉案企业与上下游企业的交易活动实施重点调查。

为证实企业虚假交易，继而准确认定走逃（失联）企业虚开违法行为的调查目标，检查人员在案件调查过程中，应依照两项法规相关条款的规定，重点采集能够有效印证企业交易真实性的发票流、资金流和物流证据，并通过证据来源单位确认、税务执法记录仪实时记录等方式及时固定证据，为企业行为定性和案件成功查办奠定基础。

本虚开“黄金票”案件符合虚开增值税专用发票罪的构成要件。《刑法》第二百零五条规定，虚开增值税专用发票是指有为他人虚开、为自己虚开、让他人为自己虚开、介绍他人虚开行为之一的，违反有关规范，使国家造成损失的行为。本案件具体表现为虚构黄金购销交易，为自己、为他人虚开具增值税专用发票，主观是故意行为，以收取高额的手续费为目的。通过本案查处，可以得出以下几个方面启示。

一、“黄金票”利益链条

涉案嫌疑人金某利用他人身份信息成立 X 公司和 J 公司，向上海黄金交易所的会员单位购买黄金套取进项增值税专用发票，随后将黄金抛售，并向该团伙控制设立的 34 家企业无货虚开增值税专用发票 163 份，涉及金额 2.27 亿元。X 公司、J 公司和 34 家企业的实际控制人均为金某，实质上是一个增值税专用发票的生产加工链条，具体过程如图 5-3 所示。

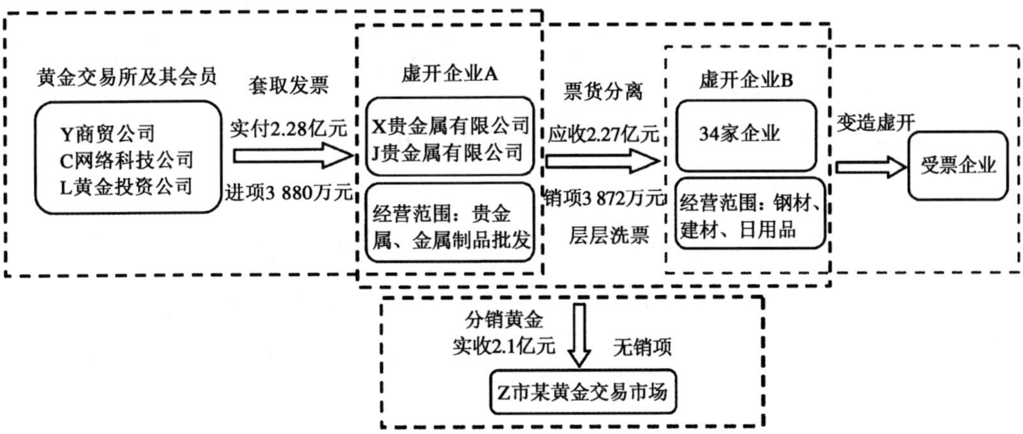

图 5-3　“黄金票”案的利益链条图

涉案企业的利益链条可以分为四个部分(对应图5-3中的四个虚线框)：

(1)“套取发票”——虚开企业A自黄金交易所会员单位购买黄金。X公司和J公司从黄金交易所会员单位Y公司、C公司和L公司购买黄金,获取品名为黄金的增值税专用发票,总金额为2.28亿元,申报抵扣进项税额合计3 880万元,货款已全额支付。购买黄金是虚开“黄金票”整个链条的起点,目的是套取大额的进项增值税专用发票。

(2)“分销黄金”——犯罪团伙向Z市某黄金交易市场抛售黄金。Z市某黄金交易市场是整个利益链条的“保险单”。犯罪团伙把购买的黄金销售给Z市某黄金交易市场的个体工商户,目的是利用无须向该市场中的个体工商户开具增值税专用发票的漏洞,巧妙地避开缴纳增值税的义务,同时产生巨额的增值税进项税额富余。

(3)“票货分离与层层洗票”——虚开企业A、B的虚假交易。X公司和J公司通过虚构黄金销售交易,虚开品名为黄金的增值税专用发票,把巨额增值税专用发票分散到34家下游企业,即“票货分离”。通过虚开企业之间的“层层洗票”,使下游各企业有充分的进项税额,同时延长增值税专用发票的链条,提高其可信度,为下一步“变票”交易做准备。

X公司、J公司与34家下游企业的交易是整个链条的中间环节,目的是通过延长增值税专用发票认证和抵扣的链条,分散风险,降低被查处的概率。

(4)“变造虚开”——虚开企业B向受票企业变造虚开专用发票。增值税专用发票的认证主要是比对购销双方信息的真实性,以及开具发票的金额、税额、日期等内容的真实性,不涉及企业购销货物的一致性。由于存在技术上的固有缺陷,税务机关不能识别购销货物严重背离的异常情况。因此,34家下游企业利用发票认证和抵扣的漏洞,为其他企业变造虚开品名为钢材、建材、日用品的增值税专用发票,以收取高额的开票费。虚开企业B与受票企业的交易是整个利益链条的终点,也是产生利润的关键环节。通过改变增值税专用发票的品名,轻易地躲过了税务机关的检查,获得高额的“变票”收益。

综上所述,前三部分的交易都不产生利润,只是为获取利润搭桥铺路,其目的是给34家企业输送高额的增值税进项税额,从而为受票企业虚开增值税专用发票,获取高额“变票”收益。第四部分的“变票”销售才是真实的利润点。

虚开增值税专用发票的企业收取开票费的比例一般为票面金额的3%～11%。以本案交易金额2.27亿元为例,虚开企业获利金额最低为681万元,最高达到2 497万元。若受票企业以票面金额11%的价格购入增值税专用发票,以17%的比例进行抵扣,即实际减少缴纳的增值税额为票面金额的6%。

“变票”销售是不法分子虚开“黄金票”的常用手段。虚开增值税专用发票的企业可以获得“变票”收益，接受虚开增值税发票的企业可以少缴税款，表面上看是一个“双赢”的交易。但是，该行为严重违反了相关法律，构成虚开增值税专用发票罪，同时造成税额的大量流失，严重危害了国家税收安全。

二、违法手段

这起“黄金票”大案是一起团伙犯罪案件，涉案人员不仅构建了严密的利益链条，而且冒着违法犯罪的风险顶风作案，其违法手段如下。

(1)“投机”——利用黄金交易市场的发票使用、发票认证漏洞。一是企业无须为Z市某黄金交易市场内个体工商户开具增值税专用发票，所以不产生销项税额。二是由于技术上的固有缺陷，税务机关在增值税专用发票认证环节难以识别购销发票严重背离的异常情况。这两个漏洞为不法分子虚开“黄金票”提供了契机。不法分子在向黄金交易所及其会员单位购买黄金之后，又向Z市某黄金交易市场抛售黄金，从而产生巨额的富余增值税进项税额。由于发票认证的缺陷，不法分子可以变造品名，对外虚开增值税专用发票。

(2)“取巧”——借助时间差逃避税务机关的稽查与监管。增值税专用发票于企业发生购销业务时开具，而增值税的纳税申报一般是购销业务发生的次月1日起15日内。时间上的差异足以使不法分子在牟取暴利后迅速隐匿行踪。X公司和J公司利用开票和申报纳税的时间差，在短时间内大量领购专用发票并疯狂对外虚开，获利后将企业注销，相关人员全部逃逸。

(3)“谋划”——构建虚实相间的业务活动长链条进行粉饰。首先，犯罪团伙金某等人在构建虚开“黄金票”业务链条时，业务链的起点是真实交易。其次，X公司、J公司与34家下游企业的注册都是利用他人身份，抛出迷雾弹，避免暴露真实身份。最后，虚构购销业务，延伸业务链条，粉饰购销交易，层层洗票，增加税务稽查的难度，为对外虚开发票争取时间。

(4)“累犯”——实施犯罪活动的团伙多为屡次涉案的惯犯。犯罪团伙金某等人此前已经谋划实施了甲省G县另一起虚开“黄金票”的违法活动，他们早已被列入网上追逃虚开“黄金票”嫌疑人名单。该犯罪团伙实施“游击战”策略，在牟取不法利益之后，立即隐匿行踪，瞅准机会在其他地方进行下一次“作战”。

三、虚开“黄金票”案件频发的原因

(1) 巨额经济利益驱使。以本案件为例，在两个月内，对外虚开发票面额达到2.27亿元，并收取巨额的好处费。可见，虚开“黄金票”能在短时间内为不法分子带来暴利，诱使其铤而走险，顶风作案。

(2) 税收制度不够完善。在虚开"黄金票"案件中,增值税抵扣链条断裂。销售企业无须为黄金市场个体工商户开具增值税发票,因此不产生销项税额,从而产生大量增值税专用发票进项税富余。此外,增值税专用发票认证抵扣技术存在缺陷,难以识别购销发票严重背离的情况。两方面的缺陷共同构成了虚开"黄金票"的缺口。

(3) 市场监督管理登记存在缺陷。国家"简政放权""三证合一"登记制度实施以来,企业设立门槛大大降低。此外,工商登记的程序本身存在缺陷,无需实名登记,无需企业法人亲自到场。管理机制的缺陷为不法分子提供了操作空间。不法分子利用他人身份大量设立空壳公司,延长增值税专用发票的链条,给税务稽查增加了难度。

(4) 税务稽查难度大,反应时间长。税务稽查是阶段性的,包含选案、实施稽查、审理、执行四个阶段,其中选案和实施稽查是关键环节。选案的前提是各种预警指标以及多渠道的信息分析。受税务稽查管辖权、层级管理的程序性限制,以及保护正常经营户不受干扰等的合法性限制,实施税务稽查的时效性存在缺陷。

四、完善税务稽查与市场监管的建议

(1) 构建税务大数据平台增强税务稽查功能。构建全国统一的税务大数据平台,实现跨省、跨税种、跨业务的数据链接,增强税务稽查功能。一是该平台可以弥补增值税专用发票认证的漏洞,通过准确追踪发票动态,比对购销发票的一致性(如进销品名是否严重背离),对全过程进行数据分析,实现全方位实时监控。二是该平台对相关涉税行为进行分析,可以及时发现多种异常行为,快速找出风险点。例如新办企业后大量开具增值税专用发票、新设企业登记信息雷同、同时开设多家新设企业等。三是该平台可以加快信息的传递,降低信息的时滞性,进而提高税务稽查决策的效率。四是该平台可以综合利用各部门大数据,为税务稽查提供充足的证据,降低税务稽查成本。

(2) 确立"业务为本,四流合一"的关键环节。对业务流、发票流、实物流、资金流"四流合一"的核查是税务稽查的关键环节。通过对上下游企业的调查,厘清企业业务流、发票流、实物流和资金流脉络,寻找企业虚开发票的证据,如图 5-4 所示。

如图 5-4 所示,虚开"黄金票"涉案企业的业务流、发票流、实物流、资金流都不一致。第一,发票流与业务流不一致,存在黄金购销业务,但没有获取增值税专用发票。第二,实物流与业务流不一致,有业务往来,但没有发生实物交割。第三,业务流链条上存在购进、销售货物严重背离的现象。第四,资金流断裂,资金主要汇集在犯罪团伙内部。通过梳理整个交易链的"四流",很容易发现涉案企业存在虚假开票的嫌疑。

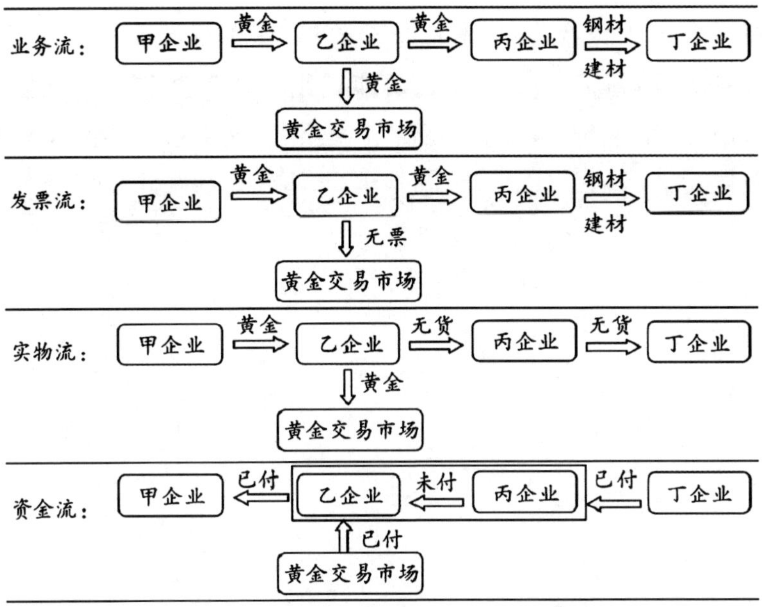

图 5-4　虚开“黄金票”交易链的“四流”图

(3) 完善黄金交易的用户、市场和信息监管。虚开“黄金票”业务链条的起点是向黄金经销企业购买黄金，获取大额的增值税专用发票。一方面，为完善黄金交易的增值税发票链条，相关部门应针对“无须对黄金市场个体工商户开具增值税专用发票”的规定做出灵活变动。只要销售黄金，就会产生销项税额，承担纳税义务，避免产生巨额增值税专用发票进项税额富余，切断虚开“黄金票”、逃避增值税纳税义务的源头。另一方面，为实现税务源头控制，税务部门应利用税务大数据平台，与黄金交易会员单位建立数据连接，实时掌握黄金动向，确定“黄金票”税务稽查的范围和重点，从而尽可能地防止利用黄金交易虚开增值税专用发票现象的发生。

(4) 充分借鉴农产品进项税额抵扣核定制度。黄金和农产品类似，既可以直接销售，也可以加工后再销售。购入黄金进项税额的抵扣可以借鉴农产品进项税额核定扣除规定，即不再凭扣税凭证直接抵扣增值税进项税额，而是根据购进黄金的各期加工或销售情况，按照一定的扣除标准，核定当期可抵扣的进项税额。实施进项税额核定扣除，税务部门需要根据黄金交易的特点，设置恰当的扣除标准，区分纳税人行为，确定核定扣除公式。一方面，能够平滑各期税收，保证税收的连续性和稳定性；另一方面，可在一定程度上加强税务机关对“黄金票”的控制，保证黄金交易的真实性，从而给短期内大量虚开“黄金票”后走逃的企业加上一道枷锁，保证税收安全。

虚开“黄金票”案件涉及范围广、业务链条长、涉税金额大、性质恶劣，严重扰乱市场秩序,危及国家税收安全。为了提高税务稽查的效率和效果,建立全国统一的税务大数据平台是大势所趋,完善增值税抵扣链条、加强黄金交易市场监管是必然手段,确立“业务为本,四流合一”是关键环节。期望通过这些改进措施,增强税务稽查功能,发挥威慑与警示作用,降低虚开“黄金票”行为发生的概率,维护市场秩序,保证国家税收安全。

第六章　其他税收违法案件查办实务与案例

第一节　抗税与逃避追缴欠税案件

一、抗税

（一）抗税的概念

抗税是指以暴力、威胁方法拒不缴纳税款的行为。《税收征收管理法》第六十七条规定，以暴力、威胁方法拒不缴纳税款的，是抗税，除由税务机关追缴其拒缴的税款、滞纳金外，依法追究刑事责任。情节轻微，未构成犯罪的，由税务机关追缴其拒缴的税款、滞纳金，并处拒缴税款1倍以上5倍以下的罚款。

（二）抗税的手段

抗税的违法手段是指以暴力、威胁方法拒不缴纳税款行为。

以暴力方法拒不缴纳税款，是指被查对象对税务人员采用暴力的方法，包括殴打、推搡、伤害、强行禁闭以及阻碍征税而砸毁税务人员使用的交通工具、聚众冲击打砸税务机关等直接侵害人身安全的暴力手段，拒不缴纳税款的行为。

以威胁的方法拒不缴纳税款，是指被查对象采用威胁的方法拒不缴纳税款，如扬言以拼命的威胁方法拒交税款，或者以对税务人员及其亲属的人身、财产安全采取伤害、破坏相要挟，迫使其放弃履行征税等法定职责，达到拒缴税款的目的。

（三）抗税的主体

抗税行为的主体必须是欠缴纳税款的纳税人、扣缴义务人个人，除此之外的其他人对税务人员实施暴力、威胁行为不是抗税行为，而应当以妨害公务行为论处。纳税人为单位的，因单位不能实施暴力、威胁行为，也不能成为抗税行为的主体。如果单位的人员以暴力、威胁方法拒不缴纳税款，也应当以妨害公务行为论处。

（四）抗税的主观故意

被查对象明知自己负有纳税义务、代扣代缴义务、代收代缴义务，对税务工作人员采取暴力或者威胁的方法拒不缴纳税款的，认定为具有抗税的主观故意。

（五）抗税罪立案追诉标准

根据《刑法》第二百零二条的规定，以暴力、威胁方法拒不缴纳税款的，构成抗税罪。对犯本罪的，由税务机关追缴其拒缴的税款、滞纳金，处 3 年以下有期徒刑或者拘役，并处拒缴税款 1 倍以上 5 倍以下罚金；情节严重的，处 3 年以上 7 年以下有期徒刑，并处拒缴税款 1 倍以上 5 倍以下罚金。这里所说的情节严重，是指暴力抗税的方法特别恶劣、造成严重后果、多次抗缴税款或者抗税数额巨大等。

根据《最高人民检察院　公安部关于公安机关管辖的刑事案件立案追诉标准的规定（二）》的规定，以暴力、威胁方法拒不缴纳税款，涉嫌下列情形之一的，应予立案追诉：

（1）造成税务工作人员轻微伤以上的。

（2）以给税务工作人员及其亲友的生命、健康、财产等造成损害为威胁，抗拒缴纳税款的。

（3）聚众抗拒缴纳税款的。

（4）以其他暴力、威胁方法拒不缴纳税款的。

相关案例 6.1　公职人员经营驾校　威胁抗税终获刑罚①

王某，男，曾担任某县交通局运管所副所长。

2010 年 4 月，王某以其姐夫高某的名义开办驾驶员培训学校。

2010 年 7～9 月，H 县地税局多次向该驾校下发催缴税款通知等相关文书。

2010 年 9 月 16 日，H 县地税局向该驾校送达了《催缴税款通知书》，核定 2010 年4～8 月的税款为 5 000 元，限 2010 年 9 月 18 日前缴纳。

2010 年 10 月，H 县地税局工作人员杜某、饶某带着《税务行政处罚事项告知书》来到该驾校，见到王某，王某拒不在通知书的送达回证上签字，并威胁说："你们回去告诉郐某某，等回头我安排手下几个小弟到学校帮他接小孩。"事后，饶某将王某威胁的话告诉局长郐某某。

2010 年 11 月，王某交给饶某 1 300 元，称是该驾校一年的税款。此后，该驾校

① 本案例改编自《王伍、任伟等人犯滥用职权、交通肇事、保险诈骗、聚众斗殴、寻衅滋事、抗税、非法经营罪一案一审刑事判决书》河南省南阳市中级人民法院(2014)南刑二初字第 00015 号，原文见中国裁判文书网，http://wenshu.court.gov.cn/website/wenshu/181107ANFZ0BXSK4/index.html?docId=7bc59166fa334496902b3074e5309869。

没有再交过税。

2011 年 7 月 9 日，王某被 H 县公安局刑事拘留。人民检察院以抗税罪向人民法院提起公诉。法院经审理认为，王某身为纳税义务人，以威胁方法拒不缴纳税款，其行为已构成抗税罪。据此，以王某犯抗税罪，判处有期徒刑 6 个月，并处罚金人民币 1 万元。

二、逃避追缴欠税

《税收征收管理法》第六十五条规定，纳税人欠缴应纳税款，采取转移或者隐匿财产的手段，妨碍税务机关追缴欠缴的税款的，由税务机关追缴欠缴的税款、滞纳金，并处欠缴税款 50%以上 5 倍以下的罚款；构成犯罪的，依法追究刑事责任。《刑法》第二百零三条规定了逃避追缴欠税罪，即纳税人欠缴应纳税款，采取转移或者隐匿财产的手段，致使税务机关无法追缴欠缴的税款，数额在 1 万元以上不满 10 万元的，处 3 年以下有期徒刑或者拘役，并处或者单处欠缴税款 1 倍以上 5 倍以下罚金；数额在 10 万元以上的，处 3 年以上 7 年以下有期徒刑，并处欠缴税款 1 倍以上 5 倍以下罚金。

根据《最高人民检察院　公安部关于公安机关管辖的刑事案件立案追诉标准的规定(二)》的规定，纳税人欠缴应纳税款，采取转移或者隐匿财产的手段，致使税务机关无法追缴欠缴的税款，数额在 1 万元以上的，应予立案追诉。

逃避追缴欠税案件主体包括法律规定负有纳税义务的单位和个人，还包括法律、行政法规规定负有代扣代缴、代收代缴税款义务的单位和个人。

实战案例 6-1

税收老赖赖不掉　欠税追缴避不了①

——某市博览中心逃避追缴欠税案

【案例摘要】　在某市税务局和公安机关的共同努力下，被媒体称为“资本运作高手”的甲市 A 博览中心实际控制人王某，终于将最后一笔税款滞纳金 247 万元缴入国库。至此，一起拖欠税款 5 年多，涉嫌转移资产逃避追缴欠税的案件终于画上句号，合计追缴税款及滞纳金 983 万元。

① 本案例改编自：张国良、蓝山、蒋劲锋等:《赖税 5 年 广州“资本运作高手”服输》，载《中国税务报》2016 年 10 月 25 日。

【关键词】 欠税　逃避缴纳

【案例正文】

一、案件来源

2010年4月,有人向甲市税务局稽查局举报,反映A博览中心存在少缴税款的违法行为。甲市税务局稽查局迅速立案,组织人员对这家博览中心展开检查。

二、查前分析

稽查人员实地检查后,发现该中心发生了一笔股权转让行为——以4.6亿元的价格转让了其控股的B公司股权。对照该中心此前自行对B公司整体价值的评估数据和其他相关情况,稽查人员认定,4.6亿元的股权转让价格明显偏低,且无正当理由,依法核定其股权转让收入为6.7亿元。

之后,该稽查局依据《税收征收管理法》第六十四条的有关规定,即纳税人不进行纳税申报,不缴或者少缴应纳税款的,由税务机关追缴其不缴或者少缴的税款、滞纳金,并处不缴或者少缴税款50%以上5倍以下的罚款,向该中心出具《税务处理决定书》和《税务处罚决定书》,告知要对其追缴企业所得税383万元,加收滞纳金248万元,并处罚款192万元,几项合计823万元。

三、检查过程

(一)资本运作　老板掏空企业资产

对税务局处理决定,A博览中心没有提出异议,也没有积极履行。

该中心当时的法定代表人是王某,在甲市小有名气,被媒体誉为"资本运作高手"。在收到税务机关的税务处理决定书和处罚决定书后,王某向税务机关表示,公司资金实在是紧缺,能不能分次补缴所欠税款。税务机关了解情况后,应允了王某的要求。

然而,王某在分次缴纳了少量的欠税款后,便不再提缴税的事。甲市税务局稽查局执行人员跟踪了解发现,王某突然忙起一系列的投资、撤资事宜。王某成立和控制有多家企业,通过资本评估、关联企业投资和撤资等环节的辗转腾挪,他在短时间内掏空了A博览中心的资产,使得这个中心逐渐停止运营,只剩下空壳。

(二)找来替身　3年仅清缴欠税1/4

本案执行人员意识到,王某这是打起了拖欠税款的主意。随即,执行人员多次找王某谈话,一再向其阐释税法有关规定的刚性和违反的严重后果,建议他要诚实守信,依法经营。

面对执行人员的一再劝诫,王某总是点头同意,但行动上毫无收敛。其可能认为自己的一番资本运作天衣无缝,王某后来不再理会执行人员,他将A博览中心的法定代表人变更为李某，自己金蝉脱壳，让李某代替自己“抵挡”税务机关。

就这样，每次上门追缴欠税款，执行人员只能见到“挡箭牌”李某。截至2013年1月，A博览中心只清缴欠税款200余万元，与其欠税和被罚的总金额相比，只占约1/4。

看来，王某是一心要将欠税进行到底了。

（三）充实证据　税务机关将案件移送公安

眼见还有600余万元的欠税款迟迟得不到清缴，案件执行人员准备采取其他行动。然而，就在此时，该局征收部门传来一个情况通报：A博览中心曾以2.3亿元的价格处置了其持有的其他企业的股权。

对照先前的查案记录，执行人员发现，有关被处置企业的股权，在A博览中心的账册中竟然没有记载。经了解证实，此笔股权转让，除王某以外，A博览中心其他员工都不知情。

根据股权购买协议，2.3亿元的股权转让款被分为10次并以支票支付。通过追查资金流，案件执行人员发现，有关股权转让款项竟然全部以支票背书的形式转移到了王某控制的B公司名下。

在收集到相关证据之后，甲市税务局稽查局以“涉嫌逃避追缴欠税罪”之名，将本欠税案件移送给了公安机关。

2013年10月，在公安机关约谈王某后，税务机关对A博览中心的欠税执行工作取得了重大进展。A博览中心很快缴纳了税款、罚款和滞纳金共计505万元，并承诺将尽快筹款清缴剩余的滞纳金247万元。

（四）公安未立案　清税承诺成泡影

在公安机关审查是否立案期间，王某向公安机关辩解称，在处置有关股权转让事宜时，A博览中心的银行账户恰因民事官司被法院冻结，因担心款项转入会被法院划扣，才将股权转让款转入了B公司。公安机关审查后，认为A博览中心没有转移资产逃避追缴欠税的主观故意，决定不予立案。

然而，一段时间过去了，王某清缴剩余滞纳金的承诺仍未兑现。

案件执行人员多次上门催缴，并通过“黑名单”联合惩戒制度对A博览中心法定代表人李某采取了阻止出境等措施。然而，A博览中心在王某的操纵下，只是一再表示正在筹款，并出示了详细的清缴计划表。但直至清缴期限届满，王某仍未兑现其清缴剩余滞纳金的承诺。

（五）刑事追责　欠税追缴终于成功

通过再次研究案情，执行人员认为只有继续启动追究有关人员刑事责任的法律程序，才能直接追究王某的欠税责任，从根本上推动清欠工作。

针对王某多番资本运作的特点，执行人员再次展开调查：查证王某转移、隐匿A博览中心资产的细节，对涉案人员的陈述情况做证据固定和责任锁定，补足王某主观故意逃避追缴欠税的证据。与此同时，执行人员向B公司发出《税务检查通知书》《责令限期提供资料通知书》等执法文书，查询该公司的银行账户流水情况，全面追查其与A博览中心的资金往来情况。

在再度被追查过程中，王某切断了与外界的通讯联系，通过失踪方式继续躲避追缴税款。税务机关没有退却，继续按部就班地固定王某"转移资产逃避追缴欠税"的证据。

不久，税务机关将收集充分完整的证据资料移交到了公安机关。

当公安人员再次约谈王某，并严肃指出其有关行为可能会导致自己负刑事责任时，王某的心理防线终于崩溃。他意识到问题的严重性，表示会立即筹集资金清缴所剩欠款。

四、处理结果

最终，王某一次性将A博览中心所欠的248万元税款滞纳金缴入国库，将该中心的欠税缴清。通过此次案件，王某彻底丢掉了逃避追缴欠税的侥幸心理。这个"资本运作高手"本想通过几年来的不断"运作"赖掉所欠税款，没想到不仅欠税款一分没少缴，反而多缴了100多万元的税款滞纳金。

【案例评析】

欠税行为在税务稽查案件执行环节经常遇到，是否涉罪要依据具体情节进行判定。逃避追缴欠税罪是指纳税人违反国家税收征管法律法规，在欠缴应纳税款的情况下，故意采取转移或者隐匿财产的手段，致使税务机关无法追缴欠缴的税款，数额较大的行为。是否构成逃避追缴欠税罪，需要看是否符合本罪的犯罪构成。本罪的客体是国家的税收征收管理秩序，主观上表现为故意，主体是特殊主体，即欠税人，客观上表现为故意采取转移或者隐匿财产的手段，致使税务机关无法追缴欠缴的税款，数额较大的行为。

逃避追缴欠税罪与欠税行为。二者都是明知没有缴纳税款而不予缴纳的行为。其区别关键在于妨碍追缴税款罪中行为人采取了转移或者隐匿财产的手段而致使税务机关无法追缴欠缴的税款，而欠税行为人则没有采取上述手段以致于使税务机关无法追缴欠缴税款。另外，二者的主观内容也不同，妨碍追缴税款罪是出于逃避纳税而非法获利的目的，而欠税行为一般是因为无力缴足税款而暂时拖欠税款，无逃避纳税的故意。

近年来，为遏制逃避缴纳欠税行为，税务部门联合相关外部单位加大了联合惩戒力度，在最新公布的《重大税收违法失信案件信息公布办法》中，将逃避追缴欠税纳入重大税收违法失信案件的标准由“欠缴税款金额100万元以上的”修改为“欠缴税款金额10万元以上的”。通过全面营造“诚信处处绿灯，失信处处受限”的社会氛围，老赖们将彻底地赖不掉！

第二节　不缴或少缴税款的其他案件

一、因税务机关的责任未缴或少缴税款

税务机关的责任是指税务机关适用税收法律、行政法规不当或者执法行为违法。《税收征收管理法》第五十二条第一款规定，因税务机关的责任，致使纳税人、扣缴义务人未缴或者少缴税款的，税务机关在3年内可以要求纳税人、扣缴义务人补缴税款，但是不得加收滞纳金。

税务稽查中，如因税务机关的责任，致使纳税人、扣缴义务人未缴或少缴税款的，应当取得能够证明因税务机关的责任的相关证据，查明相关事实，核实是否在3年内，再依法作出要求纳税人、扣缴义务人补缴税款的决定。

相关案例6.2　因稽查调整计算方式少缴税　加收滞纳金被法院判撤销①

【案件查办过程】

Q市V实业有限公司（以下简称V公司）成立于2005年1月7日，注册资本1 700万元，法定代表人为刘某，主要经营沥青混凝土拌和沥青砼施工机械租赁等业务。

Q市地税局对V公司2006年度至2010年度的纳税情况进行检查，认为V公司存在少缴税款的行为，遂于2014年9月1日对V公司作出《税务处理决定书》，确认了V公司的违法违章事实，认定V公司经营运动城少缴营业税费、转让物业少缴营

① 本案例改编自《清远市伟华实业有限公司、清远市地方税务局税务行政管理（税务）二审行政判决书》广东省高级人民法院（2015）粤高法行终字第685号，原文见中国裁判文书网，http://wenshu.court.gov.cn/website/wenshu/181107ANFZ0BXSK4/index.html? docId=c44e19ba080c8ad79b01ab4c2c00f607；以及《清远市伟华实业有限公司与广东省清远市地方税务局再审行政裁定书》最高人民法院（2016）最高法行申5121号，原文见中国裁判文书网，http://wenshu.court.gov.cn/website/wenshu/181107ANFZ0BXSK4/index.html? docId=9c32639662224305bb8edbd7fcaabb1f。

业税费及土地增值税、承建市政工程收入少缴营业税费、2006年至2010年少缴企业所得税，共计11 293 057.66元，限V公司于处理决定送达之日起15日内补缴，并从滞纳之日起至实际缴纳之日止按日加收滞纳税款万分之五的滞纳金。

除对经营运动城收入的处理决定无异议外，V公司不服《税务处理决定书》中的其他处理决定，向G省地税局申请行政复议，省地税局于2014年12月19日作出《行政复议决定书》，维持了市地税局对V公司作出的《税务处理决定书》。

V公司仍不服，提起诉讼，请求判决撤销《税务处理决定书》之二"处理依据及决定"第二项至第六项关于追征V公司税款11 286 527.62元(11 293 057.66元中扣除运动城少缴营业税6 530.04元)及从滞纳之日起至实际缴纳之日止按日加收滞纳税款万分之五的滞纳金(减去运动城少缴营业税6 530.04元的滞纳金)的处理决定。

【税企争议焦点】

(1) V公司分批多次购进和分别转让物业，采取整体收入减去整体成本的方式计算营业额并进行纳税申报，经主管税务机关确认后，税务稽查认为应当按照每间物业的销售收入减去受让原价的方式计算营业额，营业额的计算方式调整后，对V公司少缴的税款，是否属于税务机关的责任，是否加收滞纳金?

(2) 建筑工程挂靠经营中，纳税义务主体是被挂靠人还是实际施工并取得建筑工程收入的挂靠人?

【法院裁判观点】

▶ 一审法院认为:

本案被告市地方税务局于2014年9月1日对V公司作出的《税务处理决定书》，追征V公司少缴的税款共计11 293 057.66元，是由三个项目组成：一是经营运动城少缴营业税5 936.4元、城建税415.55元，教育费附加178.09元。二是转让物业少缴营业税288 588.37元、城建税20 201.19元、教育费附加8 657.65元、土地增值税5 311 626.30元。三是承建市政工程收入少缴营业税1 073 906.86元、城建税75 173.48元、教育费附加32 217.21元。2006年至2010年少缴企业所得税4 476 156.55元。由于V公司对经营运动城追缴税款的处理决定不存在异议并已经履行，因此，依照《行政诉讼法》第六条规定，本案仅对被告税务局对原告V公司转让物业、承建市政工程两个项目的追缴税款作出的处理决定所认定的事实是否清楚，证据是否充分，适用法律法规是否正确进行合法性审查。

首先，关于被告认定V公司转让物业少缴税款的问题。

从本案证据材料和查明的事实来看，V公司申报转让二手物业商铺的总收入54 669 694.00元，总成本39 819 998.00元，与《V公司转让清城北门街东二座首层、二层、三层按账面交易价格应补缴营业税费计算表》中的收入总额和成本总额，及与Q市地方税务局及Q市地方税务局凤城分局审核确认的金额是一致的。对V公司转让物业是否构成少缴税款的问题，实际只是按何种方式计税的问题。《营业税暂行条例》第四条规定："纳税人提供应税劳务、转让无形资产或者销售不动产，按照营业额和规定的税率计算应纳税额。应纳税额计算公式：应纳税额＝营业额×税率。"《财政部　国家税务总局关于营业税若干政策问题的通知》(财税〔2003〕16号)第三条第(二十)项规定："单位和个人销售或转让其购置的不动产或受让的土地使用权，以全部收入减去不动产或土地使用权的购置或受让原价后的余额为营业额。"本案原告转让物业纳税申报时选择整体收入减整体成本的方式，并不违反上述法律、法规的规定。

V公司于2010年9月27日向Q市地方税务局F分局申报时，已按该分局预征收审定的税额及期限缴纳或补缴了税款，而后Q市地方税务局F分局在2010年11月10日对预征收后V公司缴纳税款情况进行核查清算时，确认了预征收事项，并退还了V公司多缴的营业税费，已经实施了审查清算(即先预征，后清算)行为，并没有否定V公司的申报结果，因此，V公司的申报行为和申报结论，是税务机关征收部门经过税务征管程序确认的，并不存在处理决定书所认定的"你公司转让物业未如实申报缴纳营业税、城建税及附加"和"不履行纳税义务，向税务机关进行虚假纳税申报"的情况。而被告稽查该项目纳税情况时计算税费则按照每层面积平均计算各层物业单位原价，按每个转让物业所占面积计算购置成本的方法计算确定单个商铺原价的方式，对V公司的申报方式和征管环节的确认结果提出不同意见，属于税务机关征收环节与稽查环节的税务处理存在着不同意见，而不能证明V公司转让物业未如实申报或虚假申报。

而对市地税局认定V公司少缴税款加收滞纳金的问题。《国家税务总局关于土地增值税清算有关问题的通知》(国税函〔2010〕220号)第八条规定："土地增值税清算后应补缴的土地增值税加收滞纳金的问题：纳税人按规定预缴土地增值税后，清算补缴的土地增值税，在主管税务机关规定的期限内补缴的，不加收滞纳金。"本案原告V公司按照税务机关确定的预征收预缴了税费，也已经主管税务机关按征管方式和程序进行了核查清算，并不存在申报过错责任和加收滞纳金的问题，而被告市地税局再次进行稽查后作出的处理决定中所确定的征收方式和对应纳税额的计算方式以及加收滞纳金的处理方式不符合税法的法律法规和规范性文件的规定，属于适用法律法规不当，对其合法性不予确认，依法予以撤销。原告V公司对该问题的诉讼主张符合法律规定，应予以支持。

本案转让物业征收方式与计算营业税和土地增值税结果的差额，属于Q市地方税务局内部税务征管与稽查处理方法存在的差异，依照《税收征收管理法》第五十二条第一款的规定："因税务机关的责任，致使纳税人、扣缴义务人未缴或者少缴税款的，税务机关在三年内可以要求纳税人、扣缴义务人补缴税款，但是不得加收滞纳金。"因此，即使是存在V公司转让物业少缴税款的问题，责任也应在于税务机关，市地税局在3年内可以要求V公司补缴税款，但V公司不承担被加收滞纳金的责任。本案原告V公司自2007年12月至2010年9月转让物业收入实际取得之日至被告市地税局做出追征税款的处理决定之日已经长达4年之久，在这期间内，市地税局并没有就补缴税款向V公司发出纠错通知，也没有证据认定V公司属于偷税、抗税、骗税的行为，而直接于2014年9月1日作出《税务处理决定书》决定向V公司追缴税款和滞纳金，已经超过了法律所规定的3年追征期限。因此，市地税局追征V公司转让物业税款及滞纳金没有法律依据，V公司主张市地税局追征转让物业的税款已经超过追征期限的诉讼主张，理据充分，应予以采纳。

其次，关于市地税局认定V公司系承建市政工程项目的纳税义务人是否正确和原告取得市政工程收入少缴营业税、城建税的问题。

本案证据材料证实，V公司承建清城区松岗路等四条街翻新改造项目，先锋、南门、大观、学宫、曙光五条街改造项目，工程中标单位为J建筑工程有限公司；承建清城区城北路等四条街改造项目工程中标单位为H路桥建设有限公司；承建北江三桥引道道路之先锋主干道工程、清城区文化中心大楼周边道路沥青砼路面工程中标单位为M公路建设有限公司；承建清城区桥北路改造项目工程中标单位为T路桥有限公司；承建清城区沿江二、三路道路工程中标单位原为Y建筑装饰工程有限公司，2010年10月变更为G建筑工程有限公司，2012年11月13日变更为TH建设工程有限公司。承建上述市政工程七项目工程中标单位均不是V公司。V公司是不具有工程建筑资质的公司，按照《建筑法》的规定是不能作为建筑项目的分包方，不能与本案的建筑工程公司建立总分包合作关系，因此，V公司只能以承包、承租、挂靠方式以中标单位的名义从事施工行为。对所发生的应税行为，根据《中华人民共和国营业税暂行条例实施细则》(财政部　国家税务总局第52号令)第十一条规定，单位以承包、承租、挂靠方式经营的，承包人、承租人、挂靠人发生应税行为，承包人以发包人、出租人、被挂靠人名义对外经营并由发包人承担相关法律责任的，以发包人为纳税人；否则以承包人为纳税人。以及《Q市地方税务局建筑业税收征收管理试行办法》(以下简称《试行办法》)第二十条第(二)项规定："以承包、承租、挂靠方式经营的，承包人、承租人、挂靠人发生应税行为，以发包人、出租人、被挂靠人名义对外经营，并由发包人、出租人、被挂靠人承担相关法律责任的，其发生的收入、成本、费用等均应以发包人、出租人、被挂靠人为纳税人进行核算；否则以承包人、承租人、挂靠人为纳税人进行核算。”第三十一条第（二）项的规定：“以承包、承租、挂靠方式经营的，承包人、承租人、挂靠人发生应税行为，以发包人、出租人、被挂靠人名义对外经营，并由发包人、出租人、被挂靠人承担相关法律责任的，应以发包人、出租人、被挂靠人为纳税人进行申报纳税；否则以承包人、承租人、挂靠人为纳税人进行申报纳税。”上述规定明确了中标的建筑工程公司为纳税主体，V公司不是本案市政工程项目法律意义上的纳税义务人，对外因工程项目所发生收入、成本、费用的核算、申报纳税等应当以中标的建筑工程公司名义办理有关事项和承担相关责任。

从本案原告V公司与中标的建筑公司签订的合同来看，合同的实质就是V公司挂靠建筑公司的名义承建工程，实际施工，从而取得建筑工程收入，并不存在共同出资，共同经营，共同承担风险的约定，V公司在市政工程项目的施工中提供了税法所称的应税劳务，而且取得了相应的收入，并且按各方的约定直接收取了建设方的工程款项，直接取得工程收益，被挂靠建筑工程公司只是收取工程结算造价比例的管理费，虽然V公司是以建筑工程公司名义对外经营，但双方合同明确规定，法律责任由V公司承担，V公司提供建筑劳务并取得收入，符合税法认定的应税行为，应当履行纳税义务。因此，V公司应当承担实际缴纳税款的义务。虽然2008年12月修订的《营业税暂行条例实施细则》第十一条以及Q市地方税务局2009年的《试行办法》第二十条规定了挂靠人以被挂靠人名义对外经营的被挂靠人为纳税人，但这一规定对2009年以前发生的纳税行为和主体不具有溯及力。本案原告V公司承接市政工程施工之后，独立经营、独立核算，取得工程收入，被挂靠建筑工程公司收取工程管理费，并不实际履行建筑施工责任义务。因此，原告V公司应当为实质意义的纳税人，根据实质课税原则，被告市地税局在稽查处理时对未扣缴的工程税款，是可以向V公司直接追缴征收，但应按照《税收征收管理法》规定的征管程序和征管方式，可由V公司从中标的建筑工程公司开具发票，代缴所应缴的税款。本案证据显示涉案市政工程项目已经以被挂靠单位名义已由税务机关代开了部分工程款收入发票，并且缴纳了部分税款，但未按照工程的实际收入全额开具发票，V公司在账簿上不列收入，不列成本及被挂靠建筑工程公司作为合同主体和责任主体，未及时申报均负有责任。至于本案建安工程未开具发票部分金额35 796 895.39元，V公司应当按照市地税局原来的征管程序和征管方式，由中标的建筑工程公司开具发票，向主管税务机关进行纳税申报。综上，市地税局作出的《税务处理决定书》决定追征V公司承建市政工程收入少缴营业税、城建税、教育费附加的税款及加收滞纳金，理据充分，应予以维持。

再次，关于市地税局认定V公司取得建安工程收入少缴企业所得税和企业所得税纳税主体的问题。

根据市地税局编制的《V公司2006年至2010年度应补缴企业所得税计算表》《各项工程结算价格及已开票建安收入核对表》，计算V公司应补缴的企业所得税是按照建安收入总额乘以适用税率，再减去建筑工程公司已开票建安收入代征的企业所得税。市地税局对建筑工程公司已开票建安收入代征企业所得税，也证实对建安收入的纳税主体确认为建筑工程公司。而在本案稽查处理时，又确认V公司为建安工程的企业所得税纳税义务人，形成一个收入两个纳税主体的确认结果，对此出现的问题，一审法院认为：由于V公司是市政工程项目的实际施工单位，提供了税法所称的应税劳务，而且取得了相应的收入，根据《企业所得税法》第一条："在中华人民共和国境内，企业和其他取得收入的组织（以下统称企业）为企业所得税的纳税人，依照本法的规定缴纳企业所得税"和第六条："企业以货币形式和非货币形式从各种来源取得的收入，为收入总额。包括：……（二）提供劳务收入"的规定，本案建设投资方实际向原告支付的全部款项以货币形式或非货币形式体现，收入形式上符合税法规定的要求。建设方或承包方支付的全部款项是施工方通过从事建筑安装劳务活动取得的收入，内容上符合税法规定要求。V公司承接市政工程施工之后，独立经营、独立核算，取得工程收入，被挂靠建筑工程公司收取工程管理费，并不实际履行建设施工责任义务。因此，可以认定V公司为企业所得税实际纳税主体，对于V公司取得的工程款收入，都应作为企业所得税应税，申报缴纳企业所得税。税务机关在稽查处理时对未扣缴的工程税款，是可以向V公司直接追缴征收，但应按照《税收征收管理法》规定的征管程序和征管方式，开具发票形式方法上必须符合国家财税的法律法规规定，也可由V公司从中标的建筑工程公司开具发票，代缴所应缴的税款。据此，市地税局作出的《税务处理决定书》决定追征V公司取得建安工程收入少缴企业所得税并以V公司作为企业所得税实际纳税主体，符合客观事实，处理并无不妥。应予以维持。

综上所述，依照《行政诉讼法》第六十九条、第七十条第（一）、（二）项的规定，判决如下：

(1) 撤销被告Q市地方税务局于2014年9月1日作出的《税务处理决定书》中第二部分处理依据及决定第（二）项、第（三）项关于V公司应补缴转让物业营业税288 588.37元，城市维护建设税20 201.19元；教育费附加8 657.65元和土地增值税5 311 626.30元以及第（七）项关于转让物业上述应补缴税款按日加收滞纳税款万分之五的滞纳金的处理决定。

(2) 驳回原告V公司要求撤销被告Q市地方税务局于2014年9月1日作出的《税务处理决定书》中第二部分处理依据及决定第(四)项、第(五)项、第(六)项关于原告取得未由扣缴义务人代扣代缴税费的建筑安装工程收入应补缴营业税1 073 906.86元,城市维护建设税75 173.48元,教育费附加32 217.21元和2006年度、2007年度、2009年度、2010年度应补缴企业所得税853 862 16元,1 429 428.00元、403 169 36元,1 789 697.03元以及第(七)项关于建筑安装工程上述应补缴税款和企业所得税款按日加收滞纳税款万分之五的滞纳金的诉讼请求。上述税款及滞纳金应在本判决生效之日起15日内由原告V公司以项目中标建筑工程公司名义开具发票向税务机关缴纳。

V公司与Q市地方税务局均不服一审判决,提起上诉。

▶ 二审法院认为:

本案中Q市地方税务局主要针对V公司存在经营运动城项目少缴营业税费、转让物业少缴营业税费以及土地增值税,承建市政工程收入少缴营业税费、2006—2010年少缴企业所得税等违法行为作出了涉案处理决定。因V公司对Q市地方税务局要求其补缴经营运动城项目的营业税费并无异议,一审判决对涉案处理决定中的该项内容未作审查并无不当。

关于V公司转让物业少缴营业税费以及土地增值税的问题。《营业税暂行条例》第一条规定:“在中华人民共和国境内提供本条例规定的劳务、转让无形资产或者销售不动产的单位和个人,为营业税的纳税人,应当依照本条例缴纳营业税。”《营业税暂行条例》第四条第一款规定:“纳税人提供应税劳务、转让无形资产或者销售不动产,按照营业额和规定的税率计算应纳税额。应纳税额计算公式:应纳税额=营业额×税率。”《中华人民共和国城市维护建设税暂行条例》(以下简称《城市建设税暂行条例》(1985年发布)第二条规定,凡缴纳产品税、增值税、营业税的单位和个人,都是城市维护建设税的纳税义务人,都应当依照本条例的规定缴纳城市维护建设税。”《城市维护建设税暂行条例》第三条规定:“城市维护建设税,以纳税人实际缴纳的产品税、增值税、营业税税额为计税依据,分别与产品税、增值税、营业税同时缴纳。”《城市维护建设税暂行条例》第四条规定:“城市维护建设税税率如下:纳税人所在地在市区的,税率为百分之七;纳税人所在地在县城、镇的,税率为百分之五;纳税人所在地不在市区、县城或镇的,税率为百分之一。”《征收教育费附加的暂行规定》第二条规定,凡缴纳消费税、增值税、营业税的单位和个人,除按照《国务院关于筹措农村学校办学经费的通知》(国发〔1984〕174号)的规定,缴纳农村教育事业费附加的单位外,都应当依照本规定缴纳教育费附加。《征收教育附加的暂行规定》第三条第一款规定："教育费附加，以各单位和个人实际缴纳的增值税、营业税、消费税的税额为计征依据，教育费附加率为3%，分别与增值税、营业税、消费税同时缴纳。"《土地增值税暂行条例》第二条规定："转让国有土地使用权、地上的建筑物及其附着物(以下简称转让房地产)并取得收入的单位和个人，为土地增值税的纳税义务人，应当依照本条例缴纳土地增值税。"本案中V公司转让清城北门街东二座首层、二层、三层物业时，其向Q市地方税务局F分局纳税申报时，采取了整体收入减整体成本确定营业额的方式，而Q市地方税务局稽查部门在稽查V公司该项目的纳税时，认为V公司转让涉案物业应当按照每间物业销售收入减成本价确定营业额，对两种计税方式产生的差额，Q市地方税务局认为原因在于V公司存在虚假纳税申报的行为，导致少缴税款，故作出涉案处理决定，要求V公司补缴相应营业税、城市维护建设税、教育费附加以及土地增值税。

至于本案中涉案物业转让是否应当补缴税款并加收滞纳金，以及是否处于追征期的问题。首先，根据《财政部 国家税务总局关于营业税若干政策问题的通知》(财税〔2003〕16号)第三条第一款第(二十)规定："单位和个人销售或转让其购置的不动产或受让的土地使用权，以全部收入减去不动产或土地使用权的购置或受让原价后的余额为营业额。"本案中根据V公司购买涉案物业的发票，以及转让物业的时间来看，该公司是分批多次购进和转让涉案物业的，对V公司转让涉案物业征税，按照每间物业的销售收入减去受让原价的方式计算营业额，符合房地产交易习惯，一审法院认为V公司采取整体收入减整体成本的方式符合法律规定不当，本院予以纠正。

Q市地方税务局上诉主张V公司转让涉案物业应采取每间物业销售收入减受让原价的方式申报纳税理由充分，本院予以采纳。V公司因采取整体收入减整体成本的方式申报纳税导致少缴税款，应当依法补缴。

其次，《税收征收管理法》第五十二条第一款规定："因税务机关的责任，致使纳税人、扣缴义务人未缴或者少缴税款的，税务机关在三年内可以要求纳税人、扣缴义务人补缴税款，但是不得加收滞纳金。"本案中V公司转让涉案物业后，于2010年9月27日向Q市地方税务局F分局纳税申报，该分局亦接受了V公司的该项目纳税申报材料，并履行了受理和审核程序后向V公司征收了相应税款。且Q市地方税务局F分局在征收该项税款时，因适用税目错误又向V公司退回了部分税款，即Q市地方税务局F分局在向V公司征收转让涉案物业相应税款时，确认了V公司整体收入减整体成本的申报纳税方式，只是因Q市地方税务局在税务稽查过程中，认为应当采取每间物业的销售收入减去受让原价的申报纳税方式，才产生了应当补缴税款的情况。可见V公司转让涉案物业少缴税款，并非V公司在纳税申报时少申报或虚假申报，而是Q市地方税务局稽查过程中改变了计税方式所致，依据上述规定，Q市地方税务局可以要求V公司补缴税款，且补缴税款应当适用3年的追征期限，但不应当对该补缴税款加收滞纳金，一审判决认定无证据证明V公司转让涉案物业未如实申报或虚假申报正确，本院予以确认。

需要指出的是，Q市地方税务局依法不应当对V公司因少缴土地增值税加收其滞纳金，原因仍在于Q市地方税务局稽查过程中改变了计税方式，而并非一审判决适用《国家税务总局关于土地增值税清算有关问题的通知》（国税函〔2010〕220号）第八条“土地增值税清算后应补缴的土地增值税加收滞纳金的问题：纳税人按规定预缴土地增值税后，清算补缴的土地增值税，在主管税务机关规定的期限内补缴的，不加收滞纳金”的规定作出的认定，本院予以指正。

再次，本案中V公司转让涉案物业分别于2009年3月及2010年9月进行了纳税申报，Q市地方税务局在一审中提交了《税务检查通知书》和《调取账簿资料通知书》等稽查文书，证明Q市地方税务局于2011年4月25日即已开展对V公司的纳税情况的检查，V公司对该稽查文书等材料并无异议，故Q市地方税务局自2011年4月25日始，对V公司2009及2010年应补缴税款开始追征，未超过3年的追征期限。一审判决以Q市地方税务局作出涉案处理决定距V公司转让涉案物业取得实际收入已长达4年，Q市地方税务局对V公司追征转让涉案物业税款超过法定3年期限的认定不当，本院予以纠正。Q市地方税务局上诉主张其作出涉案处理决定，追征V公司转让涉案物业应补缴税款未超过法定期限理由充分，本院予以采纳。

关于V公司承建市政工程收入少缴营业税费的问题。《税收征收管理法》第六十九条规定：“扣缴义务人应扣未扣、应收而不收税款的，由税务机关向纳税人追缴税款，对扣缴义务人处应扣未扣、应收未收税款百分之五十以上三倍以下的罚款。”《营业税暂行条例》第一条规定：“在中华人民共和国境内提供本条例规定的劳务、转让无形资产或者销售不动产的单位和个人，为营业税的纳税人，应当依照本条例缴纳营业税。”《营业税暂行条例》第四条第一款规定：“纳税人提供应税劳务、转让无形资产或者销售不动产，按照营业额和规定的税率计算应纳税额。应纳税额计算公式：应纳税额＝营业额×税率。”《营业税暂行条例》第五条规定：“纳税人的营业额为纳税人提供应税劳务、转让无形资产或者销售不动产向对方收取的全部价款和价外费用；但是，下列情形除外：……（三）建筑业的总承包人将工程分包或者转包给他人的，以工程的全部承包额减去付给分包人或者转包人的价款后的余额为营业额。……”《营业税暂行条例》第十一条规定：“营业税扣缴义务人：……（二）建筑安装业务实行分包或者转包的，以总承包人为扣缴义务人……”《城市维护建设税暂行条例》(1985年发布)第二条规定,凡缴纳产品税、增值税、营业税的单位和个人,都是城市维护建设税的纳税义务人,都应当依照本条例的规定缴纳城市维护建设税。”《城市维护建设税暂行条例》第三条规定:“城市维护建设税,以纳税人实际缴纳的产品税、增值税、营业税税额为计税依据,分别与产品税、增值税、营业税同时缴纳。”《城市维护建设税暂行条例》第四条规定:“城市维护建设税税率如下:纳税人所在地在市区的,税率为百分之七;纳税人所在地在县城、镇的,税率为百分之五;纳税人所在地不在市区、县城或镇的,税率为百分之一。”《征收教育费附加的暂行规定》第二条规定:“凡缴纳消费税、增值税、营业税的单位和个人,除按照《国务院关于筹措农村学校办学经费的通知》(国发〔1984〕174号)的规定,缴纳农村教育事业费附加的单位外,都应当依照本规定缴纳教育费附加。《征收教育附加的暂行规定》第三条第一款规定:“教育费附加,以各单位和个人实际缴纳的增值税、营业税、消费税的税额为计征依据,教育费附加率为3%,分别与增值税、营业税、消费税同时缴纳。”本案中依据V公司与市政工程中标公司之间签订的合同等证据材料反映,V公司于2006年1月1日至2007年12月31日具体承建了7项由其他公司中标后发包给V公司的市政工程,提供了应税劳务,并实际取得了建筑安装工程收入,V公司依法应当履行纳税义务。一审判决认为V公司不是法律意义上的纳税义务人不当,本院予以纠正。依据上述法律规定,V公司所取得的建筑安装工程收入应纳税款应当由总承包人代扣代缴。本案中V公司取得的涉案建筑安装工程收入应当缴纳的营业税、城市维护建设税、教育附加费,总承包人未代扣代缴,V公司作为纳税人依法应当补缴。Q市地方税务局作出涉案税务处理决定向V公司追缴应缴税款事实理由充分,一审判决维持Q市地税局的该项处理决定正确,本院予以确认。

至于V公司主张其与市政工程中标公司之间为挂靠和被挂靠关系,V公司作为挂靠人不是纳税人的问题,V公司和多个中标公司签订的工程承包合同、合作经营合同,均明确反映其与中标公司为承包和发包关系。一审判决以V公司不具有建筑资质,认定V公司与中标公司之间不构成总分包关系,但V公司是否具备建筑资质,只是涉及其与中标公司签订的承包合同效力问题,并不能改变V公司和中标公司之间形成的承包合同关系,一审法院的认定事实依据不充分,本院予以指正。V公司认为其与中标公司之间属于挂靠与被挂靠关系,应纳税款应当由中标公司缴纳的理由不能成立,本院不予采纳。

关于V公司取得市政工程收入少缴企业所得税的问题。《税收征收管理法》第三十五条第一款规定:“纳税人有下列情形之一的,税务机关有权核定其应纳税额:……(三)擅自销毁账簿或者拒不提供纳税资料的;(四)虽设置账簿,但账目混乱或者成本资料、收入凭证、费用凭证残缺不全，难以查账的；……《税收征收管理法实施细则》第四十七条第一款规定："纳税人有税收征管法第三十五条或者第三十七条所列情形之一的，税务机关有权采用下列任何一种方法核定其应纳税额：……（二）按照营业收入或者成本加合理的费用和利润的方法核定；……（四）按照其他合理方法核定。"《企业所得税暂行条例》第一条规定："中华人民共和国境内的企业，除外商投资企业和外国企业外，应当就其生产、经营所得和其他所得，依照本条例缴纳企业所得税。企业的生产、经营所得和其他所得，包括来源于中国境内、境外的所得。"《企业所得税暂行条例》第三条规定："纳税人应纳税额，按应纳税所得额计算，税率为百分之三十三。"《企业所得税暂行条例》第五条规定纳税人的收入总额包括：(1)生产、经营收入；(2)财产转让收入；(3)利息收入；(4)租赁收入；(5)特许权使用费收入；(6)股息收入；(7)其他收入。《企业所得税暂行条例》第十五条规定："缴纳企业所得税，按年计算，分月或者分季预缴。月份或者季度终了后十五日内预缴，年度终了后四个月内汇算清缴，多退少补。"《企业所得税法》第一条第一款规定："在中华人民共和国境内，企业和其他取得收入的组织（以下统称企业）为企业所得税的纳税人，依照本法的规定缴纳企业所得税。"《企业所得税法》第四条第一款规定："企业所得税的税率为25%。"《企业所得税法》第五条规定："企业每一纳税年度的收入总额，减除不征税收入、免税收入、各项扣除以及允许弥补的以前年度亏损后的余额，为应纳税所得额。"《企业所得税法》第六条规定："企业以货币形式和非货币形式从各种来源取得的收入，为收入总额。包括：……（二）提供劳务收入；（三）转让财产收入……"《企业所得税法》第二十二条规定："企业的应纳税所得额乘以适用税率，减除依照本法关于税收优惠的规定减免和抵免的税额后的余额，为应纳税额。"《企业所得税暂行条例实施细则》第五条规定："条例第三条所称应纳税额，其计算公式为：应纳税额＝应纳税所得额×税率。"《企业所得税暂行条例实施细则》第七条规定："条例第五条（一）项所称生产、经营收入，是指纳税人从事主营业务活动取得的收入，包括商品（产品）销售收入，劳务服务收入，营运收入，工程价款结算收入，工业性作业收入以及其他业务收入。"《企业所得税法实施条例》第九条规定："企业应纳税所得额的计算，以权责发生制为原则，属于当期的收入和费用，不论款项是否收付，均作为当期的收入和费用；不属于当期的收入和费用，即使款项已经在当期收付，均不作为当期的收入和费用。本条例和国务院财政、税务主管部门另有规定的除外。"《企业所得税法实施条例》第十二条规定："企业所得税法第六条所称企业取得收入的货币形式，包括现金、存款、应收账款、应收票据、准备持有至到期的债券投资以及债务的豁免等。《企业所得税法》第六条所称企业取得收入的非货币形式，包括固定资产、生物资产、无形资产、股权投资、存货、不准备持有至到期的债券投资、劳务以及有关权益等。”《企业所得税法实施条例》第二十三条规定：“企业的下列生产经营业务可以分期确认收入的实现：……企业受托加工制造大型机械设备、船舶、飞机，以及从事建筑、安装、装配工程业务或者提供其他劳务等，持续时间超过12个月的，按照纳税年度内完工进度或者完成的工作量确认收入的实现。”《企业所得税法实施条例》第七十六条规定：“企业所得税法第二十二条规定的应纳税额的计算公式为：应纳税额＝应纳税所得额×适用税率－减免税额－抵免税额。公式中的减免税额和抵免税额，是指依照企业所得税法和国务院的税收优惠规定减征、免征和抵免的应纳税额。”本案中V公司在2006年、2007年、2009年、2010年对其取得建筑安装工程收入在账簿上不列收入，不列成本，Q市地方税务局按照V公司不同时段少缴企业所得税的违法行为，按照当时的相关规定对其少缴的企业所得税采取核定征收的方式要求其补缴事实清楚，一审判决该项予以维持并无不当，本院予以确认。

至于V公司主张Q市地方税务局要求其补缴企业所得税超过追征期限的问题。根据《税收征收管理法》第五十二条第三款“对偷税、抗税、骗税的，税务机关追征其未缴或者少缴的税款、滞纳金或者所骗取的税款，不受前款规定期限的限制”，以及第六十三条第一款“纳税人伪造、变造、隐匿、擅自销毁账簿、记账凭证，或者在账簿上多列支出或者不列、少列收入，或者经税务机关通知申报而拒不申报或者进行虚假的纳税申报，不缴或者少缴应纳税款的，是偷税……”的规定，V公司对其2006年、2007年、2009年、2010年取得的建筑安装工程收入采取不列收入，不列成本，以致少缴税款的违法行为属于偷税行为，依据上述法律规定，不受追征期限的限制，V公司认为涉案追征行为超过期限的主张缺乏法律依据，本院不予采纳。

关于V公司因少缴税款应加收滞纳金的问题。《税收征收管理法》第三十二条规定：“纳税人未按照规定期限缴纳税款的，扣缴义务人未按照规定期限解缴税款的，税务机关除责令限期缴纳外，从滞纳税款之日起，按日加收滞纳税款万分之五的滞纳金。”本案中V公司因存在经营运动城项目少缴营业税等各项税费计6 530.04元、承建市政工程收入少缴营业税等各项税费1 181 297.55元、2006—2010年少缴企业所得税4 476 156.55元等违法行为，共计少缴税款5 663 984.14元，依据上述规定，Q市地方税务局对V公司滞纳上述税款之日起按日加收滞纳税款万分之五的滞纳金正确，但其在本案中对V公司转让物业少缴营业税费以及土地增值税的违法行为加收滞纳金不当，一审判决撤销Q市地方税务局作出的涉案处理决定第(七)项有关转让物业少缴税款的违法行为加收滞纳金的部分，驳回V公司要求撤销对其他少缴税款行为加收滞纳金的诉讼请求正确，本院予以确认。

综上所述，一审判决有关Q市地方税务局作出的涉案税务处理决定中滞纳金部分的处理正确，本院予以确认，有关转让物业应当补缴营业税费以及土地增值税部分的处理不当，本院予以改判。上诉人V公司的部分上诉理由成立，本院予以采纳。Q市地方税务局部分上诉理由成立，本院亦予以采纳。依照《行政诉讼法》第八十九条第一款第(二)项的规定，判决如下：

(1) 变更一审判决第一项为："撤销Q市地方税务局于2014年9月1日作出的《税务处理决定书》第二部分处理依据及决定第(七)项，Q市地方税务局应对V公司应纳税款5 663 984.14元从滞纳之日起至实际缴纳税款之日止按日加收滞纳税款万分之五的滞纳金。"

(2) 变更一审判决第二项为："驳回上诉人V公司要求撤销上诉人Q市地方税务局于2014年9月1日作出的《税务处理决定书》中第二部分处理依据及决定第(二)、(三)、(四)、(五)、(六)项，以及第(七)项因承建市政工程收入少缴营业税等各项税费、2006—2010年少缴企业所得税等违法行为加收滞纳金的诉讼请求。"

V公司不服二审判决，向最高人民法院申请再审。

▶ **再审法院认为**：

本案系当事人申请再审案件，本院应当围绕V公司申请再审的理由是否成立进行审查。

一、关于V公司就转让物业是否存在少缴税款的问题

《中华人民共和国营业税暂行条例》第一条规定："在中华人民共和国境内提供本条例规定的劳务、转让无形资产或者销售不动产的单位和个人，为营业税的纳税人，应当依照本条例缴纳营业税。"《营业税暂行条例》第四条第一款规定："纳税人提供应税劳务、转让无形资产或者销售不动产，按照营业额和规定的税率计算应纳税额。应纳税额计算公式：应纳税额＝营业额×税率。"《土地增值税暂行条例》第二条规定："转让国有土地使用权、地上的建筑物及其附着物并取得收入的单位和个人，为土地增值税的纳税义务人，应当依照本条例缴纳土地增值税。"《财政部 国家税务总局关于营业税若干政策问题的通知》(财税〔2003〕16号)第三条第一款第(二十)项规定："单位和个人销售或者转让其购置的不动产或受让的土地使用权，以全部收入减去不动产或土地使用权的购置或受让原价后的余款为营业额。"本案中，V公司分批多次购进和分别转让物业，其采取整体收入减去整体成本的方式计算营业额并进行纳税申报并不恰当，Q市地税局按照每间物业的销售收入减去受让原价的方式计算营业额更符合行业习惯，亦不违反上述规定。营业额的计算方式调整后，V

公司转让物业的营业额发生变化，其存在少缴营业税、土地增值税的情形，Q市地税局要求V公司补缴这部分税款并无不当。二审判决对此认定正确。V公司关于其就转让物业不存在少缴营业税、土地增值税的申请再审理由不能成立。

二、关于Q市地税局向V公司追征转让物业税款是否已过期的问题

2001年5月1日起实施的《税收征收管理法》第五十二条第一款规定："因税务机关的责任，致使纳税人、扣缴义务人未缴或者少缴税款的，税务机关在三年内可以要求纳税人、扣缴义务人补缴税款，但是不得加收滞纳金。"本案中，V公司转让物业少缴税款，并非V公司在纳税申报时少申报或虚假申报，而是由于Q市地税局在稽查过程中改变计税方式导致，因此属于"因税务机关的责任，致使纳税人、扣缴义务人未缴或者少缴税款的"情形。根据上述规定，税务机关的追征期限应为3年。虽然Q市地税局对V公司作出《税务处理决定书》是在2014年9月1日，但V公司就本案所涉转让物业分别于2009年3月及2010年9月进行纳税申报，Q市地税局在一审期间提交的《税务检查通知书》和《调取账簿资料通知书》表明，Q市地税局于2011年4月25日即已经开始对V公司2009及2010年间应补缴的税款追征，可见，Q市地税局追征该税款的行为并未超过3年的期限。二审判决对此认定正确。V公司关于Q市地税局就转让物业追征税款已超过3年追征期的申请再审理由不能成立。

三、关于V公司是否系建安工程收入的纳税义务人并存在少缴相应税款的问题

《营业税暂行条例》第一条规定："在中华人民共和国境内提供本条例规定的劳务、转让无形资产或者销售不动产的单位和个人，为营业税的纳税人，应当依照本条例缴纳营业税。"《营业税暂行条例实施细则》第十一条规定："单位以承包、承租、挂靠方式经营的，承包人、承租人、挂靠人发生应税行为，承包人以发包人、出租人、被挂靠人名义对外经营并由发包人承担相关法律责任的，以发包人为纳税人；否则以承包人为纳税人。"《企业所得税法》第一条第一款规定："在中华人民共和国境内，企业和其他取得收入的组织（以下统称企业）为企业所得税的纳税人，依照本法的规定缴纳企业所得税。"本案中，V公司自2002年开始承建了Q市七项市政工程，虽然其是通过与工程中标公司签订承包合同的方式承建工程，但其实际取得了建筑安装工程收入，依据上述法律和行政法规的规定，V公司负有缴纳营业税、企业所得税的义务。二审判决认定V公司为纳税义务人是正确的。V公司认为其不是建安工程收入的纳税义务主体，其所挂靠的中标公司应为纳税义务主体，是对相关法律、行政法规规定的错误理解，不能得到支持。

《税收征收管理法》第三十二条规定："纳税人未按照规定期限缴纳税款的，扣缴义务人未按照规定期限解缴税款的，税务机关除责令限期缴纳外，从滞纳税款之日

起，按日加收滞纳税款万分之五的滞纳金。”《税收征收管理法》第六十三条第一款规定：“纳税人伪造、变造、隐匿、擅自销毁账簿、记账凭证，或者在账簿上多列支出或者不列、少列收入，或者经税务机关通知申报而拒不申报或者进行虚假的纳税申报，不缴或者少缴应纳税款的，是偷税。对纳税人偷税的，由税务机关追缴其不缴或者少缴的税款、滞纳金，并处不缴或者少缴的税款百分之五十以上五倍以下的罚款；构成犯罪的，依法追究刑事责任。”本案中，V公司完成建安工程取得收入，除被挂靠的中标公司就代为收取的工程款代扣代缴了相应税款外，V公司对其直接收取的工程款在公司账簿上不列收入，不列成本，明显属于偷税行为。Q市地税局要求V公司补缴少缴的营业税、企业所得税税款并从滞纳税款之日起按日加收滞纳税款万分之五的滞纳金，符合法律规定。二审判决对此认定正确。V公司关于其不是建安工程收入的纳税义务人，Q市地税局不应向其追征税款并加收滞纳金的申请再审理由不能成立。

综上，V公司申请再审的理由均不能成立。本案不符合《行政诉讼法》第九十一条第三项、第四项规定的情形。本院依照《最高人民法院关于执行〈中华人民共和国行政诉讼法〉若干问题的解释》第七十四条的规定，裁定驳回V公司的再审申请。

二、因计算错误等失误不缴或少缴税款

纳税人、扣缴义务人计算错误等失误是指非主观故意的计算公式运用错误以及明显的笔误。《税收征收管理法》第五十二条第二款规定，因纳税人、扣缴义务人计算错误等失误，未缴或者少缴税款的，税务机关在3年内可以追征税款、滞纳金；有特殊情况的，追征期可以延长到5年。特殊情况，是指纳税人或者扣缴义务人因计算错误等失误，未缴或者少缴、未扣或者少扣、未收或者少收税款，累计数额在10万元以上的。

纳税人、扣缴义务人计算错误等失误，仅限于非主观故意的计算公式运用错误以及明显的笔误两种情形，在案件定性时，应当结合案件事实与证据，准确认定，不应随意扩大《税收征收管理法》第五十二条第二款的适用情形。

三、不进行纳税申报不缴或少缴税款

《税收征收管理法》第六十四条第二款规定，纳税人不进行纳税申报，不缴或者少缴应纳税款的，由税务机关追缴其不缴或者少缴的税款、滞纳金，并处不缴或者少缴的税款50%以上5倍以下的罚款。

不进行纳税申报，不缴或者少缴应纳税款，是指纳税人在规定的申报期限内未进行纳税申报，超过税款缴纳期限，不缴或者少缴税款的行为。纳税人有上述行为的，由税务机关追缴其不缴或者少缴的税款、滞纳金，以纠正违法行为人的违法行为，保证国家税收不受损失。同时由税务机关对违法行为人并处不缴或者少缴的税款 50%以上 5 倍以下的罚款。

如果纳税人在规定的申报期限内未进行纳税申报，但是在纳税期限届满前足额缴纳税款，未造成不缴或者少缴税款的后果的，应当按照《税收征收管理法》第六十二条的规定进行处罚。如果纳税人在规定的期限内未进行纳税申报，经税务机关通知仍拒不申报，不缴或者少缴税款的，属偷税行为，应当按照《税收征收管理法》第六十三条的规定进行处罚。

不进行纳税申报不缴或少缴税款的行为，从主观方面来看，应当是故意。但是与偷税行为不同，不进行纳税申报不缴或少缴税款的行为，在手段上与偷税的不同之处在于，没有“经税务机关通知申报”的前提，通常适用于以下情形：

(1) 依法不需要办理税务登记的纳税人，发生应税行为后，在规定的纳税申报期限，不进行纳税申报，税务机关也未书面通知其申报，造成不缴或者少缴税款。

(2) 未依法办理税务登记、扣缴税款登记的纳税人、扣缴义务人，发生应税行为后，在规定的纳税申报期限，不进行纳税申报，税务机关也未书面通知其申报，造成不缴或者少缴税款。

关于不进行纳税申报不缴或者少缴税款的追征期限，《税收征收管理法》并未明确规定，按照《税收征收管理法》第五十二条规定的精神，一般为 3 年，特殊情况可以延长至 5 年。①

相关案例 6.3 放贷收息不申报 少缴税款受处罚②

【案件查办过程】

2012 年至 2013 年，王某存在放贷收息行为，但未向税务部门进行纳税申报，亦未缴纳过税款。

---

① 《国家税务总局关于未申报税款追缴期限问题的批复》(国税函〔2009〕326 号)规定，《税收征收管理法》第五十二条规定：对偷税、抗税、骗税的，税务机关可以无限期追征其未缴或者少缴的税款、滞纳金或者所骗取的税款。《税收征收管理法》第六十四条第二款规定的纳税人不进行纳税申报造成不缴或少缴应纳税款的情形不属于偷税、抗税、骗税，其追征期按照《税收征收管理法》第五十二条规定的精神，一般为 3 年，特殊情况可以延长至 5 年。

② 本案例改编自《王华、国家税务总局哈尔滨市税务局稽查局税务行政管理(税务)二审行政判决书》黑龙江省哈尔滨市中级人民法院(2019)黑 01 行终 478 号，原文见中国裁判文书网，http://wenshu.court.gov.cn/website/wenshu/181107ANFZ0BXSK4/index.html?docId=570531f8ab0043f3b356ab0500448b68。

稽查局于2018年7月31日对其作出《税务行政处罚事项告知书》，于2018年8月1日送达。当日王某申请听证。2018年8月14日，税务稽查局举行听证，听取了王某的陈述、申辩。

2018年9月17日，税务稽查局向王某送达《税务处理决定书》及《税务行政处罚决定书》。王某不服，向人民法院提起诉讼。

【税企争议焦点】

稽查局对王某认定为"不进行纳税申报不缴或者少缴税款行为"事实是否清楚，适用法律是否正确。

【法院裁判观点】

▶ 一审法院认为：

根据《税收征收管理法》第六十四条第二款"纳税人不进行纳税申报，不缴或者少缴应纳税款的，由税务机关追缴其不缴或者少缴的税款、滞纳金，并处不缴或者少缴的税款百分之五十以上五倍以下的罚款"规定，税务稽查局有权对不进行纳税申报，不缴或者少缴应纳税款的纳税人作出行政处罚。关于王某所称根据《营业税改增值税试点有关事项的规定》(财税〔2016〕36号)的规定其应缴纳增值税而不是营业税，未收到本金及利息的情况下不应缴税的主张，根据该文件第十三条第三款的规定，"试点纳税人纳入营改增试点之日前发生的应税行为，因税收检查等原因需要补缴税款的，应按照营业税政策规定补缴营业税"。王某在2012年至2013年存在借贷行为，即发生应税行为，故应按照营业税政策规定补缴营业税。本案争议焦点为，王某纳税义务的产生是否以收到收益为前提。根据《营业税暂行条例》第十二条规定"营业税纳税义务发生时间为纳税人提供应税劳务、转让无形资产或者销售不动产并收讫营业收入款项或者取得索取营业收入款项凭据的当天。"《城市维护建设税暂行条例》(1985年发布)第二条、第三条的规定，凡缴纳产品税、增值税、营业税的单位和个人，都是城市维护建设税的纳税义务人，城市维护建设税与产品税、增值税、营业税同时缴纳。本案中，王某营业税纳税义务应自取得索取营业收入款项凭据即生效判决书之日产生，城建税应与营业税一同缴纳。鉴于王某已取得生效判决书，且已进入执行程序，又从未向税务部门进行纳税申报，亦未缴纳过税款，稽查局对王某作出处罚决定并无不当。

综上，稽查局作出的税务行政处罚决定书认定事实清楚，适用法律正确，程序合法，王某的诉讼请求无事实和法律依据，依法应予驳回。依据《行政诉讼法》第六十九条之规定，判决驳回王某的诉讼请求。

王某不服一审判决，提出上诉称：王某虽有法院的胜诉判决确定王某可以取得利息，但判决生效至今上诉人一直未能实际获得收益，甚至连本金也未能收回。在未取得收益情况下，王某尚不属于应纳税人，因此稽查局做出的处罚决定是错误的。

被上诉人稽查局辩称，上诉人王某认为其只是个人所得税的纳税义务人，不是营业税的纳税义务人，这种认识是不对的。根据《国家税务总局关于印发〈营业税税目注释(试行稿)〉的通知》规定，个人自有资金贷与他人使用也属于本税目的征收范围。个人是营业税、城市维护建设税的征收主体。上诉人王某与董某金、刘某喜等签定《借款合同》，发生借贷行为，其放贷收息行为应当缴纳营业税、城市维护建设税，而其未缴纳。我局依据《税收征收管理法》第六十四条规定，对其作出税务行政处罚决定。我局作出的行政处罚决定事实清楚，适用法律正确，程序合法，请求二审法院驳回上诉，维持原判。

▶ 二审法院认为：

《税收征收管理法》第六十四条第二款规定："纳税人不进行纳税申报，不缴或者少缴应纳税款的，由税务机关追缴其不缴或者少缴的税款、滞纳金，并处不缴或者少缴的税款百分之五十以上五倍以下的罚款。"根据上述规定，税务稽查局有对不进行纳税申报，不缴或者少缴应纳税款的纳税人作出行政处罚的法定职权。根据《营业税暂行条例》第十二条规定"营业税纳税义务发生时间为纳税人提供应税劳务、转让无形资产或者销售不动产并收讫营业收入款项或者取得索取营业收入款项凭据的当天。"《城市维护建设税暂行条例》(1985 年发布)第二条、第三条规定："凡缴纳产品税、增值税、营业税的单位和个人，都是城市维护建设税的纳税义务人，城市维护建设税与产品税、增值税、营业税同时缴纳。"本案中，王某在 2012 年至 2013 年与董某金、刘某喜等签定《借款合同》，存在借贷行为，即发生应税行为，故应按照营业税政策规定缴纳营业税、城市维护建设税。王某在已取得生效判决书，且已进入执行程序后，仍未向税务部门进行纳税申报，亦未缴纳过税款，稽查局依据《税收征收管理法》第六十四条的相关规定对王某作出行政处罚决定并无不当。关于王某上诉主张其缴税的前提条件应是其在取得利息之后再缴纳税款的问题。《营业税暂行条例》第十二条规定，营业税、城市维护建设税的缴纳并不以其是否实际取得收益为前提，而是从应税行为发生的当天起就应履行纳税义务，故王某的上诉理由不成立。税务稽查局作出的税务行政处罚事实清楚，适用法律正确，程序合法。一审法院判决驳回王某的诉讼请求，并无不当，本院应予维持。上诉人的上诉请求无事实和法律依据，本院不予支持。依照《行政诉讼法》第八十九条第一款第(一)项的规定，判决驳回上诉，维持原判。

相关案例 6.4 依法申报纳税是义务 怎能怨税务局没有提醒[①]

【案件查办过程】

Q实业房地产开发有限公司(以下简称Q公司)成立于1989年1月9日,注册资本1 000万元,法定代表人为杜某,经营范围包括房地产开发;装修工程;五金工具、家用电器、机械产品及设备、汽车及摩托车零配件、日用百货、纺织品、化工产品(国家专营除外)、建材、土畜产品、装修材料、录音器材、文化用品、水产品的销售等。

1993年,Q公司与N省国营某农场签订《土地使用权有偿转让合同》,取得了涉案土地使用权。2001年12月5日,Q公司取得了《国有土地使用证》,土地面积596亩(397 329.36平方米),土地用途为旅游用地。由于土地出让与规划脱节的原因,涉案土地一直未开发建设,只种植林木。Q公司于2011年4月27日取得了涉案土地《建设用地规划许可证》,同年11月10日取得了涉案土地《建设工程规划许可证》。在此之前,Q公司未按规定申报缴纳城镇土地使用税。

2012年5月20日,Q公司与H建设集团有限公司签订《建设工程施工合同》,工程名称:金源湖休闲度假养生中心(一)期工程,工程地点:某农场27队境内天堂水库旁,合同金额:22 899 600.98元,Q公司未按规定申报缴纳印花税。

2013年5月24日,H省地税局第三稽查局(以下简称第三稽查局)向Q公司发出《税务检查通知书》,决定对Q公司2010年1月1日至2012年12月31日涉税情况进行检查,如遇重大涉税问题,将追溯到以往年度。同年6月6日,第三稽查局向Q公司发出《税务事项通知书》,要求Q公司于2013年6月14日前提供2010年至2012年账簿、记账凭证及原始凭证、T县地税局出具的城镇土地使用税不征税通知书等资料,Q公司只提供了部分有关资料,没有提供账簿及凭证、T县地方税务局出具的城镇土地使用税不征税通知书。

2013年12月25日,H省T县地方税务局第一税务分局向第三稽查局出具《关于Q实业房产开发有限公司城镇土地使用税申报纳税情况说明的函》称,Q公司在2013年7月以前一直未向该局申报缴纳城镇土地使用税,也未提供减免税备案,2013年7月25日自查缴交了2012年下半年的城镇土地使用税。

第三稽查局经调查、核实,于2014年6月26日作出《税务处理决定书》《税务处罚决定书》,Q公司不服,申请行政复议。2015年1月14日,H省地方税务局作出

① 本案例改编自《海南秋林实业房产开发有限公司诉海南省地方税务局第三稽查局税务行政处理一案行政判决书》海南省第二中级人民法院(2015)海南二中行终字第58号,原文见中国裁判文书网,http://wenshu.court.gov.cn/website/wenshu/181107ANFZ0BXSK4/index.html?docId=8174703d59eb46f395197abb23ea2598。

《行政复议决定书》，决定维持《税务处理决定书》，Q公司仍不服，于2015年1月27日提起诉讼。在庭审中，Q公司表示，对第三稽查局征收印花税没有异议。

【税企争议焦点】

(1) 纳税人没有纳税申报、缴纳税款与税务机关没有进行宣传教育、提示、催交，是否有关联，是否因此影响纳税人的纳税义务。

(2)《税务处理决定书》在适用法律上是否正确，对Q公司未缴纳税款的行为是否应加收滞纳金。

【法院裁判观点】

▶ **一审法院认为：**

关于纳税人没有纳税申报、缴纳税款与税务机关没有进行宣传教育、提示、催交，是否有关联，是否因此影响纳税人的纳税义务的问题纳税申报是纳税人的法定义务，并不因税务机关的不及时宣传教育、提示、催交而少缴或者免缴税款。《税收征收管理法》第二十五条第一款规定："纳税人必须依照法律、行政法规规定或者税务机关依照法律、行政法规的规定确定的申报期限、申报内容如实办理纳税申报，报送纳税申报表、财务会计报表以及税务机关根据实际需要要求纳税人报送的其他纳税资料。"《税收征收管理法》第三十一条规定："纳税人、扣缴义务人按照法律、行政法规规定或者税务机关依照法律、行政法规的规定确定的期限，缴纳或者解缴税款。纳税人因有特殊困难，不能按期缴纳税款的，经省、自治区、直辖市国家税务局、地方税务局批准，可以延期缴纳税款，但是最长不得超过三个月。"《城镇土地使用税暂行条例》第八条规定："土地使用税按年计算、分期缴纳。缴纳期限由省、自治区、直辖市人民政府确定。"《城镇土地使用税暂行条例》第九条第(二)项规定，新征收的土地，依照下列规定缴纳土地使用税：征收的非耕地，自批准征收次月起缴纳土地使用税。"《H实施〈中华人民共和国城镇土地使用税暂行条例〉办法》第二条规定："在本省行政区域内的城市、县城、建制镇、工矿区、开发区、旅游度假区范围内使用土地的单位和个人，为城镇土地使用税(以下简称土地使用税)的纳税人，应当依法缴纳土地使用税"和第八条"土地使用税按年计算，分季缴纳。季度终了后10日内申报缴纳"及第十条"纳税人应当在土地管理部门批准使用土地后30日内，将实际占用土地的权属、面积、位置、使用情况等据实向土地所在地的地方税务部门办理申报登记。土地使用权转移的，受让人应当在合同签订之日起30日内，持有关资料到土地所在地的地方税务部门办理变更登记"的规定，纳税申报，报送有关资料，缴纳税款是纳税人的法定义务。对于纳税人未缴或者少缴的税款，因属国家的既得利益，依法应收归国库。虽然《税收征收管理法》第七条规定税务机关有宣传税法的义务，但我国法律、法规也没有关于税务机关没有进行税法宣传，就少缴或者免缴税款的规定。在本案中，Q公司作为拥有注册资本1 000万元的企业法人，应当知悉纳税申报是最基本的税收常识，Q公司于1993年与H省国营某农场签订《土地使用权有偿转让合同》取得涉案土地使用权，于2001年12月5日取得人民政府颁发的土地权属证书后，应当根据上述法律、法规、规章规定的期限及时办理城镇土地使用税的纳税申报，缴纳城镇土地使用税，而不是等第三稽查局向其追缴。但Q公司一直未进行纳税申报，缴纳城镇土地使用税，违反了上述规定，依法应予补交。

Q公司以其未及时申报、缴纳税款是由于第三稽查局没有进行税法宣传，没有尽到相应的通知和催缴义务，长期行政不作为所致，认为第三稽查局负有一定责任，属认识上的错误。在税收征收管理中，税务机关所谓的责任，根据《税收征收管理法实施细则》第八十条的规定，是指税务机关适用税收法律、行政法规不当或者执法行为违法，即因税务机关依据错误的征收行为和违反法律的错误执法行为等行政行为。在本案中，Q公司长期未主动进行城镇土地使用税纳税申报，也未缴纳税款，责任在于Q公司，第三稽查局的行为并没有违反该条法律规定。Q公司上述辩解，缺乏法律依据，理由不能成立。

关于《税务处理决定书》在适用法律上是否正确，对Q公司未缴纳税款的行为是否应加收滞纳金。其一是适用《税收征收管理法》第五十二条第二款规定还是适用《税收征收管理法》第五十二条第一款规定。《税收征收管理法》第五十二条第二款规定："因纳税人、扣缴义务人计算错误等失误，未缴或者少缴税款的，税务机关在三年内可以追征税款、滞纳金；有特殊情况的，追征期可以延长到五年。"根据《税收征收管理法实施细则》第八十二条的规定，所谓特殊情况，是指纳税人、扣缴义务人因计算错误等失误，未缴或者少缴、未扣或者少扣、未收或者少收税款累计数额在10万元以上的。对于纳税人不进行纳税申报造成不缴或者少缴应纳税款，如何适用法律的问题，2009年6月15日，国家税务总局针对某自治区地方税务局请示的该类问题作出《关于未申报税款追缴期限问题的批复》予以明确规定："税收征管法第六十四条第二款规定的纳税人不进行纳税申报造成不缴或者少缴应纳税款的情形不属于偷税、抗税、骗税，其追征期按照税收征管法第五十二条规定的精神，一般为三年，特殊情况可以延长至五年。"在本案中，Q公司未进行纳税申报，不缴或者少缴应纳税款已超过10万元，属于特殊情况的情形，依法应适用《税收征收管理法》第五十二条第二款关于5年的追征期限。Q公司主张适用《税收征收管理法》第五十二条第一款"因税务机关的责任，致使纳税人、扣缴义务人未缴或者少缴税款的，税务机关在三年内可以要求纳税人、扣缴义务人补缴税款，但是不得加收滞纳金"，与本案查明的事实不符,理由不当,不予支持。

其二是适用《税收征收管理法》第六十四条第二款规定还是适用《税收征收管理法》第六十二条规定。根据本案查明的事实,第三稽查局是针对Q公司未进行城镇土地使用税的纳税申报,不缴或者少缴应纳税款的行为作出处理,依法应适用《税收征收管理法》第六十四条第二款“纳税人不进行纳税申报,不缴或者少缴应纳税款的,由税务机关追缴其不缴或者少缴的税款、滞纳金,并处不缴或者少缴的税款百分之五十以上五倍以下的罚款”的规定。《税收征收管理法》第六十二条规定,纳税人未按照规定的期限办理纳税申报,报送纳税资料的,由税务机关责令限期改正,可以处2 000元以下的罚款;情节严重的,可以处2 000元以上1万元以下的罚款。在本案中,Q公司的行为,不仅未按照规定的期限办理纳税申报,报送纳税资料,还存在不缴或者少缴应纳税款的违法行为,因此,《税收征收管理法》第六十二条并不适用于本案,Q公司主张适用该法第六十二条来处理本案,理由不能成立,依法不予采纳。

其三是关于本案是否适用《海南省地方税务局关于土地使用税有关问题的通知》(琼地税发〔2009〕57号,以下简称57号《通知》)(2009年4月17日由H省地方税务局颁发,于2011年1月1日废止)规定的问题。57号《通知》第二条规定:“对因政府规划等原因,造成纳税人有证却无法使用土地,并且纳税人已经履行了应有责任的情况,纳税人能够提供县级以上(含本级)人民政府或者国土、规划等部门文件证明的,经直属地方税务局审核,不征收土地使用税。”57号《通知》第二条规定不征收城镇土地使用税,除符合政府规划造成纳税人有证却无法使用土地外,还须经纳税人申请减免并经税务机关审批。《税收征收管理法》第三十三条、《税收减免管理办法(试行)》(国税发〔2005〕129号印发)第五条都规定了纳税人可以依照法律、行政法规的规定申请减税、免税,但减税、免税的申请须经依照法律、行政法规规定的减税、免税审查批准机关审批或者备案。对于报批类减免税,未按规定申请或申请但未经有权税务机关审批确认的,纳税人不得享受减免税;对于备案类减免税,未按规定备案的,一律不得减免税。在本案中,出于土地出让与规划脱节的原因,涉案土地一直未开发建设,T县住房和城乡建设局、T县林业局也出具了有关证明,但本案没有证据证明Q公司已向所在地的T县地方税务局提交申请,也没有证据证明已经T县地方税务局审核,或者T县地方税务局出具不征税或者减免税等有关文书、证明。因此,Q公司认为其无法开发利用土地,主张适用57号《通知》第二条规定不征收城镇土地使用税,没有法律依据,依法不予支持。

综上,第三稽查局作出的《税务处理决定书》认定事实清楚,适用法律正确,程序合法，Q公司请求撤销《税务处理决定书》，缺乏法律依据，理由不当，不予支持。依照《最高人民法院关于执行〈中华人民共和国行政诉讼法〉若干问题的解释》第五十六条第（四）项之规定，判决驳回Q公司的诉讼请求。

Q公司不服一审判决，上诉称：①一审法院对本案的事实认定存在偏差，对被上诉人以及原税务机关的未依法履行法定职责的情况视而不见。从法律条文的相关规定可以明确看出，纳税人未按规定期限办理纳税申报，由税务机关责令限期改正，逾期不申报的才加以处理，体现了税务部门在税务征收、稽查过程理应体现过程监控的作用。然而，被上诉人却无视这一点，丝毫没有尽到税收征管过程中的监控作用，没有进行必要的催收提示，放任上诉人的未缴税款一拖再拖直到形成今天的局面。根据国家对于国土机关就土地变更要向税务机关报备的相关要求，上诉人也有理由相信当时国土部门已经将该土地的权属、面积等基本情况提供给T县税务部门，由此也就可以证明上诉人对该片土地不存在瞒报以及被上诉人已经知道该片土地的存在并应该征收土地使用税，然而就是在这种知悉的情况下却一直没有进行依法催收和责令整改的义务，完全没有尽到自己在税务征收过程中应有的监控责任，更是在原告没有缴纳税款时消极执法、放任不管，其所作所为无疑是没有依法履行法定职责的行政不作为行为。上诉人在未进行纳税申报、缴纳税款的同时，也同样错过当时适用但现在已经被废止的税收减免、优惠政策，更可见上诉人没有进行纳税申报的主观恶性极小，而且也没有试图偷税漏税的目的，倘若在自己对土地使用税不甚了解、优惠政策不明朗的情况下，税务机关进行过任何催缴、提醒的话，都不会造成如今的局面。②一审法院在追缴年限和是否加收滞纳金上适用法律错误。一审法院认同了被上诉人的税务处理决定，依据的是《税收征收管理法》第五十二条第二款，将未及时申报、纳税的责任完全归结于上诉人。上诉人自认未及时进行土地使用税的纳税申报，缴纳税款的主要责任在自身，但是包括被上诉人在内的税务征收、稽查机关因没有尽到过程监控责任而存在的不作为乃至“钓鱼执法”的行为，同样也要负有不可推脱的责任。在法律适用中应综合考虑《税收征收管理法》第五十二条第一款、第二款的具体情形，在追收期限和是否加收滞纳金上应在上诉人、被上诉人的过错基础上寻求一个平衡点，才符合税款征收的公平、公正原则。一审法院无视这一点，没有考虑到被上诉人的过错和不作为行为就径行适用《税收征收管理法》第五十二条第二款，将未及时申报、纳税的责任完全归因于上诉人，追收5年税款并加收滞纳金，属于事实认定偏颇、法律适用错误，被诉行政行为理应撤销。上诉人认为，一审判决事实认定不清，法律适用错误，故上诉人请求依法撤销一审判决；撤销稽查局作出的《税务处理决定书》。

▶ 二审法院认为：

依法纳税和纳税申报均是纳税人的法定义务。Q公司作为拥有注册资本1 000万元的大型企业法人，应当知悉纳税申报是法定义务，并根据上述法律、法规、规章规定的期限及时办理城镇土地使用税、印花税的纳税申报，依法缴纳城镇土地使用税、印花税。Q公司上诉称其未及时申报、缴纳税款是由于被上诉人及相关税务部门的长期行政不作为即被上诉人及相关税务部门没有进行税法宣传教育、没有尽到相应的通知和催缴义务所致，并认为第三稽查局负有一定责任，属法律和事实认识错误。

Q公司在被上诉人依法作出被诉行政行为之前长期未申报、缴纳城镇土地使用税、印花税，且其未向相关税务部门申请办理减免税手续，违反了相关的税收法律规定，上诉人还应依法缴纳上述税收的滞纳金，故被上诉人作出被诉行政行为的处理结果并无不当。上诉人的上诉理由不能成立，本院不予支持。一审判决认定事实基本清楚，适用法律正确，判决结果并无不当，依法应予维持。依照《行政诉讼法》第八十九条第一款第一项的规定，判决驳回上诉，维持原判。

四、因过失等其他原因未缴或少缴税款

因过失等其他原因未缴或少缴税款是指纳税人、扣缴义务人并不存在主观故意逃避缴纳税款，而是因过失违反税收法律、行政法规，造成未缴或者少缴税款的行为，如纳税人、扣缴义务人税收政策理解错误，非税务机关责任也不是由于纳税人、扣缴义务人的主观故意或计算错误等失误的其他原因等。在1986年国务院发布的《中华人民共和国税收征收管理暂行条例》第三十七条规定，漏税是指纳税人并非故意未缴或者少缴税款的行为。可见，漏税就是指因过失未缴或少缴税款的情形。但在1992年通过的《中华人民共和国税收征收管理法》中删除了关于漏税的规定，后经1995年、2001年修订，均未再规定因过失未缴、少缴税款的情形及处理。

实践中，确实纳税人因过失未缴、少缴税款的情形，即纳税人未缴或少缴税款既非主观故意的偷税、抗税、不进行纳税申报等原因，也不属于因税务机关的责任，或因计算错误等失误的原因。因此，在2015年国务院法制办发布的公开征求意见的《中华人民共和国税收征收管理法修订草案(征求意见稿)》增加了第九十九条“纳税人、扣缴义务人因过失违反税收法律、行政法规，造成未缴或者少缴税款的，税务机关除按照本法第八十六条的规定追缴其未缴或者少缴的税款外，并处未缴或者少缴

税款百分之五十以下的罚款。”对因过失造成未缴或者少缴税款的情形及法律责任进行了明确的规定。

由于现行《税收征收管理法》并未专门规定纳税人、扣缴义务人因过失未缴、少缴税款的行为及处理，在办案中，应当依据相应税种的实体法确定未缴或少缴的税款，并根据《税收征收管理法》第三十二条规定加收滞纳金，予以追缴。因没有进行处罚的事实和法律依据，不应再作出处罚决定。

相关案例6.5 拍卖成交价格明显偏低 稽查局核定税款引争议[①]

【案件查办过程】

D房产建设有限公司（以下简称D公司）成立于1992年2月28日，注册资本1 200万美元，法定代表人为郭某。经营范围包括在经市规划局批准划拨的人民中路建设用地开发、建设、销售、出租和管理商住楼宇，停车场经营等。

2004年11月30日，D公司与穗和拍卖行有限公司（以下简称穗和拍卖行）签订委托拍卖合同，委托穗和拍卖行拍卖其自有的位于G市人民中路555号银行中心的房产。委托拍卖的房产包括地下负一层至负四层的车库（199个），面积13 022.467 8平方米；首层至第三层的商铺，面积7 936.747 8平方米；4～9层、11～13层、16～17层、20～28层部分单位的写字楼，面积共计42 285.578 8平方米。D公司在拍卖合同中对上述总面积为63 244.794 4平方米的房产估值金额为530 769 427.08港元。

2004年12月2日，穗和拍卖行在《信息时报》C16版刊登拍卖公告，公布将于2004年12月9日举行拍卖会。穗和拍卖行根据委托合同的约定，在拍卖公告中明确竞投者须在拍卖前将拍卖保证金6 800万港元转到D公司指定的银行账户内。

2004年12月19日，S实业有限公司通过拍卖，以底价1.3亿港元（按当时的银行汇率，兑换人民币为1.382 55亿元）竞买了上述部分房产，面积为59 907.092 1平方米。上述房产拍卖后，D公司按1.382 55亿元的拍卖成交价格，先后向税务部门缴付了营业税6 912 750元及堤围防护费124 429.5元，并取得了相应的完税凭证。

2006年，第一稽查局在检查D公司2004年至2005年地方税费的缴纳情况时，发现D公司存在上述情况，展开调查。经向G市国土资源和房屋管理局调取D公司委托拍卖房产所在地周边房产的交易价格情况进行分析，第一稽查局得出当时D

① 本案例改编自《广州德发房产建设有限公司与广东省广州市地方税务局第一稽查局再审行政判决书》最高人民法院行政判决书（2015）行提字第13号，原文见中国裁判文书网，http://wenshu.court.gov.cn/website/wenshu/181107ANFZ0BXSK4/index.html?docId=3875e788347042248591a7580111fb2a。

公司委托拍卖房产的周边房产的交易价格，其中写字楼为 5 500～20 001 元/平方米，商铺为 10 984～40 205 元/平方米，地下停车位为 89 000～242 159 元/个。

因此，第一稽查局认为D公司以 1.382 55 亿元出售上述房产，拍卖成交单价格仅为2 300 元/平方米，不及市场价的一半，价格严重偏低。遂于 2009 年 8 月 11 日根据《税收征收管理法》第三十五条及《税收征收管理法实施细则》第四十七条的规定，作出税务检查情况核对意见书，以停车位 85 000 元/个、商场 10 500 元/平方米、写字楼 5 000 元/平方米的价格计算，核定D公司委托拍卖的房产的交易价格为311 678 775 元(85 000×199＋10 500×7 936.75＋5 000×42 285.58)，并以 311 678 775 元为标准核定应缴纳营业税及堤围防护费。D公司应缴纳营业税 15 583 938.75 元(311 678 775×5%)，扣除已缴纳的6 912 750. 00 元，应补缴8 671 188.75 元(15 583 938.75－ 6 912 750)；应缴纳堤围防护费 280 510.90 元，扣除已缴纳的 124 429.50 元，应补缴156 081.40元。该意见书同时载明了第一稽查局将按规定加收滞纳金及罚款的情况。

D公司于 2009 年 8 月 12 日收到上述税务检查情况核对意见书后，于同月 17 日向第一稽查局提交了复函，认为第一稽查局对其委托拍卖的房产价值核准为311 678 775元缺乏依据。第一稽查局没有采纳D公司的陈述意见。

2009 年 9 月 14 日，第一稽查局作出税务处理决定，认为D公司存在违法违章行为并决定：

(1) 根据《税收征收管理法》第三十五条，《税收征收管理法实施细则》第四十七条，《营业税暂行条例》第一条、第二条、第四条的规定，核定D公司于 2004 年 12 月取得的拍卖收入应申报缴纳营业税 15 583 938.75 元，已申报缴纳 6 912 750. 00 元，少申报缴纳8 671 188.75 元；决定追缴D公司未缴纳的营业税 8 671 188.75 元，并根据《税收征收管理法》第三十二条的规定，对D公司应补缴的营业税加收滞纳金2 805 129.56元。

(2) 根据G市人民政府《G市市区防洪工程维护费征收、使用和管理试行办法》(某府〔1990〕88 号)第二条、第三条、第七条及(G市财政局、G市地方税务局、G市水利局)《关于征收G市市区堤围防护费有关问题的补充通知》第一条规定，核定D公司 2004 年 12 月取得的计费收入应缴纳堤围防护费 280 510.90 元，已申报缴纳124 429.50元，少申报缴纳156 081.40 元，决定追缴少申报的 156 081.40 元，并加收滞纳金 48 619.36 元。

D公司不服第一稽查局的处理决定，向G市地方税务局申请行政复议。G市地方税务局经复议后于 2010 年 2 月 8 日作出行政复议决定，维持了第一稽查局的处理决定。D公司不服，向人民法院提起诉讼。

【税企争议焦点】

D公司将涉案房产拍卖形成的拍卖成交价格作为计税依据纳税后，第一稽查局在税务检查过程中能否以计税依据价格明显偏低且无正当理由为由重新核定应纳税额补征税款并加收滞纳金。

【法院裁判观点】

▶ 一审法院认为：

《税收征收管理法》第五条第一款规定，国务院税务主管部门主管全国税收征收管理工作。各地国家税务局和地方税务局应当按照国务院规定的税收征收管理范围分别进行征收管理。因此，依法核定、征收税款是第一稽查局应履行的法定职责。《营业税暂行条例》第一条规定：在中华人民共和国境内提供本条例规定的劳务、转让无形资产或者销售不动产的单位和个人，为营业税的纳税人，应当依照本条例缴纳营业税。《营业税暂行条例》第四条规定：纳税人提供应税劳务、转让无形资产或者销售不动产，按照营业额和规定的税率计算应纳税额。《税收征收管理法》第三十五条第一款第（六）项规定：纳税人申报的计税依据明显偏低，又无正当理由的，税务机关有权核定其应纳税额。《税收征收管理法实施细则》第四十七条第一款第四项规定：纳税人有税收征管法第三十五条或者第三十七条所列情形之一的，税务机关有权按照其他合理方法核定其应纳税额。《税收征收管理法》第三十二条规定：纳税人未按照规定期限缴纳税款的，扣缴义务人未按照规定期限解缴税款的，税务机关除责令限期缴纳外，从滞纳税款之日起，按日加收滞纳税款0.5‰的滞纳金。本案中，第一稽查局检查发现D公司委托拍卖的房产，在拍卖活动中只有一个竞买人参与拍卖，且房产是以底价成交的，认为交易价值明显低于市场价值，于是进行调查。在调查取证过程中，第一稽查局向房屋管理部门查询了2003年至2005年的使用性质相同的房产交易档案材料，收集当时的市场交易价值数据，并与D公司委托拍卖的房产的交易价格进行比较、分析，认定D公司委托拍卖的房产的交易价格明显低于市场交易价格，在向D公司送达税务检查情况核对意见书，将检查过程中发现的问题及核定查补其营业税和堤围防护费的具体数额、相关政策以及整个核定查补税费的计算方法、D公司享有陈述的权利等告知D公司后，根据上述法律法规的规定，作出被诉税务处理决定，认定事实清楚，证据充分，处理恰当，符合《税收征收管理法》的规定，予以支持。由于D公司在委托拍卖时，约定的拍卖保证金高达6 800万港元，导致只有一个竞买人，并最终只能以底价1.3亿港元成交，是造成交易价值比市场价值偏低的主要原因。D公司依法应按房产的实际价值缴纳营业税及堤围防护费。D公司申报的计税依据明显偏低，第一稽查局作为税务管理机关，依法依职权核定其应纳税额,并作出相应的处理并无不当,也未侵犯D公司的合法权益。

因此,D公司以第一稽查局的行政行为侵犯其合法权益,请求撤销第一稽查局的税务处理决定,并退回已缴税款、滞纳金以及堤围防护费、滞纳金,并判决第一稽查局赔偿D公司因缴纳税款、滞纳金以及堤围防护费、滞纳金所产生的利息损失、案件诉讼费的诉讼请求缺乏事实依据和法律依据,应予驳回。综上,判决驳回D公司的诉讼请求。

D公司不服,向G市中级人民法院提起上诉。

二审法院认为:

《税收征收管理法》第三十五条第一款规定,纳税人有下列情形之一的,税务机关有权核定其应纳税额:纳税人申报的计税依据明显偏低,又无正当理由的。《税收征收管理法实施细则》第四十七条第一款规定,纳税人有《税收征收管理法》第三十五条或者第三十七条所列情形之一的,税务机关有权采用下列任何一种方法核定其应纳税额:(1)参照当地同类行业或者类似行业中经营规模和收入水平相近的纳税人的税负水平核定;(2)按照营业收入或者成本加合理的费用和利润的方法核定;(3)按照耗用的原材料、燃料、动力等推算或者测算核定;(4) 按照其他合理方法核定。本案中第一稽查局经对D公司纳税情况检查,发现其拍卖涉案房产时交易价值明显低于市场价值,第一稽查局对此展开调查。经向G市国土资源和房屋管理局调取2003年至2005年的G市部分房产交易价值的数据,第一稽查局参考上述数据,并考虑了涉案房产整体拍卖的因素,确定D公司拍卖的涉案房产市场交易价格应为停车位85 000元/个、商场10 500元/m^2、写字楼5 000元/m^2,从而核定D公司委托拍卖的房产的交易价格应为311 678 775元,而D公司在拍卖涉案房产时交易价格仅以1.382 55亿元的低价成交,第一稽查局据此认定D公司存在申报的计税依据明显偏低且无正当理由,事实依据充分。一审判决认定第一稽查局作出的涉案处罚认定事实清楚,证据充分正确,予以确认。D公司拍卖涉案房产时仅有一个竞买人参与拍卖且以底价成交,其主张其拍卖价格不存在偏低,应当以拍卖价格计税的主张理由不充分,不予采纳。

《税收征收管理法》第三十二条规定,纳税人未按照规定期限缴纳税款的,扣缴义务人未按照规定期限解缴税款的,税务机关除责令限期缴纳外,从滞纳税款之日起,按日加收滞纳税款万分之五的滞纳金。参照《G市市区防洪工程维护费征收、使用和管理试行办法》第三条第一款规定,维护费的征收标准:中外合资、合作、外商独资经营企业可按年营业销售总额的千分之零点九计征。第七条规定:纳费人必须依照规定按期交纳维护费，逾期不交者，从逾期之日起，每天加收万分之五的滞纳金。逾期10天仍不缴交的，按国家和地方政府水利工程水费管理办法的有关规定处罚。第一稽查局核定D公司拍卖涉案房产的实际交易价格，并以此为标准计算D公司应当缴纳的营业税额及堤围防护费额，扣除D公司已缴纳的部分后确定其应当补缴营业税8 671 188.75元、堤围防护费156 081.4元，并加收相应的滞纳金。第一稽查局就上述税务检查的情况向D公司发出核对意见书，D公司亦复函第一稽查局陈述了己方的意见。第一稽查局据此作出涉案税务处理决定书，依据上述规定，决定对D公司追缴其少申报的营业税和堤围防护费并加收滞纳金适用法律正确，行政程序适当，其加收的滞纳金数额亦在法定的额度之内。一审判决认定第一稽查局作出的涉案处理决定恰当，未影响D公司的合法权益正确，予以维持。D公司主张第一稽查局作出涉案处罚理解、适用法律存在严重错误的主张缺乏证据支持，不予支持。

综上，第一稽查局作出的税务处理决定，认定事实清楚，证据充分，适用法律正确，D公司诉讼请求撤销该处理决定理据不足，其要求退回已缴税款、滞纳金以及堤围防护费、滞纳金，并赔偿因缴纳税款、滞纳金以及堤围防护费、滞纳金所产生的利息损失的诉讼请求亦缺乏事实和法律依据，一审法院驳回其诉讼请求正确。G市中级人民法院判决驳回上诉，维持原判。

D公司不服，向省高级人民法院申请再审，省高级人民法院驳回了D公司再审申请。

D公司向最高人民法院申请再审称：

(1) 被申请人第一稽查局不是适格行政主体。1999年10月21日《最高人民法院对福建省高级人民法院〈关于福建省地方税务局稽查分局是否具有行政主体资格的请示报告〉的答复意见》(行他〔1999〕25号)认为：地方税务局稽查分局以自己的名义对外作出行政处理决定缺乏法律依据。根据上述意见，第一稽查局并非独立行政主体，自然不能作为本案的诉讼主体。

(2) 被申请人超越职权，无权核定纳税人的应纳税额。《税收征收管理法实施细则》第九条第一款规定，稽查局专司偷税、逃避追缴欠税、骗税、抗税案件的查处。本案不属于偷税、逃避追缴欠税、骗税、抗税的情形，不属于稽查局的职权范围，被申请人无权对再审申请人拍卖收入核定应纳税额。被诉税务处理决定超出被申请人的职权范围，应属无效决定。

(3) 被诉税务处理决定认定D公司申报纳税存在申报的计税依据明显偏低和无正当理由的证据明显不足。本案中从委托拍卖合同签订，到刊登拍卖公告，再到竞买人现场竞得并签署成交确认单，整个过程均依法进行，成交价格1.3亿港元亦未低于拍卖保留价。拍卖价格是市场需求与拍卖物本身价值互相作用的结果。拍卖前，申请人银行债务1.3亿港元已全部到期，银行已多次发出律师函追收，本案拍卖是再审申请人为挽救公司而不得已采取的措施。但拍卖遵循的是市场规律，成交价的高低完全不是再审申请人所能控制，本案拍卖成交价虽然不尽如人意，但不影响拍卖效力，再审申请人只能也只应以拍卖成交价作为应纳税额申报缴纳税款。

(4) 再审申请人已经按照拍卖成交价足额申报纳税并取得主管税务机关出具的完税凭证，没有任何税法违法违章行为，被申请人无权重新核定应纳税额。本案物业拍卖成交后，2005年3月至7月，申请人按照全部1.3亿港元拍卖收入，申报和缴纳营业税款6 912 750元，以及堤围防护费124 429.5元，并取得L区地方税务局出具的完税凭证。期间，主管税务机关从未提出核定应纳税额，申请人不可能知晓税务机关会对拍卖价进行何种调整，只能也只应按照全部拍卖成交价纳税。在缴纳上述税款后，申请人的纳税义务已全部完成，不存在被诉税务处理决定和原审判决认定的未按税法规定足额申报缴纳营业税和未足额申报缴纳堤围防护费等所谓违法违章行为。

(5) 即使再审申请人存在申报的计税依据明显偏低和无正当理由的情况，被申请人也应当依照《税收征收管理法》第五十二条行使职权，其在再审申请人申报纳税4年多后进行追征税款和滞纳金，超过了《税收征收管理法》第五十二条关于税款和滞纳金追征期限的规定。税务机关追征税款和滞纳金，除法定的其他前提条件外，需受到3年追征期限的限制。本案被申请人的被诉税务处理决定对申请人纳税行为没有认定为偷税、抗税、骗税的情形，没有认定是编造虚假计税依据的情形，也没有认定是存在因纳税人计算错误等法定特殊情形，如果追征税款必须在3年以内即2008年1月15日以前提出处理意见，并不得加收滞纳金，而不能没有任何理由将追征期限无限制延长，或者延长至5年。本案即使存在少缴税款的情形，也是因被申请人和主管税务机关违法不作为及适用法律不当造成的。

▶ 再审法院审理认为：

一、关于第一稽查局是否具有独立的执法主体资格的问题

2001年修订前的《税收征收管理法》未明确规定各级税务局所属稽查局的法律地位，2001年修订后的《税收征收管理法》第十四条规定，本法所称税务机关是指各级税务局、税务分局、税务所和按照国务院规定设立的并向社会公告的税务机构。2002年施行的《税收征收管理法实施细则》第九条进一步明确规定，《税收征收管理法》第十四条所称按照国务院规定设立的并向社会公告的税务机构，是指省以下税务局的稽查局。据此，相关法律和行政法规已经明确了省以下税务局所属稽查局的

法律地位，省级以下税务局的稽查局具有行政主体资格。因此，第一稽查局作为G市地方税务局所属的稽查局，具有独立的执法主体资格。虽然最高人民法院1999年10月21日作出的《对福建省高级人民法院的答复意见》(行他〔1999〕25号)明确地方税务局稽查分局以自己的名义对外作出行政处理决定缺乏法律依据，但该答复是对2001年修订前的《税收征收管理法》的理解和适用，2001年《税收征收管理法》修订后，该答复因解释的对象发生变化，因而对审判实践不再具有指导性。D公司以该答复意见主张第一稽查局不具有独立执法资格，无权作出被诉税务处理决定的理由不能成立。

二、关于第一稽查局行使《税收征收管理法》第三十五条规定的应纳税额核定权是否超越职权的问题

此问题涉及《税收征收管理法实施细则》第九条关于税务局和所属稽查局的职权范围划分原则的理解和适用。《税收征收管理法实施细则》第九条除明确税务局所属稽查局的法律地位外，还对税务稽查局的职权范围作出了原则规定，即专司偷税、逃避追缴欠税、骗税、抗税案件的查处，同时授权国家税务总局明确划分税务局和稽查局的职责，避免职责交叉。国家税务总局据此于2003年2月28日作出的《国家税务总局关于稽查局职责问题的通知》(国税函〔2003〕140号)进一步规定，《税收征收管理法实施细则》第九条第二款规定“国家税务总局应当明确划分税务局和稽查局的职责，避免职责交叉。”为了切实贯彻这一规定，保证税收征管改革的深化与推进，科学合理地确定稽查局和其他税务机构的职责，国家税务总局正在调查论证具体方案。在国家税务总局统一明确之前，各级稽查局现行职责不变。稽查局的现行职责是指：稽查业务管理、税务检查和税收违法案件查处；凡需要对纳税人、扣缴义务人进行账证检查或者调查取证，并对其税收违法行为进行税务行政处理(处罚)的执法活动，仍由各级稽查局负责。从上述规定可知，税务稽查局的职权范围不仅包括偷税、逃避追缴欠税、骗税、抗税案件的查处，还包括与查处税务违法行为密切关联的稽查管理、税务检查、调查和处理等延伸性职权。虽然国家税务总局没有明确各级稽查局是否具有《税收征收管理法》第三十五条规定的核定应纳税额的具体职权，但稽查局查处涉嫌违法行为不可避免地需要对纳税行为进行检查和调查。特别是出现《税收征收管理法》第三十五条规定的计税依据明显偏低的情形时，如果稽查局不能行使应纳税款核定权，必然会影响稽查工作的效率和效果，甚至对税收征管形成障碍。因此，稽查局在查处涉嫌税务违法行为时，依据《税收征收管理法》第三十五条的规定核定应纳税额是其职权的内在要求和必要延伸，符合税务稽查的业务特点和执法规律，符合《国家税务总局关于稽查局职责问题的通知》关于税

务局和稽查局的职权范围划分的精神。在国家税务总局对税务局和稽查局职权范围未另行作出划分前，各地税务机关根据通知确立的职权划分原则，以及在执法实践中形成的符合税务执法规律的惯例，人民法院应予尊重。本案中，第一稽查局根据《税收征收管理法》第三十五条规定核定应纳税款的行为是在第一稽查局对D公司销售涉案房产涉嫌偷税进行税务检查的过程中作出的，不违反《税收征收管理法实施细则》第九条的规定。D公司以《税收征收管理法实施细则》第九条规定的稽查局专司偷税、逃避追缴欠税、骗税、抗税案件的查处，本案不属于偷税、逃避追缴欠税、骗税、抗税的情形为由，认为第一稽查局无权依据《税收征收管理法》第三十五条的规定对D公司拍卖涉案不动产的收入重新核定应纳税额，被诉税务处理决定超出第一稽查局的职权范围，应属无效决定的理由不能成立。

三、关于D公司以涉案房产的拍卖成交价格作为计税依据申报纳税是否存在计税依据明显偏低，又无正当理由情形的问题

根据《税收征收管理法》第三十五条第一款第六项规定，税务机关不认可纳税义务人自行申报的纳税额，重新核定应纳税额的条件有两个：一是计税依据价格明显偏低，二是无正当理由。D公司委托拍卖的涉案房产包括写字楼、商铺和车位面积共计63 244.794 4 m^2，成交面积为59 907.092 1 m^2，拍卖实际成交价格1.3亿港元，明显低于D公司委托拍卖时的5.3亿港元估值；涉案房产按2 300元/m^2的平均成交单价，也明显低于第一稽查局对涉案房产周边的写字楼、商铺和车库等与涉案房产相同或类似房产抽样后确定的最低交易价格标准，即写字楼5 000元/m^2、商铺10 500元/m^2、停车场车位85 000元/个；更低于D公司委托的某会计师事务所有限公司对涉案房产项目审计后确认的7 123.95元/m^2的成本价。因此，第一稽查局认定涉案房产的拍卖价格明显偏低并无不当。

《营业税暂行条例》第四条和《G市市区防洪工程维护费征收、使用和管理试行办法》第三条第一款规定销售不动产的营业额是营业税的计税依据。拍卖是销售不动产的方式之一，不动产的公开拍卖价格就是销售不动产的营业额，应当作为营业税等税费的计税依据。就本案而言，××省和G市的地方税务局有更为明确的规范性文件可以参考，《××省地方税务局关于拍卖行拍卖房地产征税问题的批复》和《G市地方税务局关于明确拍卖房地产税收征收问题的通知》明确规定拍卖房地产的拍卖成交额可以作为征收营业税的计税价格；《××省财政厅、××省地方税务局关于规范我省二手房屋交易最低计税价格管理的指导性意见》规定，通过法定程序公开拍卖的房屋，以拍卖价格为最低计税价格标准。

拍卖价格的形成机制较为复杂，因受到诸多不确定因素的影响，相同商品的拍

卖价格可能会出现较大差异。影响房地产价格的因素更多，拍卖价格差异可能会更大。依照法定程序进行的拍卖活动，由于经过公开、公平的竞价，不论拍卖成交价格的高低，都是充分竞争的结果，较之一般的销售方式更能客观地反映商品价格，可以视为市场的公允价格。如果没有法定机构依法认定拍卖行为无效或者违反拍卖法的禁止性规定，原则上税务机关应当尊重作为计税依据的拍卖成交价格，不能以拍卖价格明显偏低为由行使核定征收权。G市地方税务局2013年修订后的《存量房交易计税价格异议处理办法》就明确规定，通过具有合法资质的拍卖机构依法公开拍卖的房屋权属转移，以拍卖对价为计税价格的，可以作为税务机关认定的正当理由。该规范性文件虽然在本案税收征管行为发生后施行，但文件中对拍卖价格本身即构成正当理由的精神，本案可以参考。因此，对于一个明显偏低的计税依据，并不必然需要税务机关重新核定；尤其是该计税依据是通过拍卖方式形成时，税务机关一般应予认可和尊重，不宜轻易启动核定程序，以行政认定取代市场竞争形成的计税依据。

但应当明确，拍卖行为的效力与应纳税款核定权，分别受民事法律规范和行政法律规范调整，拍卖行为有效并不意味税务机关不能行使应纳税额核定权，另行核定应纳税额也并非否定拍卖行为的有效性。保障国家税收的足额征收是税务机关的基本职责，税务机关对作为计税依据的交易价格采取严格的判断标准符合税收征管法的目的。如果不考虑案件实际，一律要求税务机关必须以拍卖成交价格作为计税依据，则既可能造成以当事人意思自治为名排除税务机关的核定权，还可能因市场竞价不充分导致拍卖价格明显偏低而造成国家税收流失。因此，有效的拍卖行为并不能绝对地排除税务机关的应纳税额核定权，但税务机关行使核定权时仍应有严格限定。

具体到本案，第一稽查局在被诉税务处理决定中认定拍卖价格明显偏低且无正当理由的主要依据是，涉案房产以底价拍卖给唯一参加竞买的S实业有限公司，而一人竞买不符合《拍卖法》关于公开竞价的规定，扭曲拍卖的正常价格形成机制，导致实际成交价格明显偏低。此问题的关键在于，在没有法定机构认定涉案拍卖行为无效，也没有充分证据证明涉案拍卖行为违反《拍卖法》的禁止性规定，涉案拍卖行为仍然有效的情况下，税务机关能否以涉案拍卖行为只有一个竞买人参加竞买即一人竞拍为由，不认可拍卖形成的价格作为计税依据，直接核定应纳税额。一人竞拍的法律问题较为特殊和复杂，《拍卖法》虽然强调拍卖的公开竞价原则，但并未明确禁止一人竞拍行为，在法律或委托拍卖合同对竞买人数量没有作出限制性规定的情况下，否定一人竞买的效力尚无明确法律依据。但对于拍卖活动中未实现充分竞价的一人竞拍，在拍卖成交价格明显偏低的情况下，即使拍卖当事人对拍卖效力不持异议，因涉及国家税收利益，该拍卖成交价格作为计税依据并非绝对不能质疑。本案中，虽然履行拍卖公告的一人竞拍行为满足了基本的竞价条件，但一人竞拍因仅有一人参与拍卖竞价，可能会出现竞价程度不充分的情况，特别是本案以预留底价成交，而拍卖底价又明显低于涉案房产估值的情形，即便D公司对拍卖成交价格无异议，税务机关基于国家税收利益的考虑，也可以不以拍卖价格作为计税依据，另行核定应纳税额。同时，计税依据明显偏低，又无正当理由的判断，具有较强的裁量性，人民法院一般应尊重税务机关基于法定调查程序作出的专业认定，除非这种认定明显不合理或者滥用职权。第一稽查局在被诉税务处理决定中认定涉案拍卖行为存在一人竞拍、保留底价偏低的情形，G市地方税务局经复议补充认为，涉案拍卖行为保证金设置过高、一人竞拍导致拍卖活动缺乏竞争，以较低的保留底价成交，综合判定该次拍卖成交价格不能反映正常的市场价格，且D公司未能合理说明上述情形并未对拍卖活动的竞价产生影响的情况下，第一稽查局行使核定权，依法核定D公司的应纳税款，并未违反法律规定。

四、关于第一稽查局核定应纳税款后追征税款和加征滞纳金是否合法的问题

《税收征收管理法》对税务机关在纳税人已经缴纳税款后重新核定应纳税款并追征税款的期限虽然没有明确规定，但并不意味税务机关的核定权和追征权没有期限限制。税务机关应当在统筹兼顾保障国家税收、纳税人的信赖利益和税收征管法律关系的稳定等因素的基础上，在合理期限内核定和追征。在纳税义务人不存在违反税法和税收征管过错的情况下，税务机关可以参照《税收征收管理法》第五十二条第一款规定确定的税款追征期限，原则上在3年内追征税款。本案核定应纳税款之前的纳税义务发生在2005年1月，第一稽查局自2006年对涉案纳税行为进行检查，虽经3年多调查后，未查出D公司存在偷税、骗税、抗税等违法行为，但依法启动的调查程序期间应当予以扣除，因而第一稽查局2009年9月重新核定应纳税款并作出被诉税务处理决定，并不违反上述有关追征期限的规定。D公司关于追征税款决定必须在2008年1月15日以前作出的主张不能成立。

根据依法行政的基本要求，没有法律、法规和规章的规定，行政机关不得作出影响行政相对人合法权益或者增加行政相对人义务的决定；在法律规定存在多种解释时，应当首先考虑选择适用有利于行政相对人的解释。有权核定并追缴税款，与加收滞纳金属于两个不同问题。根据《税收征收管理法》第三十二条、第五十二条第二款、第三款规定，加收税收滞纳金应当符合以下条件之一：纳税人未按规定期限缴纳税款；自身存在计算错误等失误；或者故意偷税、抗税、骗税的。本案中D公司在

拍卖成交后依法缴纳了税款，不存在计算错误等失误，税务机关经过长期调查也未发现D公司存在偷税、抗税、骗税情形，因此D公司不存在缴纳滞纳金的法定情形。被诉税务处理决定认定的拍卖底价成交和一人竞买拍卖行为虽然能证明税务机关对成交价格未形成充分竞价的合理怀疑具有正当理由，但拍卖活动和拍卖价格并非D公司所能控制和决定，第一稽查局在依法进行的调查程序中也未能证明D公司在拍卖活动中存在恶意串通等违法行为。同时本案还应考虑D公司基于对拍卖行为以及地方税务局完税凭证的信赖而形成的信赖利益保护问题。在税务机关无法证明纳税人存在责任的情况下，可以参考《税收征收管理法》第五十二条第一款关于因税务机关的责任，致使纳税人、扣缴义务人未缴或者少缴税款的，税务机关在3年内可以要求纳税人、扣缴义务人补缴税款，但是不得加收滞纳金的规定，作出对行政相对人有利的处理方式。因此，第一稽查局重新核定D公司拍卖涉案房产的计税价格后新确定的应纳税额，纳税义务应当自核定之日发生，其对D公司征收该税款确定之前的滞纳金，没有法律依据。此外，被诉税务处理决定没有明确具体的滞纳金起算时间和截止时间，也属认定事实不清。

综上，第一稽查局核定D公司应纳税额，追缴8 671 188.75元税款，符合《税收征收管理法》第三十五条、《税收征收管理法实施细则》第四十七条的规定；追缴156 081.40元堤围防护费，符合《G市市区防洪工程维护费征收、使用和管理试行办法》的规定；第一稽查局认定D公司存在违法违章行为没有事实和法律依据；责令D公司补缴上述税费产生的滞纳金属于认定事实不清且无法律依据。据此，依照《行政诉讼法》第七十条第一项、第二项，第八十九条第一款第二项的规定，《国家赔偿法》第三十六条第一项、第七项的规定，参照《最高人民法院关于审理民事、行政诉讼中司法赔偿案件适用法律若干问题的解释》第十五条第一款的规定，判决如下。

（1）撤销二审判决和一审判决。

（2）撤销G市地方税务局第一稽查局税务处理决定中对D公司征收营业税滞纳金2 805 129.56元和堤围防护费滞纳金48 619.36元的决定。

（3）责令G市地方税务局第一稽查局在本判决生效之日起30日内返还已经征收的营业税滞纳金2 805 129.56元和堤围防护费滞纳金48 619.36元，并按照同期中国人民银行公布的一年期人民币整存整取定期存款基准利率支付相应利息。

（4）驳回D公司其他诉讼请求。

五、扣缴义务人应扣未扣、应收而不收税款

《税收征收管理法》第六十九条规定，扣缴义务人应扣未扣、应收而不收税款的，由税务机关向纳税人追缴税款，对扣缴义务人处应扣未扣、应收未收税款50%以上3倍以下的罚款。

扣缴义务人应当按期、足额扣缴应扣、应收税款。扣缴义务人是法律、行政法规规定负有代扣代缴、代收代缴税款法定义务的单位和个人。负有代扣代缴义务的人，在向纳税人支付款项时，应当从所支付的款项中依法直接扣收税款，以对零星分散、不易掌握的税源进行控制。负有代收代缴义务的人，在向纳税人收取其他款项时可以依法收取税款。这种方式主要适用于一些税收网络覆盖不到的领域和地区。扣缴义务人应当依照《税收征收管理法》和有关法律、行政法规的规定履行代扣、代收税款义务，对依法应当予以扣缴和收取的税款按期、足额扣缴或者收取，不得放弃法定职责。

对于扣缴义务人应扣未扣、应收而不收税款的，税务机关应当向纳税人追缴税款，同时，对扣缴义务人处应扣未扣、应收未收税款50%以上3倍以下的罚款。

实战案例6-2

蹊跷的借款背后　竟隐藏着百万元的税款[①]

——某企业未代扣代缴个税案

【案例摘要】 蹊跷的借款业务、身份特殊的借款人……果真如企业所称，借款人为帮企业渡难关，“忍痛”放弃了收益，还是其中另有隐情，检查人员通过调查，找到了答案。

国家税务总局Y市税务局稽查局查处一起企业未依法代扣代缴个人所得税案件。涉案企业通过在账目之中做手脚，提供虚假补充协议等方式，试图逃避个人所得税代扣代缴义务。检查人员紧盯企业借款项目，点面结合多方查证，最终锁定了企业未代扣代缴税款的违法事实，最终向有关个人追缴个人所得税392.56万元，对该企业未代扣代缴税款的违法行为处以罚款196.28万元。

【关键词】 借款　代扣代缴　个人所得税

【案例正文】

一、案件来源

Y市税务局稽查局按照“双随机、一公开”工作要求，开展市级重点税源涉税检

---

① 本案例改编自：徐卫兴、杨凯、裴军、王炎春：《一出演砸了的“友情借款”情景剧》，载《中国税务报》2019年6月27日。

查，H置业有限公司（以下简称H公司）被列为检查对象。

二、查前分析

检查人员了解到，H公司成立于2010年12月，注册资本为5 000万元，性质为有限责任公司，为一般纳税人。2015—2017年企业年均预售收入7 276万元，3年年均纳税额超过1 500万元。主要从事以商业住宅为主的房地产开发经营等业务。

查前，检查人员通过征管信息系统查询了近几年H公司的涉税信息和财务信息。发现该企业近3年共征地10.78万平方米，主要开发了“中央街区”房产项目。因为是旧城改造项目，建设进展缓慢。检查人员了解到，H公司的“中央街区”项目截至检查人员核查之时，可售房产只销售了一半，项目尚未全部竣工。根据该企业前期征地较多，拆迁补偿金额较大的情况，检查人员决定重点对该企业预售收入核算情况，以及征地和拆迁补偿涉及的城镇土地使用税、契税等缴纳情况实施核查。

此外，检查人员发现，检查期内企业资产负债表信息显示，“其他应付款”科目数额逐年增长，3年增幅近30%。一般情况下，随着项目陆续完成，进入预售阶段，企业其他应付款项应逐步下降，但企业却不降反升，检查人员觉得异于常态，遂进一步核查。

三、检查过程

检查人员进户后，调取了H公司2015—2017年电子账目，并要求企业提供相关记账凭证，以及“中央街区”项目的立项、开工等证明资料和文件。

检查人员对企业账目与纳税信息资料进行了仔细核查。发现企业征地和拆迁补偿涉及的城镇土地使用税、契税等均已按时缴纳；记入“预收账款”的预售收入也已按规定缴纳土地增值税和企业所得税等税款。

在核查企业“其他应付款”科目时检查人员发现，H公司检查期内资金进出频繁，且数额较大。对于“其他应付款”科目金额连年持续增长的情况，企业人员称因为项目太大，在房产建设的同时，后期征地等工作仍在进行，因此企业仍在不断融资所导致。

（一）一张蹊跷的凭证

在此过程中，2015年2月的一张凭证引起了检查人员的注意，凭证上记载H公司收到罗某1 500万元的往来款。之后检查人员发现2015年5月有罗某6张类似凭证，单笔最高金额5 800万元，合计6 420万元，这一情况引起了检查人员注意。

对此，企业财务负责人张某称，H公司开发“中央街区”项目，连年征地，但银行贷款无法到位。罗某与公司董事长是夫妻关系，融资能力较强，因此公司需要资金周转时，常向企业提供借款，这些往来账是罗某向企业借款的业务。检查人员随即要求查看借款合同。张某称是临时借款，且借款人与公司关系特殊，当时是否签订书面合同，需到档案保管员处查阅，但相关人员正在休产假，暂时不能提供详细资料。

检查人员随后再次检阅往来科目，发现不只罗某，往来款项业务中还有邓某、江某、刘某等6人有类似资金的往来情况。企业人员称往来款项目中此6人的业务也为该企业借款。经统计，此7人涉及借款金额共1.96亿元。

检查人员认为这些业务的实际情况需要进一步核查，于是向H公司下达了税务事项通知书，要求企业提供相关业务借款合同等资料。几天后，张某提供了部分借款合同，称费了很大周折只找到了这些合同，其余之前公司搬家可能遗失了。

检查人员查阅H公司与邓某等人签订的这些借款合同发现，这些合同均写明："借款只用于'中央街区'项目开发；借款期限为1年，借款利息为年利率10%，按月计息，利息按年支付；到期后如未归还，自动延期，延期后的利息据实计算。"

检查人员于是将检查年度H公司与上述7人的往来账目与合同明细账情况逐一核查。经核实，H公司向7人借款业务中，有1.73亿元无合同对应，三个年度内企业累计归还的资金金额超过借款近2 000万元。其中，罗某收取1 500万元，其他6人收取400多万元。根据掌握的资料证据，检查人员判断，这些多出来的款项应为该企业向个人支付的借款利息。但在向张某询问相关情况时，张某却称时间长了记不清楚，需要核实一下再回复。

（二）"不付利息"的借款业务

检查人员对检查年度内企业向借款人多支出的近2 000万元款项的缴税情况进行了核查，发现该企业并未就这些支出代扣代缴个人所得税。

检查人员随即通知企业人员，如企业不能说明向借款人多支付的资金的性质，那么按照商业惯例和相关法规规定，企业应依法就这些支出代扣代缴个人所得税。收到通知信息后不久，张某找到检查人员称，公司借款期初确实准备付息，借款合同中也有支付利息条款，公司按期计提了利息并在往来款里支付了利息。但项目开发建设过程中，房地产市场不景气，售价和成交量下滑，并且公司同时承建了旧城改造工程，拆迁难度大、时间长，导致开发项目受阻，经营困难。因此经与借款人协商，双方一致同意不再支付利息，只偿还借款人本金，对以前年度已经支付的利息，后续抵作本金偿还，这些借款没有支付利息，企业因此没有代扣代缴个税。随后张某还拿出了2018年1月15日，记录有上述信息的企业董事会会议纪要。

对此，检查人员认为，企业提供的借款合同和账务处理信息均显示企业支付过利息，而不是偿还本金，仅凭一份会议纪要，无法证实张某所称的情况属实。

对此，张某解释称，企业与借款人后来就不付息一事签订了补充协议，财务部门已在2018年2月对账目进行了调整，对往来账目信息进行了更正，但检查人员调阅的是2015—2017年度账簿，所以没有看到2018年已经调整后的电子账目信息。张某随即向检查人员出示了7份《补充协议》复印件和相关调账凭证。

（三）非“关联”调查打开突破口

为了核实企业提供情况是否属实，检查人员决定对第三方借款人实施核查，以确认企业提供情况的真实性，从中寻找线索和突破口。检查人员仔细分析了7名借款人员的身份等情况后，发现7名借款人中有6人均与H公司有关联关系，不是股东和高管，就是董事会成员家属。7人中唯有刘某与H公司没有任何关联关系。核查信息显示，刘某曾两次借款给H公司，分别是200万元和20万元，H公司共支付刘某274.85万元。

检查人员随即约谈了刘某。谈话之初，刘某向检查人员表示H公司所说利息抵本金和补充协议均属实。但当检查人员向其出示了H公司账目信息，并询问刘某H公司多支付给其54.85万元的情况时，刘某开始无法作答。

见此情景，检查人员对刘某作了税法宣传，向其表示，逃避缴纳税款，不配合税务机关调查，不仅会影响信用和信誉，如果情节严重还将会承担法律责任。经过检查人员耐心工作，刘某最终道出了实情。

刘某称，H公司之前并没有与他们这些借款人签订补充协议，也没有利息抵作本金偿还这件事，补充协议是最近才临时制作签订的。

从刘某处取得补充协议的真实情况后，检查人员决定通过电子账目查证的方式，核实企业所称2018年2月调账一事的真伪。在技术人员的支持下，检查人员对H公司财务软件进行了检查。检查人员发现，企业财务软件操作日志显示，企业电子账目调整时间为检查人员进户检查之后，共调账36笔，而并非企业会计张某所称2018年2月。检查结果证明，张某提供情况并不属实。

检查人员随即扩大了检查范围，依法对企业财务部门的所有电脑进行了核查。在此过程中，发现财务负责人电脑中有一个加密的隐藏文件，经过破解，发现这个文件正是H公司向个人借款和付息的所有记录。

证据链完整后，检查人员再次约谈了H公司有关负责人，面对检查人员出示的证据，企业人员无法自圆其说，最终承认了近2 000万元的借款利息没有依法代扣代缴个人所得税的违法事实。

四、处理结果

根据调查事实，税务机关向有关个人追缴个人所得税392.56万元，并对该企业未代扣代缴税款的违法行为处以罚款196.28万元。

【案例评析】

本案中，涉案企业向个人融资借款用于运营，但支付利息却未依法代扣代缴个人所得税。在检查人员发现疑点后，向检查人员提供虚假的补充协议和会议记录，佯称因经营困难，出借人免除了企业利息，试图掩盖违法行为。但检查人员通过详析企业账套、外调"非关联"出借人、利用信息化手段证实企业账目作伪等方式，最终锁定了企业的违法事实。并按照《税收征收管理法》第六十九条之规定依法追究H公司的扣缴义务人责任。

在房地产企业的核查过程中，检查人员除应关注增值税、土地增值税、企业所得税等大税种外，企业的个人所得税代扣代缴情况也不容忽视。房地产企业属于资金密集型企业，其运营需要大量资金流支撑。自国家对房地产行业实施调控，收紧银根后，房地产企业融资渠道受限，因此企业的民间借贷行为显著增多。

在日常经营中，一些房地产企业常通过"其他应收款""其他应付款"往来科目挂账，并以与相关单位或个人之间业务属"无息拆借"为由，隐匿借款利息支出，以此达到少缴税款的目的。

实战案例6-3

谙习业务本质　才能精准到位

——某公司利用现金池业务少缴税款案

【案例摘要】 现金池管理是一种新兴的现金管理技术，用于优化利息和改善流动性，其越来越受到众多集团企业的关注。而其中的税收问题自然就成了企业集团关注的焦点。对于税务征管部门，现金池管理业务会有较大的税务风险。关联方通过现金池方式，相互占用资金转移费用。集团性企业通常都以集团公司的名义对外筹资、融资，融资款项各成员企业可共同享用，而利息费用的支出可向实现利润较多的企业或不享受税收优惠的企业倾斜，享受税收优惠的企业在经营资金的收取与支付上可通过互转往来的方式由其他企业代付代收，从而规避了长、短期借款问题，在成员企业间实现购销经营资金的循环。

【关键词】 现金池　借款　少缴税款

【案例正文】

一、案件来源

根据风险平台提示，某市税务局稽查局安排李某、白某于2013年12月1日至

12 月 25 日对 A 公司进行税务稽查。

二、查前分析

发现 A 公司利润表中营业利润为－114 718 812.81 元，而财务费用就高达为 71 300 000 元。结合资产负债表，其他应收款余额 1 450 380 000 元，短期借款余额为 774 000 000 元，长期借款余额 50 000 000 元，于是检查人员将资金往来业务列为检查重点。通过检查公司明细账、凭证，发现 A 公司自有资金充足，根本不需借款，借款完全是母公司 B 公司——J 股份有限公司抽调资金所致，怀疑企业可能涉及现金池业务，但会计和税法上并未按现金池相应规定处理，A 公司应按银行贷款利率或公允利率收取 B 公司的利息，很可能要调增应税所得额 71 200 000 元，补缴所得税 17 800 000 元。

三、检查过程

（一）企业的基本情况

检查组通过询问 A 公司主管税务机关相关人员了解到：某省 A 公司成立于 2008 年 5 月，为外省 B 公司——J 股份有限公司 100%控股的子公司，A 公司主要经营焦炭、焦油等。主要经营铝酸钙生产销售（含附属产品铁酸钙、铝钙渣、海绵铁等产品）。该公司注册资本 20 000 万元，年均职工人数 2 600 人，企业法定代表人李某。2008 年 7 月 6 日认定为增值税一般纳税人。

（二）案头分析

检查组在审核 A 公司资产负债表、利润表及企业所得税年度申报表时，发现 A 公司利润表的财务费用偏高，资产负债表中的其他应收款、短期借款和长期借款余额均偏高，于是检查人员将资金往来业务科目列为检查重点。

(1) A 公司 2012 年资产负债表，如表 6-1 所示。

表 6-1　A 公司 2012 年资产负债表

日期：2012-12-31　金额单位：人民币元

资　产			负债及所有者权益		
科目	期初余额	期末余额	科目	期初余额	期末余额
库存现金	1 000 000.00	1 004 400.00	短期借款	9 000 000.00	774 000 000.00
银行存款	20 000 000.00	96 701 585.10	应付账款	164 829 000.00	696 926 233.92
其他货币资金	—	112 000 000.00	应付职工薪酬	1 644 000.00	3 209 000.00
交易性金融资产	—	200 000.00	应交税费	7 000 000.00	104 413 890.71
应收票据	—	20 000 000.00	长期借款	50 000 000.00	50 000 000.00

（续表）

资　产			负债及所有者权益		
科目	期初余额	期末余额	科目	期初余额	期末余额
应收账款	48 087 000.00	357 030 960.00	预计负债	—	98 000.00
其他应收款	—	1 345 380 000.00	负债合计	232 473 000.00	1 576 858 593.63
材料采购	—	—	实收资本	200 000 000.00	200 000 000.00
原材料	164 100 000.00	95 388 756.00	盈余公积	—	—
周转材料	800 000.00	261 081.09	本年利润	—	—
库存商品	8 267 000.00	403 920 918.63	未分配利润	57 176 000.00	−57 542 812.81
固定资产	254 250 000.00	255 250 000.00			
累计折旧	16 875 000.00	34 350 000.00	所有者权益合计	257 176 000.00	142 457 187.19
无形资产	4 800 000.00	4 800 000.00			
累计摊销	180 000.00	210 000.00			
资产合计	484 249 000.00	1 719 315 780.82	负债及所有者权益合计	484 249 000.00	1 719 315 780.82

（2）A公司2012年利润表，如表6-2所示。

表6-2　A公司2012年利润表

所属时期：2012-01-01至2012-12-31　　　　金额单位：人民币元

项　目	行次	本月数	本年累计数
一、主营业务收入	1	1	3 188 032 000.00
减：主营业务成本	2	0	3 019 907 130.00
营业费用	3	0	183 733 276.91
主营业务税金及附加	4	0	4 942 592.90
二、主营业务利润(1−2−3−4)	5	1	−20 550 999.81
加：其他业务利润加	6	0	−3 759 395.00
减：管理费用	7	0	19 108 418.00
财务费用	8	0	71 300 000.00
三、营业利润(5+6−7−8)	9	1	−114 718 812.81
加：投资收益	10	0	
补贴收入	11	0	
营业外收入	12	0	
减：营业外支出	13	0	
加：以前年度损益调整	14	0	
四、利润总额(9+10+11+12−13+14)	15	1	
减：所得税	16	0	
五、净利润(15−16)	17	1	−114 718 812.81

（三）实施检查

检查组在检查 A 公司“其他应收款——总部往来”明细账（图 6-1）时，发现与总部往来的金额为 1 345 000 000 元，同时检查“短期借款”及“长期借款”余额分别为 754 000 000元和 50 000 000（图 6－2、图 6－3），“财务费用——利息支出”明细（图 6-4）发生总额为 71 200 000 元，“财务费用——利息收入”明细（图 6-5）发生额为零。

明细账

2012年 月	日	凭证号数	摘要	借方	贷方	方向	余额
01	31	记-0183	总部往来	40,000,000.00		借	175,000,000.00
01			本月合计	175,000,000.00		借	175,000,000.00
01			累　计	175,000,000.00		借	175,000,000.00
11	30	记-0450	往来	10,000,000.00		借	185,000,000.00
11	30	记-0451	往来	10,000,000.00		借	195,000,000.00
11	30	记-0452	往来	10,000,000.00		借	205,000,000.00
11	30	记-0453	往来	20,000,000.00		借	225,000,000.00
11	30	记-0454	往来	20,000,000.00		借	245,000,000.00
11	30	记-0455	往来	50,000,000.00		借	295,000,000.00
11	30	记-0468	往来	100,000,000.00		借	395,000,000.00
11	30	记-0469	往来	100,000,000.00		借	495,000,000.00
11	30	记-0470	往来	100,000,000.00		借	595,000,000.00
11	30	记-0471	往来	100,000,000.00		借	695,000,000.00
11	30	记-0472	往来	50,000,000.00		借	745,000,000.00
11	30	记-0482	往来	100,000,000.00		借	845,000,000.00
11	30	记-0483	往来	100,000,000.00		借	945,000,000.00
11			本月合计	770,000,000.00		借	945,000,000.00
11			累　计	945,000,000.00		借	945,000,000.00
12	31	记-0316	往来	100,000,000.00		借	1,045,000,000.00
12	31	记-0317	往来	100,000,000.00		借	1,145,000,000.00
12	31	记-0329	往来	200,000,000.00		借	1,345,000,000.00
12			本月合计	400,000,000.00		借	1,345,000,000.00
12			本年累计	1,345,000,000.00		借	1,345,000,000.00

图 6-1　其他应收款——总部往来

明细账

2012年 月	日	凭证号数	摘要	借方	贷方	方向	余额
			上年结转			贷	9,000,000.00
01	31	记-0005	工行借款		10,000,000.00	贷	19,000,000.00
01	31	记-0007	农行借款		50,000,000.00	贷	69,000,000.00
01	31	记-0064	借款		30,000,000.00	贷	99,000,000.00
01	31	记-0065	借款		20,000,000.00	贷	119,000,000.00
01	31	记-0092	借款		2,000,000.00	贷	121,000,000.00
01	31	记-0093	借款		5,000,000.00	贷	126,000,000.00
01	31	记-0094	借款		5,000,000.00	贷	131,000,000.00
01	31	记-0095	借款		3,000,000.00	贷	134,000,000.00
01	31	记-0171	借款		10,000,000.00	贷	144,000,000.00
01	31	记-0173	借款		30,000,000.00	贷	174,000,000.00
01	31	记-0174	借款		300,000,000.00	贷	474,000,000.00
01	31	记-0175	借款		100,000,000.00	贷	574,000,000.00
01	31	记-0178	还借款	10,000,000.00		贷	564,000,000.00
01	31	记-0179	还借款	20,000,000.00		贷	544,000,000.00
01	31	记-0180	还借款	30,000,000.00		贷	514,000,000.00
01	31	记-0181	还借款	10,000,000.00		贷	504,000,000.00
01	31	记-0182	还借款		50,000,000.00	贷	554,000,000.00
01			本月合计	70,000,000.00	615,000,000.00	贷	554,000,000.00
01			累　计	70,000,000.00	615,000,000.00	贷	554,000,000.00
12	31	记-0176	借款		50,000,000.00	贷	604,000,000.00
12	31	记-0177	借款		20,000,000.00	贷	624,000,000.00
12	31	记-0178	借款		30,000,000.00	贷	654,000,000.00
12	31	记-0179	借款		100,000,000.00	贷	754,000,000.00

图 6-2　短期借款

2012年		凭证号数	摘要	借方	贷方	方向	余额
月	日						
			上年结转			贷	50,000,000.00

明细账

图 6-3　长期借款

明细账

2012年		凭证号数	摘要	借方	贷方	方向	余额
月	日						
01	31	记-0060	支付利息	1,000,000.00		借	1,000,000.00
01	31	记-0061	支付利息	100,000.00		借	1,100,000.00
01	31	记-0062	支付利息	2,000,000.00		借	3,100,000.00
01	31	记-0063	支付利息	3,000,000.00		借	6,100,000.00
01	31	记-0172	支付利息	100,000.00		借	6,200,000.00
01	31	记-0201	期间损益结转		6,200,000.00	平	
01			本月合计	6,200,000.00	6,200,000.00	平	
01			累　计	6,200,000.00	6,200,000.00	平	
12	31	记-0295	支付利息	20,000,000.00		借	20,000,000.00
12	31	记-0296	支付利息	30,000,000.00		借	50,000,000.00
12	31	记-0297	支付利息	15,000,000.00		借	65,000,000.00
12	31	记-0315	结转		65,000,000.00	平	
12			本月合计	65,000,000.00	65,000,000.00	平	
12			本年累计	71,200,000.00	71,200,000.00	平	

图 6-4　财务费用——利息支出

明细账

2012年		凭证号数	摘要	借方	贷方	方向	余额
月	日						

图 6-5　财务费用——利息收入

检查人员进一步检查A公司记账凭证，从后附的原始凭证发现该公司通过“其他应收款”将资金无息借调给关联方B公司使用，其资金主要来源于银行的短期借款和长期借款，产生的相应银行借款利息作为A公司的高额财务费用在企业所得税前扣除。抽查凭证见图6-6、图6-7、图6-8。

记账凭证

记 字　0183　　　　制单日期：2012.01.31　　　　附单据数：

摘要	科目名称	借方金额	贷方金额
总部往来	其他应收款/北京晶晶股份	4000000000	
总部往来	银行存款		4000000000
票号 日期	数量 单价 合计	4000000000	4000000000
备注	项目 客户	部门 业务员	个人

记账　钱程　　审核　钱程　　出纳　　制单　王娟

图 6-6　其他应收款——总部往来

记账凭证

记 字　0174　　　　制单日期：2012.01.31　　　　附单据数：

摘要	科目名称	借方金额	贷方金额
借款	银行存款	30000000000	
借款	短期借款		30000000000
票号 日期	数量 单价 合计	30000000000	30000000000
备注	项目 客户	部门 业务员	个人

记账　钱程　　审核　钱程　　出纳　　制单　王娟

图 6-7　短期借款

接下来检查人员将关注重点放到现金池的检查，怀疑A公司与B公司存在现金池业务，但A公司并未按照现金池的相应财税规定进行处理，存在A公司少计利息收入，多扣除与企业经营活动无关的费用支出，以达到少缴企业所得税的目的。

记账凭证

记字 0063　　　　制单日期：2012.01.31　　　　附单据数：

摘要	科目名称	借方金额	贷方金额
支付利息	财务费用/利息支出	300000000	
支付利息	银行存款		300000000
票号 日期	数量 单价　　合计	300000000	300000000
备注	项目　客户　部门　业务员　个人		

记账 钱程　　审核 钱程　　出纳　　制单 王娟

图 6-8　财务费用——利息支出

（四）税企争议焦点

检查人员认为A公司对借款费用在会计和税法上并未按现金池相应规定处理，A公司应按银行贷款利率或公允利率收取B公司的利息，需要调增应税所得额71 200 000元，补缴所得税17 800 000元。

A公司认为借款费用的列支是企业生产经营的需要，对于税务局所说的现金池业务提出以下问题：

(1) 什么是现金池？现金池业务给企业资金管理带来哪些影响？

(2) 现金池业务常见的应用模式有哪些？

(3) 现金池业务应如何进行会计核算？

(4) 现金池业务应如何进行税务处理？

(5) 税务局按照现金池业务的税务定性处理及依据是否合理？

A公司认为如果借款业务会计和税务处理不符合国家相关法律规定，企业可以按照税务机关要求进行整改。

针对A公司所提出的5个问题，检查人员根据当前的现有政策进行了梳理，并逐一进行针对性解答：

(1) 什么是现金池？现金池业务给企业资金管理带来哪些影响？名义现金池在我国可行性如何？

① 现金池定义。

现金池(cash pooling)也称现金总库。最早是由跨国公司的财务公司与国际银行联手开发的资金管理模式，以统一调拨集团的全球资金，最大限度地降低集团持有的净头寸。其中，净头寸指交易商在市场上所持的多头与空头头寸的差额。比如一交易商卖出 100 份合约，买进 80 份合约，其净空头头寸即为 20 份合约；假如他卖出 120 份合约而买进 150 份合约，则其净多头头寸为 30 份合约。

不同的银行对现金池有具体不同的表述。

花旗银行对现金池的定义是：现金池结构是用于企业间资金管理的自动调拨工具，其主要功能是实现资金的集中控制。现金池结构包含一个主账户和一个或几个子账户。现金池资金的自动调拨通常在日终发生，调拨的金额取决于各子账户的日终金额和目标金额，即日终时各子账户余额为所设定的“目标余额”，而所有的剩余资金将全部集中在主账户。

汇丰银行在 2006 年亚太区现金管理指南中对现金池的定义是：现金池也称利息合计，将多个账户余额进行抵消，并计算净余额的利息。这是将多个账户余额通过转账机制，使资金在账户间进行实质性转移和集中安排。资金集合类别包括零余额账户（ZBA）、目标余额账户（TBA）及自动投资账户。

我国以招商银行为代表对现金池业务进行以下描述：以公司总部的名义设立集团现金池账户，通过子公司向总部委托贷款的方式，每日定时将子公司资金上划现金池账户。日间，若子公司对外付款时账户余额不足，银行可以提供以其上存总部的资金头寸额度为限的透支支付；日终，以总部向子公司归还委托贷款的方式，系统自动将现金池账户资金划拨到成员企业账户用以补足透支金额。根据事先约定，在固定期间内结算委托贷款利息，并通过银行进行利息划拨。

如某企业集团拥有 3 家成员企业，该企业集团开设了一个母公司账户，每个成员企业在母公司账户下开设了子账户，每个成员企业有一定的透支额，每天在固定的时间（一般为下午 4 点），银行自动对子公司账户进行扫描，并将所有子公司账户清零，即当子公司账户有结余时，划归母公司账户，作为企业集团的贷款并收取利息，子公司账户透支时，母公司账户划拨归还，作为企业集团的借款并支付利息，母公司账户即为“现金池”（图 6-9）。

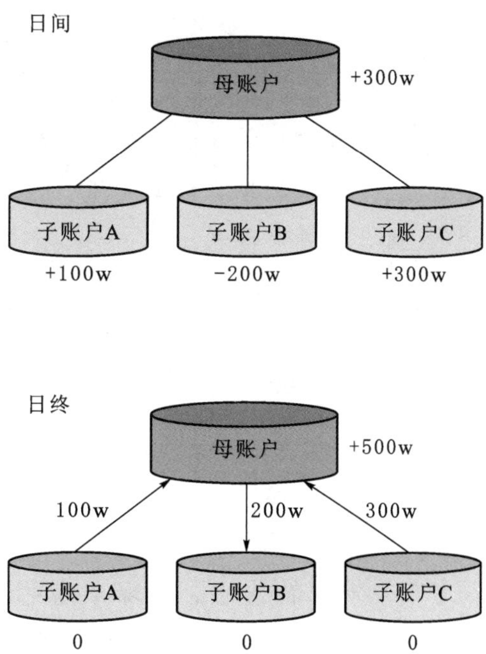

图 6-9　现金池示意图

现金池业务主要包括的事项有成员单位账户余额上划、成员企业日间透支、主动拨付与收款、成员企业之间委托借贷以及成员企业向集团总部的上存、下借分别计息等，如图 6-10 所示。

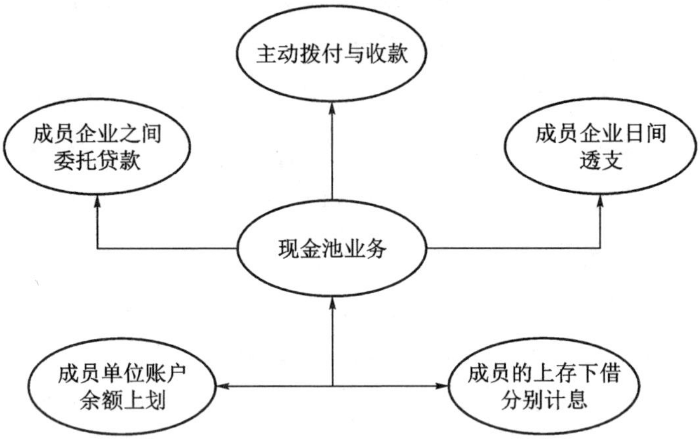

图 6-10　现金池业务

② 对现金池的核心理解。

A. 账户。必有核心账户和成员单位账户。

B. 资金管理原则。核心账户与成员单位账户之间的上划、下拨的规则；分为自动（通过银行实现）、手工（按需调拨）；归集范围；归集额度：零余额归集、目标余额归集。

C. 资金所有权。现金池业务中，成员单位账户的金额虽然上存到集团，使用权可能是集团，但其所有权仍是下属单位，必须了解池中每个成员单位各是多少；结算中心模式下，通过为下属单位建立内部账户统计下属单位上存资金；非结算中心模式下，通过子账户组统计。

D. 有偿使用。成员单位账户资金上存于核心账户，为委托存款，核心账户向成员单位账户支付委托存款利率（通常高于银行存款利率）；资金下拨相当于成员单位账户向核心账户借款，支付委托贷款利率（通常低于银行贷款利率）。

③ 对企业资金管理带来的影响。

A. 优势。

a. 变外源融资为内源融资，减少利息成本。现金池变外源融资为内源融资，减少了利息费用的支出。在现金池中，不同账户上的正负余额可以有效地相互抵消，账户资金盈余的子账户的资金自动地转移到资金不足的其他子账户，由此，企业的资金得到了充分的运用，在集团内部就能够满足融资需求，而无需外部融资，既简化手续，也大大降低了融资费用。假设A,B,C同属一个集团公司，A日均盈余400 000元，B日均盈余200 000元，而C日均透支300 000元。我们假设现金池中的存款利率为2%，贷款利率为5%。很明显，集团通过设立现金池较之后就能够获得较多的利息收益。（我们暂且不计算相关税费，仅从利息收支方面出发，见表6-3）

表6-3 现金池利息收支

账户	设立现金池之前			设立现金池之后		
	借方	贷方	年利息收入	借方	贷方	年利息收入
子账户A	400 000		8 000			
子账户B	200 000		4 000			
子账户C		300 000	−15 000			
合计	600 000	300 000	−3 000	300 000		6 000

b. 改进流动性管理，增加收益。在现金池结构中，各子账户将保持最少资金余额，以便充分提高整个集团的资金利用率和流动性。在日终，任何子账户余额的盈余或赤字都将被集中汇划到主账户。由此，过剩的流动资金可以得到更好的管理和控制，盈余资金可以从一些参加现金池的子公司账户中划转，用来资助其他现金短缺的实体。同时现金池将集团多余的资金集中起来，这样可以进行更有效的投资活动，为企业增加收益。即使企业不进行投资活动，大额的存款也可以使企业获得较高的协定存款利率。

c. 节约管理成本。维持很少的贷款，可以减少公司对资金账户管理的成本。此外，报告服务能提供详细的信息报告以简化现金池的监控流程，母公司能够及时了解各个子账户现金流量的情况，对成员企业使用现金池内资金金额进行条件控制，明确内部控制责任和加强内部控制效力，方便管理。成员单位在网上办理信贷，票据业务，提高工作效率，实现业务无纸化办公，节约了成本。

B. 劣势。

a. 增加相关的费用。企业集团委托银行以现金池形式进行资金集中管理，在实现减少企业集团的资金融资成本目的的同时，也会随之产生相应的税费（如流转税和印花税）、银行手续费等费用。因此，现金池业务给企业集团带来的收益要综合考虑。

b. 内贷资金回笼困难。当前很多集团企业可以根据自身经营状况和资金结余情况合理安排资金流向。如果子公司资金出现暂时短缺，可以向集团企业申请内贷，符合内贷条件的集团企业结算本部审批后指定内贷额度。这样解决了各子公司暂时资金短缺的问题，但集团企业也承担了内贷资金不能按时收回的危险。如果子公司不能按时还贷，集团企业将面临向银行偿还贷款本金和利息的两项支出，无形中加大了集团企业的贷款风险系数。

c. 在法律诉讼过程中存在风险。当前很多集团企业大部分资金都集中在特定银行的主户中，虽然提高了资金流动性和资金的利用率，但这种资金集中管理也会给集团企业带来风险。最常见的一种风险就是合同风险，即合同在执行过程中或执行完毕后，产品验收或产品交付使用后客户发现产品有重大质量问题、产品严重拖期交货等一系列问题，给客户带来了巨大的损失。客户向公司方提出异议，经过双方协商未果，客户有权向当地法院或产品生产地的法院提起诉讼。在诉讼时效内当地法院有绝对权力冻结集团企业在任何一家银行的任何账户，而最有可能先被冻结的账户就是集团企业的基本主账户。如果现金池中主账户的资金被冻结，直接影响到集团企业生产、采购等一系列日常活动，直接和间接造成的损失不可估量。现金池对企业的影响有积极的影响，也要有需要关注的事项。

④ 名义现金池在我国的可行性分析。

A. 现金池的分类。

现金池是建立在委托贷款方式上的集团内部资金集中管理新模式。在现金池结构下，商业银行首先要对企业进行账户梳理、建立现金池。以资金是否发生真实转移为根据，可将现金池分为实体现金池和名义现金池。

a. 实体现金池。

在实体现金池结构下，商业银行为集团总部开立一般结算账户，下属各子公司开立收入账户、支出账户，以收支两条线的方式进行资金集中，从而实现统收统支、实时控制集团资金状况。实体现金池的最基本特点就是真正实现了资金的物理转移，其资金的归集、下拨都要按照法律要求缴纳一定比例的增值税及印花税，并支付相应的成本费用。由于国内利率政策及相关税法的限制，以委托贷款为基础的实体现金池是唯一可操作的现金池模式。近些年国内各商业银行竞相开展现金池资金集中管理业务，实体现金池在国内有了较好的应用见图6-11。

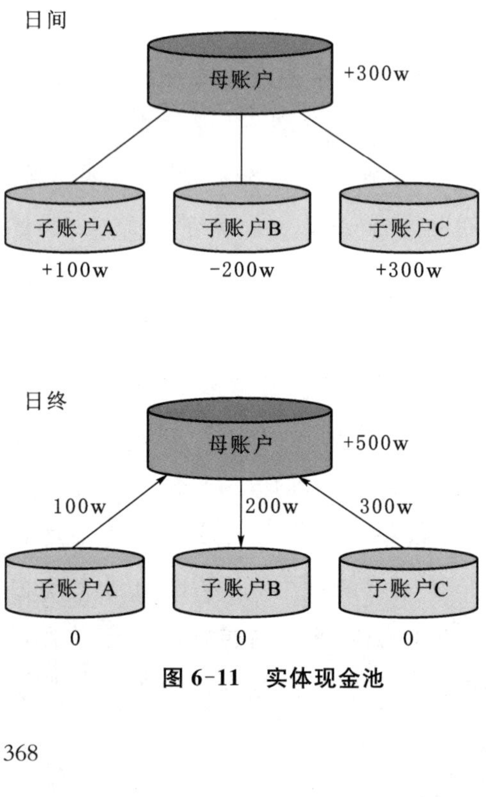

图 6-11 实体现金池

b. 名义现金池(虚拟现金池)。

名义现金池可以被称为国际现金及财资管理的最佳创新产品,备受国际跨国公司及国际银行的吹捧。在名义现金池结构下,各子账户资金的归集、划拨均不跟随资金的物理转移,集团母账户只是记录现金池子账户的净现金头寸(冲销账户中的借方、贷方余额)。同时,集团母账户不可对外支付、不参加会计平衡,只是用来计算池内资金头寸。商业银行根据池内冲销后的资金头寸,计算集团企业的应付或应收的利息金额。世界500强中的大部分企业都建立了名义现金池、进行全球资金集中管理。尽管如此,由于政策原因,名义现金池在我国仍然是受到限制的业务,并未得到较好的发展。

虚拟现金池的利息计算见图6-12。

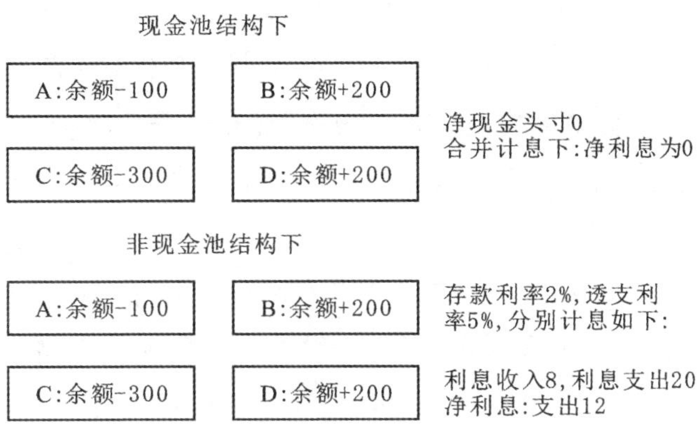

图6-12　虚拟现金池的利息计算

名义现金池在优化利息收入方面拥有较强优势,有效地提高了企业集团财务成本控制的综合能力。此外,名义现金池结构中,账户间资金的非物理转移,有利于保持子公司财务管理、资金运营的独立性,不影响各子公司独立经营、自负盈亏,充分满足了行业跨度大、集团财务权力分散的跨国公司的资金集中管理需求。最后,以资金头寸计算集团利息费用,减少了每笔资金归集时产生的相关税费,节省了大量财务成本。正是由于名义现金池的诸多显而易见的优势,使得其成为跨国公司及企业集团进行全球资金集中管理中必不可少的工具。

在我国名义现金池原则上是不可行的。在现行的法律框架和利率税收制度的管制下,国内市场要推出名义现金池可谓是阻力重重。

(2) 现金池业务常见的应用模式有哪些?

现金池的运行模式主要分为两种:一是通过集团内部的结算中心运作;二是通过集团的财务公司运营。

① 结算中心管理现金池。

集团母公司设立的结算中心是办理集团内部各成员现金收付和往来结算业务的专门机构，一般隶属于财务部门，不具有法人资格，也不具备经营金融业务的许可。结算中心主要借助网上银行对现金池进行管理。根据集团与银行之间就“现金池”业务签订的协议，集团及纳入“现金池”管理的下属企业必须在指定银行开户，采取收支两条线的方式。集团结算中心对于上存资金的子公司，一般按照银行同期活期存款利率支付息，对使用资金的子公司，一般按照银行同期贷款利率收取利息。这样，集团结算中心的收入来源由两部分组成：一是现金池存款在银行与拨付下级公司之间存在的利差收入；二是向子公司收取的贷款利息。

② 财务公司管理现金池。

与结算中心管理现金池不同，财务公司为集团子公司之一，具有独立的法人地位，是经中国银保监会批准成立的非银行金融机构。财务公司提供的服务也类似于商业银行，主要功能是提供解决集团内部融资、资金信贷风险的平台。在运作中，财务公司同样采取收支两条线的管理，操作层面比结算中心模式更自由和便捷。简而言之，谁的钱入谁的账，用款自由，存款有息。

在支付环节，成员单位可自主支配各自在财务公司账户上的存款，只需在集团公司系统中给财务公司一个申请用款指令，财务公司即会将款项随时划拨至成员单位的指定银行账户。在成员单位需要贷款时，可向财务公司申请，财务公司根据集团的长远规划，逐笔审批，将可动用现金池的资金贷予成员单位。

(3) 现金池业务应如何进行会计核算?

① 常规处理。

A. 子账户间的会计处理：指子账户之间相互借贷而需要进行的相关会计处理。

成员企业在向现金池进行资金注入时，该笔资金应该首先用于归还尚未归还的委托贷款，当委托贷款全部还清或者注入资金超过了当期应归还贷款数额时，该笔资金或者超出部分则可以看作子账户的委托贷款资金。

注入资金：

借：委托贷款——本金

　　贷：银行存款

利息结算：

借：银行存款

　　贷：委托贷款——利息

手续费确认：

借：财务费用——手续费

　　贷：银行存款

B. 集团企业的会计处理：只需要对子账户资金注入和资金提取两个部分进行会计处理。

贷款注入：

借：银行存款

　　贷：××子成员贷款基金

贷款注入：

借：银行存款

　　贷：××子成员贷款基金

② 企业可能的其他会计处理。

A. 货币资金余额为0，另设“内部存款”“短期付息资金”和“长期付息资金”两个科目。基于案例情形，A公司与集团母公司B公司发生现金池业务的会计核算如下：

a. A公司2×12年12月17日，货币资金账户余额为200 000元，上划集团母公司“现金池”账户。

B公司账务处理：

借：银行存款　　200 000

　　贷：内部存款——A公司　　200 000

地区子公司账务处理：

借：内部存款　　200 000

　　贷：银行存款　　200 000

b. B公司下拨资金给A公司弥补透支额500 000元。

B公司账务处理：

借：短期付息资金——A公司　　500 000

　　贷：银行存款　　500 000

地区子公司账务处理：

借：银行存款　　500 000

　　贷：短期付息资金　　500 000

c. A公司每日上存资金归还短期付息资金300 000元。

B公司账务处理：

借：内部存款——A公司　　300 000

　　贷：短期付息资金——A公司　　300 000

地区子公司账务处理：

借：短期付息资金　　300 000

　　贷：内部存款　　300 000

d. A公司上存资金利息100 000元。

B公司账务处理：

借：财务费用——利息支出　　100 000

　　贷：内部存款——A公司　　100 000

地区子公司账务处理：

借：内部存款　　100 000

　　贷：财务费用——利息收入　　100 000

e. A公司本月短期付息资金计息计35 000元。

B公司账务处理：

借：短期付息资金拨款——A公司　　35 000

　　贷：财务费用——利息收入　　35 000

地区子公司账务处理：

借：财务费用——利息支出　　35 000

　　贷：短期付息资金　　35 000

B. “其他应收款”“其他应付款”体现普通的关联方资金往来(本案例)。

一般企业借入资金时：

借：银行存款

　　贷：其他应付款——某单位或个人

借出资金时：

借：其他应收款——某单位或个人

　　贷：银行存款

C. 企业也有可能把资金往来业务放在“其他流动资产”和“其他流动负债”科目

体现。

当集团内某公司借入资金时：

借：银行存款

　　贷：其他流动负债

借出时：

借：其他流动资产

　　贷：银行存款

（4）现金池业务应如何进行税务处理？

现金池业务主要涉及增值税、印花税和企业所得税三个税种。

① 增值税处理。

A. “现金池”成员企业收到的现金池存款利息是否缴纳增值税？

a. 结算中心管理的现金池。

《财政部　国家税务总局关于全面推开营业税改征增值税试点的通知》（财税〔2016〕36号）附件1《营业税改征增值税试点实施办法》中《销售服务、无形资产、不动产注释》明确规定各种占用、拆借资金取得的收入属于应税金融服务中的贷款服务。

集团结算中心不是金融机构，集团与各子公司之间又是不同的法律实体，“现金池”导致了不同法人账户间资金的转移，也就是说形成了公司之间的借贷，根据上述规定，子公司收到现金池账户的存款利息应缴纳增值税。

b. 财务公司管理的现金池。

《财政部　国家税务总局关于全面推开营业税改征增值税试点的通知》（财税〔2016〕36号）附件2《营业税改征增值税试点有关事项的规定》第一条第二款第（二）项规定，存款利息不征增值税。而该存款利息仅限于存储在国家规定的吸储机构所取得的存款利息，财务公司属于非银行的金融机构，不具备国家规定的吸储机构资格，所以“现金池”成员企业从财务公司取得的存款利息，和从银行取得存款利息性质不一样，因此需要缴纳增值税。

B. 集团收取“现金池”借款利息是否缴纳增值税？

无论是结算中心模式，还是财务公司模式，只要是成员企业从“现金池”借入资金，都属于企业拆借行为，因此，集团母公司向成员企业收取的“现金池”借（贷）款利息应缴纳增值税。

现行增值税政策都是针对纳税人发生的具体行为而并非依据企业所属的行业

性质来判断纳税义务的。一家公司即使其主业不属于金融服务业，只要其发生了金融服务行为(包括委托贷款)，就应该按照相应的政策规定就该行为计算缴纳增值税。

具体到委托贷款业务，委托贷款取得的利息收入需要按照6%的税率缴纳增值税，同时，如果发生贷款利息支出，相关的进项税是不能抵扣的。

另外，《贷款通则》第六十一条规定，各级行政部门和企事业单位、供销合作社等合作经济组织、农村合作基金会和其他基金会，不得经营存贷款等金融业务。企业之间不得违反国家规定办理借贷或者变相借贷融资业务。“现金池”结算中心管理模式下，集团母公司向成员企业放贷违反《贷款通则》，存在较大的金融违法风险；财务公司由于具有独立法人地位和经营金融业务的资格，向成员企业放贷符合《贷款通则》，不存在风险。

《财政部　国家税务总局关于金融机构同业往来等增值税政策的补充通知》(财税〔2016〕70号)第一条规定，金融机构开展下列业务取得的利息收入，属于《营业税改征增值税试点过渡政策的规定》(财税〔2016〕36号印发，以下简称《过渡政策的规定》)第一条第(二十三)项所称的金融同业往来利息收入：①同业存款。是指金融机构之间开展的同业资金存入与存出业务，其中资金存入方仅为具有吸收存款资格的金融机构。②同业借款。是指法律法规赋予此项业务范围的金融机构开展的同业资金借出和借入业务。此条款所称“法律法规赋予此项业务范围的金融机构”主要是指农村信用社之间以及在金融机构营业执照列示的业务范围中有反映为“向金融机构借款”业务的金融机构。③同业代付。是指商业银行(受托方)接受金融机构(委托方)的委托向企业客户付款，委托方在约定还款日偿还代付款项本息的资金融通行为。④买断式买入返售金融商品。买断式买入返售金融商品，是指金融商品持有人(正回购方)将债券等金融商品卖给债券购买方(逆回购方)的同时，交易双方约定在未来某一日期，正回购方再以约定价格从逆回购方买回相等数量同种债券等金融商品的交易行为。⑤持有金融债券。金融债券是指依法在中华人民共和国境内设立的金融机构法人在全国银行间和交易所债券市场发行的、按约定还本付息的有价证券。⑥同业存单。同业存单是指银行业存款类金融机构法人在全国银行间市场上发行的记账式定期存款凭证。

基于上述规定，集团公司“资金结算中心”与“财务公司”管理模式下，集团所属单位因资金拆借或占用从资金结算中心(或财务公司)取得借款利息(利息收入)均应缴纳增值税。同时根据税法的规定，每笔注入、最终构成发放的委托贷款的利息收入与每笔提取并最终构成借入的委托贷款的利息支出不能相互抵消后纳税。

财务公司是依据《公司法》和《企业集团财务公司管理办法》设立的，并经银保监会批准的非银行金融机构。财务公司与其他金融机构金融同业往来利息收入免征增值税。

《财政部　税务总局关于明确养老机构免征增值税等政策的通知》(财税〔2019〕20号)规定自2019年2月1日至2020年12月31日，对企业集团内单位(含企业集团)之间的资金无偿借贷行为，免征增值税。

② 印花税处理。

集团与现金池成员企业签订的借款合同是否缴纳印花税?

印花税仅对《印花税暂行条例》列举的合同、权利许可证照、账簿贴花。企业与非金融部门之间的借贷合同；金融部门与金融部门之间的借贷合同；投资合同；人寿保险合同；结婚证、税务登记证、卫生许可证等不贴花。

根据《印花税暂行条例》规定，在借款合同中，银行及其他金融组织和借款人(不包括银行同业拆借)所签订的借款合同按借款金额万分之零点五贴花，纳税义务人为立合同人，单据作为合同使用的，按合同贴花。因为财务公司属于金融组织，所以，它和子公司签订的借款合同应缴纳印花税；而结算中心不是金融机构，它与项目公司签订的借款合同不用缴纳印花税。

实务中，部分地区税务机关要求企业就企业与企业之间签订的借款合同缴纳印花税。根据《印花税暂行条例》规定，借款合同是指银行及其他金融组织和借款人所签订的借款合同，故企业与企业之间签订的借款合同不属于印花税应税范围。

③ 企业所得税处理。

集团收取现金池借款利息能否在成员企业税前扣除?

A. 现金池的性质对扣除的影响。

根据《企业所得税法实施条例》第三十八条规定非金融企业向金融企业借款的利息支出、金融企业的各项存款利息支出和同业拆借利息支出、企业经批准发行债券的利息支出准予扣除。对于非金融企业向非金融企业借款的利息支出，不超过按照金融企业同期同类贷款利率计算的数额的部分准予扣除。

由于财务公司属于非银行金融机构，成员单位支付给它的利息支出可全额扣除。而采用结算中心管理的现金池，成员单位的利息支出则只能在不超过金融企业同期同类贷款利率计算的金额内准予扣除。

B. 关联关系对扣除的影响。

无论是财务公司还是结算中心的管理模式，集团母公司与成员企业都会形成关联关系。为了实现企业集团利益最大化，减轻集团整体的税收负担，集团企业往往借助关联企业相互之间的存贷款，通过设定不同的借贷利率水平将利息收入转移到处于低税率地区的子账户。同样的通过设定高贷款利率使利息支出发生在处于高税率地区的子账户，这样一来就很容易操纵整个集团内部的税负水平。为防止关联企业通过转让定价的方法转移利润，操纵整个集团所属企业的税负水平，《企业所得税法》规定，企业与关联方的业务往来不符合独立交易原则而减少企业或其关联方应纳税所得额的，税务机关可以按照符合独立交易原则的定价原则和方法进行调整。另外，《财政部 国家税务总局关于企业关联方利息支出税前扣除标准有关税收政策问题的通知》(财税〔2008〕121号)规定，在资本弱化条款下一般企业的关联方债资比为2∶1；金融企业为5∶1。企业从其关联方接受的债权性投资与权益性投资的比例超过2∶1规定标准而发生的利息支出，不得在计算应纳税所得额时扣除。

(5) 现金池业务的税务定性处理及依据是否合理？

关联方资金往来有三种常见形式：

① 现金池业务。

在现金池业务中，主账户企业与成员账户企业之间的上划与下拨资金的来源是集团内部资金，而非银行借款。银行在现金池业务中只充当委托贷款角色(结算中心模式)或结算代理角色(财务公司模式)，并未充当债权人角色。

认定一项业务是否为现金池业务，必须包含符合几个要素：

A. 账户：必有核心账户和成员单位账户。

B. 资金管理原则：核心账户与成员单位账户之间的上划、下拨的规则；分为自动(通过银行实现)、手工(按需调拨)；归集范围；归集额度：零余额归集、目标余额归集。

C. 资金所有权：现金池业务中，成员单位账户的金额虽然上存到集团，使用权可能是集团，但其所有权仍是下属单位，必须了解池中每个成员单位各是多少；结算中心模式下，通过为下属单位建立内部账户统计下属单位上存资金，非结算中心模式下，通过子账户组统计。

D. 有偿使用：成员单位账户资金上存于核心账户，为委托存款，核心账户向成员单位账户支付委托存款利率(通常高于银行存款利率)；资金下拨相当于成员单位账户向核心账户借款，支付委托贷款利率(通常低于银行贷款利率)。

② 统借统还。

A. 统借统还业务的定义。

统借统还在《财政部 国家税务总局关于全面推开营业税改征增值税试点的通知》(财税〔2016〕36号)有明确的定义，是指：

a. 企业集团或者企业集团中的核心企业向金融机构借款或对外发行债券取得资金后，将所借资金分拨给下属单位(包括独立核算单位和非独立核算单位，下同)，并向下属单位收取用于归还金融机构或债券购买方本息的业务。

b. 企业集团向金融机构借款或对外发行债券取得资金后，由集团所属财务公司与企业集团或者集团内下属单位签订统借统还贷款合同并分拨资金，并向企业集团或者集团内下属单位收取本息，再转付企业集团，由企业集团统一归还金融机构或债券购买方的业务。

由此可见，在统借统还业务中，企业集团与下属企业资金的往来来源是集团外部资金，或为向金融机构借款，或为对外发行债券。且统借统还业务中，企业集团只负责把资金分拨给下属企业，而下属企业并不需要将资金上划给企业集团。因此，资金来源与资金流向是区别现金池业务和统借统还业务的两个本质要素。

B. 统借统还的税务处理。

统借统还业务会产生相关税费，主要是增值税、企业所得税和印花税。

a. 增值税处理。

满足一定条件，免征增值税。

《财政部 国家税务总局关于全面推开营业税改征增值税试点的通知》(财税〔2016〕36 号)统借统还业务中，企业集团或企业集团中的核心企业以及集团所属财务公司按不高于支付给金融机构的借款利率水平或者支付的债券票面利率水平，向企业集团或者集团内下属单位收取的利息，可免征增值税。

统借方向资金使用单位收取的利息，高于支付给金融机构借款利率水平或者支付的债券票面利率水平的，应全额缴纳增值税。

资金借贷双方是否属于同一企业集团，是否由统借方与贷款企业签订统借统还贷款合同并分拨借款，向贷款企业收取的利率是否符合规定，这是判别非金融企业之间资金借贷业务收取的利息是否征收增值税的三项标准。

b. 所得税处理。

符合一定条件，可以全额税前扣除。

在《企业所得税法》及其实施条例实施前，根据《国家税务总局关于中国农业生产资料集团公司所属企业借款利息税前扣除问题的通知》(国税函〔2002〕837 号)的规定，集团公司统一向金融机构借款，所属企业申请使用，只是资金管理方式的变化，不影响所属企业使用银行信贷资金的性质，不属于关联企业之间的借款。因此，对集团公司所属企业从集团公司取得使用的金融机构借款支付的利息，不受《企业所得税税前扣除办法》第三十六条“纳税人从关联方取得的借款金额超过其注册资本50%的，超过部分的利息支出，不得在税前扣除”的限制。

按照上述文件的规定，下属各公司向集团公司拆借统借来的资金并支付利息，满足以下3个条件就可全额扣除：一是不高于金融机构同类同期贷款利率计算的数额以内的部分；二是集团公司能够出具从金融机构取得贷款的证明文件；三是借款符合本规定所说的统一借款的概念。

2008年《企业所得税法》实施后，该项政策规定在房地产开发企业的企业所得税处理中已得到明确，根据《房地产开发经营业务企业所得税处理办法》（国税发〔2009〕31号）第二十一条规定：“企业集团或其成员企业统一向金融机构借款分摊集团内部其他成员企业使用的，借入方凡能出具从金融机构取得借款的证明文件，可以在使用借款的企业间合理地分摊利息费用，使用借款的企业分摊的合理利息准予在税前扣除。”不受关联企业资本弱化相关条款的限制。值得注意的是，这里将统借方由集团企业扩大至其他成员企业。

部分地方将该政策扩大了适用范围，从房地产开发企业扩大到所有企业，如：

《广西壮族自治区地方税务局关于集团公司借款利息税前扣除问题的批复》（桂地税字〔2009〕106号）规定：“广西水利电业集团有限公司在实行集团化统一管理的模式下，由该公司统一向银行申请项目贷款，所属企业申请使用，并按照银行贷款利率收取利息归还银行。根据国税函〔2002〕837号文规定，对其所属企业按照银行贷款利率所支付的利息支出，准予在企业所得税前扣除。”

《河北省地方税务局关于企业所得税若干业务问题的通知》（冀地税发〔2009〕48号）第八条规定，对集团公司和所属企业采取“由集团公司统一向金融机构借款，所属企业按一定程序申请使用，并按同期银行贷款利率将利息支付给集团公司，由集团公司统一与金融机构结算”的信贷资金管理方式的，不属于关联企业之间借款。凡集团公司能够出具从金融机构取得贷款的证明文件，其所属企业使用集团公司转贷的金融机构借款支付的利息，不高于贷款银行同类同期贷款利率计算数额的部分，允许在企业所得税前扣除。

《辽宁省地方税务局关于印发企业所得税若干业务问题的通知》（辽地税发〔2010〕3号）文件第二条关于企业统一借款转借集团内部其他企业单位使用税前扣除问题规定：“企业集团或其成员企业统一向金融机构借款，分摊集团内部其他成员企业使用的，凡能出具从金融机构取得借款的证明文件，并在使用借款的企业间合理分摊利息费用的，使用借款的企业分摊的合理利息准予在税前扣除。但企业集团或其成员企业不得重复扣除。”

《天津市地税国税关于企业所得税税前扣除有关问题的通知》（津地税企所

〔2010〕5号)第六条资金拆借利息的税前扣除问题规定:“实行统贷统还办法的企业,集团公司与所属子公司应签订资金使用协议,子公司按照协议实际占用资金支付给集团公司的利息与集团公司向金融机构贷款利率一致的部分,准予扣除。”

c. 印花税处理。

集团企业与银行统借订立借款合同时,以借款合同金额一次缴纳印花税。集团企业与下属各公司签订的用款协议,应依据《国家税务局关于印花税若干具体问题的解释和规定的通知》(国税发〔1991〕155号)第十四条规定:代理单位与委托单位之间签订的委托代理合同,凡仅明确代理事项、权限和责任的,不属于应税凭证,不贴印花。

③ 一般关联方资金往来。

关联方之间资金往来,如果既不符合满足现金池业务的核心条件,也不符合统借统还规定的形式,则我们一般把它归为一般关联方资金往来行为。

一般关联方资金往来和其他关联方资金往来一样,也会产生相关税费,主要体现在增值税、企业所得税。由于一般关联方资金往来不涉及金融机构的参与,所以不会涉及印花税的缴纳。

A. 增值税处理。

普通权投资的关联企业(以下简称普通关联企业)之间的资金往来产生的利息,需要缴纳增值税。

正确区分普通关联企业与企业集团内企业是关键。不属于同一企业集团的关联企业即普通关联企业之间也常有互相借贷款业务发生,按照现行税法规定,对于普通关联企业之间的贷款业务产生的利息,不能享受企业集团统借统还业务不征收增值税的税收优惠,应正常缴纳增值税。

B. 企业所得税处理。

普通关联企业提供资金的一方应确认相应利息收入,计入应税所得;接受资金的一方应确认相应的利息支出,在一定的范围内准予税前扣除。

根据《企业所得税法实施条例》第三十八条规定,对于非金融企业向非金融企业借款的利息支出,不超过按照金融企业同期同类贷款利率计算的数额的部分准予扣除。

《企业所得税法》规定,企业与关联方的业务往来不符合独立交易原则而减少企业或其关联方应纳税所得额的,税务机关可以按照符合独立交易原则的定价原则和方法进行调整。另外,《财政部　国家税务总局关于企业关联方利息支出税前扣除标准有关税收政策问题的通知》(财税〔2008〕121号)文件,在资本弱化条款下一般企业的关联方债资比为2∶1；金融企业为5∶1。企业从其关联方接受的债权性投资与权益性投资的比例超过2∶1规定标准而发生的利息支出，不得在计算应纳税所得额时扣除。

另外，若关联方将资金无偿提供给对方，可参照《河北省国家税务局关于企业所得税若干政策问题的公告》（河北省国家税务局公告2014年第5号）执行。

《河北省国家税务局关于企业所得税若干政策问题的公告》（河北省国家税务局公告2014年第5号）规定，企业将取得的银行借款无偿让渡给其他企业使用，凡按照《河北省地方税务局河北省国家税务局关于明确企业所得税若干业务问题的公告》（河北省地方税务局河北省国家税务局公告2012年第1号）第九条规定已计算利息收入并入应纳税所得额的，相应的利息支出允许税前扣除。

因此，本案例中的业务处理不属于现金池业务。因为案例所述情形不符合现金池的会计核算，且无核心账户与子账户等账户的管理，因此不符合现金池业务的条件，而应为一般的关联方资金往来，税务机关应依据《企业所得税法》第六条和《企业所得税法实施条例》第十八条，针对企业将资金提供他人使用但不构成权益性投资，或者因他人占用本企业资金取得的收入确认为利息收入，计入应税所得。

四、处理结果

听完检查组人员对现金池的业务详细的讲解，该企业财务经理深表折服，并感叹道："感谢税务局给予及时的政策辅导，让我们了解了现金池业务政策原理，理解了财税处理方法，规避了税收风险，这个学费我们交得值，马上按照税务检查组的要求进行整改。"

因此，A公司应按银行利率或公允利率收取B公司的利息，需调增应税所得额71 200 000元，补缴所得税17 800 000元，企业及时将税款入库。

【案例评析】

我们在征管实践中遇到过现金池业务。但由于之前对此类业务缺乏系统研究，对其本质了解不深入，仅仅认为它是企业集团内部为了达到资金控管和有效利用，采取的一种资产保值增值管理方式。

在此情况下，税务人员在税收检查和风险管理中，对于现金池业务主要关注的是企业所得税缴纳所涉及的业务利息收支，对成员企业取得的利息收入均认为是存款利息，并没有认识到大型集团企业在开展现金池业务时，在资金调用的过程中，相关企业还可能存在属于对外贷款性质的利息收入，并因此在风险管理中忽略开展现金池业务企业在增值税、印花税申报方面存在的问题。

在日常征管中，因大型企业集团内部资金管理机构多数在异地，如果被查企业不主动配合，不协助检查人员获取资金管理机构的主体资格、经营性质、各集团成员企业间的资金流动方向，以及集团内部资金管理和核算办法等信息，现金池业务的查证过程会非常艰难，相关业务的实质定性工作亦难以开展，甚至在贷（借）款利息数据的计算和确认上，税企双方也会发生争议。

通过本次特殊业务交易事项的案例式展示，税务人员对现金池业务应有充分认识，了解到现金池的运行有两种模式：一是通过集团内部的结算中心运作；二是通过集团财务公司（集团公司旗下独立核算的子公司）运营。掌握了现金池业务特点和核心要素：必有核心账户和成员单位账户；核心账户与成员单位账户之间的资金上划、下拨规则及资金的归集范围和额度，均严格按照企业集团内部的资金管理办法和核算办法执行；现金池业务的池中资金主要来源于成员单位等。

了解和认识现金池业务的运行本质后，对现金池业务的增值税、印花税、企业所得税进行税收检查和风险识别时，税务人员就有了清晰的思路，在风险应对时可采取行之有效的查证方法。

例如，在对大型企业集团资金运转情况进行检查时，税务人员应首先了解企业的股本构成和投资结构、集团资金管理、企业的主体资格、经营性质和主营业务，以及集团内部企业资金管理和核算的模式。在此基础上，通过企业年度资产负债表和利润表，分析企业流动资金和融资情况，通过审阅现金、银行存款、内部存款和财务费用等科目明细账簿及凭证，核实企业是否自行筹措流动资金，资金收入支配权是否归口上交母（总）公司等，以此判断是否属现金池业务。

若属于现金池业务，应从运用以下几种稽查方法。

（1）询问法。询问对象可以为财务人员、出纳员等，询问内容主要为银行账号开设状况，账号资金走向及权限等。

（2）审阅法。查企业的股本和投资结构，确认可以构成关联交易关系的企业或母子公司。

查企业流动资金的进和出，核实企业是否存在自行筹措流动资金、资金收入支配权是否归口上收母公司等。

查“银行存款——××银行”明细账，核实是否存在进多出少且余额较大等特点的账户，进而分析确定该账户的指向对象。

查“其他应收款——集团总部/总部财务”等明细账，核实是否存在进多出少且余额较大等情形。

查“短期借款、长期借款、财务费用”等科目，核实企业是否存在向金融机构、民间等借款以及利息的收付情况。

(3) 函调法。函调关联企业利息收入是否申报调增所得额和银行提供整个集团资金流水情况。

第三节　危害税收征管秩序的其他案件

一、违反日常税收征管制度

稽查局在案件查办中,发现被查对象未按规定办理税务登记、设置保管账簿等违反日常税收管理制度的行为,应当责令限期改正,并根据被查对象整改情况予以罚款或作出不予处罚决定。违反日常税收征管制度的行为及处理处罚依据,如表 6-4 所示。

表 6-4　违反日常税收征管制度的行为及处理处罚依据表

违法违规行为	处理处罚	法律依据
(一) 未按照规定的期限申报办理税务登记、变更或者注销登记	责令限期改正,可以处2 000元以下的罚款 情节严重的,处 2 000 元以上 1 万元以下的罚款	《税收征收管理法》第六十条第一款
(二) 未按照规定设置、保管账簿或者保管记账凭证和有关资料		
(三) 未按照规定将财务、会计制度或者财务、会计处理办法和会计核算软件报送税务机关备查		
(四) 未按照规定将其全部银行账号向税务机关报告		
(五) 未按照规定安装、使用税控装置,或者损毁或者擅自改动税控装置		
(六) 不办理税务登记	由税务机关责令限期改正;逾期不改正的,经税务机关提请,由工商行政管理机关吊销其营业执照	《税收征收管理法》第六十条第二款
(七) 未按照规定使用税务登记证件,或者转借、涂改、损毁、买卖、伪造税务登记证件	处 2 000 元以上 1 万元以下的罚款;情节严重的,处 1 万元以上 5 万元以下的罚款	《税收征收管理法》第六十条第三款

（续表）

<table>
<tr><th>违法违规行为</th><th>处理处罚</th><th>法律依据</th></tr>
<tr><td>（八）扣缴义务人未按照规定设置、保管代扣代缴、代收代缴税款账簿或者保管代扣代缴、代收代缴税款记账凭证及有关资料</td><td>由税务机关责令限期改正，可以处 2 000 元以下的罚款；情节严重的，处 2 000 元以上 5 000 元以下的罚款</td><td>《税收征收管理法》第六十一条</td></tr>
<tr><td>（九）未按照规定的期限办理纳税申报和报送纳税资料</td><td rowspan="2">责令限期改正，可以处2 000元以下的罚款；情节严重的，可以处 2 000 元以上1 万元以下的罚款</td><td rowspan="2">《税收征收管理法》第六十二条</td></tr>
<tr><td>（十）扣缴义务人未按照规定的期限向税务机关报送代扣代缴、代收代缴税款报告表和有关资料</td></tr>
</table>

相关案例 6.6　专项整治发现偷税线索　账簿遗失反而弄巧成拙[①]

【案件查办过程】

Z经贸有限公司（以下简称Z公司）成立于 2007 年 4 月 16 日，注册资本 50 万元，法定代表人为黄某。经营范围包括一类医疗器械、工艺品、化工原料（不含危险化学品）、家具、日用品、针纺织品、纸制品、机械设备、五金交电（不含电动自行车）、建筑材料的批发、代购代销。系增值税一般纳税人。

2012 年 11 月 14 日，F 市国税局接上级单位通知，决定在全市范围内开展医药卫生行业发票使用情况专项整治工作。2013 年 4 月 23 日，F 市国税局稽查局（以下简称稽查局）根据工作安排决定对Z公司进行立案检查。次日，向其发出《税务检查通知书》。

稽查局于 2013 年 5 月 2 日向Z公司开户行交通银行某支行和光大银行某分行分别送达了《检查存款账户许可证明》并出示税务检查证，对Z公司存款账户进行了查询，并根据银行提供的对账单情况，对全市的 18 家单位进行立案检查，并对市外 14 家单位进行发函协查，对Z公司银行对账单中收款的具体情况进行了核实。

2013 年 5 月 8 日，稽查局要求Z公司限期提供 2009 年 1 月 1 日至 2013 年 4 月 30 日的会计账簿凭证、发票存根联、纳税申报表等相关财务资料。2013 年 5 月 16 日，Z公司向稽查局出具《关于账本凭证等丢失的说明报告》，称“公司兼职的对账人员于 2013 年 3 月底对账途中，不慎将公司的账本和凭证等资料遗失在出租车上

① 本案例改编自《正大联合（福州）经贸有限公司与福州市国家税务局稽查局行政处罚一审行政判决书》福建省福州市鼓楼区人民法院（2015）鼓行初字第 35 号，见中国裁判文书网，http://wenshu.court.gov.cn/website/wenshu/181107ANFZ0BXSK4/index.html?docId=c3f0238df03c490abed903566ee23a1e。

（2009年度至2013年度），无法找回”。

2013年10月24日，稽查局经审理认定Z公司存在以下违法行为：

（1）未按规定保管账簿、凭证、发票存根联等财务资料。

（2）未按规定保管发票。

（3）未足额申报销售额，不缴少缴税款已构成偷税。

2014年6月17日，稽查局作出《税务行政处罚事项告知书》，拟对Z公司作出行政处罚。Z公司要求举行听证，2014年7月8日，稽查局举行了听证。

2014年9月22日，稽查局作出《税务处理决定书》，决定对Z公司补缴增值税5 701 503.08元及企业所得税1 495 316.57元，并加收滞纳金。同日，稽查局作出《税务处罚决定书》，对Z公司罚款共计3 612 409.83元。

Z公司不服《税务处理决定书》，向法院提起行政诉讼，法院裁定驳回起诉，上诉后，二审法院裁定驳回上诉，维持原裁定。

Z公司不服《税务处罚决定书》，向法院提起诉讼。

【税企争议焦点】

稽查局认定Z公司存在未按规定保管账簿、凭证、发票存根联等财务资料的违法行为，以及未足额申报销售额的偷税行为事实是否清楚，程序是否合法。

【法院裁判观点】

▶ *法院审理认为：*

（1）稽查局认定Z公司存在未按规定保管账簿、凭证、发票存根联等财务资料、未足额申报销售额的事实，有稽查局提供的Z公司纳税申报表、询问笔录、关于账本凭证等丢失的说明报告、医院提供的发票、入库单、付款凭证等证据相互印证，事实认定清楚、证据确凿。

（2）稽查局在作出行政处罚前已依法向Z公司告知拟对其进行罚款的事实、理由、依据，并告知有进行陈述申辩或要求组织听证的权利。稽查局亦在Z公司申请听证后举行了听证，程序合法。

（3）Z公司在庭审中主张听证主持人非审理人员，故听证程序违法。鉴于听证主持人鲍某系稽查局分管审理工作的副局长，稽查局授权其主持税务行政处罚听证工作，未违反《税务稽查工作规程》第五十三条的规定，故对Z公司该主张不予支持。

（4）《税收征收管理法》第六十条第一款第（二）项规定：“纳税人有下列行为之一的，由税务机关责令限期改正，可以处二千元以下的罚款；情节严重的，处二千元以上一万元以下的罚款：……（二）未按照规定设置、保管账簿或者保管记账凭证和有关资料的；……”《税收征收管理法》第六十三条第一款规定：“纳税人伪造、变造、隐匿、擅自销毁账簿、记账凭证，或者在账簿上多列支出或者不列、少列收入，或者经税务机关通知申报而拒不申报或者进行虚假的纳税申报，不缴或者少缴应纳税款的，是偷税。对纳税人偷税的，由税务机关追缴其不缴或者少缴的税款、滞纳金，并处不缴或者少缴的税款百分之五十以上五倍以下的罚款；构成犯罪的，依法追究刑事责任。"《发票管理办法》第三十五条第一款第(九)项规定："违反本办法的规定，有下列情形之一的，由税务机关责令改正，可以处1万元以下的罚款；有违法所得的予以没收：……(九)未按照规定存放和保管发票的。"根据上述规定，稽查局对Z公司未按规定保管账簿凭证的行为，处罚款4 000元；对Z公司未按规定保管发票的行为，处罚款10 000元；对Z公司偷税款7 196 819.65元的行为，处偷税款0.5倍的罚款3 598 409.83元，并无不当。

综上，稽查局对Z公司作出的行政处罚决定，证据确凿，适用法律、法规正确，符合法定程序，Z公司的诉讼请求不成立。为此，判决驳回原告Z公司的诉讼请求。

二、编造虚假计税依据

《税收征收管理法》第六十四条规定，纳税人、扣缴义务人编造虚假计税依据的，由税务机关责令限期改正，并处5万元以下的罚款。

计税依据，是课税对象的数量或数额标准，是计算应征税款的直接依据。计税依据一般根据其课税对象的物理形态或者价值形态，分别适用从量定额的计税方法和从价定率的计税方法。我国主要税种的计税依据如下：①增值税的计税依据为纳税人销售货物或者应税劳务的销售额，该销售额为纳税人销售货物或者应税劳务向购买方收取的全部价款和价外费用，但是不包括收取的销项税额。②消费税的计税依据为纳税人销售应纳税商品的销售额或者销售数量。该销售额为纳税人销售应税消费品向购买方收取的全部价款和价外费用。销售数量为纳税人销售应税消费品的数量，比如纳税人销售黄酒、啤酒的吨数、销售汽油、柴油的升数等。③企业所得税的计税依据为应纳税所得额，该应纳税所得额为纳税人每一纳税年度的收入总额减去准予扣除项目后的余额。④个人所得税的计税依据为个人应纳税所得额，该应纳税所得额为纳税人的工资、薪金、劳务报酬、财产转让及其他所得扣除有关费用后的余额。

纳税人、扣缴义务人应当根据合法、有效的凭证、账簿进行核算，不得虚列或者隐瞒收入，推迟确认收入，不得随意改变费用、成本的确认标准或者计量方法，虚列、多列、不列或者少列费用、成本，不得随意调整利润的计算方法，编造虚假利润或者隐瞒利润，以编造虚假的计税依据。纳税人、扣缴义务人编造虚假计税依据的，由税务机关责令限期改正，并处5万元以下的罚款。需要指出的是，按照本条规定予以处罚的行为是纳税人、扣缴义务人编造虚假计税依据，而且该行为并未造成纳税人、扣缴义务人不缴或者少缴税款的后果。如果纳税人、扣缴义务人编造虚假计税依据，不缴或者少缴税款的，属于偷税行为，应当按照《税收征收管理法》第六十三条的规定予以处罚。

相关案例6.7 列支他公司拆迁费无依据 编造虚假计税依据受处罚①

【案件查办过程】

J建筑建材集团公司(以下简称J公司)、Q第二建筑工程公司(以下简称Q公司)、D水泥有限公司(以下简称D公司)原系S县Y镇属乡镇集体企业或集体参股企业。2002年9月18日，原S县Y镇集体资产经营管理公司将三家企业的股权以500 000元的价格整体转让给洪某根，并约定有关事项。后来，Y镇政府根据企业“退二进三”的要求，上报原S县人民政府，2005年5月，原S县人民政府办公室作出抄告单，同意Y镇政府对Q公司地块实施“退二进三”改造，并按商住用地性质进行净地公开出让。Y镇政府组织进行商住地块上的房屋拆迁安置工作，因地块上的房屋大部分系J公司及Q公司的房屋，而J公司、Q公司因未参加年检分别于2002年10月26日、2004年10月11日被原S县工商局吊销营业执照，故Y镇政府委托D公司进行拆迁。期间，Y镇政府与Q公司于2006年2月25日签订了《房屋拆迁补偿协议》，因当时有部分拆迁户未签订补偿合同而搁置，该协议并未实际履行。此后，Y镇政府协助D公司做了拆迁户的大量工作，至2007年9月底，拆迁安置补偿协议全部签订完成。

2007年3月12日，S置业公司成立。2007年9月27日，Y镇党委财经工作领导小组就DF地块(即Y镇政府委托D公司进行拆迁的地块)拆迁补偿的有关问题进行商讨，并作出“关于DF地块拆迁补偿问题的会议纪要”。2007年10月28日，Y镇政府向原S县国土局、原S县招投标中心出具《关于Y镇DF住商地块拆迁安置的情况说明》。同年10月31日，原S县国土局作出国有土地使用权挂牌出让公告，对

---

① 本案例改编自《绍兴神舟置业有限公司(原浙江神舟置业有限公司)、国家税务总局绍兴市税务局稽查局税务行政管理(税务)二审行政判决书》浙江省绍兴市中级人民法院(2018)浙06行终440号，见中国裁判文书网，http://wenshu.court.gov.cn/website/wenshu/181107ANFZ0BXSK4/index.html?docId=455622299bb242e0a0a4aa8b009ee0e4。

Y镇DF住商地块进行公开出让，同年11月14日，S置业公司通过公开竞拍获得Y镇DF住商用地。同日，S置业公司与原S县国土资源局签订《国有土地使用权出让合同》，合同约定土地条件以现状为准，总成交价为28 180 000元，另约定受让人在受让宗地时的其他要求，DF住商地块有拆迁安置户28户属产权调换原地安置，土地竞得人必须按Y镇政府的安置方案实施安置；该地块土地开发竞得人，建成后必须将该小区的六层及以下优先用于原地拆迁安置——回购给Y镇政府，由Y镇政府用于28户拆迁户的原地拆迁安置。12月20日，Y镇政府与D公司签订《DF住商地块拆迁补偿协议》，协议约定DF住商地块由Y镇政府委托D公司组织拆迁，Y镇政府应支付D公司拆迁补偿款20 857 375元，实际结算时扣除Y镇畜牧兽医站补偿款534 915元以及按挂牌公告设置回购条件D公司应支付给Y镇政府的3 639 674元后，最终Y镇政府应付给D公司的款项合计为16 682 786元。12月21日，D公司收到Y镇政府上述拆迁补偿款。12月31日，D公司将该笔款项以"收回Q公司借款"为科目记账。在拆迁过程中，D公司共应支付39户居民补偿总额8 723 612.24元和1户法人某大酒店补偿总额4 241 854.86元，合计12 965 467.10元。

2011年8月31日，S置业公司以现金方式支付两名拆迁户安置款合计312 291.40元。同年11月30日，S置业公司以与D公司签订协议方式，结转D公司拆迁支出合计12 653 175.70元，前述两笔合计金额为12 965 467.10元。

2015年3月4日，市国税局稽查局下达《税务稽查任务通知书》，于2015年3月5日至2015年4月15日对S置业公司2007年3月1日至2013年12月31日的涉税情况实施了检查，案件经市国家税务局重大税务案件审理委员会审理后，稽查局于2015年10月14日作出《税务处理决定书》及《税务行政处罚决定书》，决定对S置业公司偷税等违法行为进行处理，并处罚款1 290 388.14元。

S置业公司对《税务行政处罚决定书》不服，以市国家税务局为被申请人向省国税局申请行政复议，省国税局于2016年2月25日作出《税务行政复议决定书》，维持市稽查局作出的税务行政处罚决定。

S置业公司不服上述行政处罚决定及行政复议决定，向法院提起诉讼。

【税企争议焦点】

稽查局在行政处罚决定中认定S置业公司在土地成本中列支12 965 467.10元违法是否符合法律规定。

【法院裁判观点】

▶ **一审法院认为：**

12 965 467.10元拆迁安置补偿费应由D公司支付，原告S置业公司作为独立企业不能作为成本列支。理由为：

第一，原告S置业公司于2007年3月成立，于同年11月14日通过公开竞拍获得DF住商地块，并与原S县国土资源局签订《国有土地使用权出让合同》，根据该合同内容约定，原告S置业公司并无拆迁附加义务，只有将部分房屋回购给镇政府用于拆迁安置的义务。其与其他任何参与竞拍的企业一样，只要支付了土地出让金就能获得土地的开发权。至于《国有土地使用权出让合同》第十四条规定的“DF住商地块有拆迁安置户28户属产权调换原地安置，土地竞得人必须按Y镇政府的安置方案实施安置；该地块土地开发竞得人，建成后必须将该小区的六层及以下优先用于原地拆迁安置，回购给Y镇政府，由Y镇政府用于28户拆迁户的原地拆迁安置”等内容，是对土地开发后镇政府优先回购部分房屋用于原地安置的附加条款，并非原告所主张的其作为土地竞得人需要承担相关的拆迁安置义务。根据Y镇政府与D公司的补偿协议，镇政府已经支付其相应拆迁补偿费用，对原地安置的拆迁户也进行了费用结算，因此土地竞得人无需承担安置义务，不管是谁中标，均应由D公司负责处理。

第二，根据2005年5月原S县人民政府办公室作出抄告单，同意Y镇政府对原Q公司地块实施“退二进三”改造，并按商住用地性质进行公开出让。说明按当时的土地出让政策，已规定必须进行净地出让。同时从Y镇政府委托D公司实施拆迁安置的事实、D公司与相关拆迁户签订补偿合同的时间(全部在2007年9月底之前)、Y镇政府于2007年10月28日向原S县国土局、原S县招投标中心出具的《关于DF住商地块拆迁安置的情况说明》及原S县国土局于10月31日作出国有土地使用权挂牌出让公告等证据，都证明必须做好土地上的拆迁安置工作后才能进行土地的挂牌出让。

第三，根据Y镇政府与D公司于2007年12月20日签订的《DF住商地块拆迁补偿协议》，明确该地块由Y镇政府委托D公司组织拆迁，故受托拆迁的主体是D公司，Y镇政府亦将相关款项划入D公司账户，故拆迁补偿的收入、支出及财务处理都应由D公司进行，拆迁费的支出主体亦是D公司，与原告S置业公司无关。综上，该院认为，原告S置业公司将本应由D公司列支的拆迁费支出12 965 467.10元列入本企业土地成本中，无事实和法律依据。

《税收征收管理法》第六十三条第一款规定，纳税人伪造、变造、隐匿、擅自销毁账簿、记账凭证，或者在账簿上多列支或者不列、少列收入，或者经税务机关通知申报而拒不申报或者进行虚假的纳税申报，不缴或者少缴应纳税款的，是偷税。对纳税人偷税的，由税务机关追缴其不缴或者少缴的税款、滞纳金，并处不缴或者少缴的税款50%以上5倍以下的罚款；构成犯罪的，依法追究刑事责任。《税收征收管理法》第六十四条规定，纳税人、扣缴义务人编造虚假计税依据的，由税务机关责令限期改正，并处5万元以下的罚款。本案中，原告通过编造虚假计税依据在土地成本中多列不应由本企业承担的拆迁费支出，多结转开发产品计税成本及多转主营业务成本，稽查局据此认定S置业公司2011年度存在偷税的违法行为，2013年存在编造虚假计税依据的违法行为，作出本案税务行政处罚，事实清楚，证据充分，适用法律法规正确，程序合法。

《行政复议法》第二十八条第一款第(一)项规定，行政复议机关负责法制工作的机构应当对被申请人作出的具体行政行为进行审查，提出意见，经行政复议机关的负责人同意或者集体讨论通过后，按照下列规定作出行政复议决定：具体行政行为认定事实清楚，证据确凿，适用依据正确，程序合法，内容适当的，决定维持。因本案系重大税务案件，原告以S市国家税务局为被申请人向被告省国税局申请行政复议。被告省国税局收到原告的复议申请材料后，依法通知被申请人提交行政复议答复书及相关案卷材料，并依据案件事实作出维持的复议决定，复议程序合法。

至于被诉行政处罚决定中认定的第三项违法事实，即"2008年度向关联企业提供借款应收利息1 246 637.97元，至检查日止，利息收入1 246 637.97元未申报纳税"的问题，税务机关在查明借款企业双方年度盈利及亏损情况，结合双方企业税负情况作出调整，符合《企业所得税法》第四十一条第一款的规定。根据《企业所得税法实施条例》第一百二十三条的规定，企业与其关联方之间的业务往来，不符合独立交易原则，或者企业实施其他不具有合理商业目的的安排的，税务机关有权在该业务发生的纳税年度起10年内，进行纳税调整。被告市国税稽查局经调查对上述事实予以确认并根据《税收征收管理法》第五十二条、第六十三条第一款的规定，认定上述事实为违法事实于法有据。省国税局经复议认定S市国税局对该无息借款进行纳税调整，符合《特别纳税调整实施办法(试行)》第三十条的规定，并无不当。

综上，被告市稽查局作出的行政处罚决定及被告省国税局作出的税务行政复议决定，均事实清楚，程序合法，适用法律依据正确。原告S置业公司之诉请，依法应予驳回。依照《行政诉讼法》第六十九条、第七十九条，《最高人民法院关于适用〈中华人民共和国行政诉讼法〉若干问题的解释》第十条第一款的规定，判决驳回原告S置业公司的诉讼请求。

S置业公司不服一审判决，提出上诉。

▶ 二审本院认为：

首先，关于Y镇政府与D公司于2007年12月20日签订的《DF住商地块拆迁补偿协议》的相关问题。上诉人在二审庭审中承认，镇政府认为Q公司与D公司的法定代表人都是洪某根，因此让D公司负责拆迁，D公司不是受委托拆迁，只是实施拆迁行为，D公司与拆迁户签订拆迁补偿协议并支付拆迁费用，在上诉人还没有成立的情况下由D公司实施，且得到镇政府认可。上诉人在2007年3月成立，上诉人与D公司之间是承继关系，法定代表人都是洪某根。上诉人是开发商，应当由开发商承担费用，目前法律并未禁止D公司所产生拆迁成本不能由S置业公司来列支。由此可以看出，在上述补偿协议签订之前，D公司已经事实上实施了部分拆迁工作，并且支付了部分拆迁费用。上诉人主张其成立之后，拆迁职责从D公司转移给S置业公司的说法，并未在上述协议中有所体现。事实上，在上诉人成立之后，其法定代表人仍然与Y镇政府以D公司名义签订上述协议，恰恰说明上诉人法定代表人本人也认可具体实施拆迁工作的单位是D公司，而非上诉人S置业公司。S置业公司和D公司系两个独立存在的法人，上诉人认为两者存在承继关系，更是缺乏法律上的依据。在上诉人与S县国土资源局签订的《国有土地使用权出让合同》中确实约定土地受让人必须按Y镇政府的方案，将建成后的六层及以下优先用于28户拆迁户的原地安置，通过回购给Y镇政府，由Y镇政府安置该28户拆迁户。但上诉人对该28户的安置行为，与争议的12 965 467.10元没有关联性。上诉人S置业公司对该28户存在的安置行为也不能作为12 965 467.10元在其土地开发成本中列支的理由。

其次，根据本院行政裁定书认定：因Y镇政府为《DF住商地块拆迁补偿协议》中的委托方“甲方”，且同时为拆迁款支付主体及相关情况说明的出具主体，故为查清基本事实，本案有必要追加Y镇政府作为第三人辅助参加诉讼。本案发回重审后，一审法院虽然追加Y镇政府作为被告，但Y镇政府在一审庭审中陈述，相关情况说明系应上诉人法定代表人及律师要求制作，现任领导对当时情况不知情，无法提供更多有效的信息。鉴于上述情况，一审法院为还原客观事实，依职权对当时相关知情人员进行调查询问并收集相关证据，并未违反《行政诉讼法》第四十条规定。余某海、徐某华、朱某彬制作的谈话笔录也印证，《DF住商地块拆迁补偿协议》中乙方系D公司，而并非上诉人主张的S置业公司或者D公司与S置业公司的混同体。特别是上诉人主张原审第三人在拆迁安置过程中，将S置业公司、D公司以及Q公司混同处理的上诉理由也并未得到原审第三人承认。故一审法院最终未支持上诉人关于主体混同的观念，认定上诉人将本应由D公司列支的拆迁费支出12 965 467.10元列入本企业土地成本中，无事实和法律依据，并无不当。

至于“2008年度向关联企业提供借款应收利息1 246 637.97元，至检查日止，利息收入 1 246 637.97 元未申报纳税”的问题，税务机关在查明借款企业双方年度盈利及亏损情况后，结合双方企业税负情况作出调整，符合《企业所得税法》第四十一条第一款的规定。其余理由，鉴于一审已经有详述，本院不予重复论述。

综上，上诉人的上诉理由缺乏事实和法律依据，一审判决认定事实清楚、适用法律法规正确，依照《行政诉讼法》第八十九条第一款第（一）项的规定，判决驳回上诉，维持原判。

三、不缴或者少缴应纳或者应解缴的税款

《税收征收管理法》第六十八条规定，纳税人、扣缴义务人在规定期限内不缴或者少缴应纳或者应解缴的税款，经税务机关责令限期缴纳，逾期仍未缴纳的，税务机关除依照本法第四十条的规定采取强制执行措施追缴其不缴或者少缴的税款外，可以处不缴或者少缴的税款 50%以上 5 倍以下的罚款。

“规定期限”指的是纳税人、扣缴义务人税款缴库期限。如《增值税暂行条例》第二十三条规定，增值税的纳税期限分别为 1 日、3 日、5 日、10 日、15 日、1 个月或者 1 个季度。纳税人的具体纳税期限，由主管税务机关根据纳税人应纳税额的大小分别核定；不能按照固定期限纳税的，可以按次纳税。

纳税人、扣缴义务人在规定期限内不缴或者少缴应纳或者应解缴的税款，又不属于偷税、抗税、不进行纳税申报不缴少缴税款等行为的，按照该条的规定进行处理：

（1）由税务机关责令限期缴纳。即由税务机关制作限期缴纳决定书，责令纳税人、扣缴义务人在决定书确定的期限内缴纳或者解缴税款。纳税人、扣缴义务人应当在限定的期限内缴纳或者解缴所欠税款。

（2）经税务机关责令限期缴纳，逾期仍未缴纳的，税务机关可以依照《税收征收管理法》第四十条的规定采取强制执行措施追缴其不缴或者少缴的税款：对从事生产、经营的纳税人、扣缴义务人，经县以上税务局（分局）局长批准，税务机关可以书面通知其开户银行或者其他金融机构从其存款中扣缴税款，可以扣押、查封、依法拍卖或者变卖其价值相当于应纳税税款的商品、货物或者其他财产，以拍卖或者变卖所得抵缴税款。税务机关采取强制措施时，对纳税人、扣缴义务人未缴纳的滞纳金同时强制执行。

（3）可以对欠缴税款的纳税人、扣缴义务人处不缴或者少缴的税款 50%以上 5 倍以下的罚款。

相关案例 6.8 不进行纳税申报少缴税款 稽查局查处是否超越职权①

【案件查办过程】

B市第一建筑公司(以下简称B公司),成立于1993年9月,注册资本2 000万元,系集体所有制企业。经营范围包括建筑工程施工总承包、公路工程施工总承包、水利水电工程施工总承包、电力工程施工总承包、市政公用工程施工总承包、机电工程施工总承包、园林绿化工程施工总承包;钢结构工程专业承包、城市及道路照明工程专业承包、建筑装修装饰工程专业承包、机电设备安装工程专业承包、消防设施工程专业承包、地基基础工程专业承包、电子与智能化工程专业承包、防水防腐保温工程专业承包、古建筑工程专业承包、环保工程专业承包、公路路面工程专业承包、公路路基工程专业承包、公路交通工程专业承包、建筑幕墙工程专业承包、城市园林绿化工程专业承包;住宿服务;冷饮、糕点、水果、日用杂品、油漆、建筑材料、五金材料、机电产品的销售。

2016年5月3日至2016年12月6日,B市地税局稽查局(以下简称稽查局)对B公司2013年1月1日至2015年12月31日涉税情况进行检查,认为B公司存在不进行纳税申报,少缴纳税款以及未代扣代缴工资薪金、个人所得税的行为。稽查局经立案,向B公司下发税务检查通知书,调取相关账簿、凭证、报表,作出《税务事项通知书》,并向B公司作出《税务行政处罚事项告知书》,经听证程序后,于2017年2月20日作出《税务行政处罚决定书》,同时作出《税务处理决定书》,认定B公司不进行纳税申报,少缴纳税款:其中营业税200 000元、城市维护建设税14 000元、房产税96 071.98元、企业所得税80 000元,认定B公司未代扣代缴工资、薪金个人所得税8 903.48元,对上述各项税款分别处于50%罚款,共计199 487.73元。

2017年2月21日,稽查局向B公司送达了上述文书。B公司在收到《税务处理决定书》后,在法定期限内未申请行政复议及提起行政诉讼。2017年3月7日,B公司将上述各项税款、罚款及滞纳金缴清。

2017年7月18日,B公司就《税务行政处罚决定书》向法院提起诉讼。

【税企争议焦点】

稽查局对不进行纳税申报不缴或者少缴税款的违法行为是否具有查处权限。

---

① 本案例改编自《广西壮族自治区地方税务局百色稽查局、百色市第一建筑公司行政案由二审行政判决书》广西壮族自治区百色市中级人民法院(2018)桂10行终186号,见中国裁判文书网,http://wenshu.court.gov.cn/website/wenshu/181107ANFZ0BXSK4/index.html?docId=967df7b3b3be499da7cea9c6007d56e3;《广西壮族自治区高级人民法院行政裁定书》(2018)桂行申601号,见中国裁判文书网,http://wenshu.court.gov.cn/website/wenshu/181107ANFZ0BXSK4/index.html?docId=988c4006317048cfa612aafc00337ca6。

本案中，稽查局认定B公司不进行纳税申报不缴或者少缴税款事实是否清楚，适用法律是否正确。

【法院裁判观点】

▶ 一审法院认为：

《税收征收管理法》第十四条规定："本法所称税务机关是指各级税务局、税务分局、税务所和按照国务院规定设立的并向社会公告的税务机构。"《税收征收管理法实施细则》第九条第一款规定："税收征管法第十四条所称按照国务院规定设立的并向社会公告的税务机构，是指省以下税务局的稽查局。稽查局专司偷税、逃避追缴欠税、骗税、抗税案件的查处。"本案中，被告稽查局对原告B公司作出的行政处罚，内容均为对原告不进行纳税申报，少缴应纳税款或者对个人所得税未代扣代缴的行为进行处罚，稽查局提交的证据中也未显示B公司存在偷税、逃避追缴欠税、骗税、抗税的情形，从处罚的内容上看，不属于税务稽查局的法定职责。稽查局在本案中作出的行政处罚属于超越法定职权，依法应予撤销。据此，依据《行政诉讼法》第七十条第（四）项的规定，判决撤销稽查局于2017年2月20日作出的《税务行政处罚决定书》。

稽查局不服一审判决，提出上诉称，上诉人稽查局对被上诉人B公司不进行纳税申报，少缴应纳税款及对个人所得税未代扣代缴的违法行为具有行政处罚权，没有超越法定职权。

▶ 二审法院认为：

一、稽查局作出的《税务行政处罚决定书》是否有事实依据

2017年2月20日，稽查局作出《税务处理决定书》，向B公司追缴税费。B公司在收到该处理决定书后，在法定期限内未申请行政复议。对以上事实双方当事人均没有异议。根据《税收征收管理法》第八十八条第一款的规定："纳税人、扣缴义务人、纳税担保人同税务机关在纳税上发生争议时，必须先依照税务机关的纳税决定缴纳或解缴税款及滞纳金或者提供相应的担保，然后可以依法申请行政复议；对行政复议决定不服的，可以依法向人民法院起诉。"B公司主张稽查局认定缴纳税款的事实中，2015年入账400万元不属于营业所得收入，是用房屋使用权20年逐年偿还借款，应分年度计算所得收入来认定税金申报，且应从房屋交付使用才能认定租金营业收入，即从2017年才能认定租金营业收入。本院认为，B公司提出的该异议属于纳税上发生争议情形，根据上述法律的规定，其在收到《税务处理决定书》后应先申请行政复议，对复议决定不服的才能向人民法院提起诉讼，现B公司直接向法院起诉提出异议，对此本院不予支持，鉴于《税务处理决定书》所认定的事实未被依法

撤销，上诉人依据该事实作出《税务处罚决定书》并无不当。

二、稽查局是否具有行政执法主体资格

《税收征收管理法实施细则》第九条规定："税收征管法第十四条所称按照国务院规定设立的并向社会公告的税务机构，是指省以下税务局的稽查局。稽查局专司偷税、逃避追缴欠税、骗税、抗税案件的查处。国家税务总局应当明确划分税务局和稽查局的职责，避免职责交叉。"同时，国家税务总局于2003年2月18日发布《国家税务总局关于稽查局职责问题的通知》（国税函〔2003〕40号）进一步规定："《中华人民共和国税收征收管理法实施细则》第九条第二款规定'国家税务总局应当明确划分税务局和稽查局的职责，避免职责交叉。'为了切实贯彻这一规定，保证税收征管改革的深化与推进，科学合理地确定稽查局和其他税务机构的职责，国家税务总局正在调查论证具体方案。在国家税务总局统一明确之前，各级稽查局现行职责不变。稽查局的现行职责是指：稽查业务管理、税务检查和税收违法案件查处；凡需要对纳税人、扣缴义务人进行账证检查或者调查取证，并对其税收违法行为进行税务行政处理（处罚）的执法活动，仍由各级稽查局负责。"根据上述法律的规定，税务局和稽查局的职责是由国家税务总局明确划分，而国家税务总局在《国家税务总局关于稽查局职责问题的通知》（国税函〔2003〕40号）中规定，在国家税务总局统一明确稽查局和其他税务机构职责之前，稽查局现行职责不变，也就是说稽查局的职责不仅包括偷税、逃避追缴欠税、骗税、抗税案件的查处，还包括对纳税人、扣缴义务人进行账证检查或者调查取证，并对其税收违法行为进行税务行政处理（处罚）的执法活动。故稽查局对B公司不进行纳税申报，少缴应纳税款和个人所得税未代扣代缴的行为进行处罚，没有超越法定职权，稽查局是本案适格的行政执法主体。

三、稽查局作出《税务行政处罚决定书》的程序是否合法，适用法律、法规是否正确

稽查局对B公司2013年1月1日至2015年12月31日履行地方税收法律、法规的情况进行检查，认为B公司存在不进行纳税申报、少缴纳税款以及未代扣代缴工资、薪金个人所得税的行为。2016年4月6日，稽查局对B公司涉嫌违反税收管理行为予以立案后，向B公司下发税务检查通知书，调取相关账簿、凭证和报表等材料进行检查，并制作税务稽查工作底稿，B公司在底稿上签字认可。2016年12月1日，稽查局向B公司作出《税务事项通知书》。2016年12月15日，稽查局作出《税务行政处罚事项告知书》，告知被上诉人享有陈述、申辩和听证的权利。经过召开听证会，听取被上诉人的陈述和申辩，稽查局于2017年2月20日作出《税务行政处罚决定书》。据此，稽查局作出的该处罚决定书认定事实清楚，程序合法。

B公司认为稽查局没有发出限期缴纳税款通知书，直接作出处罚，违反了《税收征收管理法实施细则》第七十三条的规定。本院认为，该实施细则第七十三条的规定是针对未按照规定的期限缴纳税款的情形，本案是B公司不进行纳税申报，不缴或者少缴应纳税款以及扣缴义务人应扣未扣、应收而不收税款的情形，应适用《税收征收管理法》第六十四条第二款和六十九条的规定，对B公司予以处罚。故B公司提出的该辩解理由，本院不予支持。

此外，根据《税收征收管理法》第五十九条的规定："税务机关派出的人员进行税务检查时，应当出示税务检查证和税务检查通知书，并有责任为被检查人保守秘密；未出示税务检查证和税务检查通知书的，被检查人有权拒绝检查。"本案中稽查局派出人员对税务进行检查时，出示了税务检查通知书和检查证，符合上述法律的规定。B公司认为稽查局派出人员没有取得行政执法资格证，违反《××省行政执法监督办法》第十条的规定。本院认为，该监督办法属于地方政府规章，旨在对行政执法监督工作，出现违反该办法情形应由行政执行监督机构处理，不能因此否定稽查局依照《税收征收管理法》第五十九条的规定，派出人员进行检查的合法性。

综上所述，上诉人稽查局作出的《税务行政处罚决定书》事实清楚，适用的法律、法规正确，程序合法。一审判决认定上诉人的行政行为属超越职权有误，本院予以纠正。依照《行政诉讼法》第八十九条第一款第（二）项的规定，判决撤销一审判决，驳回B公司的诉讼请求。

B公司不服二审判决，申请再审。

▶ 再审法院认为：

稽查局对B公司2013年1月1日至2015年12月31日期间履行地方税收法律、法规的情况进行检查，发现B公司存在不进行纳税申报、少缴纳税款以及未代扣代缴工资薪金个人所得税的行为，立案后向B公司下发税务检查通知书，调取相关账簿、凭证和报表等材料进行查检，制作税务稽查工作底稿，B公司在底稿上签字认可。之后，稽查局向B公司作出《税务事项通知书》及《税务行政处罚事项告知书》，告知申请人享有陈述、申辩和听证的权利，经过召开听证会后作出《税务行政处罚决定书》。由于B公司不进行纳税申报，不缴或者少缴应纳税款，未代扣代缴所得税款，而不仅是未按照规定的期限缴纳或者解缴税款，因此，本案应适用《税收征收管理法》第六十四条第二款和六十九条规定进行处罚。

另外，本案稽查局派出人员对税务进行检查时，出示了《税务检查通知书》和检查证，符合法律的规定。

B公司提出稽查局认定缴纳税款的事实中，2015年入账400万元不属于营业所得收入，是用房屋使用权20年逐年偿还借款，应分年度计算所得收入来认定税金申报，且应从房屋交付使用才能认定租金营业收入问题，根据《税收征收管理法》第八十八条“纳税人、扣缴义务人、纳税担保人同税务机关在纳税上发生争议时，必须先依照税务机关的纳税决定缴纳或者解缴税款及滞纳金或者提供相应的担保，然后可以依法申请行政复议；对行政复议决定不服的，可以依法向人民法院起诉”的规定，B公司应先申请行政复议，对复议决定不服的才能向人民法院提起诉讼。

综上，稽查局的税务处罚决定事实清楚，程序合法，二审判决并无不当。B公司的再审申请不符合《行政诉讼法》第九十一条规定的情形。依照《最高人民法院关于适用〈中华人民共和国行政诉讼法〉的解释》第一百一十六条第二款的规定，裁定驳回B公司的再审申请。

四、逃避、拒绝或者以其他方式阻挠税务机关检查

《税收征收管理法》第七十条规定，纳税人、扣缴义务人逃避、拒绝或者以其他方式阻挠税务机关检查的，由税务机关责令改正，可以处1万元以下的罚款；情节严重的，处1万元以上5万元以下的罚款。

《税收征收管理法实施细则》第九十六条规定，纳税人、扣缴义务人有下列情形之一的，依照《税收征收管理法》第七十条的规定处罚：

(1) 提供虚假资料，不如实反映情况，或者拒绝提供有关资料的。

(2) 拒绝或者阻止税务机关记录、录音、录像、照相和复制与案件有关的情况和资料的。

(3) 在检查期间，纳税人、扣缴义务人转移、隐匿、销毁有关资料的。

(4) 有不依法接受税务检查的其他情形的。

《刑法》第一百六十二条之一规定了隐匿、故意销毁会计凭证、会计账簿、财务会计报告罪，即隐匿或者故意销毁依法应当保存的会计凭证、会计账簿、财务会计报告，情节严重的，处5年以下有期徒刑或者拘役，并处或者单处2万元以上20万元以下罚金。单位犯上述罪的，对单位判处罚金，并对其直接负责的主管人员和其他直接责任人员，依照上述的规定处罚。

根据《最高人民检察院、公安部关于公安机关管辖的刑事案件立案追诉标准的规定(二)》第八条的规定，隐匿或者故意销毁依法应当保存的会计凭证、会计账簿、财务会计报告，涉嫌下列情形之一的，应予立案追诉：

（1）隐匿、故意销毁的会计凭证、会计账簿、财务会计报告涉及金额在50万元以上的。

（2）依法应当向监察机关、司法机关、行政机关、有关主管部门等提供而隐匿、故意销毁或者拒不交出会计凭证、会计账簿、财务会计报告的。

（3）其他情节严重的情形。

稽查局在案件查办过程中，遇到被查对象逃避、拒绝或以其他方法阻挠税务机关检查的，除按照《税收征收管理法》第七十条责令限期改正，予以行政处罚外，对达到立案追诉标准，涉嫌构成《刑法》一百六十二条之一规定的隐匿、故意销毁会计凭证、会计账簿、财务会计报告罪的，应依法移送公安机关追究刑事责任。

相关案例6.9 挂靠偷税还拒绝提供账簿 被处罚款才千方百计应对[1]

【案件查办过程】

L建安有限公司（以下简称L公司）成立于2000年11月，注册资本600万元，法定代表人王某明，经营范围包括工业与民用建筑安装、装饰、装潢。

2012年12月11日，根据群众举报，稽查局对L公司进行立案检查。2012年12月12日，稽查局向L公司送达了税务检查通知和调取账簿资料通知，要求L公司接受检查并于同年12月13日前将2009年1月1日至2011年12月31日的账簿、记账凭证等相关资料送到稽查局进行检查，L公司以其账簿丢失为由未向稽查局提供。

2013年6月25日和7月1日，稽查局又先后两次向L公司送达税务事项通知和责令限期改正通知，再次要求L公司分别于2013年6月28日前和2013年7月2日前将2009年1月1日至2011年12月31日的账簿、记账凭证等相关资料送到稽查局进行检查未果，L公司亦未向稽查局提供其账簿丢失的任何证明材料。

2013年7月23日，稽查局向L公司送达了《税务行政处罚事项告知书》，对L公司未提供账簿资料的行为拟处5万元的罚款，并告知L公司有陈述、申辩和3日内要求听证的权利。L公司未陈述、申辩，也未要求听证。

之后，因L公司未向稽查局提供账簿资料，稽查局便组织其工作人员在外围对L公司的纳税情况进行调查。经调查发现，L公司在D县××街道办事处马庄村

---

① 本案例改编自《东阿县劳服建安有限公司与东阿县地方税务局稽查局审判监督行政判决书》山东省高级人民法院(2016)鲁行再4号，原文见中国裁判文书网，http://wenshu.court.gov.cn/website/wenshu/181107ANFZ0BXSK4/index.html? docId=d84f195d53b848fda19268771d64e0fc。

1-4号住宅楼建设工程项目(以下简称马庄村项目),××镇官庄社区别墅项目(以下简称官庄村项目),X铸造有限公司(以下简称X公司)铸造车间、机加工车间及综合楼施工项目(以下简称X项目),J绿色食品有限公司(以下简称J食品公司)转让土地、房产项目(以下简称J食品项目)四个项目中存在税收违法情况,并取得相关证据材料。

在马庄村项目中,稽查局根据L公司与马庄村委会于2011年4月6日签订的两份标的额分别为6 564 800元和7 243 600元的建设施工合同、马庄村项目的建设工程竣工验收备案证书及张某勤出具的该项目工程款收到条,扣除马庄村委会于2013年6月17日代缴的税款,认定L公司于2011年至2013年6月在该项目中少申报缴纳税款合计216 229.76元。

在官庄村项目中,稽查局根据L公司与官庄村委会于2011年6月18日签订的承建刘集镇官庄社区别墅的标的额为2 912 800元的建设施工合同及张某勤出具的该项工程款的收到条,认定L公司于2011年至2013年6月在该项目中少申报缴纳税款合计118 023.80元。

在X项目中,稽查局根据L公司与X铸造有限公司于2008年6月11日和2009年2月22日签订的标的额分别为8 760 000元和3 343 388元的建设施工合同、稽查局于2013年8月2日对张某勤的询问笔录、张某勤签字的收取该项目工程款的领款单据及银行承兑汇票、X铸造公司的签呈表及关于L公司工程款总造价款支付问题处理意见,认定L公司于2008年至2011年在该项目中少申报缴纳税款合计476 114.41元。

在J食品项目中,稽查局根据(2006)东民二初字第77号民事调解书及协助执行通知书、北京N蔬菜加工厂结算书、东集用(2004)字第05281号集体土地使用证、L公司于2009年8月13日申请房屋所有权初始登记的申请审批书及王某明与门某强于2011年3月26日签订的房屋买卖合同,认定L公司于2008年7月至2011年3月在该项目中少申报缴纳税费合计195 427.51元。

以上四个项目共计少申报缴纳税款1 005 795.48元。

稽查局根据上述查实的L公司在马庄村、官庄村、X铸造及J食品四个项目中少申报缴纳税费的情况,制作了税务稽查工作底稿(二),L公司的法定代表人王某明于2013年12月6日在该底稿"陈述意见"一栏中注明"经核对情况属实",并签名和加盖公章。

2014年2月12日,稽查局向L公司送达了《税务行政处罚事项告知书》,拟按L公司未缴少缴税款的50%进行处罚,处罚金额为485 178.44元;对L公司拒绝税务机关检查的行为,拟处 50 000 元的罚款。并同时告知 L 公司享有陈述、申辩和要求听证的权利。

2014 年 2 月 13 日,L 公司向稽查局提交《听证申请书》,后于 2014 年 2 月 20 日放弃听证,同意处罚意见。

2014 年 2 月 20 日,稽查局向 L 公司送达了税务处理决定,要求 L 公司 15 日内补缴 2008 年 1 月至 2013 年 6 月少申报缴纳的营业税、印花税、城镇土地使用税和房产税计 933 705.7 元及从滞纳税款之日起每日按 0.5‰的滞纳金。要求 L 公司补缴 2008 年 1 月至 2013 年 6 月应申报未申报缴纳的城市维护建设税 36 651.18 元、教育费附加 21 990.71 元和地方教育附加 13 447.89 元。同日,稽查局向 L 公司送达了税务行政处罚决定,对 L 公司 2008 年 1 月至 2013 年 6 月少申报缴纳的营业税、城市维护建设税、印花税、城镇土地使用税和房产税计 970 356.88 元的行为,定性为偷税,决定处以上述税款 50%的罚款,罚款金额 485 178.44 元。对 L 公司拒绝税务机关检查的行为处以 50 000 元的罚款。两项共计罚款535 178.44 元。

L 公司对该处罚决定不服,诉至法院,要求撤销该处罚决定。

【税企争议焦点】

本案争议焦点有多个,除稽查局认定被查对象拒绝税务机关检查行为是否成立外,还包括个人挂靠公司实施工程项目的纳税主体如何确定;建设项目合同约定由甲方缴纳税款是否影响纳税主体的确定;稽查局认定被查对象少缴税款数额是否准确;稽查局是否存在适用法律错误等。

【法院裁判观点】

▶ 一审法院认为:

(1) 关于纳税主体问题。L 公司作为建筑施工企业,属于法律规定的纳税义务人。本案中,根据稽查局提交的证据,可以认定 L 公司与马庄村委会、官庄村委会、X 铸造公司签订了建设工程施工合同并履行,这三个项目虽然由张某勤组织施工和收取工程款,但张某勤是以 L 公司的名义实施了上述工作,L 公司述称以上三个项目是张某勤的个人行为证据不足,故应视为 L 公司的公司行为。《税收征收管理法实施细则》第三条第二款规定:"纳税人应当依照税收法律、行政法规的规定履行纳税义务;其签订的合同、协议等与税收法律、行政法规相抵触的,一律无效。"在官庄村委会项目合同中,双方约定由官庄村委会交纳税款,在 X 铸造项目合同中,双方约定由甲方 X 铸造公司交纳税款,但上述两份合同中该项约定与法律规定不相符,依法应视为无效。综上,在马庄村委会、官庄村委会、X 铸造三个建设工程中,稽查局认定 L 公司为该三个项目的营业税、城市维护建设税、教育费附加、地方教育附加和印花税的纳税义务人并无不当，L公司称其不是纳税主体的主张法院不予支持。

根据《城镇土地使用税暂行条例》第二条，《S省人民政府关于调整工矿区征税范围的通知》《房产税暂行条例》第二条，《印花税暂行条例》第一条、第二条和《印花税暂行条例施行细则》第五条的规定，关于J食品抵顶给L公司的涉税土地使用权和房屋所有权的纳税主体问题，结合稽查局提供的证据中登记的土地使用证和房屋登记审批书，一审法院认为，L公司为涉税房产的所有人，涉税土地的使用人，是房产税和土地使用税的纳税义务人。涉税房屋的买卖合同虽由王某签订，但王某是L公司的项目部经理（法院调解书载明），且L公司是土地的使用权人，是房屋的所有权人，故L公司是涉税土地和房产的印花税的纳税义务人。综上，稽查局认定L公司为涉税土地和房产的房产税、土地使用税和印花税的纳税人不违反法律规定，L公司称其不是涉税土地和房产纳税主体的主张于法无据，不予支持。

（2）关于被诉具体行政行为确定的原告少申报税款的数额问题。根据稽查局提交的证据，经一审法院审查，稽查局认定L公司少申报缴纳税费的数额准确，且L公司的法定代表人王某明于2013年12月6日对被告统计的L公司少申报缴纳税费的数额即《税务稽查工作底稿（二）》并无异议且予以签字确认，故被诉处罚决定中对L公司少申报缴纳税费的数额法院予以确认。

（3）关于稽查局认为L公司存在拒绝税务机关检查行为的认定。根据稽查局提供的证据可以看出，稽查局先后三次要求L公司提供其2009年1月1日至2011年12月31日的账簿、记账凭证等相关资料进行检查，L公司以账簿丢失为由未向稽查局提供，且L公司一直未提供出其账簿丢失的任何证明材料，故稽查局据此认定L公司已构成拒绝税务机关检查的行为事实清楚。

（4）关于处罚裁量。《税收征收管理法》第六十三条第一款规定："纳税人伪造、变造、隐匿、擅自销毁账簿、记账凭证，或者在账簿上多列支出或者不列、少列收入，或者经税务机关通知申报而拒不申报或者进行虚假的纳税申报，不缴或者少缴应纳税款的，是偷税。对纳税人偷税的，由税务机关追缴其不缴或者少缴的税款、滞纳金，并处不缴或者少缴的税款百分之五十以上五倍以下的罚款；构成犯罪的，依法追究刑事责任。"《税收征收管理法》第七十条规定："纳税人、扣缴义务人逃避、拒绝或者以其他方式阻挠税务机关检查的，由税务机关责令改正，可以处一万元以下的罚款；情节严重的，处一万元以上五万元以下的罚款。"《S省地方税务局规范税务行政处罚自由裁量权参照执行标准》第十一类中规定："提供虚假资料，不如实反映情况，或者拒绝提供有关资料的，由税务机关责令限期改正，对在规定期限内改正的，不予处罚；逾期仍未改正的，处1万元至5万元的罚款。"本案中，稽查局根据举报，对L

公司的纳税情况进行检查，经稽查局三次通知，L公司一直未向稽查局提供其2009年1月1日至2011年12月31日的账簿、记账凭证等相关资料且无证据证明其有正当理由，稽查局认定L公司的这一行为属拒绝提供有关资料，并据此给予L公司50 000元的罚款的处罚不违反法律的规定。后经稽查局查实，L公司于2008年1月至2013年6月存在虚假纳税申报，不缴或少缴应缴纳税款的行为，是偷税行为，稽查局据此对L公司处以应缴税款的50%的罚款亦不违反法律的规定。

(5) 关于本案被诉具体行政行为适用的《营业税暂行条例》《营业税暂行条例实施细则》和《城市维护建设税暂行条例》三部法规，在2008年1月至2013年6月分别进行过修订，被诉具体行政行为在引用上述三部法规的部分条款时未区分适用，适用法律存在瑕疵。经一审法院审查，被诉具体行政行为适用的部分条款修订前后只是对纳税主体的表述略有不同，但立法本意未变。《征收教育费附加的暂行规定》分别于1990年、2005年和2011年进行过三次修订，在2008年1月至2013年6月，被诉具体行政行为应当适用2005年和2011年修订施行的《征收教育费附加的暂行规定》，但被诉具体行政行为适用的是1990年施行的《征收教育费附加的暂行规定》和国务院1994年下发的《关于教育费附加征收问题的紧急通知》，适用法律亦存在瑕疵。经审查，被诉具体行政行为适用的部分条款修订前后确定的纳税数额并未变动。综上，被诉具体行为适用法律虽存在瑕疵，但对原告的实体权利不造成任何影响，被诉具体行政行为不足以据此撤销。

(6) 关于L公司庭审时述称的稽查局于同日将行政处罚决定与行政处理决定同时向L公司送达不合法的主张，因行政处理决定不属本案审理焦点且同时送达并不违背相关法律规定，其对本案被诉行政处罚决定的合法性审查不产生影响，故对L公司的该项主张法院不予支持。

综上所述，被诉具体行政行为认定事实清楚、主要证据充分、程序合法、适用法律法规正确，根据《行政诉讼法》第五十四条第(一)项规定，判决维持被告稽查局于2014年2月20日作出的税务行政处罚的具体行政行为。

一审判决后，L公司不服提出上诉。

▶ 二审法院认为：

一、被上诉人稽查局作出处罚决定所认定的事实是否清楚，证据是否充分

(1) 被上诉人稽查局认定上诉人L公司系案涉四项目的纳税人是否正确。在马庄村、官庄村、X铸造三个项目中，根据稽查局所提交的证据，可以认定L公司分别与马庄村委会、官庄村委会、X铸造公司签订了马庄村工程项目、官庄村工程项目、X铸造工程项目的施工合同，在三份合同的承包人一栏落款处均加盖有上诉人L

公司印章及公司法人代表王某明的签名印章。且三份合同都得到了实际履行并由L公司员工张某勤收取工程款并出具收款凭证。以上事实可以认定L公司是三项目的合同签订方和施工方,L公司主张"三个项目均由张某勤个人收取工程款并出具收款凭证,且实际收款数额与合同造价相差较多,证明三个项目均系张某勤个人行为,不应视为公司行为",没有法律依据。L公司与张某勤之间属于上诉人公司的内部管理关系,不能产生对外效力,故稽查局认定L公司为案涉工程项目的建筑工程企业并无不当。

上诉人L公司主张在与官庄村委会、X铸造公司的合同中约定由对方缴纳税款,且稽查局也将马庄村委会缴纳的部分税款从马庄村项目应纳税额中扣除,应当视为被上诉人L公司默认马庄村委会为纳税人,上诉人提交了马庄村委会缴纳马庄村工程项目税款的完税凭证两份来证明其主张。《税收征收管理法实施细则》第三条第二款规定,纳税人应当依照税收法律、行政法规的规定履行纳税义务;其签订的合同、协议等与税收法律、行政法规相抵触的,一律无效。L公司与相对方的合同约定属于内部约定,不能对外产生对抗法律法规关于上诉人L公司为法定纳税义务人的规定的效力。被上诉人稽查局将马庄村委会上缴部分税款从L公司应纳税额中扣除,并不影响上诉人为纳税人的事实。综上,稽查局认定上诉人L公司系案涉三项目的纳税人符合法律规定。

在J食品项目中,稽查局提交的证据可以证明,上诉人L公司因追讨J食品公司拖欠的工程款诉至法院,经法院调解并执行,J食品公司将名下厂房、土地抵债。其中房产原值850 956.84元,土地面积19 933平方米。从稽查局提交的土地使用证和房屋登记审批书来看,两份文件材料登记的使用权人和所有权人都是上诉人L公司名称,可以得出L公司为案涉房产的所有权人和土地使用权人的结论。2011年3月26日,王某将厂房、土地卖给门某强并签订了房屋买卖合同。L公司主张认为该合同是王某所签,应认定案涉土地和房产都属王某个人所有。经查,(2006)东民二初字第77号民事调解书业已载明,王某为L公司项目部经理,其签订的买卖合同应当认定为代表上诉人公司的行为,对上诉人L公司所持上述主张不予支持。上诉人L公司主张,在J食品项目中应该纳税额为15亩土地而非稽查局所认定的19 933平方米,且案涉土地已经由JL助剂有限公司(以下简称JL公司)缴纳了部分城镇土地使用税,并申请D县××乡东杨村村委会主任王某柱出庭作证。证人称J食品转给王某的土地实际上只有15亩,后来王某又以个人名义将这块地卖给了门某强,虽然合同是按39亩签的,实际上多出来的土地都由东杨村村委会租给本村村民了,不属于王某所有。该证人的陈述与书面证据不符,也无其他证据予以佐证,故该证人的证言法院不予采信，L公司所提交的JL公司缴税清单，也不能认定是缴纳的案涉土地税款，L公司所持上述主张不予采纳。被上诉人稽查局认定上诉人L公司系城镇土地使用税、房产税、印花税的纳税人符合法律规定。

(2) 稽查局认定L公司存在偷税行为是否正确，对于偷税数额的认定是否准确，被上诉人认定的罚款数额是否正确。《税收征收管理法》第六十三条第一款规定："纳税人伪造、变造、隐匿、擅自销毁账簿、记账凭证，或者在账簿上多列支出或者不列、少列收入，或者经税务机关通知申报而拒不申报或者进行虚假的纳税申报，不缴或者少缴应纳税款的，是偷税。对纳税人偷税的，由税务机关追缴其不缴或者少缴的税款、滞纳金，并处不缴或者少缴的税款百分之五十以上五倍以下的罚款；构成犯罪的，依法追究刑事责任。"经原审法院一审查明并经二审法院确认，L公司于2008年1月至2013年6月存在应申报而未申报、不缴或少缴应缴纳税款的行为，其中所涉营业税733 023.79元、城市维护建设税36 651.18元、印花税5 614.40元、城镇土地使用税175 410.40元、房产税19 657.11元，上述未缴纳税款金额总计970 356.88元。L公司法定代表人王某明于2013年12月6日对稽查局作出的税务稽查工作底稿(二)签字确认，对其中认定的少申报税款额表示无异议。根据上述法律规定，上诉人作为案涉四个项目的纳税人，应申报而未申报、不缴或少缴应缴纳税款的行为属于偷税，被上诉人据此对上诉人处以应缴税款50%的罚款，罚款金额485 178.44元，认定事实清楚。

上诉人L公司认为，稽查局作出上述关于L公司的诸多事实认定所适用的法律存在明显错误，原审认定属于适用法律瑕疵不当。经审查，被上诉人在作出事实认定时对《营业税暂行条例》《营业税暂行条例实施细则》和《城市维护建设税暂行条例》三部法规没有区分适用，同时适用了1990年《征收教育费附加的暂行规定》和国务院1994年下发的《关于教育费附加征收问题的紧急通知》。上述法律法规在2008年至2011年都曾被修订。其中被诉具体行政行为认定事实所适用的《营业税暂行条例》《营业税暂行条例实施细则》中的有关条款修订前后并未变化；适用的《城市维护建设税暂行条例》的有关条款被修订，但并未涉及被上诉人所适用的法律术语；适用的1990年《征收教育费附加的暂行规定》和国务院1994年下发的《关于教育费附加征收问题的紧急通知》有关条款已被修订，但是也只是调整了个别法律术语，修订前后征收教育费附加的税率并无变化，并未影响被上诉人对上诉人征收教育费附加数额的计算。

稽查局所适用的上述法律法规属于稽查局作出具体行政行为的事实认定依据，虽然适用法律不当，但是并未影响稽查局作出的事实认定，稽查局关于L公司作为纳税人存在偷税行为及偷税数额等事实的认定是正确的。

(3) 被上诉人认定上诉人存在拒绝税务检查的行为是否正确,作出的处罚数额是否正确。《税收征收管理法》第五十六条:"纳税人、扣缴义务人必须接受税务机关依法进行的税务检查,如实反映情况,提供有关资料,不得拒绝、隐瞒。"本案中,稽查局于2013年6月25日向L公司下达了《税务事项通知书》,7月1日下达了《责令限期改正通知书》,要求上诉人提供账簿、记账凭证等相关资料,2013年7月12日再次要求L公司提供资料,并告知拒不提供应当承担的法律责任,L公司以账簿、凭证等资料被盗抢丢失为由一直未提供,也没有提供上述资料被盗抢的证据。据此,稽查局认定L公司的行为属于拒绝税务检查并无不当。

《税收征收管理法》第七十条规定:"纳税人、扣缴义务人逃避、拒绝或者以其他方式阻挠税务机关检查的,由税务机关责令改正,可以处一万元以下的罚款;情节严重的,处一万元以上五万元以下的罚款。"《S省地方税务局规范税务行政处罚自由裁量权参照执行标准》第十一类第一项第(一)目中规定:"提供虚假资料,不如实反映情况,或者拒绝提供有关资料的,由税务机关责令限期改正,对在规定期限内改正的,不予处罚;逾期仍未改正的,处1万元至5万元的罚款。"本案中,稽查局根据举报,对上诉人的纳税情况进行检查,经被上诉人三次通知,上诉人一直未提供其账簿、记账凭证等相关资料且无证据证明其有正当理由。被上诉人作出《责令限期改正通知书》并送达上诉人,上诉人逾期仍未改正。据此,稽查局认定L公司的行为属于拒绝提供有关资料并且情节严重,据此给予50 000元的罚款的处罚不违反法律的规定。

二、稽查局作出处罚的程序是否合法

稽查局于2012年12月11日立案,2012年12月12日向上诉人送达《税务检查通知书》及调取账簿、记账凭证等资料的通知。2013年6月25日再次送达调取账簿、记账凭证资料的通知及责令限期改正通知书。2013年7月12日,稽查局对L公司法定代表人王某明、公司财务负责人崔某芳进行询问,并告知拒不提供账簿、记账凭证等资料的法律后果。2013年7月23日稽查局向L公司送达了税务行政处罚事项告知书,告知其享有陈述、申辩、听证权利。L公司提出听证申请后又放弃,并且在陈述申辩笔录中表示同意处罚。2014年2月20日稽查局向L公司送达了《税务处理决定书》和《行政处罚决定书》。

L公司认为稽查局将税务处理决定与行政处罚决定同日送达不合法,没有法律依据,对L公司该主张法院不予支持。庭审过程中,上诉人提交了公司营业执照年检情况复印件一份及公司法定代表人王某明的退休证复印件一份,据以证明公司法定代表人王某明于2011年10月就已经退休了，且2011年5月10日之后公司营业执照都已经不再年检，稽查局之后送达的所有由王某明所签文书都应认定为无效。L公司未年检不影响其作为纳税义务主体承担缴纳税款的责任，且L公司2014年3月31日在法院一审时所提交的法定代表人身份证明书中法定代表人姓名为王某明，与L公司主张自相矛盾。综上，稽查局作出行政处罚的程序合法。

三、稽查局作出行政处罚决定适用的法律是否正确

稽查局依据《税收征收管理法》第六十三条第一款和第七十条作出行政处罚决定，上诉人L公司对此也无异议，二审法院经审查确认被诉处罚决定适用法律正确。

综上，原审判决并无不当，依法应予维持。依据《行政诉讼法》第六十一条第(一)项之规定，判决驳回上诉，维持原判。

L公司仍不服，向检察机关申请抗诉。

检察机关认为，本案有新的证据足以推翻终审判决中稽查局对L公司偷税数额和罚款金额的认定，终审判决认定"L公司的行为属于拒绝提供有关资料并且情节严重，据此给予50 000元的罚款不违反法律的规定"主要证据不足。

第一，终审判决认定L公司未缴纳税款金额总计970 356.88元，并处以罚款金额485 178.44元，没有扣除JL公司2009年8月至2011年3月缴纳的税款。诉讼中，L公司已提交了JL公司的纳税情况及纳税明细表(明细表上没有地税局的盖章)，法院判决认为"L公司提交的JL公司缴税清单，不能认定是缴纳的案涉土地税款，不予采纳。"经调查，根据JL公司的企业信息、企业变更情况、L公司与JL公司的租赁合同、L公司的房屋所有权证以及JL公司的缴税情况，JL公司承租了L公司位于D县XX乡东洋村的房屋，从事生产经营，并按期缴纳了案涉土地税款。《城镇土地使用税暂行条例》第二条规定，在城市、县城、建制镇、工矿区范围内使用土地的单位和个人，为城镇土地使用税的纳税人，应当依照本条例的规定缴纳城镇土地使用税。因此，在2010年至2011年3月25日，JL公司作为D县XX乡东洋村房屋及其土地使用人，为城镇土地使用税的纳税人，应缴纳法定税款。根据D县地方税务局出具的JL公司纳税情况清单和完税凭证，JL公司在此期间共计缴纳城镇土地使用税等共22 393.9元。该笔税额应从稽查局认定的L公司不缴或少缴税款中予以扣除。

第二，终审判决认定"L公司的行为属于拒绝提供有关资料并且情节严重，据此给予50 000元的罚款不违反法律的规定"，主要证据不足。《税收征收管理法》第七十条规定："纳税人、扣缴义务人逃避、拒绝或者以其他方式阻挠税务机关检查的，由税务机关责令改正，可以处一万元以下的罚款；情节严重的，处一万元以上五万元以

下的罚款。"《S省地方税务局规范税务行政处罚自由裁量权参照执行标准》第十一类第一项第(一)目中规定:"提供虚假资料,不如实反映情况,或者拒绝提供有关资料的,由税务机关责令限期改正,对在规定期限内改正的,不予处罚;逾期仍未改正的,处1万元至5万元的罚款。"本案中,稽查局根据举报,对L公司的纳税情况进行检查,要求L公司向稽查局提供账簿、记账凭证等相关资料。L公司在接到通知后,均及时到稽查局说明其无法提供账簿、记账凭证等相关资料的原因,D县公安局新城派出所的出警证明,亦能够证实王某明于2012年4月28日报警其公司大门被锁,公安人员告知报警人通过法律途径解决纠纷的情况。且在稽查局调查期间,L公司的王某明、崔某芳向稽查局提供了所建工程清单,张某勤提供了其所建工程相关资料,作为稽查局计算税款的依据,稽查局也是根据L公司提供的原始资料计算其少申缴的税款。因此,L公司在接到稽查局的通知后,及时到稽查局说明原因、积极配合调查以及提供相应纳税计算资料等行为,不属于"逾期拒不改正""情节严重"的情形。在此情况下,稽查局仍认定L公司拒绝提供有关资料并且情节严重,与事实不符。

综上,本案有新的证据足以推翻原判决、原审终审判决认定事实的主要证据不足,根据《行政诉讼法》第九十一条第(二)项、第(三)项及第九十三条的规定,L公司提出抗诉。

再审本院审理认为,本案被诉税务行政处罚行为的内容主要有两项:一是对L公司的偷税行为处以罚款485 178.44元;二是对L公司拒绝税务机关检查的行为处以罚款50 000元。

一、关于被申请人稽查局对再审申请人L公司的偷税行为处以485 178.44元罚款是否合法正确的问题

(1) 根据《税收征收管理法》第六十三条第一款的规定:"纳税人伪造、变造、隐匿、擅自销毁账簿、记账凭证,或者在账簿上多列支出或者不列、少列收入,或者经税务机关通知申报而拒不申报或者进行虚假的纳税申报,不缴或者少缴应纳税款的,是偷税。对纳税人偷税的,由税务机关追缴其不缴或者少缴的税款、滞纳金,并处不缴或者少缴的税款百分之五十以上五倍以下的罚款;构成犯罪的,依法追究刑事责任。"上述规定显示,税务机关对于偷税行为具有查处的职权,除追缴税款、滞纳金以外,还可以根据违法事实和情节,在不缴或者少缴的税款50%以上5倍以下的裁量幅度内,作出罚款的行政处罚。

(2) 本案被申请人稽查局向原审法院提供的证据显示,其根据群众举报,经调查取证,认定再审申请人L公司在马庄村项目、官庄村项目、X铸造项目、J食品项目中

存在少申报缴纳税、费款1 005 795.48元的违法行为，其中少申报缴纳的税款金额为970 356.88元。再审申请人的法定代表人王某明于2013年12月16日对被申请人统计的其少申报缴纳税费的数额即税务稽查工作底稿(二)并无异议且予以签字确认。被申请人在其2014年2月20日作出税务处理决定中对再审申请人的上述违法事实已予以确认，并要求再审申请人予以补缴应交纳税款及滞纳金。在诉讼过程中，再审申请人L公司虽然对被申请人认定其为马庄村项目、官庄村项目、X铸造项目、J食品项目的纳税义务人这一事实不予认可，但所提主张与该公司在项目实施过程中所签订的合同、生效法律文书以及相关的房地产登记情况显示的事实不一致，本院不予支持。

(3) 再审申请人L公司在诉讼中还主张JL公司作为实际使用人已经缴纳了相关税款，被申请人稽查局未在L公司少缴未缴税款中予以扣除，属于认定事实错误。但再审申请人L公司在行政程序中并未向被申请人稽查局提供足够的证据证实上述事实存在，且在被申请人稽查局作出未将上述税款扣除的税务处理决定后，再审申请人并未在法定期限内申请复议。根据《税收征收管理法》第八十八条第一款“纳税人、扣缴义务人，纳税担保人同税务机关在纳税上发生争议时，必须先依照税务机关的纳税决定缴纳或者解缴税款及滞纳金或者提供相应的担保，然后可以依法申请行政复议，对行政复议决定不服的，可以依法向人民法院起诉”的规定，对该条款规定的行为未经复议前置程序直接向人民法院起诉的，人民法院不予受理。所以，虽然检察机关向本院提供的L公司与JL公司签订的《租赁合同》、2010—2013年度JL公司纳税情况等证据，可以说明JL公司系L公司在D县XX乡东洋村房屋及部分土地实际使用人，并作为《城镇土地使用税暂行条例》第二条“在城市、县城、建制镇、工矿区范围内使用土地的单位和个人，为城镇土地使用税的纳税人，应当依照本条例的规定缴纳土地使用税”规定的纳税人，于2010年至2011年3月25日已实际缴纳了城镇土地使用税等共22 393.9元，但该理由实际属于对被申请人作出的税务处理决定的异议，可以作为再审申请人在实际缴纳税款时的抗辩理由，不能作为本案改判的依据。因被申请人稽查局对再审申请人L公司处以485 178.44元罚款的结果，仍在对再审申请人L公司不缴或者少缴的税款50%以上5倍以下幅度内，原审法院判决予以维持并无不当。

二、关于被申请人稽查局认定再审申请人存在拒绝税务机关检查的行为且情节严重，并对其处以50 000元罚款是否合法正确的问题

根据《税收征收管理法》第七十条、《S省地方税务局规范税务行政处罚自由裁量权参照执行标准》的相关规定，对于纳税人、扣缴义务人逃避、拒绝或者以其他方式

阻挠税务机关检查且情节严重的，税务机关可以处1万元以上5万元以下的罚款。本案中，被申请人接群众举报于2012年12月11日稽查立案后，于2012年12月12日、2013年6月25日向再审申请人下达《税务检查通知书》《调取账簿资料通知书》后，再审申请人一直未提供账簿、凭证资料；2013年7月1日下达《责令限期改正通知书》后，再审申请人仍未提供账簿、凭证资料。被申请人最终耗费大量人力物力，通过外围调查，查实了再审申请人偷漏税款的事实。再审申请人虽然向被申请人陈述了未提供账簿、凭证资料的理由，但一直未提供账簿、凭证资料被盗抢的有效证据，所以原审法院对被申请人稽查局认定再审申请人存在拒绝税务机关检查且情节严重并予以罚款5万元的处罚结果予以维持，并无不当。

检察机关主张原审法院判决该部分认定证据不足，但所提供的D县公安局新城派出所的出警证明是2015年4月21日才作出的，系行政程序处理终结以及一、二审判决结果作出后形成的，且只是证明L公司的大门被锁了，没有证明账簿、凭证等会计资料被盗抢的结论，有关财务人员及工作人员在询问笔录中的陈述也只是提到项目名称，并未提供具体结算款项以及税款缴纳情况。所以检察机关据此认为再审申请人不存在"逾期拒不改正""情节严重"情形的理由不能成立，本院不予支持。

综上，原一、二审法院判决认定事实基本清楚，适用法律正确，应予维持。检察机关的抗诉理由不能成立，本院不予支持。依据《行政诉讼法》第八十九条第一款第（一）项、《最高人民法院关于执行〈中华人民共和国行政诉讼法〉若干问题的解释》七十六条第一款规定，判决维持二审判决。

相关案例6.10 煞费苦心只为阻挠办案　妨害公务终酿牢狱之灾[1]

【案件查办过程】

MC电子商务股份有限公司（以下简称MC公司），成立于2008年10月，注册资本1 000万元，法定代表人吴某，实际办公地为C市J区××创业园B2栋。

2015年3月17日10时许，C市国税局第三稽查局（以下简称第三稽查局）李某带领该局工作人员郑某、田某、李某等人到MC公司依法进行税务稽查。

第三稽查局工作人员郑某、田某向MC公司财务负责人蒋某出示了税务检查证

① 本案例改编自《张剑妨害公务、隐匿、故意销毁会计凭证、会计账簿、财务会计报告一审刑事判决书》重庆市九龙坡区人民法院（2016）渝0107刑初1270号，见中国裁判文书网，http://wenshu.court.gov.cn/website/wenshu/181107ANFZ0BXSK4/index.html?docId=d009119ffae248e7b361b31086afda6f。

和《税务检查通知书》，蒋某在该文书上签字并配合稽查人员对B2栋2楼、4楼有关MC公司的会计凭证、账簿等进行检查。

在检查过程中，检查人员发现在4楼办公区域隔间内的MC公司2011年度至2014年度会计凭证、账簿等，需提取至税务机关进行检查，遂出具《调取账簿资料通知书》调取上述会计资料，但吴某为逃避税务检查，以上述资料含有其他关联公司会计资料为由，拒绝在该《调取账簿资料通知书》上签字并阻碍稽查人员将会计资料带走。同日16时许，吴某将稽查人员带至4楼办公区域外待客区协商，双方协商未果。吴某遂强行将办公区域与待客区之间的玻璃门关闭，指使其妻子韩某、MC公司科技中心负责人张某剑、渠道事业部负责人邓某等人将稽查人员已经整理装箱的20余箱MC公司会计凭证等会计资料及其他未装箱资料由公司货梯搬下楼，分别由被告人张某剑、服务中心执行官助理陈某一等人驾驶车辆将其中10余箱会计资料转移至公司位于C市S区××村7号的库房，由MC公司库房管理员陈某、物流部总监助理何某一等人保管。在此过程中，税务稽查人员被限制在办公区域外。过后，MC公司一清洁工出门时，李某、郑某等稽查人员才得以进入办公区域，稽查人员见该公司员工正在转移公司财务资料，正准备阻止时再次被吴某带领的10余名公司员工强行推出办公区域。稽查人员遂联系物管人员通过监控及询问货梯工发现了MC公司员工转移会计资料的情况，并在物管人员指引下到B2栋货梯出口处，发现该公司员工往车上搬运装箱的会计资料以及多台电脑主机。

第三稽查局局长秦某带领多名稽查人员将吴某试图转移的10余箱会计资料、多台电脑控制在货梯外一楼平台处。秦某再次向吴某出具《调取账簿通知书》和调取账簿资料清单，吴某仍拒绝签收，并指使张某剑等人抓扯、推搡稽查人员，阻止稽查人员依法提取该会计凭证，致使一稽查人员手部受伤。

同日16时至17时许，吴某见无法成功转移公司会计凭证，为逃避税务检查，遂指使邓某购买汽油，试图烧毁上述会计凭证及电脑。17时许，邓某将买来的香蕉水装在矿泉水瓶内交给吴某，吴某、邓某趁稽查人员不备之机，迅速将香蕉水泼洒在装箱的会计凭证资料、电脑主机等物品上，被告人张某剑等人将已点燃的资料踢至平台下引燃其他会计资料。期间，有税务稽查人员试图抢救被点燃的会计资料，但被MC公司员工控制住。后上述10余箱会计资料、多台电脑均被烧毁。

同日19时许，何某接到公司通知安排其与物流部驾驶员叶某一起将库房内暂存的10余箱会计资料再次转移至何某位于J区的家中。3月18日12时许，蒋某带领一员工到何某家中对该10余箱会计资料进行整理。同日15时许，蒋某指使物流部总监蓝某将公司其余5箱会计资料转移至何某家楼下。后蒋某通知公司礼赠事业部执行官乔某驾驶公司商务车将何某家中整理好的10余箱会计资料和蓝某运来的5箱会计资料一并拉走。在途中乔某接到吴某电话称自己在高九路等，乔某驾车行驶至本市高九路高庙村转盘外支路时遇到吴某。吴某遂和乔某将该10余箱会计资料堆放在马路边，后上述资料去向不明。

3月20日，第三稽查局工作人员到MC公司依法提取该公司其余会计凭证、会计账簿、银行对账单等资料。3月25日，公安机关依法从何某家中提取MC公司6箱会计凭证。同年4月27日，经××会计师事务所司法审计，MC公司的明细账上共有34 200 721.04元未发现相关的财务记录。2016年3月1日，张某剑主动到公安机关投案，后如实供述了上述事实。其他涉案当事人仍然在逃。

公诉机关认为，被告人张某剑以逃避行政机关税务检查为目的，隐匿、故意销毁依法应当保存的会计凭证、会计账簿、财务会计报告，情节严重，其行为已触犯《刑法》第一百六十二条之一第一款的规定，犯罪事实清楚，证据确实、充分，应当以隐匿、故意销毁会计凭证、会计账簿、财务会计报告罪追究其刑事责任。被告人张某剑以暴力等方法阻碍国家机关工作人员依法执行职务，其行为已触犯《中华人民共和国刑法》第二百七十七条第一款的规定，犯罪事实清楚，证据确实、充分，应当以妨害公务罪追究其刑事责任。

【法院判决】

本院审理认为，被告人张某剑隐匿、故意销毁依法应当保存的会计凭证、会计账簿、财务会计报告，情节严重，其行为已构成隐匿、故意销毁会计凭证、会计账簿、财务会计报告罪，依法应予处罚；以暴力等方法阻碍国家机关工作人员依法执行职务，其行为已构成妨害公务罪，依法应予处罚。被告人张某剑在判决宣告以前一人犯数罪，依法应数罪并罚。被告人张某剑犯罪后主动投案并如实供述自己的罪行，是自首，依法可对其从轻处罚。被告人张某剑在与吴某妨害公务的共同犯罪中起次要作用，是从犯，依法应对其从轻处罚。公诉机关的指控成立。

依照《刑法》一百六十二条之一第一款，第二百七十七条第一款，第六十七条第一款，第六十九条第一款、第三款，第二十五条第一款，第二十七条，第七十二条第一款、第三款、第七十三条第二款、第三款、第五十二条、第五十三条第一款之规定，判决被告人张某剑犯隐匿、故意销毁会计凭证、会计账簿、财务会计报告罪，判处有期徒刑6个月，缓刑1年，并处罚金人民币2万元；犯妨害公务罪，判处罚金1万元。决定执行有期徒刑6个月，缓刑1年，并处罚金人民币3万元。

第四节　发票违法违规的其他案件

一、未按规定开具、使用、缴销、存放或保管发票

《发票管理办法》第三十五条规定，违反本办法的规定，有下列情形之一的，由税务机关责令改正，可以处1万元以下的罚款；有违法所得的予以没收：

（1）应当开具而未开具发票，或者未按照规定的时限、顺序、栏目，全部联次一次性开具发票，或者未加盖发票专用章的。

（2）使用税控装置开具发票，未按期向主管税务机关报送开具发票的数据的。

（3）使用非税控电子器具开具发票，未将非税控电子器具使用的软件程序说明资料报主管税务机关备案，或者未按照规定保存、报送开具发票的数据的。

（4）拆本使用发票的。

（5）扩大发票使用范围的。

（6）以其他凭证代替发票使用的。

（7）跨规定区域开具发票的。

（8）未按照规定缴销发票的。

（9）未按照规定存放和保管发票的。

稽查局在案件查办中发现被查对象有《发票管理办法》第三十五条第一款规定的违规开具发票行为的，应先作出《责令限期改正通知书》，责令被查对象在一定期限内改正，并根据改正情况决定是否予以行政处罚以及行政处罚的金额。如发现有违法所得的，在行政处罚时一并作出没收违法所得决定。

二、违反规定携带、邮寄或运输发票

《发票管理办法》第三十六条规定，跨规定的使用区域携带、邮寄、运输空白发票，以及携带、邮寄或者运输空白发票出入境的，由税务机关责令改正，可以处1万元以下的罚款；情节严重的，处1万元以上3万元以下的罚款；有违法所得的予以没收。

稽查局对违反规定携带、邮寄或运输发票等违法行为进行查处时，应当先作出《责令限期改正通知书》，根据行为人在限期内改正的具体情况，决定是否予以行政

处罚以及罚款金额，同时，对有违法所得的，在《税务行政处罚决定书》中应当明确没收违法所得的处罚决定。

三、私自印制、伪造、变造发票

（一）私自印制、伪造、变造发票行为的行政处理

《税收征收管理法》第七十一条规定，违反本法第二十二条规定，非法印制发票的，由税务机关销毁非法印制的发票，没收违法所得和作案工具，并处 1 万元以上 5 万元以下的罚款；构成犯罪的，依法追究刑事责任。《税收征收管理法》第二十二条的规定为："增值税专用发票由国务院税务主管部门指定的企业印制；其他发票，按照国务院税务主管部门的规定，分别由省、自治区、直辖市国家税务局、地方税务局指定企业印制。未经前款规定的税务机关指定，不得印制发票。"

根据《发票管理办法》第三十八条规定，私自印制、伪造、变造发票，非法制造发票防伪专用品，伪造发票监制章的，由税务机关没收违法所得，没收、销毁作案工具和非法物品，并处 1 万元以上 5 万元以下的罚款；情节严重的，并处 5 万元以上 50 万元以下的罚款；对印制发票的企业，可以并处吊销发票准印证；构成犯罪的，依法追究刑事责任。

（二）私自印制、伪造、变造发票行为涉嫌犯罪立案追诉标准

《最高人民检察院　公安部关于公安机关管辖的刑事案件立案追诉标准的规定（二）》规定，私自印制、伪造、变造发票等行为涉嫌犯罪立案追诉标准如下：

伪造或者出售伪造的增值税专用发票，涉嫌下列情形之一的，应予立案追诉：

（1）票面税额累计在 10 万元以上的。

（2）伪造或者出售伪造的增值税专用发票 10 份以上且票面税额在 6 万元以上的。

（3）非法获利数额在 1 万元以上的。

伪造、擅自制造或者出售伪造、擅自制造的用于骗取出口退税、抵扣税款的其他发票，涉嫌下列情形之一的，应予立案追诉：

（1）票面可以退税、抵扣税额累计在 10 万元以上的。

（2）伪造、擅自制造或者出售伪造、擅自制造的发票 10 份以上且票面可以退税、抵扣税额在 6 万元以上的。

（3）非法获利数额在 1 万元以上的。

伪造、擅自制造或者出售伪造、擅自制造的不具有骗取出口退税、抵扣税款功能的其他发票，涉嫌下列情形之一的，应予立案追诉：

（1）伪造、擅自制造或者出售伪造、擅自制造的不具有骗取出口退税、抵扣税款功能的其他发票100份以上且票面金额累计在30万元以上的。

（2）票面金额累计在50万元以上的。

（3）非法获利数额在1万元以上的。

四、转借、转让发票或故意受让、开具、存放、携带、邮寄、运输违规发票

根据《发票管理办法》第三十九条规定，转借、转让、介绍他人转让发票、发票监制章和发票防伪专用品，以及知道或者应当知道是私自印制、伪造、变造、非法取得或者废止的发票而受让、开具、存放、携带、邮寄、运输的发票违法违规行为，处理处罚如表6-5所示。

表6-5　违法违规处罚表

违法违规行为	处理处罚	法律依据
转借、转让、介绍他人转让发票、发票监制章和发票防伪专用品	处1万元以上5万元以下的罚款； 情节严重的，处5万元以上50万元以下的罚款； 有违法所得的予以没收	《发票管理办法》第三十九条
知道或者应当知道是私自印制、伪造、变造、非法取得或者废止的发票而受让、开具、存放、携带、邮寄、运输的		

行为人违反《发票管理办法》第三十九条，涉嫌犯罪的，还应当移送公安机关追究刑事责任。涉及相关刑事案件立案追诉标准如下：

非法出售增值税专用发票，涉嫌下列情形之一的，应予立案追诉：

（1）票面税额累计在10万元以上的。

（2）非法出售增值税专用发票10份以上且票面税额在6万元以上的。

（3）非法获利数额在1万元以上的。

非法出售可以用于骗取出口退税、抵扣税款的其他发票，涉嫌下列情形之一的，应予立案追诉：

（1）票面可以退税、抵扣税额累计在10万元以上的。

（2）非法出售用于骗取出口退税、抵扣税款的其他发票10份以上且票面可以退税、抵扣税额在6万元以上的。

（3）非法获利数额在1万元以上的。

非法出售增值税专用发票、用于骗取出口退税、抵扣税款的其他发票以外的发

票，涉嫌下列情形之一的，应予立案追诉：

（1）非法出售增值税专用发票、用于骗取出口退税、抵扣税款的其他发票以外的发票100份以上且票面金额累计在30万元以上的。

（2）票面金额累计在50万元以上的。

（3）非法获利数额在1万元以上的。

非法购买增值税专用发票或者购买伪造的增值税专用发票，涉嫌下列情形之一的，应予立案追诉：

（1）非法购买增值税专用发票或者购买伪造的增值税专用发票20份以上且票面税额在10万元以上的。

（2）票面税额累计在20万元以上的。

明知是伪造的发票而持有，涉嫌下列情形之一的，应予立案追诉：

（1）持有伪造的增值税专用发票或者可以用于骗取出口退税、抵扣税款的其他发票50份以上且票面税额累计在25万元以上的。

（2）持有伪造的增值税专用发票或者可以用于骗取出口退税、抵扣税款的其他发票票面税额累计在50万元以上的。

（3）持有伪造的上述第（1）项规定以外的其他发票100份以上且票面金额在50万元以上的。

（4）持有伪造的上述第（1）项规定以外的其他发票票面金额累计在100万元以上的。

相关案例6.11 图小利非法转让发票　遇稽查受到行政处罚[①]

【案件查办过程】

2016年年初，H汽车钣金喷漆门市部的业主彭某明在无真实劳务发生的情况下非法转让给P钣金喷漆门市部的业主彭某凯32 000元的定额发票，并收取税金960元。

2016年10月26日，税务局稽查局认为彭某明上述行为违反了《发票管理办法》第三十九条第一款规定，对彭某明下达了《税务行政处罚事项告知书》，依法告知了拟对彭某明进行行政处罚，以及彭某明享有陈述、申辩及要求举行听证的权利，后彭某明既未提出陈述申辩意见，也未要求举行听证。

① 本案例改编自《内蒙古自治区土默特右旗国家税务局与土默特右旗萨拉齐海域汽车钣金喷漆门市部行政非诉非诉执行审查行政裁定书》土默特右旗人民法院（2018）内0221行审16号，原文见中国裁判文书网，http://wenshu.court.gov.cn/website/wenshu/181107ANFZ0BXSK4/index.html?docId=10b91b12477d4075ae16a9d100e80f96。

2016年11月7日，稽查局对被彭某明作出《税务行政处罚决定书》，以彭某明在无真实劳务发生的情况下非法转让定额发票给他人，并收取税金的行为违反了《发票管理办法》第三十九条第一款规定为由，对彭某明作出限期（自收到该处罚决定书之日起15日内）缴纳罚款10 000元，逾期未缴纳，每日按罚款数额的3%加处罚款的行政处罚，该处罚决定书于2016年11月28日送达彭某明。

此后，彭某明对上述行政处罚决定在法定期间未申请复议或向人民法院提起行政诉讼，亦未履行该行政处罚决定确定的义务。对此，稽查局向人民法院提出强制执行申请。

【税企争议焦点】

稽查局对彭某明非法转让定额发票的违法行为作出的行政处罚决定是否合法有效。

【法院裁判观点】

法院审查认为，被申请执行人彭某明在无真实劳务发生的情况下非法转让定额发票给他人，并收取税金是本案事实，其行为违反了《发票管理办法》第三十九条第一款"有下列情形之一的，由税务机关处1万元以上5万元以下的罚款；情节严重的，处5万元以上50万元以下的罚款；有违法所得的予以没收：转借、转让、介绍他人转让发票、发票监制章和发票防伪专用品的"规定，申请执行人稽查局据此对被申请执行人作出行政处罚决定之行政行为证据确凿，适用法律、法规正确，符合法定程序，处罚适当。基于此，本院依照《行政诉讼法》第九十七条、《最高人民法院关于执行〈中华人民共和国行政诉讼法〉若干问题的解释》第六十三条第一款第（十四）项规定，裁定准许执行申请执行人稽查局于2016年11月7日作出的税务行政处罚决定。

实战案例6-4

制造假发票背后的利益驱动①

——某非法制售假发票案始末

【案例摘要】 近几个月以来，Z省T市几个乡镇先后有79人因涉嫌非法制售假发票被警方抓捕，其中32人已被移交起诉。这些地方怎么了？怎么有这么多人非法制售假发票？

① 本案例改编自：胡佳、郑阳晏：《浙江台州特大制售假发票案四大特征及三大对策》，载《中国税务报》2019年5月28日。

【关键词】 假发票　税警联合

【案例正文】

一、案件来源

2018年5月的一天，有人向T市警方举报，称市内某处隐藏着一个印制假发票窝点。警方立即将消息通报给T市税务部门，税警双方随即展开联合调查，于2018年9月11日正式立案。

二、查处过程

经过缜密调查，2018年10月18日，税警双方展开集中收网行动，在T市某镇捣毁制造假发票窝点1个，查获印刷机6套、印制假发票胶版131张、伪造各类增值税发票、完税凭证及其他票据总计48 546份（其中增值税专用发票429份），以及大量手机、电脑、打印机、印章等作案工具。同日，其他14个抓捕小组在杭州、上海、广西、河南、湖南和新疆等地同步收网。

此番收网行动共捣毁制假发票窝点18个，查获假发票6万余份，可开票金额总计达上百亿元，抓获以张某青、章某胜、李某苗、金某龙等为首的违法犯罪嫌疑人79名。

近日，被抓嫌疑人中有32人被移交检察机关起诉。

三、违法手段

从本案查处过程情况来看，不法分子十分嚣张，主要体现在以下几个方面。

（一）非法制售假发票本小利大，受处罚轻

据犯罪嫌疑人陈某交代，做假发票生意获利很大。购买一本假普通发票只要30元，加上1 000元套开软件花费、0.5‰的开票信息花费和少量雇人发放传单费，成本很低。而出售假票的价格是每份20元～50元或者开票金额的0.5%～1%。陈某称，看着周围的人轻松发大财，T市一些乡镇的村民纷纷加入其中。

陈某还说："制售假发票被抓的概率低，即使被抓，最多也就判三五年，表现好一点，一两年就出来了，比外出打工划算得多。"笔者了解到，被抓嫌疑人中不少抱这种思想。我国《刑法》第二百零九条第二款规定，伪造、擅自制造或者出售伪造、擅自制造的普通发票的，处2年以下有期徒刑、拘役或者管制，并处或者单处1万元以上5万元以下罚金；情节严重的，处2年以上7年以下有期徒刑，并处5万元以上50万元以下罚金。根据T市中级人民法院提供数据，近3年因制售假发票被判刑的有16人，占当地涉税犯罪人员的6.3%，平均实刑年限为2.18年，比其他涉税犯罪平均实刑年限低60.94%，另外有25%的制售假发票人员被判处缓刑。

随着T市近年来展开严打，当地一些不法分子外出做"假发票生意"，在省内的杭州市、金华市、衢州市和省外的江苏、江西、河南等地查获的假发票案中，都有T市人的身影。

（二）不法分子盗用发票信息容易

本案情况显示，由于不少企业缺乏发票信息保护意识，容易轻信造假者编造的理由，不加防范地为其提供票样，导致发票信息被造假者套用。另外，由于出票信息不够保密，不法分子可以低价便捷地获得开票方信息、发票代码等出票信息。

还有，虽然随着“扫码支付”普及，二维码已成为值得信赖的交易凭据，但由于目前发票上提供的二维码没有联网，无验假防假功能，只是编码显示发票信息，不法分子利用网上销售的软件就能仿真发票二维码，向用票人谎称可以“扫码验证”发票真假。据本案犯罪嫌疑人交代，在湖南、江西等地一些火车站周边，有很多人兜售假发票及开票软件，花一小笔钱就能买到，内含各类印章图样、字体、二维码生成器。软件是傻瓜式操作，开出的票足以以假乱真。

（三）发票查询标准不统一，有的查验操作麻烦

从本案情况来看，不法分子钻了发票查验不尽便捷的空子。目前，虽然各省税务机关网站上都设置了发票查询平台，但实施标准不一：有的设在一级页面，有的设在二级页面；有的提供发票真伪查询，有的只提供发票信息查询，验证真伪需持发票原件到主管税务机关办理；有的需要提供发票详细信息才能查询，有的只需提供发票代码、号码及开票人信息。这些影响了发票验证监督作用的发挥，不法分子甚至由此盗取开票信息。

（四）不法分子钻简化管理的空子

近3年来，随着“五证合一”“认缴制”等简政放权措施实施，企业注册、领票等手续简化，T市纳税人年均增长21.4%，其中增值税一般纳税人年均增长14.4%。然而，一些不法分子钻简政放权的空子，专门注册空壳企业进行虚开、骗税的案件时有发生，呈专业化、产业化趋势，网上有大量兜售空壳企业的信息。本案中，据嫌疑人交代，只需花8 000～10 000元，就能通过中介买到一户新办一般纳税人的全部资料，包括发票和开票设备，已“养”3个月的空壳企业售价30 000元左右。这些空壳企业，往往在被发现异常之前就被不法分子榨取完毕并抛弃，变成非正常户。目前，T市已有非正常户和一般纳税人非正常户17 915户和2 848户，分别占全市纳税人和一般纳税人的4.28%和4.14%。

【案例评析】

根据本案调查情况，该案具有四个方面的显著特点。

一、假票制造、销售和推广各负其责，运作组织化，专业化

涉案团伙人员大部分来自T地区，制假、销售和推广分头行动，每人持有多部手机和号码，频繁更换。制假环节大多设在乡下偏远地方，以废品收购或家畜饲养为遮掩，根据“订单”印制假发票，通过快递寄出。从制假环节购得空白假票后，嫌疑人根据用票“客户”需求填开票面信息，按份或按“开票金额比”销售。推广环节，临时雇闲散人员在各大车站周边分发假发票传单，或通过QQ、微信等平台散布假发票广告。

二、窃取发票信息、购买开票软件套开发票

嫌疑人主要通过两种方式窃取发票信息。一是根据“客户”开票需求，先获得目标出票方的一张发票，查询发票所属号码段，向后推算百张左右，找到出票方未填开的最后一张号码信息往前套开。二是以0.5‰左右的价格购买各类开票信息，套开出售。套开软件能自动生成票面二维码并通过微信“扫一扫”返回票面信息，以及仿冒出票方印章图案。

三、假票大部分流向房地产及建筑行业

本案涉及假票大部分流向房地产开发及建筑安装行业。根据调查，这种情况主要与两个因素相关：一是现实中，各分包商及包工头通常有许多人力、设备租赁和建筑基础原料成本无法取得足够的成本发票，而该行业利润率较高，部分企业为降低所得税税负，产生大量用假票需求；二是房地产及建筑行业营改增不久，不少企业经营者及财务人员发票管理意识淡薄，缺乏防范和识别假发票的意识和能力，造成该行业发票管理混乱，假票泛滥。

四、部分单位对假发票缺乏防范意识

抽查假票流向，发现有40余份发票的受票方为政府机关或事业单位，项目主要涉及劳务费及差旅费等。另外发现，一些银行、保险、医药行业企业存在使用假票虚充经费的现象。据调查，有关政府机关等免税单位的财务人员通常只重视程序规范，对发票的真伪性没有防范意识，也没有上网查询比对的习惯。而银行、医药等行业企业一方面有帮员工规避个人所得税的需求，另一方面有大量营销费用需要税前列支，使得员工找发票来“报销”成为普遍现象，企业财务人员往往会忽视假票问题。

附录一　税务稽查典型案例编写参考

一、案例基本内涵

（一）案例的概念

所谓案例是指税务稽查查处涉税违法案件的范例和标本，它是从实际税务稽查案件中提炼而来的。而典型案例则是指案例本身所具有的典型性、代表性和可借鉴性。就案件本身而言，个案特色突出，所查处问题带有一定的普遍性，查案经验和技巧方法有可推广交流的价值。在实际工作中，所有的稽查案例都来源于稽查案件，是对稽查案件查处过程的描写、叙述，但并不是对每一个案件的描写都能成为具有指导意义的典型案例，这就是案例与典型案例的本质区别。

（二）典型案例所具备的特点

典型案例所具有的交流、借鉴意义，关键在于突出个案特色，尤其在案件发生、案件性质、偷（逃）税手段，案情复杂程度，稽查组织和稽查方法等方面独具特色。所以，它必须具有以下特点。

1. 案件本身具有一定的典型性

所谓典型性是指税务稽查从选案、查案、审理到执行四个环节都独具特色或在某一个或几个方面独具特色，从选案对象的确定，检查的方式方法、检查的组织、方案的制定以及问题的思考和分析等方面具有代表性和借鉴价值。

2. 案件组织查处有一定难度

案情较为复杂，偷（逃）税手段和手法较为隐蔽、情节恶劣、性质严重，查办案件难度较大，个案特色较为突出。案情复杂程度和案件查处深度、力度决定了案例的交流价值，以及它能否有效指导查案工作。

3. 案例分析恰如其分，针对性要强

分析必须是对查处案件过程中发现和存在问题的深入剖析，并有一定深度，尤其是查案得失的分析，不仅能够及时总结案件查处过程的得失，关键在于通过这种事后的分析，为以后查办案件提供帮助和借鉴，避免类似情况的发生和出现。

从以上特点，我们可以看出，典型案例应包括案例（案件查处过程）和分析两部分内容，两者缺一不可。因此，一篇成功的典型案例“贵在典型，重在（案例）过程，关键在分析”。

二、案例编写方法

典型案例是衡量稽查水平和进行稽查经验交流的有效途径。一篇好的典型案例能全面反映出查办案件深度、力度和水平，具有较强的借鉴和指导作用。在撰写典型案例时，要注意以下几方面。

（一）案例编写流程

1. 明确案例目标

编写案例首先要有明确的目标，要搞清楚所编写的案例是为了反映什么问题或者论证什么原理。案例展示的总目标是为了提高案例使用者发现、分析和解决问题的能力。每个案例根据教学内容和进度又有具体的目标，重点是分析存在的问题，还要抉择备选方案，在编写时都要有所安排，使案例内容的描述有的放矢。明确目标之后有针对性地操作，可以做到事半功倍。

2. 理清案例框架

编写主体部分之前，先要对案例的结构有一个整体的构思。如果不考虑案例中涉及的理论体系和分析框架，写出的案例不过就是一篇叙述性的文章而已，毫无深度，在演示时难以引起讨论，这样的案例是达不到引导、示范效果的。不同的案例所描述的内容不同，但案例中涉及的理论分析框架带有共同性和规律性。在明确案例的目标后要考虑案例所涉及的理论分析框架以及分析工具，这些在案例中都要体现出来。

3. 收集整理案例素材

养成积累的习惯，在查办案件前就做好了编写案例的准备，编者才能做到有的放矢地收集一手资料，如视频、照片、电子资料等，检查查办流程约束下的文书、证据、执法记录等作为必要素材较容易取得，但案件查办过程的曲折和检查技巧、思路等经典部分则依赖于日常检查工作的主动积累。主体部分的结构确定之后，对收集到的辅助资料进行筛选，把恰当的信息安排在适合的位置上。

4. 组织案例内容

在案例编写最初阶段可按照时间顺序对案件查办全流程进行完整还原和粗加工，这一部分要做到尽量还原细节，在遵照稽查程序的基础上组织内容，根据编写案例的目标可以适当的调整案例结构，使得案例整体逻辑感更强，更便于理解。一般案例撰写要经过“撰写-讨论-修改-再讨论”多次反复的过程，做到目标明确突出、描述真实具体、情节合情合理、材料充实适当、表达生动灵活。

5. 聚焦案例重点

这部分主要是完成文字上的升华和情节上的精修，在上一阶段内容基础上做到去粗取精、去伪存真，把案例的精髓凸显出来，想要编写出高质量的案例，编写者必须要有丰富的案例实战经验，在实践中探索案例编写的理论、技术和方法，掌握案例编写的精髓。

（二）案例编写格式

税务稽查案例主要内容还可以分为案例概要信息、案例正文和案例附件三部分。

1. 案例概要信息

案例概要信息必须包括以下内容：案件名称、案件来源、案件类型、被查对象案件所属行业、案发时间、案件所属期间、主要推荐理由（案件特点）、具体陈述理由（主要作案手段、检查税种、查补税额等）。案件名称一般采用被查对象加违法性质格式。

（1）案例名称，也即题目，之于文章犹如眼睛之于人，是最受注意的。或悲，或喜，或落俗，或立新，题目是最能传神会意的。比较好的案例题目，大都具备这几个特点：切题，含蓄，不俗套，有新意。案例题目大致有这样几种类型。

① 素描型：此类题目既不点事——事件及其人物、地点、时间等；又不及质——事件的性质及其影响等，而是用一个单位名称作标题，毫不掺杂任何感情色彩，使人无法从题目上窥见想要知道的事件及作者的倾向。

② 画龙点睛型：此类题目抓住案例材料中最要紧、最本质的东西，一语道破，切题、醒目，极易引起读者或学员的关注，并诱导读者或学员的思路朝着既定的方向延伸。或是在理论上给予点破，以标新立异增强它的感染力。如案例："乱花渐欲迷人眼　迷雾拨开见真颜"能一下子抓住读者的眼球，使读者情不自禁想看案例的具体内容。

③ 问题提示型：此类题目是在客观、不露色彩的基础上，稍稍提示一下：这是一个什么性质的事件，发生在哪里，什么时间发生的什么事件等等，便于读者从题目上想到事件的梗概。如案例：企业"三角恋"税务如何稽查，如何定性？

（2）案件背景情况。

① 案件来源。税务稽查案源（以下统称案源）即税收违法案件的来源，是指经过收集、分析、判断、处理等程序形成的涉嫌偷税（逃避缴纳税款）、逃避追缴欠税、骗税、抗税、虚开发票等税收违法行为的相关数据、信息和线索。

案源信息是指税务局在税收管理中形成的，以及外部相关单位、部门或者个人提供的纳税人、扣缴义务人和其他涉税当事人(以下简称纳税人)的税收数据、信息和违法行为线索。如转办、交办、督办的案源。

【例】 案件来源:2019 年 2 月 14 日下午,某市稽查局举报中心接到一封昵称为“爱恨悠悠”电子邮件,标题是“举报某企业虚开增值税专用发票”,举报邮件如下:

发件人:爱恨悠悠〈2810 ***** @qq.com〉

时间:2019 年 2 月 14 日(星期四)16:43

收件人:稀里糊涂〈3456 ***** @qq.com〉

某市稽查局局长:

我要举报某商贸公司 2018 年 2～10 月虚开增值税专用发票 7 963 万元……

② 纳税人基本情况。简要介绍纳税人机构设置、办证认证情况,纳税人经营类型、主要产品或商品以及其财务、报税、发票使用等与案件查处相关联的各种情况资料,享受税收政策优惠的纳税人还应说明享受的税收优惠情况。出口退税企业还应说明包括出口额、收汇额、来料(进料)额、免抵额和退税额等情况。具体内容如下:

A. 企业名称及坐落位置(所处区域优势)。

B. 开办时间;所从事行业、生产营销组织模式一体化状况描述。

C. 企业占地面积、房产拥有情况。

D. 经营范围,包含主要产品名称、规格、系列等 。

E. 目前投资规模(万元)及主要产品生产规模能力(产品计量单位)。

F. 使用财务核算软件,按照财务申报情况确定的收入、成本、利润情况。

G. 年度申报、入库情况。

H. 目前劳动用工人数及构成情况。

2. 案例正文

案例正文记录主要查办过程、具体处理结果、分析案件查办对税收征管和稽查工作的启示等。案例正文可参照《税务稽查工作规程》规定的《税务稽查报告》《税务处理决定书》《税务行政处罚决定书》相关内容编写。

(1) 检查过程与检查方法。

① 检查预案。

做好案头分析工作,明确检查重点,逐项分析具体数据,分析企业可能存在的问题,分清主次,总结被查对象的疑点材料和数据,归纳出重点检查内容。根据案件性质,如需要公安部门配合行动,应制定与公安部门开展联合行动预案。分析确定的检查方向应当和检查核实过程有所呼应。

② 检查具体方法与技巧。

A. 办案程序、执法手段合法，审批手续齐全，没有擅自越权行为。

税务检查方法具有普遍性，不同人使用同一检查方法，其检查程序基本相同。税务检查技巧则具有鲜明的个性化特征。

B. 调查取证有一定的技巧性或创新性，检查方法有一定的针对性，且检查效果好，值得推广借鉴。

在一项检查工作中，在同一检查方法下，可能使用不同的检查技巧。同一检查技巧，也可能在不同的检查方法下使用。

检查方法是检查案件过程中核心内容，俗话说"有思路，才有出路"，一个好的检查方法和技巧，可以达到事半功倍的效果，也是区分检查人员业务水平高低的尺子。同时一个好的检查思路，也可以给予他人予以启迪，达到举一反三效果。衡量一个稽查案件是否为优质案例，检查方法将起到举足轻重的作用。

检查人员有明确的检查方法和手段，在实施检查过程中，才能快速发现税收疑点，通过分析判断以及取得相关检查证据事实，来排除疑点和锁定疑点。这个过程对检查人员来说是一个痛苦的历程，也是检查人员业务水平自我提升的过程。同时，也是案例使用者最为关注的内容。

在案例编写过程中，对检查方法和技巧的灵活运用，发现疑点锁定疑点，将是案例中最为闪亮的地方。也是案例编写取得加分的重要的要素。所以，在案例编写时对案例检查过程和检查方法和手段一定要浓墨重彩、重点描述。

③ 检查中遇到的困难和阻力及相关证据的认定。

A. 在检查过程中，遇到的困难和阻力，既有内部因素也有外部因素。内部因素是稽查队伍素质不高，精通税收业务、财务会计、法律知识，精通查案方法技巧、计算机操作的全能复合型人才缺乏，不能满足当前大数据时代发展的需要。少数稽查人员缺乏稽查职业的敏锐力和责任心，对查办案件敷衍了事，只查表面，对案情不深挖深究，影响了税务稽查的执法水平和质量。甚至，有个别稽查人员给企业通风报信，严重影响稽查办案效率。外部因素是指企业自身方面的原因和外在的压力及阻力。例如，企业拒不配合、推三阻四，不提供相关资料，以及当地政府个别领导打着支持地方经济的幌子给企业说情。在案例编写过程中，稽查人员如何妥善处理和解决这些困难问题，既是案例使用者关注的重点，也是读者学习和借鉴的地方。

B. 相关证据的认定。检查过程是稽查人员不断发现疑点，企业通过提供相关证据不断排除疑点，稽查人员通过企业提供证据又发现新的疑点的循序渐进的过程。证据是证明涉税违法事实存在的依据，是税务机关对税务违法被查人依法做出行政处罚和司法机关对涉税犯罪被查人依法进行刑事处罚的依据。收集合理有效的证据对税务稽查工作中意义重大。税务稽查证据的收集，坚持依法取证原则、全面客观公正原则、行政效率原则。证据的特征，包括关联性、合法性、真实性。证据的法定种类包括书证、物证、视听资料、证人证言、当事人的陈述、鉴定结论、勘验笔录和现场笔录。熟练证据规则的运用，包括最佳证据规则、非法证据排除规则、补强证据规则；证据效力的规定；不能作为定案依据的证据；不能单独作为定案依据的证据；可以直接认定事实的证据。在案例编写中要体现出证据认定的内容，体现出稽查人员缜密的逻辑思维和办案能力水平。

④ 违法事实及定性处理。证据充分，具有法律效力；适用法律、行政法规和规章准确，处理处罚定性适当；依法执行，稽查成效较为显著。

A. 违法事实和作案手段。通过案头审核和实地检查，对涉税疑点，通过举证和询问消除疑点和确定违法事实。确定违法事实，是稽查人员历经艰辛检查案件的成果。通过案例分析，总结案件的作案手段。尤其是通过案例检查掌握涉税案件的发生、分布特点，作案手段和发展动向，有针对性地采取措施，防范、打击涉税违法活动。对查处的案件，认真剖析，通过案例分析，发现税收征管的薄弱环节，制定并采取整改措施，堵塞税收征管漏洞，充分发挥税务稽查对税款征收和税源管理的监督与促进作用。

B. 处理结果。依据法律、行政法规、规章及其他规范性文件对违法事实认定其行为性质，做出相应的行政处罚和移交公安部门追究刑事责任。本阶段也是税务稽查一个重要环节，很多案例在书写时都省略这个部分，这是不可取的。这是稽查审理部门重要职能。违法事实是否清楚、证据是否充分、适用法律是否准确、定性是否正确，这些问题既是稽查内部也是税企之间争论的焦点，更是案件的高潮部分。处理结果不恰当，往往引起税企之间行政诉讼，牵扯稽查部门大量的精力，甚至造成社会的负面影响。因此，在稽查案例中，对这高潮迭起部分，一定要重点突出，引人入胜。

⑤ 案件分析。

案件分析要求深入、细致，且能全面客观地评析税收征管工作，特别是对日常管理的薄弱环节要分析透彻，切中要害。

A. 认识和体会。通过案件的整个检查过程，梳理选案、检查、审理、执行整个环节的得失，总结出成功与失败的经验教训和启发；归纳出不同行业涉税案例检查方法和技巧，探究出同行业案例的作案手法，以及在新的形势下，企业涉税犯罪的动态和趋势；助力政策决策者和税源管理部门有针对性地制定征管措施，堵塞征管漏洞，以防跑冒滴漏，维护税法的尊严。

B. 稽查启示。通过对案件的认真分析和解剖，提出对加强税务稽查和税收征管工作有一定科学性、针对性和可操作性的建议。同时规避涉税两方面的风险：一是税务稽查内部方面，检查流程是否规范，适用政策是否恰当，是否侵犯纳税人的合法权益等。明晰工作流程，查找、梳理、评估税务稽查工作中的各类风险，制定有针对性的控制措施，建立可察（检查发现）、可控（制约控制）、可考（考核评价）、可究（责任追究）的完整内控链条机制，从而实现对风险事项的事前防范、事中控制、事后纠正。二是企业方面，通过案例检查，全面打通税企信息、数据的交流渠道；帮助企业提高自身的风险防范意识，帮助企业进行风险自查纠错，减少企业涉税风险，真正实现了征纳双方的共同减负，完善企业内控机制，使企业健康稳定地发展。

C. 法理评析。对案件涉及的法律问题及争议的焦点等应有明确的观点，并能结合该案可适用的法律原则、判断依据和标准等提出自己的建设性意见和建议；同时，对于案件涉及税制本身的问题等，应力求作出前瞻性的探讨。

3. 案例附件

跨区域稽查局向税务局稽查局提交案例，或者税务局稽查局向上级稽查局提交案例审核时应当附案件的《税务稽查报告》《税务处理决定书》《税务行政处罚决定书》及其他必要材料。《税务稽查报告》《税务处理决定书》《税务行政处罚决定书》供上级稽查局审核使用，不随案例发布。附件还可以附案件查办过程中部分表格、数据、证据等其他内容。

4. 案例其他要素

有了以上所介绍的标题、案件背景情况、检查过程与检查方法、违法事实及定性处理、案件分析等构成主体，还不能算作是一个标准的案例格式，还必须包含其他的一些要素，才可算作是完整的可供学习使用的案例。这些要素有以下几点：

（1）篇首注释。

它一般放置在案例首页的最下方，以横杠与正文隔开；也有将其中一部分以小号字印在首页左侧的；极个别的附于全篇末页下方。这类注释通常包括四方面内容：

① 编写者简单情况：姓名、学衔，有时还注明单位，如“本案例编者是（某校）副教授某某”。如果还有指导者，也需注明，如“本案例是由讲师某某在副教授某某指导下编写的”。

② 版权情况（有时还有出版、印刷情况）如“版权 2001 年，由某学院所有”可能还注有如“由哈佛商学院案例服务社经销，并附地址。”有些还有详细的版权说明，如“保留一切权利。未经版权所有者同意，本案例的所有部分都不能以任何方式与手段，擅自复制或翻译”等。

③ 掩饰处理情况：通常是注明单位名称及个人姓名都已经过矫饰伪装，已非本名。还常见注明“本例中部分(或全部)数据业经掩饰处理”，有时还简述理由，如“因竞争原因”等。

④ 编写目的说明：许多案例都注有一句话，说明“本案例只供作课堂讨论之用，并无意暗示或说明某种管理情况是否有效”等。

(2) 脚注。

常是对正文中某些技术问题、公式、历史情况等的注释，常以小号字附于有关内容同页的下端，以横线与正文断开。脚注内容往往是较枝节、较技术性的，或某些读者可能乐于了解的。若写入正文又嫌过于琐细拖沓，不得已才以脚注形式附上。脚注应尽量少用，以免影响对正文一气呵成的阅读。脚注更不宜过长，必需而较长的注释材料宁可列到篇尾“附录”中去。

(3) 图表。

案例常附有一些图表，它们以简练而直观的形式说明需大段文字才能说明甚至不能说明的内容。最常见的图表是各种财务报表、申报表、原始凭证、组织结构系统图等以及以曲线、直方图等常见或独特形式出现而专门设计的各种图表。在必要的情况下，图表可插置到正文有关处去，但为版面简洁，较多见的是把图表布置在专页或篇尾去。不过，这会给阅读正文时参阅图表带来某些不便。一定要记住，图表是正文有机整体的一部分，所有的图表都应编号，设标题，加以必要的说明；而正文中与图表相联系处，则应用括号注明“请参阅附图”或“如下图”。

(4) 附录。

附录的作用与性质其实和脚注是基本一样的，只是内容较多、较长，不宜插附于正文之中。除非案例本身的主题就是属于技术性较强的专业范围，否则过多的技术性细节描述就不宜贯于正文内，只好放入附录，以备分析时参考，如企业之间签订的合同。附录务求精选，非十分必要就不列入。

(三) 案例编写技巧

俗话讲：“文无定式”。这主要指从写文章的思路、方法、技巧、程式等方面并没有固定的格式。所以典型案例的写作要破除三段式、八股文，讲求写作形式上的多样化，尽量做到开门见山，文风质朴，文字流畅，切记不能搞“文学创作”。行文思路清晰，语言简洁流畅，叙述客观公正。案例结构严谨，层次关系分明，有较强逻辑性。

1. 注重典型

案件的典型性要靠领导来挖掘和发现，要善于从所查案件中及时、准确地选择出在税收征管上有典型意义和普遍意义，具有代表性、可交流性和个案特征的案件。而不是不加分析地任意选择和随意确定。

2. 客观和真实反映案件查处的全过程

案例要客观、真实反映案件查处的全过程。尤其要突出检查中采取的行之有效的稽查方法和技巧，突破疑点、难点的方式和方法。在撰写案例时要注意：

(1) 内容要充分完整，结构要清晰合理，这是撰写典型案例最基本的要求。既要突出对查案过程的叙写，又要揭示出税收征管的复杂程度。既要有查案方式、方法的反映，也要有违法事实和作案手法的描写；既要有对违法犯罪证据事实的分析和表述，又要有对问题和成因的分析，以及建议思考的提出等。

(2) 对案件描述要客观真实、具体明确。典型案例重在客观真实地反映查案的过程和案件的来龙去脉，但对过程的描述应尊重客观事实，保持案件原貌，无须夹杂强烈浓厚的文学修饰。既要突出过程，又要注重情节。切忌笼统、抽象和概括说明。

(3) 要有可读性。案例九要素①是对典型案例内容的原则性要求，也是一种规范化内容，但规范化并不等于僵化、教条。对案例内容的简单罗列，或生搬硬套，照葫芦画瓢，只能使典型案例黯然失色，没有了特色，这也就不具有可读性，更无任何借鉴意义。

3. 透过现象，抓住本质

要善于剥开案情繁杂的表层现象，深入寻求实质性的东西。对查处过程要进行去粗取精，由此及彼，由表及里地分析，真正找出问题所在。应从以下三方面进行分析：

(1) 对查案过程得失进行分析。从查案的组织、查案的方法、采取的措施等方面有哪些成功的经验可推行、借鉴，又有哪些失败的教训可吸取。同时，要对查案不足的地方进行分析，特别在查案过程中还存在哪些没有查深、查透、查清楚的地方，要进行认真总结。

(2) 对偷(逃)税手段和手法、情节和心理进行分析。揭示偷(逃)税等税收违法犯罪的特点、动向和趋势，为今后查办案件时采取有效的对策和措施提供支持。

(3) 对征管中薄弱环节进行分析。要言之有物，分析要紧扣案件本身，围绕着存在问题查找直接原因，尤其要找准问题的关键点和关键环节，深刻分析，提出建设性意见。可以从以下几个角度开展分析：

① 税务稽查案例分析。是否发现作案新手段和新动向，是否总结案件查处过程

---

① 案例九要素包括：案例题目、案件来源、被查对象基本情况、检查方式方法、作案手段及特点、违法事实及处理意见、案件审理及执行情况、征管薄弱环节和查案得失分析、稽查对策及建议。

中的经验和值得借鉴的教训等。

② 专项整治成果分析。主要用于发现行业性、区域性税收违法问题和发展趋势，揭示行业经营特点和区域经济特点，归纳行业和地区存在的主要涉税问题、违法手段和税收违法行为的一般规律等。

③ 税务稽查报表分析。主要用于发现税务稽查机构运行过程存在的薄弱环节，归纳税收违法多发性问题，反映税收违法动态和稽查工作的真实情况等。

④ 系统监控数据分析。主要用于发现税务稽查执法活动中产生执法疑点信息的特点，总结税务稽查执法环节存在问题的规律性等。

⑤ 税务稽查建议分析。主要用于发现税收政策执行和税收管理过程中存在的普遍性问题，分析开展稽查执法进行普遍性的查漏补缺的可行性和必要性等。

案例分析是典型案例的“画龙点睛”之处，它的作用和意义是深远的，能发人深思，给人以启发。

4. 要注意挖掘，善于分析总结

在实际工作中，一个成功查处的案件能成为有普遍指导意义上的典型案例，这靠的是各级领导去发现、去挖掘并加以分析总结和完善。切忌将其作为任务下达而成为稽查人员的负担。查案人员要认真执行有关制度，做好稽查工作日志，从开始查案就要为案例的撰写打下基础。

案例培训已经成为国际上通行的做法，随着案例撰写水平的不断提高，案例交流幅度的加大，稽查人员的查案水平将会得到普遍提高。

三、案例展示与评价

（一）案例展示方法与工具

（1）文字展示。通过案例文章、点评建议等形式文字化地呈现案例内容。通常使用 Word、PDF 等编辑软件撰写。

（2）演说展示。演说者通过语言表达将案例内容现场展示出来，在此种展示方式下，演说者的语言表达能力成为案例评判的因素之一。对演说者的案例熟悉程度与专业水平要求较高。在讲演过程中可辅以 PPT、Focusky 等多种幻灯演示软件使演示过程更加生动化。

（3）视频演示。将案例文字内容、配音、视频、图片等制作为视频格式进行可视化展示，可使用 PR、AE、会声会影等多种视听资料剪辑软件。此种展示方法的效果最佳，但视频设计和剪辑对编者技术水平要求较高，切忌只关注繁杂炫酷的技术效果而冲淡案例主旨内容。

（二）案例评价标准

（1）真实性和精准性。税务稽查案例必须以查处案件（包括经过行政复议、行政诉讼程序维持原税务处理、处罚决定的案件）已生效法律文书为根据。案例的各个构成要素（如被查单位名称、基本案情、作案手段、查案技巧、处理处罚结果等）均应当真实可靠，做到内容翔实、数据无误、定性准确、文字流畅、条理清楚、客观公正，案例结构严谨，层次关系分明，有较强逻辑性和可读性。

（2）代表性和典型性。税务稽查案例应当在案件发生原因、案件性质、案件所属行业、作案手法和稽查方式方法等方面在本辖区范围内具有较强的代表性和典型性。

（3）操作性和指导性。税务稽查案例应当要体现查处税收违法案件的方法和技巧，剖析案件成因，归纳案件查处对税收政策、征管和税务稽查工作的启示和意义，具有较强的操作性和指导性，对其他类似案件的查处起到借鉴作用。

（4）生动性和流利性。税务稽查人员一定注意编写稽查案例和稽查报告的区别，根据上述内容的阐述，二者之间既有相同的部分，也有不同的部分，切不能以稽查报告代替稽查案例，否则会降低稽查案例的趣味性和故事性。如果采取演说或视频等辅助手段进行展示，辅助手段的流畅程度也将作为评判标准。

附录二　案 例 索 引

一、相关案例

二、实战案例

附录三　税务稽查案件查办相关法律依据索引

一、税务稽查案件查办程序规定

章节	依据名称	涉及条款	关键词
总则	《中华人民共和国税收征收管理法》(2015年修订)	第八条	纳税人权利
		第十四条	执法主体
	《中华人民共和国税收征收管理法实施细则》(2016年修订)	第九条	执法主体 稽查职责
	《税务稽查案件办理程序规定》(国家税务总局令第52号)	第一章	总则
	《税务稽查案卷管理暂行办法》税总发〔2014〕127号	全文	案卷管理
	《税务稽查案卷电子文件管理参考规范》税总发〔2014〕127号	全文	案卷管理
案件来源	《税务稽查案件办理程序规定》(国家税务总局令第52号)	第二章	选案
	《税务稽查案源管理办法(试行)》(税总发〔2016〕71号)	全文	案源管理
	《税收违法行为检举管理办法》(国家税务总局令第49号)	全文	检举案件
	《重大税收违法案件督办管理暂行办法》(国税发〔2010〕103号)	全文	督办案件
案件检查	《中华人民共和国行政处罚法》(2021年修订)	第五十四条、第五十五条、第五十六条	调查取证 回避
	《中华人民共和国税收征收管理法》(2015年修订)	第三十二条	加收滞纳金
	《中华人民共和国税收征收管理法》(2015年修订)	第三十五条	核定应纳税额
	《中华人民共和国税收征收管理法》(2015年修订)	第三十七条至第四十三条、第四十七条	税收保全 纳税担保
	《中华人民共和国税收征收管理法》(2015年修订)	第四章	税务检查
	《中华人民共和国税收征收管理法实施细则》(2016年修订)	第六章	税务检查
	《税务稽查案件办理程序规定》(国家税务总局令第52号)	第三章	检查

（续表）

章节	依据名称	涉及条款	关键词
案件检查	《中华人民共和国发票管理办法》（2010 年修订）	第五章	发票的检查
	《中华人民共和国发票管理办法实施细则》（2014 年修订）	第五章	发票的检查
	《税收违法案件发票协查管理办法（试行）》（税总发〔2013〕66 号）	全文	案件协查
案件审理	《税务稽查案件办理程序规定》（国家税务总局令第 52 号）	第四章	审理
	《中华人民共和国税收征收管理法》（2015 年修订）	第五十二条、第八十六条	时效与期限
	《中华人民共和国行政处罚法》（2021 年修订）	第三十六条	
	《中华人民共和国税收征收管理法实施细则》（2016 年修订）	第八十二条、第八十三条、第八十六条	
	《国家税务总局关于未申报税款追缴期限问题的批复》（国税函〔2009〕326 号）	全文	
	《中华人民共和国税收征收管理法》（2015 年修订）	第三十二条、第五十二条、第六十九条	税收滞纳金
	《国家税务总局关于 1 元以下应纳税额和滞纳金处理问题的公告》国家税务总局公告 2012 年第 25 号	全文	
	《耕地占用税管理规程（试行）》（国家税务总局公告 2016 年第 2 号）	第二十七条、第三十七条	
	《国家税务总局关于纳税人善意取得虚开增值税专用发票已抵扣税款加收滞纳金问题的批复》（国税函〔2007〕1240 号）	全文	
	《国家税务总局关于延期申报预缴税款滞纳金问题的批复》（国税函〔2007〕753 号）	全文	
	国家税务总局关于土地增值税清算有关问题的通知》（国税函〔2010〕220 号）	第八条	
	《中华人民共和国行政诉讼法》（2017 年修正）	第五章	证据审核与认定
	《最高人民法院关于行政诉讼证据若干问题的规定》（法释〔2002〕21 号）	第五章	
	最高人民法院关于适用《中华人民共和国行政诉讼法》的解释（法释〔2018〕1 号）	第四十二条、第四十三条	
	《中华人民共和国立法法》（2015 年修正）	第八十八条至第九十五条	法律依据适用
	《中华人民共和国行政处罚法》（2021 年修订）	第三十七条、第三十八条	
	《最高人民法院关于印发〈关于审理行政案件适用法律规范问题的座谈会纪要〉的通知》（法〔2004〕96 号）	参照全文	

(续表)

章节	依据名称	涉及条款	关键词
案件审理	《中华人民共和国行政处罚法》(2021 年修订)	第三十条至第三十四条	处罚裁量
	《税务行政处罚裁量权行使规则》(国家税务总局公告 2016 年第 78 号)	全文	
	《中华人民共和国行政处罚法》(2021 年修订)	第四十四条	处罚告知
	《中华人民共和国行政处罚法》(2021 年修订)	第四十五条、第六十二条	陈述申辩意见听取与复核
	《中华人民共和国行政处罚法》(2021 年修订)	第六十三条、第六十四条、第六十五条	听证
	《税务行政处罚听证程序实施办法(试行)》(国税发〔1996〕190 号)	全文中	
	《中华人民共和国行政处罚法》(2021 年修订)	第五十七条、第五十八条	集体审理 法制审核
	《重大税务案件审理办法》(国家税务总局令第 34 号公布,2021 年修正)	全文	重大税务案件审理
	《中华人民共和国税收征收管理法》(2015 年修订)	第七十七条	涉嫌犯罪案件移送
	《行政执法机关移送涉嫌犯罪案件的规定》(国务院令第 310 号公布,2020 年修订)	第三条、第五条、第六条	
案件执行	《税务稽查案件办理程序规定》(国家税务总局令第 52 号)	第五章	执行
	《中华人民共和国行政处罚法》(2021 年修订)	第六十一条	文书送达
	《中华人民共和国行政强制法》	第三十八条	
	《中华人民共和国民事诉讼法》(2021 修正)	第八十七条至第九十五条	
	《中华人民共和国税收征收管理法实施细则》(2016 年修订)	第八章	
	《中华人民共和国行政处罚法》(2021 年修订)	第六十六条	延期或者分期缴纳罚款
	《中华人民共和国税收征收管理法》(2015 年修订)	第七十二条	收缴停供发票
	《中华人民共和国税收征收管理法》(2015 年修订)	第四十四条	阻止欠税人出境
	《中华人民共和国税收征收管理法实施细则》(2016 年修订)	第七十四条	
	《中华人民共和国税收征收管理法》(2015 年修订)	第四十五条	税收优先权
	《中华人民共和国企业破产法》	第一百一十三条	
	《中华人民共和国商业银行法》(2015 年修正)	第七十一条	

（续表）

章节	依据名称	涉及条款	关键词
案件执行	《中华人民共和国税收征收管理法》（2015 年修订）	第三十八条、第四十四条、第八十八条	纳税担保
	《中华人民共和国税收征收管理法实施细则》（2016 年修订）	第六十一条、第六十二条、第六十四条、第七十三条	
	《纳税担保试行办法》（国家税务总局令第 11 号）	全文	
	《中华人民共和国税收征收管理法》（2015 年修订）	第三十七条至第三十九条、第四十一条、第四十二条、第五十五条	税收保全措施
	《中华人民共和国行政强制法》	第十八条、第二十五条、第三十二条	
	《中华人民共和国税收征收管理法实施细则》（2016 年修订）	第五十九条、第六十条、第八十八条	
	《中华人民共和国税收征收管理法》（2015 年修订）	第三十七条、第三十八条、第四十条至第四十三条、第八十八条	税收强制执行
	《中华人民共和国税收征收管理法实施细则》（2016 年修订）	第五十九条、第六十条、第六十四条、第六十五条、第六十九条	
	《中华人民共和国行政处罚法》（2021 年修订）	第七十二条、第七十三条	
	《中华人民共和国行政强制法》	第三十四条至第四十条、第四十八条	
	《抵税财物拍卖、变卖试行办法》（国家税务总局令第 12 号）	全文	
	《中华人民共和国拍卖法》	全文	
	《中华人民共和国税收征收管理法》（2015 年修订）	第八十八条	申请法院强制执行
	《中华人民共和国行政处罚法》（2021 年修订）	第七十二条、第七十三条	
	《中华人民共和国行政强制法》	第十三条、第四十六条以及第五十三条至第六十条	
	《民法典》	第五百三十五条至第五百三十七条	代位权、撤销权

二、税务稽查各税种主要依据

税种	依据名称	备注
企业所得税	《中华人民共和国企业所得税法》	2018 年修正
	《中华人民共和国企业所得税法实施条例》国务院令第512 号	2019 年修订
个人所得税	《中华人民共和国个人所得税法》	2018 年修正
	《中华人民共和国个人所得税法实施条例》国务院令第707 号	2018 年修订
增值税	《中华人民共和国增值税暂行条例》	2017 年修订
	《中华人民共和国增值税暂行条例实施细则》财政部国家税务总局令第 50 号	2011 年修订
	《财政部国家税务总局关于全面推开营业税改征增值税试点的通知》(财税〔2016〕36 号)	
消费税	《中华人民共和国消费税暂行条例》	2008 年修订
	《中华人民共和国消费税暂行条例实施细则》财政部国家税务总局令第 51 号	
车船税	《中华人民共和国车船税法》	2019 年修订
	《中华人民共和国车船税法实施条例》国务院令第611 号	
烟叶税	《中华人民共和国烟叶税法》	自 2018 年 7 月 1 日起施行。《烟叶税暂行条例》同时废止
环境保护税	《中华人民共和国环境保护税法》	自 2018 年 1 月 1 日起施行
	《中华人民共和国环境保护税法实施条例》(国务院令第 693 号)	
车辆购置税	《中华人民共和国车辆购置税法》	自 2019 年 7 月 1 日起施行。《车辆购置税暂行条例》同时废止
	《财政部 税务总局关于车辆购置税有关具体政策的公告》(财政部税务总局公告 2019 年第 71 号)	
	《国家税务总局关于车辆购置税征收管理有关事项的公告》(国家税务总局公告 2019 年第 26 号)	
契税	《中华人民共和国契税法》	自 2021 年 9 月 1 日起施行，《契税暂行条例》同时废止

（续表）

税种	依据名称	备注
耕地占用税	《中华人民共和国耕地占用税法》	自2019年9月1日起施行，《耕地占用税暂行条例》同时废止
	《国家税务总局关于耕地占用税征收管理有关事项的公告》（国家税务总局公告2019年第30号）	
	《中华人民共和国耕地占用税法实施办法》（财政部公告2019年第81号）	
印花税	《中华人民共和国印花税法》	自2022年7月1日起施行，《印花税暂行条例》同时废止
房产税	《中华人民共和国房产税暂行条例》	2011年修订
资源税	《中华人民共和国资源税法》	自2020年9月1日起施行，《资源税暂行条例》同时废止
土地增值税	《中华人民共和国土地增值税暂行条例》	2011年修订
	《中华人民共和国土地增值税暂行条例实施细则》财法字〔1995〕6号	
城镇土地使用税	《中华人民共和国城镇土地使用税暂行条例》国务院令第17号	2019年修订
城市维护建设税	《中华人民共和国城市维护建设税暂行条例》国发〔1985〕19号	
教育费附加	《征收教育费附加的暂行规定》国务院令第448号	2011年修订
地方教育附加	《财政部关于统一地方教育附加政策有关问题的通知》财综〔2010〕98号	

三、税收违法案件认定与处理依据

	依据名称	涉及条款	关键词
偷（逃）税案件	《中华人民共和国税收征收管理法》（2015年修正）	第六十三条	偷税
	《国家税务总局关于纳税人取得虚开的增值税专用发票处理问题的通知》（国税发〔1997〕134号）	全文	偷税的认定
	《国家税务总局关于〈国家税务总局关于纳税人取得虚开的增值税专用发票处理问题的通知〉的补充通知》（国税发〔2000〕182号）	全文	

（续表）

	依据名称	涉及条款	关键词
偷（逃）税案件	《国家税务总局转发〈最高人民法院关于审理偷税抗税刑事案件具体应用法律若干问题的解释〉的通知》（国税发〔2002〕146 号）	全文	偷税的认定
	《国家税务总局关于税务检查期间补正申报补缴税款是否影响偷税行为定性有关问题的批复》（税总函〔2013〕196 号）	全文	
	《国家税务总局关于北京聚菱燕塑料有限公司偷税案件复核意见的批复》（税总函〔2016〕274 号）	全文	
	《中华人民共和国刑法》（2020 年修正）	第二百零一条、二百零四条（2）	偷（逃）税涉嫌犯罪移送
	《最高人民检察院、公安部关于公安机关管辖的刑事案件立案追诉标准的规定（二）》（2022 年修订）	第五十二条	
骗取出口退税案件	《中华人民共和国税收征收管理法》（2015 年修正）	第六十六条	骗税
	《国家税务总局关于宣传贯彻〈最高人民法院关于审理骗取出口退税刑事案件具体应用法律若干问题的解释〉的通知》（国税发〔2002〕125 号）	全文	骗税的认定
	《中华人民共和国刑法》（2020 年修正）	第二百零四条	骗取出口退税涉嫌犯罪移送
	《最高人民检察院、公安部关于公安机关管辖的刑事案件立案追诉标准的规定（二）》（2022 年修订）	第五十五条	
虚开发票案件	《中华人民共和国发票管理办法》（2010 年修订）	第二十二条、第三十七条	虚开发票
	《国家税务总局关于纳税人虚开增值税专用发票征补税款问题的公告》（国家税务总局公告 2012 年第 33 号）	全文	虚开发票的认定
	《国家税务总局关于纳税人对外开具增值税专用发票有关问题的公告》（国家税务总局公告 2014 年第 39 号）	全文	
	《国家税务总局关于纳税人取得虚开的增值税专用发票处理问题的通知》（国税发〔1997〕134 号）	全文	
	《国家税务总局关于〈国家税务总局关于纳税人取得虚开的增值税专用发票处理问题的通知〉的补充通知》（国税发〔2000〕182 号）	全文	

（续表）

	依据名称	涉及条款	关键词
虚开发票案件	《国家税务总局关于纳税人善意取得虚开的增值税专用发票处理问题的通知》（国税发〔2000〕187号）	全文	虚开发票的认定
	《中华人民共和国刑法》（2021年修正）	第二百零五条、第二百零五条之一	虚开发票涉嫌犯罪的移送
	《最高人民检察院、公安部关于公安机关管辖的刑事案件立案追诉标准的规定（二）》（2022年修订）	第五十六条、第五十七条	
其他税收违法案件	《中华人民共和国税收征收管理法》（2015年修正）	第六十七条	抗税
	《国家税务总局转发〈最高人民法院关于审理偷税抗税刑事案件具体应用法律若干问题的解释〉的通知》（国税发〔2002〕146号）	全文	抗税的认定
	《中华人民共和国刑法》（2020年修正）	第二百零二条	抗税涉嫌犯罪的移送
	《最高人民检察院、公安部关于公安机关管辖的刑事案件立案追诉标准的规定（二）》（2022年修订）	第五十三条	
	《中华人民共和国税收征收管理法》（2015年修正）	第六十五条	逃避追缴欠税
	《中华人民共和国刑法》（2017年修正）	第二百零三条	逃避追缴欠税涉嫌犯罪移送
	《最高人民检察院、公安部关于公安机关管辖的刑事案件立案追诉标准的规定（二）》（2022年修订）	第五十四条	
	《中华人民共和国税收征收管理法》（2015年修正）	第七十条	隐匿、故意销毁会计凭证、会计账簿
	《中华人民共和国税收征收管理法实施细则》（2016年修订）	第九十六条	
	《中华人民共和国刑法》（2020年修正）	第一百六十二条之一	隐匿、故意销毁会计凭证、会计账簿涉嫌的犯罪移送
	《最高人民检察院、公安部关于公安机关管辖的刑事案件立案追诉标准的规定（二）》（2022年修订）	第八条	
	《中华人民共和国税收征收管理法》（2015年修正）	第六十条至第六十二条、第六十四条、第六十八条、第六十九条	其他税收违法行为
	《中华人民共和国税收征收管理法实施细则》（2016年修订）	第九十条至第九十五条	

（续表）

	依据名称	涉及条款	关键词
其他发票违法案件	《中华人民共和国发票管理办法》(2010 年修订)	第三十五条、第三十六条、第三十七条(2)、第三十八条、第三十九条、第四十一条	其他发票违法行为
	《最高人民检察院、公安部关于公安机关管辖的刑事案件立案追诉标准的规定(二)》(2022 年修订)	第五十八条至第六十五条	其他发票违法涉嫌犯罪移送